Mucksch / Behme · Das Data Warehouse-Konzept

W0261994

Harry Mucksch / Wolfgang Behme (Hrsg.)

Das Data Warehouse-Konzept

Architektur – Datenmodelle – Anwendungen

Mit Erfahrungsberichten

4., vollständig überarbeitete und erweiterte Auflage

Dr. Harry Mucksch ist Geschäftsführer der Servicezentrum INFOKOM GmbH in Papenburg.

Dr. Wolfgang Behme ist Senior Berater Business Intelligence & Warehousing bei der Oracle Deutschland GmbH in Hannover.

Die Deutsche Bibliothek - CIP-Einheitsaufnahme
Ein Titeldatensatz für diese Publikation
ist bei der Deutschen Bibliothek erhältlich.

1. Auflage 1996
2. Auflage 1997
3. Auflage 1998
Nachdruck 1999
4. Auflage 2000

Alle Rechte vorbehalten

© Springer Fachmedien Wiesbaden 2000
Lektorat: Barbara Roscher / Annegret Eckert
Ursprünglich erschienen bei Betriebswirtschaftlicher Verlag Dr . Th. Gabler GmbH, Wiesbaden 2000.

Das Werk einschließlich aller seiner Teile ist urheberrechtlich geschützt. Jede Verwertung außerhalb der engen Grenzen des Urheberrechtsgesetzes ist ohne Zustimmung des Verlages unzulässig und strafbar. Das gilt insbesondere für Vervielfältigungen, Übersetzungen, Mikroverfilmungen und die Einspeicherung und Verarbeitung in elektronischen Systemen.

www.gabler.de

Höchste inhaltliche und technische Qualität unserer Produkte ist unser Ziel. Bei der Produktion und Verbreitung unserer Bücher wollen wir die Umwelt schonen. Dieses Werk ist deshalb auf säurefreiem und chlorfrei gebleichtem Papier gedruckt. Die Einschweißfolie besteht aus Polyäthylen und damit aus organischen Grundstoffen, die weder bei der Herstellung noch bei der Verbrennung Schadstoffe freisetzen.

Die Wiedergabe von Gebrauchsnamen, Handelsnamen, Warenbezeichnungen usw. in diesem Werk berechtigt auch ohne besondere Kennzeichnung nicht zu der Annahme, dass solche Namen im Sinne der Warenzeichen- und Markenschutz-Gesetzgebung als frei zu betrachten wären und daher von jedermann benutzt werden dürften.

ISBN 978-3-409-42216-1   ISBN 978-3-322-89533-2 (eBook)
DOI 10.1007/978-3-322-89533-2

Vorwort der Herausgeber

Das Data Warehouse-Konzept hat sich nicht als „Alter Wein in neuen Schläuchen" sondern vielmehr als ein realisierbarer und effizienter Ansatz zur Verbesserung der unternehmensweiten Informationsversorgung herausgestellt. Immer mehr Projekte werden im deutschsprachigen Raum initiiert und in den meisten Fällen auch erfolgreich abgeschlossen. Das Interesse am Thema Data Warehouse ist seit dem Erscheinen unserer 1. Auflage im Jahr 1996 ungebrochen.

Bezeichnend für die Entwicklung der vergangenen Jahre ist die Tatsache, daß das Data Warehouse-Konzept inzwischen immer mehr in den Fachabteilungen Beachtung findet, wo es als ein wesentlicher Lösungsansatz zu bisher überhaupt nicht bzw. nur unzureichend bearbeiteten Problemstellungen beiträgt. Entsprechend diesen Entwicklungen haben wir uns entschlossen, die eher betriebswirtschaftlich, auswertungsorientiert geprägten Themenbeiträge aus dem vorliegenden Autorenband herauszunehmen und in einem neuen Werk mit dem Titel „Data Warehouse-gestützte Anwendungen" zusammenzufassen.

Mit der vorliegenden 4. Auflage präsentieren wir eine vollständig neu bearbeitete und erweiterte, in sechs Hauptteile gegliederte Version dieses Buches, das die grundlegenden EDV-technischen Fragestellungen des Data Warehouse-Konzeptes in den Vordergrund stellt:

Im ersten Teil werden wieder die grundlegenden Aspekte des Data Warehouse-Konzeptes vorgestellt. Der Beitrag in Teil 2 behandelt Fragestellungen der Datensicherheit im Data Warehouse. In Teil 3 werden in vier Artikeln Fragen der Datenmodellierung und –speicherung mehrdimensionaler Daten diskutiert und die Eignung verschiedener Daten für ein Data Warehouse kritisch beleuchtet. Es folgen in Teil 4 zwei Beiträge zu den Besonderheiten des Projekt- und Qualitätsmanagements bei der Entwicklung einer unternehmensweiten Informationsversorgung. Die Analyse- und Auswertungstechniken

On Line Analytical Processing (OLAP) und Data Mining (Teil 5) werden im Anschluß daran vorgestellt.

Der Teil 6 dieses Buches enthält Erfahrungsberichte über Data Warehouse-Anwendungen in unterschiedlichen Bereichen und Branchen, bzw. aus konkreten Data Warehouse-Projekten.

Auch bei dieser 4., vollständig neu bearbeiteten und erweiterten Auflage des Buches haben wieder eine Vielzahl von Personen zu seiner Fertigstellung beigetragen. Unser herzlicher Dank gilt in erster Linie den Autoren, die erneut Zeit für die engagierte Erarbeitung ihrer Beiträge gefunden haben.

Danken möchten wir auch dem Gabler Verlag und hier vor allem Frau Annegret Eckert für die gute Zusammenarbeit und die schnelle Drucklegung.

Harry Mucksch und Wolfgang Behme

Vorwort der 3. Auflage

Das Data Warehouse-Konzept hat sich nicht als „Alter Wein in neuen Schläuchen" sondern vielmehr als ein realisierbarer und effizienter Ansatz zur Verbesserung der unternehmensweiten Informationsversorgung herausgestellt. Nachdem sowohl die 1. als auch die 2. Auflage unseres Buches zum Data Warehouse-Konzept nach nur wenigen Monaten vergriffen war, präsentieren wir mit der vorliegenden 3. Auflage lediglich eine korrigierte Version des Autorenbandes. Eine vollständige Überarbeitung und Ergänzung dieses Buches war in der Kürze der zur Verfügung stehenden Zeit und den Kapazitätsrestriktionen der einzelnen Autoren nicht möglich.

Der vorliegende Autorenband ist in acht - uns sinnvoll erscheinende - Teile gegliedert:

Im ersten Teil werden wieder die grundlegenden Aspekte des Data Warehouse-Konzeptes vorgestellt. Die Beiträge in Teil 2 behandeln Fragen der semantischen Modellierung mehrdimensionaler Daten und beleuchten kritisch die Eignung relationaler, erweitert-relationaler, multidimensionaler und objektorientierter Datenmodelle für Data Warehouses. In Teil 3 werden dann zwei wesentliche Komponenten eines Data Warehouses - die Datenextraktions- und -transformationsprogramme sowie das Meta-Datenverwaltungssystem - diskutiert, gefolgt von 3 Beiträgen, die Aspekte und Besonderheiten bei der Entwicklung einer unternehmensweiten Informationsversorgung (Teil 4) ansprechen. Zwei neuere, moderne Analyse-Techniken - OLAP und das Data Mining - werden in Teil 5 vorgestellt.

Die Teile 6 und 7 dieses Buches geben anschließend einen Überblick über Data Warehouse-Anwendungen in unterschiedlichen Bereichen und Branchen, bzw. enthalten Erfahrungsberichte von konkreten, teilweise bereits abgeschlossenen Data Warehouse-Projekten. Den Abschluß (Teil 8) bildet wieder die umfangreiche Beschreibung des Strategischen Informationssystems SIS der Stadt Köln.

Auch bei diesem Buch haben eine Vielzahl von Personen zu seiner Fertigstellung mit beigetragen. Unser herzlicher Dank gilt in erster Linie den Autoren, die - trotz Ihres dynamischen Tagesgeschäftes - wieder Zeit für die engagierte Erarbeitung ihrer Beiträge gefunden haben.

Danken möchten wir dem Gabler Verlag und hier vor allem Frau Annegret Heckmann für die gute Zusammenarbeit und die schnelle Drucklegung.

Harry Mucksch und Wolfgang Behme

Vorwort der 2. Auflage

Nachdem die 1. Auflage unseres Buches zum Data Warehouse-Konzept nach nur 2 Monaten vergriffen war, standen wir vor der Frage, entweder so schnell wie möglich einen unveränderten Nachdruck dieses Tagungsbandes herauszugeben, oder, die einzelnen Artikel vollständig zu überarbeiten und um zusätzliche Aspekte der Data Warehouse-Thematik zu ergänzen.

Wir haben uns nach Rücksprache mit dem Gabler Verlag und den Autoren der einzelnen Beiträge für eine vollständige Überarbeitung entschieden, da sich das Data Warehouse-Konzept nicht als „Alter Wein in neuen Schläuchen" sondern vielmehr als ein realisierbarer und effizienter Ansatz zur Verbesserung der unternehmensweiten Informationsversorgung herausgestellt hat.

Der vorliegende Autorenband ist nun in acht - uns sinnvoll erscheinende - Teile gegliedert:

Im ersten Teil werden wieder die grundlegenden Aspekte des Data Warehouse-Konzeptes vorgestellt. Die Beiträge in Teil 2 behandeln Fragen der semantischen Modellierung mehrdimensionaler Daten und beleuchten kritisch die Eignung relationaler, erweitert-relationaler, multidimensionaler und objektorientierter Datenmodelle für Data Warehouses. In Teil 3 werden dann zwei wesentliche Komponenten eines Data Warehouses - die Datenextraktions- und -transformationsprogramme sowie das Meta-Datenverwaltungssystem - diskutiert, gefolgt von 3 Beiträgen, die Aspekte und Besonderheiten bei der Entwicklung einer unternehmensweiten Informationsversorgung (Teil 4) ansprechen. Zwei neuere, moderne Analyse-Techniken - OLAP und das Data Mining - werden in Teil 5 vorgestellt.

Die Teile 6 und 7 dieses Buches geben anschließend einen Überblick über Data Warehouse-Anwendungen in unterschiedlichen Bereichen und Branchen, bzw. enthalten Erfahrungsberichte von konkreten, teilweise bereits abgeschlossenen Data Warehouse-Projekten. Den Abschluß (Teil 8) bildet wieder die umfangreiche Beschreibung des Strategischen Informationssystems SIS der Stadt Köln.

Auch bei diesem Buch haben eine Vielzahl von Personen zu seiner Fertigstellung mit beigetragen. Unser herzlicher Dank gilt in erster Linie den Autoren, die - trotz Ihres dynamischen Tagesgeschäftes - wieder Zeit für die engagierte Erarbeitung ihrer Beiträge gefunden haben.

Danken möchten wir auch Herrn Dipl.-Kfm. Jan Holthuis, der bei der formalen Aufarbeitung und der Erstellung des reproduktionsfähigen Manuskriptes mitgewirkt hat.

Nicht zuletzt danken wir dem Gabler Verlag und hier vor allem Frau Annegret Heckmann für die gute Zusammenarbeit und die schnelle Drucklegung.

Harry Mucksch und Wolfgang Behme

Vorwort der 1. Auflage

Dramatische Veränderungen, u.a. hervorgerufen durch eine Intensivierung des Wettbewerbs und die Globalisierung der Märkte sowie eine rasante Weiterentwicklung der Informationstechnologie, konfrontieren Unternehmen heute mit einer Vielzahl neuer Herausforderungen. Um in dieser Situation nicht nur reagieren, sondern aktiv am Markt agieren zu können, ist es notwendig, Informationen als eigenständigen Produktionsfaktor in die unternehmerischen Konzepte einzubeziehen. Jedoch ist - aus Sicht der Informationsversorgung - die aktuelle Situation in den Unternehmen durch eine steigende Datenflut bei einem gleichzeitigen Informationsdefizit gekennzeichnet. Viele Unternehmen sind zwar im Besitz einer Vielzahl von Daten, sie sind jedoch nicht in der Lage, diese sinnvoll zu nutzen. Ein derzeit viel diskutierter Ansatz zur Verbesserung der unternehmensweiten Informationsversorgung stellt das Data Warehouse-Konzept dar.

Das Interesse an einer Veranstaltung zum Data Warehouse-Konzept wurde uns von vielen Seiten in zahlreichen Gesprächen bekundet. Dies veranlaßte uns, ein Symposium zu planen, bei dem sowohl Praktiker als auch Wissenschaftler in Vorträgen und Diskussionen dieses Konzept aus verschiedenen Blickrichtungen betrachten. Durch die konkrete Auseinandersetzung mit realisierten Data Warehouse-Lösungen sollten Problembereiche herausgearbeitet und mögliche Lösungsansätze gefunden werden.

Im Juni 1996 fand dieses Symposium an der EUROPEAN BUSINESS SCHOOL Schloß Reichartshausen - veranstaltet vom Lehrstuhl für Informationsmanagement und

Datenbanken und der debis Systemhaus Dienstleistungen GmbH, Geschäftsstelle Führungsinformationssysteme - statt.

Bei der Vorbereitung dieses Symposiums wurde uns der Facettenreichtum der Data Warehouse-Thematik deutlich. Dieses gab den Anstoß, aus den von den Referenten erarbeiteten Vortragsunterlagen einen Tagungsband zu erstellen, der in fünf Teile gegliedert ist.

Im ersten Teil werden grundlegende Aspekte des Data Warehousing dargestellt. Das Spektrum der Beiträge umfaßt neben der Behandlung idealtypischer, aus logischer Sicht betrachteter Architekturen auch Möglichkeiten zur Nutzung der im Data Warehouse „gelagerten" Informationen. Den Abschluß dieses Teils bildet ein Diskussionsbeitrag zu Nutzenpotentialen des Konzeptes.

Ein auf vielen Tagungen bewußt oder unbewußt vernachlässigter Aspekt ist die Untersuchung verfügbarer Datenmodelle hinsichtlich ihrer Eignung in Data Warehouses. In vier Beiträgen werden daher in Teil 2 relationale, erweitert-relationale, multidimensionale und objektorientierte Ansätze und Architekturkonzepte kritisch beleuchtet.

Teil 3 umfaßt Beiträge zu ausgewählten Komponenten des Data Warehouse-Konzeptes. Behandelt werden Fragen der Datenextraktion und -transformation, Archivierungsmöglichkeiten sowie eine spezielle Form der Datenauswertung, das Data Mining.

Abgerundet wird der Tagungsband durch Beiträge über konkrete, teilweise bereits abgeschlossene Data Warehouse-Projekte in unterschiedlichen Branchen, Erfahrungsberichten von Beratern bezüglich möglicher Vorgehensweisen sowie auf Data Warehouses basierenden Anwendungsfeldern (Teil 4). Den Abschluß (Teil 5) bildet die bewußt als umfangreiche Fallstudie ausgelegte Beschreibung des Strategischen Informationssystems SIS der Stadt Köln.

Das Buch richtet sich nicht nur an diejenigen, die Data Warehouses konzipieren, entwickeln und implementieren, sondern auch an die Endanwender, deren Informationsversorgung durch Data Warehouses qualitativ verbessert werden soll. Darüber hinaus ist das Buch für Dozenten und Studenten der Wirtschaftsinformatik geeignet, die sich mit der Thematik des Data Warehousing befassen.

Eine Vielzahl von Personen haben wesentlich zum Gelingen des Symposiums und der schnellen Fertigstellung des Tagungsbandes beigetragen. Unser herzlicher Dank gilt den

Autoren für die engagierte Erarbeitung der Beiträge, den Teilnehmern des Symposiums für die konstruktiven Diskussionsbeiträge, sowie den studentischen Helfern, ohne die ein reibungsloser Ablauf dieser Veranstaltung nicht möglich gewesen wäre.

Für alle organisatorischen Belange waren Frau Ellen Schleifer und Herr Dipl.-Kfm. Jan Holthuis zuständig, der zudem auch die formale Aufarbeitung und die Erstellung des reproduktionsfähigen Manuskriptes übernommen hat. Ihnen gilt unserer besonderer Dank für die hervorragend geleistete Arbeit.

Nicht zuletzt danken wir dem Gabler Verlag und hier vor allem Frau Barbara Roscher für die gute Zusammenarbeit und die schnelle Drucklegung.

Harry Mucksch und Wolfgang Behme

Inhaltsverzeichnis

Grundlagen

Das Data Warehouse-Konzept als Basis einer unternehmensweiten
Informationslogistik

Datensicherheit

Informationssicherheit in Data Warehouses

Datenmodellierung und -speicherung

Grundüberlegungen für die Modellierung einer Data Warehouse-Datenbasis

Grafische Notationen für die semantische multidimensionale Modellierung

Umsetzung multidimensionaler Strukturen

Erfahrungsberichte

Banken

Dienstleistungsbranche

Industrie

Autorenverzeichnis

Dipl.-Inform. **Lutz Bauer**
Berater Business Intelligence und Warehousing, ORACLE Deutschland GmbH,
Düsseldorf

Dr. **Wolfgang Behme**
Senior Berater Business Intelligence und Warehousing, ORACLE Deutschland GmbH,
Hannover

Dr. **Nicolas Bissantz**
Geschäftsführer, Bissantz & Company, Erlangen-Tennenlohe

Prof. Dr. **Peter Chamoni**
Gerhard-Mercator-Universität GHS, FB 5 Wirtschaftsinformatik und OR, Duisburg

Dipl.-Ök. **Werner Conrad**
Inhaber der Q-Lab Consulting für Software-Qualitätsmanagement, Bad Homburg v.d.H.

Dipl.-Wi.-Inf. **Andreas Exner**
Leiter Führungsinformationssysteme, debis Systemhaus Dienstleistungen GmbH,
Geschäftsstelle Führungsinformationssysteme, Eschborn

Ulrich Christian Füting
Freier Unternehmensberater für Informationsverarbeitung, Bensheim

Prof. Dr. **Waltraud Gerhardt**
Universität Delft, Abteilung Information Systems & Software Engineering, Fakultät
Information Technology and Systems, Delft

Dr. **Peter Gluchowski**
Heinrich-Heine-Universität, Wirtschaftswissenschaftliche Fakultät, Düsseldorf

Dipl.-Wi.-Inf. **Ralph Gürsching**
Leitender Berater, debis Systemhaus Dienstleistungen GmbH, Geschäftsstelle
Führungsinformationssysteme, Eschborn

Dr. **Jürgen Hagedorn**
Entwicklung Rechnungswesen, SAP AG, Walldorf/Baden

Dr. **Jan Holthuis**
Informationsmanager, Geschäftssteuerung / Informationsmanagement, Boehringer
Ingelheim Pharma KG, Ingelheim am Rhein

Doris Hummel
Abteilungsleiterin, Abt. ORZI, DG BANK, Frankfurt/Main

Dr. **Bernd-Ulrich Kaiser**
Leiter Ressort Konzerndaten und Managementinformationen, Bayer AG, Leverkusen

Dipl.-Inform. **Harald Knecht**
Senior Berater, debis Systemhaus Dienstleistungen GmbH, Geschäftsstelle
Führungsinformationssysteme, Eschborn

Dr. **Jürgen Langschied**
Abteilungsleiter, Abt. CZ, DG BANK, Frankfurt/Main

Prof. Dr. Dr. h.c. mult. **Peter Mertens**
Bayerisches Forschungszentrum für Wissensbasierte Systeme (FORWISS), Forschungsgruppe Wirtschaftsinformatik, Erlangen-Tennenlohe

Dr. **Harry Mucksch**
Geschäftsführer, Servicezentrum INFOKOM GmbH, Papenburg

Dr. **Thomas Ohlendorf**

VGH Vereinigte Versicherungsgruppe Hannover, Unternehmenscontrolling, Hannover

Prof. Dr. **Hartmut Pohl**

Fachhochschule Rhein - Sieg, Informationssicherheit - Angewandte Informatik,
St. Augustin

Dr. **Heiko Schinzer**

Projektleiter MIS, Bayrische Julius-Maximilians-Universität, Lehrstuhl für
Betriebswirtschaftslehre und Wirtschaftsinformatik, Würzburg

Dr. **Marcel Spruit**

Wissenschaftlicher Mitarbeiter, Universität Delft, Abteilung Information Systems &
Software Engineering, Fakultät Information Technology and Systems, Delft

Dr. **Andreas Totok**

C&N Touristic AG, IT VS Data Warehouse, Oberursel

Teil I

Grundlagen

Das Data Warehouse-Konzept als Basis einer unternehmensweiten Informationslogistik

Harry Mucksch, Wolfgang Behme

Inhalt

1   Einleitung

Im Mittelpunkt dieses Beitrages steht das Data Warehouse-Konzept, das als neue Möglichkeit einer durchgängigen, konsistenten und Endbenutzer-orientierten Informationsbereitstellung für computergestützte Managementunterstützungssysteme auf allen Hierarchieebenen angesehen wird. [BaSe94, 43]

Das Konzept eines unternehmensweiten Datenpools wurde erstmals Anfang der 80er Jahre unter den Schlagworten Data Supermarket und Super Databases erwähnt.[1] [o.V.94, 14 ff.] 1988 stellte die Firma IBM ein internes Projekt unter der Bezeichnung **European Business Information System** (EBIS) [DeMu88] vor, das 1991 in Information Warehouse Strategy umbenannt wurde. [MeGr93, 16 ff.] Das in diesem Projekt entwickelte Konzept beinhaltet Produkte, Mechanismen und Vorgehensweisen zur Überwindung der Heterogenität und Bewältigung der Informationsexplosion. Als Ziel der Information Warehouse Strategy wird die Versorgung autorisierter Einzelpersonen mit zuverlässigen, zeitrichtigen, genauen und verständlichen Geschäftsinformationen aus allen Unternehmensbereichen zum Zwecke der Entscheidungsunterstützung genannt. [Powe94, 13] Damit sollte der Zugang zu unterschiedlichen Systemen über eine einheitliche Schnittstelle möglich sein. [DeMu88]

Anfang der 90er Jahre wurde das IBM-Projekt EBIS als Data Warehouse-Konzept von verschiedenen Hardwareherstellern sowie Software- und Beratungshäusern aufgegriffen und als Dienstleistungspaket auf einem stark expandierenden Markt angeboten. [Data94, 6 f.] Wesentlich mit dazu beigetragen hat sicherlich die von E.F. CODD et al. (mit der Vorstellung ihrer 12 Regeln zum **On-Line Analytical Processing (OLAP))**[2] ins Leben gerufene Diskussion bezüglich der Schwächen relationaler Datenbanksysteme bei der Durchführung multidimensionaler betriebswirtschaftlicher Analysen. [CoCS93] Aufgrund der flachen, zweidimensionalen Tabellenstrukturen relationaler Datenbanksysteme erfordern unterschiedliche Sichtweisen auf ein- und denselben Datenbestand aufwendige und zeitraubende Join-Operationen zur Ausführungszeit, die sich nur mit Hilfe komplexer SQL-Abfragen erstellen lassen. In der Praxis wird OLAP von Anbietern oftmals als Data Warehouse-Lösung verkauft, jedoch kommen im Data Warehouse-Konzept auch Standard-Softwarekomponenten, beispielsweise in den Bereichen Copy- und Extrakt Management, Datenmodellierung, Datenzugriff oder Erfassung und

Verwaltung von Meta-Daten zum Einsatz. Aufgrund unterschiedlicher Voraussetzungen und Anforderungen ist unter einem Data Warehouse daher keine umfassende Standard-Software, sondern stets eine unternehmensindividuelle Lösung zu verstehen. [HoMR95, 1]

Mit dem Begriff **Data Warehouse** i.e.S. wird generell eine von den operationalen DV-Systemen isolierte Datenbank umschrieben, die als **unternehmensweite Datenbasis** für alle Ausprägungen managementunterstützender Systeme dient und durch eine strikte Trennung von operationalen und entscheidungsunterstützenden Daten und Systemen gekennzeichnet ist.

Nach der Beschreibung grundlegender Charakteristika eines Data Warehouses wird in diesem Beitrag dessen idealtypische Architektur mit ihren Komponenten und Funktionen (Abschnitte 3 und 4) beschrieben. Mit dem Design eines Data Warehouses befaßt sich Abschnitt 5. Aspekte zum Betrieb und zur Administration werden in Abschnitt 6 behandelt. Anschließend werden in Abschnitt 7 Fragen und Aspekte der organisatorischen Einordnung in die bestehende DV-Struktur eines Unternehmens behandelt. Im Abschnitt 8 werden Möglichkeiten aufgezeigt, Internet / Intranet-Technologien in das Data Warehouse-Konzept mit einzubeziehen. Abgerundet wird der Beitrag in Abschnitt 9 durch eine Betrachtung von Aufwands- und Nutzenaspekten, die bei der Einführung des Data Warehouse-Konzeptes im Unternehmen zu beachten sind.

2   Begriff, Ziele und Charakteristika

Das Data Warehouse-Konzept stellt die neueste Entwicklung im Bereich der Integrationsstrategien für Managementinformationen dar und soll die Qualität, die Integrität und die Konsistenz des zugrundeliegenden Datenmaterials sicherstellen. Die Technik, die eine solche Integration ermöglicht, ist vorhanden, unterliegt aber selbst noch einem ständigen Wandel. Allerdings darf man bei der Diskussion um das Data Warehouse nicht den Fehler der damaligen MIS-Diskussion wiederholen, die Technik in den Vordergrund zu stellen; wichtiger sind Fragen der richtigen Organisation und der Harmonisierung betriebswirtschaftlicher Kenngrößen. Nur durch eine konsequente Berücksichtigung der für Managementinformationen geforderten Qualitätskriterien bei der

Konzeption und Entwicklung des Data Warehouses kann die Informationsversorgung der Entscheidungsträger entscheidend verbessert werden. Das Aufzeigen von Handlungs- und Entscheidungsalternativen mit Instrumenten managementunterstützender Systeme, wie beispielsweise What-If-Analysen, Szenarien, Simulationen, Zeitreihen- und Kennzahlenanalysen, aber auch das schnelle Generieren von Standard- und Ausnahmeberichten wird durch die Bereitstellung der speziell auf diese Aufgaben ausgerichteten Datenbasis im Data Warehouse-Konzept effizienter gestaltet. [MuHR96]

Der zu diesem Konzept gehörende Begriff **Data Warehouse** wurde vor allem durch den amerikanischen Berater W.H. INMON geprägt. [Inmo96]

Viele Autoren übersetzen den Begriff mit „Daten-Warenhaus" und suggerieren damit das Bild eines Selbstbedienungsladens für Informationen. Ein Blick in ein Wörterbuch zeigt jedoch, daß der Begriff **Warehouse** für Lagerhaus oder Speicher steht. Trotzdem ist das Bild eines Waren- oder noch treffender Handelshauses passend, wenn man den Datenfluß im Unternehmen mit dem Warenfluß im Handel vergleicht:

Die Lieferanten sind die operativen Anwendungssysteme und externe Quellen. Zwischenlager sind Archivierungs-, Datei- und Datenbanksysteme. Aus diesen wird das an den Bedürfnisssen der Endverbraucher ausgerichtete Handelshaus mit entsprechender Ware beliefert und dort für Laufkundschaft (Stationärer Handel) und Abonnenten (Versandhandel) bereitgestellt. Damit die Kundschaft und die Mitarbeiter des Versandhandels die entsprechende Ware schnell und ohne Verzögerung finden, muß im Handelshaus Ordnung herrschen. Im Data Warehouse wird diese Ordnung durch ein fundiertes, konzeptionelles Modell sichergestellt. In Analogie zur Abwicklung der Geschäfte eines Handelshauses werden für die Laufkundschaft Wegweiser und für die Abonnenten Kataloge benötigt. In einem Data Warehouse finden die Endbenutzer diese Informationen im Meta-Datenbanksystem. Sollten die Kunden darüber hinaus Beratung und Unterstützung in Anspruch nehmen wollen, so müssen sie sich im Data Warehouse an den Benutzerservice bzw. User Help Desk wenden. Die Geschäftsleitung des Handelshauses benötigt zur Optimierung des Warenangebotes Verkaufsstatistiken; der Data Warehouse-Administrator bezieht seine Informationen zur Verbesserung des Data Warehouses (Angebot und Performance) aus den Nutzungsstatistiken. In einem Handelshaus ist die Bezahlung der gekauften Waren eine Selbstverständlichkeit. Der Gedanke der Bezahlung von Information in einem Unternehmen wäre hier das passende

Analogon: Werden das Data Warehouse als Handelshaus betrachtet und Informationen als Ware angesehen, deren Beschaffung mit Kosten verbunden ist, darf diese nicht umsonst zu haben sein. Allerdings fehlt dafür derzeit eine breite Lobby. Dieses wird sich möglicherweise ändern, sollte man den Gedanken des Data Warehouses wirklich ernst nehmen.

Der Fokus des Data Warehouse-Konzepts liegt - wie bereits erwähnt - auf der effizienten Bereitstellung und Verarbeitung großer Datenmengen für die Durchführung von Auswertungen und Analysen in entscheidungsunterstützenden Prozessen. Dies setzt offensichtlich eine zweckneutrale Speicherung von Daten im Data Warehouse voraus. Zurückführen läßt sich der Gedanke auf die Arbeiten von E. SCHMALENBACH und P. RIEBEL bezüglich der zweckneutralen Grundrechnung[3]. [Schm48], [Rie79a], [Rie79b] Die Datenhaltung für die Grundrechnung unterscheidet sich von anderen Datensammlungen dadurch, daß nicht für jeden Auswertungszweck eine eigene Datenhaltung und -pflege erforderlich ist.

Auch die im Data Warehouse aus den operationalen DV-Systemen gewonnenen Datenbestände entsprechen einer zweckneutralen Datensammlung. Zusätzlich können aber auch beliebige unternehmensexterne Datenquellen in das Data Warehouse eingebunden werden. Das Data Warehouse wird in bestimmten Zeitabständen, die entsprechend den unternehmensindividuellen Anforderungen festgelegt werden, aktualisiert und erweitert. Hierdurch bauen sich im Laufe der Zeit große Datenbestände auf, deren Volumen ein Vielfaches der relativ konstanten Datenbestände operationaler DV-Systeme beträgt.

Darüber hinaus gibt es eine prozeßorientierte Sicht. Während die operativen Geschäftsprozesse überwiegend durch Standardsoftware wie SAP R/3 oder Baan IV unterstützt werden, werden die Prozesse, die unmittelbar auf die Märkte gerichtet sind, wie beispielsweise der Vertriebs- und Kundenservice, heute nur unzureichend unterstützt.

Im Rahmen einer Data Warehouse-Lösung werden die Daten nun völlig unabhängig von den operativen Geschäftsprozessen in neue, logische Zusammenhänge gebracht, um auf diese Weise einerseits Informationen zur Steuerung und Kontrolle operativer Prozesse zu erhalten, andererseits aber auch um die marktorientierten Prozesse unterstützen zu können. Die so gewonnenen Informationen führen zu einer ständigen Überprüfung und gegebenenfalls zu einer Veränderung der operativen Geschäftsprozesse. Insgesamt ergibt sich dadurch ein Wirkungskreislauf wie in Abbildung 1 dargestellt.

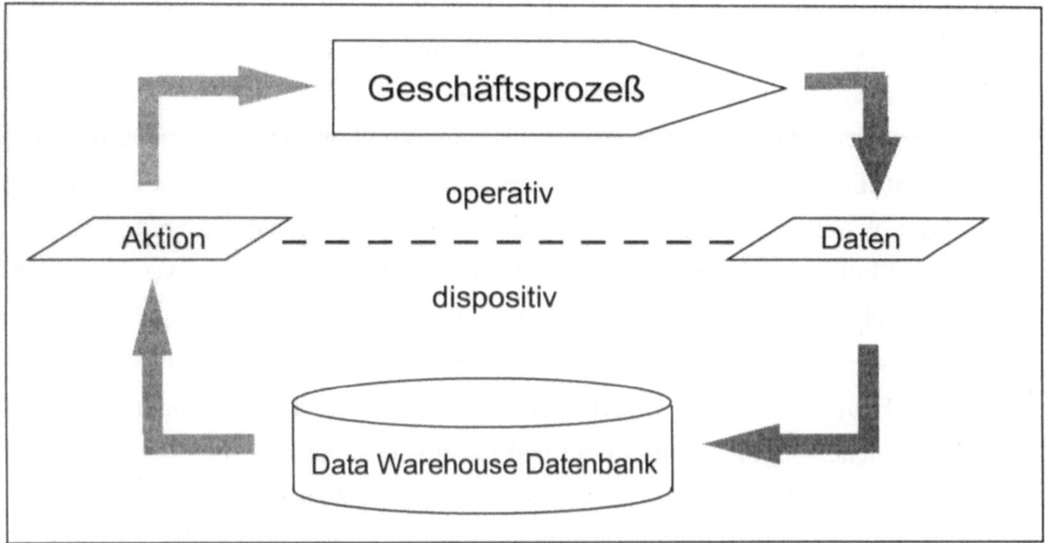

Abb. 1: Prozeßorientierte Sicht eines Data Warehouses (in Anlehnung an [Mart97b, 223]

Die auf oberster Management-Ebene festgelegte Strategie eines Unternehmens bestimmt die Geschäftsprozesse, die mit Hilfe der operativen Informationssysteme abgewickelt und gespeichert werden. Die Daten aus deren Datenbanken werden extrahiert und in die Data Warehouse-Datenbasis übertragen. Die aus den Data Warehouse-Daten gewonnenen Erkenntnisse können zu einer Verbesserung der Strategie führen und somit Einfluß auf die Geschäftsprozesse nehmen. Data Warehousing kann daher als dispositive Komponente (Rückwärtszweig) im Wirkungskreislauf des Unternehmens angesehen werden. [Mart97b, 222] Die Meta Group spricht in diesem Zusammenhang auch von Business Performance Measurement (BPM). [Mart98, 25] Durch das ständige Anwachsen der Data Warehouse-Datenbasis verstärkt sich auch der Nutzen, der aus dem Data Warehouse gezogen werden kann.

Insgesamt läßt sich ein Data Warehouse im wesentlichen durch die Merkmale **Orientierung an unternehmensbestimmenden Sachverhalten**[4], **Zeitraumbezug, Struktur- und Formatvereinheitlichung** und **Nicht-Volatilität** kennzeichnen. [Inmo96, 33]:

- **Orientierung an den unternehmensbestimmenden Sachverhalten (Themenorientierung)**

Da sich der Informationsbedarf von Entscheidungsträgern zum überwiegenden Teil auf die Sachverhalte bezieht, die das Handeln und den Erfolg eines Unternehmens bestimmen, steht bei der Konzeption des Data Warehouses – wie bereits erwähnt - eine rein datenorientierte Vorgehensweise im Vordergrund. [Fitz94, 30 ff.] Die innerbetrieblichen Abläufe und Funktionen sind für die Entwicklung der Datenbasis des Data Warehouses von untergeordnetem Interesse und haben somit auch nur geringen Einfluß auf deren Struktur. Die Unternehmensdaten sind aus verschiedenen Blickwinkeln zu betrachten, d.h. der Entscheidungsträger muß aus den Unternehmensdaten unter unterschiedlichen Dimensionen relevante Informationen ableiten können.[5] Häufig betrachtete Dimensionen sind die Unternehmensstruktur (z.B. Geschäftsbereiche, Organisationsstruktur und rechtliche Einheiten), die Produktstruktur (z.B. Produktfamilie, Produktgruppe, Artikel), die Regionalstruktur (z.B. Land, Gebiet, Bezirk, Kunde), die Kundenstruktur (z.B. Kundengruppen), die Zeitstruktur (z.B. Monat, Quartal, Jahr, Geschäftsjahr), betriebswirtschaftliche Kenngrößen (z.B. Umsatz, Deckungsbeiträge, Gewinn) sowie deren Ausprägung (z.B. Plan, Soll, Ist, Abweichungen). [BeSc93, 7]

- **Zeitraumbezug**

Die zeitpunktgenaue Betrachtung von Daten, wie sie in operationalen Systemen vorgenommen wird, ist für die Managementunterstützung von untergeordnetem Interesse; vielmehr werden Daten benötigt, welche die Entwicklung des Unternehmens über einen bestimmten Zeitraum repräsentieren und zur Erkennung und Untersuchung von Trends herangezogen werden. Der Zeitraumbezug ist daher immer impliziter oder expliziter Bestandteil der Daten im Data Warehouse (DW). Der hier abgebildete Zeithorizont beträgt - in Abhängigkeit der unternehmensindividuellen Anforderungen - bis zu 15 Jahre, um beispielsweise Trendanalysen über historische Daten zu ermöglichen. In Abhängigkeit ihres Alters werden die Daten in entsprechend unterschiedlichen Aggregationsstufen gespeichert. [InKe94, 7]

Ein Ansatz zur Herstellung des Zeitraumbezugs ist die Einbindung des betrachteten Zeitraums (z.B. Tag, Woche oder Monat) in die entsprechenden Schlüssel der Daten.

Die Schlüssel der einzelnen Datensätze aus den operationalen DV-Systemen werden im Rahmen der Datenübernahme in das Data Warehouse um Zeitmarken erweitert. Diese können Zeitpunkte, abgeschlossene Zeiträume oder nicht abgeschlossene Zeiträume kennzeichnen. Darüber hinaus kann der Endbenutzer den in einer Auswertung oder Analyse betrachteten Zeitraum frei bestimmen. [Youn94, 50]

- **Struktur- und Formatvereinheitlichung (Integration)**

Mit dem Data Warehouse-Konzept wird eine unternehmensweite Integration von Daten in einem einheitlich gestalteten System angestrebt. Begründet im langjährigen Wachstum der operationalen Systeme, den ihnen zugrunde liegenden Daten-(bank)verwaltungssystemen sowie den verwendeten heterogenen und proprietären Rechnerarchitekturen sind Datenredundanzen und damit verbundene Inkonsistenzen im Datensystem des Unternehmens kaum vermeidbar. [ElNa94, 12 f.] Über technische Probleme hinaus kann es sein, daß semantische Inkonsistenzen auftreten. So gibt es z. B. Unterschiede bei den Rechtsgrundlagen für das Rechnungswesen in internationalen Unternehmen.

Die konsistente Datenhaltung im Sinne einer Struktur- und Formatvereinheitlichung wird im Data Warehouse-Konzept durch verschiedene Vorkehrungen im Rahmen der Datenübernahme erreicht:

- Im Data Warehouse müssen für alle Daten eindeutige Bezeichnungen vorliegen, die in einem Meta-Informationssystem den Endbenutzern und Entwicklern des Data Warehouses zur Verfügung gestellt werden. Für ein bestimmtes Attribut im Data Warehouse können mehrere, z.T. inkonsistente Datenquellen im Bereich der operationalen DV-Systeme existieren. In einzelnen Datenbeständen werden die Datenfelder identischer Daten unterschiedlich benannt (Synonyme) oder unterschiedliche Datenfelder haben die gleiche Bezeichnung (Homonyme).

- Neben der Bereinigung der Datenfeldbezeichnungen sind auch die unterschiedlichen Datenformate anzupassen.

  - Bei der Entwicklung verschiedener Anwendungen wurden bestimmte Attribute mit unterschiedlichen Abkürzungen belegt. Ein Beispiel hierfür ist das Attribut „Geschlecht": In einer Anwendung werden die Abkürzungen „m"

für männlich und „w" für weiblich, in einer anderen die Ausprägungen „0"
und „1" verwendet.

- Häufig tritt das Problem der Formatvereinheitlichung auch bei Datumsfeldern
  auf. So weicht beispielsweise die im englischen Sprachraum gebräuchliche
  Form der Darstellung (Monat/Tag/Jahr) von der in Deutschland verwendeten
  Form (Tag/Monat/Jahr) ab. Verschiedene Ausprägungen des Datumsformats
  zeigt Abbildung 2.

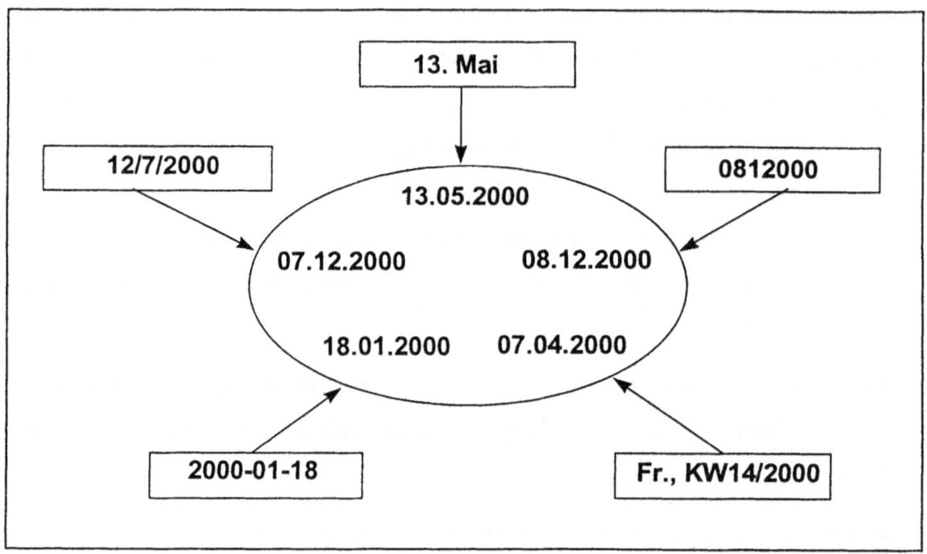

Abb. 2: Verschiedene Ausprägungen des Datumsformats

- Gleiche Attribute werden in einzelnen operativen Anwendungen mit unterschiedlichen Werteinheiten zur Größen- oder Mengenbestimmung verarbeitet
  und gespeichert, ohne daß die verwendete Werteinheit separat dokumentiert
  und hinterlegt ist. Im Data Warehouse muß daher für jedes Attribut eine
  Basismaßeinheit festgelegt werden, in die alle übernommenen Größen- und
  Mengenangaben transferiert werden. Im Bereich der Meta-Daten werden neben den Basismaßeinheiten auch Umrechnungsfaktoren in andere Einheiten
  (z.B. 12 Stück = 1 Karton, 100 m (Draht) = 20 kg) gespeichert, um so Auswertungen und Analysen in allen gewünschten Werteinheiten durchführen zu
  können. [Youn94, 51]

- Zur Herstellung der semantischen Integrität können Umsetzungstabellen angelegt werden, die beispielsweise das Angleichen international unterschiedlicher Kontenrahmen oder die Währungsumrechnung unterstützen.

- **Nicht-Volatilität**

Mit dem Begriff der Volatilität wird der Grad beschrieben, mit dem sich Daten im Laufe der normalen Nutzung ändern. Dabei wird entweder die durchschnittliche Anzahl der Änderungen je Zeiteinheit oder die absolute Anzahl der Änderungen in bestimmten Zeiträumen gemessen. [Hack93, 227 f.] Die im Data Warehouse gespeicherten Daten werden nach der fehlerfreien Übernahme und gegebenenfalls notwendigen Korrekturen i.d.R. nur in Ausnahmefällen aktualisiert oder verändert. Sie sind nur dann zulässig, wenn beispielsweise im Rahmen der Datenübernahme Fehler aufgetreten sind, oder, wenn in den operationalen DV-Systemen fehlerhafte Daten erfaßt und dort erst nach Durchführung des Datentransfers in das Data Warehouse korrigiert wurden. Derartige Korrekturläufe müssen an einem vorher festgelegten Arbeitstag des Folgemonats abgeschlossen sein. Alle sonstigen (aktuellen) Änderungen in den operationalen DV-Systemen wirken sich jedoch erst nach dem nächsten Datentransfer auf die Daten im Data Warehouse aus.

Aus diesem Grund können nahezu alle Datenzugriffe lesend erfolgen[6], um die Nicht-Volatilität der im Data Warehouse gespeicherten Daten sicherzustellen. Während des normalen Data Warehouse-Betriebs werden daher keine ansonsten üblichen Locking-Mechanismen benötigt. Das verwendete Datenbankmanagementsystem muß die Möglichkeit zur gezielten Deaktivierung der Locking-Mechanismen bieten, um so die Systembelastung zu reduzieren. Durch das Merkmal Nicht-Volatilität lassen sich alle erstellten Auswertungen und Analysen jederzeit nachvollziehen und reproduzieren. Erweiterungen der Datenbasis eines Data Warehouses sollten aus Konsistenz- und Integritätsgründen nur durch eine zentrale Stelle durchgeführt werden.

3   Architektur

Der Begriff Data Warehouse im engeren Sinne bezeichnet - wie bereits erwähnt - eine von den operationalen DV-Systemen isolierte, unternehmensweite Datenbasis, die anhand einer konsequenten Themenausrichtung unternehmensrelevanter Sachverhalte (z.B. Absatzkanäle, Kunden- und Produktkriterien) speziell für Endbenutzer aufgebaut ist. [Devl97, 20] Sie enthält entsprechend vereinheitlichte, integrierte Daten, die im Sinne entscheidungsrelevanter Informationen eher einer Zeitraumbetrachtung unterliegen. Abbildung 3 gibt im Rahmen einer idealtypischen Architektur eine Übersicht über Möglichkeiten der Umsetzung des Data Warehouse-Konzeptes.

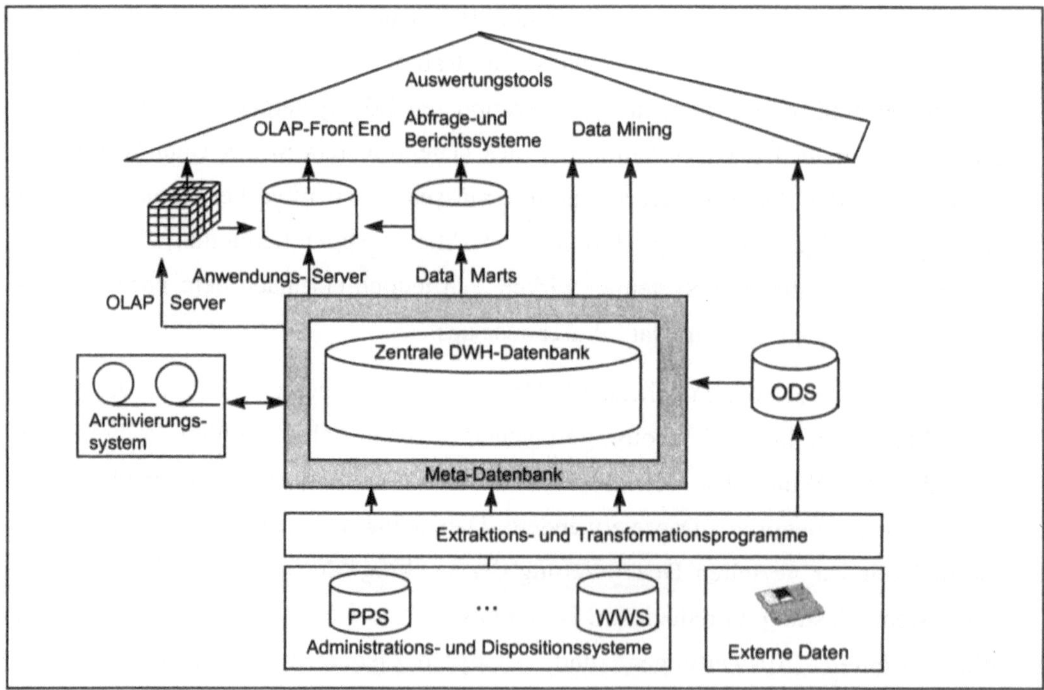

Abb 3: Idealtypische Data Warehouse-Architektur

3.1 Data Warehouse-Datenbasis

Den Kern des Data Warehouse-Konzepts bildet eine Datenbasis, die sowohl aktuelle als auch historische Daten aus allen eingebundenen Unternehmensbereichen in unterschiedlichen Verdichtungsstufen enthält. Diese stellt das Data Warehouse i.e.S. dar.

Durch konsequente Beachtung der in Abschnitt 2 erläuterten Merkmale bei der Konzeption und Entwicklung eines Data Warehouses wird sichergestellt, daß die benötigten Daten für die diversen managementunterstützenden Systeme in einem einheitlichen Format zur Verfügung gestellt werden können. Die Form der Datenspeicherung in den operationalen DV-Systemen oder den unternehmensexternen Datenquellen ist dann für den Entscheidungsträger ohne Bedeutung.

Die Ausgliederung der entscheidungsunterstützenden Daten und Systeme aus dem Bereich der operationalen DV-Systeme erfordert zwar einen erhöhten Aufwand, erscheint jedoch aus folgenden Gründen sinnvoll:

- Die operationalen DV-Systeme sind auf eine möglichst effiziente Verarbeitung des relativ statischen Tagesgeschäfts eines Unternehmens, das durch eine hohe Anzahl von Transaktionen und den Zugriff auf wenige Datensätze gekennzeichnet ist, ausgerichtet. Im Gegensatz dazu liegt der Schwerpunkt bei managementunterstützenden Systemen auf der effizienten Verarbeitung einer hohen Anzahl sequentiell gelesener Datensätze sowie einer flexiblen Anpassung an die sehr dynamischen Informationsbedarfe der Entscheidungsträger.

- Die Datenstrukturen operationaler DV-Systeme sind an den betriebswirtschaftlichen Abläufen und Funktionen eines Unternehmens ausgerichtet. Allerdings sind diese Datenstrukturen für managementunterstützende Systeme wenig geeignet; hier ist die erwähnte Ausrichtung an unternehmensbestimmenden Sachverhalten notwendig. [Inmo92b, 67]

- Die Systembelastung beim Einsatz managementunterstützender DV-Systeme ist im Gegensatz zu den operationalen DV-Systemen sehr unregelmäßig. In Abhängigkeit der zu verarbeitenden Auswertungen und Analysen treten, wie Abbildung 4 zeigt, kurzzeitige Höchstbelastungen auf, denen Phasen sehr geringer Auslastung folgen. Werden managementunterstützende Systeme in die operationalen DV-Systeme ein-

gebunden und greifen sie in unregelmäßigen Abständen auf die operationalen Datenbestände zu, hat dies bei unveränderter Hardwarekonfiguration der operationalen
DV-Systeme eine zeitweise Überlastung der Systeme und damit eine Beeinträchtigung der Antwortzeiten von Dispositions- und Administrationssystemen zur Folge.
Weiterhin sind die durchgeführten Auswertungen und Analysen aufgrund sich ständig ändernder operationaler Datenbasen nicht reproduzierbar und können ohne die
Speicherung der konkreten Auswertungsergebnisse in geeigneten Reportbasen somit
zu einem späteren Zeitpunkt nicht oder nur schwer verifiziert werden.
[GlGC95, 31 f.]

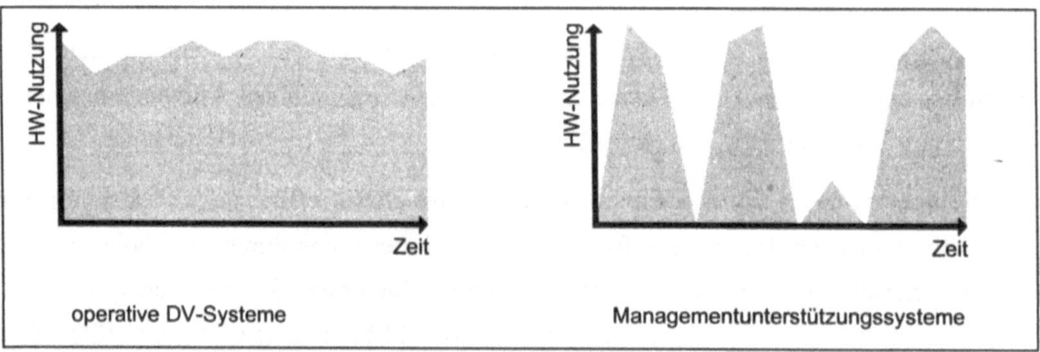

Abb. 4: Struktur der Hardwarenutzung von operationalen und managementunterstützenden DV-Systemen (in Anlehnung an [Inmo96, 25])

3.2   Datenquellen

Im Rahmen der Datengewinnung muß zwischen unternehmensinternen und unternehmensexternen Datenquellen differenziert werden:

Gewinnung unternehmensinterner Daten

Die unternehmensinternen Daten werden zum überwiegenden Teil aus den operationalen DV-Systemen gewonnen. Nur ein kleiner Teil der Daten wird aus den Ergebnissen
managementunterstützender Systeme abgeleitet. Die unternehmensinternen Daten aus

den diversen Teilinformationssystemen basieren zwar oftmals auf unterschiedlichen Datenstrukturen und Formaten, diese lassen sich jedoch durch geeignete Transformationsprogramme ohne Medienbruch in das Data Warehouse übernehmen. (vgl. Abschnitt 4)

Gewinnung unternehmensexterner Daten

Viele Auswertungen und Analysen, die basierend auf den unternehmensinternen Daten des Data Warehouses erstellt werden, erlangen erst durch den Vergleich mit unternehmensexternen Daten eine für den Entscheidungsträger signifikante Bedeutung. Diese Daten sind mittlerweile in einer großen Anzahl überaus heterogener Datenquellen verfügbar. Man denke etwa an Nachrichtendienste von Wirtschaftsverbänden, politische Informationsdienste, Markt-, Meinungs- und Trendforschungsinstitute, Medienanalytiker sowie die Informationsgewinnung aus externen Datenbanken oder weltweiten Netzwerken wie das Internet. Hinzu kommen Daten aus in Auftrag gegebenen Untersuchungen sowie eigenen Beobachtungen des Unternehmens. Die heutzutage wichtigste Quelle stellt das World Wide Web (WWW) dar.

Durch diese Informationsvielfalt ist eine systematische Suche und Identifikation von relevanten Informationen unabdingbare Voraussetzung für eine effektive Nutzung und deren Hinzufügung zum Data Warehouse. Da für Dokumente aus dem Internet bereits Standardformate (z.B. HTML-Format[7] [Bern95], [Conn94]) existieren, ist es i.d.R. ohne große Probleme möglich, derart „vor"strukturierte Daten in das Data Warehouse zu integrieren. Ein unter dem Begriff Web Farming bekanntes Verfahren beschreibt die systematische Auffindung von WWW-Inhalten und deren Hinzufügung zum Data Warehouse. Die Durchführung des Web Farming vollzieht sich idealtypisch in folgenden Schritten [Hack96; Bold99]:

1. Identifikation von unternehmenskritischen Schlüsselobjekten:
   Als Objekte kommen hierfür z.B. Wettbewerber, Kunden, Lieferanten sowie Partner, bestimmte Kennzahlen wie z.B. Aktienkurse oder Branchenkennzahlen aber auch Pressemitteilungen von Wettbewerbern in Betracht. Die Ermittlung und Festlegung dieser Schlüsselobjekte ist abhängig vom Aufbau und den Inhalten des Data Warehouses.

2. Zuordnung der Schlüsselobjekte zu den Angeboten im WWW:

   Es müssen die potentiellen Informationsquellen aufgefunden und angebunden werden. Die Suche nach den jeweiligen WWW-Servern kann beispielsweise mit Hilfe von Suchmaschinen ausgeführt werden. News-Ticker und Online-Informationsdienste müssen abonniert und integriert werden.

3. Systematische Untersuchung des WWW-Angebots:

   Die Seiteninhalte sind zu analysieren. Im Falle dynamischer Quellen müssen eventuell geeignete Parameter spezifiziert werden.

4. Analyse des extrahierten Inhalts:

   Extraktion der relevanten und wesentlichen Inhalte. Dabei kommen u. a. linguistische Analysen oder die automatische Bilderkennung zum Einsatz.

5. Strukturierung im Hinblick auf das Data Warehouse-Schema:

   Die aufgefundenen Informationen müssen entsprechend aufbereitet und den vorab definierten Schlüsselobjekten thematisch zugeordnet werden. Danach werden sie mit einer zeitlichen Kennzeichnung in das Data Warehouse eingespielt.

6. Bekanntmachung der Information:

   Das Einspielen der oftmals schnell veralteten Informationen in das Data Warehouse genügt nicht. Die neuen Informationen müssen durch ein internes Marketing in Form von E-Mails oder periodischen News den Anwendern bekannt gemacht werden.

Im Gegensatz zu den internen Daten sind externe Daten heterogen, stammen aus nicht-kontrollierbaren Quellen, benötigen Adaptionen und sind oft mit direkt zurechenbaren Kosten verbunden. Allein die Vielzahl möglicher externer Informationsquellen macht die Auswahl solcher Informationsquellen, die Klassifikation der Informationen und auch ihre Auswertung weitaus komplizierter als bei internen Daten. Eine mögliche Klassifikation ist in [BeMu99, 444ff.] beschrieben.

Durch die zentrale Speicherung unternehmensexterner Daten im Data Warehouse wird sichergestellt, daß alle notwendigen, im Unternehmen vorhandenen externen Daten zur Verfügung stehen und alle Entscheidungsträger mit der gleichen Datenbasis arbeiten. Gleichzeitig wird - da die Datengewinnung nur einmal erfolgt - der Aufwand für die Informationsbeschaffung minimiert.

Unternehmensexterne Daten liegen in unterschiedlichster Form als Zahlen, meist jedoch als Texte, Graphiken, Bilder, sowie Ton- oder Videosequenzen vor. Da sich letztere nicht oder nur schwer in traditionelle Datenbanksysteme einbinden lassen, werden diese Daten in Abhängigkeit ihres Volumens und der zu erwartenden Nutzungshäufigkeit entweder in digitalisierter Form als separates Dokument im Data Warehouse gespeichert bzw. in ihrer ursprünglichen Form belassen und in geeigneten Archiven für die Entscheidungsträger bereitgehalten (vgl. Abbildung 5).

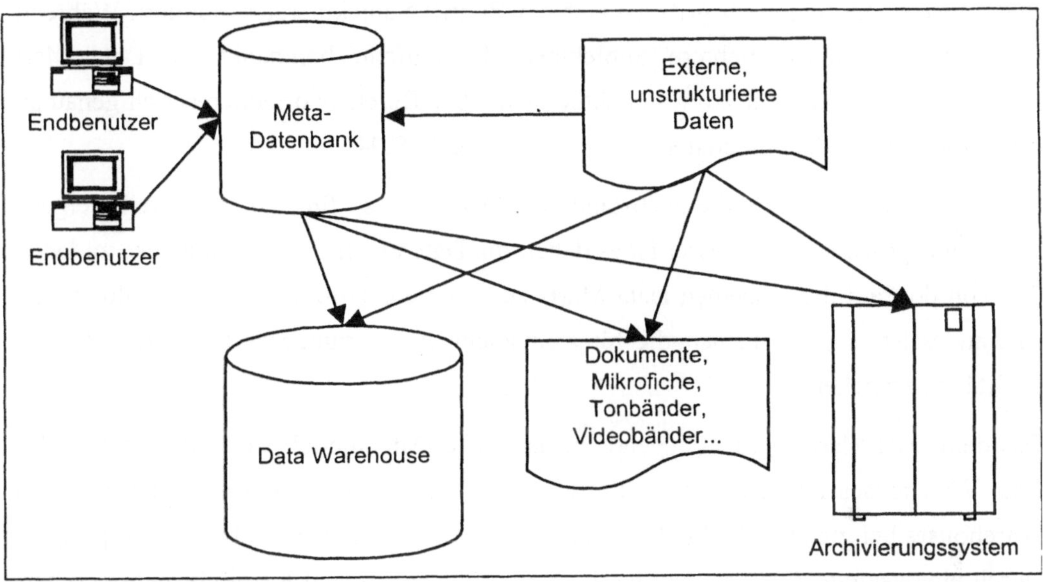

Abb. 5: Einbindung unternehmensexterner Daten in das Data Warehouse-Konzept (in Anlehnung an [MuHR96, 426])

Bei der Speicherung externer Daten ist - ebenso wie bei den internen Daten - ihr Zeitraumbezug von Bedeutung; sie sind mit Zeitmarken zu versehen.

3.3   Data Mart

Da das Data Warehouse eine Ideallösung darstellt und sich der Versuch, Auswertungen auf mehreren Giga- (oder gar Tera-)byte großen Datenbanken durchzuführen, häufig als sehr zeitaufwendig erweist, wird es zur Steigerung der Performance und der besseren Überschaubarkeit in kleinere Einheiten, den Data Marts, zerlegt. Ein Data Mart beinhaltet insofern einen bewußt redundant gehaltenen Ausschnitt des Data Warehouses für das Gesamtunternehmen. Dabei kann es sich z.B. um die Kopie aller relevanten Daten einer Region, einer bestimmten Produktgruppe oder eines speziellen Zeitausschnitts handeln, zugeschnitten auf eine spezielle Gruppe von Endanwendern managementunterstützender Informationssysteme.

Es gibt unterschiedliche Definitionen, was Data Marts sind. Es kann eine Datenzusammenfassung auf Abteilungslevel oder einer betriebswirtschaftlichen Aufgabenstellung sein. Als Sammelbegriff hat sich der Begriff Subjektbereich etabliert. Während das Data Warehouse mehrere Subjektbereiche umfaßt, beinhaltet ein Data Mart normalerweise einen oder zwei Subjektbereiche. Die Bereiche orientieren sich genau an den Informationbedürfnissen der Anwender. [Dege98, S.94]

Das Problem sind aber die selbständigen Data Marts, für die es jeweils eigene Extraktionsprozesse gibt. Besser ist es daher, die Daten in ein Data Warehouse zu laden und von dort auf die einzelnen Data Marts zu verteilen. Trotz des hohen Replikationsaufwandes ist es so einfacher, die für analytische Auswertungen erforderliche Datenqualität zu erreichen.

Das dem Data Mart zugrundeliegende semantische Datenmodell ist i.d.R. mit dem des Data Warehouses identisch. Dadurch, daß es sich um eine echte Teilmenge des Data Warehouses bei gleicher Technologie handelt, sind Data Marts auch leichter zu pflegen. Durch eine gezielte Analyse der Geschäftsprozesse lassen sich Kerninformationen herauskristallisieren, so daß man Data Marts generieren kann, die 80 % der Anfragen mit nur 20 % der gesamten Daten abdecken. Oftmals ist der Übergang zwischen den Data Marts und dem Data Warehouse fließend. Beginnend mit einem Data Mart, der in einer ersten Ausbaustufe nur Verkaufsdaten zur Verfügung stellt, werden in einem zweiten Schritt Detailinformationen über die Kunden, den Markt und die jeweiligen Produkte hinzugefügt, so daß Profitabilitätsrechnungen möglich sind. In einer nächsten Stufe werden dann weitere Informationen aufgenommen, um ein effizientes Bestellwesen zu erreichen. Wie dieses Beispiel zeigt, kann so durch schrittweise Integration verschiedener Datenquellen ein Data Warehouse entstehen.

3.4 OLAP-Datenbank

Eine Reihe von Anwendungen, z.B. aus dem Bereich des Controlling, generieren Informationen, die das Ergebnis multidimensionaler Betrachtungsweisen oder nach speziellen Regeln durchgeführten Konsolidierungen sind. Dieser Veredelungsprozeß setzt sich aus zwei Stufen zusammen: Bereits beim Laden der Daten in das Data Warehouse erfolgt eine „Vorveredelung" (Transformation) in Form einer betriebswirtschaftlichen Aufbereitung. Die zweite Verdichtung erfolgt in den Applikationen. Oft, aber nicht zwingend notwendig, ist mit diesem Veredelungsprozeß eine eigene Datenhaltung verbunden. Mit welcher Technologie diese Datenhaltung unterstützt wird, ist dabei zweitrangig: Es können sowohl - auf proprietären Datenstrukturen basierende - multidimensionale Datenbanksysteme (MDBS), als auch relationale Datenbanksysteme in Verbindung mit multidimensionalen Auswertungswerkzeugen zum Einsatz kommen.[8]

Auch bei der Verwendung von Auswertungswerkzeugen mit einer eigenen Datenhaltung kann ein Teil der Funktionalität der Applikation in das Datenhaltungssystem verschoben werden, so daß der Aufbau der gewünschten Sicht (in Form eines Schnittes durch den Datenwürfel) oder der Analyse beschleunigt wird. Es ergibt sich ein Trade Off: Je mehr Funktionalität in der Datenhaltungskomponente bereitgestellt wird, desto weniger muß in der Applikation jedesmal erstellt werden.

3.5 Operational Data Store

Werden von den Entscheidungsträgern eines Unternehmens für bestimmte Bereiche zeitpunktaktuelle Daten nachgefragt, um so die operative Unternehmensführung zu unterstützen, kann die Implementierung eines **Operational Data Store** (ODS) [InIB96] zur Überbrückung der zwischen zwei Datenübernahmen entstehenden Zeitspanne genutzt werden. [Zorn94, 17] In den ODS wird direkt ein sehr kleiner und zeitpunktaktueller Teil entscheidungsunterstützender Daten übertragen, deren Strukturen bereits an die Anforderungen der Auswertungswerkzeuge angepaßt sind, d.h. ein ODS dient nicht als „Ersatz"-Datenbasis für die operationalen DV-Systeme. Die benötigten Daten werden unter Berücksichtigung der Merkmale des Data Warehouse-Konzepts im Rahmen der Abarbeitung von relevanten Transaktionen der operationalen DV-Systeme online transformiert und gespeichert.[9] Neben den zeitpunktaktuellen Daten können im ODS aber auch verdichtete Daten, die einen im Vergleich zu den Data Warehouse-Daten sehr kurzen Zeitraum abbilden, gespeichert werden. So kann die Zeitspanne zwischen den Datentransfers aus den operationalen DV-Systemen in das Data Warehouse überbrückt werden. Erfolgt die Datenübernahme in das Data Warehouse beispielsweise monatlich, können im ODS Aggregationen auf Tages- und Wochenebene geführt werden, die den Managementunterstützungssystemen als Datenbasis für kurzfristige Auswertungen und Analysen zur Verfügung stehen. Diese Aggregationen müssen nicht zeitgleich mit den Transaktionen der operationalen DV-Systeme verarbeitet werden, da sie zur fehlerfreien Abwicklung des Tagesgeschäftes nicht benötigt werden. Hier kann die Verarbeitung zu einem Zeitpunkt mit niedriger Systemauslastung erfolgen, um das Antwortzeitverhalten der operationalen DV-Systeme nicht zu verschlechtern. Um dem Endbenutzer den Zugriff auf die Daten zu erleichtern und die Herkunft der Daten zu dokumentieren, müssen entsprechende Informationen über die im ODS gespeicherten Daten, die verwendeten Datenquellen, die durchgeführten Transformationen und die bestehenden Relationen innerhalb der Daten des ODS im Meta-Datenbanksystem geführt werden. [InHa94, 51 ff.] Im Rahmen der Datenübernahme aus den operationalen DV-Systemen in das Data Warehouse werden später auch die im ODS zwischengespeicherten Daten mit übertragen.

3.6   Meta-Datenbanksystem

Ein Data Warehouse soll - wie erwähnt - als unternehmensweiter Daten-Pool die Informationsversorgung autorisierter Einzelpersonen mit zuverlässigen, zeitrichtigen, genauen und verständlichen Geschäftsinformationen aus allen Unternehmensbereichen sicherstellen. Mitarbeiter aller Ebenen sollen dadurch in die Lage versetzt werden, selbständig die für eine bestimmte Aufgabenstellung benötigten Daten aus dem Data Warehouse herauszufiltern und die benötigten Hintergrundinformationen über Datenquellen, Transformationen und Verdichtungen zu erhalten. [Zorn94, 9] Aus der Zielsetzung des Data Warehousing folgt zudem, daß Entscheidungskompetenz nach unten verlagert wird und daß Endbenutzer zunehmend Aufgaben wahrnehmen, die früher nur von EDV-Spezialisten bewältigt werden konnten. [BeMu96, 11] Endbenutzer müssen daher im Rahmen ihrer Aufgabenerfüllung nicht nur Zugang zu den Daten des Data Warehouses haben, sie benötigen darüber hinaus eine Vielzahl weiterer Informationen, um beispielsweise die Relevanz des gefundenen Datenmaterials für die Geschäftsprozesse zu beurteilen, und um dann die richtigen Daten in den Kontext ihrer Aufgabenstellung einordnen zu können.

Im Gegensatz zu den operationalen Anwendungssystemen, bei denen die Suche und die Zugriffe auf die Daten mit Hilfe der Applikationslogik erfolgt, sind die Such- und Zugriffsfunktionen in Data Warehouse-Anwendungen entweder in die Auswertungswerkzeuge integriert, oder aber die Suche nach den für die Aufgabenlösung relevanten Daten muß mit Hilfe des Meta-Datenbanksystems erfolgen.

Für alle Endbenutzer ist das Meta-Datenbanksystem dementsprechend eine Art Hilfesystem, bestehend aus einem Informationskatalog und einer Navigationshilfe. Der Informationskatalog beschreibt die Informationsobjekte[10] in der Terminologie der Endbenutzer. (vgl. Abbildung 6) Die Navigationshilfe (Browser) unterstützt ein selbständiges und problemorientiertes Navigieren in den Meta-Datenbeständen.

Darüber hinaus unterstützt das Meta-Datenbanksystem auch die für den Betrieb des Data Warehouses verantwortlichen Mitarbeiter des DV-Bereichs. Für das **Data Warehouse-Management** stellt das Meta-Datenbanksystem alle notwendigen Informationen zur Steuerung der Transformationsprozesse aus den diversen Datenquellen sowie der Distributionsprozesse zu den weiterverarbeitenden Informationssystemen bereit. Die Meta-Daten definieren somit sämtliche Informationsflüsse von den Quell- zu den Zieldatenbanken. Aufgrund der Vielzahl der Quelldatenbanken, die jeweils eigene Standards für ihre Meta-Daten verwenden, ist deren Synchronisation von großer Bedeutung.

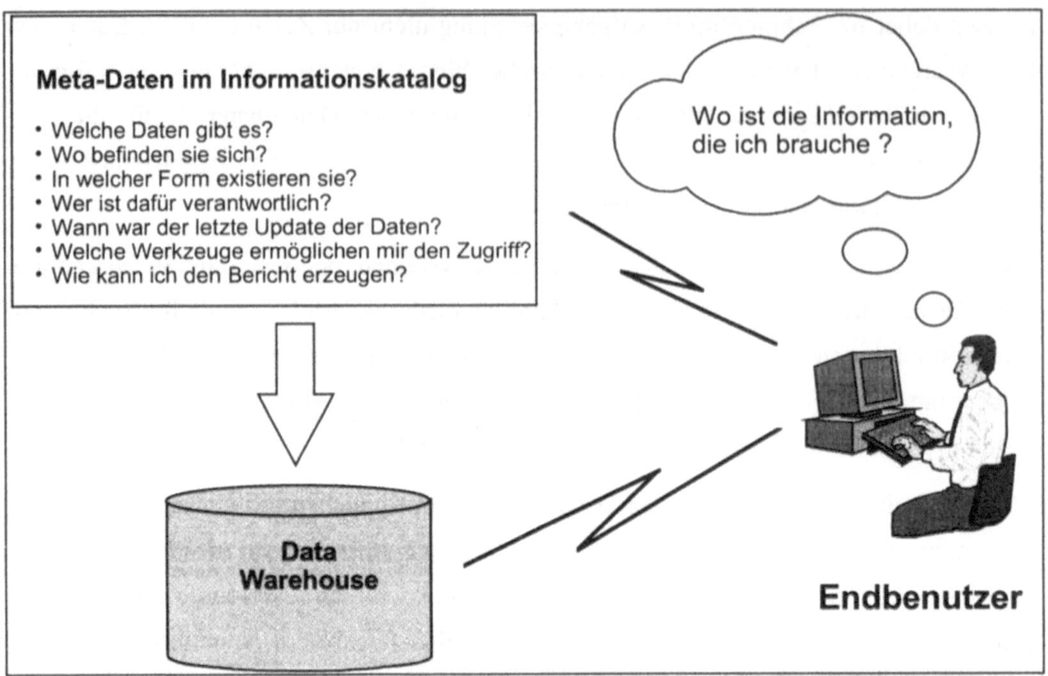

Abb. 6: Informationskatalog (in Anlehnung an [IBM95])

Meta-Daten gewinnen so den Charakter einer Architektur-Komponente, die als Mittler zwischen der Anwendung und den Daten fungiert. Den Anwendungen ist die direkte Sicht auf die Daten verwehrt; ein Zugriff ist nur über die Meta-Daten möglich. Auf diese Weise wird ein großes Problem für die Anwendungssysteme, nämlich die unvermeidbaren Änderungen im Datenmodell, gelöst. Die auf das Data Warehouse zugreifenden Anwendungen bleiben gegenüber Änderungen der Datenstrukturen in der Datenbank stabil.

Grundsätzlich lassen sich Meta-Daten aus unterschiedlichen Blickwinkeln betrachten und klassifizieren. Zu beachten sind dabei jedoch immer die Interdependenzen zwischen den diversen Sichtweisen. [Muck97, C811.06 ff.]

Stellt man die funktionalen Gegebenheiten in den Vordergrund, so bildet die Meta-Datenverwaltungsfunktion das Fundament für die anderen vier Hauptfunktionen eines Data Warehouses ([MoGr96], [MoMa96]):

- die Identifikation der Datenquellen (**Source**),

- den Datentransfer- und -migrationsprozeß (**Load**),
  der wiederum die Datenextraktion, die Datenbereinigung, den Transport sowie das Laden der Data Warehouse-Datenbank umfaßt,

- die Speicherungsfunktion (**Storage**),
  einschließlich aller Fragestellungen zur Integration der diversen Views von Data Warehouse-Daten. Dazu zählen die Wahl des Datenbankmanagementsystems (RDBMS bzw. MDBMS), Fragen der verteilten Datenhaltung einschließlich der Replizierverfahren, sowie alle Fragestellungen im Zusammenhang mit der Daten-archivierung.

- die Abfrage und Auswertungsfunktion (**Query**),
  bei der im Vordergrund die Betrachtung über den Einsatz von OLAP-Tools, Data Mining-Techniken, Simulationstechniken und WWW-Browsern für die Anwen-dungen der diversen Endbenutzer(-gruppen) steht.

Im Rahmen der Meta-Daten-Verwaltungsfunktion (**Meta-Data**) werden u.a. Meta-Daten gespeichert über [MuHR96, 426]:

- das dem Data Warehouse zugrunde liegende Datenmodell[11] sowie eine semantische und eine DV-technische Beschreibung aller gespeicherten Daten[12],

- die Herkunft der Daten[13],

- Informationen über den gesamten Transformationsprozeß, einschließlich der Angabe der Werteinheiten der einzelnen Datenfelder sowie der zeitliche Verlauf der bereits durchgeführten und geplanten Datenübernahmen aus den operationalen DV-Systemen [Inmo92a, 69],

- die Abbildung aller vorhandenen Verdichtungsstufen einschließlich des zeitlichen Ablaufes,[14]

- bestehende Auswertungen und Analysen, die als Mustervorlagen für andere Aufga-benstellungen dienen,[15]

- die Daten aus den externen Quellen, versehen mit einem entsprechenden Eintrag über Inhalt, Quelle, Datum, Form, Archivierungsort und Querverweisen auf bereits vor-handene Dokumente.

D. MCCLANAHAN unterscheidet folgende drei Meta-Daten-Ebenen bzw. Sichten auf Meta-Daten in einem Data Warehouse, die wiederum für unterschiedliche Benutzer-gruppen von Bedeutung sind [McCl96, 78 f.]:

- operationale oder Datenquellen-bezogene Meta-Daten

- Data Warehouse-bezogene Meta-Daten

- Benutzer- bzw. Geschäftssicht-bezogene Meta-Daten.

Die Inhalte der ersten beiden Meta-Daten-Ebenen sind sowohl für das Management des Data Warehouses als auch die Endbenutzer von Bedeutung.

Die Benutzer- bzw. Geschäftssicht-bezogenen Meta-Daten entsprechen den DSS-Meta-Daten nach V. POE.[16] [Poe96, 32 f.; 170 f.] Sie bilden eine Abstraktionsschicht zwischen den in der Data Warehouse-Datenbank gespeicherten Daten und den betriebswirtschaft-lichen Auswertungen in Form von Analysen und Reports.

Zusätzlich zu den bereits erwähnten Meta-Daten sollten in der Meta-Datenbank eines Data Warehouses folgende Meta-Informationen verfügbar sein [Brac96, 194 ff.]:

- ein **Lexikon der Datenbezeichnungen** zur Unterstützung einer einheitlichen Namensgebung von Datenobjekten einschließlich gebräuchlicher Abkürzungen,

- ein **Thesaurus**, der Synonyme für Datenobjekte und ihre Charakteristika enthält,

- ein alphabetisch geordnetes **Glossar** der verwendeten Bezeichnungen, Abkürzungen und Definitionen,

- ein **Datenstrukturverzeichnis** aller Data Warehouse-Daten,

- ein **Verzeichnis der Integritätsbedingungen**,

- **Cross-Referenz-Tabellen**

- ein **Data Directory**, das Beschreibungen enthält, welche Organisationseinheiten über welche Datenquellen und welche unveröffentlichten Dokumente verfügen, und wel-che Projekte im Zusammenhang mit dem Data Warehouse stehen. Zudem sollten im Data Directory die Ansprechpartner vermerkt sein.

Über das Meta-Datenbanksystem sind den Endbenutzern weiterhin geeignete Werkzeuge zur Unterstützung bei der Suche nach bestimmten Daten zur Verfügung zu stellen. Es ist somit ein Schlüsselelement für die Akzeptanz des Data Warehouses durch die Entscheidungsträger.

Als Meta-Datenbanksystem im Data Warehouse-Konzept können alle am Markt verfügbaren Produkte wie beispielsweise Rochade (R&O), Platinum Repository (Platinum) oder Data Atlas (IBM) eingesetzt werden. Bisher werden für die Erstellung und Pflege eines derart umfassenden Meta-Datenbanksystems allerdings noch keine zufriedenstellenden Softwarelösungen angeboten.

3.7   Archivierungssystem

Neben der Datenbasis beinhaltet das Data Warehouse-Konzept ein Archivierungssystem[17], das die Bereiche Datensicherung und -archivierung abdeckt.

Die **Datensicherung** wird zur Wiederherstellung des Data Warehouses im Falle eines Programm- oder Systemfehlers durchgeführt. Hierbei werden zumindest die Daten der untersten Verdichtungsstufe gesichert. Zur möglichst schnellen Wiederherstellung des Data Warehouses erscheint jedoch die Sicherung sämtlicher Verdichtungsstufen sinnvoll. Einsetzbar sind dafür alle aus dem Bereich der operationalen DV-Systeme bekannten Vorgehensweisen und Techniken. Die Datensicherungsmaßnahmen im Data Warehouse-Konzept beeinflussen den Bereich der operationalen DV-Systeme nicht. [InKe94, 6 ff.]

Generelle Zielsetzung von **Archivierungssystemen** ist es, die Produktivität durch die sofortige Bereitstellung notwendiger Informationen und Dokumente ohne Medienbrüche zu erhöhen und dafür entsprechende Speicherkapazitäten bereitzustellen. Archivierungssysteme unterstützen im Data Warehouse-Konzept insbesondere das Ziel, durch eine effiziente Speicherung und Verarbeitung großer Datenmengen auch für komplexe Ad hoc-Analysen kurze Antwortzeiten zu gewährleisten. Die Notwendigkeit der Datenarchivierung ist durch den Verdichtungsprozeß der Daten im Data Warehouse begründet. In Abhängigkeit der festgelegten Verdichtungsstufen und -frequenzen werden Daten der untersten Detaillierungsstufen aus dem Data Warehouse ausgelagert und auf

Offline-Datenträgern archiviert. Diese Reduzierung des Datenvolumens im Data Warehouse dient der Performancesteigerung.

Mit Hilfe eines Archivierungssystems können eine Anzahl von Aufgaben bewältigt werden, die sich den zwei Bereichen Archivierung und Recherche zuordnen lassen. [BuMa93, 14] Bei der Archivierung liegt der Schwerpunkt auf der Ablage von Dokumenten, die beispielsweise aus gesetzlichen oder betriebsinternen Gründen aufbewahrt werden müssen. Entsprechend der Datenverfügbarkeit unterscheidet man daher Daten, die nur kurzfristig benötigt werden, Daten, die eine mittlere Lebensdauer haben und schließlich Daten, die eine langfristige Nutzungsdauer aufweisen. [GuSS93, 7] Im Data Warehouse-Konzept liegt der Schwerpunkt insbesondere in der Archivierung von langfristigen Daten, um einen möglichst großen Zeithorizont der zu analysierenden Daten zu gewährleisten. [Chri96, 302 f.]

Der Schwerpunkt des zweiten Aufgabenkomplexes - der Recherche - liegt in der aktuellen, schnellen, einfachen und vor allem umfassenden Bereitstellung von Informationen und Dokumenten, die in Datenbanken und Archiven abgelegt sind. Zielsetzung entsprechender Systeme sind in erster Linie Kosteneinsparungen und die Steigerung der Effizienz bei der Nutzung der archivierten Informationen. Entscheidend für eine effiziente Recherche ist dabei die bei der Erfassung gewählte Art der Indizierung und die den Aufgaben entsprechende sorgfältige Planung der Indizierungsfelder. [FäHo94, 18]

Der Informationsaustausch zwischen den Komponenten eines Archivierungssystems wird durch eine Vernetzung auf Hard- und Softwareebene realisiert. Einige Komponenten wie beispielsweise die Archiv-, Programm- und Kommunikationsserver und die Datenspeicher werden dabei zentral gehalten; andere Komponenten, beispielsweise die Erfassungs- und Recherchearbeitsplätze sind - basierend auf einer Client- / Server-Architektur - verteilt im Gesamtsystem angeordnet. [Umst92, 41] Die Softwarearchitektur gliedert sich - wie Abbildung 7 verdeutlicht - generell in die zentralseitigen Software-Services und die Client-Module auf den Arbeitsplätzen. Dabei gehören zu den zentralen Services typischerweise die Basissoftware zur Anbindung an Fremdsysteme und zur Ansteuerung von optischen Speichern, zur Integration mit internen und externen Kommunikationsmöglichkeiten, die Software zur Imageverarbeitung und Indizierung sowie die Datenbank bzw. Datenbankansteuerung zur Verwaltung der Indizes. Module

für den Zugriff auf die Server-Dienste sowie für die Abfrage, Anzeige und Druck-
funktionen liegen auf der Client-Seite. [BeLe94, 216]

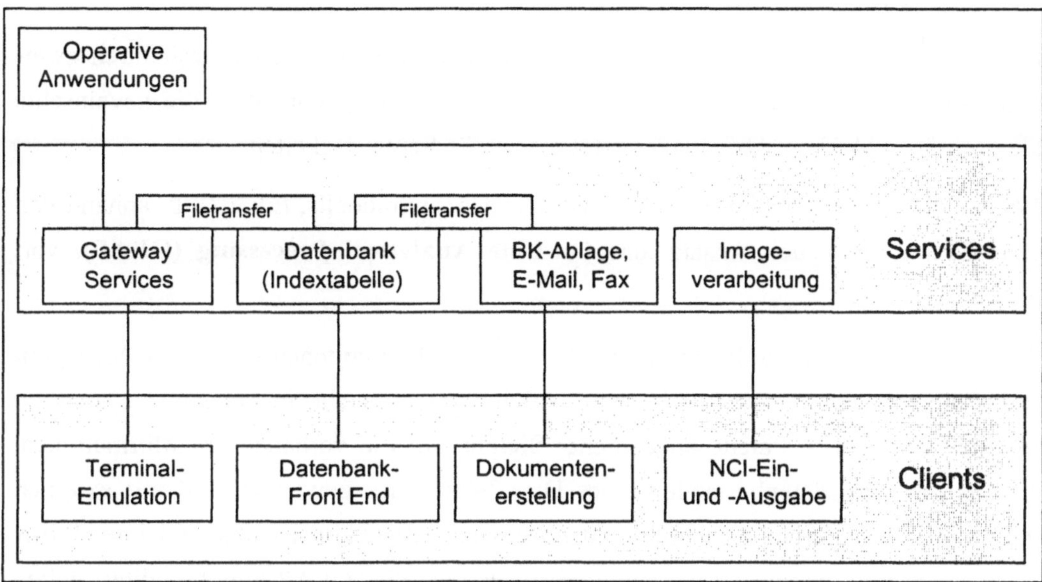

Abb. 7:　Generelle Software-Architektur [BeLe94, 216], (vgl. auch [Chri96, 304])

Durch die Vernetzung und Integration der Archivierungssysteme in der Client- / Server-
Architektur wird für die Data Warehouse-Benutzer sowohl die Bedienbarkeit erleichtert
als auch die wünschenswerte Transparenz des Informationskreislaufs innerhalb der
Systemwelten erreicht. Unabhängig von technischem Wissen, Zusammenhängen und
den Restriktionen der jeweiligen Systemwelten, kann der Data Warehouse-Benutzer auf
beliebige, im Gesamtsystem verfügbare, Informationen zugreifen. [Behr92, 39]

3.8　　Auswertungstools

Die Anforderungen bei der Datenanalyse für betriebswirtschaftliche Entscheidungen
sind stets situationsbedingt. Oft kommt dem Benutzer erst beim Betrachten einer
Auswertung eine Einsicht oder eine Idee, wie man die gegebene Problemstellung am
besten angeht. In allen Anwendungsbereichen, wie z.B. Finanzanalyse, Controlling und
Berichtswesen, Budgetierung, Qualitätssicherung und -kontrolle oder auch dem

Marketing, betrachtet man Teile der Unternehmensdaten aus unterschiedlichen Blickwinkeln. Es werden also unterschiedliche Sichten auf gegebenenfalls ein und dieselbe Datenbasis generiert.

Für diese Anforderungen sind die operationalen Informationssysteme mit ihren zweidimensionalen Strukturen jedoch nicht konzipiert worden. Vor allem die gewünschte Flexibilität für Ad hoc-Abfragen bereitet hier große Schwierigkeiten.

1993 stellte der Entwickler des relationalen Datenbankmodells, E.F. CODD, anhand von 12 Regeln einen neuen Ansatz, das **On-Line Analytical Processing (OLAP)**, vor. [CoCS93]

OLAP beschreibt eine Software-Technologie, die es betrieblichen Analysten, Managern und Führungskräften ermöglicht bzw. erleichtert, Einsicht in relevante Daten zu erhalten. Eine breite Palette angebotener Sichten auf die vorhandenen Informationen, die aus den Basisdatenbeständen eines Data Warehouse gewonnen und mit externen Informationen angereichert werden, ist mittels schneller, konsistenter und interaktiver Zugriffe direkt nutzbar. Als charakteristisch für die OLAP-Funktionalität gelten dynamische, multidimensionale Analysen auf konsolidierten Unternehmensdatenbeständen. OLAP ist daher keineswegs ein neues Datenbankkonzept, sondern vielmehr in den Bereich der multidimensionalen Analyse von Unternehmensdaten einzuordnen. [GlGC97, 282]

Bei der Strukturierung von Daten in einer multidimensionalen Matrix muß diese, räumlich gesehen, stets gedreht und auf die relevanten Merkmalsausprägungen beschränkt werden. Darüber hinaus sind die Unternehmensdaten nicht mehr im Detail, sondern in einer vorverdichteten Form abgebildet.

Für detaillierte Fragestellungen des Anwenders stehen Operationen wie Drill Down, Roll Up, Slicing (Rotation) und Data Dicing (Ranging) zur Manipulation des Datenwürfels zur Verfügung. Hierbei handelt es sich überwiegend um einen Wechsel von Dimensionen und Verdichtungsstufen, d.h. um eine Navigation im mehrdimensionalen Datenraum.

Das eigentliche Haupteinsatzgebiet für OLAP in der Managementunterstützung sind typische Controlling-Aufgaben. Hier kommen die Stärken dieser Technik besonders zur Geltung. Periodische Auswertungen sowie Ad hoc-Berichte und Warnhinweise bei kritischen Abweichungen von Planzahlen (Exception Reporting) können mit Hilfe eines OLAP-Werkzeugs in kürzester Zeit erstellt werden. Auch eine eingehende Analyse einer Abweichung stellt mit der Drill Down-Funktionalität kein Problem dar. Die Interpretation einzelner Werte ist und bleibt jedoch dem Endanwender überlassen. [Holt99, 49 ff.]

Die zweite, in jüngerer Zeit stark diskutierte Software-Technologie, ist das sogenannte **Data Mining**; ein Oberbegriff für Methoden und Techniken, die bislang unbekannte Zusammenhänge in den Datenbeständen eines Unternehmens aufdecken helfen. Data Mining wird deshalb auch als Datenmustererkennung bezeichnet. Oftmals liegen unbestätigte Hypothesen oder empirische Beobachtungen vor, die durch den Einsatz von Data Mining gezielt verifiziert, erweitert oder auch widerlegt werden sollen.

Der Begriff Data Mining beschreibt „*die Extraktion implizit vorhandenen, nicht trivialen und nützlichen Wissens aus großen, dynamischen, relativ komplex strukturierten Datenbeständen. (...) intelligente Verfahren der Datenanalyse versuchen 'ungehobene Schätze aus den Fluten von Rohdaten zu bergen'. Nicht zuletzt erwartet man aus effizient maschinell analysierten und aufbereiteten Daten Wettbewerbsvorteile.*"
[BiHa93, 11]

Data Mining verfolgt zwei Ziele: Es wird einerseits die zuverlässige Prognose unbekannter oder zukünftiger Werte und Entwicklungen angestrebt, sowie andererseits eine Analyse von Datenmengen zum Zweck der Erkennung nützlicher und interessanter Datenmuster.

Neuerworbene Erkenntnisse haben primär Auswirkungen auf Managemententscheidungen, z.B. in den Bereichen Sortimentspolitik, Marketing / Werbung, Warenpräsentation und Ladenlayout, die überwiegend im mittleren Management getroffen werden. Auf strategischer Ebene beeinflussen sie aber auch die mittel- und langfristigen Unternehmensziele, strategische Kooperationen sowie die Umsatz- und Gewinnerwartungen.

Die im Data Mining eingesetzten Methoden sind aus den Bereichen Statistik und Künstliche Intelligenz schon seit längerem bekannt. Grund für die erneute Diskussion dieser Methoden im Data Mining-Kontext ist einerseits die verbesserte technische Realisierbarkeit aufgrund hochleistungsfähiger Informationstechnologie und andererseits die Kombination mehrerer Verfahren zur Lösung komplexer Aufgabenstellungen, die durch einen isolierten Einsatz nur einzelner Techniken nicht erfolgreich bearbeitet werden können.

Data Mining wird zwar gerne als Schlagwort verwendet, bezeichnet aber genaugenommen nur einen Teilschritt im Gesamtablauf eines Prozesses, der i.a. als Knowledge Discovery in Databases (KDD) bezeichnet wird. Es ist der Versuch, Datenanalyse und Interpretation der Ergebnisse soweit wie möglich zu automatisieren und bezieht sich auf den gesamten Bereich der Ableitung von Informationen aus Daten.

Der KDD-Prozeß beginnt mit einer Vorstufe, in welcher relevantes und bereits vorhandenes Wissen über den gewünschten Anwendungsbereich gesammelt sowie die Zielsetzung der Anwendung festgelegt wird. [FaPS96, 30 f.] Hieran schließen sich folgende Schritte an:

1. Durch gezielte Extraktion von Daten aus unterschiedlichen Quellen und die Konzentration auf eine repräsentative Teilmenge von Variablen wird ein Ziel-Datenbereich geschaffen, der als Basis für das weitere Vorgehen dient.

2. Durch grundlegende Operationen, wie das Beseitigen von Ausreißern, das Ergänzen fehlender Daten, die Fehlerbereinigung sowie der Export in ein gemeinsames Datenformat, erfolgt eine Bereinigung und Vorverarbeitung der Daten.

3. Abhängig von der Art der gestellten Aufgabe wird durch weitere Reduktion oder Transformation die Zahl der betroffenen Dimensionen und Variablen in den Arbeitsdaten soweit wie möglich vereinfacht.

4. **Data Mining:**
   Mindestens ein geeigneter Algorithmus zum Aufspüren von Datenmustern wird ausgewählt und auf die Menge der Arbeitsdaten angewendet.

5. Im Anschluß daran erfolgt die Interpretation und Visualisierung der entdeckten Muster. Überflüssige oder irrelevante Muster werden aussortiert und das Verbliebene in einer für den Nutzer verständlichen Weise dargestellt.

   Unter Umständen ist die Rückkehr zu einem der vorausgegangenen Schritte nötig.

Am Ende des KDD-Prozesses soll das entdeckte Wissen soweit wie möglich in den Arbeitsablauf integriert werden. Das beinhaltet sowohl das Ergreifen von angemessenen Reaktionen als auch das Dokumentieren und Kommunizieren der Ergebnisse an betroffene und interessierte Stellen. Auch ein Abgleich im Hinblick auf Widersprüche mit bisherigem Wissen ist wünschenswert.

Auf der Anwenderseite sind zum Abruf von Daten aus dem Data Warehouse alle Report-Writer oder Endbenutzer-Front Ends (z.B. MS-EXCEL oder MS-ACCESS) denkbar. Darüber hinaus existiert eine Vielzahl spezieller DSS-Werkzeuge, einzuordnen in die Segmente Ad hoc-Abfrage und Berichtswerkzeuge. [Mart96a]

Eine Reihe von Softwareherstellern bietet auch „umfassende" Data Warehouse-Lösungen an. Beispielhaft sind die Firmen SAS, PRISM-Solutions oder Red Brick Systems zu nennen. Der Vorteil ihrer Lösungen ist einerseits die geringe Abstimmungs- und Schnittstellenproblematik zwischen den enthaltenen Data Warehouse-Komponenten. Hierbei handelt es sich jedoch andererseits um Alternativen, denen es an Offenheit mangelt, beziehungsweise die nicht alle Komponenten (z.B. die Meta-Datenbank) im Sinne der hier vorgestellten idealtypischen Data Warehouse-Architektur umfassen.

4   Funktionen

Eine wichtige Funktion im Data Warehouse-Konzept stellen die zur Übernahme unternehmensinterner und -externer Daten eingesetzten Extraktions-, Transformations- und Verdichtungsprozesse (vgl. Abbildung 8) dar. Im Idealfall sind sie die einzige Schnittstelle des Data Warehouses zu den operationalen DV-Systemen und den unternehmensexternen Datenquellen. Sie müssen Funktionen zur Extraktion von Daten aus unterschiedlichsten operativen Systemen, zum Transport und zur eigentlichen Transformation dieser Daten in das Data Warehouse umfassen.

Das realisierte Extraktions- und Transformationskonzept ist maßgeblich für die Qualität der Daten im Data Warehouse verantwortlich und bestimmt somit gleichermaßen deren Nutzen für die Entscheidungsträger. [Wigg90, 61] Die Zusammenführung von diversen internen und externen Daten sowie deren Transformation in thematisch strukturierte Informationsblöcke schafft die Grundlage, auf der später Geschäftsentscheidungen beispielsweise über profitable Kunden oder Produkte getroffen werden. Ein anderer Aspekt der Datenqualität ist die Beseitigung von Redundanzen. Beispielsweise ergeben sich bei

Handelsunternehmen erhebliche Einsparungen bei Mailingaktionen nach Bereinigung
ihrer Kundenstammdaten.

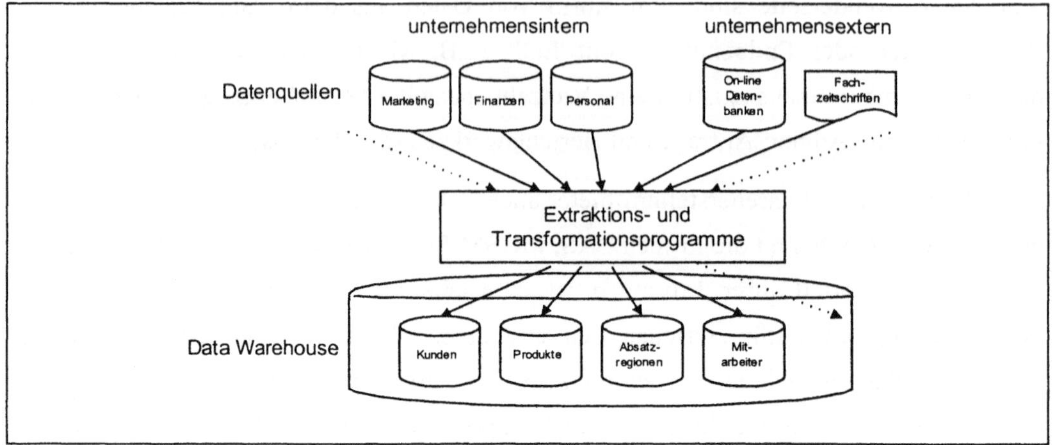

Abb. 8: Datengewinnung im Data Warehouse-Konzept (in Anlehnung an [MuHR96, 425])

Betrachtet man den Prozeß im Detail, so lassen sich die drei Sub-Prozesse

- Extraktion,

- Filterung und Harmonisierung sowie

- Verdichtung und Anreicherung

erkennen. [in Anlehnung an KeFi99, 80]

Die aus den Extraktions- und Transformationsprozessen resultierenden Regeln, Zuord-
nungen und Definitionen sollten idealerweise in Form von Meta-Daten abgelegt werden,
so daß bei Änderungen bzw. Erweiterungen der Quelldaten keine Neuprogrammierung
der Schnittstellen, sondern lediglich ein Anpassen der Meta-Daten erforderlich ist.

4.1   Extraktion

Der erste Schritt im Rahmen des Ladevorgangs ist die Schaffung einer Zugriffsmöglichkeit auf die operativen Datenquellen, die sowohl aus relationalen als auch nicht-
relationalen Datenquellen (hierarchische- oder netzwerkartige Datenbanken, VSAM-
Dateien, flache ASCII- oder EBCDIC-Dateien, etc.) bestehen können. Die vorhandenen

Quellsysteme residieren i.d.R. auf unterschiedlichen Hardwareplattformen und werden von unterschiedlichen Betriebssystemen unterstützt. In vielen Unternehmen existieren Altanwendungen, die auf veralteten Datenhaltungssystemen basieren, aber trotzdem relevante Informationsquellen für ein Data Warehouse sein können.

Bei der Extraktion aus den Quellsystemen bieten sich mehrere Methoden und Techniken an, die nachfolgend näher beschrieben werden [Kirc98, 258 ff.]:

- **Data Refresh**

Bei einem Data Refresh werden die Daten der Data Warehouse-Datenbank lediglich mit den Daten der Quellsysteme überschrieben, unabhängig davon, ob diese sich geändert haben oder nicht. Dieses ist die einfachste Methode, die, ähnlich dem Copy Management, weder Automatismen beinhaltet, noch die Daten kontrolliert und synchronisiert in eine Zielumgebung repliziert.

- **Data Update**

Unter einem Data Update wird ein Prozeß verstanden, der Daten in vorher definierten Intervallen, automatisiert von der Quell- in die Zielumgebung transportiert. Hierbei werden nur noch die Daten übertragen, die sich seit dem letzten Update in den Quellsystemen geändert haben. Dieser sogenannte **inkrementelle Update** oder **Delta Update** hat den Vorteil, daß in der Regel nur ein geringer Teil der Quelldaten übertragen werden muß und damit der Transport und Ladeprozeß weniger Zeit beansprucht. Der Delta Update hat gerade bei großen Data Warehouses eine entscheidende Bedeutung.

Das Konzept des Delta Update kann durch verschiedene Methoden umgesetzt werden. Durch sogenannte Monitore, die auf den Servern, auf denen die Quellinformationen liegen, implementiert sind, werden Veränderungen des Quelldatenbestandes sofort oder mit einer begrenzten zeitlichen Verzögerung an den Data Warehouse-Manager bzw. an das Transportprogramm weitergemeldet. Dieses führt dann den physischen Update-Prozeß der Data Warehouse-Datenbank durch.

Die Implementierung solcher Monitoring-Module hängt wesentlich von der Funktionalität und Beschaffenheit der Quelldatenträgersysteme ab [Tres96, 253 ff., Inmo96, 76 ff.]:

- Die Auswahl der für das Data Warehouse relevanten Datensätze gestaltet sich unproblematisch, sofern die Datensätze bereits bei Änderungen von den Anwendungsprogrammen mit einer Zeitmarke (Zeitstempel) versehen werden. In diesem Fall kann die Auswertung, welche Daten für die Aktualisierung des Data Warehouse relevant sind, über diese Zeitmarke erfolgen. Anhand dieser Marke ist festzustellen, welche Datensätze nach dem letzten Aktualisierungslauf hinzugekommen sind.

- Handelt es sich um ein Datenbankmanagementsystem, das Update-Logdateien erstellt, so können diese Dateien gelesen werden (z.B. durch Before- und After Images-Einträge). Alle veränderten Daten können so auf das Data Warehouse übertragen werden. Das Problem hierbei ist, daß Logdateien üblicherweise in einem Format erstellt werden, daß für Recovery-Systeme optimiert ist und somit eine Vielzahl von Informationen enthält, die für den Ladeprozeß unnötig sind. Außerdem werden zum Teil nicht immer alle Änderungen in den Update-Logdateien berücksichtigt wie z.B. durch Batch-Läufe geänderte Daten.

- Eine weitere Möglichkeit sind Datenbank-Trigger. Diese können gezielt für die vom Data Warehouse benötigten Tabellen angelegt werden und die Protokollierung übernehmen. Der Monitor kann dann direkt die gesondert abgelegten Protokolldateien einsehen.

- Fehlen sowohl Update Logdateien als auch Datenbanktrigger, so bleibt nur die Möglichkeit, von den Anwendungsprogrammen aus die Änderungen dem Monitor weiterzumelden. Dies ist jedoch eine sehr umstrittene Methode, da sie ein Umschreiben der gesamten Anwendungsprogramme erfordert.

- Eine weitere Möglichkeit ist der Einsatz von Snapshots[18]. Unter einem Schnappschuß (Snapshot) versteht man eine zu einem bestimmten Zeitpunkt erstellte Kopie einer Tabelle. Werden diese Snapshots in regelmäßigen Abständen wiederholt, so lassen sich durch einen Vergleich der beiden Kopien die in der Zwischenzeit neu erstellten Datensätzen identifizieren. Diese Vorgehensweise beansprucht sehr viel Zeit und Ressourcen und ist daher nur dann auszuwählen, wenn die übrigen Verfahren nicht angewendet werden können.

- **Data Propagation**

Diese Form des Transportprozesses ist die aufwendigste und wahrscheinlich auch teuerste. Hierbei werden die geänderten Daten der Quellumgebung synchron auf die Zielumgebung übertragen, während es sich bei den bisher beschriebenen Prozeduren um asynchrone Prozesse handelt. Diese Technik ist vor allem bei regional verteilten Data Marts sehr aufwendig.

4.2   Filterung und Harmonisierung

Im Rahmen der Filterung werden die Daten zunächst in einen temporären Zwischen-bereich (sog. Staging Area) geladen, der bereits aus Tabellen (im relationalen Sinne) besteht. Für jede Quelldatei wird eine gleich aufgebaute Tabelle angelegt, die als Basis zur Ausführung von Prüfroutinen dient und die automatisch zu entdeckenden Defekte bereinigen sollen. Aus den Extrakten werden so bereinigte Extrakte (vgl. Abbildung 9).

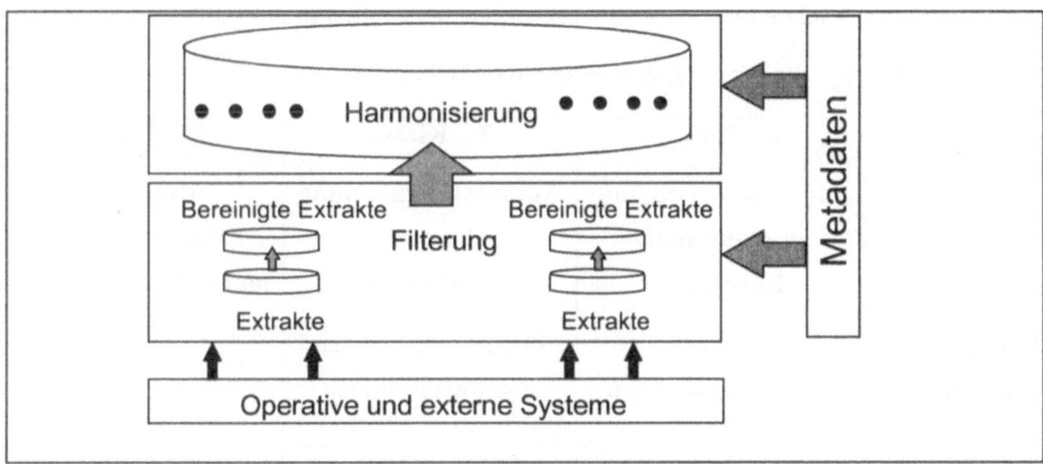

Abb. 9: Filterung und Harmonisierung [in Anlehnung an KeFi99, 80]

Im Rahmen der Bereinigung können sowohl syntaktische als auch semantische Defekte erkannt und teilweise bereinigt werden. Generell können drei Klassen von Mängeln unterschieden werden [KeFi99, 84ff.]:

- Automatisierbare Defekterkennung mit automatischer Korrektur

  Bei dieser Klasse handelt es sich um Fehler, die vor der Implementierung der Laderoutinen bekannt sind (z.B. Verwendung von besonderen Steuerzeichen zur Dokumentation in den operativen Systemen, die im Data Warehouse eliminiert werden müssen). Ein Beispiel für einen semantischen Fehler ist das Fehlen von Ist-Werten, so das im Rahmen der Bereinigung Plan-Werte oder Vergangenheitswerte hinzugezogen werden, um das Pflichtfeld Umsatz zu füllen.

- Automatisierbare Defekterkennung mit manueller Korrektur

  Eine Reihe von Syntaxfehlern lassen sich nur durch Hinzuziehung von Mitarbeitern des Fachbereiches bereinigen wie z.B. bislang unberücksichtigte Syntaxvarianten. Mit Hilfe von Plausibilitätskontrollen und Domänenprüfungen lassen sich gewisse semantische Mängel feststellen, die aber ebenfalls nur durch Fachkräfte korrigiert werden können.

- Manuelle Erkennung und manuelle Korrektur

  Da Syntaxbeschreibungen für alle Datenfelder vorliegen müssen, sind in dieser Klasse lediglich semantische Fehler zu berücksichtigen. Falsche Werte, die aber nur vom Fachbereich als solche erkennbar sind, fallen in diese Kategorie.

Abbildung 10 zeigt die drei Mängelklassen in der Übersicht.

Bereinigung	1. Klasse Automat. Erkennung und automat. Korrektur	2. Klasse Automat. Erkennung und manuelle Korrektur	3. Klasse Manuelle Erkennung und manuelle Korrektur
Syntaktische Mängel	Bekannte Formatanpassungen	Erkennbare Format-inkompatibilitäten	------
Semantische Mängel	Fehlende Datenwerte	Ausreißerwerte / unstimmige Wertekonstellationen	Unerkannte semantische Fehler in operativen Quellen

Abb. 10: Mängelklassifikation im Rahmen der Bereinigung [in Anlehnung an [KeFi99, 85]]

Bevor die Daten nach der Filterung in die Zieltabellen des Data Warehouses geladen werden können, muß eine Harmonisierung stattfinden, d.h. eine fachliche Abstimmung der bereinigten Daten. Oftmals existieren für gleiche betriebswirtschaftliche Größen unterschiedliche Namen bzw. für unterschiedliche Größen gleiche Namen. Ursache hierfür sind sprachliche Ungenauigkeiten wie Synonyme oder Homonyme. Ein Beispiel hierfür ist der Begriff Umsatz, der aus Sicht des Controlling anders definiert sein kann als für den Vertrieb. Die Auflösung erfolgt mit Hilfe von Umsetzungstabellen (Meta-Daten), über die Namensabgleichungen und Kodierungsabstimmungen durchgeführt werden. Nach erfolgreicher Evaluierung können die Daten aus der temporären Zwischenebene in das Zielschema des Data Warehouses überführt werden. Diese Überführung wird i.d.R. mit Hilfe einer Einleselaufnummer protokolliert, so daß später ein „gezieltes" Löschen eines kompletten Ladevorganges anhand der Einleselaufnummer möglich ist. Das Ergebnis dieser Phase ist ein konsistenter Datenbestand auf unterster Granularitätsebene.

## 4.3	Verdichtung und Anreicherung

Im Zusammenhang mit der Verdichtung muß zunächst der Begriff der Granularität erläutert werden. Mit dem Begriff Granularität – einem der wesentlichen Gestaltungsmerkmale eines Data Warehouse - wird der Detaillierungsgrad von Daten beschrieben. Sehr detaillierte Daten haben eine niedrige Granularität; mit steigender Verdichtung der Daten wird eine höhere Granularität erreicht. Die Granularität wirkt sich unmittelbar auf den benötigten Speicherplatzbedarf, die erreichbare Verarbeitungsgeschwindigkeit und die Flexibilität des Data Warehouses aus. [PoRe97, 52 ff.]

Aus DV-technischer Sicht ist eine möglichst hohe Granularität vorteilhaft, weil durch einen steigenden Verdichtungsgrad das Datenvolumen und somit der Online-Speicherplatzbedarf des Data Warehouses geringer wird, die Anzahl und Größe der Indexdateien sinkt, und die zur Datenmanipulation benötigten DV-Ressourcen sowie die Netzbelastung abnehmen. [Bisc94, 31] Aus Sicht der Entscheidungsträger ist eine niedrige Granularität vorteilhaft, da sie die Möglichkeit sehr detaillierter Auswertungen und Analysen bietet. Im Rahmen der Konzeptionsphase eines Data Warehouse-Projektes sind diese beiden Anforderungen an die Granularität des Data Warehouses daher unter

Berücksichtigung der aktuellen Situation und der zukünftigen Entwicklung des Unternehmens gegeneinander abzuwägen.

Um die gegensätzlichen DV-technischen und betriebswirtschaftlichen Anforderungen an die Granularität der in einem Data Warehouse gespeicherten Daten zu erfüllen, kann eine mehrstufige Granularität eingesetzt werden. [Inmo96, 45 ff.] Dabei bestimmt man verschiedene Granularitätsgrade, wobei die Datenverdichtung mit zunehmendem Alter der Daten steigt. So kann beispielsweise festgelegt werden, daß die Daten des aktuellen und des vergangenen Monats eine sehr niedrige Granularität haben, damit detaillierte, zeitnahe Auswertungen und Analysen durchgeführt werden können. Nach angemessenem Zeitablauf archiviert man ältere Detaildaten, um so Auswertungen und Analysen zu einem späteren Zeitpunkt zu ermöglichen. Nach der Archivierung werden die Daten auf sinnvolle Ebenen verdichtet und dem Endbenutzer in dieser Form Online zur Verfügung gestellt.

Zur Erreichung der mehrstufigen Granularität verwendet man die sogenannte „rollende Summierung". Hierbei werden beispielsweise zum Wochenende die Daten der einzelnen Tage auf Wochenebene, zum Monatsende die Wochendaten auf Monatsebene und zum Jahresende die Monatsdaten auf Jahresebene verdichtet. [Bisc94, 31] Diese Aggregation wendet man auf verschiedene Objekte des Unternehmens an, die auch zu neuen Objekten konsolidiert werden können. Ein Beispiel ist die Aggregation auf Produktebene mit Konsolidierung der für die Entscheidungsträger relevanten Sachverhalte Produktgruppe, Absatzkanal oder Region. Der Einsatz der mehrstufigen Granularität gewährleistet eine schnelle Verarbeitung von über 95 % der benötigten Auswertungen und Analysen durch die Online zur Verfügung stehenden Daten. Bei weniger als 5 % der Auswertungen und Analysen muß auf die archivierten Datenbestände zurückgegriffen werden. [Inmo93a, 51]

Obwohl die Entscheidung, welche (Vor-)Verdichtungen durchgeführt werden sollen, zum Design gehört, stellt die Verdichtung an sich eine Funktion dar, die während des Betriebs des Data Warehouse durchgeführt wird.

Die Verdichtung (Aggregation) gefilterter und harmonisierter Daten führt zu Datenzusammenfassungen, die einen wesentlichen Bestandteil von Data Warehouse-Lösungen ausmachen. Als Beispiel ist hier die stufenweise Verdichtung, mit der einzelne

Produkte zu Produktgruppen und diese zu Produkthauptgruppen aggregiert werden, zu nennen. Die Verdichtung der Daten kann entweder auf Programm- oder auf Datenbankebene realisiert werden. Auf Programmebene erfolgt die Verdichtung während der Datenübernahme durch die Transformationsprogramme oder nach einem fehlerfreien Datentransfer durch entsprechende managementunterstützende Systeme. [Bisc94, 31] Auf Datenbankebene werden die Verdichtungsregeln im Datenbankmanagementsystem hinterlegt und nach dem Datentransfer über entsprechende Trigger ausgelöst. [BePW94, 428]

Durchgeführt werden diese Verdichtungen in bestimmten Abständen oder nach gewissen Ereignissen. Die verwendeten Zeitintervalle und Verdichtungsstufen sind entsprechend den unternehmensindividuellen Anforderungen festzulegen.

Der letzte Schritt im Rahmen der Transformation stellt die Anreicherung dar. Hierunter versteht man die Entwicklung und Speicherung betriebswirtschaftlicher Kenngrößen aus gefilterten und harmonisierten Daten. Auf diese Weise entstehen aus internen und externen Daten neue Kennzahlen.

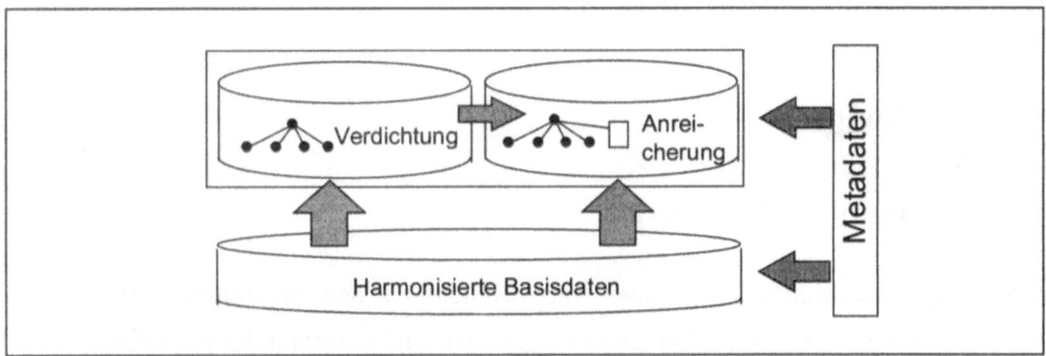

Abb. 11: Verdichtung und Anreicherung (in Anlehnung an [KeFi99, 80])

Im Rahmen der Extraktion und Transformation unterscheidet man das initiale Füllen des Data Warehouse (Initial Load) sowie die regelmäßige Datenübernahme. Beim Initial Load werden einmalig historische Daten aus den archivierten und aktuellen Datenbeständen der operationalen DV-Systeme des Unternehmens in das Data Warehouse übernommen, was aufgrund der Trennung von den operationalen DV-Systemen unkritisch ist. Anschließend erfolgt die Produktivsetzung des Data Warehouses, und es werden in regelmäßigen Abständen nur noch die laufenden Änderungen und Ergänzungen aus den Datenbeständen der operationalen DV-Systeme in das Data Warehouse überführt.

Die Frequenz der Aktualisierung des Data Warehouses wird weitestgehend durch die individuellen betriebswirtschaftlichen Anforderungen und DV-technischen Voraussetzungen des Unternehmens bestimmt. Sind wochen- oder monatsgenaue Datenbestände ausreichend, kann die Datenübernahme in Zeiten geringer Systembelastung, wie sie i.d.R. an Wochenenden vorliegt, durchgeführt werden, um so die Beeinträchtigung der Verarbeitungsgeschwindigkeit der operationalen DV-Systeme so gering wie möglich zu halten. In einzelnen Branchen, wie z.B. dem Handel, sind jedoch tagesgenaue Daten erforderlich, so daß die kürzeste Zeitdauer zwischen den einzelnen Datentransfers 24 Stunden betragen muß. Der Transfer erfolgt in diesem Fall nach Durchführung des Tagesabschlusses. [Inmo96, 192 f.]

Eine untertägige Datenübernahme widerspricht der Idee des Data Warehouse-Konzeptes, da neben dem Problem des Zeitbezugs auch das Anwortzeitverhalten der operationalen DV-Systeme wesentlich beeinträchtigt werden kann.

5   Design

5.1   Denormalisierung

Damit die Entscheidungsträger eines Unternehmens ein neu eingeführtes Data Warehouse überhaupt akzeptieren und langfristig nutzen, sind aufgrund der besonderen Qualität von Managementinformationen hohe Anforderungen an die Datenmodellierung zu stellen. [MuHR96]

In relationalen Datenbanken werden Relationen i.d.R. in der dritten Normalform implementiert, um referentielle Integrität und Datenkonsistenz zu gewährleisten. Mit dem Begriff Denormalisierung wird eine Vorgehensweise beschrieben, bei der ein Übergang zur nächsten Normalform aus Gründen der Praktikabilität wieder rückgängig gemacht oder gar nicht erst ausgeführt wird. Ziel der Denormalisierung ist bekanntlich die Reduktion der Datenbankzugriffe, die im Rahmen einer Auswertung oder Analyse anfallen, um so eine Entlastung der verwendeten Hard- und Software und somit eine Verbesserung des Antwortzeitverhaltens des Data Warehouses zu erreichen. Hierfür wird ein Anstieg des Speicherplatzbedarfs der denormalisierten Daten - bedingt durch die Entstehung von Redundanzen - sowie ein erhöhter Aufwand zur Erhaltung der referentiellen Integrität und Datenkonsistenz in Kauf genommen. [Bisc94, 31] Eine konkrete Form denormalisierter Strukturen ist beispielsweise das sog. „Star Schema", durch welches die Daten in einer mehrdimensionalen Form gespeichert werden. [StTe95, 5][19]

Der Gestaltungsaspekt Denormalisierung bezieht sich somit i.a. auf den Einsatz relationaler Datenbanksysteme. Das Data Warehouse-Konzept setzt jedoch nicht notwendigerweise den Einsatz eines relationalen Datenbanksystems voraus. Auch wenn ein anderes DBMS eingesetzt wird, spielt die Denormalisierung eine gewichtige Rolle, denn, unabhängig vom letztendlich zur Speicherung verwendeten Zieldatenbanksystem ist der Normalisierungsprozeß die sicherste Möglichkeit, Redundanzen in einem Datenmodell auf konzeptioneller Ebene festzustellen. [BiMR00, 100 ff.]

Im Rahmen des Data Warehouse-Konzepts tritt die Denormalisierung in unterschiedlichen Formen auf [Inmo96, 98 f.]:

- Durch die Zusammenlegung mehrerer Tabellen, zwischen denen eine 1:N-Beziehung besteht und für deren Kardinalität der Beziehung eine Obergrenze bestimmt werden kann, sinkt die Anzahl der auszuführenden Datenbankzugriffe. Dabei werden die Spalten der abhängigen Tabelle mit in die Master-Tabelle übernommen, da zwischen den Spalten i.d.R. eine enge Beziehung besteht und diese mit hoher Wahrscheinlichkeit für die Auswertung oder Analyse gemeinsam benötigt werden. [RaSc99, 266]

- Gibt es in einer Master-Detail-Beziehung eine unbestimmte Anzahl von Subsätzen, so kann es sinnvoll sein, gewisse Summenwerte redundant in der Mastertabelle vorzuhalten. Beispielsweise wird bei einer Rechnung in der Master-Tabelle die Summe der Kosten der Einzelpositionen aus der Detail-Tabelle bei jedem Insert oder Update einer Position neu berechnet.

- Daten, auf die mit hoher Wahrscheinlichkeit in einer bestimmten Reihenfolge zugegriffen wird, werden in einem Datenblock zusammengefaßt und können so mit nur einem Datenbankzugriff gelesen werden. Diese Form der Denormalisierung ist im

Rahmen des Data Warehouse-Konzepts von großer Bedeutung, da die gespeicherten Daten bekanntlich mit einer Zeitmarke versehen werden, die beispielsweise bei der Durchführung von Trendanalysen die Reihenfolge der benötigten Daten bestimmt.

- Durch den Prozeß der Normalisierung werden - wie erwähnt - Redundanzen eliminiert, wodurch insbesondere bei Einfügungen und Aktualisierungen von Datensätzen Vorteile in der Verarbeitungsgeschwindigkeit erreicht werden. Aufgrund des Charakteristikums der Nicht-Volatilität lassen sich jedoch selektive Redundanzen problemlos in die Datenbestände des Data Warehouses einfügen, um die Zahl der benötigten Datenbankzugriffe zu senken. Diese Redundanzen werden im Bereich der Datenübernahme berücksichtigt und sind im Meta-Datenbanksystem zu dokumentieren.

- Liegen für die einzelnen Attribute einer Tabelle hohen Grades stark divergierende Zugriffswahrscheinlichkeiten vor, so kann diese durch eine in Abhängigkeit der Zugriffswahrscheinlichkeit durchgeführten Aufteilung der Tabelle in mehrere Tabellen kleineren Grades zerlegt werden. Hierdurch wird pro übertragenem Datenblock eine größere Anzahl von Datensätzen mit einem Datenzugriff gelesen und somit insbesondere bei den Attributen mit hoher Zugriffswahrscheinlichkeit die Verarbeitungsgeschwindigkeit von Auswertungen und Analysen erhöht.

- Im Verlauf der Datenübernahme in das Data Warehouse können - bei einer nur unwesentlichen Erhöhung der Systembelastung - frei definierbare Profile über die im Data Warehouse gespeicherten Objekte definiert und mit aktuellen Daten bestückt werden. So kann beispielsweise ein Profil über das Informationsobjekt „Produkt" Angaben über die hergestellte und verkaufte Menge, die Anzahl der Reklamationen und den Gesamtumsatz enthalten.

Die Auswahl eines geeigneten Datenbanksystems für die Data Warehouse-Datenbasis ist sowohl von der Menge der zu speichernden Daten als auch von den darauf zugreifenden Anwendungssystemen abhängig. Das Spektrum einzusetzender Datenbanktechnologie kann daher relationale, erweitert relationale, [Muck92, 85 ff.] multidimensionale oder auch objektorientierte Datenbanksysteme umfassen. In der Praxis werden derzeit fast alle gängigen Softwareprodukte für die Datenbankverwaltung, für Datenbankabfragen oder auch für die Meta-Datenverwaltung in Data Warehouse-Projekten eingesetzt. So sind grundsätzlich alle relationalen Datenbanksysteme für den operativen Bereich auch im Data Warehouse-Konzept mit gewissen Einschränkungen vorstellbar. Aufgrund der in den Unternehmen bereits vorhandenen Erfahrungen im Bereich der relationalen Datenbanken erscheint der Einsatz dieser Technologie für das Data Warehouse derzeit als die wahrscheinlichste Alternative. Multidimensionale Datenbanksysteme [Vaug94, 30 ff.] werden jedoch aufgrund der zu erwartenden Performance-Vorteile in den nächsten Jahren zunehmend an Bedeutung gewinnen. Beispielhaft sind u.a. folgende derzeit am Markt verfügbare multidimensionale Datenbanksysteme zu nennen: Express (Oracle), Essbase (Arbor Software), Lightship (Pilot Software), ALEA (MIS AG) und TM/1 (Applix).[20] Eine mehr technische Diskussion des Leistungsumfangs für eine Datenbank im Data Warehouse-Konzept erfolgt in [Reut96, 28 ff.].

5.2   Partitionierung

Neben der Festlegung der Granularität der gespeicherten Daten ist die Partitionierung der Datenbestände, die auch unter dem Begriff Fragmentierung bekannt ist, ein weiteres Gestaltungsmerkmal des Data Warehouses, mit dem die Verarbeitungseffizienz entscheidend beeinflußt werden kann. Bei Durchführung der Partitionierung wird der gesamte Datenbestand des Data Warehouses in mehrere kleine, physisch selbständige Partitionen mit redundanzfreien Datenbeständen aufgeteilt.

Im Vergleich zu großen Datenbeständen lassen sich kleinere Dateneinheiten in bezug auf Restrukturierung, Indizierung, Reorganisation, Datensicherung und Monitoring einfacher verarbeiten. Allerdings erfordert die Partitionierung des Data Warehouses einen erhöhten Aufwand bei der Erstellung des Datenmodells, der Datenübernahme aus den operationalen DV-Systemen und der Durchführung von Auswertungen und Analysen, die auf die Daten verschiedener Partitionen zugreifen. [Inmo96, 55 ff.] Die Formen der Partitionierung werden durch technische und betriebswirtschaftliche Eigenschaften bestimmt.

Bei der DV-technischen Partitionierung wird zwischen einer Partitionierung auf Systemebene und einer Partitionierung auf Programmebene unterschieden.[21]

Neben der Differenzierung in programm- und systemgesteuerte Partitionierung kann im betriebswirtschaftlichen Kontext zwischen einer horizontalen und einer vertikalen Partitionierung der Daten unterschieden werden. Bei einer horizontalen Partitionierung werden die Daten eines Unternehmens z.B. auf die verschiedenen Tochter- und das Mutterunternehmen bzw. auf bestimmte Zeiträume aufgeteilt. Hierbei sind alle Partitionen durch eine identische Datenstruktur gekennzeichnet. Die horizontale Partitionierung wird insbesondere im Bereich der dezentralen Datenhaltung angewendet. Bei Aufteilung der Daten in vertikaler Richtung werden diese beispielsweise in Anlehnung an unternehmensbestimmende Sachverhalte oder Unternehmensbereiche untergliedert. Die Aufteilung erfolgt - betrachtet man eine Relation - spaltenweise. Die vertikale Partitionierung entspricht der Struktur eines großen Teils der Auswertungen und Analysen, die mit Hilfe von managementunterstützenden Systemen unter Nutzung des Data Warehouses durchgeführt werden.

Bereits im Rahmen des Designs eines Data Warehouses muß grundsätzlich festgelegt werden, ob und in welcher Form Datenbestände partitioniert werden sollen. Es erscheint sinnvoll, eine Partitionierung entsprechend dem Zeitraumbezug der im Data Warehouse gespeicherten (vor-) verdichteten Informationen vorzunehmen, um so zumindest eine grobe Aufteilung der Daten nach diesem für managementunterstützende Informationssysteme bedeutsamen Kriterium zu erreichen.[22]

5.3　Erstellung von Aggregationen

Da Ad hoc-Analysen häufig auf Daten höherer Hierarchiestufe (z.B. Produktgruppen anstatt Produkte) zugreifen, ist es sinnvoll, die dabei benötigten Aggregate zu unkritischen Zeitpunkten im voraus zu berechnen und in der Datenbank abzulegen. Dies gilt insbesondere auch für das Standardberichtswesen, für das aufbereitete Tabellen zeit- oder ereignisgesteuert (ein Zeitpunkt ist z.B. nach Beendigung eines Ladevorgangs) bereitgestellt werden können. Die aufbereiteten Ergebnisse können dann als Dokument (z.B. als pdf-Datei) auf einem Berichtsserver abgelegt und über das unternehmensinterne Intranet abgerufen werden. Somit werden langläufige Verdichtungen während der normalen Arbeitszeit vermieden und die die Akzeptanz des Data Warehouse erheblich verbessert.[23]

Bei der Planung dieser Aggregate muß folgendes beachtet werden: Zu viele Aggregationen führen zu inakzeptablen Betriebskosten und zu wenige zu einem Mangel an Performance. Um die Entscheidungen der Designphase, bestimmte Voraggregationen vorzunehmen, zu verifizieren, werden oftmals zunächst Views mit Auditing-Funktion erstellt. Durch Auswertung der darauf basierenden Statistiken kann im Betrieb herausgefunden werden, welche Aggregationen häufig genutzt werden und daher zu physikalischen Tabellen umgewandelt werden müssen. [AnMu97, 127]

6 Betrieb und Administration

6.1 Verfügbarkeit

Bei der Planung des Data Warehouses ist es unerläßlich, die Verfügbarkeit des Systems festzulegen. Insbesondere für die Planung der Datensicherung / Archivierung bzw. des Wiederanlaufs nach einem Systemabbruch müssen die entsprechenden Zeitfenster für diese Aufgaben definiert werden.

Wenn über die Verfügbarkeit eines Systems gesprochen wird, müssen zunächst die gängigen Betriebsarten geklärt werden [AnMu97, 265 ff.]:

- operational

  Ein operationales System wird für das tägliche Geschäft benötigt. Bei Ausfall kann die anfallende Arbeit nicht erledigt werden und führt zu Verzögerungen. Erst bei einem längeren Ausfall kann es auch zu finanziellen Verlusten führen. Die Abhängigkeit von dem System geht aber nicht soweit, das das Unternehmen nicht mehr in der Lage ist, seinen Kerngeschäften nachzugehen (z.B. ein System für das Rechnungs- und Versandwesen).

- betriebsnotwendig

  Betriebsnotwendige Systeme sind zur Erfüllung der täglichen Arbeit notwendig, jedoch nicht jede Ausfallzeit – auch nicht innerhalb des Arbeitstages – führt automatisch zu finanziellen Verlusten (z.B. ein Prämienprogramm einer Versicherung).

- 7 mal 24

  Ein System mit einer solchen Verfügbarkeit muß die gesamten 24 Stunden eines Tages verfügbar sein. Es muß nicht zwangsläufig operational oder betriebsnotwendig sein, sondern es kann aufgrund der Arbeitslast notwendig sein, daß für das System kein Zeitfenster bleibt, an dem es heruntergefahren werden kann (z.B. ein System zur Verarbeitung der Tagesdaten, das so aufwendig ist, daß die Nacht dafür nicht ausreicht.).

- 7 mal 24 mal 52

  Für ein solches System darf es keine Ausfallzeit geben, da sonst z.B. Sicherheitsinteressen gefährdet sein könnten (z.B. Luftverkehrskontrollsysteme).

Ein Data Warehouse ist aufgrund seines dispositiven Charakters niemals operativ und darf auch nicht indirekt zu einem solchen gemacht werden, d.h. es sollte nicht als Datenlieferant (Quellsystem) für ein operatives System mißbraucht werden. In der Regel werden Data Warehouses im Laufe der Zeit aufgrund der zeitintensiven Verdichtungen zu einem 7 mal 24-System.

Die Anwenderanforderungen an ein Data Warehouse lassen sich in Dialog- und Stapelverarbeitung unterteilen. Im Rahmen der Analyse müssen für jede spätere Anwendergruppe die Arbeitszeiten für den Dialog- und Stapelbetrieb bestimmt werden. Die jeweils akzeptierten bzw. maximalen Antwortzeiten für den Dialogbetrieb müssen geklärt werden. Aufgrund der großen Datenmenge in einem Data Warehouse ist es notwendig, vorab zu klären, ob sehr aufwendige Dialogabfragen nicht im Stapelbetrieb ablaufen können.

Die Systemanforderungen legen die akzeptierte Abschaltzeit des Systems fest. Die Verfügbarkeit wird üblicherweise in einem Prozentsatz an Laufzeit gemessen [AnMu97, 271]. Die Formel lautet:

$$D = 100 - A$$

(D = akzeptierte Abschaltdauer, A Prozentsatz der geforderten Verfügbarkeit)

Dabei umfaßt D sowohl die geplante als auch die ungeplante Abschaltdauer. Gerade im Data Warehouse-Umfeld wird die Abschaltdauer weiter in die Online-Abschaltzeit (D_n)

und die Offline-Abschaltzeit (D_f) unterteilt. Aufgrund der vielen Vorverdichtungen und Berechnungen aber auch komplexen Ladeprozessen ist D_f besondere Aufmerksamkeit zu schenken.

$$D_n = 100 - A_n$$

$$D_f = 100 - A_f$$

6.2   Tages- und Nachtbetrieb

Vorgänge, die für den Tagesbetrieb geeignet sind:

- Überwachung der Anwendungsdämons

- Abfrageverwaltung (Ad hoc und Stapel)

- Evtl. Aktualisierungen von Data Marts

Vorgänge, die für den Nachtbetrieb geeignet sind:

- Datenkomprimierungen

- Indizierung

- Herstellen und Verwalten von Aggregationen

- Datensicherung

- Archivierung

- Aktualisierungen von Data Marts

6.3   Administration

Folgende Aufgaben müssen vom Data Warehouse-Adminstrator wahrgenommen werden:

- Überwachung des Lade- und Aggregationsmanagements

- Performancemanagement

- Zugriffsmanagement

- Integration neuer Daten- und Auswertungsanforderungen

- Versionskontrolle

- Überwachung des Systems

- Datenarchivierung

7   Organisationsformen

Die Struktur eines Data Warehouses wird zum größten Teil durch den Aufbau und die Organisation des Unternehmens, die vorhandene DV-Infrastruktur und die Planung über die zukünftige Entwicklung des DV-Bereichs bestimmt. Ein Data Warehouse kann in Abhängigkeit der unternehmensindividuellen Anforderungen als zentrale oder verteilte Datenbasis für managementunterstützende Informationssysteme implementiert werden, wobei die Aufteilung durch technische, geographische, organisatorische und rechtliche Aspekte bestimmt wird. [Wall94, 56] Eine weitere Organisationsform, die die Anforderung eines schnellen Zugriffs auf operationale Daten unterstützt, sind soge- nannte virtuelle Data Warehouses, deren Charakteristika in Abschnitt 7.3 vorgestellt werden. Als Alternative zu den bis dahin vorgestellten Organisationsformen wird in Abschnitt 7.4 abschließend auf die sog. „Hub- and Spoke"-Architektur eingegangen.

7.1 Zentrale Organisation

Für die Unternehmen, deren operationale DV-Systeme durch einen zentralen DV-Bereich betrieben werden, bietet sich die Einrichtung eines zentralen Data Warehouses an. Die vorhandene DV-Infrastruktur und die Erfahrung der Mitarbeiter des DV-Bereiches erleichtern und beschleunigen die Umsetzung des Data Warehouse-Konzepts. Da viele Unternehmen mit einem zentralen DV-Bereich arbeiten, wird für den größten Teil der Data Warehouse-Installationen eine zentrale Struktur gewählt. [Inmo96, 197 ff.]

Vorteile eines zentralen Data Warehouses sind der unkomplizierte Zugriff auf die Daten aller Unternehmensbereiche, die zentrale Erstellung und Pflege des im Vergleich zum verteilten Data Warehouse einfacheren Datenmodells, die geringe Netzbelastung durch die zentrale Ausführung von Auswertungen und Analysen sowie die erleichterte Zugriffskontrolle. [Schä95, 46 f.]

Die wesentlichen Nachteile eines zentralen Data Warehouses sind der erschwerte oder sogar unmögliche Zugriff der ausgegliederten Unternehmensbereiche auf die gespeicherten Daten, eine gegebenenfalls untergeordnete Berücksichtigung der Informationsbedarfe der Entscheidungsträger, die nicht in der Unternehmenszentrale tätig sind, sowie das Antwortzeitverhalten, das durch die Verarbeitung aller Datenbankanfragen auf einem Server beeinträchtigt wird. [Zorn94, 16]

Auch für Unternehmen, deren operationale DV-Systeme dezentral in den einzelnen Unternehmensbereichen betrieben werden, kann der Einsatz eines zentralen Data Warehouses die genannten Vorteile bringen. Da jedoch die operationalen DV-Systeme der verschiedenen Unternehmensbereiche im allgemeinen auf unterschiedlichen Datenmodellen basieren, müssen geeignete Transformationsprogramme zum Einsatz kommen.

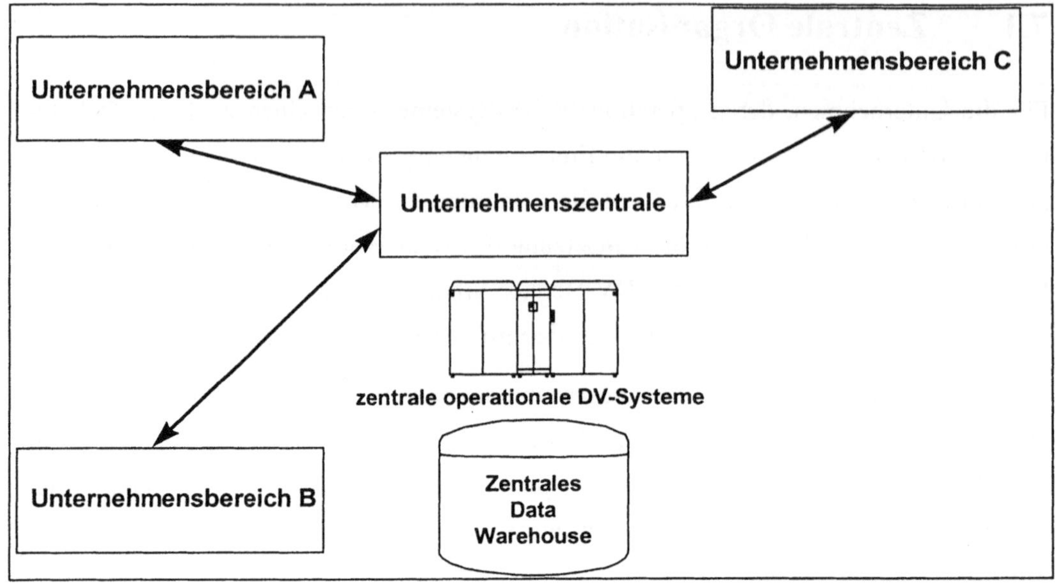

Abb. 12: Zentrale operationale DV-Systeme mit zentralem Data Warehouse

Viele Unternehmen beginnen mit der Installation eines zentralen Data Warehouses auf einem Großrechner. Dieses wird aber im Laufe der Nutzung oftmals auf eine verteilte Struktur mit unterschiedlichen Hard- und Softwareplattformen umgestellt, um die Flexibilität, Verfügbarkeit und Performance des Data Warehouses zu optimieren sowie die Unabhängigkeit der Benutzer vom zentralen DV-Bereich zu gewährleisten. [Bisc94, 33]

7.2   Dezentrale Organisationen

Das Data Warehouse kann auch als verteilte Datenbasis implementiert werden, um den ausgegliederten Unternehmensbereichen den direkten Zugriff auf die gespeicherten Daten zu ermöglichen. [Appl94, 5] Die Umsetzung eines verteilten Data Warehouses ist allerdings nur für die Unternehmen sinnvoll, deren bestehende operationale DV-Systeme bereits dezentral betrieben werden, da hier die benötigte DV-Infrastruktur und Erfahrung im Umgang mit verteilten Systemen vorhanden ist. [HoMR95, 29 ff.]

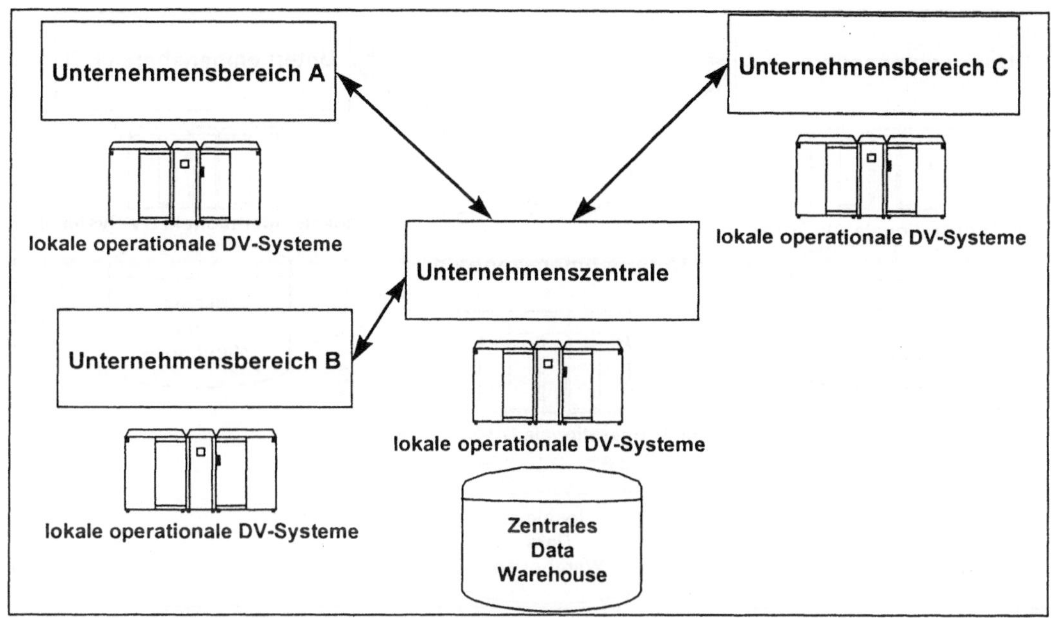

Abb. 13: Verteilte operationale DV-Systeme mit zentralem Data Warehouse

Der Vorteil der vollständig verteilten Data Warehouse-Struktur ist die Verfügbarkeit aller lokalen Daten in allen Unternehmensbereichen und eine sehr hohe Flexibilität, die unter Nutzung der vorhandenen Client- / Server-Umgebung erreicht wird. [Schä95, 48 f.] Allerdings ist die Netzbelastung bei unternehmensweiten Auswertungen und Analysen, die zum größten Teil in der Unternehmenszentrale durchgeführt werden, sehr hoch, da alle Daten aus den einzelnen lokalen Data Warehouses abgerufen werden müssen. Zwei denkbare Alternativen für verteilte Data Warehouse-Strukturen zeigen die Abbildungen 14 und 15 [Inmo96, 202 f.]:

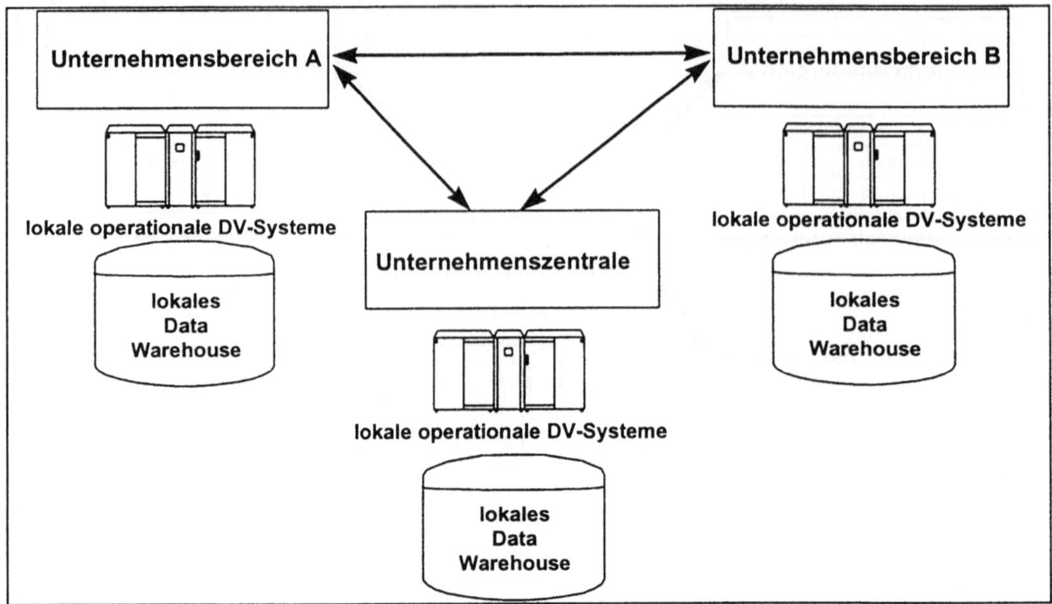

Abb. 14: Vollständig verteilte Data Warehouse-Struktur

Dieser Nachteil wird durch die Einführung eines globalen Data Warehouses in der Unternehmenszentrale beseitigt, in dem die für unternehmensweite Auswertungen und Analysen benötigten Daten zentral gespeichert werden. [Wall94, 57] Die Daten des globalen Data Warehouses sollten, da unternehmensweite Datenbankabfragen i.d.R. auf aggregierte Daten zugreifen, eine hohe Granularität aufweisen.

In den lokalen Data Warehouses werden die Daten in allen Verdichtungsstufen gespeichert, um detaillierte Abfragen auf lokaler Ebene zu ermöglichen. Wegen der reduzierten Datenmenge können kleinere Rechner als Datenbankserver eingesetzt werden, die durch niedrige Anschaffungs- und Betriebskosten sowie eine hohe Flexibilität aufgrund von Skalierbarkeit gekennzeichnet sind.

Die Nachteile der dezentralen Data Warehouse-Struktur liegen in der aufwendigeren Verwaltung der Daten, einem wesentlich komplexeren Datenmodell, einer erhöhten Netzbelastung und - bei Nutzung eines globalen Data Warehouses - in der Speicherung redundanter Daten.

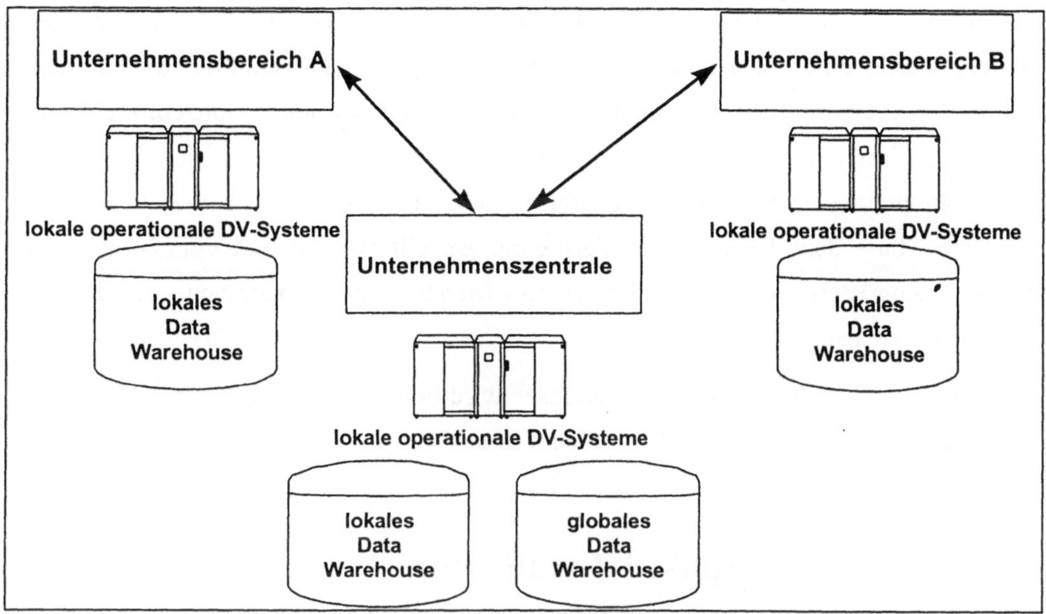

Abb. 15: Verteilte Data Warehouse-Struktur mit globalem Data Warehouse

7.3   Das virtuelle Data Warehouse

Das Data Warehouse-Konzept sieht - betrachtet man es idealtypisch - die strikte Trennung von operativen und dispositiven Daten vor. In der Praxis stellt sich jedoch immer wieder die Frage des Zugreifens auf aktuelle operative Detaildaten im Rahmen einer Analyse. Ein Lösungsansatz ist die bereits erwähnte Implementierung eines Operational Data Stores. Bei diesem ist die Aktualität der dispositiven Daten zwar besser als im Data Warehouse, sie genügt dennoch nicht den Anforderungen einer zeit(punkt)nahen dispositiven Auswertung.

Um dieser Anforderung, auf aktuelle Detaildaten zugreifen zu können, gerecht zu werden, wurde das Konzept des **virtuellen Data Warehouses** entwickelt. Ein virtuelles Data Warehouse besteht lediglich aus einer Meta-Datenebene, welche den Benutzern eines Data Warehouses einen begrenzten Zugriff auf detaillierte, operative Daten ermöglicht. Virtuell bedeutet, daß lediglich die Meta-Daten physisch existieren, die Data Warehouse-Datenbasis aber nur scheinbar bereitsteht.

Da die operativen Systeme i.d.R. mit über 90 %iger Systemauslastung betrieben werden, würde eine zusätzliche Belastung u.U. zum Zusammenbruch der Systeme führen. Aus diesem Grund wird es in der Praxis ein rein virtuelles Konzept nicht oder nur in Ausnahmefällen geben. Vermutlich wird in der Praxis eine Mischform, also eine Kombination aus extrahierten und transformierten Daten, die im Data Warehouse oder den Data Marts dem Benutzer zu Verfügung gestellt werden und einigen wenigen direkten Zugriffen auf eine begrenzte Menge von operativen Daten am wahrscheinlichsten sein.

Das Konzept des virtuellen Data Warehouses wird beispielsweise von der Firma Intersolv Incorporated mit der Meta-Datenschicht SmartData angeboten.[24]

7.4 „Hub- and Spoke"-Architektur

Als Alternative zum zentralen unternehmensweiten Data Warehouse haben sich in der Praxis die Data Marts entwickelt. Dies ist auf folgendes Manko zurückzuführen:

Ein zentrales Data Warehouse erfordert ein unternehmensweites Datenmodell. Aus den Zeiten des Computer Aided Software Engineerings (CASE) weiß man jedoch, daß ein unternehmensweites Modell i.d.R. nicht realisierbar ist. Die Gründe dafür liegen auf der Hand. Der Versuch, ein solch umfangreiches Modell aufzubauen, ist ein sehr langwieriges Projekt, kurz- bis mittelfristig sind keine zufriedenstellenden Ergebnisse zu erwarten. Gelingt es dennoch, so ist das unternehmensweite Datenmodell mit derart vielen Kompromissen behaftet, daß es seitens der Fachabteilungen keine Akzeptanz findet. Darüber hinaus verändern sich aufgrund der dynamischen Marktgegebenheiten auch die internen Unternehmensstrukturen sehr schnell. Der Anpassungsaufwand an diese Gegebenheiten verzögert das Projekt „Unternehmensweites Data Warehouse-Datenmodell" noch mehr.

Als Folge davon sucht man in den Fachbereichen / -abteilungen kurzfristige Lösungen in Form von Data Marts zu implementieren. Sind die Datenmodelle derartiger Lösungen nicht aufeinander abgegestimmt und die Data Marts werden isoliert implementiert, so erhält man wiederum nur Insellösungen mit Inkonsistenzen in der Datenhaltung. Durch die diversen abteilungsgebundenen funktionalen MIS / EIS-Lösungen geht auch die notwendige Prozeßorientierung verloren.

Die Lösung der geschilderten Problematik ist in der „Hub- and Spoke"-Architektur (vgl. Abbildung 16) zu sehen, bei der Data Marts im Sinne fachlicher Sichten auf das zentrale Data Warehouse entwickelt werden. Das Data Warehouse arbeitet als „Hub" und ist zumindest durch seine Meta-Daten existent. Die Haltung der Daten kann lokal im jeweiligen Data Mart erfolgen.

Wählt man die geschilderte Vorgehensweise, so können zur Steuerung und Kontrolle ausgewählter Geschäftsprozesse bei überschaubarem Budget in kurzer Zeit erfolgversprechende integrierte Lösungen implementiert werden.

Als Schwachstelle der mehrschichtigen Hub- and Spoke-Architektur ist derzeit immer noch die Meta-Datenverwaltung anzusehen, mit der das gesamte Konzept steht und fällt. Zwar existieren eine Reihe brauchbarer Repository-Lösungen (z.B. Prism Solutions, Viasoft und Platinum Technology), die Integration eines Repositories mit den Analysewerkzeugen ist meist aber unzureichend. Mit dem vorliegenden MDI-Standard der Meta Data Coalition liegt aber bereits eine von den Herstellern akzeptierte und umgesetzte Schnittstelle für den Meta-Datenaustausch vor.

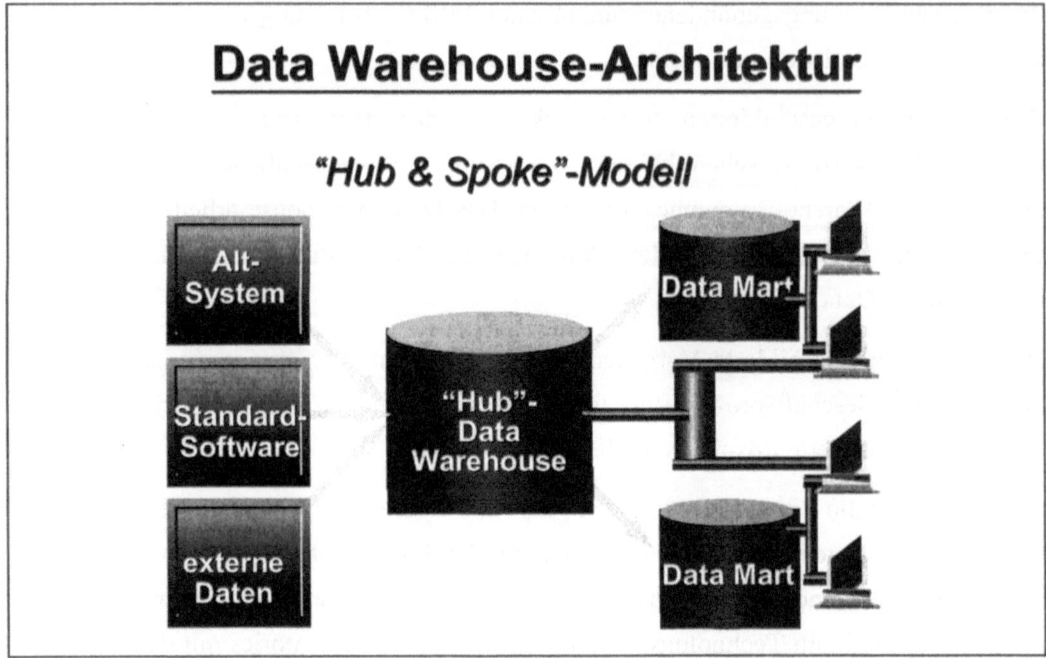

Abb. 16: „Hub- and Spoke"-Architektur im Data Warehouse-Konzept [Mart97a, 126]

8   Integration der Internet- / Intranet-Technologien

Eine weitere, wesentliche Verbesserung der betrieblichen Informationsversorgung und auch des Data Warehousing wird durch die Nutzungsmöglichkeiten der Internet-Technologien innerhalb der Unternehmen erreicht.

Die Lösung der in Abschnitt 7.2 genannten Problembereiche dezentraler Strukturen mit einer Vielzahl von Endbenutzern verspricht das Konzept des Internet / Intranet. Intranets, dies sind - ggf. nach außen abgeschottete - unternehmensinterne Netze, die auf denselben Technologien wie das offene Internet basieren, bieten den Endbenutzern eine einheitliche, standardisierte Benutzeroberfläche, mit der sie Daten, Text und Sprache sowie Fest- und Bewegtbilder be- und verarbeiten können. Das Intranet ermöglicht die Verbesserung unternehmenseigener Kommunikationsprozesse, umgesetzt mit Standardtechnologien des Internets und geschützt durch Firewalls, Client- / Server-Authentifizierung und Verschlüsselung. Das Problem vieler Unternehmen besteht jedoch derzeit noch darin, daß die entscheidungsunterstützenden Informationen im firmeneigenen Intranet nicht verfügbar sind. Was liegt daher näher, als die Potentiale der Konzepte „Internet / Intranet" und „Data Warehouse" zu kombinieren, um daraus Synergieeffekte für die unternehmensweite Informationsversorgung zu erzielen.

8.1 Nutzungsformen

Hinsichtlich ihrer Nutzungsform sind verschiedene Internet-Konzepte zu unterscheiden. Die dabei aus Unternehmenssicht wichtigste ist die Verwendung der im Internet entwickelten und oben genannten Technologien im eigenen Unternehmen. Technisch gesehen bedeutet dies die Übernahme von offenen Standards mit (im Internet) bewährten Produkten. Die Internet-Technologie steht dabei den eingeführten Client- / Server-Systemen nicht entgegen sondern ergänzt diese komplementär.

Im Kontext mit Data Warehousing stehen – neben der bereits in Abschnitt 3.2 (Datenquellen) beschriebenen Gewinnung externer Informationen aus dem Internet - vor allem zwei Nutzungsformen im Vordergrund: das Internet als Kommunikationsinfrastruktur und das Extranet zur Unterstützung der Supply Chain.

Das Internet wird in vielen Unternehmen als **weltweit verfügbare Kommunikationsinfrastruktur** eingesetzt. Im Sinne des Mobile Computing kann Außendienstmitarbeitern (vor Ort beim Kunden) oder Führungskräften (z.B. auf Geschäftsreisen) die Möglichkeit gegeben werden, über das Internet auf das unternehmenseigene Intranet zuzugreifen. Dafür sind keine Telefonfernverbindungen notwendig, sondern nur ein einfacher Internet-Zugang über einen Local Provider, wie z.B. AOL oder Compuserve. Ohne sich einen Auszug des Datenbestands auf den eigenen Rechner herunterzuladen, stehen dem Mitarbeiter vor Ort die aktuellen Daten des Data Warehouses zur Verfügung. Da er dazu außer einem Web-Browser keinerlei Software benötigt, kann dies von einem beliebigen Rechner aus geschehen, der über einen solchen Browser und eine Internet-Anbindung verfügt. [BeKr99, 198]

Während sich im beschriebenen Fall die externe Nutzung des Intranets auf Mitarbeiter beschränkt, werden durch sogenannte **Extranets** (extended intranets) Unternehmen miteinander verbunden, die sich Ausschnitte ihres jeweiligen Intranets zur Verfügung stellen. Extranets erlauben somit unternehmensübergreifende Kooperationen und Datenaustausch, wobei z.B. auf der untersten Ebene die bei gemeinsamen Projekten relevanten Dokumente und Zeitpläne zur Verfügung gestellt werden können. Auch ein ausgewählter Teilbestand aus dem Data Warehouse kann für unternehmensübergreifende Analysen (Benchmarking) bereitgestellt werden.

Ein weiterer Bereich, in dem dieser Datenaustausch nutzbringend eingesetzt werden kann, ist bei der Unterstützung der **Supply Chain**. Unter einer Supply Chain wird die Lieferkette, die beispielsweise aus Sicht eines Produzenten seine Lieferanten, seine eigene Fertigung und Lagerhäuser sowie seine Kunden miteinander verbindet, verstanden. Entsprechende Informationen sind z.B. Bestellstatus, Auslieferungsstatus, Inventar, Produktverfügbarkeit etc. Auf der Basis dieser Informationen soll es in der Lieferkette möglich sein, heute verwendete stochastische Vorhersagen (z.B. über den Abverkauf gewisser Waren) durch deterministische Aussagen ersetzen zu können.

Durch die Öffnung des Intranets zur Informationsgewinnung und als Kommunikationsmedium ergeben sich jedoch Sicherheitsprobleme, so daß die Umsetzung der vorgestellten Nutzungsformen nur mit zusätzlichem Einsatz von speziellen Sicherheitskonzepten denkbar ist. Authentifizierungsmechanismen müssen daher sicherstellen, daß nur auf die explizit freigegebenen Daten zugegriffen werden kann.

8.2   Web-basierter Zugriff auf das Data Warehouse

Im folgenden werden die drei grundsätzlichen Vorgehensweisen dargestellt, mit denen einzelne Anbieter einen Zugang zu diversen Datenquellen herstellen können [Cari97]:

- Der Off Line-Ansatz

- Der Ansatz mit dynamisch generierten HTML-Seiten

- Der Java- bzw. Active-X-basierte Ansatz (ggfs. mit Anwendungs-Servern)

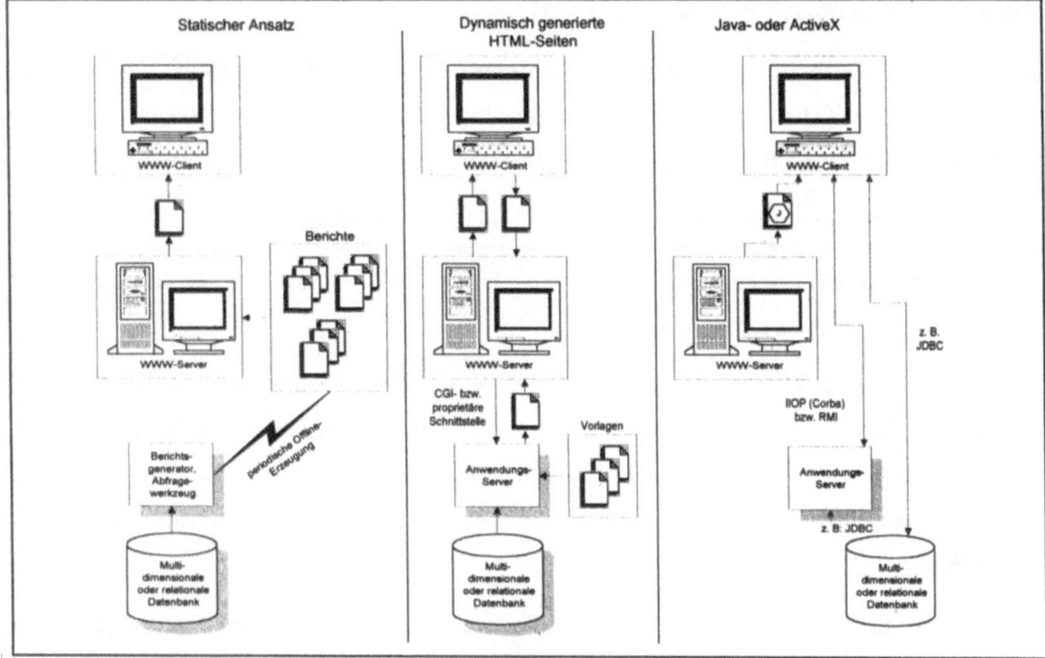

Abb. 17: Verfahren bei der Informationsabfrage [BeKr99, 204]

Off Line-Ansatz

Bei dieser Vorgehensweise werden Berichtsdaten in bestimmten zeitlichen Abständen über spezielle Berichts- oder Abfragewerkzeuge aus Datenbanken abgefragt und als statische HTML-Dokumente ohne direkte Anbindung an die ursprüngliche Datenquelle auf einem Web-Server abgelegt. HTML-Vorlagen sorgen hierbei für ein einheitliches Aussehen der generierten Seiten. Da die Seiten auf jedem System mit jedem beliebigen Browser zur Anzeige gebracht werden können, wird einerseits eine hohe Portabilität erreicht, andererseits ist eine direkte Interaktion aufgrund der Statik der HTML-Seiten damit nicht möglich. Lediglich die Verknüpfung verschiedener Berichtsseiten über Hyperlinks ermöglicht eine rudimentäre Navigationsmöglichkeit. Werden z.B. Verkaufszahlen für ein bestimmtes Jahr angezeigt, kann über einen Verweis auf die Quartalsdaten ein Drill Down-Vorgehen simuliert werden.

Ansatz mit dynamisch generierten HTML-Seiten

Dieser Ansatz wird von den diversen Anbietern am häufigsten verfolgt. Die HTML-Seiten werden auf die Anfrage des Benutzers hin dynamisch erzeugt. Bei einer Datenbankabfrage ist dann üblicherweise folgendes Vorgehen erforderlich [Wage97, T06]:

1. Der Benutzer formuliert seine Anfrage in einem HTML-Formular.

2. Mit einer Befehls-Schaltfläche wie etwa „Übertragen" übermittelt er seine Anfrage über das Internet an den Web-Server.

3. Der Web-Server gibt die Anfrage an einen Anwendungs-Server weiter. Hierfür wird eine Schnittstelle wie z.B. CGI verwendet, die SQL-Befehle erzeugt oder die HTML-Seite einfach weiterreicht. Im letzten Fall enthält die Seite spezielle Tags, die vom Web-Server ignoriert wurden, jedoch vom Anwendungs-Server interpretiert werden können.

4. Der Datenbank-Server erzeugt aus dem übergebenen SQL eine Ergebnismenge.

5. Die Ergebnismenge wird in das HTML-Format gebracht. Dies kann einerseits über spezielle HTML-Vorlagen, in die die abgefragten Daten eingetragen werden, erfolgen, andererseits kann die Information, wie die HTML-Seite auszusehen hat, binär in der Datenbank vorgehalten werden. Der Anwendungs-Server erzeugt dann auf dieser Basis die entsprechende HTML-Seite vollständig dynamisch.

6. Der Anwendungs-Server sendet die Ergebnisdatei an den Web-Server zurück.

7. Dieser erzeugt eine Ad hoc-URL und überträgt die Ergebnisse über das Internet an den Rechner des Benutzers.

8. Der Benutzer sieht sein Anfrageergebnis in seinem Web-Browser.

Da auch bei diesem Verfahren lediglich HTML-Seiten zwischen dem Web-Server und dem Web-Client ausgetauscht werden, ist dieser Ansatz ebenfalls sehr portabel. Eine Einschränkung der Portabilität ergibt sich allerdings in dem Fall, wenn zwischen dem Web-Server und dem Anwendungs-Server spezielle Schnittstellen des Web-Servers benutzt werden und nicht der Standard CGI. Hier ist man an die Verwendung des speziellen Servers gebunden.

Java- bzw. Active-X-basierter Ansatz

Bei der Verwendung von Java-Applets oder ActiveX-Komponenten erlauben es die vielfältigen Programmiermöglichkeiten, eine anspruchsvolle Benutzeroberfläche zu erstellen, die vergleichbar mit herkömmlichen Client- / Server-Anwendungen ist. Der Web-Server wird nur dazu verwendet, die HTML-Seite abzurufen, in die das Applet bzw. die Komponente eingebettet ist. Im Anschluß daran führt der Browser das geladene Programm aus. Das Applet bzw. die ActiveX-Komponente baut dann eine direkte Verbindung entweder zum Anwendungs-Server oder unmittelbar zur Datenbank, beispielsweise über JDBC, auf. Für die weitere Kommunikation wird der Web-Server nicht mehr genutzt. In einem vereinfachten Ansatz erzeugt der Web-Server bei der Seitenabfrage eine binäre Datendatei. Die Adresse dieser Datei wird in einem HTML-Feld mit an den Browser geschickt. Dieser lädt die Datei herunter und das Java-Applet bzw. die ActiveX-Komponente zeigt die Daten an.

Nachteilig an dieser Lösung ist, daß Java sich zwar auf dem Weg zum Standard entwickelt, jedoch zur Zeit geeignete Browser noch nicht auf jeder Plattform zur Verfügung stehen. Das gleiche gilt - in verstärktem Ausmaß - auch für die ActiveX-Komponenten.

9 Aufwand und Nutzen von Data Warehouse-Projekten

Für die Entwicklung und Umsetzung des Data Warehouse-Konzepts gibt es keine Universallösungen, da die Projekte stets einen unterschiedlichen Umfang und Fokus haben. Die Ausgangssituation in den einzelnen Unternehmen ist ebenso wie das Know How sehr individuell, weshalb fast immer Tools unterschiedlicher Anbieter zum Einsatz kommen. Somit ist es äußerst schwierig im Vorfeld eine annähernd zutreffende Schätzung über den benötigten Aufwand zu machen.

9.1   Aufwand

Aus o.g. Gründen ist es in Data Warehouse-Projekten nicht möglich, exakte Kostenplanungen vorzunehmen. Zudem ist bei Projektbeginn auch nicht absehbar, welche Schwierigkeiten - resultierend aus Schwachstellen und Fehlern in den operativen DV-Systemen - auftreten werden. Wesentliche Aufwände entstehen außerhalb des eigentlichen Projektes durch die Bereinigung und Vervollständigung der operativen Daten, die (erstmalige) Nutzung externer Informationsquellen sowie die Klärung und Modellierung der fachlichen Sachverhalte.

Grundsätzlich lassen sich daher folgende Kostenarten identifizieren [Bull96]:

- Vorlaufkosten

  (Planung, Modellierung, Design)

- Einmalige Kosten

  (Hardware, Software, Datenbereinigung)

- Laufende Kosten

  (Datenpflege, Data Warehouse Management, Schulung und Support)

Die Gartner Group hat für ein beispielhaftes Data Warehouse-Projekt (Initialprojekt mit einem Datenvolumen von 50 Gigabyte für zwei Unternehmensbereiche; Folgeprojekte für den Ausbau über fünf Jahre auf ein Datenvolumen von 250 Gigabyte und sechs Geschäftsbereiche) einen fünf Jahre laufenden Budgetplan erstellt und kam zu folgenden Ergebnissen [Vask96, 50]:

- Der Aufwand im ersten Jahr (Initialprojekt) beträgt rund 3,5 Millionen Dollar. Der größte Teil entfällt auf Hard-, Software- und Personalkosten.
- Im zweiten und dritten Jahr werden jeweils zwei Millionen Dollar budgetiert.
- Im vierten und fünften Jahr belaufen sich die Kosten auf jeweils eine Million Dollar.

Insgesamt beläuft sich damit der Gesamtaufwand auf 9,5 Millionen Dollar. Die fallenden Kosten begründet die Gartner Group mit der Feststellung, daß die Implementierungskosten (Hard- und Software, Beratung) im Laufe der Zeit kontinuierlich fallen und sowohl die Unternehmen als auch die Hersteller der Tools zur Umsetzung des Data Warehouse-Konzepts Erfahrungen sammeln und somit effizienter arbeiten.

9.2   Allgemeine Nutzenpotentiale

Im Gegensatz zu traditionellen Investitionsprojekten ist es nur schwer möglich, dem Management den Nutzen eines Data Warehouses quantifiziert darzulegen. Die Argumentation muß sich daher auf qualitative Aspekte stützen. Die Investitionen für ein Data Warehouse-Projekt sind nur über die möglichen Nutzenpotentiale, deren Nutzungsgrad zu einem wesentlichen Teil durch das Verhalten der betroffenen Entscheidungsträger bestimmt wird, zu rechtfertigen.

Die Firmen KPMG Management Consultants und Prime Marketing Publications befragten 84 Unternehmen aus den Bereichen Industrie und Dienstleistungen über deren Motivation zur Einführung eines Data Warehouses. Als am häufigsten erwartete Nutzenpotentiale durch ein Data Warehouse wurden die folgenden Punkte genannt [ChFe96]:

- Erklärung von Trends in dem geschäftlichen Umfeld des Unternehmens.
- Verfügbarkeit relevanter Informationen für frühzeitige Entscheidungsunterstützung.
- Nutzung von Informationen zur Verbesserung von Marketingmaßnahmen und zur Erschließung neuer Zielgruppen.
- Verbesserung der Wettbewerbsfähigkeit und Erhöhung der Qualität von Produkten und Dienstleistungen.
- Unternehmensweite Standardisierung von Daten und schnellere Verfügbarkeit von Auswertungen und Analysen.

Darüber hinaus kann ein relativ kurzer Zeitraum bis zur Realisierung erster Erfolge als zusätzlicher Nutzenfaktor abgeleitet werden. Als Zeitraum für die Realisierung der Nutzenpotentiale nannten 24 % der Unternehmen drei Monate, 36 % sechs Monate, 24 % ein Jahr und die übrigen mehr als ein Jahr.

Da die Methoden der Investitionsrechnung, beispielsweise die Bestimmung des Return on Investment (ROI), nicht objektiv zur Nutzenquantifizierung eingesetzt werden können, läßt sich auch hieraus keine Begründung für ein Data Warehouse-Projekt ableiten.

[Inmo96, 67] Grundsätzlich kann aber eine Unterscheidung zwischen technischen und betriebswirtschaftlichen Nutzenpotentialen vorgenommen werden. [Seid95, 58]

Integrierte Datenbasis für managementunterstützende Systeme

Durch die Umsetzung des Data Warehouse-Konzepts wird eine unternehmensweite, an den Anforderungen von managementunterstützenden Systemen orientierte Datenbasis geschaffen und so die horizontale Datenintegration verbessert. Durch die Nutzung von Daten aus unternehmensexternen Quellen wird es den Entscheidungsträgern ermöglicht, bereichs- und unternehmensübergreifende, komplexe Zusammenhänge zu erkennen und zu analysieren, ohne die Konsistenz und Qualität der betrachteten Daten sichern zu müssen. [Inmo94, 4] Darüber hinaus wird fachlich übergreifendes Know how durch den Querschnittscharakter von Data Warehouse-Projekten erzielt.

Besonders hervorzuheben ist neben der technischen Integration von Daten aus unterschiedlichen Informationssystemen mit verschiedenen Datenstrukturen, die Integration auf semantischer Ebene, auf der z.B. unterschiedliche Währungen einander vergleichbar gemacht werden oder Regeln für die Anpassung von Accounting-Daten aus Ländern mit unterschiedlichen Rechnungslegungsvorschriften eingesetzt werden.

Durch die Verwendung einheitlicher Werkzeuge und Benutzeroberflächen im Bereich der managementunterstützenden Anwendungssysteme reduziert sich auch der Schulungsaufwand für Endbenutzer.

Entlastung operativer DV-Anwendungssysteme

Die Entwicklung und Umsetzung des Data Warehouse-Konzepts zieht eine wesentliche Entlastung der operativen DV-Anwendungssysteme nach sich, die in der Trennung von managementunterstützenden und operativen Daten und Systemen begründet ist. Weil Datenanalyseanwendungen mit ihren aufwendigen Abfragen nicht mehr direkt auf die Datenbestände der operativen DV-Anwendungssysteme, sondern auf das Data Warehouse zugreifen, kommt es im operativen Bereich zu einer Entlastung der Systeme.

Aufgrund der Bereitstellung einer unternehmensweiten Datenbasis und den modernen Endbenutzer-Tools zur Datenanalyse und -bearbeitung wird die DV-Abteilung in erheblichem Maße von Anfragen aus den Fachabteilungen entlastet. Somit stehen mehr Ressourcen zur Durchführung von Re-Engineering-Maßnahmen im Bereich der bestehenden operativen DV-Anwendungssysteme zur Verfügung. Zusätzlich wird die Komplexität der operativen DV-Anwendungssysteme durch die strikte Trennung der operativen und entscheidungsunterstützenden Daten reduziert und somit das Re-Engineering vereinfacht. [Inmo93b, 77]

Schnelle Abfragen und Reports aufgrund der integrierten Data Warehouse-Datenbasis

Die Vorverdichtungen der Daten in der Data Warehouse-Datenbasis ermöglichen nicht nur ein Ad hoc-Reporting sondern führen auch zu besseren Antwortzeiten im Rahmen von Datenanalyse-Anwendungen. Aufgrund der verfügbaren verschiedenen Aggregationsstufen innerhalb der Datenbasis entfallen beispielsweise häufig wiederkehrende Ermittlungen von Kennzahlen. Die gewünschten Informationen können direkt, d.h., ohne aufwendige Aufbereitungs-, Gruppierungs- und Sortierroutinen auf den Bildschirm des Endbenutzers transportiert werden.

Einführung von Client- / Server-Technologien

In vielen Unternehmen strebt man immer mehr nach einer Dezentralisierung der bestehenden, operationalen DV-Systeme, um die potentiellen Kostenvorteile und die Flexibilität einer Client- / Server-Umgebung nutzen zu können. Ein großer Teil der Unternehmen, die ihr Data Warehouse auf einer Großrechner-Plattform installieren, planen mittel- bis langfristig einen Umstieg auf die Client- / Server-Technologie. [Wall94, 56]

Der Umstieg von einem Großrechner auf die Client- / Server Technologie ist für ein Unternehmen sehr risikoreich und kann bei auftretenden Problemen sogar existenzgefährdend sein. Bei der Einführung eines Data Warehouses können zunächst einmal Erfahrungen beim Aufbau von Client- / Server-Systemen gesammelt werden, ohne das Risiko eines Ausfalls der Systeme des Tagesgeschäfts tragen zu müssen. Zudem können so Standards für zukünftige Client- / Server-Anwendungen geschaffen werden.

Besonders das Web Warehousing ist ohne das Client- / Server-Prinzip nicht denkbar. Beispielsweise ermöglicht der Einsatz von Internet-Technologien eine flexible Aufgabenverteilung im Sinne eines Lastverbundes. Da die Applikationen auf allen Plattformen lauffähig sind, die Web-Browser unterstützen, entsteht auf seiten der Clients eine Plattformunabhängigkeit, aus der sich wiederum eine Investitionssicherheit für die vorhandene IV-Infrastruktur sowie bessere Integrationsmöglichkeiten für zukünftige Systeme ergibt. Die günstige Portierbarkeit wirkt sich weiterhin positiv auf die Entwicklungszeiten (Einmalentwicklung) aus.

Bessere Entscheidungen aufgrund effizienterer Informationsversorgung

Die Einführung eines Data Warehouses verbessert die Informationsbereitstellung für die Entscheidungsträger aller Ebenen in bezug auf qualitative, quantitative und zeitliche Gesichtspunkte, wie beispielsweise die Erhöhung der Informationssicherheit zu einem bestimmten Entscheidungszeitpunkt. Quantitative Verbesserungen der Informationsbereitstellung werden durch die Einbeziehung aller Unternehmensbereiche und unternehmensexterner Datenquellen erzielt. Neben den qualitativen und quantitativen Verbesserungen wird auch ein Zeitgewinn realisiert, der einen entscheidenden Wettbewerbsvorteil darstellt und so gegebenenfalls zur Verbesserung der Kundenzufriedenheit beitragen kann. [Katt94, 32 ff.]

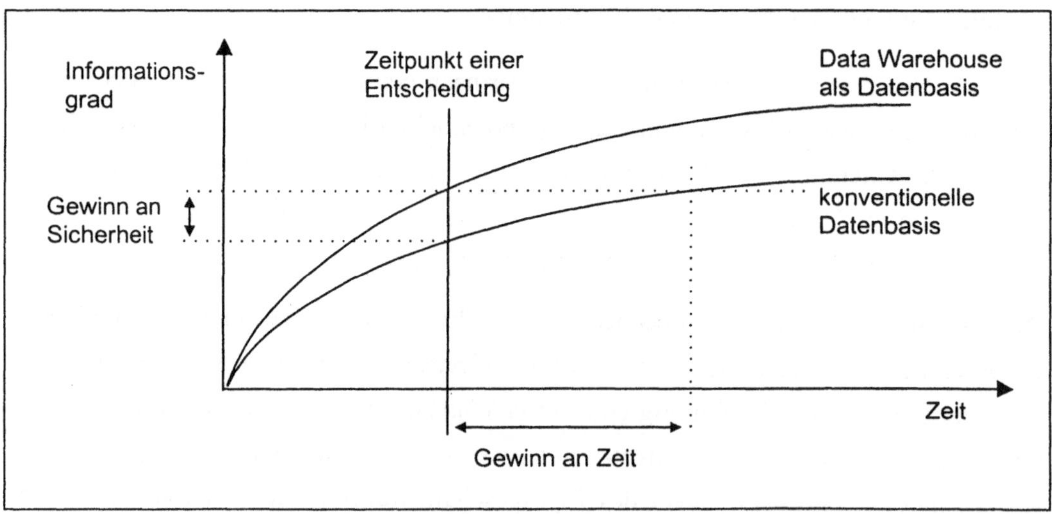

Abb. 18:   Effizientere Informationsbereitstellung durch das Data Warehouse (in Anlehnung an [Schm90, 120])

Erhöhung der Wettbewerbsfähigkeit

Durch die Umsetzung des Data Warehouse-Konzepts wird den Entscheidungsträgern eines Unternehmens die Möglichkeit eröffnet, unternehmensinterne und -externe Trends frühzeitig zu erkennen und deren Ursachen gezielt zu erforschen; negative Entwicklungen werden verhindert bzw. positive Trends forciert. Als Hilfsmittel kann z.B. ein Kennzahlensystem, welches die unternehmenskritischen Werte beinhaltet, eingesetzt werden, das in Verbindung mit einem Frühwarnsystem die Benutzer aktiv auf die Abweichung von vordefinierten Schwellenwerten hinweist. [Pete96, 71]

Im Rahmen des Data Mining eröffnet das Data Warehouse den Entscheidungsträgern die Möglichkeit, gespeicherte Einzeldaten der unterschiedlichen Bereiche mit Hilfe der verfügbaren Endbenutzerwerkzeuge interaktiv zu zielorientierten Informationen zusammenzufügen und so einen analytischen Mehrwert zu erzeugen. Hieraus ergeben sich Potentiale für Produktivitätssteigerungen, Kosteneinsparungen und die Optimierung von Geschäftsprozessen, die zu einer Festigung der Marktposition und einer Erhöhung der Wettbewerbsfähigkeit führen. [Sche96, 74]

Verbesserung von Kundenservice und -zufriedenheit

In den Funktionsbereichen Marketing und Vertrieb strebt man an, die bestehenden Geschäftsprozesse an den Bedürfnissen der Kunden auszurichten, um so den Nutzen für den Kunden und damit dessen Bindung an das Unternehmen zu erhöhen. Das Data Warehouse-Konzept ermöglicht die Bereitstellung stets umfassender historischer und aktueller Informationen über den Kunden des Unternehmens (Customer Life Cycle). Durch einen Abgleich mit den angebotenen Unternehmensleistungen läßt sich dann eine kundenspezifisch optimale Strategie für die Leistungserbringung entwickeln.

Ein Beispiel für die Nutzung des Data Warehouse-Konzepts zur Verbesserung von Kundenservice und -zufriedenheit ist die Einrichtung von Call Centern, die heute vorwiegend von Unternehmen der Sektoren Dienstleistung und Handel genutzt werden. Im Vordergrund steht hierbei die schnelle, zuverlässige und flexible Erfüllung von Kundenwünschen, wobei der Mitbearbeiter des Unternehmens in direktem Kontakt mit dem Kunden steht und die Funktion eines Beraters übernimmt. [Heim96, 39]

Die hier getroffenen Aussagen geben lediglich einen Überblick über die Möglichkeiten und vielfältigen Potentiale, die durch den Einsatz eines Data Warehouses erreicht und nutzbar gemacht werden können. Weitere Nutzenpotentiale ergeben sich aus der Synergie von Data Warehousing und Web-Technologien. [BeKr99, 200] Die geschilderten Erfolgspotentiale sind jedoch immer nur dann erreichbar, wenn die Einführung eines Data Warehouses im Vorfeld sauber geplant wurde und insbesondere die betriebswirtschaftliche Problematik des Einsatzfeldes erfaßt und bei der Entwicklung des Data Warehouses berücksichtigt wurde. Dieses ist der kritische Erfolgsfaktor schlechthin. Projekterfahrungen haben gezeigt, daß der Anteil für die betriebswirtschaftliche Problemlösung mindestens 2/3 des gesamten Aufwands bei einer Data Warehouse-Einführung beträgt.

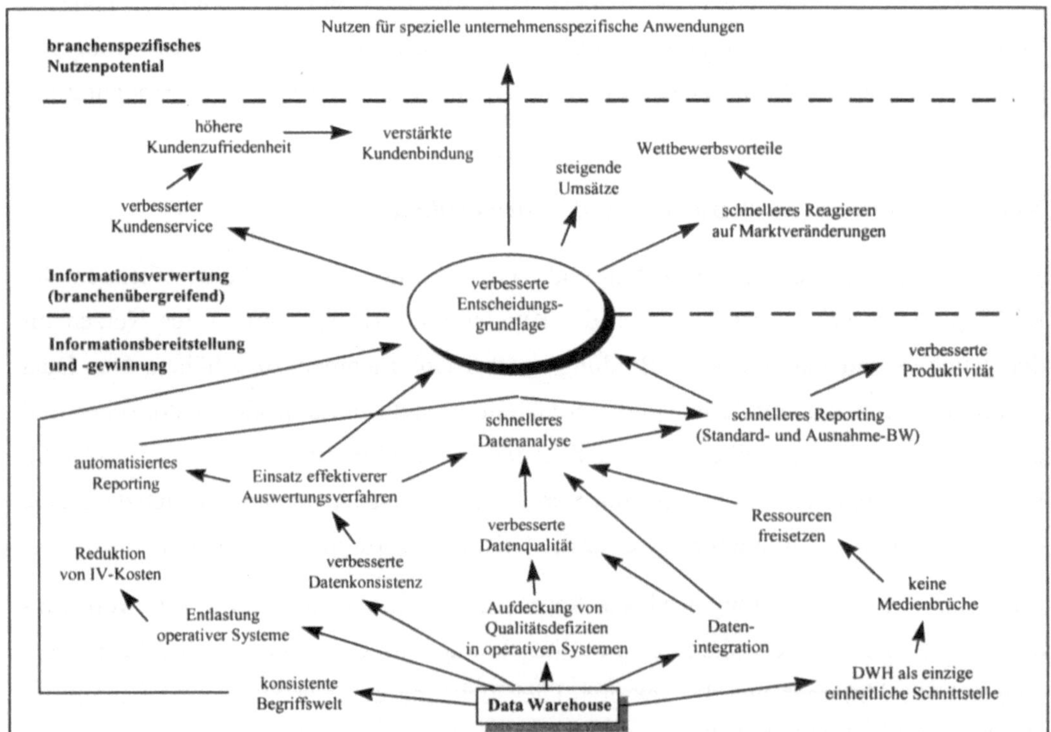

Abb. 19: Wirkungsnetz zum Data Warehouse-Nutzenpotential [in Anlehnung an PoGr97, 13]

10   Ausblick

Das Data Warehouse-Konzept versucht den Schwächen der Managementunterstützungs-systeme im Hinblick auf die speziellen Erfordernisse der Datenbereitstellung entgegen-zuwirken. Immer mehr Unternehmen in nahezu allen Branchen planen, entwickeln oder setzen bereits Data Warehouses für diverse Anwendungsgebiete ein.

Hervorgerufen wird dieser starke Trend zum Data Warehousing durch die verbesserten Auswertungstools für die Endbenutzer auf allen Hierarchieebenen eines Unternehmens, die Verfügbarkeit frei skalierbarer Hardware sowie die Weiterentwicklungen auf dem Gebiet der Datenbanken. Ansätze, wie das On-Line Analytical Processing (OLAP) oder das Data Mining[25], bieten ihnen neue Möglichkeiten, Informationen zu gewinnen und diese als bessere Entscheidungsgrundlage zu nutzen. Die in operativen, transaktionsori-entierten Datenbanksystemen vorhandenen Daten, die für Zwecke der Entscheidungs-findung nicht oder nur mit großen Mühen bereitgestellt werden konnten, stehen diesen Benutzern nun innerhalb des Data Warehouses adäquat aufbereitet zur Verfügung.

Literatur

[Aber97]   ABERDEEN GROUP: Exploring Intersolv's Virtual Data Warehouse
URL: http://www.aberdeen.com/secure/profiles/intersolv/interslv.htm.

[AnMu97] ANAHORY, S.; MURRAY, D.: Data Warehouse: Planung, Implementierung und Administration, Bonn, Reading (Mass.) 1997.

[Appl94]   APPLE COMPUTER, INC.: Information Harvesting, Practical Client- / Server Solutions for Data Analysis and Reporting, Cupertino 1994.

[BaSe94] BAUMANN, S.; SEMEN, B.: Anforderungen an ein Management-Unterstützungssystem, in: DORN, B. (Hrsg.): Das informierte Management, Berlin/Heidelberg/New York 1994, S. 37-59.

[Behr92]   BEHRENDT-JANKE, U.: Dokumentenmanagement durch ein elektronisches Archiv. Das papierarme Büro wird greifbar, in: *Office Management:* 3/1992, S. 32-39.

[BeKr99]   BEHME, W.; KRUPPA, S.: Web Warehousing: Nutzung von Synergieeffekten zweier bewährter Konzepte, in: CHAMONI, P. GLUCHOWSKI, P. (Hrsg.): Analytische Informations-systeme, 2. Auflage, Berlin/Heidelberg/New York 1999, S.191-211.

[BeLe94]   BERNDT, O.; LEGER, L.: Dokumenten-Management-Systeme. Nutzen, Organisation, Technik, Berlin 1994.

[BeMu96]   BEHME, W.; MUCKSCH, H.: Die Notwendigkeit einer unternehmensweiten Informationslogistik zur Verbesserung der Qualität von Entscheidungen, in: [MuBe96, 3-26].

[BeMu99]   BEHME, W.; MUCKSCH, H.: Auswahl und Klassifizierung externer Informationen zur Integration in ein Data Warehouse, in: *Wirtschaftsinformatik 5/1999*, S.443-448.

[BePW94]   BECKER, J.; PRIEMER, J.; WILD, R.G.: Modellierung und Speicherung aggregierter Daten, in: *Wirtschaftsinformatik:* 5/1994, S. 422-433.

[Bern92]   BERNDT, O.: Der Markt für Dokumentenmanagement-Systeme, in: *Office Management*, 3/1992, S. 45-47.

[Bern95]   BERNERS-LEE, T.: RFC1866: Hypertext Markup Language 2.0, Cambridge 1995
            URL: http//ds.internic.net/rfc/rfc1866.txt.

[BeSc93]   BEHME, W.; SCHIMMELPFENG, K.: Führungsinformationssysteme: Geschichtliche Entwicklung, Aufgaben und Leistungsmerkmale, in: BEHME, W.; SCHIMMELPFENG, K. (Hrsg.): Führungsinformationssysteme - Neue Entwicklungstendenzen im EDV-gestützten Berichtswesen, Wiesbaden 1993, S. 3-16.

[BiHa93]   BISSANTZ, N.; HAGEDORN, J.: Data Mining (Datenmustererkennung), in *Wirtschaftsinformatik:* 5/1993, S. 481-487.

[BiMR00]   BIETHAHN, J.; MUCKSCH, H.; RUF, W.: Ganzheitliches Informationsmanagement, Band 2: Entwicklungsmanagement, 3., unwesentlich veränderte Auflage, München/Wien 2000.

[Bisc94]   BISCHOFF, J.: Achieving Warehouse Success, in: *Database Programming & Design:* 7/1994, S. 27-33.

[Bold99]   BOLDER TECHNOLOGY, INC.: Providing Strategic Business Intelligence by Systematically Farming the Information Resources of the Web.
            URL: http://webfarming.com/intro/intro.html, Abruf am 17.06.1999.

[Brac96]   BRACKETT, M.H.: The Data Warehouse Challenge - Taming Data Chaos, New York/ Chichester/Brisbane 1996.

[Bull96]   BULL INFORMATION SYSTEMS INC.: Bull Data Warehousing Overview - The 'Virtual' Data Warehouse, 1996.
            URL: http://www.dwo.bull.com/dwtechj.htm

[BuMa93]   BULLINGER, H.-J.; MAYER, R.: Integriertes Dokumenten-Management. Geschäftsprozeß-Automatisierung und Informationswiedergewinnung, in: BULLINGER, H.-J. (Hrsg.): Dokumenten-Management. Workflow und Information Retrieval, IAO-Forum 28. April 1993, Reihe Forschung und Praxis, Band T 37, Berlin/Heidelberg/New York 1993, S. 11-34.

[Cari97]   CARICKHOFF, R.: A New Face For OLAP, in. Internet Systems, January 1997,
            URL: http://www.dbmsmag.com/9701i08.html.

[ChFe96]   CHANG, P.; FERGUSON, N.: The Data-Warehousing boom, in: *Internet Global Services Ltd*: 16.02.1996.

[ChGl99]   CHAMONI, P.; GLUCHOWSKI, P. (Hrsg.): Analytische Informationssysteme: Data Warehouse – On-Line Analytical Processing – Data Mining, 2. Auflage, Berlin – Heidelberg - New York 1999.

[Chri96]   CHRIST, N.: Archivierungssysteme als Bestandteil eines Data Warehouses, in: [MuBe96, 301-335].

[CoCS93]   CODD, E.F.; CODD, S.B.; SALLEY, C.T.: Providing OLAP (On-Line Analytical Processing) to User-Analysts: An IT Mandate, White Paper, Codd & Date Inc., 1993.

[Conn94]   CONNOLLY, D.W.: Towards a Formalism for Communication On the Web, 1994 URL: http://www.w3.org/pub/WWW/People/Conolly/drafts/html-essay.

[Data94]   DATAPRO INFORMATION GROUP: IBM Information Warehouse Strategy, Delran 1994.

[DeMu88]   DEVLIN, B.A.; MURPHY, P.P.: An Architecture for a Business and Information System, in: *IBM Systems Journal*: 1/1988, S. 60-80.

[Devl97]   DEVLIN, B.A.: Data Warehouse: from architecture to implementation, Reading/Harlow/Menlo Park 1997.

[ElNa94]   ELMASRI, R., NAVATHE, S.B.: Fundamentals of Database Systems, 2nd Edition, Redwood City/Menlo Park/ Reading 1994.

[FaPS96]   FAYYAD, U.; PIATETSKY-SHAPIRO, G.; SMYTH, P.: The KDD Process for Extracting Useful Knowledge from Volumes of Data, in: *Communications of the ACM*: 11/1996, S. 27-34.

[FäHo94]   FÄHNRICH, K.-P.; VAN HOOF, A.: Wissensmanagement gewinnt immer mehr an Bedeutung, in: *Computer Zeitung*: 31/1994, S. 18.

[Fitz94]   FITZPATRICK, D.: Architecting the Informational Data Warehouse for Client- / Server, in: *Data Management Review*: 5/1994, S. 28-33.

[GlGC95]   GLUCHOWSKI, P.; GABRIEL, R.; CHAMONI, P.: Strukturbestimmende Merkmale von Managementunterstützungssystemen - Management Support Systeme II - , Arbeitsbericht des Lehrstuhls für Wirtschaftsinformatik, Nr. 95-16, Ruhr-Universität Bochum, April 1995.

[GlGC97]   GLUCHOWSKI, P.; GABRIEL, R.; CHAMONI, P.: Management Support Systeme, - Computergestützte Informationssysteme für Führungskräfte und Entscheidungsträger, Berlin/Heidelberg/New York 1997.

[GuSS93]   GULBINS, J.; SEYFRIED, M.; STRACK-ZIMMERMANN, H.: Elektronische Archivierungssysteme - Image-Management-Systeme, Dokumenten-Management-System, Berlin/Heidelberg/New York 1993.

[Hack93]   HACKATHORN, R.D.: Enterprise Database Connectivity: the Key to Enterprise Applications on the Desktop, New York/Chichester/Brisbane 1993.

[Hack96]   HACKATHORN, R.D.: Web Farming for Data Warehousing, Bolder Technologie October
            1996.
            URL: http://www.bolder.com/web-farm.pdf.

[Hack98]   HACKATHORN, R.D.: Reaping the Web for Your Data Warehouse, in DBMS Online, August
            1998.
            URL: http://www.dbmsmag.com/9808d14.htm.

[HaBM97]   HAGEDORN, J.; BISSANTZ, N.; MERTENS, P.: Data Mining (Datenmustererkennung): Stand
            der Forschung und Entwicklung, in: *Wirtschaftsinformatik* 6/1997, S. 601-612.

[Heim96]   HEIMANN, H.-W.: Globales Informationsmanagement dank Data Warehouse und C/S-
            Middleware; in: *Datenbank Fokus:* 2/1996, S. 39-45.

[Holt99]   HOLTHUIS, J.: Der Aufbau von Data Warehouse-Systemen, Konzeption – Datenmodellierung
            - Vorgehen; 2., überarbeitete und aktualisierte Auflage, Wiesbaden 1999.

[HoMR95]   HOLTHUIS, J.; MUCKSCH, H.; REISER, M.: Das Data Warehouse Konzept - Ein Ansatz zur
            Informationsbereitstellung für Managementunterstützungssysteme, in: MUCKSCH, H. (Hrsg.):
            Arbeitsberichte des Lehrstuhls für Informationsmanagement und Datenbanken, Nr. 95-1,
            EUROPEAN BUSINESS SCHOOL (**ebs**) Schloß Reichartshausen, Oestrich-Winkel 1995.

[IBM95]   IBM Information Warehouse: Ein Data-Warehouse Plus!, White Paper IBM 1995.

[InHa94]   INMON, W.H.; HACKATHORN, R.D.: Useing the Data Warehouse, New York/Chichester/
            Brisbane 1994.

[InIB96]   INMON, W.H.; IMHOFF, C.; BATTAS, G.: Building the Operational Data Store, New York/
            Chichester/Brisbane 1996.

[InKe94]   INMON, W.H.; KELLEY, C.: The 12 Rules of Data Warehouse for a Client- / Server World, in:
            Data Management Review: 5/1994, S. 6-10.

[Inmo92a]   INMON, W.H.: Building the Data Bridge, in: *Database Programming & Design:* 4/1992,
            S. 68-69.

[Inmo92b]   INMON, W.H.: The Need for Reporting, in: *Database Programming & Design:* 7/1992, S. 67-
            69.

[Inmo93a]   INMON, W.H.: Client- / Server Anwendungen, Planung und Entwicklung, Berlin/Heidel-
            berg/New York 1993.

[Inmo93b]   INMON, W.H.: Impervious to Change, in: *Database Programming & Design:* 3/1993, S. 76-
            77.

[Inmo94]   INMON, W.H.: What is a Data-Warehouse?, Prism Solutions, Inc., Tech Topic, Vol. 1, No. 1,
            Sunnyvale 1994.

[Inmo96]   INMON, W.H.: Building the Data Warehouse, 2. Auflage, New York/Chichester/Brisbane
            1996.

[Katt94]   KATTLER, T.: Zeit als Wettbewerbsvorteil, Management-Unterstützungssysteme als Instrument der Prozeßbeschleunigung, in: DORN, B. (Hrsg.): Das informierte Management, Berlin/Heidelberg/New York 1994, S. 23-35.

[KeFi99]   KEMPER, H.-G.; FINGER, R.: Datentransformation im Data Warehouse, in: [ChGl99, 77-94].

[Kirc98]   KIRCHNER, J.: Transformationsprogramme und Extraktionsprozesse entscheidungsrelevanter Basisdaten, in: [MuBe98], S. 245-273.

[Mart96a]   MARTIN, W.: DSS-Werkzeuge - oder: Wie man aus Daten Informationen macht, in: *Datenbank Fokus:* 2/1996, S. 10-21.

[Mart96b]   MARTIN, W.: - Data Warehouse - The Enterprise in the Mirror of the Customer, Vortrag auf der 2. Europäischen Data Warehouse Konferenz, München, 18.-20. Juni 1996.

[Mart97a]   MARTIN, W.: Data Warehousing und Data Mining – Marktübersicht und Trends, in: [MuBe97], S. 119-133.

[Mart97b]   MARTIN, W.: Data Mining zwischen Wunsch und Wirklichkeit - eine kritische Betrachtung, in: SCHEER, A.-W. (Hrsg.): Organisationsstrukturen und Informationssysteme auf dem Prüfstand, 18. Saarbrücker Arbeitstagung, Heidelberg 1997, S. 221-238.

[Mart98]   MARTIN, W.: Data Warehouse, Data Mining und OLAP: Von der Datenquelle zum Informationsverbraucher, in: MARTIN, W. (Hrsg.): Data Warehousing, Bonn 1998, S. 19-37.

[Matt96]   MATTISON, R.: Data Warehousing, New York 1996.

[McCl96]   MCCLANAHAN, D.: Making Sense of Enterprise Data, in: *Databased Advisor:* 11/1996, S. 76-79.

[MeGr93]   MERTENS, P.; GRIESE, J.: Integrierte Informationsverarbeitung 2, Planungs- und Kontrollsysteme in der Industrie, 7., aktualisierte und überarbeitete erweiterte Auflage, Wiesbaden 1993.

[MoGr96]   MORIARTY, T.; GREENWOOD, R.P.: Data`s Quest - From Source to Query, in: *Database Advisor:* 10/1996, S. 78-81.

[MoMa96]   MORIARTY, T.; MANDRACCHIA, C.: Heart of the Warehouse, in: *Database Advisor:* 11/1996, S. 70 ff.

[MuBe96]   MUCKSCH, H.; BEHME, W. (Hrsg.): Das Data-Warehouse-Konzept, Architektur - Datenmodelle - Anwendungen, Wiesbaden 1996.

[MuBe97]   MUCKSCH, H.; BEHME, W. (Hrsg.): Das Data-Warehouse-Konzept, Architektur - Datenmodelle - Anwendungen, 2., vollständig überarbeitete und erweiterte Auflage, Wiesbaden 1997.

[MuBe98]   MUCKSCH, H.; BEHME, W. (Hrsg.): Das Data-Warehouse-Konzept, Architektur - Datenmodelle - Anwendungen, 3., überarbeitete Auflage, Wiesbaden 1998.

[Muck92]   MUCKSCH, H.: Erweiterungen des traditionellen relationalen Datenmodells - dargestellt an einem Beispiel aus dem Produktionsbereich, in: MUCKSCH, H.; ROSENTHAL, W.; RUF, W. (Hrsg.): Entwicklungstendenzen der Informationsverarbeitung in Klein- und Mittelbetrieben, Lünen 1992, S. 85-103.

[Muck97]   MUCKSCH, H.: Das Management von Meta-Informationen im Data Warehouse, in: MARTIN, W. (Hrsg.): Data Warehousing: Fortschritte des Informationsmanagements, ONLINE`97, Congressband VIII, S. C811.1-C811.11.

[MuHR96]   MUCKSCH, H.; HOLTHUIS, J.; REISER, M.: Das Data Warehouse-Konzept - ein Überblick, in: *Wirtschaftsinformatik:* 4/1996, S. 421-433.

[o.V.94]   O.V.: Data Management Review's two Categories of Data Warehouse Products, in: *Data Management Review:* 5/1994, S. 14-19.

[o.V.96]   O.V.: Der Weg zum Data Warehouse, in: *Client Server Computing:* 3/1996, S. 26-36.

[Pete96]   PETERSEN, A.: Entscheidungshilfen für sämtliche Fachbereiche, in: *PC Magazin:* 39/1996, S. 70-71.

[Poe96]   POE, V.: Building a Data Warehouse for Decision Support, Upper Saddle River 1995.

[PoGr97]   POTTHOF, I.; GRÜNDIG, S.: Nutzen und Wirtschaftlichkeit des Data Warehouse – Praxisbeispiele und eine Fallstudie, Arbeitspapier 1/1997, Universität Erlangen-Nürnberg, Bereich Wirtschaftsinformatik I, Erlangen-Nürnberg 1997.

[PoRe97]   POE, V.; REEVES, L.: Aufbau eines Data Warehouse, München 1997.

[Powe94]   POWELL, R.: The Five Elements of the Data Warehouse: An Interview With Don Haderle, IBM Corporation, in: *Data Management Review:* 5/1994, S. 13.

[Rade96]   RADEN, N.: Warehouses And The Web, May 1996.
           URL: http://techweb.cmp.com/iw/579/79olweb.htm.

[RaSc99]   RAUTENSTRAUCH, C.; SCHOLZ, A.: Vom Performance Tuning zum Software Performance Engineering am Beispiel datenbankbasierter Anwendungssysteme, in: *Informatik Spektrum:* 4/1999, S. 261-275.

[Reic96]   REICHARD, K.: Web Servers for Database Applications, Internet Systems, October 1996, URL: http://www.dbmsmag.com/9610i08.html.

[Reut96]   REUTER, A.: Das müssen Datenbanken im Data Warehouse leisten!, in: *Datenbank Fokus:* 2/1996, S. 28-33.

[Rie79a]   RIEBEL, P.: Zum Konzept einer zweckneutralen Grundrechnung, in: *ZfbF:* 11/1979, S. 785-798. Nachdruck in: RIEBEL, P.: Einzelkosten- und Deckungsbeitragsrechnung. Grundlagen einer entscheidungsorientierten Unternehmensrechnung, 7. Auflage, Wiesbaden 1994, S. 430-443.

[Rie79b]   RIEBEL, P.: Gestaltungsprobleme einer zweckneutralen Grundrechnung, in: *ZfbF:* 12/1979, S. 863-893. Nachdruck in: RIEBEL, P.: Einzelkosten- und Deckungsbeitragsrechnung. Grundlagen einer entscheidungsorientierten Unternehmensrechnung, 7. Auflage, Wiesbaden 1994, S. 444-474.

[Schä95]   SCHÄFER, U.: Data Warehousing, Datenbank der Datenbanken, in: *Networks & Communication:* 2/1995, S. 46-51.

[Sche96]   SCHEER, A.-W.: Data-Warehouse und Data Mining: Konzepte der Entscheidungsunterstützung; in: *Information Management:* 1/1996, S. 74-75.

[Schm48]   SCHMALENBACH, E.: Pretiale Wirtschaftslenkung, Band 2, Pretiale Lenkung des Betriebs, Bremen 1948.

[Schm90]   SCHMIDHÄUSLER, F.: EIS – Executive Information System: Zur Unterstützung des Topmanagements, in: *zfo:* 2/1990, S. 118-127.

[Seid95]   SEIDL, J.: Ansatz geht weiter als EIS und MIS, Einbeziehung der Anwender ist das A und O beim Warehousing, in: *Computerwoche:* 50/1995 vom 15.12.95, S. 56-58.

[StTe95]   STANFORD TECHNOLOGY GROUP: Designing the Data Warehouse On Relational Databases, Whitepaper, San Francisco 1995.

[Tanl96]   TANLER, R.: Putting the Data Warehouse on the Internet, Internet Systems, May 1996, URL: http://www.dbmsmag.com/9605i08.html.

[Tanl97]   TANLER, R.: The Intranet Data Warehouse, New York 1997.

[Tres96]   TRESCH, M.: Middleware: Schlüsseltechnologie zur Entwicklung verteilter Informationssysteme, in: *Informatik Spektrum:* 5/1996, S. 249-256.

[Umst92]   UMSTÄTTER, M.: Vorgangs- und Dokumentenmanagement in heterogenen Netzen. Möglichkeiten der horizontalen und vertikalen Integration in bestehende DV-Strukturen, in: *Office Management:* 3/1992, S. 40-44.

[Vask96]   VASKE, H.: Das Data-Warehouse trifft den Nerv des Unternehmens, die kreative Seite des Geschäfts ist tangiert, in: *Computerwoche:* 7/1996, S. 7-52.

[Vaug94]   VAUGHAN, J.: Multidimensional DBS, in: *Software Magazine:* 1/1994, S. 30-33.

[Wage97]   WAGENKNECHT, A.: Neue Welten voraus!, in: *PC Intern:* 1/1997, S. T04-T08.

[Wall94]   WALLACE, P.: Building a data warehouse, in: *Infoworld:* 21.02.94, S. 56-57.

[Wigg90]   WIGGINS, R.E.: An integrated Approach to the Management of Organizational Information Resources, in: CRONIN, B.; KLEIN, S. (Hrsg.): Informationsmanagement in Wissenschaft und Forschung, Braunschweig 1990, S. 42-63.

[Youn94]   YOUNGWORTH, P.: Data Warehouse Meets Schreiber Foods' Needs, in: *Data Based Advisor:* 7/1994, S. 50-51.

[Zorn94]   ZORNES, A.: Re-Engineering „Data Jailhouses" into „Data Warehouses", in: *Next Generation Decision Support:* Meta Group Inc., Westport 1994, S. 17.

Anmerkungen

[1]   Weitere Bezeichnungen für dieses Konzept sind: Atomic Database, Decision Support System Foundation, Information Warehouse, Business Information Resource und Reporting Database.

[2]   In den folgenden Ausführungen wird auf die explizite Nennung von OLAP-Regeln verzichtet. Vgl. dazu die Ausführungen im Artikel von: CHAMONI, P.; GLUCHOWSKI, P.: On-Line Analytical Processing (OLAP).

[3]   Der Begriff Grundrechnung ist irreführend, denn es handelt sich nicht um eine Rechnung, sondern um die Bereitstellung, die laufende Registrierung und Darstellung betrieblich relevanter Datenelemente.

[4]   W.H. INMON und R.D. HACKATHORN sprechen von bestimmenden „subjects" des Unternehmens. [InHa94, 2]

[5]   Dies entspricht der ersten Grundregel des On-Line Analytical Processing. [CoCS93]

[6]   Der Forderung INMON´s nach Nicht-Volatilität eines Data Warehouses kann nur bedingt zugestimmt werden, da es beispielsweise auch möglich sein muß, Plandaten im Data Warehouse zu speichern.

[7]   HTML = Hyper Text Markup Language.

[8]   Der Einsatz relationaler Datenbanksysteme in Verbindung mit multidimensionalen Auswertungswerkzeugen wird auch als Relationales OLAP (= ROLAP) bezeichnet. Konzepte, Funktionalitäten sowie die Vor- und Nachteile multidimensionaler Datenstrukturen werden ausführlich behandelt im Beitrag von: HOLTHUIS, J.: Grundüberlegungen für die Modellierung einer Data Warehouse-Datenbasis sowie im Beitrag von: CHAMONI, P. ; GLUCHOWSKI, P.: On-Line Analytical Processing (OLAP).

[9]   Hierdurch wird zwar das Transaktionsvolumen erhöht, was eine Verschlechterung des Antwortzeitverhaltens der Administrations- und Dispositionssysteme zur Folge hat. Gleichzeitig erfolgt aber auch eine Entlastung der operationalen DV-Systeme, da der größte Teil der zur Abwicklung des Tagesgeschäftes benötigen Auswertungen nicht mehr auf die operationalen Datenbestände, sondern nur auf die verdichteten Daten des ODS zugreift.

[10] Informationsobjekte können Grafiken, Tabellen, Texte, vorgefertigte Abfragen, Programme oder Dateien sein.

[11] Da zum Zeitpunkt der Datenmodellierung nur die aktuellen und eventuell die zu diesem Zeitpunkt absehbaren zukünftigen Informationsbedarfe der Entscheidungsträger bekannt sind, durch die Nutzung eines Data Warehouses aber neue Informationsbedarfe entstehen können, muß das entworfene Datenmodell kontinuierlich überprüft und angepaßt werden.

[12] Zusätzlich zu Informationen über die aktuellen Daten muß ein Verzeichnis über alle archivierten Datenbestände, die nicht mehr Online verfügbar sind, aber im Bedarfsfall bereitgestellt werden können, geführt werden.

[13] Um die Herkunft der Daten für den Entscheidungsträger und die Mitarbeiter des DV-Bereiches zu dokumentieren, werden zu jedem unternehmensinternen und -externen Datenelement die verwendeten Datenquellen gespeichert. Neben den aktuellen Datenquellen muß dem Entscheidungsträger auch eine Historie über alle Datenquellen, die seit der Einbindung eines Datenelements in das Data Warehouse genutzt wurden, bereitgestellt werden.

[14] So kann vermieden werden, daß Entscheidungsträger Aggregationen und Konsolidierungen vornehmen, die bereits im Data Warehouse enthalten sind.

[15] Hierdurch werden die Möglichkeiten erhöht, Datenbankabfragen für neue Aufgabenstellungen effizient und selbständig zu gestalten.

[16] Alle weiteren Meta-Daten bezeichnet V. POE als **operational.** Sie beinhalten die Informationen über die operationalen Systeme wie beispielsweise Namen der Originaldatenquellen, die Datenstrukturen (Feldbezeichnungen) und Dateiorganisationsformen, Informationen über den Transformationsprozeß sowie die Zieldatenquelle nach erfolgter Datentransformation.

[17] Unter dem Begriff **Archivierungssystem** werden elektronische Informationssysteme subsumiert, deren Aufgabe es ist, Dokumente einzulesen, zu speichern, zu archivieren, wiederzufinden, bereitzustellen und den Menschen bei der Bearbeitung, der Verwaltung sowie der Überwachung und der Ablage dieser Dokumente über ihren gesamten Lebenszyklus hinweg zu unterstützen. [Bern92, 45], [BuMa93, 14] Archivierungssysteme sind von dem häufig synonym verwendeten Begriff der **Dokumentenmanagement-Systeme** insofern abzugrenzen, daß sie keine Komponente zur Vorgangssteuerung besitzen.

[18] Die Snapshots wurden in der Oracle8-Datenbank durch sogenannte Materialized Views ersetzt.

[19] Vgl. hierzu den Artikel von BEHME, W; HOLTHUIS, J.; MUCKSCH, H.: Umsetzung multidimensionaler Strukturen (Kapitel 3.2: Klassen relational basierter Schemata)

[20] Eine Übersicht gibt auch: [Mart96a, 18].

[21] Die DV-technische Partitionierung wird hier nicht weiter verfolgt, da sie wesentlich vom verwendeten Datenbankmanagementsystem abhängt.

[22] Vgl. hierzu den Artikel von BEHME, W; HOLTHUIS, J.; MUCKSCH, H..: Umsetzung multidimensionaler Strukturen (Abschnitt 4.3:Partitionierungsstrategien)

[23] Eine ausführliche Beschreibung von Aggregationsstrategien gibt der Artikel von BEHME, W.; HOLTHUIS, J.; MUCKSCH, H.: Umsetzung multidimensionaler Strukturen.

[24] Vgl. beispielsweise [Aber97].

[25] Vgl. zum Data Mining u.a. den Artikel von: BISSANTZ, N.; HAGEDORN, J.; MERTENS, P.: Data Mining sowie [HaBM97].

Teil II

Datensicherheit

Informationssicherheit in Data Warehouses

Waltraud Gerhardt, Hartmut Pohl, Marcel Spruit

Inhalt

1 Einleitung

1.1 Sicherheitsrelevante Charakteristiken eines Data Warehouse

Data Warehouses sind einer der entscheidenden Wettbewerbsfaktoren für ein Unternehmen. Sie zeichnen sich aus durch das Anbieten unternehmensrelevanter Informationen in einer speziell für Endbenutzer aufbereiteten Form, wie in diversen Beiträgen dieses Buches gezeigt wird. Unabhängig von den verschiedenen Organisationsformen eines Data Warehouses sind folgende Eigenschaften für eine Betrachtung von Datensicherheitsaspekten insbesondere interessant:

- Das Data Warehouse erhält seine Daten über Transformationsprogramme aus unterschiedlichen Datenquellen. Diese können unternehmensintern und extern sein.

- Das Data Warehouse speichert die transformierten Daten in einer oder eventuell mehreren Datenbanken. Die Datenstrukturen beschreiben unternehmensbestimmende Sachverhalte. Sie dienen der Entscheidungsfindung im Unternehmen und geben Einsicht in historische Entwicklungen.

- Das Data Warehouse enthält sowohl aktuelle als auch historische Daten aus allen eingebundenen Unternehmensbereichen in unterschiedlichen Verdichtungsstufen. Es können verschiedene Verdichtungsfunktionen nebeneinander eingesetzt werden (Summe, Aggregation, Durchschnitt usw.).

- Es stehen eine Reihe von Abfrage- und Auswertefunktionen zur Verfügung, die durch unterschiedlich (DV-technisch) qualifizierte Endbenutzer einfach gebraucht werden können.

- Auf Data Warehouses kann auch mittels Web-Technologie oder allgemeiner, über Inter- und Intranet zugegriffen werden.

- Dieselben Informationen können nebeneinander in unterschiedlichen Formen (Text, Tabellen, Grafiken, Video usw.) repräsentiert werden.

- Als Zwischenstufe während der Transformation von den operationalen Daten hin zur Data Warehouse-Datenbank können "Operational Data Stores" eingerichtet werden.

Diese enthalten voraufbereitete Daten für das Data Warehouse, z.B. über einen kurzen Zeitabschnitt.

- Die sog. Data Marts verfügen über eigene Datenbanken, die Ausschnitte der Kern-Datenbank als Replikas beinhalten. Diese können auch zusammen die Data Warehouse-Datenbank bilden.

- Die Data Warehouse-Datenbank kann zentral oder verteilt organisiert sein.

- Die Mehrheit der Operationen auf dem Data Warehouse sind lesend. Wenn das Data Warehouse erst einmal eingerichtet ist und sich stabilisiert hat, verlaufen auch die schreibenden Operationen nach erprobtem Protokoll; ausgenommen sind Ausbreitungen und Anpassungen, wie z.B. des Data Dictionaries.

1.2 Sachziele der Informationssicherheit

Die Sachziele der Informationssicherheit, unabhängig von einer Data Warehouse-Situation, sind:

- **Verfügbarkeit (availability)**

ist die Wahrscheinlichkeit, ein System zu einem vorgegebenen Zeitpunkt in einem funktionsfähigen Zustand anzutreffen [DIN 40042].

Die Objekte (Hardware, Software, Nutzdaten) sind gegen Angriffe auf die Funktionsfähigkeit (Programme) und ihre Nutzung (Daten) geschützt.

- **Integrität (integrity)**

ist die Eigenschaft eines Systems, die Korrektheit der Objekte sicherzustellen: Die Daten sind auf dem aktuellen Stand. Das System ist (korrekt) verfügbar.

Die Objekte sind gegen unberechtigte Modifikation (und/oder Zerstörung) geschützt.

- **Vertraulichkeit (confidentiality)**

ist die Eigenschaft eines Systems, nur berechtigten Subjekten den Zugriff auf bestimmte Objekte zu gestatten und unberechtigten Subjekten den Zugriff auf alle Objekte zu verwehren.

Die Objekte sind gegen unberechtigte Kenntnisnahme angemessen geschützt.

- **Verbindlichkeit (liability)**

ist die Eigenschaft eines Systems, authentische und rechtsverbindliche Kommunikation zu ermöglichen.

Die Objekte sind gegen Täuschung (Sender, Empfänger, Inhalte) sowie gegen Abstreiten (non-repudiation) geschützt.

Im folgenden werden die Sachziele der Informationssicherheit zusammen mit ihren Bedrohungsarten und Klassen von Sicherheitsmaßnahmen tabellarisch dargestellt.

Sachziel	Bedrohungsart	Sicherheitsmaßnahme
Vertraulichkeit	Unberechtigter Zugriff	Zugriffskontrollsystem mit Identifizierung und Authentifizierung - u.a. Verschlüsselung gespeicherter Daten, digitale Signatur und Zertifizierungsstellen
	Mithören, Abhören	Verschlüsselung übertragener Daten mit Key Management und Recovery
Verfügbarkeit	Denial of Service: Dienstverhinderung - u.a. auch durch Überflutung mit Nachrichten	Zugriffskontrollsystem
Integrität	Wiedereinspielen von Datenpaketen	Public Key Infrastructure - auch intern: Digitale Signatur, Zertifikate
	Modifikation von Datenpaketen	Public Key Infrastructure: Digitale Signatur, Zertifikate
Verbindlichkeit	Täuschung (Sender, Empfänger, Inhalte) sowie Abstreiten (non-repudiation)	

Abb. 1: Bedrohungsarten im Data Warehouse (im Netz)

1.3   Sachziele bei Data Warehouses

Ein Vergleich von 1.1 und 1.2 läßt vermuten, daß sich bezüglich der Informationssicherheit in Data Warehouses Aspekte aus mehreren Bereichen der Informationssicherheit akkumulieren, so aus Datenbanken, statistischen Datenbanken, Client- / Server-Systemen, Internet-Zugang zu Rechnersystemen, Betriebssystemen, usw. Aus der Akkumulation von Bedrohungen aus diesen unterschiedlichen Bereichen entsteht eine besondere Situation für die Informationssicherheit in Data Warehouses. Diese wird verstärkt durch die Zugriffsmöglichkeit auf Daten mit unterschiedlichen Verdichtungsgraden und durch die weitgehende Unterstützung von Endbenutzern beim Auffinden von Daten.

Informationssicherheit betrachtet alle wertvollen (Unternehmens-)daten - u.a. auch personenbezogene Daten. Manchmal wird Informationssicherheit als Bestandteil des Datenschutzes angesehen. Datenschutz betrifft alle Fragen moralischer, ethischer, politischer und insbesondere juristischer Art hinsichtlich der Verarbeitung personenbezogener (und personenbeziehbarer) Daten. Er ist also vornehmlich auf den Schutz von Personen, über die Daten erfaßt werden, gerichtet. Die Sicherheit dieser Daten ist eine Voraussetzung zur Umsetzung des Datenschutzes.

2   Zum Kontext von Datensicherheit

2.1   Sensibilität von Daten eines Data Warehouses

Die Sensibilität von Daten hängt vor allem mit zwei Faktoren zusammen:

- dem Wert der aus den Daten abgeleiteten Informationen (hier für das Unternehmen);

- von den Risiken, denen die Daten im Unternehmen ausgesetzt sind.

Zu beiden Faktoren sind den Autoren keine Publikationen bekannt, die sich speziell mit einer Data Warehouse-Situation auseinandersetzen.

2.1.1 Zum Informationswert von Daten

Betrachtet man die Aufgaben eines Data Warehouses, so dürfte es i.d.R. wertvolle Daten enthalten: Sie werden zum Zweck der Unternehmensführung zusammengestellt und geben ein komprimiertes, umfassendes und auch historisches Bild vom Unternehmen. Die Data Warehouse-Datenstrukturen und die Abfrage- und Auswertefunktionen spiegeln nicht nur die Geschäftsprozesse selbst wider, sondern auch Geschäftsregeln, Interessenschwerpunkte sowie Stärken und Schwächen des Unternehmens. Sicherlich sind nicht alle Daten des Data Warehouses gleich wertvoll, so daß seitens des Unternehmens eine Informationswertanalyse durchgeführt werden muß. Eine derartige Bewertung und die Kriterien für die Zuordnung von Daten zu einer Werteskala mit Klassen und Kategorien müssen vom Unternehmen selbst ausgearbeitet werden.

Beim Aufstellen der Werteskala sollten folgende Einflüsse auf den Wert der aus den Daten (Daten plus Meta-Daten) ableitbaren Informationen berücksichtigt werden:

- der Einfluß der Verdichtung von Daten;

- der Einfluß des Zeitbezugs der Daten;

- der Einfluß von verschiedenen Betrachtungsperspektiven und der Darstellung von Zusammenhängen zwischen den Daten;

- der Einfluß indirekter, immaterieller Faktoren wie das Vertrauen von Kunden usw.;

- der Einfluß von personenbezogenen oder Personen zuordenbaren Daten;

- der Nutzen den ein unberechtigter Dritter aus der Kenntnis, Verfälschung usw. der Daten hätte.

2.1.2 Risiken

Können Bedroher, - z.B. ungetreue Mitarbeiter, ggfs. auch im Auftrag von Mitbewerbern (Wirtschaftsspionage) - sicherheitsrelevante Schwachstellen von Data Warehouses ausnutzen, so entsteht ein Risiko. Werden Personen tatsächlich aktiv, so ergibt sich Computermißbrauch.

Meist sind in den Produkten sicherheitsrelevante Schwachstellen vorhanden. Die Motive für ungetreue Mitarbeiter als Täter im Bereich des Computermißbrauchs sind sehr unterschiedlich. Faktoren wie Organisation der Arbeitsabläufe, Funktionstrennung, allgemeines Unternehmensklima, Zugangskontrollen, Umgang mit Paßwörtern, Codes, Smardcards u.ä., physische Trennung von Funktionen, allgemeine Zugänglichkeit, Abschließbarkeit von Räumen und Gebäuden auch beim heutigen Grad von Vernetzung und Webzugriff haben einen großen Einfluß auf das Verhindern von Risiken.

2.2   Informationswert- und Risikoanalysen

Um das für eine Anwendung, ein Verfahren oder für Daten angemessene Sicherheitsniveau bestimmen zu können, werden alle Objekte wie Anwendungen, Verfahren und Daten einer Informationswert- und einer Risikoanalyse unterzogen. Diese Objekte werden hierarchisch bewertet z.B. nach Geheimhaltungsgraden wie 'Offen', 'Vertraulich', 'Geheim' oder 'Streng Geheim'. Weiterhin ist die Bildung von Kategorien (Maß für Sensibilität der Daten und aller Komponenten des Data Warehouses) notwendig, die die Anwendungen, Verfahren und Daten einer Kategorie zuordnen.

Die Informationswertanalyse macht es möglich, abzuleiten, welche Priorität welche Informationssicherheitsfunktionen haben. Sie ermöglicht auch eine Abschätzung der Wirtschaftlichkeit der Datensicherheit durch Kosten-Nutzen-Vergleiche.

Kategorie Einstufung	Planung	Finanzen	F&E	Personal
Offen [kein Schaden]				
Vertraulich [unter 1 Mio. DM]				
Geheim [unter 10 Mio. DM]				
Streng Geheim [über 10 Mio. DM]				

Abb. 2: Informationswertanalyse: Hierarchische und kategoriale Bewertung von Daten

Die Risikoanalyse macht es möglich, Bedrohungen zu erkennen und präzise zu beschreiben (Art, Zeit, Ort), um daraus abzuleiten, welche Maßnahmen, Mittel und Verfahren der Informationssicherheit in der Situation des Data Warehouses überhaupt wirksam wären. Anhand beider Analysen kann dann eine Liste mit Sicherheitsanforderungen aufgestellt werden.

2.3   Differenzieren

Die Informationssicherheitspraxis weist darauf hin, daß es nicht möglich und auch nicht sinnvoll ist, alle Daten auf ein und demselben Sensibilitätsniveau zu schützen.

Das ergibt sich einerseits aus dem unterschiedlichen Wert und Risiko für unterschiedliche Daten (auch für unterschiedliche Verdichtungen und Granularitäten derselben Daten) und anderseits aus der sehr großen Menge und örtlichen Verteilung der Daten. Informationssicherheit ist letztendlich auch eine Kostenfrage. Ebenfalls ist ein menschlicher Aspekt nicht zu unterschätzen: Wo alles gleich wertvoll ist, ist alles gleich wertlos.

2.4   Informationssicherheit integrieren

Die Informationssicherheitspraxis weist ebenfalls darauf hin, daß Datensicherheit im Nachhinein nicht effektiv und effizient organisierbar ist. Nicht nur DV-technische Maßnahmen der Datensicherheit, sondern auch organisatorische und personelle müssen oft in die primären Datenverarbeitungsprozesse integriert werden und / oder beeinflussen diese Prozesse stark. Das Berücksichtigen von Informationssicherheit empfiehlt sich darum vom ersten Moment der Planung eines Data Warehouses an.

Eventuell haben Informationssicherheitsmaßnahmen selbst Einfluß auf die Architektur und die Organisationsform des Data Warehouses. So könnte man sich z.B. Data Marts auf der Basis unterschiedlicher Sensibilität vorstellen. Solche Entscheidungen machen aber nach abgeschlossener Planung, Entwurf oder gar Realisierung des Data Warehouses wenig Sinn.

2.5 Kenntnis über die Wirksamkeit von Maßnahmen, Mitteln und Verfahren

Oft ist Informationssicherheit umzusetzen mit unterschiedlichen "Sätzen" aufeinander abgestimmter Maßnahmen, Mittel und Verfahren, mittels derer eine bestimmte Sicherheitsfunktion realisiert wird. Um die richtige Auswahl zu treffen, muß man natürlich die Risiken präzise kennen, d.h. Prioritäten setzen können. Man muß aber anderserseits auch die Wirksamkeit der Maßnahmen, Mittel und Verfahren an sich kennen, ihre Abhängigkeiten untereinander, Abhängigkeiten von Umgebungsfaktoren usw. Diese beiden Seiten der Medaillie müssen aufeinander abgebildet werden. Erleichtert wird dieser Prozeß durch das Formulieren von Zielstellungen der Informationssicherheit, die genau angeben, wo (bezogen auf die Architektur und die Organisationsform des Data Warehouses) was wann erreicht sein soll (Sicherheitsanforderungen). Im zweiten Schritt wird dann zugefügt, wie dies erreicht werden soll. Das "Wie" bezieht sich auf konkrete Maßnahmen, Mittel und Verfahren. Wenn das "Wo", "Was" und "Wann" formuliert ist, sind die Maßnahmen, Mittel und Verfahren, die das "Wie" ausmachen, leichter austausch- und anpaßbar. Das kann immer erforderlich sein, sobald sich (im Data Warehouse und seiner Umgebung) Einflußfaktoren verändern oder wenn neue oder angepaßte Methoden, Mittel und Verfahren zur Informationssicherheit entwickelt werden.

2.6 Sicherheitspolitik

Das Festlegen des "Wo", "Was" und "Wann" ist Bestandteil der Sicherheitspolitik (security policy). Es scheint beinahe überflüssig zu erwähnen, daß die Sicherheitspolitik des Data Warehouses natürlich Bestandteil der Sicherheitspolitik des Unternehmens sein muß. Sicherheitspolitiken formulieren Sicherheitserfordernisse und -zielstellungen mit unterschiedlichem Detaillierungsgrad, abhängig vom Bereich, den sie umfassen, sowie allgemeine Regeln, denen die Informationssicherheit im betreffenden Unternehmensbereich unterworfen sein soll.

Die Sicherheitspolitiken sind vor allem ein Mittel des Unternehmensmanagements, um im gesamten Unternehmen dieselben Regeln für das Umsetzen von Informationssicherheit anzuwenden. Darum reicht es auch nicht aus, für das Unternehmen lediglich eine "high level"-Sicherheitspolitik herauszugeben, sondern diese muß zugleich für die verschiedenen Unternehmensbereiche in kontrollierbare, faßbare und aufeinander abgestimmte Zielstellungen und Regeln umgesetzt werden.

3 Sicherheitsfunktionen

3.1 Grundfunktionen

Generell werden folgende Sicherheitsfunktionen - sog. Grundfunktionen der Informationssicherheit - unterschieden:

- Identifizierung
  Diese Funktion dient dazu, die Identität der Benutzer, Programme, Prozesse (Subjekte) zu bestimmen, die Zugriff auf Daten oder andere Dienstleistungen des Systems benötigen.

- Authentifizierung
  Diese Funktion gestattet es dem Data Warehouse-Management, die behauptete Identität nachzuprüfen und zu verifizieren.

- Rechteverwaltung
  Identifizierbare Subjekte können Rechte bezüglich anderer identifizierbarer Subjekte oder Daten und Dienstleistungen des Data Warehouses (Objekte) besitzen. Da diese Rechte im allgemeinen nicht statisch sind, wird eine Rechteverwaltung benötigt, die die in der Sicherheitspolitik für das Data Warehouse festgelegten Regeln zur Modifikation von Rechten realisiert.

- Rechteprüfung
  Bei jedem Versuch eines identifizierbaren Subjekts, Rechte bezüglich eines anderen Subjekts oder Objekts auszuüben, ist es Aufgabe der Rechteprüfung, nur solche Zugriffe zu Daten des Data Warehouses und Inanspruchnahme von Dienstleistungen (Aktionen) zu erlauben, die das identifizierbare Subjekt aufgrund seiner vorhandenen Rechte ausüben darf.

- Beweissicherung

  Die Beweissicherung protokolliert Informationen über erfolgte oder versuchte Aus-
  übung von Rechten – authorisierte und zurückgewiesene Zugriffsversuche. Damit
  wird eine (nachträgliche) Untersuchung der Zugriffe und Versuche möglich.

- Wiederaufbereitung

  Betriebsmittel wie Speicher (Arbeitsspeicher, Cache usw.) werden hintereinander
  von verschiedenen Subjekten oder Objekten benutzt. Zwischen den Nutzungen müssen solche Betriebsmittel so wiederaufbereitet werden, daß ein unberechtigter Informationsfluß nicht stattfinden kann.

- Fehlerüberbrückung

  Auswirkungen von Fehlverhalten des Betriebssystems, des Datenbankmanagementsystems und spezifischer Data Warehouse-Managementfunktionalität sollen so begrenzt werden, daß ein möglichst verlustfreier Ablauf gewährleistet werden kann.
  Voraussetzung dazu ist eine frühzeitige Fehlererkennung.

- Gewährleistung der Funktionalität

  Die Aufgaben des Data Warehouses und aller unterstützender Managementfunktio-
  nalität sollen dokumentiert werden. Es ist daher in den Sicherheitsanforderungen
  festzulegen, welche Funktionen erbracht werden müssen, deren Ausfall die Gesamt-
  sicherheit des Systems in nicht hinnehmbarer Weise beeinträchtigen würde. Zu den
  Beeinträchtigungen können auch Verzögerungen gehören, durch die Teile der Funktionalität nicht in einem vorgegebenen Zeitintervall zur Verfügung gestellt werden
  (z.B. wenn auf ein Eingangssignal nicht rechtzeitig reagiert wird).

- Übertragungssicherung

  Die vorgenannten Grundfunktionen sollen auch bei der Übertragung von Daten gewährleistet sein.

Auf den Zusammenhang dieser Sicherheitsfunktionen mit der Situation in Data Warehouses wird in den nachfolgenden Abschnitten eingegangen.

3.2 Betriebsarten

Angesichts der unzureichenden Sicherheit von DV-technischen Systemen wurde eine Reihe flankierender Maßnahmen formuliert, die auch beim Einrichten eines Data Warehouses berücksichtigt werden müssen. So wurden vertrauenswürdige Betriebsarten definiert, um trotz fehlender oder unzureichender Systemsicherheit wertvolle Daten verarbeiten zu können. Es werden die folgenden fünf vertrauenswürdigen Betriebsarten unterschieden:

Im **compartmented security mode** werden unterschiedlich eingestufte Informationen von einem eng begrenzten und bekannten Personenkreis verarbeitet, der auftragsgemäß auf alle Daten zugreifen muß.

Im **dedicated security mode** werden einheitlich eingestufte Informationen von einem eng begrenzten und bekannten Personenkreis verarbeitet, der auftragsgemäß auf alle Daten zugreifen muß.

Im **system high security mode** werden die Sicherheitsmaßnahmen am höchsten Geheimhaltungsgrad bzw. dem höchsten Wert der im Informationssystem verarbeiteten (unterschiedlich eingestuften) Daten des Data Warehouses orientiert.

Im **multilevel security mode** (siehe auch Abschnitt 5.3.2) ermöglichen die in Hardware, Firmware und Betriebssystem implementierten Sicherheitsmechanismen eine gleichzeitige Verarbeitung von Daten mehrerer Geheimhaltungsgrade (und Kategorien) bzw. die Verarbeitung unterschiedlich wertvoller Daten durch Personen, denen - entsprechend der Zugriffsberechtigung - aber durchaus unterschiedlich vertraut wird (Ermächtigung) und die auftragsgemäß nicht auf alle Daten zugreifen müssen.

Der **controlled security mode** stellt eine gegenüber dem multilevel security mode abgewertete Betriebsart dar. Ausreichend sind hier organisatorische und klassisch-materielle Maßnahmen der Raum- und Gebäudeabsicherung.

Die Festlegung der Betriebsart "controlled" läßt jedoch ein Verständnis für die Innentäterproblematik vermissen, die mit ca. 90 % die Mehrzahl der relevanten Fälle von Computermißbrauch ausmachen.

Die Betriebsart des Data Warehouses muß vom Betriebssystem unterstützt werden, das entsprechend zertifiziert sein muß. (vgl. hierzu Abschnitt 9.2)

4   Identifizieren und Authentifizieren

4.1   Identifizieren

Überprüfung der Behauptung, ein bestimmtes Subjekt zu sein durch Prüfung eines einfachen Identifizierungsmerkmals (Identifikationsnummer, Paßwort, Identitätskarte, Nutzername, Prozeßidentifikator, Programm- oder Dateiname oder -nummer). Das Verfahren weist – insbesondere im Vergleich zur Authentifizierung – einen niedrigeren Widerstandswert auf. Das Mittel, mit dem sich jemand oder etwas identifiziert, muß charakteristisch und systemweit eindeutig sein, um Verwechslungen zu vermeiden.

Identifizieren kann an die Erfüllung von Vorbedingungen geknüpft sein. Mögliche Vorbedingungen sind:

- Festlegung von Zeitschranken, während derer eine Anmeldung zulässig bzw. unzulässig ist.

- Zugriff durch bestimmte Personen und/oder Aufruf bestimmter Programme nur von bestimmten Netzknoten aus.

- Begrenzung der Häufigkeit von Zugriffen in einem bestimmten Zeitintervall.

4.2   Authentifizieren

Beglaubigung: Rechtsgültigmachen einer (behaupteten) Identität oder Nachricht. Allein durch Vorweisen des Identifizierungsmittels wird nur behauptet, jemand oder etwas zu sein. In der Mehrheit wird der Besitzer oder Eigner des Data Warehouses einen Beweis für die behauptete Identität haben wollen. Genauso gut vorstellbar ist, daß der Benutzer eines Data Warehouses Sicherheit darüber haben will, daß er wirklich mit dem Data Warehouse verbunden ist.

Im allgemeinen werden Authentifizierungsverfahren wie folgt systematisiert:

- Authentifizieren mit dem Wissen eines Nutzers (z.B. Paßwörter, Frage-Antwort-Spiele, PIN's).

- Authentifizieren mit dem Besitz eines Nutzers (z.B. Ausweis, Schlüssel, Smardcards).

- Authentifizieren über biometrische Nutzercharakteristiken (z.B. Unterschrift, Stimme, Fingerabdruck, Iris).

Voraussetzung für den Wirkungsgrad der Authentifizierung insbesondere bei den ersten zwei Verfahrensklassen ist jedoch, daß das Wissen oder der Besitz nicht an andere gelangen kann, nicht bewußt und nicht versehentlich. Eine bewußte Weitergabe kann nie ausgeschlossen werden. Eine unbewußte Weitergabe passiert gewöhnlich aus Nachlässigkeit. Hierbei spielt nicht nur das Liegenlassen von physischen Authentifizierungsmitteln oder aufgeschriebener Paßwörter eine Rolle, sondern auch das Verwenden leicht erratbarer Paßwörter bzw. das Beibehalten derselben Paßwörter über Jahre und für alle Zugriffskontrollen, die jemand passieren muß.

Jede zum Authentifizieren verwendete Information ist auch während der Überprüfung, während der Übertragung und auch während des Speicherns prinzipiell gefährdet. Unbefugte könnten die Information lesen und dann z.B. zum Maskieren ihres (unberechtigten) Zugriffs verwenden. Sie könnten die Information aber auch verändern, um sich selbst die Authentifizierung zu sichern, den rechtmäßigen Benutzer aber auszuschließen. Sie könnten die Information aber auch einfach löschen, was zumindest Verärgerung und Unsicherheit zurück läßt: man weiß nicht was davor passiert ist (außer wenn man ein gutes Audit hat!).

Um solche Bedrohungen zu reduzieren, kann folgendes getan werden:

- Die Verschlüsselungung der Informationen bereits im Eingabegerät organisieren und nur unmittelbar vor dem Vergleich entschlüsseln.

- Nicht nur Benutzer und Clients authentifizieren sich gegenüber der betreffenden Überprüfungsinstanz, sondern auch Server, Dateien, auszuführende Programme etc. gegenüber dieser Komponente. Bleibt die Frage, wer das zuerst tut. In der Regel beginnt derjenige oder dasjenige, wo die Wahrscheinlichkeit größer ist, daß die Identifizierung durch einen Dritten mißbraucht wird. Daß die auszutauschenden Informationen verschlüsselt sind, ist selbstsprechend (z.B. Oracle Security Adapters ermöglichen ein solches gegenseitiges Authentifizieren).

- Es wird ein spezielles Kommunikationsprotokoll abgesprochen, welches auch die Anmeldeprozedur mit (verschlüsseltem) Paßwort erfaßt. Durch Vergleich des tatsächlich gefolgten Protokolls und des gespeicherten - sowohl des "sendenden" als auch des "empfangenden" Partners - können Fehlleitungen und vorgetäuschte Identität festgestellt werden.

- Es wird ein Rückrufverfahren abgesprochen. Dieses Verfahren setzt voraus, daß der anfragende Partner stets am selben Ort (und Rechner) arbeitet. Eine andere Möglichkeit ist es, Vereinbarungen zu treffen, wo das Einloggen das nächste Mal (die nächsten Male) erfolgt. Die verschlüsselten Paßwörter werden erst nach erfolgreichem Rückruf ausgetauscht. Dieses Verfahren schränkt ein, daß eine Person sich betätigen kann, der es gelungen ist, sich doch unbefugt mit einem Rechner ins Netz einzuschalten und sich der Identität eines befugten Benutzers zu bemächtigen.

4.3   Weitere Aspekte

- Verschlüsseln an sich ist kein Allheilmittel gegen alle Bedrohungen. Abgesehen von der Qualität des verwendeten Verschlüsselungverfahrens und der Schlüsselorganisation, besteht auch die Möglichkeit, daß ein verschlüsselt übertragenes Paßwort bei der Übertragung abgefangen, als Paßwort erkannt und durch Wiedereinspiegeln als "echtes" verschlüsseltes Paßwort mißbraucht wird. Zu den Aspekten Verschlüsseln und Bedrohungen durch Netzbetrieb, vgl. die Abschnitte 6 und 7 dieses Artikels.

- Zusätzliche Protokolle könnten diese Bedrohung einschränken. So könnte die Zeit der Anmeldung mit übertragen werden (verschlüsselt), um festzustellen, ob das Paßwort gerade eingegeben wurde.

- Eine wirksame Verhinderung unbefugten Zugriffs zu Authentifizierungsdaten ist das Speichern und Übertragen dieser Daten basierend auf dem Einweg-Verschlüsselungsverfahren: Es genügt z.B. das eingegebene Benutzerpaßwort gemäß Vereinbarung zu verschlüsseln und das Ergebnis mit der gespeicherten Version zu vergleichen. Ein Entschlüsseln des gespeicherten Paßwortes ist dazu nicht nötig und ist selbst dem Systemverwalter nicht möglich. Der Systemverwalter kann allerdings in der Regel jedes Paßwort überschreiben.

- Auch könnte jemand zufällig oder zielgerichtet Paßwort-Kandidaten generieren, verschlüsseln und ausprobieren, ob er / sie erfolgreich war. Diese Bedrohung wird eingeschränkt durch eine Begrenzung der Anzahl der Versuche, die man zur Eingabe des richtigen Paßwortes in einer bestimmten Zeiteinheit hat.

- Die gespeicherten Paßwörter sollten nicht direkt zugreifbar sein, außer für ausgewählte Systemverwalter und ausgewählte Prozesse, die den Vergleich ermöglichen. Der Zugriff über ausgewählte Prozesse ist sicherer als ein direkter Zugriff, weil die Art des Zugriffs definiert ist (was passiert) und weil der Zugriff mit dem Prozeß tatsächlich endet. Paßwörter sind zweifellos das zum Authentifizieren am meisten gebrauchte Mittel in Rechnersystemen, wenn man vom PIN-Codes z.B. auf dem Bankpaß absieht.

- Die richtige Auswahl und ein gut durchdachter Umgang mit Paßwörtern kann sehr schnell über die Sicherheit des Data Warehouses entscheiden. Das liegt daran, daß mit dem erbrachten Beweis (ob nun vorgetäuscht oder echt) einer Identität alle Zugriffsrechte nutzbar sind, die dem betreffenden Benutzer zugebilligt wurden. Darum soll hier nochmals nachdrücklich auf folgende Tatsache verwiesen werden: A priori ist schwer feststellbar, ob ein Paßwort noch sicher ist oder schon "geknackt" wurde. Ein Paßwort muß regelmäßig geändert werden. Im Extremfall ist das bei jeder Sitzung. Am einfachsten ist es in diesem Fall, eine Liste mit Paßwörtern zu vereinbaren, von der bei jeder Sitzung ein Paßwort gestrichen wird.

- Doch muß insgesamt deutlich sein, daß Paßwörter an sich eine relativ schwache Form der Authentifizierung darstellen. Ihre Geheimhaltung durch den Benutzer und im Data Warehouse ist strikt notwendig. Für sicherheitskritische Anwendungen ist eine Kombination von Authentifizierungsverfahren anzuraten, wobei insbesondere eine Kombination der drei Grundtypen (Wissen, Besitz, Charakteristik) heutzutage preiswert zu realisieren ist, z.B. durch eine Kombination von Schlüssel, Smardcard und gestaffelten Paßwörtern, ergänzbar durch Fingerabdruck- oder Spracherkennung.

- Analog zu Datenbankmanagementsystemen können es auch Data Warehouses dem Benutzer einfach machen, sich nur einmal am Anfang einer Sitzung zu authentifizieren, und das auch nur beim Betriebssystem. Im Benutzerprofil ist festgeschrieben, mit welchen Datenbanken, Dateien, Programmen usw. ein Benutzer arbeiten darf. Nach erfolgreicher Anmeldung stehen dem Benutzer die Zugriffsrechte zu, soweit sie seiner Person direkt oder indirekt (z.B. über die Gruppe) zugeordnet wurden. Diese vereinfachte Anmeldeprozedur ist vorteilig, wenn die vorausgesetzte Kanalisierung durch das Betriebssystem auch so funktioniert, wie gedacht. Aber:

- Ein Benutzer hat ohne weitere Kontrolle Zugriff auf alles im Data Warehouse, wenn es ihm gelingt, die Zugriffsrechtedefinition zu unterlaufen.

- Ein Unbefugter kann bereits Zugriff bekommen, wenn er / sie das eine Paßwort "geknackt" hat.

Beim vorunterstellten Wert eines Data Warehouses sollte zumindest eine zweite Hürde in die Anmeldeprozedur eingebaut werden, wenn die Sitzung am Data Warehouse eröffnet wird. Man sollte auf gar keinen Fall einen authentifizierungsfreien Übergang von einer operationalen Datenbank in ein Data Warehouse und umgekehrt zulassen. Die Arbeitsbereiche sind so unterschiedlich, daß eine neue Authentifizierung den Benutzer allein schon auf die Tatsache des Überschreitens der Systemgrenze aufmerksam machen sollte. Außerdem wird es notwendig sein, das lokale Benutzerprofil zur Rechteprüfung zu gebrauchen.

Die Authentifizierung ist hier ein natürlicher Zwischenschritt, der zudem auch noch die Beweisbarkeit (im Auditprotokoll, vgl. dazu Abschnitt 8) einfacher macht. Wenn die Gründe für ein zusätzliches Authentifizieren nicht schon in der unterschiedlichen Sensibilität der unterschiedlich verdichteten Daten zu finden sind, so sind auf jeden Fall Integrität und Zuverlässigkeit Gründe genug, Benutzeraktionen auf das tatsächlich nötige Maß einzuschränken und die Einhaltung dessen durchsetzbar und nachweisbar zu machen.

5 Zugriffskontrollsystem

5.1 Autorisierung

Die Autorisierung umfaßt Zugriffsrechtevergabe, -verwaltung und -überprüfung. Eine Zugriffsberechtigung ist prinzipiell ein Dreitupel bestehend aus "Subjekt, Operation, Schutzobjekt". Ein Subjekt kann z.B. ein Benutzer, ein Anwendungsprogramm oder ein Prozeß sein. Die Operation ist eine Aktion, die auf dem Schutzobjekt ausgeführt werden soll. Operationen können z.B. SQL-Kommandos sein, aber auch das Ausführen einer Prozedur. Die Ausführung der Operation kann an Bedingungen gebunden sein, wie z.B.

das Überschreiten eines bestimmten Datenwertes. Das Schutzobjekt ist das Objekt, zu dem der Zugriff kontrolliert werden soll. In einem Data Warehouse kann dies eine Datei, ein Data Mart, eine Datenbank, eine Tabelle (Basistabelle und View), Tabellenreihen, Tabellenspalten, Tabellenfelder, Stored Procedures usw. sein. Meist sind alle benennbaren Objekte auch als Schutzobjekte definierbar. Je feinkörniger Schutzobjekte, Operationen und Subjekte gewählt werden können, umso genauer können Zugriffsberechtigungen ausgedrückt werden.

5.2 Aufgaben und Funktion eines Zugriffskontrollsystems

5.2.1 Komponenten des Zugriffskontrollsystems

Das Zugriffskontrollsystem besteht aus einer Berechtigungs- und einer Kontrollkomponente.

Im Berechtigungssystem werden vom Sicherheitsbeauftragten die Berechtigten zusammen mit den zugehörigen Rechten und ihren Identifikations- und Authentifizierungsmerkmalen verwaltet; weiterhin wird die Betriebsmittelvergabe (ggf. als Teil der Rechteverwaltung) verwaltet. Im zweiten Teil der Berechtigungsverwaltung werden die Zugriffswünsche hinsichtlich ihrer Berechtigung überprüft. Erst nach positiver Prüfung wird der jeweilige Berechtigte (dies kann auch ein Prozeß sein) zum Zugriff in der gewünschten Weise (Ausführen, Lesen, Schreiben, Ändern, Erweitern, Löschen etc.) auf die gewünschten Daten autorisiert.

Im Kontrollsystem wird sichergestellt, daß alle Aktivitäten im System protokolliert und ausgewertet werden. Die Protokollierung erfaßt vollständig die Eingabe- und Verbleibskontrolle der Daten mit den Datenflüssen, allen Benutzeraktivitäten sowie Pflege- und Wartungsaktivitäten. Die Auswertung der Protokolle geht unter Sicherheitsaspekten über die Standardauswertung hinsichtlich der Abrechnung des Ressourcenverbrauchs hinaus: Die Sicherheitsauswertung beinhaltet in Abhängigkeit von der Risikoanalyse eine detaillierte Auswertung der Protokolldaten (vgl. Abschnitt 8).

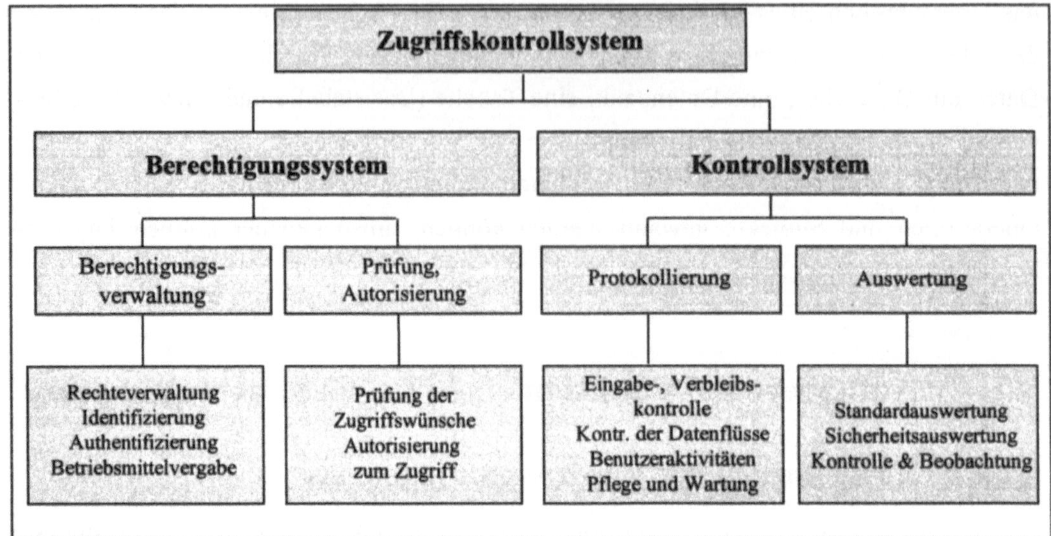

Abb. 3: Funktionen des Zugriffskontrollsystems

5.2.2 Kontrolle & Beobachtung

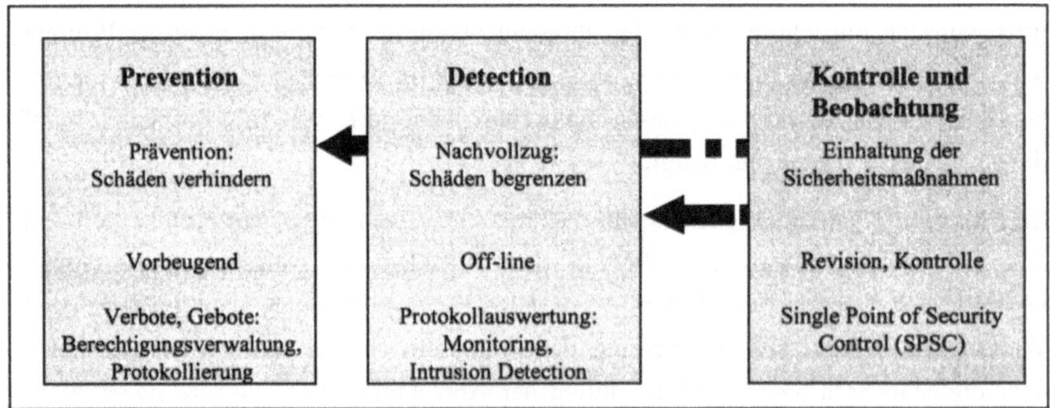

Abb. 4: Verfahren der Kontrolle & Beobachtung und Sicherheitsmaßnahmen

Da die Komponenten des Zugriffskontrollsystems in Software implementiert sind, kann eine Manipulation nicht ausgeschlossen werden. Die sicherheitsrelevanten Parameter des Zugriffskontrollsystems müssen also überwacht werden. Dies gilt z.B. für die Rechte des Sicherheitsbeauftragten, der die Berechtigten und ihre Berechtigungen verwaltet. Diese Rechte dürfen selbst nicht manipuliert oder Unberechtigten zugewiesen werden (vgl. Abschnitt 5.3).

Eine Funktion zur Kontrolle und Beobachtung ist also insbesondere immer dann notwendig, wenn die Sicherheitsmaßnahmen keinen Selbstschutz implementiert haben.

Klassische Sicherheitsmaßnahmen lassen sich in präventive, Schäden verhindernde Maßnahmen (wie das Berechtigungssystem mit Verboten und Geboten der Zugriffskontrolle sowie der Protokollierung), und in detektivische, nachvollziehende, Schäden nur begrenzende Maßnahmen (wie Protokollauswertung, Monitoring und Intrusion Detection) gliedern.

Im Fall eines drohenden oder bereits erfolgreichen Angriffes muß der Vorfall schnell erfaßt und erkannt werden, die Angriffsmethode herausgefunden und es müssen entsprechende Gegenmaßnahmen eingeleitet werden.

Erkannte Angriffsverfahren und Kommunikationsmuster müssen gespeichert werden, um in Zukunft anhand dieser Muster und Verfahren schneller die richtigen und angemessenen Gegenmaßnahmen einleiten zu können, so z.B. anhand der Senderadresse (vgl. Abschnitt 8).

Bei erkannten Angriffen müssen unbedingt Rückverfolgungsversuche (traceroute, ping, finger, whois, dig, nslookup usw.) unternommen werden. Auch organisatorische Aspekte müssen in Betracht gezogen werden.

5.3   Sicherheit von Zugriffskontrollinformationen

Reference Monitor

Ein Modell für den Zugriffsschutz ist der Reference Monitor, der als Filter zwischen den (Zugriff verlangenden) Subjekten und den Objekten (Daten) wirkt; Subjekte können Benutzer oder von Benutzern initiierte Prozesse sein. Auf der Grundlage einer Sicherheitspolitik wird vom Reference Monitor entschieden, wer in welcher Weise (Zugriffstyp: Lesen, Schreiben; Ändern, Erweitern, Ausführen, Löschen) auf welche Daten Zugriff erhält. In jedem Fall können alle Zugriffsversuche (berechtigte und unberechtigte) und die tatsächlich realisierten Zugriffe detailliert protokolliert werden.

Security Kernel

Die Implementierung des Reference Monitors in ein Betriebssystem wird als Security Kernel bezeichnet. Der Kernel wird in stand-alone-Systemen realisiert. Gleichermaßen besteht aber auch eine Notwendigkeit, den Sicherheitskern in Netzwerken zu implementieren. Wegen der im Einzelfall vom Betriebssystem unabhängigen Arbeitsweise von Data Warehouses kann ein selbständiger Sicherheitskern auch in diesen notwendig werden.

Der Sicherheitskern steuert also alle sicherheitsrelevanten Aktivitäten des betrachteten Systems. Daher muß er selbst auch gegen mögliche Angriffe geschützt werden bzw. sich selbst schützen.

Der Zugriffsschutz wirkt um so stärker, je tiefer er im System (Betriebssystem, Hardware) verankert ist. Entsprechend wenig Schutz bieten Add-on-Produkte, die auf Systeme, denen kein Vertrauen entgegengebracht werden kann, aufgesetzt werden.

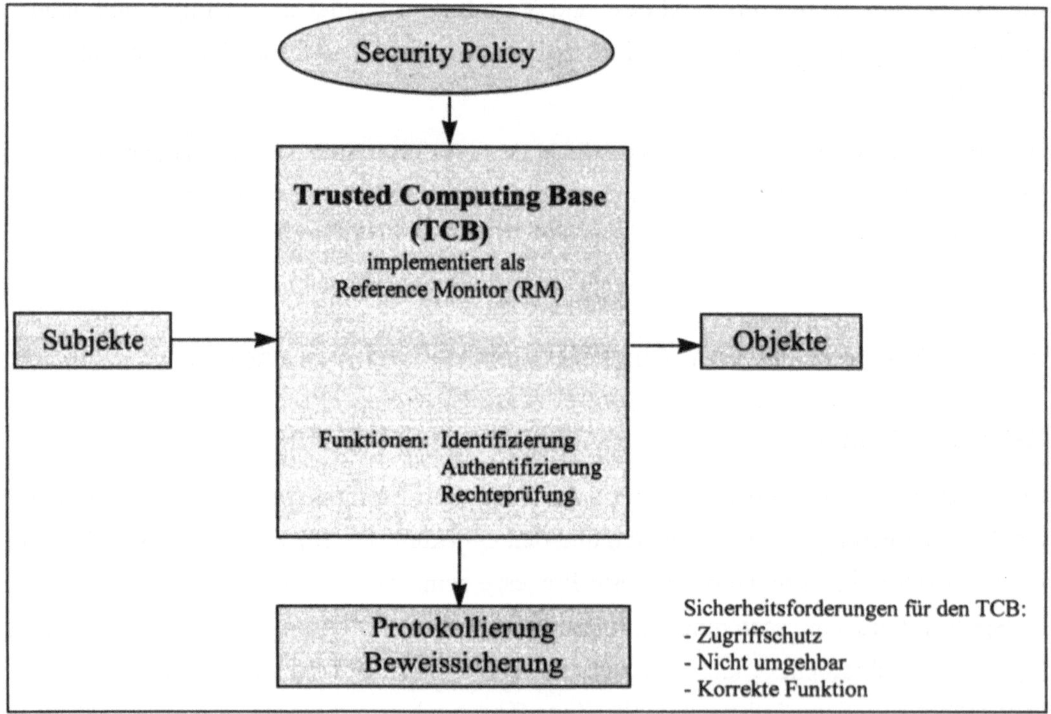

Abb. 5: Aufbau und Funktionen der Trusted Computing Base (TCB)

Der Sicherheitskern wird implementiert durch eine sog. Trusted Computing Base. Da die Trusted Computing Base i.a. in Software implementiert ist, kann sie Schwachstellen aufweisen, die den folgenden Risiken ausgesetzt sind:

- Der Programmcode oder die Tabellen der Sicherheitspolitik sind selbst nicht hinreichend zugriffsgeschützt, so daß Unberechtigte die Trusted Computing Base mit dem Ziel manipulieren können, sich Zugriffsrechte auf Daten zu verschaffen.

- Auf Daten (Objekte) kann unmittelbar - also unter Umgehung der Trusted Computing Base zugegriffen werden.

- Die Trusted Computing Base ist nicht hinreichend vertrauenswürdig implementiert, so daß sie nicht korrekt funktioniert und dadurch unberechtigte Zugriffe auf Daten (Objekte) zuläßt.

5.4 Zugriffskontrollpolitiken

Zugriffskontrollpolitiken müssen Teil der Sicherheitspolitik des Unternehmens sein. Sie bestimmen, welche Typen von Zugriffskontrollrechten überhaupt vergeben werden und welchen Regeln die Vergabe, Verwaltung und Kontrolle der Rechte unterliegen soll. Die Umsetzung von Zugriffskontrollpolitiken eines Data Warehouses als auch eines Datenbanksystems hängt in einem hohen Grad von der Vertrauenswürdigkeit des Betriebssystems ab, aber auch davon, wie konsequent die Zugriffskontrollpolitik des Betriebssystems im Data Warehouse fortgesetzt wird. Ein Betriebssystem, auch ein vertrauenswürdiges, kann die Daten nicht feiner als auf Dateiniveau schützen. In einem Data Warehouse müssen feinkörnigere Schutzobjekte definierbar sein. Das verändert aber nicht, daß die Zugriffskontrollpolitiken aneinander anschließen müssen. Das ist wichtig hinsichtlich einer einheitlichen Philosophie und damit einer einheitlichen Arbeitsweise des Benutzers auf den verschiedenen Systemebenen und der Ausnutzung der gleichen Mechanismen für die Umsetzung der Sicherheitskonzepte und damit der Effektivität (z.B. Unterlaufbarkeit gering) und der Effizienz (z.B. Laufzeiteinbußen minimal).

5.4.1   Discretionary Access Control (DAC)

Zugriffsrechte

Discretionary Access Control (DAC) basiert auf Zugriffsrechten von Benutzern, die ihnen nach dem "Need-to-Know"-Prinzip zugeordnet werden. Ein Zugriffsrecht kann man sich vorstellen als ein Tupel bestehend aus Operation und Schutzobjekt bzw. nur aus der Operation. Ein Recht wird einem Benutzer oder einem Programm (allgemein: einem Subjekt) zugeordnet. Damit entsteht das bereits vorher erwähnte als Zugriffsberechtigung bezeichnete Dreitupel. Ein Zugriffsrecht gibt damit einem Subjekt das Recht, eine bestimmte Operation oder eine Klasse von Operationen auszuführen oder aber eine Operation oder Klasse von Operationen auf einem Schutzobjekt oder einer Klasse von Schutzobjekten auszuführen. Diese Zuordnung kann individuell, aber auch an Gruppen oder Rollen erfolgen.

Vergabe von Privilegien

Benutzer dürfen ihre Privilegien an andere Benutzer weitergeben und diese auch wieder nach ihrem Ermessen zurückrufen. Wie weit eigenes Ermessen geht, kann durch allgemeingültige Unternehmensregeln (Sicherheitspolitik) begrenzt werden. So könnte die Weitergabe allein innerhalb desselben Projekts erlaubt werden. Um das "Need-to-Know"-Prinzip umzusetzen, müssen Benutzern gerade die Zugriffsrechte gegeben werden, die sie zur Erfüllung der ihnen übertragenen Aufgaben benötigen. Das bedeutet auch, daß die Zugriffsrechte sehr feinkörnig vergebbar sein müssen. In Data Warehouses ist ein Datenwert das kleinstmögliche Datenobjekt und damit auch das kleinstmögliche Schutzobjekt. Kleinstmögliche Operationen sind die Datenbankoperationen wie SELECT, CREATE, UPDATE, DELETE.

Eigentümer

Prinzipiell ist der "Creator" eines Schutzobjekts auch der Eigentümer dieses Objekts. Der Eigentümer besitzt automatisch alle Zugriffsrechte, die er / sie dann nach eigenem Ermessen einschränken, auch gegenüber sich selbst, und weitergeben kann.

Zugriffsrechte können weitergegeben werden. Besitzt auch der Empfänger dieses Recht, so kann er das Zugriffsrecht ebenfalls weitergeben.

Um keine unübersichtliche Situation entstehen zu lassen, kann das Weitergabeprivileg nur einem Eigentümer zugestanden werden. Das muß dann aber abgestimmt werden mit einem anderen Privileg, welches es einem Benutzer (oder Programm) gestattet, Eigentümer zu werden, ohne "Creator" zu sein. Wie wir sehen, ist es der Eigentümer eines Schutzobjekts, der einen beträchtlichen Einfluß auf die Vergabe von Zugriffsrechten hat. Der erste Eigentümer muß ein CREATE-Privileg z.B. für eine Datenbank oder eine Tabelle erhalten haben. Derartige Zugriffsrechte sollten sehr sorgfältig und begrenzt vergeben werden.

Zugriffsrechte für Systemmanager

Heutige Betriebssysteme und Datenbankmanagementsysteme bieten umfangreiche Möglichkeiten, die Zugriffsrechte für System-Manager mehrschichtig zu verteilen, so daß nicht jeder Verwalter automatisch "allmächtig" im System sein muß. Dennoch gibt es immer Personen, z.B. Root oder der Super User in UNIX Betriebssystemen, die diese Funktion ausüben. Datenbankmanagementsysteme bieten ebenfalls Konzepte und Werkzeuge, um die Vergabe von Privilegien verwalten zu können und eine gewisse Kontrolle über die echte Verteilung von Privilegien in einem arbeitenden Datenbanksystem ausüben zu können. Diese Hilfen sind systemabhängig und in den Handbüchern der Systeme beschrieben.

Rechtevergabe an Schutzobjekte

Zugriffsrechte können nicht nur an Subjekte, sondern auch an Schutzobjekte vergeben werden. In diesem Fall definieren Rechte, welche Operationen oder welche Klassen von Operationen auf den betreffenden Objekten prinzipiell ausführbar sind. Diese Rechte können auch definieren, welche Subjekte mittels welcher Operationen auf das betreffende Schutzobjekt zugreifen dürfen. Ein Benutzer kann dann mit einer der erlaubten Operationen auf dieses Schutzobjekt zugreifen, wenn er selbst ein Recht zur Ausführung genau dieser Operation besitzt oder ein Recht zur Ausführung genau dieser Operation für dieses Schutzobjekt. Zugriffrechte von Subjekten werden in der Regel in einer sog. Schutzmatrix definiert.

Modelle

Der Weitergabe und Zurücknahme von Privilegien liegt i.d.R. das Take-Grant-Modell [JoLS76] zugrunde. Privilegien von Schutzobjekten werden gewöhnlich in sog. Zugriffskontrolllisten definiert.

Überblick über die Umsetzung von DAC in Oracle:

Im wesentlichen basiert die Zugriffskontrolle, die DAC in Oracle umsetzt, auf folgenden Konzepten:

- Zugriffsrecht (privilege): ist eine Erlaubnis, in einer vordefinierten Art und Weise auf ein benanntes Objekt zugreifen zu dürfen. Unterschieden werden System- und Objektprivilegien:

- Systemprivileg: ist eine Erlaubnis, eine bestimmte Operation auszuführen.

- Objektprivileg: ist eine Erlaubnis, auf ein Schutzobjekt zuzugreifen. Oracle-Schutzobjekte sind z.B. Tabellen (Basistabellen, Views), Tabellenreihen oder -spalten, Sequenzen, Prozeduren, Funktionen, Packages, Cluster, Indizes, Trigger, Datenbank-Links. Ein Schutzobjekt wird an seinem Namen und an seinen evtl. Synonymen erkannt.

  Prozeduren und Trigger werden im Sicherheitsbereich (security domain) ihres Eigentümers ausgeführt. Wenn ein anderer Benutzer oder Programm das Ausführungsprivileg für Prozeduren und Trigger hat, erhält der Benutzer oder das Programm damit zeitlich begrenzt (Ausführungszeit der Prozedur oder des Triggers) und indirekt die Privilegien und Ressourcen des Eigentümers.

- Rolle (role): Rollen stellen eine Gruppierung von Rechten und Pflichten dar; Rollen werden durch Personen oder Prozesse ausgefüllt.

  Die Zuordnung einer Rolle kann über ein Paßwort kontrolliert werden. Rollen werden gewöhnlich genutzt, um Zugriffsrechte für eine Anwendung oder eine Benutzergruppe zu verwalten. In einem Data Warehouse kann die Anwendung eine bestimmte Anfrage oder ein Auswerteprogramm sein, aber auch die Benutzergruppe, die denselben Zugriff zu einem Data Mart benötigt. Einem Benutzer kann grundsätzlich nur eine Rolle zugewiesen sein. Das ist wichtig, um nicht noch durch das System unterstützt auf Informationen zugreifen zu können, die erst durch eine Kombination von Zugriffsrechten (die zuvor durch die Rollen separiert waren) "entstehen".

  Jeder Benutzer einer Datenbank gehört nach der korrekten Anmeldung (entweder allein über das Betriebssystem oder zusätzlich bei der Datenbank) automatisch zur Gruppe PUBLIC. Hinzukommende Privilegien sind in seiner Sicherheitsumgebung definiert, die ebenfalls automatisch gestartet wird, wenn die Anmeldung erfolgreich war. Die Benutzerstandardrolle ist ALL. Da eine Rolle selbst auch Rollen enthalten kann, stehen dem Benutzer so indirekt Zugriffsrechte zur Verfügung. Einem Benutzer ist ebenfalls ein Datenschema zugeordnet, das ihm automatisch nach erfolgreicher Anmeldung zugänglich ist. Das kann ein Teilschema der Datenbank oder ein abgeleitetes externes Schema bzw. eine View sein. Die Zugriffsrechte gelten innerhalb diese Schemas. Oracle unterhält Entity- und referentielle Integrität nach dem Löschen oder Verändern von Objekten innerhalb eines solchen Schemas.

- Sicherheitsbereich (security domain): Menge der Objekte, auf die der berechtigte Anwender zugreifen darf.

5.4.2 Mandatory Access Control (MAC)

Labels und Sicherheitsklassen

Mandatory Access Control (MAC) basiert auf dem Informationswert von Daten (Label plus Sicherheitsklassifizierung) und einer Ermächtigung von Benutzern. Die Ermächtigung von Benutzern beruht im Prinzip darauf, wie vertrauenswürdig ein Benutzer bzw. seine Aufgabe im Unternehmen eingeschätzt wird. Das drückt sich dann darin aus, in welchen Sicherheitsklassen ein Benutzer schreiben und lesen darf. Die Verwaltung von Zugriffsrechten und die Kontrolle basiert nicht auf dem Ermessen der verschiedenen Benutzertypen, sondern auf der Einstufung aufgrund der Informationswertanalyse der Daten gemäß der Sicherheitsklassen und festgelegter Beziehungen zwischen ihnen.

Zugriffskontrollregeln

Über die Definition der Klassen und Beziehungen in Abhängigkeit von der auszuführenden Operation können zentrale Regeln aufgestellt und durchgesetzt werden - z.B. durch das Unternehmensmanagement. Je feiner und inhaltsbezogener die Sicherheitsklassen bzw. auch Label definiert werden, desto genauer können die Regeln die zentrale Sicherheitspolitik umsetzen.

Gewöhnlich wird man Abteilungen, Arbeitsgruppen und/oder Projekte als kleinste inhaltliche Einheit (Kategorie) wählen. Die Labelskala könnte z.B. den eher genannten Geheimhaltungsgraden entsprechen. Die Regeln von MAC können für die ermessensbasierte DAC Grenzen setzen. Wenn MAC angewandt wird, überschreiben die MAC-Regeln die DAC-Rechte. So kann die zuvor genannte Weitergabe eines Zugriffsrechts allein innerhalb eines Projekts begrenzt und auch durchgesetzt werden, unabhängig von der Sorgfalt der Benutzer. Innerhalb der MAC-Regeln wird in diesen Fällen mit gewöhnlichen Privilegien weitergearbeitet. Falls ein Zugriffsrecht eine MAC-Regel verletzt, ist es ungültig. Bekannte Umsetzungen von MAC arbeiten mit "Multi-Level Security" (MLS), (vgl. hierzu auch Abschnitt 3.2)

Multi-Level Security (MLS)

Multi-Level Security (MLS) geht davon aus, daß die Daten unterschiedlich wertvoll sind. Das ist z.B. der Fall, wenn es sich um personenbezogene und um nicht-personenbezogene Daten im Data Warehouse handelt. Ein wichtiger Aspekt der Informationswertanalyse sind ihre zeitlich begrenzten Ergebnisse: Der Wert von Daten kann sich zeitabhängig erheblich ändern (z.B. der Preis eines PKW-Modells von „Streng Geheim" bis offen innerhalb von einem Monat).

Möglichkeiten für den Schutz dieser Daten sind:

- Die Daten werden hinsichtlich ihres unterschiedlichen Werts physisch getrennt (partitioniert). Diese Trennung muß auf jeder Verdichtungsebene vorgenommen werden.

- Die Daten werden auf jeder Verdichtungsebene logisch ihrem jeweiligen Informationswert zugeordnet, bleiben aber in derselben Datenbank.

Die erste Variante bringt nicht nur Mehraufwand bezüglich der Verwaltung der Daten mit sich, sondern erschwert vor allem ein Auswerten von Daten mehrerer Einstufungsgrade oder Kategorien (das Zugriffsrecht auf Daten eines Niveaus schließt immer die niedrigeren mit ein). Die zweite Variante hat in vertrauenswürdigen Datenbanken bereits über einen langen Zeitraum ihre Brauchbarkeit bewiesen und ist auch in Data Warehouses gut vorstellbar. Diese zweite Variante arbeitet mit multi level security (MLS).

Die gängigen Regeln stammen mehr oder weniger aus dem „Lattice-Modell" von D.E. DENNING [Denn76]. MLS wurde für Betriebssysteme entwickelt.

Vorteile von MLS

MLS garantiert den gleichzeitigen Zugriff und das gleichzeitige Verarbeiten von Daten unterschiedlichen Werts, wobei das Risiko von Komprommitierung minimiert ist. Grundlage von MLS ist die Einstufung sowohl von Daten als auch von Benutzern (siehe MAC). Daten werden entsprechend ihres Informationswertes mit einem Label versehen und können in Sicherheitsklassen eingestuft werden (inhaltsbezogene Einstufung, z.B. nach der Zugehörigkeit zu Abteilungen und Arbeitsgruppen).

Benutzer erhalten eine Ermächtigung (clearance), die einer Sicherheitsklassifizierung entspricht. Ein Benutzer kann die Einstufungen und Labelzuordnungen von Daten nicht verändern. Selbst wenn Daten kopiert oder ausgedruckt werden, wird ihre Sicherheitsmarkierung mitkopiert oder gedruckt. Damit können Daten nach dem Kopieren oder Drucken nicht aus mangelnder Information über ihre Einstufung in unbefugte Hände geraten.

Umsetzung von MLS in relationalen Datenbanken

Diese Umsetzung wird hier vorgestellt, weil sie direkt auf Data Warehouses übertragbar ist, die auf Tabellendefinitionen arbeiten.

MLS wird in relationalen Datenbanken unter Zuhilfenahme eines Labels umgesetzt, das in jede Tabellenreihe eingefügt wird. Die Reihe ist somit das Schutzobjekt der kleinsten Granularität, das untrennbar mit seiner Markierung verbunden ist. Die Beziehungen zwischen den Einstufungen regeln den Informationsfluß, besser den Datenfluß. Die prinzipielle Anwendbarkeit für Datenbanksysteme ist z.B. von Trusted Oracle in der Version 7 erbracht. Durch Label markierte Schutzobjekte auf Betriebssystemniveau sind z.B. Dateien, Geräte, Speicherbereiche, aber auch Datenbanken. Auch in Trusted Oracle ist die Tabellenreihe das kleinste zu markierende Schutzobjekt. Trotzdem kann die Konfiguration des Betriebssystems betreffend Label, Sicherheitsklassen, Kategorie und Beziehungen dazwischen von Trusted Oracle übernommen werden. Das ist wichtig, um die Konsistenz zwischen den beteiligten Komponenten zu erhalten.

Dominanz

Die Beziehungen zwischen den Labels definieren die Dominanz der Label untereinander. Ein Label dominiert ein anderes, wenn es in der Beziehungshierarchie höher steht. Ein markiertes und klassifiziertes Schutzobjekt dominiert ein anderes, wenn sein Label größer oder gleich dem Label des anderen Schutzobjekts ist und wenn die Sicherheitsklasse des dominierenden Schutzobjekts ein Superset der Klasse des dominierten Schutzobjekts ist. Auf welche Daten welche Benutzer mit welchem Typ Operation zugreifen dürfen, wird von den Beziehungsregeln definiert. Mit Beziehungsregeln kann z.B. definiert werden, daß Benutzer Daten lesen und schreiben dürfen, deren Label und

Sicherheitsklasse genau ihrer Kategorie entspricht. Sie dürfen Daten lesen, die von ihnen dominiert werden.

Umsetzung von MAC/MLS in Oracle

Beziehung zu Sicherheitskriterien

Trusted Oracle setzt MAC und MLS zusammen um. Dadurch errreicht das System eine Einstufung in die NCSC-Sicherheitsklasse B1-C2 und in die ITSEC-Sicherheitsklasse E3.

Die durch die Kombination MAC/MLS erreichten Eigenschaften von Trusted Oracle machen zumindest die Sicherheitsphilosophie des Produktes für Data Warehouses interessant.

Umsetzung

Für die MLS-Umsetzung benutzt Trusted Oracle so wie oben genannt, die in der Betriebssystem-Konfigurationsdatei festgelegten MLS-Label, Sicherheitsklassen (categories) und Benutzerermächtigungen. Für die Markierung mit dem Sicherheitslabel ist eine Tabellenspalte "Rowlabel" für Daten- und Indextabellen eingeführt. In der Konfigurationsdatei ist auch festgelegt, welches Label welches andere dominiert und welche Sicherheitsklasse Superset ist von welchen anderen. Damit sind alle nötigen Informationen gegeben, um MAC zu realisieren.

MAC stellt im Prinzip die Umsetzung der in der MLS-Information festgelegten Konfiguration von Zugriffsrechten dar.

In [TOra96] wird eingeschätzt, daß in den meisten MLS-Systemen, die MAC-Politik gebrauchen, Benutzer solche Informationen lesen, zufügen und verändern dürfen, die identisch sind mit ihrer Benutzerermächtigung und daß sie nur solche Informationen lesen dürfen, die ein dominiertes Label (und eine Subset-Klassifizierung) haben.

Runtime Modes

Besonders interessant ist die Konfigurierbarkeit von Trusted Oracle insofern, als zwischen zwei "Runtime Modes" gewählt werden kann: "OS MAC mode" und "DBMS MAC mode". Beide sind ebenfalls kombinierbar.

- "DBMS MAC mode" basiert auf einem vertrauenswürdigen Subjekt (trusted subject). Dieses Subjekt kann einen privligierten Prozeß initieren, der die MAC-Politik des Betriebssystems unterlaufen (bypass) kann. Dabei wird davon ausgegangen, daß die Politik insgesamt nicht verletzt wird. Der Grund hierfür liegt hauptsächlich darin, daß die vertrauenswürdigen Prozesse auf Schutzobjekte (hier Tabellenreihen) zugreifen müssen, die innerhalb von Betriebssystemschutzobjekten (Dateien) liegen. Diese vertrauenswürdigen Prozesse können sowohl Benutzer als auch Anwendungsprogramme repräsentieren.

- "OS MAC mode" erfordert Schutzobjekte auf Betriebssystemschutzobjekt-Granularität. Diese Übereinstimmung wäre z.B. sinnvoll brauchbar, wenn jede Reihe einer Tabelle dasselbe Label hätte. In diesem Fall kann das Schutzobjekt Tabelle identisch "gemacht" werden mit dem Betriebssystemschutzobjekt "Datei". Eine Tabelle wird in einer Datei gespeichert. Als Folge hiervon ist es ausreichend, die Betriebssystemmechanismen zu benutzen, um MAC durchzusetzen. Benutzer brauchen darum auch keine Zugriffsrechte, um die MAC-Politik des Betriebssystems kontrolliert zu unterlaufen.

5.5 Vergleich mit statistischen Datenbanken

Data Warehouses sind teilweise mit statistischen Datenbanken bezüglich des Ausschlusses von ungewollten bzw. unerlaubten Rückschlüssen aus (teilweise) verdichteten Daten auf die Ursprungswerte vergleichbar. Diese Ursprungswerte können Informationen über Personen geben, was zu Datenschutzproblemen führen kann, und / oder sie geben Informationen über Unternehmensdetails. Es ist vorstellbar, daß Unternehmensdetails einen größeren Wert besitzen können als Verdichtungen oder daß gerade die Kenntnis von Details und Verdichtungen zusammen besonders wertvoll sind.

Zur Partitionierung

Um den genannten Typ von Ableitungen von Ursprungswerten auszuschließen, werden statistische Datenbanken z.B. partitioniert.

Die Aspekte zur Partitionierung von statistischen Datenbanken können in Data Warehouses durchaus eine Rolle spielen, z.B. in den Data Marts und in solchen Fällen, wo Multi-Level Security (MLS) nicht realisierbar ist. Zumindest sollte man sich bei der Planung und Pflege des Data Warehouses dieses Problems bewußt sein.

Wenn statistische Datenbanken partitioniert werden, müssen die partitionierten Teilmengen hinreichend umfangreich sein. Der sichere Umfang solcher Partitionen kann errechnet werden. Wenn infolge von Veränderungsoperationen Partitionen zu klein werden, werden sog. Dummy-Records zugefügt. Dummy-Records führen aber immer zu Ungenauigkeiten von Abfrageergebnissen. Es ist zweifelhaft, ob eine Entscheidung zur Unternehmensführung von vornherein auf extra eingeführten Ungenauigkeiten in den Unternehmensdaten beruhen sollte. Diese Ungenauigkeiten können sich aufschaukeln, so daß ein Abfrageergebnis ziemlich wertlos werden kann. Vergleichbare Auswirkungen sind für zufällige Rundungen von Daten [Schlö83] festgestellt worden. Von M. MCLEISH [McLe89] ist 1989 ein Modell entwickelt worden, das es gestattet, statistische Datenbanken dynamisch zu partitionieren, wobei die Partitionen auch ohne Einfügung von Dummy-Records sicher und auch korrekt bleiben. Dieses Modell ist unseres Erachtens für Data Warehouses interessant, um Partitionen zu planen und zu unterhalten.

5.6 Einfluß von Transformationsprogrammen und überwiegend lesendem Zugriff

Zugriff über Transformationsprogramme

Data Warehouses haben bezüglich der Vertraulichkeit auch Vorteile gegenüber "gewöhnlichen" Datenbanken. Für den Endbenutzer sind nur lesende Operationen zu beachten. Schreibende Operationen sind im Standardfall Aktualisierungen der Daten (updates), deren Ablauf in den Transformationsprogrammen festgelegt ist.

Der Data Warehouse-Verwalter braucht keine eigenen Privilegien für derartige direkt schreibenden Zugriffe. Es genügt, wann er Zugriffsrechte zur Ausführung der Transformationsprogramme besitzt.

Root oder Super User

Anders sieht es aus, wenn strukturelle Anpassungen und Veränderungen gemacht werden müssen, weil sich Datenschemata ändern: Dann muß die Meta-Datenbank strukturell geändert werden. Hierzu sind weitgehende Datenbank-Verwalterrechte erforderlich. Es müssen dann auch weitgehende Root-oder Superuser-Rechte eingeräumt werden, die abhängig vom Betriebssystem verschieden (fein) zu gliedern und damit im Umfang ihrer Wirksamkeit zu begrenzen oder nicht zu begrenzen sind.

Hier bleibt festzustellen, daß das eine der bekanntesten Bedrohungen ist, vor allem wenn man ein UNIX- oder UNIX-Derivat-Betriebssystem verwendet. Die Anzahl der betroffenen Mitarbeiter mit solchen weitgehenden Zugriffsrechten kann allerdings sehr klein bleiben.

Anwendungsentwickler

Nicht zu vergessen ist die Gruppe der Anwendungsentwickler, die vermutlich nicht nur einmal das Data Warehouse aufbauen, sondern kontinuierlich an Verbesserungen arbeiten werden. Diese müssen zwar schreibende und lesende Operationen ausführen können, brauchen aber in der Regel jeweils nicht Zugriff in der ganzen Breite des Data Warehouses, abhängig davon wie generisch bzw. spezifisch die Auswerteprogramme sind, die sie entwickeln. Wenn ein Auswerteprogramm nur auf einem Data Mart arbeitet, braucht man auch nur dazu Zugriff, und nicht auf die Object Factory, um ein Beispiel zu nennen. Was sie in beinahe keinem Fall nötig haben, ist Zugriff zu den Nutzdaten des Data Warehouses.

Zur Evaluation der von ihnen erstellten Funktionalität können Testdaten zur Verfügung gestellt werden, die entsprechend den Regeln zur Generierung von Testdaten repräsentativ für die Daten des Data Warehouses sein müssen.

Einfluß von "vorgefertigten" Operationen

Dabei muß der Aspekt der Qualität der benutzten Algorithmen und der Implementierung der Sicherheitsfunktionen beachtet werden (Qualität der Programmierung). Sicherheit beruht letztendlich auch darauf, daß die Prozeduren zur Ausführung einer Operation auch das vollziehen, was vorgegeben ist und was sie zu machen vorgeben (vgl. Abschnitt 9.3).

Weiterhin muß sichergestellt sein, daß kein Unbefugter schreibenden Zugriff zu diesen „Operationen" hatte, sie gegen eine modifizierte Version austauschen konnte usw. Die Operationen müssen dem Zugriffskontrollsystem unterliegen. Dieser Selbstschutz der Operationen ist meist nur gering ausgeprägt. Verfahren zur Kontrolle und Beobachtung (wie in Abschnitt 5.2.2) ausgeführt, sind daher unerläßlich.

Einfluß des Spektrums von Operationen

Bei Sicherheitsbetrachtungen in Datenbanken stehen solche Probleme traditionell nicht im Vordergrund. Es sollte aber insbesondere in Data Warehouses nicht unterschätzt werden und das nicht nur wegen der Komplexität durch Verteilung und Netzzugriff, sondern vor allem wegen der Art und der Vielzahl und der Mächtigkeit implementierter Operationen.

Das ist auf das (zumindest teilweise) Verlagern von Anwendungsfunktionalität in das Data Warehouse-Management zurückzuführen. So läuft z.B. eine "Stored Procedure" auf eine vergleichbare Operation hinaus wie die Ausführung von Operationen wie CREATE, SELECT usw.

Unterschiedliche Funktionalität einer Prozedur bzw. eines Programms

Man könnte argumentieren, daß die Ausführung einer solchen "Operation" vergleichbar ist mit dem zuvor beschriebenen Vorteil, daß bestimmte Verarbeitungen von Daten über festgeschriebene Prozeduren verlaufen (siehe Transformationsprogramme), deren genaue Arbeitsweise dem Benutzer selbst unbekannt ist.

Der Benutzer braucht nur ein Ausführungsrecht und das erhält er/sie auf demselben Wege wie z.B. auch ein Zugriffsrecht, ein SELECT auf einer Relation auszuführen, wobei nur Werte der einen Spalte, die kleiner als die Werte einer zweiten Spalte sind, von ihm/ihr gesehen werden dürfen. Dem ist ohne Zweifel zuzustimmen, jedoch mit einem dicken "Aber" dabei.

Dieses "Aber" hat etwas mit der Tatsache der Ableitbarkeit von Informationen zu tun und im Speziellen mit der unbeabsichtigten bzw. unerwünschen Ableitbarkeit, und der nicht immer a priori sicheren Einschätzbarkeit hiervon. Bei der Vergabe von Zugriffsrechten ist die Aufmerksamkeit auf das Schutzobjekt gerichtet, d.h. auf die Daten, auf dem die Operation (z.B. ein bestimmtes Auswerteprogramm) ausgeführt wird. Aber die Aufmerksamkeit muß gleichermaßen auf die Informationen gerichtet sein, die mit der Operation "aus" dem Schutzobjekt erzeugt werden.

Das ist umso wichtiger je komplexer das Auswerteprogramm ist und je mehr es während der Abarbeitung auf andere (als die im Schutzobjekt bezeichneten) Daten indirekt zugreift. Vor allem die Informationssicherheitspraxis in statistischen Datenbanken hat bewiesen, daß die Vergabe solcher Zugriffsrechte, basierend auf "discretionary" Zugriffskontrollpolitiken, allein nicht ausreichend ist. Es muß eine Zugriffskontrollebene darüber gelegt werden, die generisch formuliert (z.B. über Regeln), welcher Benutzer was wo machen darf. Hierbei ist das "Wo" nicht ein einzelnes konkretes Schutzobjekt, sondern eine Sensibilitätsklasse von Informationen. Selbst das "Was" könnte eine Klasse von Operationen, Prozessen und Anwendungsprogrammen sein. Das heißt, es empfiehlt sich hier über die Anwendbarkeit von "mandatory" Zugriffskontrollpolitiken nachzudenken.

5.7 Einfluß von Verdichtung, Multidimensionalität und Umfang von Daten

Dieselbe Schwachstelle, wie eben beschrieben, ergibt sich bei Data Warehouses aus anderen Charakteristiken:

- der unterschiedlichen Verdichtung derselben Daten nebeneinander;

- der Multidimensionalität der Daten und

- dem statistisch relevanten Umfang der Datenbank.

Diese Eigenschaften unterstützen das Ableiten von Informationen, einerseits erwünscht, andererseits unerwünscht.

Folgende Problembereiche werden unterschieden:

- Unerwünschtes Ableiten von Informationen durch für den Benutzer zulässigen Einzelabfragen, wobei hier gezielte Abfragen gemeint sind, z.B. SQL SELECT-Kommandos. Jede dieser Abfragen erzeugt eine Information, die der Benutzer zur Kenntnis nehmen darf (unabhängig davon ob "discretionary" oder "mandatory" Zugriffskontrollpolitiken gewählt wurden).

  Ihre Kombination könnte eine Information erzeugen, die dem Benutzer bei direkter Anfrage aufgrund seiner Zugriffsrechte versagt würde. In diese Kategorie gehören auch Anfragen, die ein Benutzer gezielt an das Data Warehouse stellt, um eine Vermutung zu bestätigen. Das könnte z.B. eine Vermutung sein, daß noch Datenwerte über oder unter der Grenze existieren, die ihm / ihr selbst gesetzt ist. Diese Problematik ist für statistische Datenbanken ausführlich beschrieben [Denn79], vgl. z.B. die sog. Tracker-Problematik.

- Unerwünschtes Ableiten von Informationen durch Data Mining-Verfahren.

Gefahrenpotential

Kritisch gesehen werden müssen unter dem Gesichtspunkt der Vertraulichkeit bei „discretionary" Zugriffskontrollpolitik Data Mining-Verfahren. Sie wurden entwickelt, um bisher unentdeckte Zusammenhänge zwischen Daten zu entdecken und in wertvolle Informationen umsetzen zu können.

Hier machen Zugriffsrechte im Sinne einer "discretionary" Zugriffskontrolle nur insofern Sinn, als sie die Nutzung betreffender Prozeduren, Programme usw. (evtl. auf bestimmten Bereichen des Data Warehouses) durch einen bestimmten Benutzer zulassen oder nicht.

Wenn die Kontrolle sich eher darauf richtet, ob ein bestimmter Inhalt des Data Warehouses gelesen werden darf, ist bereits eine Data Mining-"Einzelanfrage" nicht über Privilegien im Sinne der "discretionary" Zugriffskontrollpolitik zu kontrollieren. Es kann in diesem Sinn gar nicht von zulässigen Einzelanfragen gesprochen werden. Wenn die Einzelabfrage nicht kontrolliert werden kann, führt das eine Kontrolle einer Kombination von solchen Data Mining-"Einzelanfragen" ad absurdum.

Dieser Bedrohung ist auf dem heutigen Stand der Technik nach Meinung der Autoren überhaupt nur dadurch zu begegnen, daß Filter vor die Antwortausgabe gesetzt oder durch "mandatory" Zugriffskontrollpolitik.

Filter können zu unzulässigen Ungenauigkeiten in den Antworten führen oder sogar Hinweise auf für den betrachteten Benutzer nicht zulässige Information geben oder Vermutungen bestätigen (Der Benutzer weiß aus anderen Quellen, daß bestimmte Daten im Data Warehouse enthalten sind. Die Dimension, die diese Daten betrifft, ist aber ausgefiltert). So scheinen wieder regelbasierte Zugriffskontrollpolitiken die übrig gebliebene Alternative zu sein. Hierzu sind Forschungsergebnisse und erst recht Erfahrungen ziemlich rar. Eine andere Alternative ist natürlich, Data Mining nur durch besonders vertrauenswürdige Personen durchführen zu lassen (personelle Sicherheit).

Unterstützt durch benutzerfreundliche Benutzeroberflächen könnten das sogar gelegentliche Endbenutzer aus dem höheren Management des Unternehmens sein, die die Entscheidungen zur Unternehmensführung ohnehin treffen müssen. Das bedeutet, sie sind nicht nur berechtigt, neue Zusammenhänge und Informationen zu entdecken, sie sind dazu geradezu verpflichtet. Um Überschreitungen von Resortgrenzen zu vermeiden, könnten die Sicherheitsklassen der MAC-Politik genutzt werden.

Einfluß von unterschiedlichen Verdichtungsebenen

Der Einfluß der unterschiedlichen Verdichtungsebenen derselben Daten nebeneinander dürfte auf die Ableitbarkeit von Informationen direkten und indirekten Einfluß haben.

Der direkte Einfluß bezieht sich auf das Vorliegen von vorgefertigter und unterschiedlicher "Mehr-Information" aus denselben operationalen Daten. Das hat Vor- und Nachteile hinsichtlich der Zugriffskontrolle. Diese Vor- und Nachteile diskutieren wir zusammen mit der vergleichbaren Problematik der Multidimensionalität im folgenden Abschnitt.

Den indirekten Einfluß leiten wir aus der Zuordung der verschiedenen Verdichtungsebenen zu unterschiedlichen Sensibilitäts- oder Sicherheitsklassen ab. Hierbei erscheint die Zuordnung selbst in folgendem Sinn problematisch:

- Wird die Sensibilität mit zunehmender oder abnehmender Verdichtung größer?

- Wie wird die Sicherheitsklasse berechnet im Fall eines Verbandes, in dem Datenobjekte derselben Verdichtungsebene, aber unterschiedlicher Sicherheitsklassen miteinander, in Beziehung gebracht werden müssen?

- Welchen Einfluß hat das auf die Genauigkeit der Antwort oder auf Rückschlußmöglichkeiten durch den Anfrager, der die ihm/ihr bekannte, im Verband möglicherweise höher eingestufte Information, nun nicht mehr erhält?

Auf diese und ähnliche Fragen zur angesprochenen Problematik haben die Autoren keine Antwort.

Einfluß von Multidimensionalität

Zwispaltig ist auch der Einfluß von Multidimensionalität, wenn man es als nicht a priori gegeben hinnimmt, daß alle Dimensionen, die einem bestimmten Sachverhalt darstellen, den Sachverhalt auch gleich wertvoll machen.

Es wäre durchaus vorstellbar, daß z.B. ein Zeitbezug eine andere Sensibilität hat als ein Ortsbezug oder beide zusammen eine andere als jede einzelne. Weiter wäre vorstellbar, daß der Einfluß der Dimensionen auf die Sensibilität abhängig vom Sachverhalt gegensätzlich sein kann. Das würde z.B. bedeuten, daß dieselbe Dimension in derselben Tabelle oder im selben mehrdimensionalen Hypercupe in evtl. jeder Reihe einer anderen Sensibilitätsklasse zugehört.

Bleibt offen: Wie wirkt sich das auf die Formulierung von Zugriffskontrollrechten bzw. auf die Überprüfung der Zulässigkeit der Antworten aus?

Allerdings bringt vorgefertigte Multidimensionalität und mehrfache Verdichtung nicht automatisch zunehmende Komplexität die Zugriffskontrolle betreffend mit sich. Wir können in der Tatsache der "Vorfertigung" auch Vorteile sehen: Diese vorhandenen Informationsquellen sind bekannt. Wenn durch einen (großen) Teil der Benutzer nur noch die Anfragen und Auswerteprogramme vorgefertigt benutzt werden, kann für diesen Teil Vertraulichkeit recht gut durch diskrete Zugriffskontrolle geregelt werden.

Hinzukommende Voraussetzung ist allerdings, daß bei der Vergabe der Zugriffsrechte sorgfältig über die Konsequenzen eines Rechts nachgedacht wird, insbesondere im Zusammenhang aller Rechte eines Benutzers. Gedacht werden muß auch an indirekt erhaltbare Rechte durch diskrete Übertragung (Weitergabe) von Rechten durch andere Benutzer.

Einfluß multimedialer Fähigkeiten

Data Warehouses können multimediale Fähigkeiten besitzen, so daß dieselbe Information auf verschiedene Art und Weise nebeneinander repräsentierbar ist. Zum ersten muß dafür gesorgt werden, daß die unterschiedlichen Repräsentationsformen derselben Information als solche erkannt und behandelt werden.

Ein Problem ist allerdings, daß dasselbe "Stück Information" in bestimmten Repräsentationen nur zusammen mit anderen dargestellt ist oder nur im Zusammenhang sinnvoll darstellbar ist. So wird zusammen mit der Information, zu deren Kenntnisnahme ein Benutzer berechtigt ist, unter Umständen andere Information gezeigt, zu deren Kenntnisnahme er / sie nicht berechtigt ist.

Unter Umständen wird die betreffende Information auch noch in einem anderen Zusammenhang gezeigt, was bekanntlich zu zusätzlicher Information führen kann, für die der Benutzer evt. kein Recht besitzt.

Einfluß der örtlichen Verteilung

Die Daten eines Data Warehouses können örtlich verteilt sein. Unabhängig von der Architektur oder der Organisationsform müssen alle Vorkommen derselben Daten mit der gleichen Wirksamkeit geschützt sein. Das gilt auch für das Archiv.

Die Meta-Datenbank des Data Warehouses unterstützt die Organisation der Rechtevergaben hierbei sehr gut, weil alle Informationen über die Verteilung von Daten dort beschrieben sind.

Für die Organisation von Datensicherheit insgesamt und damit auch für die Gewährleistung von Vertraulichkeit, ist das Umfeld, in dem sich die Daten befinden jedoch mit entscheidend. Wir wiederholen diese Bemerkung hier, weil das Umfeld an den unterschiedlichen Orten, an denen die Replikas derselben Daten zugänglich sind, unterschiedlich sein kann. Das braucht nicht nur die physische Zugänglichkeit der Räume und damit auch der Rechner und Datenträger betreffen, sondern auch die Zugänglichkeit des DV-technischen Systems vor Ort z.B. über das Internet.

Einfluß von unterschiedlichem inhaltlichem Kontext auf Replikas derselben Daten

Im ersten Moment könnte man glauben, daß es ausreicht zu fordern, daß derselbe Benutzer dieselben Rechte für die unterschiedlichen Replika von Daten bekommen muß.

Die Autoren sind davon überzeugt, daß das für Replikas von Daten in einem Data Warehouse zu simpel gedacht ist. Natürlich darf ein Benutzer nicht unterschiedliche Rechte für dieselben Daten bekommen. Aber, was sind gleiche und unterschiedliche Rechte?

Wir nehmen an, daß Datum "X" in Data Mart "A" und in Data Mart "B" repliziert ist und Data Mart "A" eine Betrachtung aus Verkaufsperspektive und Data Mart "B" eine Betrachtung aus Produktionsperspektive ist. Dann ist "X" semantisch gar nicht mehr "dasselbe", denn beim Lesen im jeweiligen Zusammenhang wird eine andere Information im Data Mart "A" "produziert", verglichen mit Data Mart "B". Das Schutzobjekt ist eigentlich "Datum + View" ("View" ist hier "Data Mart"). Weil X.A not= X.B ist, bedeutet ein Leserecht auf X.A nicht automatisch ein Leserecht auf X.B. Soweit es Data Marts betrifft, dürfte die Argumentation schnell einzusehen sein.

Data Marts werden gewöhnlich gebraucht, um semantisch sinnvolle Untereinheiten des Data Warehouses zu bilden, die auch mit der Organisation des Unternehmens übereinstimmen. So braucht dann auch der Leiter der Verkaufsabteilung gewöhnlich nicht die Daten der Produktionsabteilung zu lesen.

Eine vergleichbare Argumentation ist aber auch passend, wenn Daten für unterschiedliche Auswerteprogramme auf unterschiedlichen Dimensionen repliziert werden usw. Hier kann dieselbe Argumentation wie die eher zu Operationen geführte, gebraucht werden. Zur Erinnerung: das Ausführen des Auswerteprogramms ist die Operation im Berechtigungs-Dreitupel. Das Schutzobjekt muß nun auch hier eigentlich "Datum + View" sein, wobei hier die View eine Dimension sein kann.

6 Einfluß von Netz- und Client- / Server-Technologie auf Vertraulichkeit und Verbindlichkeit

6.1 Aspekte der Informationssicherheit beim Zugriff über ein Netz

Data Warehouses sind über Netze zugänglich und via Netze verteilt. Die Hauptaspekte von Datensicherheit in Netzen sind z.B. in [Schl95] übersichtlich dargestellt. Diese auch für ein Data Warehouse relevante Bedrohungen sind:

- Relativ problemloses Abhören der Kommunikation über das Netz durch Aufschalten Dritter;

- Mitlesen von Daten durch bereits angeschlossenen Benutzer durch Änderung der Netzadressen (Änderung von Routing-Tabellen);

- Maskerade allgemein, Aufzeichnen und Wiedereinspielen von Authentifizierungsdaten zur Vorspiegelung einer anderen Identität, "Address-spoofing" (Unter "Address-spoofing" wird das Vortäuschen falscher Sendeadressen verstanden);

- Viren, Trojanische Pferde, Würmer wenn z.B. ausführbare Auswerteprogramme in das Data Warehouse vom Netz geladen werden;

- Softwarefehler (Bugs);

- Allmacht von Netzverwaltern;

- Beinahe unbegrenzte Übermittelbarkeit von sensiblen Daten mit Absicht oder aus Sorglosigkeit;

- "Verloren gehen" von Informationen,

- Unterschiedliche (physische) Zugangssituationen an den verschiedenen Komponenten des Netzes.

Das im Internet am weitesten verbreitete Protokoll TCP/IP bzw. UDP/IP hat eine aus Sicherheitssicht eklatante Schwäche: das Authentifizieren des Senders wird anhand der Quelladresse durchgeführt. Diese ist aber in keiner Weise kryptographisch abgesichert und nahezu beliebig leicht zu verfälschen. Mittels eines solchen Angriffs kann man sich über die sog. "r"-Kommandos (rlogin, rsh, rcp) leicht Zugriff auf fremde Rechner verschaffen. [MuWo96]

Bei der Entwicklung des Netzprotokolls IPv6 sind Sicherheitsaspekte von vornherein berücksichtigt. Das aktuell in der Praxis vorherrschende Netzwerkprotokoll IPv4 sollte nach [StKH95] ersetzt werden. Zu spezifischen Sicherheitslücken siehe [Bell89], [Bell95].

6.2 Schutz vor Viren, Trojanischen Pferden und Würmern

Viren sind selbst vermehrende Programme (kopieren sich selbst), die eine Schadensfunktion tragen können. Die Auswirkungen eines Virus betreffen in der Regel Dateien. Unterschiedliche Dateitypen sind durch die verschiedenen Virentypen unterschiedlich verwundbar. Eine ausführbare Datei (ein Programm) kann so z.B. ein Bootsector-Virus enthalten, ein Excel-Spreadsheet ein Macro-Virus usw.

Da es scheinbar ein zweifelhafter Sport mit einer größerer Anzahl Aktiver geworden ist, stets neue Viren zu produzieren, sollte man jeder (ausführbaren) Datei mißtrauen, die über das Internet transportiert wurde. Manchmal werden bereits bekannte Viren modifiziert, aber der Erfindungsreichtum für neue Arten scheint unbegrenzt.

Es erfordert einen erheblichen Aufwand, um Anti-Virus Programme (Anti-Virus Schilde) aktuell zu halten. Nicht aktuelle Anti-Virus Programme bieten keinen Schutz gegen modifizierte oder neu entwickelte Viren. Aus diesem Grunde sollten Anti-Virus Programme nur von anerkannten Produzenten gekauft werden, da dort ständige Aktualisierung garantiert wird. Aktuelle Informationen über Viren und Informationen zu Anti-Virus Programmen findet man auf dem Internet (vgl. [AntiVi]).

Einige Anwendungs-Firewalls bieten Viruskontrolle auf der Eingangsseite an. Das wird gewöhnlich durch das Anbinden an kommerzielle Anti-Virus Programme an die Firewall Proxies erreicht.

Trojanische Pferde sind Programme, die vordergründig eine vorgesehene Aufgabe verrichten, jedoch weitere (sicherheitskritische) Aktionen versteckt ausführen können. Oft werden Programme als Trojanisches Pferd benutzt, die mit großer Wahrscheinlichkeit vom Netz geladen und gestartet werden.

Würmer sind Programme, die sich unkontrolliert in einem Netzwerk verbreiten können. Sie veranlassen die an das Netz angeschlossenen Rechner das Wurmprogramm so lange immer wieder zu kopieren, bis das Netz zusammenbricht.

6.3   Pflege und Wartung

Komplexe Software ist generell fehlerbehaftet. Das ist sicher auch für Netzsoftware und Netzwerkdienste wahr. Noch schlimmer: Diese Software ist ein Lieblingsangriffsziel von Hackern. Solche Aktivitäten sollten ein starkes und fortgesetztes Sicherheitsbewußtsein auf Betreiberseite verursachen, welches neben dem Aufspüren von Sicherheitslücken generell auch das Auffinden von Softwarefehlern (bugs) und organisatorischen "Fehlern" mit sich bringt. Sobald eine Lücke oder Fehler entdeckt ist, sollten Gegenmaßnahmen eingeleitet werden.

Um eine solche Arbeitsweise zu ermöglichen, muß ausreichend Netzverwalterkapazität zur Verfügung stehen und die Verwalter müssen nicht nur über die notwendigen Hilfsmittel verfügen, sondern sie müssen ebenfalls entsprechend ausgebildet sein und weitergebildet werden. Die Sicherheitspraxis beweist, daß dieser Aspekt oft vernachlässigt wird.

Im gleichen Atemzuge sind Regelungen für Netzwerkunterhalt zu nennen, wo vor allem die Vorausschau, das frühzeitige Entdecken möglicherweise entstehender Bedrohungen eine Rolle spielen sollten.

6.4 Aspekte der Datensicherheit von Client- / Server-Systemen

1995 sind drei Folgen über Sicherheit von Client- / Server-Systemen, von G. WECK geschrieben, erschienen, siehe [Weck95]. Die grundsätzlichen Aussagen der Artikel sind auch heute noch aktuell.

Die Beurteilung von Werkzeugen und Verwaltungssoftware muß allerdings teilweise in einem anderen Licht gesehen werden. Eine Reihe neuer Entwicklungen ist zu verzeichnen, insbesondere was kryptographische Systeme, Smardcards und andere Authentifizierungsverfahren betrifft, die dem Benutzer das Leben leichter machen und dennoch im Vergleich zu bloßer Paßworteingabe eine sicherere Authentifizierung gestatten.

Um sich einen Überblick über Bedrohungen in Client- / Server-Systemen zu verschaffen, ist [Brin98] zu empfehlen, wo Problemfelder und Lösungsansätze aufgezeigt werden. Der Artikel wurde ausgearbeitet im Arbeitskreis "Datenschutz und Datensicherheit" der deutschen Region der GSE, einer IBM-Organisation.

6.5 Aspekte der Datensicherheit im Internet

6.5.1 Kommunikation über das Internet

Ein Data Warehouse, das über das Internet zugreifbar ist, kann Aufträge via Web-Browser annehmen. Damit ist der Endbenutzer nicht mehr an einen bestimmten Ort gebunden, was an sich die mit dem Netzbetrieb verbundenen Bedrohungen mit sich bringt.

Das Internet selbst ist ein weltweit offenes Netz. Seine Verwaltung ist über verschiedene Parteien verteilt. Bevor Sicherheitsaspekte verbunden mit dem Internet näher diskutiert werden, betrachten wir zunächst Hauptcharakteristiken der Kommunikation über das Internet. Generell werden die folgenden Kommunikationsmöglichkeiten unterschieden:

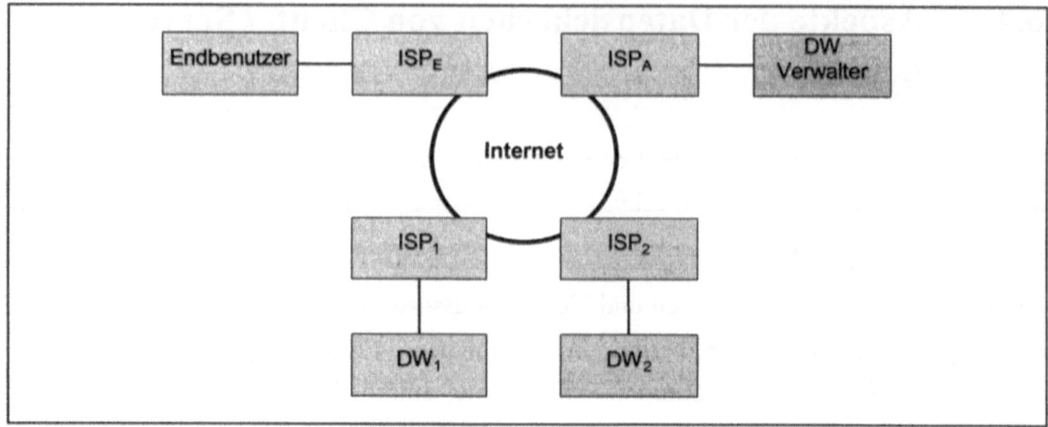

Abb. 6: Kommunikation mit einem Data Warehouse über das Internet

- Ein Endbenutzer kommuniziert mit einem Data Warehouse über das Internet.

- Ein Data Warehouse-Verwalter kommuniziert über das Internet mit dem Data Warehouse, für das er / sie verantwortlich ist.

- Ein Data Warehouse kommuniziert mit anderen Data Warehouses über das Internet.

Jede der an der Kommunikation beteiligten Parteien benutzt die Dienste des Internet Service Providers (ISP). Dieser bietet zumindest die Verbindung zum Internet an. Der ISP kann jedoch auch E-Mail, Usenet News, Firewalls usw. anbieten. Man muß davon ausgehen, daß alle Kommunikation, die über einen ISP läuft, auch von diesem gelesen und beeinflußt werden kann.

Die Wirksamkeit von Datensicherheit im Internet wird um so mehr von der Informationssicherheit abhängig, die der ISP mit den von ihm gelieferten Diensten bietet. Und, Datensicherheit muß nicht nur gegen allgemeine Bedrohungen des offenen Netzes organisiert werden, sondern auch gegen die, die potentiell durch den ISP gegeben sind. Ein Beweis der Vertrauenswürdigkeit des ISP ist deshalb ein "Muß". Ein weiters "Muß" ist, das Data Warehouse durch eine Firewall von der offenen Welt zu trennen.

Die Firewall des Data Warehouses könnte an zwei Stellen implementiert werden:

- Im System des ISP. Dann fällt die Verantwortlichkeit für die Verwaltung der Firewall in die Hände des ISP. Der Pfad vom ISP-System bis zum Data Warehouse ist ungeschützt.

- Als Teil der Oberfläche zwischen dem Data Warehouse und der offenen Welt.

Hier ist von Vorteil, daß die Verantwortlichkeit für das Data Warehouse und seiner Sicherheit in einer Hand liegt. Allerdings hat man dann auch den größeren Verwaltungsaufwand auf sich zu nehmen.

6.5.2 Data Warehouse Firewall

Eine Firewall ist ein Filterrechner, der die Kommunikation zwischen dem Internet und firmeninternen Netzwerken überwacht. Einbruchsversuche aus dem Internet sollen einem Sicherheitsverantwortlichen gemeldet werden. Der Filterrechner trennt das offene Internet von unternehmenseigenen Systemen, lokalen Netzen oder Intranets. Das Data Warehouse-Intranet kann durch eine Firewall vom übrigen Unternehmensintranet abgeschirmt werden.

Prinzipiell soll eine Firewall folgendes leisten (siehe z.B.[ChBe94], [ChZw95]):

- Jede Kommunikation von Innen nach Außen und umgekehrt muß ausnahmslos durch die Firewall gehen. Wenn nur eine bestimmte Kommunikation durch die Firewall geschützt wird, besteht noch die Gefahr des Eindringens durch eine Hintertür.

- Es darf ausschließlich autorisierte Kommunikation gemäß den Festlegungen der Sicherheitsstragie erlaubt sein.

- Die Firewall muß im Falle eines Zusammenbruchs jegliche Kommunikation blokkieren.

- Die Firewall selbst muß gegen Eindringen (penetration) geschützt sein.

Die Anforderungen diesbezüglich sind vergleichbar mit denen eines Referenzmonitors. In [ChBe94] und [ChZw95] werden verschiedene Konfigurationen für die Firewall unterschieden:

- Packet Filtering Firewall
  Diese Firewall besteht aus einem Screening Router, welcher Datenpakete selektiv über das Internet schickt (vgl. Abbildung 7).

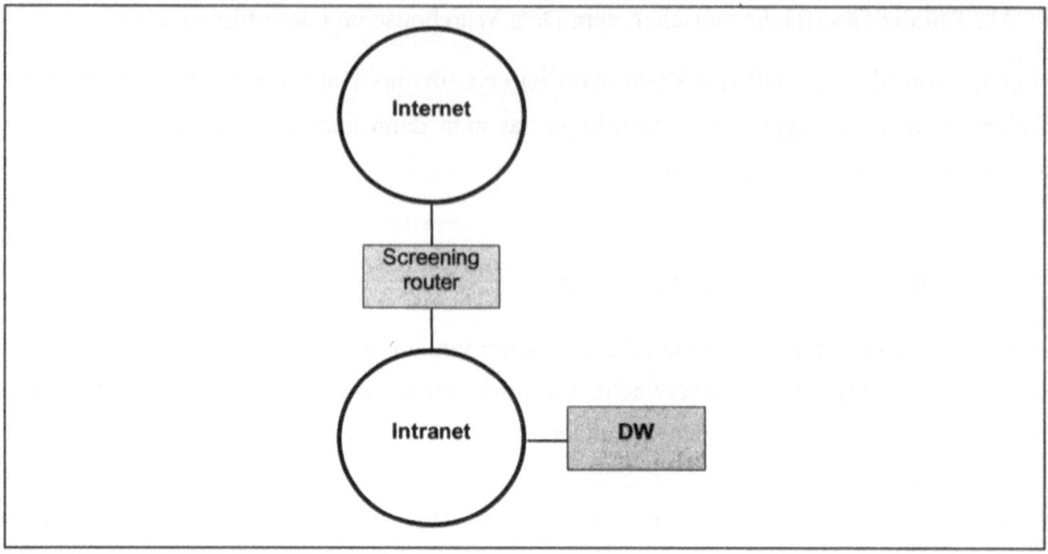

Abb. 7: Paketfilter-Firewall

Basierend auf Informationen über Adressen (Absender und Empfänger), Protokoll (z.B. TCP) und Anwendungsdienst (z.B. FTP), können Informationen in Übereinstimmung mit den implementierten Routing-Regeln blockiert werden.

• Application Gateway Firewall
  Diese Firewall enthält ein Anwendungs-Gateway. Dieses schickt die Daten zwischen dem äußeren (Internet) und dem internen (Intranet) Netzwerk zusammen mit einer besonderen Anwendung (Proxy) für jeden Dienst auf den Weg (vgl. Abbildung 8).

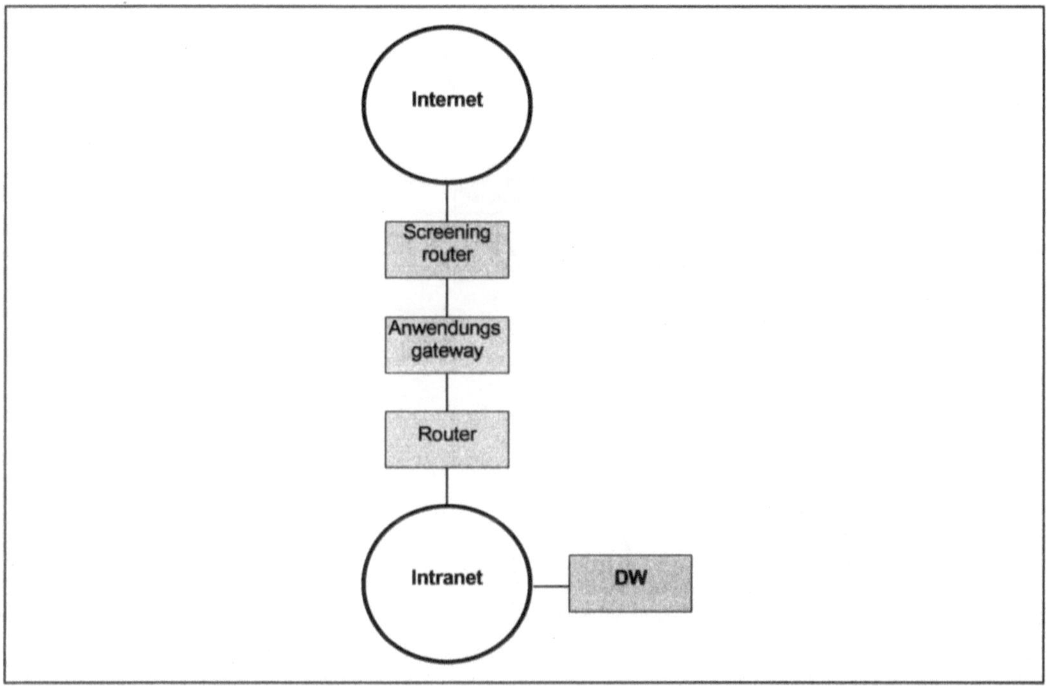

Abb. 8: Anwendungs-Gateway-Firewall

Diese Firewall kann Adreßinformationen, Protokolle und Anwendungsdienste filtern. Sie kann aber auch den Inhalt von Paketen filtern. Zusätzlich kann sie Adreßinformationen aus dem Intranet ausfiltern. Diese sind somit im Internet und beim Empfänger nicht sichtbar.

- Screened Subnet Firewall
  Diese Firewall enthält einen Screening Router, der - aufgrund von Information über Adressen, Protokolle und Anwendungsdienste - zuerst ein sog. Level Screening ausführt (vgl. Abbildung 9).

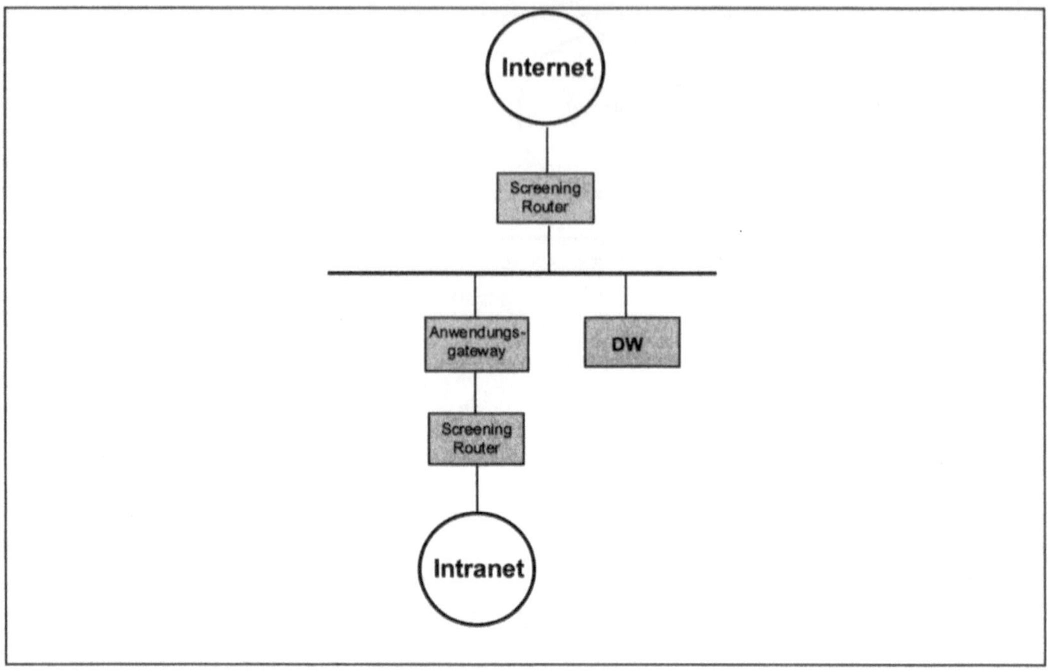

Abb. 9: Screened Subnet-Firewall

Man kann das Level Screening mit einem Durchmustern der Kommunikation aufgrund von Sensibilitätsniveaus vergleichen. Der so gefilterte Strom von Daten-
paketen kann in das Intranet (hier "entmilitarisierte Zone" genannt) fließen und damit
zum Data Warehouse. Verwaltungsaktivitäten sind allein von bestimmten Arbeits-
stationen des Intranets erlaubt. Diese sind zusätzlich geschützt durch ein Anwendungs-Gateway.

6.5.3 Tunneltechniken

Wie bereits angeführt, sollten schreibende Zugriffe auf ein Data Warehouse ausschließlich unter Gebrauch eines Tunnels stattfinden (vgl. Abbildung 10).

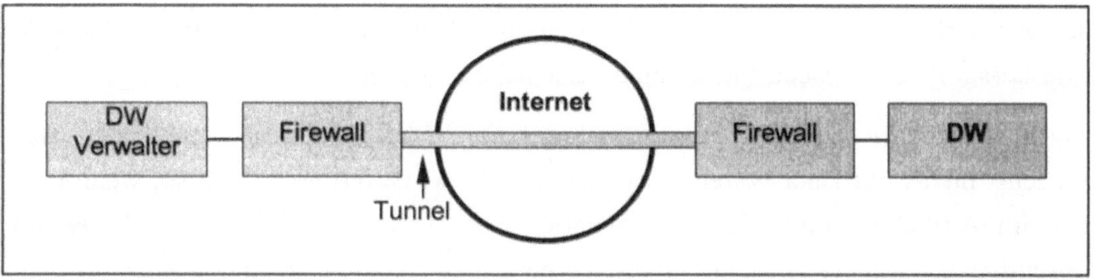

Abb. 10: Ein virtueller Tunnel

Der Tunnel muß zwischen der Arbeitsstation (der Firewall) des Data Warehouse-Verwalters und der Firewall des Data Warehouses eingerichtet werden. Als Tunneltechnik wird der Einsatz von Verschlüsselung im Extranet bezeichnet. Damit wird geschützte Datenübertragung über das Extranet erreicht. Ein derart durch Tunneltechnik geschütztes Extranet wird auch als Virtual Private Network (VPN) bezeichnt. Ein Tunnel verbirgt den Kommunikationsinhalt, aber nicht die Existenz der Kommunikation.

Virtuelle Tunnel können auf unterschiedliche Weise geschaffen werden. Zur Zeit ist noch keine der Möglichkeiten als Standard akzeptiert. Am einfachsten können virtuelle Tunnel mit Firewalls mit integrierter Tunnel-Technik geschaffen werden. Wegen der fehlenden Standardisierung muß man wahrscheinlich in Kauf nehmen, daß in diesem Fall die Firewalls an beiden Seiten vom selben Hersteller sein müssen.

Eine Tunnelsitzung startet gebräuchlich mit einer gegenseitigen Authentifizierung der Firewalls basierend auf dem Austausch eines öffentlichen Schlüssels eines asymmetrischen Verschlüsselungsystems. Sobald die Authentifizierung erfolgreich abgeschlossen ist, werden die sitzungsbezogenen Schlüssel eines symmetrischen Verschlüsselungssystems erzeugt und ausgetauscht. Diese sitzungsbezogenen Schlüssel werden benutzt, um den Kommunikationsinhalt zu Verschlüsseln. Meistens werden als Verschlüsselungsalgorithmen RSA für das asymmetrische Verfahren und RC4 für das symmetrische Verfahren benutzt.

6.5.4   Einige spezifische Aspekte von Bedrohungen

Generell zur Sicherheit oder besser, Unsicherheit im Internet, ist der Artikel [DaFS96] zu empfehlen. Der Artikel ist ein Erfahrungbericht aus dem Kolleg "Sicherheit in der Kommunikationstechnik" der Gottlieb Daimler - Karl Benz - Stiftung. Im Artikel wird demonstriert, wie leicht Benutzer im Internet unter Vortäuschen einer falschen Identität (Maskerade) elektronische Nachrichten verschicken können.

Die beschriebenen Angriffe beziehen sich auf die E-Mail-Kommunikation, haben also zunächst nichts mit Data Warehouses zu tun. Indirekt ist das aber doch so, wenn man sich im Artikel genannte Schadensszenarien betrachtet: „Angriffsmotive dürften im wesentlichen darin bestehen, die Empfängerperson zu Handlungen zu bewegen, die dem Angreifer in irgendeiner Weise nützen.

Das könnte beispielsweise die Bitte um Informationsherausgabe sein, das Weglocken des Empfängers von seinem Arbeitsplatz, um dort unbemerkt etwas zu tun oder das Auslösen von Handlungen, die in der Kompetenz des Empfängers, nicht aber des Angreifers liegen. Hier wäre etwa an die Bitte um Einrichtung bestimmter Accounts an einen Systemverwalter zu denken. Ferner sind Sabotage- oder Störmotive zu berücksichtigen.“

Es wird vorausgesetzt, daß der Leser genug Vorstellungskraft besitzt, diese Schadensszenarien auf seine Data Warehouse-Situation abzubilden.

Wenngleich unter anderen Zielstellungen geschrieben, ist Abschnitt 4 von [HaSS99] auch für Data Warehouses interessant. Hier wird über die Vertrauenswürdigkeit von in den elektronischen Zahlungsverkehr involvierter Komponenten diskutiert. Die meisten der in diesem Artikel genannten Aspekte treffen genauso auf Data Warehouses zu, sobald sie ins Internet integriert werden. Die folgende Liste gibt Hauptbedrohungen wieder, wie sie im Abschnitt 4 des genannten Artikels angeführt werden und wie sie unseres Erachtens auf die Data Warehouse-Situation zu übertragen sind.

- „Um einen dynamischen Datenaustausch etablieren zu können, führte man die sog. CGI-Skripte ein. Nachdem mit den CGI-Skripten die Interaktionsmöglichkeit auf Serverseite entwickelt war, wurden mit der Einführung von Java und Javaskript Möglichkeiten zur Interaktion auf (Web)Browserseite geschaffen. Der treibende Gedanke bei dieser Entwicklung liegt in der Verteilung der Rechnerlast hin zu den Client-Maschinen. Nun waren weitaus rechenintensivere Inhalte von Webseiten, wie beispielsweise Animationen oder interaktive Programme möglich. Damit wurden die Sicherheitslücken vom Server auf den Client verlagert."

- CGI bietet die Möglichkeit, „plattformunabhängig lauffähige Programme mit den erforderlichen Parametern per UML auf einem Zielrechner zu starten. Bei der Entwicklung von CGI-Skripten ist allgemein große Vorsicht geboten. Generell sollten bei der Erstellung sicherer CGI-Skripte beim Aufbau eines Servers eine Reihe von Regeln verfolgt werden (z.B. Filterung des Pipe-Befehls). CGI-Skripte werden mit den Privilegien des Webservers ausgeführt. Findet der Angreifer eine Lücke, so kann er auch andere Programme, zu deren Start seine Privilegien ausreichen, bedienen."

- ActiveX-Komponenten (Software, die vom Web geladen und automatisch auf der Client-Seite installiert wird) können zur Herkunftsprüfung "Authenticodes" gebrauchen. Diese vertrauenswürdigen ActiveX-Komponenten haben hohe Systemprivilegien. Ein Angreifer könnte diese mißbrauchen, um Daten des Data Warehouses zu lesen. Weitere Bedrohungen sind beschrieben in [Donn97].

- Zur Sicherheit von Webservern:

  - "Die Sicherheit eines Webservers erfordert insbesondere die Sicherheit des Hostrechners, auf welchem der Webserver installiert ist." Die Sicherheit beeinflussende Aspekte sind z.B.: Konfiguration der Rechners, Zugriffskontrolle, Authentifizierung, Sorgfalt der Zugriffsrechtevergabe, Audit.

  - Die Wahrscheinlichkeit von Sicherheitslücken in komplexen Systemen ist größer als in weniger komplexen. Der Hostrechner als ein komplexes System sollte darum nur die Komponenten erhalten, die zum Betrieb des Webservers tatsächlich nötig sind.

  - Möchte man den Host beispielsweise aus Sicherheitsgründen hinter einer Firewall innerhalb eines LAN's aufbauen, so muß man die Firewall an einigen Stellen durchlässig machen, was wiederum Rückwirkungen auf die Sicherheit des LAN's haben kann." (vgl. hierzu Abschnitt 6.5.2)

  - Web-Browser selbst sind ebenfalls komplexe Anwendungsprogramme. Fehler oder Sicherheitslücken sind nicht auszuschließen.

- Web-Browser werden oft mit nachlässigen sicherheitsrelevanten Standardeinstellungen an die Kunden ausgeliefert, denen diese Tatsache nicht bewußt ist. Ein Data Warehouse-Verwalter muß diese Standardeinstellung kontrollieren.

7 Verschlüsselung

Mit Hilfe von Verschlüsselungsverfahren und -techniken können Daten während des Speicherns und während des Transports geschützt werden. Zu einem Verschlüsselungssystem gehört ein Verschlüsselungsalgorithmus und korrespondierende Werte, die Schlüssel. Jeder Schlüssel erzeugt eine Ausprägung des Verschlüsselungsalgorithmus. Ziel ist es, ein Verschlüsselungssystem einzusetzen, das sicher ist.

Sicher bedeutet, daß ein Angreifer, der unbegrenzte Ressourcen zur Verfügung hätte, das Verschlüsselungssystem nicht "knacken" kann. Wie sicher ein Verschlüsselungssystem ist, wird mit dem Begriff der "Stärke" (strenght) angegeben.

Eine übersichtliche Abhandlung über Kryptologie ist [Hors85]. In [Fox97] findet man gute Übersichten zur Sicherheit sog. digitaler Signaturen. Dort finden sich auch wertvolle Literaturhinweise zu den bekannten Verfahren und Standards.

Verschlüsselungverfahren werden grundsätzlich in zwei Klassen eingeteilt:

Symmetrische Verfahren

Sie sind der klassische Typ eines Verschlüsselungssystems. Sender und Empfänger nutzen denselben Schlüssel um Daten zu verschlüsseln und wieder zu entschlüsseln. Die größte Schwachstelle der symmetrischen Verschlüsselungverfahren ist: Der Schlüssel muß zwischen Sender und Empfänger ausgetauscht werden. Der Widerstandswert von Verschlüsselungsverfahren hängt ab von der (mathematischen) Qualität des Algorithmus, der Qualität der Implementierung und der Schlüssellänge. Stand der Technik sind derzeit Schlüssellängen von mehr als 64 Bit.

Ein gut bekanntes - aber nicht hinreichendes - symmetrisches Verschlüsselungsystem ist DES [NBS77].

Asymmetrische Verfahren

Sender und Empfänger generieren jeweils ein Schlüsselpaar bestehend aus einem öffentlichen und einem privaten Schlüssel. Der öffentliche Schlüssel kann, wie der Name sagt, öffentlich bekannt sein, der private Schlüssel muß geheim gehalten werden. Der Sender benutzt den öffentlichen Schlüssel des Empfängers, um zu sendende Daten zu verschlüsseln. Die Nachricht kann nur mit dem privaten Schlüssel des Empfängers entschlüsselt werden.

Der Sender kann darüber hinaus seinen privaten Schlüssel benutzen, um eine sog. digitale Signatur des Nachrichtendigest zu erzeugen. Diese digitale Signatur ist zu vergleichen mit einer Unterschrift unter ein Dokument, die die Authentizität des Senders nachweisen kann.

Eine Hash-Funktion erzeugt aus einer Nachricht mit variabler Länge ein Nachrichtendigest fester Länge. Ein Nachrichtendigest (auch Hash) wird verschlüsselt mit dem privaten Schlüssel des Senders, um eine digitale Signatur zu generieren. Zu sicheren Hashfunktionen für digitale Signaturen siehe [Dobb97].

Asymmetrische Verschlüsselungssysteme sind im Vergleich zu symmetrischen rechenzeitaufwendig. Ein allgemein bekanntes asymmetrisches Verschlüsselungssystem ist RSA. [RiSA78]

Um die Nachteile jeder der zwei Verschlüsselungssystemklassen zu kompensieren, werden diese öfter kombiniert: Ein symmetrisches Verschlüsselungssystem wird benutzt, um Daten effizient zu ver- und zu entschlüsseln. Ein asymmetrisches Verschlüsselungssystem wird benutzt, um die Schlüssel des symmetrischen zwischen Sender und Empfänger auszutauschen. Der Widerstandswert eines Verschlüsselungssystems hängt von der Länge der Schlüssel ab.

Das niedrigste Niveau akzeptabler Stärke eines Verschlüsselungssystems beginnt mit einer Schlüssellänge von 40 Bit für symmetrische und mit 256 Bit für asymmetrische Systeme. Für wertvolle Daten (strong security) beginnt das Minimum mit 112 Bits für symmetrische und 1792 Bits für asymmetrische Systeme. [Schn96]

Ein spezieller Typ Verschlüsselung, die Einweg-Verschlüsselung (one-way encryption) verhindert die Entschlüsselung verschlüsselter Daten. Diese Verschlüsselung wird z.B. benutzt, um Paßwörter zu schützen (siehe Abschnitt 4.2.1), aber auch um ein Nachrichtendigest zu generieren.

Eine andere Anwendung der Einweg-Verschlüsselung ist der "Challenge-Response"-Mechanismus (vgl. Abbildung 11).

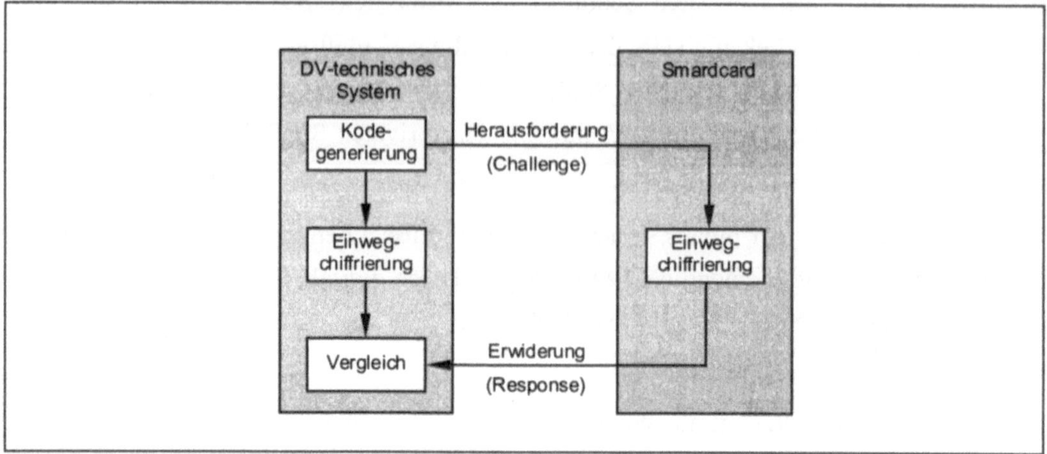

Abb. 11: Challange-Response Mechanismus

In einem Verfahren basierend auf diesem Mechanismus generiert ein System eine zufällige Bitfolge, z.B. während der Anmeldeprozedur. Die Bitfolge ist die Anfrage, die "Challenge". Sie wird durch ein anderes System (Smardcard) des Benutzers, der sich anmeldet, verschlüsselt (Einwegverschlüsselung). Die verschlüsselte Bitfolge wird zum Prüfsystem gesandt. Dort wird sie verglichen mit der dort aufbewahrten verschlüsselten Version der Bitfolge. Eine Übereinstimmung bestätigt dann, daß der Benutzer die berechtigte Einwegverschlüsselung besitzt.

8   Audit

8.1   Ziel von Audits

Audits dienen der Überwachung sicherheitsrelevanter Operationen und Ereignisse durch Erfassen, Protokollieren und Auswerten dieser Operationen und Ereignisse.

Auditdaten geben zumindest Auskunft darüber, wer was wann wie gemacht hat. Damit kann ein Audit zur Entdeckung und zum Nachweis unberechtigter Zugriffsversuche sowie zum Nachweis unbefugter Zugriffe dienen.

Um Eindringversuche zu erkennen, müssen bestimmte Anforderungen erfüllt werden. Eine gute Einführung hierzu gibt [Sobi98].

8.2   Datenschutzproblematik

Nachfolgend einige Bemerkungen zum Datenschutzproblem, welches mit Audits verbunden sind: Gewöhnlich fallen beim Audit sehr große Mengen personenbezogener oder personenbeziehbarer Daten an. Gemäß der Zweckbindung des Datenschutzes dürfen diese Daten nur zum unmittelbaren Zweck des Audits ausgewertet werden. Das läuft darauf hinaus, daß Auditdaten nur dann auf eine Person bezogen werden dürfen, wenn der dringende Verdacht einer Bedrohung besteht.

In den Auditdaten sind im Extremfall alle Benutzer des überwachten DV-technischen Systems erfaßt. Auditdaten könnten ohne Kenntnis der Betroffenen zu anderen Zwekken ausgewertet werden, so z.B. zu Leistungsüberwachungen.

Um solche Probleme überhaupt nicht erst entstehen zu lassen, ist Anonymisieren zu empfehlen, um in den anonymisierten Auditdaten nach Unregelmäßigkeiten, Eindringversuchen usw. zu suchen. Erst wenn ein Verdacht besteht, werden die betreffenden Auditdaten de-anonymisiert. In [Sobi98] ist ein Auditverfahren beschrieben, das auf anonymisierten Auditdaten arbeitet. Das betreffende Verfahren ist in der Referenz für Solaris beschrieben, ist inzwischen aber auch für WindowsNT entwickelt.

8.3   Audittypen

Abhängig davon, wo die Auditdaten erzeugt werden, unterscheidet man:

- **Betriebssystem-Audit**

  Erzeugung in der Trusted Computing Base (TCB) [USL93], [Micr95]

- **Anwendungs-Audit**

  Erzeugung in einer vertrauenswürdigen Anwendungssoftware, z.B. in Datenbankmanagementsystemen ([Bony88], [ScHS89]) und in Wrappern für Kommunikationsprotokolle, z.B. in TCP-Wrapper [Vene92].

Für ein Data Warehouse ist das Anwendungs-Audit interessant.

Hier kann ein eigenständiges Audit aufgebaut werden, z.B. durch Nutzung der Auditfunktion des Datenbankmanagementsystems wie das von Trusted Oracle 7.

Die Data Warehouse-Auditdaten können auch in die des Betriebssystems eingebracht werden. Vorteil einer Trennung des Audits und der Auditdaten ist, daß die spezifischen Bedürfnisse hinsichtlich zu überwachender Operationen und Ereignisse und relevanter Parameter auf die Data Warehouse-Situation zuschneidbar sind.

Das ist in zwei Hinsichten von Einfluß:

- Das Erkennen von Abweichungen von der normalen Situation ist leichter, wenn diese normale Situation hinsichtlich der Einflußfaktoren und -parameter begrenzbar ist. Das sind sie sicher eher in einem mehr spezifischen System, hier dem Data Warehouse, im Vergleich mit der Situation auf Betriebssystemebene.

- Die Menge der anfallenden Auditdaten ist wahrscheinlich kleiner. Auf die Auswertefunktion braucht das heutzutage keinen nachteiligen Einfluß zu haben.

Die Audit-Daten müssen archiviert oder aggregiert werden. Sie werden dann nicht mehr in die aktuellen Erkennungsfunktionen einbezogen. Beides kann die Erkennungschancen von Abnormalitäten verändern.

Bei Zugriffen aus offenen Netzen sind netzspezifische Auditdaten innerhalb der jeweiligen Kommunikationsschichten unterschiedlichen Informationsgehalts und damit auch unterschiedlicher Relevanz für das Data Warehouse-Audit verfügbar. (vgl. [Sobi98] und [RiSK96])

8.4   Auditdaten als Beweismittel

Um Auditdaten als Beweismittel für unzulässige Operationen oder Ereignisse gebrauchen zu können, muß ihre Integrität erreicht werden. Das erfolgt durch strenge Zugriffskontrolle zu Auditdaten und -funktionen (Verhindern der unbefugten Veränderung, Beeinflussung) sowie durch Verschlüsseln. Eine wirkungsvolle Möglichkeit ist das Schreiben auf WORM-Datenträger (einmal beschreibbar).

8.5   Problematik des Erkennens von Eindringversuchen

Ziel ist das Entdecken aller ungewünschten Aktivitäten. Basierend auf Auditdaten sind zwei Analysetypen wirksam:

- **Anomalie-Erkennung**

  Hier geht man davon aus, daß Benutzer typisches, statistisch beschreibbares Verhalten haben, welches in Referenzprofilen niedergelegt werden kann. Das typische Verhalten des Benutzers wird mittels neuronaler Netze gelernt, die jedoch sicherheitskonforme und repräsentative Trainingsdaten erfordern. In den Auditdaten wird nach Nichtübereinstimmung mit den Referenzprofilen gesucht.

- **Signaturanalyse**

  Sie basiert auf bekannten, hypothetischen Angriffsszenarien unter Beachtung des Zusammenarbeitens evtl. mehrerer Benutzer. Das Leistungsvermögen ist abhängig von Umfang, Qualität und Aktualität der Angriffsmodelle, deren typische Angriffsmuster Signaturen genannt werden. In den Auditdaten wird nach Übereinstimmung mit den Signaturen gesucht.

Beide Verfahren sind ebenfalls in [Sobi98] in einer Übersicht dargestellt und werden verglichen.

Die Verfahren haben Vor- und Nachteile. SOBIREY argumentiert jedoch nachvollziehbar, daß die Signaturanalyse die Basisanalyse sein sollte, während die Anomalie-Erkennung eine Ergänzung darstellen kann.

Die Erfassung von Auditdaten und die Analyse dürfen nicht willkürlich ausschaltbar sein, z.B. während Wartungsarbeiten. Solche Arbeiten sind a priori besonders sicherheitsgefährdend, weil die ausführenden Mitarbeiter besonders geschult sind und über weitgehenste Rechte verfügen. Dies macht die Führung eines Audits unverzichtbar.

Audit mit Trusted Oracle

- Maßgeschneiderte Auditpolitik

  Das Audit kann zeit- und ereignisabhängig konfiguriert werden. Zur Überwachung der spezifizierten Ereignisse werden Trigger eingesetzt. Mittels der Trigger werden nicht nur spezifizierte Ereignisse festgestellt, sondern auch an Sicherheitsbeauftragte gemeldet. Auditdaten können durch das Auditsystem des Betriebssystems oder das von Oracle aufgezeichnet werden.

- Schutz der Auditdaten

  Die Auditdaten selbst sind mit einem Label der MAC/MLS-Politik versehen. Sie können also nur von autorisierten Analysten gelesen werden.

- Analyse der Auditdaten

  Ein zugriffsberechtigter Analyst kann verschiedene Views der Auditdaten unter Zuhilfenahme von SQL-Kommandos, Oracle Forms, Oracle Data Browser oder Oracle Data Query definieren.

9   Bewertungskriterien

Die Sicherheitsgrundfunktionen (vergl. Abschnitt 1.2) werden zur abstrakten Beschreibung der Vertrauenswürdigkeit (Sicherheit) von Endsystemen (ein Data Warehouse ist ein solches Endsystem) zu Schutzklassen zusammengefaßt, die in Katalogen von Bewertungskriterien definiert sind. Mit Hilfe dieser Bewertungskriterien läßt sich die Sicherheit der Systeme objektiv (und nachvollziehbar) überprüfen. Derzeit werden weltweit drei verschiedene Kataloge von Bewertungskriterien für Bewertungen – sog. Evaluierungen – zugrundegelegt:

9.1   Kriterienkataloge

Orange Book

Die Department of Defense Trusted Computer System Evaluation Criteria (TCSEC) – das sogenannte "Orange Book" – stellen die erste umfassende Definition von Sicherheitskriterien und Angaben, wie die Sicherheit eines Systems zu evaluieren, d.h. zu prüfen und zu bewerten ist, dar.

Die TCSEC definieren 7 Sicherheitsklassen, die hierarchisch aufeinander aufbauen. Diese Sicherheitsklassen werden häufig zur groben Spezifikation der Sicherheit von Systemen verwendet, doch hat ein System nur dann die angegebene Sicherheitsklasse tatsächlich, wenn es einer formalen Evaluation unterworfen und als deren Ergebnis in eine Klasse eingestuft wurde.

ITSEC

Die Information Technology Security Evaluation Criteria (ITSEC) sind sog. harmonisierte Sicherheitskriterien der Europäischen Union (EU) und wurden von den Mitgliedsstaaten Deutschland, Frankreich, Großbritannien und Niederlande entwickelt – z.T. auf der Basis nationaler Kriterienkataloge. Diese Kriterien werden derzeit als Standard zur Spezifikation und Überprüfung der Sicherheit von IT-Systemen in Europa allgemein angewandt.

Die ITSEC definieren 10 Funktionalitätsklassen, in denen die notwendigen Sicherheitsfunktionen zusammengefaßt sind, sowie außerdem 7 Qualitätsstufen, die die Untersuchungstiefe der Sicherheitsprüfungen festlegen und ein Maß für die Vertrauenswürdigkeit der untersuchten Sicherheitsfunktionen darstellen (vgl. Einstufung von Trusted Oracle 7).

Common Criteria

Die Common Criteria for Information Security Technology Evaluation (CC) sind ebenfalls harmonisierte Sicherheitskriterien, die von den USA (zusammen mit Kanada) und der EU (insbesondere Deutschland, Frankreich, Großbritannien) entwickelt wurden. Inzwischen wird eine internationale Standardisierung betrieben: Ein ISO Draft International Standard liegt vor. Die Common Criteria werden in Zukunft als Standard zur Spezifikation und Überprüfung der Sicherheit von IT-Systemen allgemein anzuwenden sein und damit die ITSEC in naher Zukunft ablösen.

Die CC legen die zu überprüfenden Sicherheitsfunktionen sowie die anzuwendenden Prüfmaßstäbe in sogenannten Sicherheitsprofilen fest, die auf den jeweiligen Anwendungszweck zugeschnitten sein können. Derzeit sind allerdings aus Zeitgründen erst wenige dieser Profile definiert, da sich die Überprüfung der Sicherheit nach den CC erst im Anfangsstadium befindet.

9.2   Bewertung der Qualität der Sicherheit

Um die Sicherheit eines bestimmten Systems beurteilen zu können, reicht es nicht aus, die für dieses System angegebene Sicherheitsfunktionalität allein zu betrachten: Es ist durchaus möglich, daß vom Hersteller angegebene Sicherheitsfunktionen nicht vorhanden (also nur in der Dokumentation vorhanden) sind oder daß sie aufgrund von Entwurfs- und / oder Implementierungsfehlern wirkungslos sind. Es ist aus diesem Grund notwendig, die korrekte Realisierung der Sicherheitsfunktionen und ihre Wirksamkeit im Rahmen einer Überprüfung (Evaluierung) nachzuweisen. Nur hierdurch läßt sich ein objektiv beschreibbares Maß an Vertrauen zum Data Warehouse ableiten. Die Verbindung von Korrektheitsnachweis und Wirksamkeitsprüfung liefert ein bestimmtes Maß an Vertrauen, daß die Sicherheitsziele eingehalten werden. Durch eine Evaluierung gewinnt das Data Warehouse an Vertrauenswürdigkeit im Hinblick auf die Erfüllung der Sicherheitsanforderungen.

Die Bewertung der Wirksamkeit erfordert die Betrachtung der folgenden Aspekte des Data Warehouses:

- Die Eignung, der sicherheitsspezifischen Funktionen den in den Sicherheitsvorgaben aufgezählten Bedrohungen zu widerstehen.

- Die Fähigkeit der sicherheitsspezifischen Funktionen und Mechanismen in einer Weise zusammenzuwirken, daß sie sich gegenseitig unterstützen und ein integriertes, wirksames Ganzes bilden.

- Die Fähigkeit der Sicherheitsmechanismen, einem direkten Angriff zu widerstehen.

- Prüfung bekannter Schwachstellen in der Konstruktion hinsichtlich ihrer möglichen Ausnutzung in der Praxis.

- Unsichere Konfigurierung des Evaluationsgegenstands.

- Prüfung bekannter Schwachstellen beim Betrieb hinsichtlich ihrer möglichen Ausnutzung in der Praxis.

Die Bewertung dieser Aspekte der Wirksamkeit wird unter Verwendung der Dokumentation durchgeführt, die der Auftraggeber bzw. Hersteller zur Verfügung stellt sowie der Dokumentation und der Ergebnisse aus der Evaluierung der Korrektheit des Data Warehouses.

Die Untersuchung der Wirksamkeit basiert im wesentlichen auf einer Risikoanalyse. Zur Erinnerung: Bei dieser Analyse werden alle Wege gesucht, die es einem Benutzer erlauben würden, die sicherheitsspezifischen Funktionen und Maßnahmen zu deaktivieren, zu umgehen, zu verändern, auszuschalten, direkt anzugreifen oder anderweitig außer Kraft zu setzen.

Bei der Bewertung der Korrektheit wird untersucht, ob die sicherheitsspezifischen Funktionen und Mechanismen korrekt implementiert sind. So wurden in den ITSEC sieben Evaluationsstufen (E0 bis E6) definiert, die verschiedene Stufen des Vertrauens in die Korrektheit darstellen. Evaluierungen werden von unabhängigen Dritten durchgeführt. Das Ergebnis ist wird durch ein Zertifikat bestätigt.

Der Nutzen einer Evaluation und Zertifizierung besteht darin,

- präzise Informationen über die individuellen Sicherheitsziele, Bedrohungen und Sicherheitsfunktionen in einem definierten Einsatzszenario (Art der Nutzung, Einsatzumgebung, Konfiguration) zu bekommen, und

- eine Maßzahl für die Widerstandskraft (Evaluationsstufe, Mechanismenstärke) gegenüber Angriffen zu erhalten.

9.3 Qualität der Implementierung

Die Bewertung der Wirksamkeit dieser Sicherheitsfunktionen macht die Betrachtung der folgenden Aspekte erforderlich:

- Eignung der sicherheitsspezifischen Mechanismen, den in der Bedrohungsanalyse aufgezählten Bedrohungen zu widerstehen.

- Fähigkeit dieser Mechanismen, sich gegenseitig zu unterstützen.

- Fähigkeit der Mechanismen, einem direkten Angriff zu widerstehen.

- Bewertung bekannter Schwachstellen in der Konstruktion und Auswirkungen im Betrieb.

- Unsichere Konfigurierung.

10   Zusammenfassung

Um Informationssicherheit in einem Data Warehouse wirksam und wirtschaftlich zu gestalten, sollten die beschriebenen Aspekte von Informationssicherheit nicht erst betrachtet werden, wenn das Data Warehouse eingerichtet ist. Informationssicherheit ist eine Aufgabe, die mit dem Entwurf des Data Warehouses beginnt und welche erst enden kann, wenn das Data Warehouse nicht mehr besteht.

Informationssicherheit in einem Data Warehouse umfaßt verschiedene Facetten, die auch von anderen DV-technischen Systemen bekannt sind, die aber durch das Zusammenkommen in einem System zu besonderen Bedrohungen leiten.

Einige Fragen zur Informationssicherheit in Data Warehouses sind offen und erfordern dringend Forschungs- und Entwicklungsarbeiten. Das betrifft vor allem Fragen, die aus dem besonderen Status von Data Warehouses im Vergleich zu Datenbanken herzuleiten sind, wie unterschiedliche Verdichtungsgrade derselben Daten, Multidimensionalität, Vielfalt von Multimedia Repräsentation usw.

Eine besondere Rolle spielen Sicherheitsfunktionen, die durch die Einbindung des Data Warehouses in eine (offene) Netzumgebung entstehen und durch die Zugänglichkeit über offene Netze.

Je nach dem Sachziel der Informationssicherheit (z.B. Integrität) kann es von Vorteil für die Informationssicherheit des Data Warehouses sein, daß die Mehrheit der Benutzer nur lesend - und oft auch nur über vorgefertigte Auswerteprogramme - auf Daten zugreifen kann.

Von besonderem Nachteil ist aber, daß der Zweck eines Data Warehouses gerade der ist, den Zugriff zu Informationen zu erleichtern und so weitgehend als möglich zu unterstützen.

Literatur

[AntiVi]   http://www.datafellows.com/vir-info/
            http://agn-www.informatik.uni-hamburg.de/vtc/
            http://ciac.llnl.gov/
            http://www.icsa.net/services/consortia/anti-virus/certified products.shtml
            http://csrc.nist.gov/nistpubs/select/

[Bell89]   BELLOVIN S.: Security Problems in the TCP/IP Protocol Suite, in: *Computer Communication Review:* 19 (1989) 2.

[Bell95]   BELLOVIN, S.: Steve Bollovin's Posting on IP Spoofing, 1995.

[Bony88]   BONYUM, D.A.: Logging and accountability on database management systems, in: LANDWEHR, C.E. (ed): Database Security: Status and Prospects, North Holland (Elsevier), 1988, S. 223-228.

[Brin98]   BRINKROLF, J.: Sicherheit in Client- / Server-Systemen, *DuD*: 22(1998) 2, S. 86-90.

[ChZw95]   CHAPMAN, D.B.; ZWICKY-O'REILLY, E.D.: Building Internet Firewalls, O'Reilly & Associates 1995.

[ChBe94]   CHESWICK, W. R.; BELLOVIN, S.M.: Firewalls and Internet security, Addison-Wesley 1994.

[DaFS96]   DAMKER H.; FEDERRATH, H.; SCHNEIDER, M.: Maskerade-Angriff im Internet, in: *DuD:* 20 (1996) 5, S. 286-294.

[Denn76]   DENNING, D.E.: A Lattice Model of Secure Information Flow, in: *ACM Communication:* 19 (1976) 5, S. 236-243.

[Denn79]   DENNING, D.E.: The Tracker: A Threat to Statistical Data Base Security, in: *ACM-TODS:* (1979) 3, S. 76-96.

[Dobb97]   DOBBERTIN, H.: Digitale Fingerabdrücke, in: *DuD:* 21 (1997) 2, S. 82-87.

[Donn97]   DONNERHACKE, L.: ActiveX als Füllhorn für Langfinger – Vorsicht Falle, in: *iX:* März 1997.

[Fox97]   FOX, D.: Fälschungssicherheit digitaler Signaturen, in: *DuD:* 21 (1997) 2, S. 69-74.

[HaSS99]   HAGEMANN, H.; SCHAUP, S.; SCHNEIDER, M.: Sicherheit und Perspektiven elektronische Zahlungssysteme, in: *DuD:* 23 (1999) 1, S. 5-12.

[Hors85]   HORSTER, P.: Kryptologie, Zürich, Reihe Informatik Band 47, 1985.

[JoLS76]   JONES, A. K.; LIPTON, R. J.; SNIJDER, L.: A Linear Time Algorithm for Deciding Security, Proc. of the Annual Symp. on Foundations of Computer Science, 1976.

[NBS77]   NBS, Data Encryption Standard, NBS Federal Information Processing Standards Publication, No. 46, 1977.

[McLe89]   MCLEISH, M.: Further Results on the Security of Partioned Dynamic Statistical Databases, in: *ACM Trans. Database Systems:* 14, 1 (March 1989) S. 98-113.

[MuWo96] MUNZERT, M.; WOLFF, C.: Firewalls – Schutz vor Angriffen aus dem Internet, in: *DuD:* 20 (1996) 2, S. 89-93.

[Micr95] Microsoft Corp.: Microsoft Windows NT Guidelines for Security, Audit and Control, Microsoft Press, Redmont, Washington, 1995.

[RiSK96] RICHTER, B.; SOBIREY, M.; KÖNIG, H.: Auditbasierte Netzüberwachung, in: *Praxis der Informationsverarbeitung und Kommunikation (PIK):* 1/1996, S. 24-32.

[RiSA78] RIVEST, R.L.; SHAMIR, A.; ADLEMAN, L.: A method for obtaining digital signatures and public key cryptosystems, in: *Communications ACM:* 21, 1978, S. 294.

[ScHS89] SCHAEFER, M.; HUBBARD, B.; STERNE, D.; HALEY, T.K.; MCAULIFFE, J.N.; WOLCOTT, D.: Auditing: A relevant contribution to trusted database management systems, proc. of the 5th Annual Computer Security Applications Conference, Tucson, TX, Dec. 1989.

[Schl95] SCHLÄGER, U.: Datenschutz in Netzen, DuD 19 (1995) 5, S. 270-275.

[Schlö83] SCHLÖRER, J.: Information loss in partitioned statistical databases, in: *Computer Journal:* 26, 3 (1983), S. 218-223.

[Schn96] SCHNEIER, B., Applied cryptography, John Wiley & Sons, 1996.

[Sobi98] SOBIREY, M.: Datenschutzorientierte Audit-basierte Erkennung von IT-Sicherheitsverletzungen, Dissertation, TU Cottbus, Oktober 1998.

[StKH95] STEINER, M.; KARJOTH, G.; HAUSER, R.: Management von Sicherheitsdiensten in verteilten Systemen, in: *DuD:* 19 (1995) 3, S. 150-155.

[TOra96] Trusted Oracle 7 Technical Overview, http: www.oracle.com.

[USL93] Unix System Laboratories: Audit Trail Administration, Prentice Hall, Englewood Cliffs, NJ, 1993.

[Vene92] VENEMA, W.: TCP-Wrapper: Network monitoring, access control, and booby traps, Proc. of the 3th USENIX Unix Security Symposium, Baltimore, MD, Sept. 1992, 85-92.

[Weck95] WECK, G.: Sicherheit von Client- / Server-Systemen, in: *DuD:* 19 (1995) 3: S. 156-163; 19 (1995) 4: S. 224-231; 19 (1995) 5: S. 276-283.

Teil III

Datenmodellierung und -speicherung

Grundüberlegungen für die Modellierung einer Data Warehouse-Datenbasis

Jan Holthuis

Inhalt

1   Einleitung

Die meisten computerbasierten Managementunterstützungssysteme beinhalten quantitative Informationen in Form von Kennzahlen, da diese ein wesentliches und wichtiges Instrument zur Führung von Unternehmen darstellen.

Kennzahlen werden allgemein als quantitativ erfaßbare, unternehmensrelevante Sachverhalte in konzentrierter Form verstanden. [Reic93, 16] Man unterscheidet Basiskennzahlen, die gemessen oder erhoben werden, und abgeleitete Kennzahlen, die aus Berechnungen mit Basiskennzahlen entstehen. Deren Gesamtheit in einem Anwendungsbereich bezeichnet man auch als Kennzahlensystem.

Beim Betrachten von hochverdichteten abgeleiteten Kennzahlen besteht meist die Notwendigkeit, deren Zusammensetzung und Entstehung nachvollziehen zu können. Somit ist die Fähigkeit zur Datenanalyse eine Grundeigenschaft von computerbasierten Managementunterstützungssystemen. Ein breiter Katalog an mathematisch-statistischen und anderen z.T. hochspeziellen Funktionen ist aber nur eine Voraussetzung für die Datenanalyse. Dem Managementunterstützungssystem muß darüber hinaus auch die Zusammensetzung und Entstehung einer abgeleiteten Kennzahl transparent sein. Daraus folgt, daß bereits bei der Datenmodellierung diese Zusammenhänge in einfacher Weise abgebildet sein müssen.

In den weit verbreiteten relationalen Datenbanksystemen, die derzeit sehr vielen operativen Anwendungssystemen des Tagesgeschäfts zugrundeliegen, sind die abgeleiteten Kennzahlen und deren Zusammensetzung entweder nicht erkennbar oder auch nicht enthalten. Das liegt daran, daß die Datenbanksysteme in der Regel für Anwendungen gewählt werden, welche große Volumina von operativen Daten aufzeichnen und speichern. Die Strukturen sind für die transaktionsorientierten Anwendungen des Tagesgeschäfts optimiert. Relationale Datenstrukturen sind jedoch nie mit dem Ziel entwickelt worden, große Datenmengen für Analysezwecke zu verwalten. [CoCo93]

Bei der Datenmodellierung für ein Data Warehouse wird somit ein alternativer Ansatz benötigt, der den Anforderungen der analysierenden Anwendungssysteme gerecht wird. Hierzu haben in den vergangenen Jahren multidimensionale Datenstrukturen eine weite

Verbreitung erfahren, was aus der intensiven Diskussion um OLAP-Systeme[1] resultiert. Die Regeln des OLAP fordern explizit eine multidimensionale Sicht auf die Daten. [CoCS93]

In diesem Beitrag erfolgen Grundüberlegungen für die Modellierung einer Data Warehouse-Datenbasis, eine Einführung in multidimensionale Datenstrukturen und ihre Bedeutung sowie die Darstellung von notwendigen Ebenen und Sichten, die bei der Modellierung eingenommen werden müssen, damit die Komplexität von Daten in N-dimensionalen Räumen und deren Dynamik im Sinne einer konsistenten Datenhaltung beherrschbar bleibt.

2   Multidimensionalität von Daten

Managementunterstützungssysteme analysieren Unternehmensdaten anhand von mehreren problemrelevanten Kriterien. Eine Abfrage anhand mehrerer Kriterien verdeutlicht beispielhaft ein multidimensionales Analyseproblem: Ein Produktmanager fragt die Verkaufsumsätze für bestimmte Produkte in einer Verkaufsregion über einen bestimmten Zeitraum ab. Es besteht also eine intuitivere Vorstellung der Endanwender von den Daten, die zum Teil weit von den tatsächlichen Datenstrukturen in den operationalen Informationssystemen abweicht.

Daher kommen einige Managementunterstützungssysteme dieser Tatsache entgegen und visualisieren eine leichter nachvollziehbare multidimensionale Struktur der Daten.

Im Gegensatz zur bisherigen tabellenartigen Darstellung der Daten ist für die Multidimensionalität eine Bestimmung der Strukturen durch analyserelevante Kriterien charakteristisch. Zur Veranschaulichung der Multidimensionalität der Datenbasis eines Managementunterstützungssystems wird diese oft als dreidimensionaler Datenwürfel abgebildet, da in einer Graphik nicht mehr Dimensionen darstellbar sind. Tatsächlich unterliegt sie aber keiner derartigen Beschränkung.

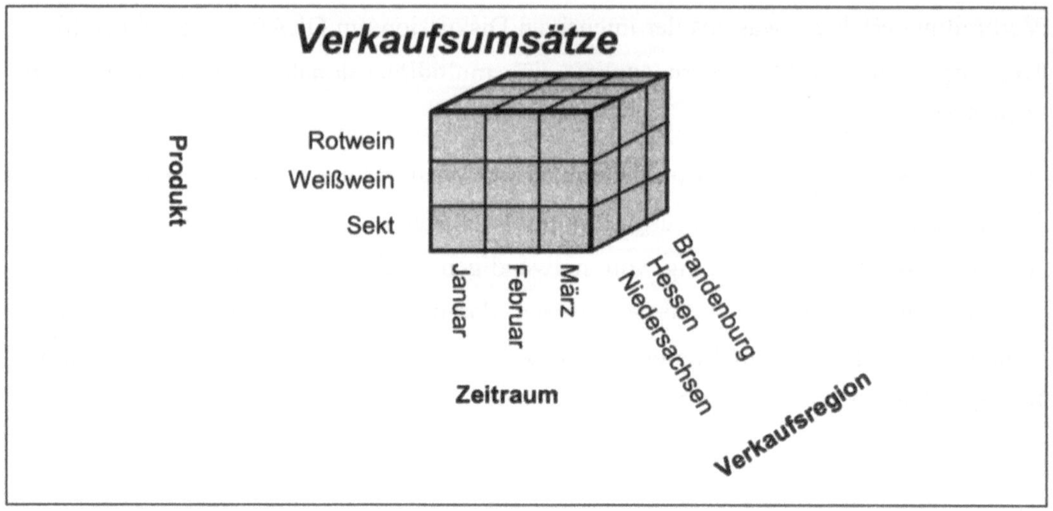

Abb. 1:   Dreidimensionale Matrix

Die obige Abbildung 1 verdeutlicht die Zusammenhänge am Beispiel eines Weinhandels. Inhalt der Zellen sind Verkaufsumsatzzahlen; die strukturbestimmenden Dimensionen sind Produkt, Zeitraum und Verkaufsregion.

Daten, die in einer multidimensionalen Matrix gespeichert sind, weisen einen hohen
Grad an inhärenter Organisation auf, wodurch die Analyse stark vereinfacht wird.
[Holt99b, 122] So sind z.B. die Gesamtverkaufszahlen von Rotwein im Monat März
einfach zu ermitteln, indem eine Spalte in der Beispiel-Matrix aufsummiert wird. Für
die gleiche Operation sind in einem relationalen Datenbanksystem die Datensätze mit
den entsprechenden Attributwerten zu lokalisieren, bevor dann die Aufsummierung
erfolgen kann. Daher resultiert aus der multidimensionalen Struktur der Daten auch eine
deutlich kürzere Antwortzeit der Systeme bei Abfragen.

Multidimensionale Datenstrukturen ermöglichen flexible Ad hoc-Abfragen und Berichte
mit umfangreicheren Möglichkeiten als in traditionellen Informationssystemen. Die
Stärken liegen in der intuitiven Datenbearbeitung, die keinerlei vorgegebenem Schema
folgen muß. Neue Ideen und Hypothesen können schnell überprüft werden, und es
besteht die Möglichkeit des Zugriffs auf detailliertere Daten.

Ein Hauptanwendungsbereich der multidimensionalen Analysesysteme liegt im Bereich
des Controlling, dessen Aufgabenbereich die Versorgung des Managements mit

konkreten Zahlen zum Unternehmensergebnis umfaßt. Eine mögliche Fragestellung ist beispielsweise die Analyse der Ergebnissituation einer neuen Produktlinie, aufgeschlüsselt nach Verkaufsregionen und Kalendermonaten. Mit herkömmlicher OLTP-Technologie[2] kann die Bearbeitung einer komplexeren Abfrage in einem Unternehmen mit umfangreicher Datenbasis mehrere Tage dauern. Neben der Beschaffung der Rohdaten aus der operativen Datenbasis ist zusätzlich die Verknüpfung und Auswertung der Daten erforderlich. Relationale Datenbanken mit einer SQL-Schnittstelle[3] haben zwar den Vorteil eines allgemein akzeptierten Standards, bei umfangreicheren Datenbeständen besteht aber oft ein Dickicht aus Tabellen, Views und Joins, welches nur von einem versierten Anwender beherrscht werden kann. Darüber hinaus ist SQL an den Anforderungen des OLTP ausgerichtet und eignet sich daher nur unzureichend für multidimensionale Abfragen.

An diesem Punkt setzen multidimensionale Systeme an. Aufgrund spezialisierter Abfragesprachen, einfacher Navigation im multidimensionalen Datenbestand, intuitiver Benutzeroberflächen und geeigneter Ergebnispräsentation bleibt die tatsächliche Komplexität einer Abfrage dem Anwender verborgen. Die folgende Abbildung stellt einer multidimensionalen Abfrage in einem multidimensionalen System das entsprechende SQL-Statement gegenüber.

Oracle Express	DEFINE SHARE FORMULA (VOL/VOL (PRODUCT CAT.PROD))*100 REPORT DOWN PRODUCT SHARE LAG(SHARE, 13, PERIOD) LAG DIF (SHARE, 13, PERIOD)
SQL	CREATE VIEW CAT_COL(Ort, CAT, PROD, PER, VOL) AS SELECT V.Ort, CP, CAT, V.PROD, V.PER, V.VOL FROM VOL.V, CAT_PROD.CP WHERE V.PROD=CP.PROD
	CREATE VIEW CAT_VOL_NOW(Ort, CAT, PER, VOL) AS SELECT V.Ort, V.PROD, V.PER, V.VOL FROM VOL.V, CAT.C WHERE V.PROD=C.CAT
	CREATE VIEW SHR(Ort, CAT, PROD, PER, SHR) AS SELECT CC.Ort, CC.CAT, CC.PROD, CC.PER(CC.VOL/CVN.VOL)*100 FROM CAT_COL.CC, CAT_VOL_NOW.CVN WHERE CC.Ort=CVN.Ort AND CC.CAT=CVN.CAT AND CC.PER=CVN.PER
	SELECT S2.Ort, S2.PROD, S2.PER, S2.SHR, S1.SHR, S2.SHR-S1.SHR FROM SHR.S1, SHR.S2 WHERE S1.Ort=S2.Ort AND S1.PROD=S2.PROD AND S1.PER=S2.PER-13

Abb. 2:   SQL-Abfrage versus multidimensionale Abfrage

Die Anforderungen bei der Datenanalyse für betriebswirtschaftliche Entscheidungen sind stets situationsbedingt. Oft kommt dem Manager auch erst beim Betrachten einer Auswertung eine Einsicht oder eine Idee, wie man die gegebene Problemstellung am besten angeht. In allen Anwendungsbereichen, wie z.B. Finanzanalyse, Controlling und Berichtswesen, Budgetierung, Qualitätssicherung und -kontrolle oder Marketing, betrachtet man Teile der Unternehmensdaten aus unterschiedlichen Blickwinkeln. Es werden also unterschiedliche Sichten auf gegebenenfalls ein und dieselbe Datenbasis generiert. Bei der Strukturierung der Daten in einer multidimensionalen Matrix muß diese, räumlich gesehen, stets gedreht und auf die relevanten Merkmalsausprägungen beschränkt werden. Darüber hinaus sind die Unternehmensdaten nicht mehr im Detail, sondern in einer vorverdichteten Form abgebildet.

Daraus läßt sich ableiten, daß für den Anwender bei der Analyse eine große Flexibilität besteht. Für detaillierte Fragestellungen des Anwenders stehen verschiedenartige Operationen zur Manipulation des Datenwürfels zur Verfügung. Hierbei handelt es sich überwiegend um einen Wechsel von Dimensionen und Verdichtungsstufen, d. h. um eine Navigation im Datenraum [Hans96, 430 f.]:

- **Drill Down:**

  Seitens bestimmter managementunterstützender Anwendungen ist es notwendig, das Zustandekommen hochverdichteter Zahlen nachvollziehen zu können. Will ein Entscheidungsträger beispielsweise eine Jahresumsatzzahl näher analysieren, so wird er möglicherweise die Zahlen für die einzelnen Monate anfordern und eventuell noch eine weitere darunterliegende Verdichtungsebene sehen wollen. Das Herunterbewegen in einer Dimensionshierarchie zu Elementen mit niedrigerem Verdichtungsniveau nennt man Drill Down.

- **Roll Up:**

  Im Gegensatz zum Drill Down beschreibt ein Roll Up die umgekehrte Richtung, d.h. es erfolgt ein Wechsel zu einer höheren Verdichtungsstufe.

- **Slicing:**

  Slicing beschreibt die Auswahl einer Scheibe aus dem Datenwürfel (z. B. Verkaufsregion Hessen oder Brandenburg). Slicing wird auch als **Rotation** bezeichnet [KeTe95, 16], da durch das Auswählen unterschiedlicher Scheiben der Würfel aus einem anderen Blickwinkel betrachtet, beziehungsweise um 90 Grad gedreht wird, ohne daß eine Neuanordnung / Sortierung der Daten erforderlich ist. Die Einfachheit und die Geschwindigkeit, mit der eine Rotation durchgeführt werden kann, bieten insofern wesentliche Vorteile.

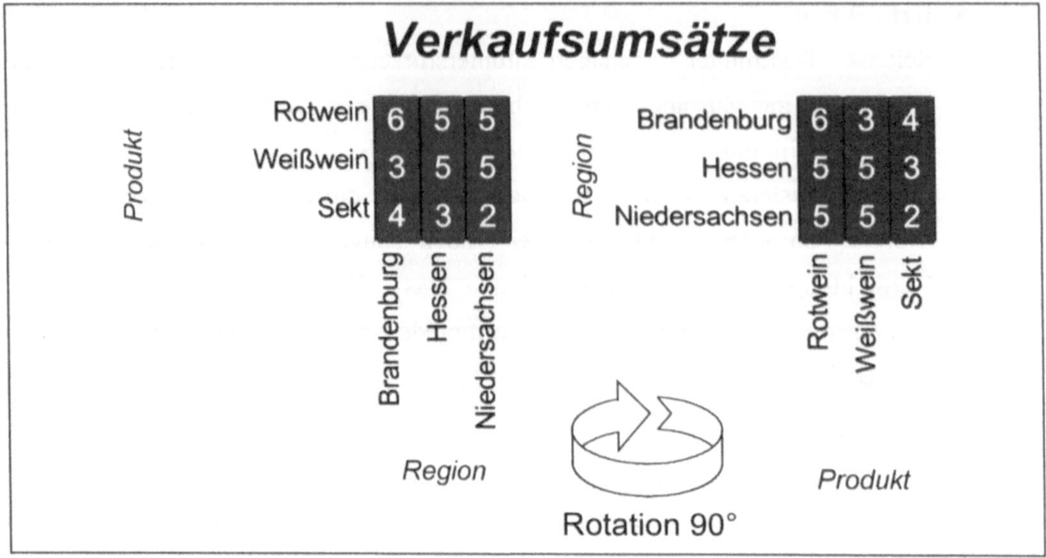

Abb. 3:   Rotation einer zweidimensionalen Matrix

Im dargestellten Beispiel existieren zwei mögliche Sichten: PRODUKT nach REGION oder REGION nach PRODUKT. In beiden Fällen ergibt die Schnittstelle der beiden Dimensionen das Verkaufsvolumen. Das Beispiel aus Abbildung 1 beinhaltet hingegen drei Dimensionen: PRODUKT, ZEITRAUM und REGION, die in unterschiedlicher Kombination für einen Anwender von Interesse sein können.

1) PRODUKT	nach ZEITRAUM	nach REGION
2) PRODUKT	nach REGION	nach ZEITRAUM
3) ZEITRAUM	nach PRODUKT	nach REGION
4) ZEITRAUM	nach REGION	nach PRODUKT
5) REGION	nach ZEITRAUM	nach PRODUKT
6) REGION	nach PRODUKT	nach ZEITRAUM

Die Zahl der möglichen Sichten steigt exponentiell mit der Anzahl der Dimensionen. So hat eine zweidimensionale Matrix zwei Sichten, eine dreidimensionale hat sechs, eine vierdimensionale Matrix 24 und eine fünfdimensionale 120 Betrachtungssichten.

- **Data Dicing:**

  Durch multidimensionale Datenstrukturen versucht man, einen schnellen Zugriff auf die Daten in der gewünschten Ansicht zu gewährleisten. Hierzu bedarf es einer ressourcensparenden Suche, um den angestrebten Leistungszuwachs zu erzielen. Durch das Auswählen der gewünschten Positionen entlang einer Dimension grenzt man die Daten der Matrix auf eine Teilmenge ein. Diese Funktionalität wird **Data Dicing** oder **Ranging** genannt. Eine ursprünglich wesentlich umfangreichere Matrix wird durch Ranging auf die für die Betrachtung relevanten Positionen reduziert und kann jetzt rotiert werden, oder es können neue Berechnungen durchgeführt werden. In einer normalisierten relationalen Struktur ist auch das Ranging nur mittels einer komplexen Abfrage möglich.

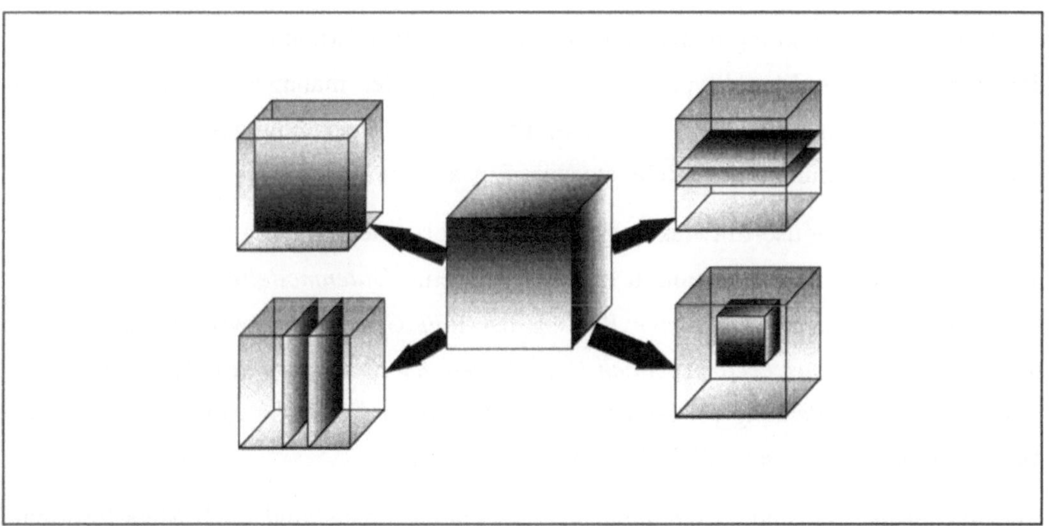

Abb. 4:   Slicing und Dicing

Die in diesem Abschnitt dargestellte Multidimensionalität bei der Analyse managementrelevanter Informationen und die hieraus ableitbaren Datenstrukturen weisen beim Vergleich mit den Datenstrukturen in operationalen Systemen eine erhebliche Diskrepanz auf. Die Besonderheiten bei der Abbildung managementrelevanter Informationsobjekte sind im folgenden Abschnitt 3 dargestellt.

3   Besonderheiten der Modellierung einer Data Warehouse-Datenbasis

3.1   Grundlagen

Unter einem Modell versteht man eine vereinfachte Abbildung eines Sachverhalts beziehungsweise eines interessierenden Realitätsausschnitts. [Boss92, 27] Dieser stellt einen begrenzten Ausschnitt des Originals dar [Boss92, 28], wobei unter dem Original beziehungsweise dem Originalsystem alle Vorgänge, Gegenstände und Prozesse der Realität verstanden werden, die man als Modell nachbilden kann. Das Modell soll dabei nur die wesentlichen und relevanten Aspekte des Originalsystems erfassen; es gibt somit dessen charakteristische Eigenschaften wieder. [DeMa89, 59]

Auch bei der Entwicklung managementunterstützender Informationssysteme werden in der Regel mehrere Modelltypen eingesetzt. Seitens der managementunterstützenden Anwendungssysteme können Funktions-, Prognose-, Entscheidungs-, Optimierungs-, Analyse- sowie Simulationsmodelle etc. zum Einsatz kommen.

Da bei Data Warehouse-Entwicklungen eine datenorientierte Sicht eingenommen wird, muß hier der Begriff **Datenmodell** erläutert werden. „*Datenmodelle sind, wie die Anschauungs- und Idealmodelle der Wirtschafts- und Gesellschaftswissenschaften, Beschreibungen. Sie beschreiben jedoch keine Wirklichkeit, sondern ein Wissen über die lebensweltliche Bedeutung (Semantik) sowie über die maschinelle Repräsentation und Manipulation von Daten.*" [Wede97, 118]

Über die Strukturen und Zusammenhänge der Daten hinaus sind noch Meta-Informationen über die Inhalte des Data Warehouse zu modellieren.[4]

Das Entwickeln eines Modells ist ein in der Regel zyklischer Prozeß, der allgemein als **Modellierung** bezeichnet wird. L. DE RIDDER und H. KÖNIG definieren diesen Begriff wie folgt: "*Modellierung ist die Beschreibung oder Darstellung eines realen Objekts auf Basis einer gewählten Abstraktion zur Hervorhebung der wesentlichen Eigenschaften.*" [DRKö92, 6]

Fokussiert man den Bereich der Datenmodellierung, so ist die prägnante Definition von G. SCHULDT hilfreich. Er definiert Datenmodellierung als „Analysis of the business, its rules, and its information to produce a model that is essential, logical and technology-free, for the purpose of business improvement and database-design." [Schu96, 10]

Im Rahmen der Datenmodellierung treten stets zwei konkurrierende Zielsetzungen auf:

a) Das Datenmodell stellt die Grundlage für Diskussionen mit dem Entscheidungsträger dar. Daher muß das Datenmodell die tatsächlichen Zusammenhänge des Verantwortungsbereichs eines Entscheidungsträgers möglichst vollständig und verständlich abbilden, das heißt, es muß die Semantik des Realitätsausschnitts wiedergeben. Zu betonen ist, daß das Datenmodell einfach und leicht überschaubar in der Darstellung sein muß, damit ein Entscheidungsträger eines beliebigen Funktionsbereichs im Unternehmen als DV-Laie die im Modell abgebildeten Zusammenhänge schnell nachvollziehen kann.

b) Darüber hinaus stellt das Datenmodell für den Datenbankdesigner die Grundlage zur Überführung in ein Datenbankmodell dar. Bezüglich seiner Arbeit muß das Datenmodell möglichst viele Detailinformationen zu den Datenstrukturen wiedergeben, die auch für das Erzielen einer optimalen Systemleistung wichtig sind.

Diese konkurrierenden Anforderungen verlangen nach der Möglichkeit, bei der Darstellung der einzelnen Bausteine des Modells auf Wunsch Details *auszublenden* und diese bei Bedarf wieder *einzublenden*.

Wie auch im Bereich der Entwicklung operationaler Informationssysteme erfolgt der Modellierungsprozeß zunächst völlig unabhängig von der später eingesetzten Datenbank-Hard- und -Software, obwohl bereits recht früh Eigenschaften, welche die Systemleistung und das zu erwartende Datenvolumen betreffen, im Datenmodell festgehalten werden können.

Die in diesem Abschnitt genannten Modelltypen werden in verschiedenen Phasen und für unterschiedliche Aspekte bei der Informationssystementwicklung eingesetzt. Hierfür hat sich eine Unterscheidung von Modellierungsebenen und -sichten als hilfreich erwiesen.

3.2   Modellierungsebenen und -sichten

Eine Aufgabe betrieblicher Informationssysteme besteht in der Unterstützung des Wertschöpfungsprozesses eines Unternehmens. Basis für die Systementwicklung bildet ein Bewußtsein und Verständnis für den Wertschöpfungsprozeß des Unternehmens. Wegen der hohen Komplexität wird die Realität bei der Modellierung in verschiedenen *Sichten* beschrieben, die sich jeweils auf einen begrenzten Aspekt des Vorbildes beschränken. Diese einzelnen Sichten sind so angelegt, daß durch Zusammenhänge zwischen den Sichten insgesamt wiederum ein konsistentes Bild entsteht.

Neben den Sichten können im Hinblick auf die Nähe zur Informationstechnik verschiedene *Ebenen* der Modellierung unterschieden werden. Ziel ist eine durchgängige Beschreibung des Informationssystems ausgehend von den betriebswirtschaftlichen Zusammenhängen bis hin zu technischen Implementierungsaspekten. Zugleich wird eine sehr grobe logische Abfolge des Entwicklungsprozesses von Informationssystemen aufgezeigt.

Diese Gliederung des Gesamtmodells in verschiedene Ebenen und Sichten verdeutlicht Abbildung 5.

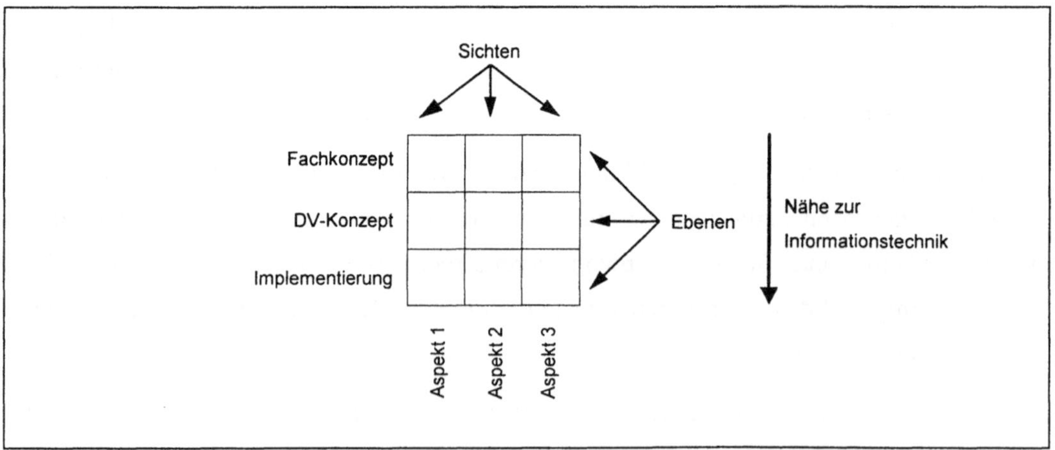

Abb. 5:   Ebenen und Sichten eines Modells

Modellierungsebenen

Wie bereits erwähnt, werden die verschiedenen Modellierungsebenen nach ihrer Nähe zur betrieblichen Problemstellung beziehungsweise zur Informationstechnik differenziert. Dadurch wird eine durchgängige Beschreibung ausgehend von der betrieblichen Problemstellung bis zur technischen Umsetzung realisiert, die Grundlage für eine schrittweise Entwicklung von Informationssystemen ist. Üblicherweise werden folgende Modellierungsebenen unterschieden: [Sche95, 14 ff.]

- In einem **Fachkonzept** wird das zu unterstützende betriebswirtschaftliche Anwendungskonzept in einer formalisierten Sprache beschrieben, so daß es Ausgangspunkt einer konsistenten Umsetzung in die Informationstechnik sein kann. Das Fachkonzept deckt die betriebswirtschaftliche Problemstellung ab.

- Das **DV-Konzept** überträgt die Begriffswelt des Fachkonzeptes in die Kategorien der DV-Umsetzung. Es erfolgt eine Anpassung der Fachbeschreibung an generelle Schnittstellen der Informationstechnik.

- Die **technische Implementierung** stellt schließlich die Beschreibung der konkreten hard- und softwaretechnischen Umsetzung des DV-Konzeptes dar.

Abbildung 6 verdeutlicht die verschiedenen Modellierungsebenen. Durch die Breite der Pfeile wird der Grad der Verbundenheit zwischen den verschiedenen Beschreibungsebenen verdeutlicht.

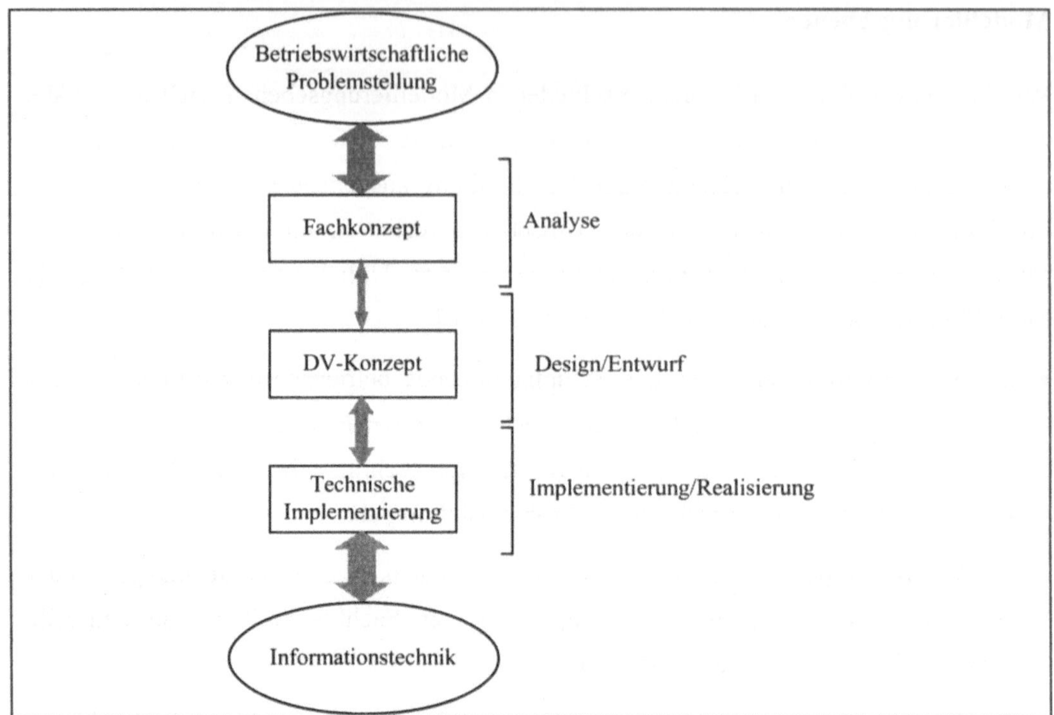

Abb. 6:   Modellierungsebenen eines Informationssystems [Sche95, 15]

Das Modell auf der Ebene des Fachkonzepts wird auch Analysemodell genannt, das auf
der Ebene des DV-Konzepts Designmodell. Die sich mit dem Erstellen der einzelnen
Modelle befassenden Phasen der Systementwicklung werden entsprechend als Analyse,
Design / Entwurf und Implementierung / Realisierung bezeichnet.

Modellierungssichten

Modelle von Unternehmensprozessen weisen in der Regel eine hohe Komplexität auf.
Diese versucht man durch eine Zerlegung der Unternehmensprozesse in verschiedene
Modellierungssichten zu reduzieren. Die Einteilung in Sichten ermöglicht es, die
Beschreibung der Inhalte der Sichten durch spezielle, für diese Sicht geeignete Darstel-
lungsmittel durchzuführen. Dabei werden die vielfältigen Beziehungen und Zusammen-
hänge zu den anderen Sichten bewußt vernachlässigt. Es werden üblicherweise folgende
Sichten unterschieden:

- Die **Datensicht**, welche die Datenobjekte sowie deren Beziehungen untereinander beschreibt.

- Die **Funktionssicht**, welche die auszuführenden Funktionen (Vorgänge) im Unternehmen abbildet, die durch das geplante Informationssystem unterstützt werden sollen. Hierfür wird häufig eine hierarchische Darstellung der Zusammenhänge vorgenommen.

- Die **Organisationssicht** beschreibt die Organisationseinheiten und personellen / maschinellen Aufgabenträger eines Unternehmens sowie deren Beziehungen und Strukturen.

- Die **Geschäftsprozeßsicht** beinhaltet die logisch zusammenhängenden Entscheidungen und Aktivitäten für die Leistungserstellung.

Neben diesen einzelnen Sichten gibt es spezielle Formen der Darstellung, die jeweils mehrere Sichten miteinander kombinieren (z.B. die Darstellung einer Funktion mit den von ihr benötigten Daten).

Nachdem die grundlegenden Begrifflichkeiten und Konzepte aus dem Bereich der Modellierung geklärt wurden, folgt in Abschnitt 3.3 die Darstellung von Strukturkomponenten multidimensionaler Datenmodelle.

3.3 Strukturkomponenten multidimensionaler Datenmodelle

Aus Sicht der Entscheidungsträger, die Informationen aus einer multidimensionalen Datenstruktur abfragen, spiegeln sich die direkten Komponenten einer Abfrage in den Dimensionen wider. Fragt man mit Bezug auf das Beispiel in Abschnitt 2 z.B. nach Umsatzzahlen für Rotwein in Brandenburg im Monat Februar, so schließt diese Abfrage zumindest drei Dimensionen ein: Produkt, Verkaufsregion und Zeitraum. Jede relevante Einflußgröße wird als eine Dimension dargestellt; die einzelnen Ausprägungen werden entlang der Dimension als sogenannte Dimensionspositionen abgetragen. Zudem existieren zwischen den einzelnen Dimensionspositionen oft hierarchische Beziehungen.

Spannt man aus den identifizierten Dimensionen ein räumliches Gebilde auf und weist jedem Schnittpunkt der Dimensionspositionen mit denen anderer Dimensionen eine Zelle zu, so entsteht eine multidimensionale Matrix, die auch Kreuztabelle genannt wird. Im Rahmen der technischen Implementierung bezeichnet man diese grundlegende Strukturkomponente eines multidimensionalen Datenmodells auch als Hypercube oder Array. Größe, Form und Aussehen einer solchen Matrix ergeben sich aus der Anzahl der Dimensionen. Jede Dimension stellt ein notwendiges Charakteristikum dar, welches die Werte der Matrix bestimmt und beschreibt. Inhalt der Zellen einer Matrix sind die Werte der abgebildeten Kenngrößen, oft auch als Fakten oder Faktdaten bezeichnet, deren Semantik durch die Art der Dimensionen bestimmt wird. Unter einer Dimension versteht E.F. CODD „die höchste Ebene eines Datenkonsolidierungspfades ...". [Codd94, 9] Eine Dimension bezeichnet damit das sich in der höchsten Gliederungsebene befindende Attribut einer Merkmalsausprägung.

Vielfach werden auch die Kenngrößen des abgebildeten Realitätsausschnitts entlang einer Dimension abgetragen. [Thom97, 29 ff.] Man spricht dann von einer Dimension der Variablen oder kurz Variablendimension. Dieses ist jedoch nicht unproblematisch, da die einzelnen Kenngrößen in der Regel nicht von den gleichen Einflußgrößen abhängen. Hieraus resultieren leere Zellbereiche in der Matrix, die sich bei Zugriffen negativ auf die Performanz auswirken.

Ebenso bestimmen Anzahl und Art der Dimensionen die Komplexität der Datenstruktur, was sich insbesondere auf die einzusetzende Software auswirkt. Deshalb kommt der Planung und Gestaltung von Dimensionen besondere Bedeutung zu. In technischer Hinsicht beschreiben Dimensionen die Strukturen der Daten. Sie können als ein Index für den Zugriff auf die Werte in einer Matrix angesehen werden.

3.3.1   Betriebswirtschaftliche Dimensionstypen

Obwohl Art und Eigenschaften von Dimensionen je nach Funktions- / Anwendungsbereich variieren, existieren dennoch Dimensionen, die für nahezu alle betriebswirtschaftlichen Anwendungsbereiche gelten beziehungsweise deren charakteristische Kenngrößen beeinflussen.

Im folgenden werden daher Standard- und individuelle, bereichsabhängige Dimensionen unterschieden.

Standarddimensionen sind beispielsweise:

1. Zeit

2. Wertetyp / Szenario (Istzahlen, Sollwerte, Plangrößen), Versionsdimension
   Mit diesem Dimensionstyp werden unterschiedliche Varianten / Versionen von Daten unterschieden, die ansonsten von den gleichen Dimensionen bestimmt sind.

3. Maß(einheiten)dimension[5] (Währung, Stück ...)
   Analysiert man die Verkaufsdaten eines bestimmten Zeitraums, so kann man diese Zahlen monetär darstellen, also beispielsweise in Währungseinheiten, oder aber in Stückzahlen, da dies für einige Fragestellungen, z.B. in international operierenden Unternehmen, aufgrund bestehender Währungsumrechnungskurse weniger kompliziert ist.
   Andererseits können durch geeignete Verhältnisregeln in den Modellen Werte, denen unterschiedliche Maße oder Einheiten zugrundeliegen, vergleichbar gemacht werden.

Demgegenüber stehen individuelle, bereichsabhängige Dimensionen, welche für den individuellen Anwendungs- / Aufgabenbereich gelten. Im Falle des Vertriebsbereichs sind das beispielsweise:

- Organisationseinheit (Gesamtunternehmen, Tochtergesellschaften, Abteilungen, funktionale Bereiche, Projektteams...)

- Region (Deutschland, Nord / Süd, Bundesländer, Städte...)

- Kunden (Kundengruppen, Einzelkunden...)

- Artikel / Produkte (Produktgruppen, Produktlinien, Sortimente, Kollektionen...)

Für die Bereiche Finanzen, Rechnungswesen, Kostenrechnung / Controlling sind die Dimensionen vielfältiger, und auch deren interne Struktur ist komplexer. Als häufige Beispiele für Dimensionen in diesem Bereich sind zu nennen:

- Kostenarten / Kostenstellen / Kostenträger

- Leistungen

- Einnahmen

- Konten

- ...

Zwischen einzelnen Dimensionen eines Modells können Beziehungen bestehen, die aus der Semantik des abzubildenden Bereichs resultieren. So läßt sich beispielsweise die Produkthierarchie von einzelnen Produkten über Produktgruppen zu Sortimenten als eine Dimension abbilden, wogegen eine Eigenschaft eines Produkts wie z.B. die Produktfarbe als eigenständige Dimension der Produkthierarchie gegenübergestellt werden kann. Semantisch besteht hier eine Existenzabhängigkeit zwischen Produkteigenschaft und Produkt. D. BULOS bildet derartige Gegebenheiten durch den speziellen Dimensionstyp **Property Dimension** ab. [Bulo96, 34] Dieser Sachverhalt kann analog zu den Weak Relationships im Entity-Relationship-Modell gesehen werden. In der Regel ist die existenzabhängige Dimension einer Elementarposition einer hierarchischen Dimension zugeordnet.

Im Rahmen der Darstellung typischer Dimensionen im betriebswirtschaftlichen Kontext zeigt sich bei genauerer Betrachtung, daß Unterschiede zwischen einzelnen Dimensionstypen nicht nur im Hinblick auf die Gültigkeit, sondern auch insbesondere hinsichtlich der Struktur und der hierdurch abgebildeten Semantik bestehen. Es ist daher sinnvoll, eine weitere Unterscheidung hinsichtlich der Struktur vorzunehmen.

3.3.2   Strukturelle Dimensionstypen

Von den bereits erwähnten Beziehungen zwischen den Dimensionspositionen einer Dimension sind die vertikalen Beziehungen von besonderer Bedeutung, da sie die Hierarchie einer Dimension aufspannen und hieran Konsolidierungspfade erkennbar sind. Ebenso sind an diesen Beziehungen diverse Verdichtungsregeln angeknüpft.

Darüber hinaus stellen einige Dimensionspositionen eine konkrete Ausprägung eines Informationsobjekts dar, während andere Dimensionspositionen mehr den Charakter eines Wertebereichs von Ausprägungen haben.

Nicht-hierarchische Dimension

Nicht-hierarchische Dimensionen spiegeln eine einfache interne Struktur wider. Zwischen den Positionen bestehen keine vertikalen Beziehungen. Daraus folgt, daß auch keine Verdichtung einzelner Positionen zu einer Position auf höherer Ebene möglich ist. Die Positionen einer solchen Dimension bilden keine Hierarchie ab. F. MCGUFF spricht in diesem Fall von einer *Partitioning Dimension*. [McGu, 31 f.]

Als typisches Beispiel sei die Dimension *Wertart* mit den Positionen ISTZAHLEN, SOLLWERTE und PLANGRÖSSEN genannt, die unterschiedliche Szenarien des gleichen Sachverhalts einander gegenüberstellt.

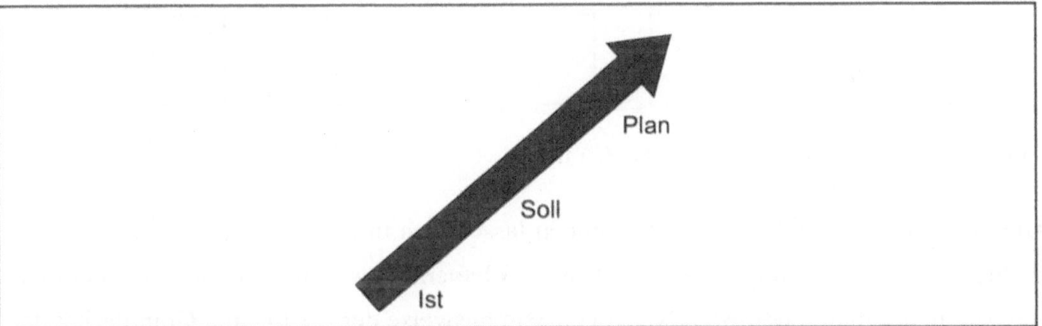

Abb. 7: Nicht-hierarchische Dimension

Hierarchische Dimension

Innerhalb dieses Dimensionstyps bestehen vertikale Beziehungen zwischen Dimensionspositionen, so daß eine Hierarchie mit unterschiedlichen Verdichtungsstufen und -niveaus erkennbar ist.[6] Hier werden Detaildaten gemäß festgelegter Regeln und Berechnungen zu Daten auf höherem Niveau verdichtet.

Ein Beispiel für eine hierarchische Dimension ist eine Produktdimension, in welcher die Gesamtheit der Produkte des Unternehmens nach bestimmten Kriterien klassifiziert ist, so z.B. in Produktlinien, Produktklassen oder, wie in Abbildung 8, als Produktgruppen.

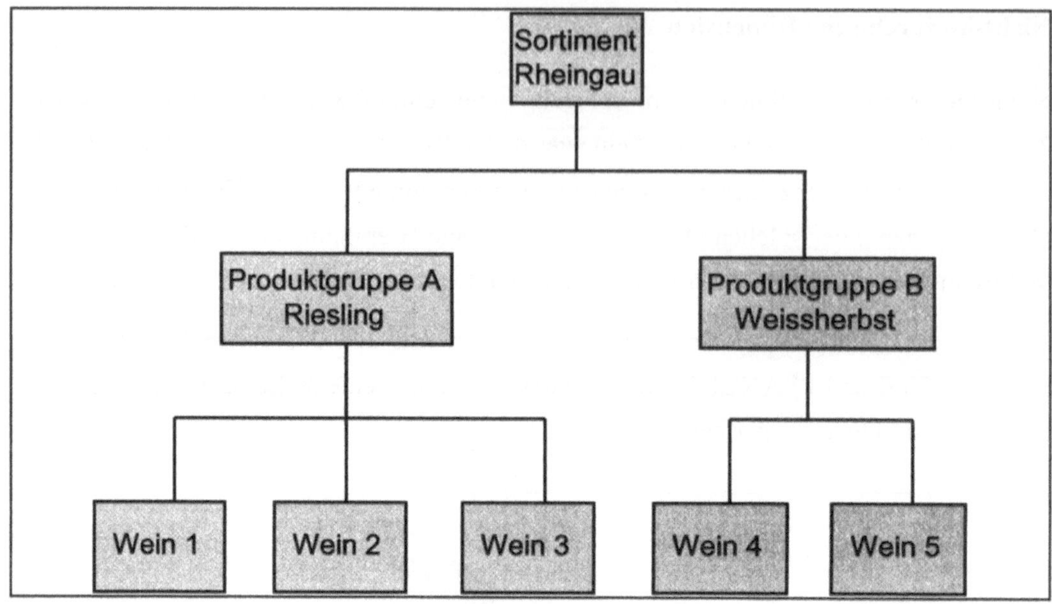

Abb. 8:   Produktdimension als einfache Hierarchie

Die Positionen hierarchischer Dimensionen lassen sich in Elementarpositionen und verdichtete Positionen untergliedern. Durch Elementarpositionen wird die Verdichtungsstufe mit dem niedrigsten Niveau beziehungsweise der niedrigsten Granularität der
Dimension beschrieben. Dagegen stellen die verdichteten Positionen Klassifizierungen,
Generalisierungen, Gruppierungen oder Aggregationen anderer Positionen dar.

Den Beziehungen zwischen Dimensionspositionen unterschiedlicher Ebenen liegt eine
bestimmte Semantik zugrunde. So lassen sich die folgenden, auch als Typkonstruktoren
bezeichneten Beziehungstypen Klassifikation, Generalisierung / Spezialisierung,
Gruppierung sowie Aggregation unterscheiden. [Sche95, 35 ff] Die **Klassifizierung**
dient der Erkennung gleichartiger Entitäten, die zu einer Klasse zusammengefaßt
werden. [Sche95, 35] Dabei ist eine Entität einer anderen Entität gleich, wenn sie durch
die gleichen Attribute beschrieben wird. Kann beispielsweise eine Person durch Name,
Kundennummer, Adresse usw. sinnvoll beschrieben werden, so ist sie der Klasse der
Kunden zuzuordnen. Dadurch kann die Vielfalt der abzubildenden Sachverhalte
vermindert und die Übersichtlichkeit eines semantischen Modells erhöht werden.

Bei der **Generalisierung** werden mehrere Entitäten zu einer übergreifenden Entität zusammengefaßt, wie beispielsweise Kunden und Lieferanten zur Entität Geschäftspart-

ner. [Sche90, 27] Die umgekehrte Betrachtungsweise wird als **Spezialisierung** bezeichnet und bedeutet die Zerlegung eines Oberbegriffes in mehrere Teilmengen.

Im Rahmen der **Gruppierung** werden die Elemente aus einer Entitätsmenge zu Gruppen vereint. [Sche95, 40] Mit dem Instrument der Gruppierung können beispielsweise mehrere Weine zu Produktgruppen nach Rebsorte und auf höherer Ebene zu einem Sortiment nach Anbaugebiet gruppiert werden.

Die **Aggregation** beschreibt eine Beziehung zwischen Objekten, die selbst als ein Objekt auf höherer Stufe abgebildet wird. [BiMR97, 47 f.]

Die Hierarchie der Dimensionspositionen visualisiert die Navigationspfade für die in Managementunterstützungssystemen benötigten Drill Down- und Roll Up-Operationen.

Weil jede Dimensionsposition immer eindeutig einer Hierarchieebene zugeordnet ist, lassen sich somit Eigenschaften und Aspekte an die unterschiedlichen Ebenen knüpfen.

Kategorischer Dimensionstyp

Oftmals sind bestimmte Eigenschaften von Sachverhalten der realen Welt für den gegebenen Anwendungsfall von herausragender Bedeutung, so daß diese als eigenständige Dimensionen abgebildet werden. Man spricht in diesem Fall vom kategorischen Dimensionstyp. [McGu, 28] Beispielsweise sind für viele Unternehmen, die ein zielgerichtetes Marketing betreiben, Kundeninformationen wie Geschlecht, Alter, Familienstand und Einkommen von besonderer Bedeutung. Gerade kategorische Dimensionen spiegeln sehr stark die Analysebedürfnisse des Anwendungsfeldes wider, weil hier die Ausprägungen der analyserelevanten Eigenschaften als Dimensionspositionen aufgeführt sind.

Oftmals kommt es bei diesem Dimensionstyp zu einer Kombination mehrerer Eigenschaften eines Sachverhalts der realen Welt in einer Dimension, da eine isolierte Betrachtung der einzelnen Eigenschaften für den Analysezweck keinen Sinn ergeben würde.[7] In diesem Fall ist eine Hierarchie unter den Dimensionspositionen mit ähnlichen Beziehungstypen wie beim hierarchischen Dimensionstyp zu entwickeln.

Bei kategorischen Dimensionen stehen somit keine organisatorischen Strukturen der abzubildenden realen Welt im Vordergrund, sondern analyserelevante Gruppierungen anhand von Eigenschaften der abzubildenden Informationsobjekte.

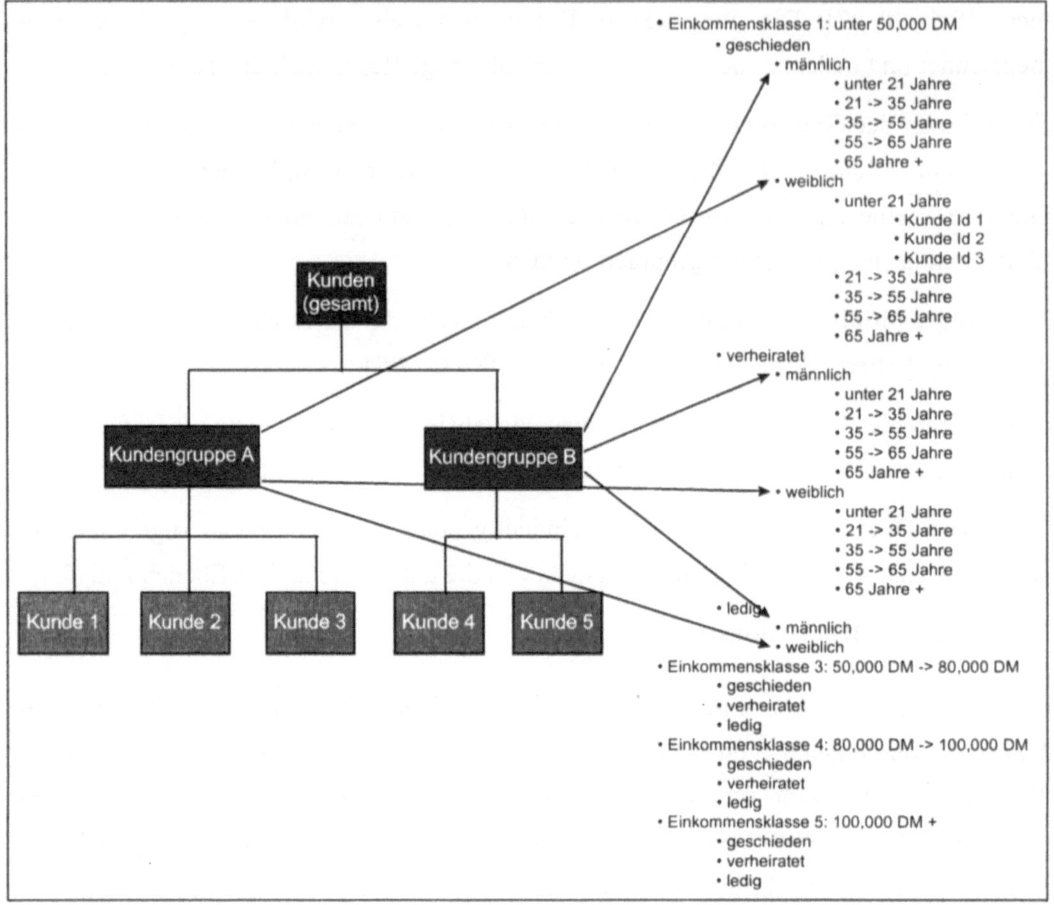

Abb. 9: Gegenüberstellung von hierarchischem und kategorischem Dimensionstyp

Liegt eine logische Ordnung der Dimensionspositionen im Sinne einer speziellen hierarchischen Dimension vor, dann spricht man von einer *sequentiellen Dimension*.[8]

3.3.3   Geordnete Dimensionstypen

Eine weitere Klassifikation wird von E. THOMSEN im Hinblick auf die Skalierung / Ordnung der Dimensionspositionen vorgenommen. Er unterscheidet nominal, ordinal und kardinal geordnete Dimensionen. [Thom97, 29 ff.]

- **Nominal geordnete Dimensionen**

  Bestehen zwischen den Dimensionspositionen Beziehungen, die eine Differenzierung ausdrücken, so bezeichnet man diese als nominal geordnete Dimensionen. Beispiele hierfür sind politische Parteien, Geschlecht von Menschen, Farben, Märkte, Produkte, Beschäftigte, Vertriebskanäle etc. In der Regel setzen sich nominal geordnete Dimensionen aus alphanumerischen Daten zusammen. Dieser Dimensionstyp ist dem kategorischen Dimensionstyp sehr ähnlich.

- **Ordinal geordnete Dimensionen**

  Bei ordinal geordneten Dimensionen sind Rangbildungen der Dimensionspositionen vom kleinsten zum größten Element möglich. Beispiele hierfür sind (Verkaufs- oder Stadtgrößen -) Rankings, Wettkampfergebnisse (erster, zweiter, dritter Platz ...) usw. Die Beziehungen zwischen den Dimensionspositionen drücken jedoch nicht mehr als eine Ordnung aus. Eine Quantifizierung der Abstände / Größenunterschiede von 1. zum 2. und vom 2. zum 3. Element etc. ist nicht möglich.[9]

- **Kardinal geordnete Dimensionen**

  In kardinal geordneten Dimensionen sind, im Gegensatz zu ordinal geordneten Dimensionen, die Abstände / Größenunterschiede zwischen den Dimensionspositionen quantifizierbar. Als Beispiel nennt E. THOMSEN eine Einheitendimension mit Positionen wie Verkäufe in Währungseinheiten, Gewicht in Kilogramm, Temperatur in Grad Celsius, Höhe in Zentimetern, Zeit in Sekunden und Ausschuß in Einheiten. In kardinal geordneten Dimensionen sind im allgemeinen Berechnungen wie Summen-, Differenz- und Durchschnittsbildung etc. zwischen den einzelnen Dimensionspositionen möglich. Ob das Durchführen einer bestimmten Operation allerdings sinnvoll ist, hängt von der spezifischen Dimension und den Einheiten ab. Kardinale Dimensionen müssen nicht notwendigerweise linear skaliert sein. Logarithmische Skalen, wie beispielsweise die Richterskala, sind ebenfalls kardinal geordnet.

Die dargestellte Klassifikation ist sehr stark von den Anforderungen statistischer Analyseverfahren, wie z.B. Varianzberechnungen, geprägt. Jedoch sind insbesondere ordinal und kardinal geordnete Dimensionen für die universellen Zwecke, denen ein Data Warehouse genügen muß, nicht ohne weiteres geeignet. So beschreibt die Rangfolge einer ordinalen Dimension (z.B. ein Verkaufs-Ranking) stets einen Zustand, der nur zu einem bestimmten Zeitpunkt Gültigkeit besitzt. Dieses Ranking kann jedoch binnen sehr kurzer Zeit wieder überholt sein. Die Daten werden sich permanent verändern und somit ist eine Vergleichbarkeit von Kenngrößen im Zeitablauf kaum möglich. Darüber hinaus ist eine Ordnung stets durch einen bestimmten Analysezweck beeinflußt. Für einen anderen Analysezweck kann die Ordnung dieser Dimension in völlig anderer Form erforderlich sein.

Deshalb sollten solche - für einen bestimmten Analysezweck vorgeordnete - Dimensionen allenfalls in speziellen Data Marts abgebildet werden. Am sichersten ist es jedoch, derartiges Datenmaterial nicht in den Datenstrukturen abzubilden, sondern als Ergebnis einer multidimensionalen Abfrage der statistischen Analyse zur Verfügung zu stellen.

3.3.4   Strukturanomalien in Dimensionen

Bei der Implementierung in einem Datenbanksystem treten immer wieder Probleme auf, die auf unberücksichtigte Modellierungsanomalien zurückzuführen sind. Oftmals kann das eingesetzte Datenbankverwaltungssystem mit diesen speziellen Strukturen nicht umgehen.

Im Hinblick auf die spätere Implementierung von Hierarchien ist zwischen ausgeglichenen und nicht-ausgeglichenen Bäumen zu unterscheiden. Dieses ist besonders zu beachten, weil der Anwendungsfall es erfordern kann, daß sich die Knoten des Baumes, in denen die elementaren atomistischen Informationen stehen, auf der gleichen Ebene befinden müssen. Insbesondere für Drill Down- und Roll Up-Operationen sind ausgeglichene Bäume von Bedeutung.

Eine Gegenüberstellung von ausgeglichenem und unausgeglichenem Baum zeigt Abbildung 10.

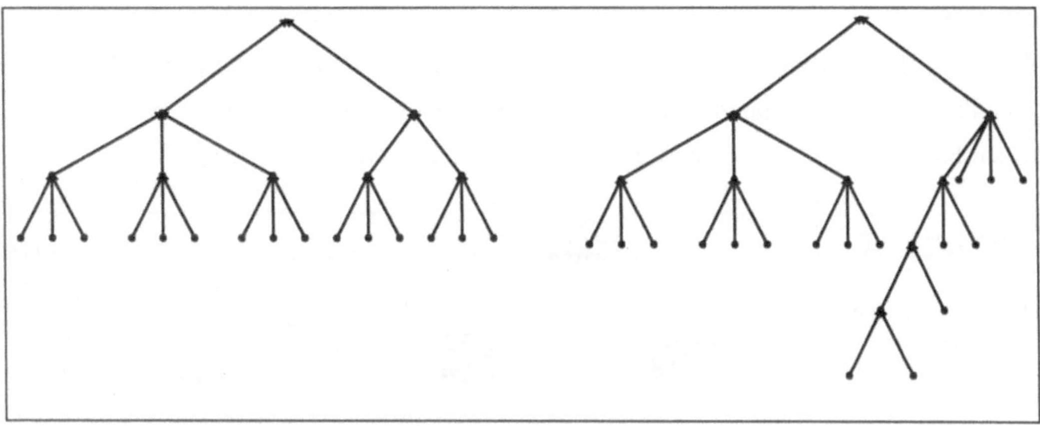

Abb. 10: Ausgeglichener und unausgeglichener Hierarchiebaum

Darüber hinaus sind Hierarchien innerhalb der Dimensionen nicht immer eindeutig definierbar. So ist, wie das Beispiel zum Beteiligungscontrolling in Abbildung 11 zeigt, durch eine anteilige Verrechnung einer Dimensionsposition zu zwei Dimensionspositionen höherer Verdichtungsstufe eine nicht mehr eindeutige Hierarchie gegeben.

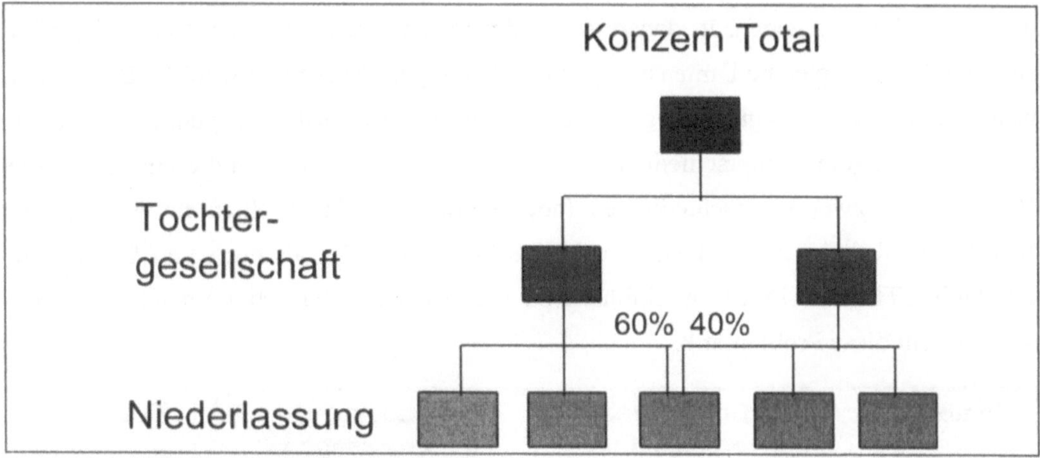

Abb. 11: Anteilige Verrechnung [Gluc96a]

In diesem Fall kann ein Roll Up auf zwei alternativen Wegen vorgenommen werden. F. MCGUFF spricht von *zyklischen* Konsolidierungspfaden. [McGu, 25] Diese Problematik muß derzeit durch die aufsetzende Anwendungssoftware gelöst werden.

Eine weitere Anomalie tritt auf, wenn die Kriterien für Dimensionspositionen einer Ebene nicht überschneidungsfrei formuliert werden können. So werden z.B. unterschiedliche Kundengruppen aus teilweise gleichen Elementarpositionen gebildet. Für diesen Fall ist die Bildung von zwei eigenständigen Dimensionen zu empfehlen.

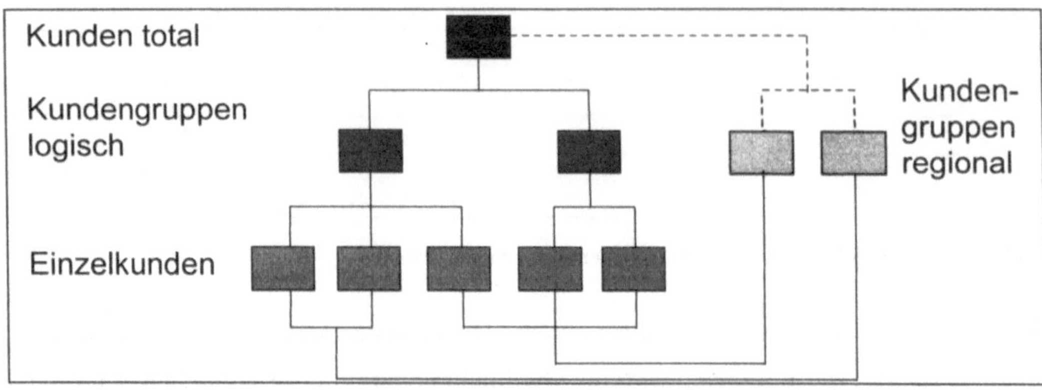

Abb. 12: Parallele Hierarchien [Gluc96a]

Die bislang diskutierten Anomalien beziehen sich auf einzelne Dimensionen. Es sind jedoch auch Fälle gegeben, in denen zwei oder mehrere Dimensionen problembehaftet sind, weil sie die gleiche Dimensionsposition benötigen. Eine Stadt gehört z.B. zu einer bestimmten Verkaufsregion, ist gleichzeitig aber einem Distributionspunkt zugeordnet, der wiederum Städte unterschiedlicher Verkaufsregionen versorgt. In diesem Fall ist die Bildung von zwei unterschiedlichen (aber simultanen) Hierarchien notwendig, um sowohl ein Roll Up von STADT zu VERKAUFSREGION als auch von STADT zu DISTRIBUTIONSPUNKT durchführen zu können. [KeTe95, 20] Folgendes Beispiel verdeutlicht diese Problematik.

Region	Distributions-organisation	Produkt-organisation	Zeit
Land	Zentrallager	Produktgruppe	Jahr
Verkaufsregion	Distributionspunkt (Verteilzentrum)	Kollektion	Monat
Stadt	Stadt	Produkt	Tag

Abb. 13: Tabelle mit Hierarchieebenen [Holt99a, 133]

Ebenso treten Probleme auf, wenn die Konsolidierungspfade - und somit die Struktur des Baumes - nicht hinreichend durchdacht und modelliert sind. Der in Abbildung 14 dargestellte Sachverhalt ist ein Beispiel für eine fehlerhafte Konsolidierung, die darauf zurückzuführen ist, daß in einer parallelen Hierarchie fehlerhafterweise nicht-überschneidungsfreie Zeiträume verdichtet werden. Die naheliegendste Lösung dieses Problems ist die Modellierung zweier Zeitraumhierarchien.

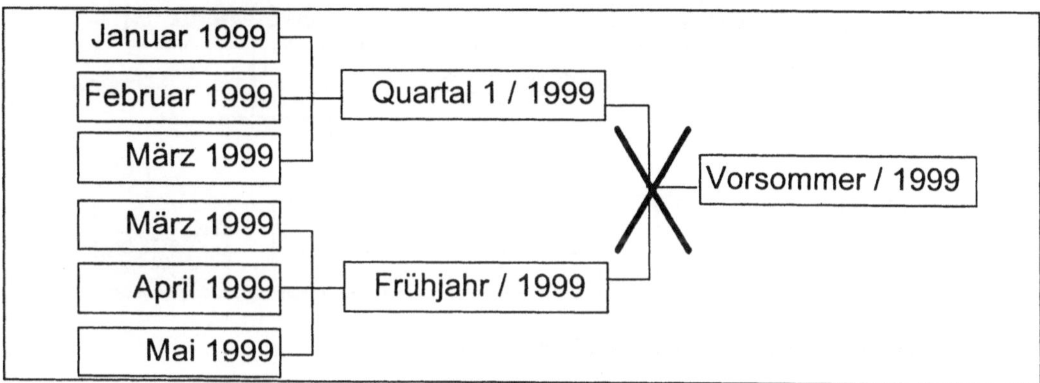

Abb. 14: Inkonsistenz durch fehlerhafte Konsolidierung [Gluc96a]

Neben den dargestellten Strukturanomalien, die durch schwer abbildbare semantische Beziehungen begründet sind, kann es zu weiteren Problemen aufgrund von sich im Zeitablauf verändernden Gegebenheiten kommen. Als Beispiel sei die Artikelhierarchie eines Weinhändlers angeführt, der nur einen Öko-Wein anbietet und diesen der Artikelgruppe Weißweine zugeordnet hat. Im Laufe der Zeit steigt die Nachfrage nach ökologisch angebauten Weinen stark an, so daß der Weinhändler zunehmend Weine von Öko-Winzern in sein Sortiment aufnimmt. So ist leicht nachvollziehbar, daß der Weinhändler die Verkaufszahlen der Öko-Weine den traditionell angebauten Weinen gegenüberstellen will und hierfür eine eigene Artikelgruppe für Öko-Weine neben den Artikelgruppen traditioneller Weine anlegt.

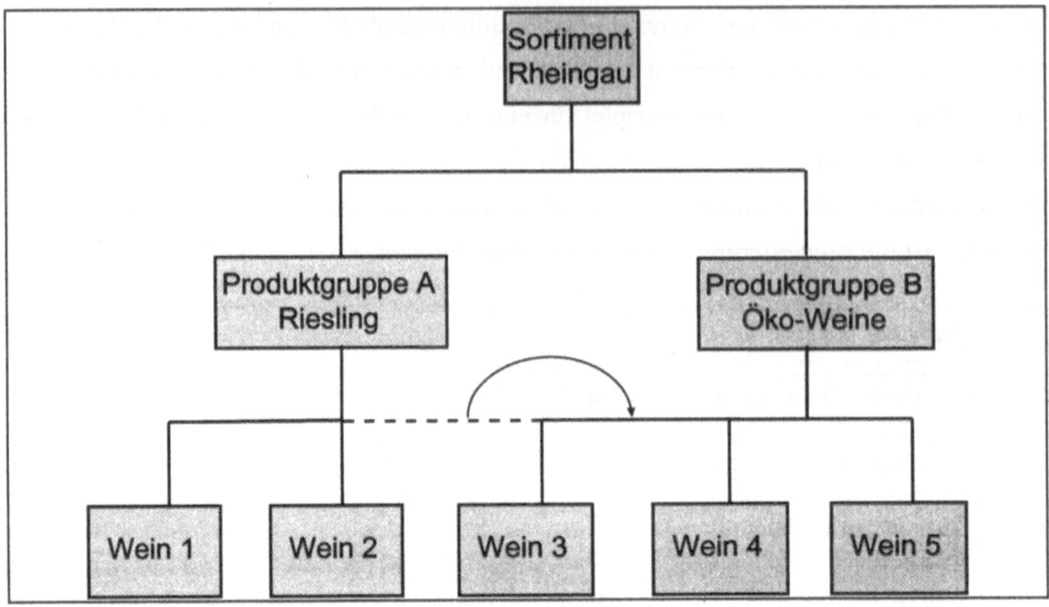

Abb. 15: Dynamik innerhalb von Dimensionshierarchien

Die Öko-Weine, die ursprünglich traditionellen Artikelgruppen zugeordnet waren, gehören nun zu einer neuen Artikelgruppe, was die Vergleichbarkeit einzelner Artikelgruppen im Zeitablauf erheblich erschwert, unter Umständen sogar unmöglich macht.

Somit ist hier eine völlige Neudefinition von Dimensionen ratsam, wenn das eingesetzte Informationssystem mit derartigen Strukturveränderungen schlecht umgehen kann. Um Trendbrüche zu vermeiden und eine Vergleichbarkeit der Werte im Zeitablauf zu gewährleisten, können auch Szenarien generiert werden, welche die Situationen vor beziehungsweise nach der Strukturveränderung für beide Fälle abbilden.

3.3.5   Kriterien für die Abbildung von Dimensionen und Matrizen

Managementrelevante Informationsobjekte hängen zunächst sehr stark von der Unternehmensphilosophie und den daraus resultierenden Zielsetzungen ab. So macht es bei der Modellierung managementrelevanter Daten durchaus einen Unterschied, ob einem Unternehmen eine ergebnisorientierte Philosophie zugrundeliegt und es dabei einzelnen Geschäftseinheiten die Freiheit läßt, wie die Ergebnisziele erreicht werden, oder ob das

Unternehmen eine produktorientierte Philosophie verfolgt und so für alle Geschäftseinheiten wesentliche und bestimmende Vorgaben für die angebotenen Produkte festlegt.

Als Informationsobjekte sind die Kenngrößen zu nennen, anhand derer ein Manager seinen Verantwortungsbereich mißt und beurteilt. Beim Aufbau einer multidimensionalen Matrix sollten also für die Matrixzellen zunächst Kenngrößen berücksichtigt werden, die sich für eine Meßbarkeit der **kritischen Erfolgsfaktoren (KEF)** des Unternehmens und des Fachbereichs eignen. Hierbei handelt es sich aber nur zum Teil um betriebswirtschaftliche Kenngrößen, die im Zusammenhang eines Kennzahlensystems stehen. Vielmehr sind geeignete fachbezogene und oftmals nicht-betriebswirtschaftliche Kenngrößen abzubilden, die für die Messung und Beurteilung von KEF's wie z.B. Kundenzufriedenheit oder Service herangezogen werden. Beispiele für solche Kenngrößen sind beispielsweise die Anzahl von Folgebestellungen oder Zeiten zwischen Serviceanforderung und Eintreffen des Servicemitarbeiters etc.

Sind die Kenngrößen identifiziert, folgt eine Bestimmung der charakteristischen Einflußgrößen. Die Einflußgrößen sind analyserelevante Sachverhalte, welche die abgebildete Kenngröße kennzeichnen und bestimmen. Erst diese werden in Form von Dimensionen abgebildet.

Im Hinblick auf die Formulierung und Festlegung von Dimensionen gilt immer der Grundsatz der **Aufgabenrelevanz** für die Analyse, d.h. es müssen zunächst alle Eigenschaften eines Informationsobjekts, welche für die betrachtete Fragestellung relevant sind, als Dimensions**kandidaten** festgehalten werden. Die formulierten Informationsbedarfe der verantwortlichen Entscheidungsträger bilden die Grundlage für die Ableitung relevanter Dimensionen. Um die Zuordnung von Positionen zu einer Dimension sachlich rechtfertigen zu können, müssen die Positionen hinsichtlich eines bestimmten Gesichtspunktes (z.B. einer bestimmten Eigenschaft) artverwandt sein. Die Kriterien, nach denen Dimensionen gebildet werden, sind - wie gezeigt wurde - stark durch den konkreten Anwendungsfall geprägt, so daß oft nur eine unscharfe Abgrenzung des Dimensionsbegriffs möglich ist. [Gluc96b, 247]

Aufgrund der Beziehungen zwischen einzelnen relevanten Dimensionen kann es sein, daß sich kein oder nur ein geringer **analytischer Wert** ergibt, keine **Relevanz für das**

Reporting besteht oder eine große Anzahl an **ungenutzten Kombinationen** zu erwarten ist. Hieraus lassen sich Hinweise für eine Aufteilung des Modells ableiten.

Sowohl aus Komplexitäts- als auch aus Performanzgründen sollte für ein multidimensionales Datenmodell eine möglichst geringe Anzahl an Dimensionen und Dimensionspositionen je Matrix angestrebt werden. Jede zusätzliche Dimension einer Matrix erhöht die Komplexität und den Umfang der Datenstruktur in erheblicher Weise. Dies gilt gleichermaßen für die Anzahl der notwendigen Dimensionsausprägungen. Das Hinzufügen einer zusätzlichen Dimension erhöht die Anzahl der Matrixzellen in multiplikativer Weise um den Faktor X, wobei X die Anzahl der Ausprägungen der hinzugefügten Dimension ist. Somit ist der Bestimmung und Auswahl der relevanten Dimensionen und deren Ausprägungen besondere Beachtung zu schenken.

In den vorangestellten Abschnitten traten immer wieder die Besonderheiten zeitlicher Aspekte bei der Entwicklung einer Data Warehouse-Datenbasis und in multidimensionalen Datenstrukturen auf. Aus diesem Grund wird nachfolgend auf die zu berücksichtigenden Besonderheiten bei der Modellierung von Zeit eingegangen.

3.4   Modellierung von Zeit

Die Zeit ist für alle managementrelevanten Fragestellungen ein explizit abzubildendes Datenobjekt. Im Rahmen der Datenmodellierung für Managementunterstützungssysteme kommt der Abbildung von Gegebenheiten, die sich im zeitlichen Ablauf verändern, somit besondere Bedeutung zu. Die Abbildung von Zeit stellt jedoch ein recht vielschichtiges Problem dar.

Zunächst ist zwischen zeitpunktbezogenen und zeitraumbezogenen Größen zu unterscheiden. So bildet man einerseits stichtagsbezogene Größen ab, wie z.B. Bestände im Zeitablauf, und andererseits Größen, die Geschäftsentwicklungen in einem Zeitraum wiedergeben, wie beispielsweise Umsatzzahlen.

Des weiteren sind die abzubildenden relevanten Zeiträume sehr vielfältig. Man unterscheidet kalenderbezogene, fiskalische oder steuerrechtlich relevante Zeiträume, die sich gegebenenfalls auch überschneiden können. Darüber hinaus beinhalten sie teils gleiche, teils unterschiedliche Elemente der darunterliegenden Ebenen in der

Zeitdimension. Diese Problematik wird im folgenden am Beispiel kalenderbezogener Zeiträume verdeutlicht.

Die Hierarchie einer Zeitdimension läßt sich, ausgehend vom Kalenderjahr als höchster Verdichtungsstufe, über Halbjahre, Quartale, Monate hin zu den einzelnen Kalendertagen als niedrigster Verdichtungsebene aufspannen. Bislang ist die Hierarchie noch eindeutig und stringent. Kommt jedoch beispielsweise die für Handelsunternehmen typische Berücksichtigung einzelner Kalenderwochen hinzu, ist eine eindeutige hierarchische Abbildung nicht mehr möglich.

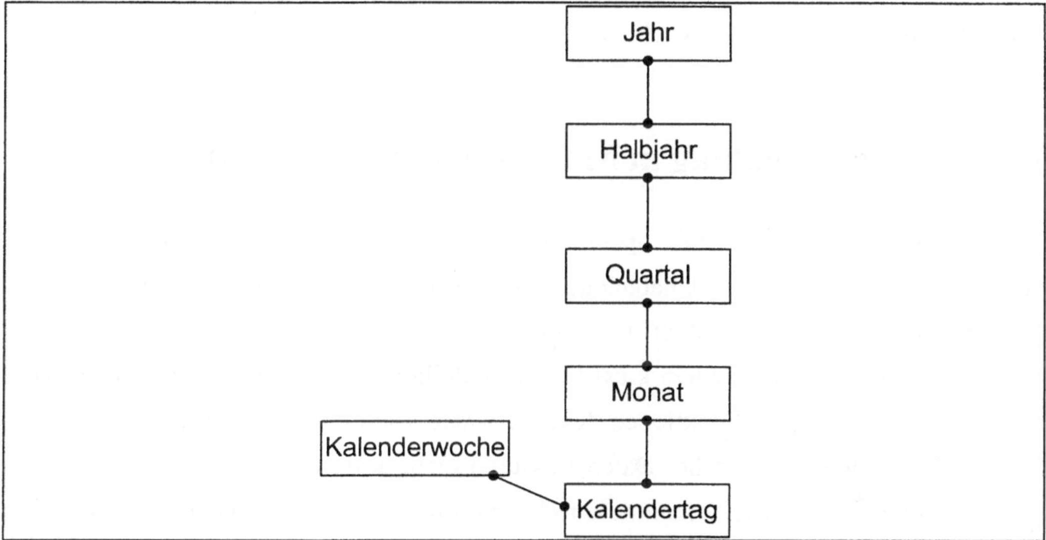

Abb. 16: Zeithierarchie

Darüber hinaus sind auch Fälle denkbar, in denen Kenngrößen, denen ansonsten die gleiche Semantik zugrundeliegt, für verschiedene Zwecke mit unterschiedlichem Zeitbezug abgebildet werden müssen. Betrachtet man die Verkaufsumsatzzahlen aus den weltweiten Verkaufsniederlassungen eines international tätigen Unternehmens, die täglich aktuell in ein Data Warehouse eingespielt werden sollen, so sind hierbei Währungsumrechnungen zwecks Vergleichbarkeit erforderlich. Für Kostenrechnungszwecke wendet man in der Regel die jeweiligen Tageskurse an, während für Rechnungslegungszwecke, gemäß rechtlicher Bestimmungen, meist ein Durchschnittswert für den entsprechenden Monat anzusetzen ist.

Abschließend ist festzuhalten, daß die universelle Relevanz von Zeitaspekten und deren Vielfältigkeit eine nicht triviale Problematik bei der Datenmodellierung darstellen und somit stets der besonderen Beachtung bedürfen.

Die Ausführungen in den vorangegangenen Abschnitten haben gezeigt, daß die Modellierung managementrelevanter Informationsobjekte eine nicht zu unterschätzende Thematik darstellt. Insbesondere die interne Struktur der managementrelevanten Informationsobjekte ist erheblich komplexer als die in operationalen Systemen. Verschiedene Aspekte können bei einer Modellierung nach traditionellen Konzepten nicht erfaßt werden. Im folgenden Abschnitt erfolgt daher die Einführung von differenzierteren Modellierungssichten.

3.5   Unterscheidung in Makro- und Mikro-Sichten

Bei der Entwicklung klassischer, operationaler Informationssysteme wird in der Regel eine strikte Daten-Programm-Unabhängigkeit angestrebt. Das Verhalten von Informationsobjekten wird ausschließlich durch die Anwendungsprogramme bestimmt. Auch die in Abschnitt 3.2 dargestellten klassischen Modellierungssichten spiegeln die strikte Trennung von Daten und Funktionen deutlich wider. Man erkennt jedoch zunehmend, daß eine Modellierung statischer Datenstrukturen nicht ausreicht, um die in den Informationsobjekten enthaltene Semantik korrekt abzubilden. Informationsobjekte verfügen neben ihrer statischen Struktur meist auch über eine charakteristische Funktionalität, welche das Verhalten der Objekte bei externen Stimuli und im Zeitablauf beschreibt, was bei verdichteten, managementrelevanten Informationsobjekten fast immer gegeben ist. Insofern ist die Abbildung der Dynamik von Informationsobjekten mit klassischen Modellierungsinstrumenten nur unzureichend möglich.

Die Trennung von Funktions- und Datensicht in der klassischen Modellierung führt darüber hinaus zu einem Verlust an Übersichtlichkeit und Aussagekraft der Informationsobjekte.

Diese Problematik hat man im Rahmen der Theorie objektorientierter Informationssysteme erkannt und Schritte hin zur Abbildung von Datenobjekten mit eigenem Verhalten gemacht. Funktionen und Prozeduren müssen nicht mehr nur durch aufsetzende Anwendungssysteme ausgelöst werden, sondern können durch Objekte mit einem inhärenten Verhalten abgebildet und implementiert werden.

Bei den im Rahmen dieses Artikels fokussierten managementrelevanten Informationsobjekten läßt sich die Funktionalität noch differenzierter sehen. Zum einen ist Funktionalität aus den aufsetzenden Managementunterstützungssystemen zu modellieren, z.B. Berichterstellung, Simulation, statistische Analysen, etc. Zum anderen existieren auch Funktionalitäten wie beispielsweise Verdichtungsprozeduren oder Ableitungsalgorithmen nach einer Datenübernahme aus den operationalen Systemen. Diese Funktionen sind zunächst unabhängig von den aufsetzenden Anwendungsprogrammen und dienen der Aktualitäts- und Konsistenzgewährleistung der Datenbasis im Data Warehouse. Zu unterscheiden sind also Anwendungsfunktionen sowie datenstrukturinhärente Funktionen.

Die klassische Funktionssicht bei der Modellierung erweist sich daher für die Darstellung der unterschiedlichen Funktionsarten als nicht differenziert genug. Deshalb ist hier die Unterscheidung der Funktionalitäten durch eine Betrachtung in differenzierteren Sichten notwendig. Für die Abbildung von Datenstrukturen wird eine Unterscheidung in Makro- und Mikro-Sichten vorgenommen.

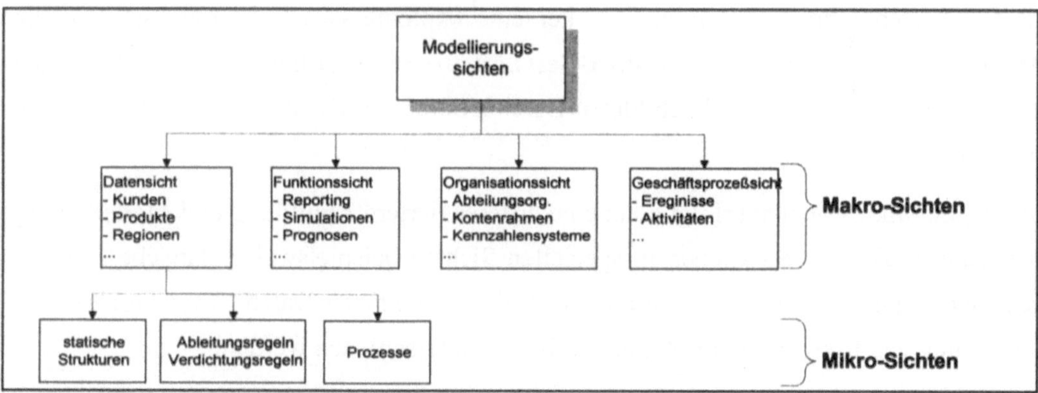

Abb. 17: Makro- und Mikro-Sichten

Die Makro-Sichten entsprechen im Wesentlichen den traditionellen Modellierungssichten nach A.-W. SCHEER. [Sche95, 11] Hier werden die Datenstrukturen, die Funktionalitäten der Anwendungsprogramme, die Organisationsstrukturen sowie Geschäftsprozesse auf hohem Niveau abgebildet und modelliert.

Die **Makro-Datensicht** beinhaltet die wesentlichen Informationsobjekte mit ihren Eigenschaften, also die Kenngrößen sowie deren charakteristische Dimensionen.

Die **Makro-Funktionssicht** unterscheidet die unterschiedlichen Anwendungsfunktionalitäten, wie z.B.:

- Reporting-Funktionen

- Statistische Funktionen

- Prognosen

- Simulationen

- Optimierungsalgorithmen

- Entscheidungsregeln

- etc.

Die **Makro-Organisationssicht** bildet letztlich die individuellen Organisationsstrukturen im Unternehmen ab. Dieses können aufbau- sowie ablauforganisatorische Strukturen sein, aber auch Systematiken wie z.B. ein Kontenrahmen, eine Kostenstellensystematik oder ein Kennzahlensystem.

In den letzten Jahren wird immer stärker eine explizite Geschäftsprozeßsicht in die Modellierung einbezogen. Die **Makro-Geschäftsprozeßsicht** beschreibt den logischen Ablauf von Aktivitäten im abgebildeten Bereich durch die Darstellung von Ereignissen und Zuständen.

Durch die Mikro-Sichten erfolgt dann eine differenziertere Abbildung und Modellierung der Datenstrukturen. So können in speziellen Sichten beispielsweise statische Strukturen, Berechnungsregeln zur Ableitung und Verdichtung neuer Daten sowie Prozesse zur Abbildung von Ereignissen im Zeitablauf besser unterschieden werden.

Durch die **Mikro-Struktursicht** auf die Daten lassen sich die Charakteristika der Informationsobjekte sowie deren inhärente Strukturen näher beleuchten. Hier werden insbesondere die Dimensionen mit ihren Hierarchien und Einzelelementen detailliert abgebildet.

Die **Mikro-Funktionssicht** fokussiert Funktionen und Verhalten innerhalb der Datenstrukturen. Beispiele hierfür sind die Verdichtungsprozeduren und Ableitungsalgorithmen.

Die **Mikro-Prozeßsicht** stellt die Ereignisse und Zustände, die für das dynamische Verhalten innerhalb der Datenstrukturen von Bedeutung sind - z.B. nach einer Datenübernahme aus den operationalen IS - als Prozeß dar. Diese Sicht kann als eine Art Kontrollsicht mit dem Ziel der Gewährleistung von Konsistenz, Vollständigkeit und Aktualität der Data Warehouse-Datenbasis angesehen werden.

Für die Abbildung von Daten in einem Data Warehouse ist eine differenzierte Abbildung der Strukturen in detaillierten Sichten dringend erforderlich, um alle relevanten Aspekte in der nötigen Detaillierung zu erfassen. Es sei weiterhin angemerkt, daß eine differenziertere Betrachtung - beispielsweise von Funktionen der Anwendungsprogramme - durch Mikro-Sichten ebenfalls denkbar ist.

3.6 Semantische Datenmodellierung bei der Data Warehouse-Entwicklung

Daten sind stets immaterieller Natur und werden durch Zeichen (Symbole) dargestellt. [Kais92, 2] Sollen diese Zeichen Aussagen über Phänomene der realen Welt treffen, müssen sie an Bedeutungen geknüpft sein. Als Zeichen- oder Ziffernfolge betrachtet sind Daten im allgemeinen bedeutungslos. Erst durch die Zuordnung zu einem Gegenstand, Sachverhalt oder Ablauf erhalten sie eine Bedeutung. Eine Zahl wie z.B. '43' hat, abgesehen von gewissen mathematischen Eigenschaften, keinen Informationsgehalt, sondern lediglich eine Folge der Elementarzeichen '4' und '3' darstellt. Erst wenn diese Zeichenfolge einem Objekt als Attributwert zugeordnet wird, wie z.B. das Alter einer Person, oder die Größe eines Schuhes, kann daraus eine Information werden. Wenn man die Bedeutungen der Daten meint, spricht man von ihrer Semantik. Die Semantik befaßt sich mit den Beziehungen der Daten zu den Phänomenen der Realität und ermöglicht so deren Interpretierbarkeit. Dies umfaßt neben der Festlegung ihrer Bedeutung auch das Formulieren von Regeln bezüglich der

Datenverwendung und zum Erhalt ihrer Integrität, also die Korrektheit von Daten in bezug auf Konsistenz und Vollständigkeit.

Die Semantik ist neben der Syntaktik und der Pragmatik ein Teilgebiet der Semiotik und untersucht die Beziehungen zwischen sprachlichen Zeichen und ihrer Bedeutung. [BiMR96, 2 ff.] Sie wird verstanden als die Bedeutung von Daten in dem Umfang, wie sie sich aus ihrer zulässigen oder tatsächlichen Verwendung ergibt. [Gebh87, 79]

Ziel der semantischen Datenmodellierung ist die Beschreibung von Daten eines relevanten Ausschnitts der realen Welt, um darauf aufbauend DV-technische Lösungen erzeugen beziehungsweise unterstützen zu können. [Kais92, 1] Sie soll sicherstellen, daß eine Datenbasis über ihre gesamte Betriebsdauer korrekte Sachverhalte und Zusammenhänge beinhaltet.

Der semantischen Datenmodellierung kommt die Aufgabe zu, eine verbesserte Diskussion zwischen der Informationsverarbeitung und den Fachabteilungen zu ermöglichen. [GaRö94, 1] Zur Kommunikation zwischen Entwickler und Anwender ist, über ein einheitliches Vokabular hinaus, eine identische Assoziation mit den verwendeten Begrifflichkeiten erforderlich.

Obwohl die Anfänge der semantischen Datenmodellierung bereits in den siebziger Jahren lagen, setzte sich diese Tätigkeit erst seit Anfang der achtziger Jahre in den Unternehmen durch. [Münz89, 32] Aufgrund positiver Erfahrungen mit der semantischen Datenmodellierung ist ein zunehmendes Bewußtsein für eine datenorientierte Informationsverarbeitung auch in den Fachabteilungen zu beobachten.

Betrachtet man den Prozeß der Entwicklung von Informationssystemen von der Analyse bis hin zur physischen Umsetzung der Datenstrukturen, so stellt man fest, daß in den unterschiedlichen Phasen auf den verschiedenen Betrachtungsebenen und Sichten sehr unterschiedliches Vokabular zur Beschreibung der Sachverhalte verwendet wird. Mit Bezug auf die in den Abschnitten 3.2 und 3.5 dargestellten Ebenen und Sichten bei der Modellierung ist die semantische Datenmodellierung zweifelsfrei der Makro-Datensicht mit den zugehörigen Mikro-Sichten sowie der Fachkonzeptebene zuzuordnen.

Das wohl bekannteste und in der Praxis am weitesten verbreitete semantische Datenmodell ist das Entity-Relationship-Modell (ERM).

Ein erster multidimensionaler Modellierungsansatz mit Namen ADAPT ist Mitte 1996 von D. BULOS vorgestellt worden. [Bulo96] ADAPT stellt multidimensionale Strukturkomponenten bereit, und berücksichtigt auch funktionale Aspekte. Ein ADAPT-Modell wird jedoch, aufgrund der Nichtberücksichtigung unterschiedlicher Modellierungsebenen, sehr umfangreich und komplex, weshalb es für die Diskussion mit den Entscheidungsträgern weniger geeignet scheint. [Holt99a, 160 ff.]

Darüber hinaus sind in diesem Zusammenhang die objektorientierten Ansätze, wie z.B. die OMT von J. RUMBAUGH, aufgrund ihrer mächtigen Modellierungskonstrukte besonders geeignet. Einige grundlegende Merkmale dieser Ansätze sind: Objekte und Klassenbildung, Klassenhierarchien und Vererbung sowie Polymorphie.[10] [Heue92] Beispiele für objektorientierte Modellierungsansätze sind die OMT-Methode nach J. RUMBAUGH [RuBP91] oder die Object-Oriented Analysis and Design-Methode nach P. COAD und E. YOURDON [CoYo91a; CoYo91b].

Eine Gegenüberstellung der drei genannten Modellierungsansätze erfolgt in [Holt99a, 142 ff].

4   Schlußbetrachtungen

Aus der, überwiegend von den Marktanbietern dominierten, Data Warehouse-Diskussion ist zu erkennen, daß in Zukunft die Anbieter von Datenbanksoftware sowie die Hardware-Anbieter gemeinsam an Lösungen arbeiten werden, um größere Datenmengen effizient und schnell bereitzustellen und zu verarbeiten. Die in diesem Beitrag aufgeführten Grundaspekte vor dem Design einer Data Warehouse-Datenbank, werden in der Praxis jedoch allzu oft nicht richtig durchdacht und verinnerlicht. Verdeutlicht man sich jedoch den Umfang und das sehr hohe Kostenvolumen, welches mit einem umfangreichen Data Warehouse-Projekt einhergeht, so greift das Argument, die Entwicklung eines Data Warehouse-Systems auf das solide Fundament einer gut durchdachten Datenmodellierung zu stellen. Der Prozeß der Modellierung mit geeigneten Methoden und Techniken, ist ein kritischer Erfolgsfaktor für die Data Warehouse-Entwicklung. Hochschulen und wissenschaftliche Institute sind hierbei viel stärker gefordert, neutrale und unabhängige Beiträge zu leisten.

Der Modellierungsprozeß beginnt mit der Problemspezifikation auf einer zunächst zielsystemunabhängigen Ebene und bringt als ein Ergebnis ein implementierbares Datenbankschema hervor. Dazwischen ist die semantische Datenmodellierung zu positionieren, um die im Data Warehouse-System abzubildenden Informationsobjekte und Sachverhalte korrekt abzubilden. Ein semantisches Datenmodell vereinfacht die Entwicklung einer konsistenten und vollständigen Datenbasis im Data Warehouse und ist bei größeren und komplexeren Systemen unverzichtbar. Eine Vertiefung der semantischen Datenmodellierung in diesem Kontext enthält der folgende Beitrag von A. TOTOK.

Eine umfangreiche Darstellung und Diskussion von multidimensionalen Datenbankschemata findet man in [Holt99a, 186 ff.].

Literatur

[BiMR96] BIETHAHN, J.; MUCKSCH, H.; RUF, W.: Ganzheitliches Informationsmanagement, Band 1: Grundlagen, 3., vollständig überarbeitete und erweiterte Auflage, München/Wien 1996.

[BiMR97] BIETHAHN, J.; MUCKSCH, H.; RUF, W.: Ganzheitliches Informationsmanagement, Band 2: Entwicklungsmanagement, 2., vollständig überarbeitete und erweiterte Auflage, München/Wien 1997.

[Boss92] BOSSEL, H.: Modellbildung und Simulation - Konzepte, Verfahren und Modelle zum Verhalten dynamischer Systeme, Braunschweig/Wiesbaden, 1992.

[Bulo96] BULOS, D.: A New Dimension, in: *Database Programming & Design:* June 1996, S. 33-37.

[CoCo93] CODD, E.F.; CODD, S.B.; On-Line Analytical Processing, in: *Computerworld:* 26.7.93, S. 26 f.

[CoCS93] CODD, E.F.; CODD, S.B.; SALLEY, C.T.: Providing OLAP (On-Line Analytical Processing) to User-Analysts: An IT Mandate, Codd & Date Inc., 1993.

[Codd94] CODD, E.F.: OLAP On-Line Analytical Processing mit TM/1; Whitepaper 1994.

[CoYo91a] COAD, P.; YOURDON, E.: Object-Oriented Analysis, 2nd. Ed., Englewood Cliffs 1991.

[CoYo91b] COAD, P.; YOURDON, E.: Object-Oriented Design, Englewood Cliffs 1991.

[DeMa89] DEMARCO, T.: Software Projektmanagement - Wie man Kosten, Zeitaufwand und Risiko kalkulierbar plant, München 1989.

[DRKö92] DE RIDDER, L.; KÖNIG, H.: CIMOSA - Architektur für Offenen Systeme und Modellierung von Unternehmensprozessen, in: *CIM Management:* 4/1992, S. 4-11.

[GaRö94] GABRIEL, R.; RÖHRS, H.-P.: Datenbanksysteme - konzeptionelle Datenmodellierung und Datenbankarchitekturen, Berlin/Heidelberg 1994

[Gebh87] GEBHARD, F.: Semantisches Wissen in Datenbanken - Ein Literaturbericht, in: *Informatik Spektrum:* 10/1987, S. 79-98.

[Gluc96a] GLUCHOWSKI, P.: Modelling Multidimensional Data Structures, Vortrag auf der trendforum-Tagung, München, Mai 1996.

[Gluc96b] GLUCHOWSKI, P.: Architekturkonzepte multidimensionaler Data Warehouse-Lösungen, in: MUCKSCH, H.; BEHME, W. (Hrsg.): Das Data Warehouse-Konzept: Architektur - Datenmodelle - Anwendungen, Wiesbaden 1996, S. 229-261.

[Hans96] HANSEN, W.-R.: Erfahrungen mit unterschiedlichen Ansätzen und Lösungswegen in Data-Warehouse-Projekten, in: MUCKSCH, H.; BEHME, W. (Hrsg.): Das Data-Warehouse-Konzept, Architektur - Datenmodelle - Anwendungen, Wiesbaden 1996, S. 425-454.

[Heue92] HEUER, A.: Objektorientierte Datenbanken, Bonn/München 1992.

[Holt99a] HOLTHUIS, J.: Der Aufbau von Data Warehouse-Systemen: Konzeption-Datenmodellierung-Vorgehen, 2., überarbeitete und aktualisierte Auflage, Wiesbaden 1999.

[Holt99b] HOLTHUIS, J.: Data Warehouse - Die Grundlage für ein effizientes Informationsmanagement im Marketing, in: MATTMÜLLER, R. (Hrsg.): Versandhandelsmarketing - Vom Katalog zum Internet, Frankfurt/Main 1999.

[Kais92] KAISER, E.: Semantische Datenmodellierung in Theorie und Praxis, Universität Mannheim, Lehrstuhl für Allgemeine Betriebswirtschaftslehre, Organisation und Wirtschaftsinformatik, Mannheim 1992.

[KeTe95] KENAN TECHNOLOGIES: An Introduction to Multidimensional Database Technology, Whitepaper 1995.

[McGu] MCGUFF, F.: Data Modelling for Data Warehouses, URL: HTTP://MEMBERS.AOL.COM/FMCGUFF/DWMODELL/PART4.HTM.

[Münz89] MÜNZENBERGER, H.: Eine pragmatische Vorgehensweise zur Datenmodellierung, in: MÜLLER-ETTRICH, G. (Hrsg.): Effektives Datendesign - Praxis-Erfahrungen, Köln 1989, S. 32-75.

[Reic93] REICHMANN, T.: Controlling mit Kennzahlen und Managementberichten, 3. Auflage, München 1993.

[RuBP91] RUMBAUGH, J.; BLAHA, M.; PREMERLANI, W.; EDDY, F.; LORENSEN, W.: Object-Oriented Modeling and Design, Englewood Cliffs 1991.

[Sche90] SCHEER, A.-W.: Wirtschaftsinformatik - Informationssysteme im Industriebetrieb, 3. Auflage, Berlin/Heidelberg/New York 1990.

[Sche95]   SCHEER, A.-W.: Wirtschaftsinformatik, Referenzmodelle für industrielle Geschäftsprozesse, Studienausgabe, Berlin/Heidelberg/New York 1995.

[Schu96]   SCHULDT, G.: Definition of Data Modelling, in: *Data Base Newsletter:* 5/1996.

[Thom97]   THOMSEN, E.: Dimensional Modeling: An Analytical Approach, in: *Database Programming & Design:* 3/1997, S. 29-35.

[Wede97]   WEDEKIND, H.: Datenmodell, in: MERTENS, P. (Hrsg.): Lexikon der Wirtschaftsinformatik, 3. Auflage, Berlin/Heidelberg/New York 1997.

Anmerkungen

[1]   OLAP steht für **On-Line Analytical Processing**.

[2]   OLTP steht für Online-Transaction-Processing

[3]   SQL steht für Structured-Query-Language.

[4]   Der Aspekt der Meta-Datenmodellierung wird hier nicht näher betrachtet.

[5]   Auch als Measures Dimension bezeichnet.

[6]   In diesem Zusammenhang spricht man auch von der Granularität der Daten.

[7]   D. BULOS spricht in diesem Falle von einer sogenannten **Tupeldimension**, die auch eine Kombination aus anderen Dimensionstypen sein kann. Vgl. [Bulo96, 34].

[8]   Als Beispiel sei die Zeitdimension genannt, in welcher eine logische Ordnung von Dimensionspositionen auf einer Ebene zwingend erforderlich ist. Vgl. [Bulo96, 34].

[9]   Einige OLAP-Produkte nutzen standardmäßig ordinale Dimensionen, jedoch basiert das Ordnungsprinzip auf der chronologischen Ordnung, in der die Dimensionspositionen durch die OLAP-Anwendung geladen wurden. Solange dies aber für die Analyse keine sinnvolle Ordnung darstellt, sind die Dimensionen von nominalem Charakter.

[10] Vgl. hierzu den Beitrag von OHLENDORF, T.: Objektorientierte Datenbanksysteme für den Einsatz im Data Warehouse-Konzept.

Grafische Notationen für die
semantische multidimensionale Modellierung

Andreas Totok

Inhalt

1   Einleitung

Ein semantisches Modell dient zur Begriffsklärung, zur Informationsbedarfsanalyse, zur Dokumentation und zur Datendefinition. [Hars94, 24] Es kann als Diskussionsgrundlage zwischen Entwicklern und Mitarbeitern aus den Fachabteilungen fungieren. Semantische Modelle sind darüber hinaus als Vorgabe für Data Dictionaries oder als Navigationshilfe für die Endanwender nutzbar. Wichtiges Element ist die Notation mit deren Hilfe das Modell beschrieben wird. Eine besonders intuitive Beschreibung wird durch grafische Notationen ermöglicht. Eine grafische Notation für multidimensionale Informationssysteme muß in der Lage sein, die Basiskonstrukte, wie Kennzahlen, Dimensionen oder Ableitungsregeln, adäquat in einem Modell abzubilden.

Die semantische Modellierung operativer Systeme wurde in der Vergangenheit umfassend thematisiert. In Theorie und Praxis hat sich das Entity-Relationship Model (ERM) von CHEN [Chen76, 9 ff.] als Standard durchgesetzt. [MBKP95, 159] In den letzten Jahren wurde auch verstärkt der objektorientierte Ansatz behandelt, der durch die Unified Modeling Language (UML) eine Standardisierung erfahren hat. Im Bereich multidimensionaler Informationssysteme steht eine solche Standardisierung noch aus, vielmehr wird zur Zeit eine intensive Diskussion darüber geführt, welche Ansätze sich besonders eignen.

Durch die weite Verbreitung des ERM wird dieses von vielen Autoren auch für die Modellierung multidimensionaler Informationssysteme präferiert. Die Meinungen über die Anwendbarkeit differieren allerdings. Schwierigkeiten gibt es z.B. bei der Abbildung von Dimensionshierarchien [GaGl97, 30] oder von datenstrukturinhärenten Regeln [Holt98, 136]. Diskutiert werden muß weiterhin, inwieweit und in welcher Form auswertungsbezogene Methoden und Sichten in die Modellierung multidimensionaler Informationssysteme einbezogen werden sollten. Einige Autoren sehen keine Notwendigkeit, das ERM um neue Konstrukte zu erweitern, sondern modifizieren nur die Anordnung der Notationselemente. Ein zweite Gruppe von Veröffentlichungen behandelt die Erweiterung des ERM um spezielle multidimensionale Notationselemente. Eine dritte Gruppe schließlich hält das ERM für nicht ausreichend und benutzt objektorientierte Ansätze oder generiert völlig neue Notationen. Im folgenden wird eine Übersicht über ausgewählte Ansätze gegeben.

2 Ansätze auf Basis des Entity-Relationship Modells

2.1 Entity Relationship Model

Die Grundtypen der klassischen Form des ERM, wie Entities, Attribute und Beziehungen, wurden im Laufe der Zeit um Konstrukte für die Abbildung von komplexeren Sachverhalten erweitert. Hierzu zählen z.B. Elemente für die Generalisierung, Spezialisierung und für die Aggregation von Entities. Das ERM besitzt eine starke logische Ausrichtung auf das relationale Modell in Verbindung mit einer Normalisierung nach der dritten Normalform, was insbesondere in der Erstveröffentlichung von P.P. CHEN deutlich wird. [Chen76, 10 ff] Das ursprünglich vorgestellte Entity-Relationship Model besitzt drei Grundelemente: Ein **Entity** ist „Etwas" aus der realen Welt, das eindeutig identifiziert werden kann, wie z.B. ein Unternehmen, ein Auftrag oder eine Person. Entities können durch **Attribute** näher beschrieben werden, wie z.B. durch Name oder Adresse. *Beziehungen* stellen semantische Verknüpfungen zwischen Entities her, wie z.B. zwischen Mutter- und Tochterunternehmen. Erweitert wurde das ERM unter anderem durch die Möglichkeit, mehrere miteinander in Beziehung stehende Entities durch *Aggregation* zu einem übergeordneten Entity zusammenzufassen sowie durch **Spezialisierung** eine Unterklassen-Oberklassen-Beziehung herzustellen. Ansätze, die eine multidimensionale ER-Modellierung verfolgen, unterscheiden in Anlehnung an die logische Modellierung mit Hilfe des Star-Schemas meist zwischen zentraler Faktrelation und mehreren Dimensionstabellen. [BuFo98, 2] Daher kann im ERM ein multidimensionales Modell als Verknüpfung eines zentralen Beziehungstyps mit einer Entity-Menge von Dimensionen interpretiert werden.

2.2 Multidimensionales Entity-Relationship Model

Das multidimensionale Entity-Relationship Model (ME/R Model) ist eine Modellierungsnotation, die von der Forschungsgruppe Wissensbasen des bayrischen Forschungszentrums für wissensbasierte Systeme (Forwiss) im Rahmen eines Projekts namens „System 42" entwickelt wurde. [SBHD98] Im Teilprojekt „Babel Fish" wird eine Methodik zum modellgestützten Entwurf und Betrieb von Repository-getriebenen Data

Warehouse-Systemen entwickelt. Das semantische Datenmodell soll die zentrale Stellung zwischen logischen Abfrage-, Benutzer-, Sicherheits-, Transformations- und Updatemodell besitzen.

Für die semantische Modellierung wird die ER-Notation um die drei neuen Elemente **Faktenrelation, Dimensionsebene** und **hierarchische Beziehung** ergänzt (vgl. Abbildung 1). [SBHD98] Bei Faktenrelation und hierarchischer Beziehung handelt es sich um spezialisierte Beziehungstypen. Dimensionsebenen sind eine besondere Ausprägung von Entities. Grundsätzlich wurde für die Notation das Prinzip der Minimalität angewendet, so daß Notationselemente so sparsam wie möglich benutzt werden. Daher gibt es auch keine Elemente für bestimmte Dimensionstypen oder -elemente. Ebenso werden normale und hierarchische Beziehungen nicht durch das traditionelle Rautensymbol dargestellt, sondern werden vom Verbindungselement impliziert.

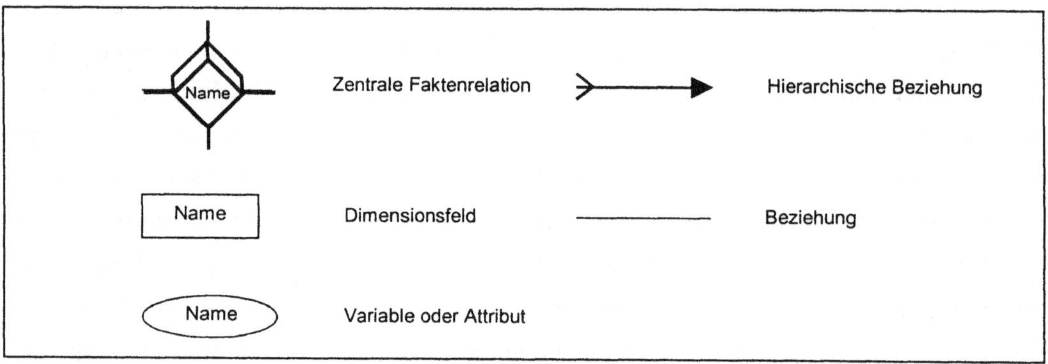

Abb. 1:   Notationselemente des ME/R-Modells [SBHD98]

Abbildung 2 zeigt ein Beispiel von Forwiss für den Werkstattkostenvergleich aus dem Servicewesen eines Automobilproduzenten. Reparaturkosten lassen sich nach Kundenkategorie und Fahrzeugmodell zwischen den verschiedenen Werkstätten der Niederlassungen miteinander vergleichen. Hierfür werden die Kennzahlen Material-, Lohn-, Gesamtkosten sowie Mitarbeiteranzahl und Bearbeitungsdauer erhoben. Wie im Star-Schema steht eine zentrale Faktentabelle im Mittelpunkt des Modells. Die Kennzahlen werden als Attribute der zentralen Fakttabelle modelliert. Die Dimensionen werden bottom-up verknüpft, was bedeutet, daß die unterste Hierarchieebene jeder Dimension mit der Faktentabelle verbunden ist. Pfeile verbinden die Hierarchieebenen in ihrer Verdichtungsfolge. Dimensionselemente werden durch Attribute näher beschrieben, wie z.B. Kunden hier durch Alter und Einkommen kategorisiert werden. Kunden und Werkstätten werden nach den gleichen geographischen Regionen und Ländern weiterverdichtet, wobei Werkstätten parallel nach Typen verdichtet werden.

Das angewendete Prinzip der Minimalität hat Vor- und Nachteile. Auf der einen Seite bleiben die Grafiken sehr übersichtlich und die Modellkonstrukte sind leicht vermittelbar. Auf der anderen Seite ist die Semantik von bestimmten Notationselementen nicht immer eindeutig und wird nur im konkreten Zusammenhang klar. Nicht unterschieden wird z.B. zwischen Attributen der zentralen Fakttabelle, die größtenteils betriebswirtschaftliche Kennzahlen (in Abbildung 2: Kosten) enthält und Attributen von Dimensionselementen, die zusätzliche Informationen zu Stammdaten bzw. betriebswirtschaftlichen Entscheidungsobjekten enthalten (z.B. Kundenalter). Die Verdichtung von Werkstätten und Kunden nach denselben Regionen und Ländern wirkt in der Darstellung nicht unmittelbar einsichtig und könnte durch eine andere Anordnung der Elemente verbessert werden.

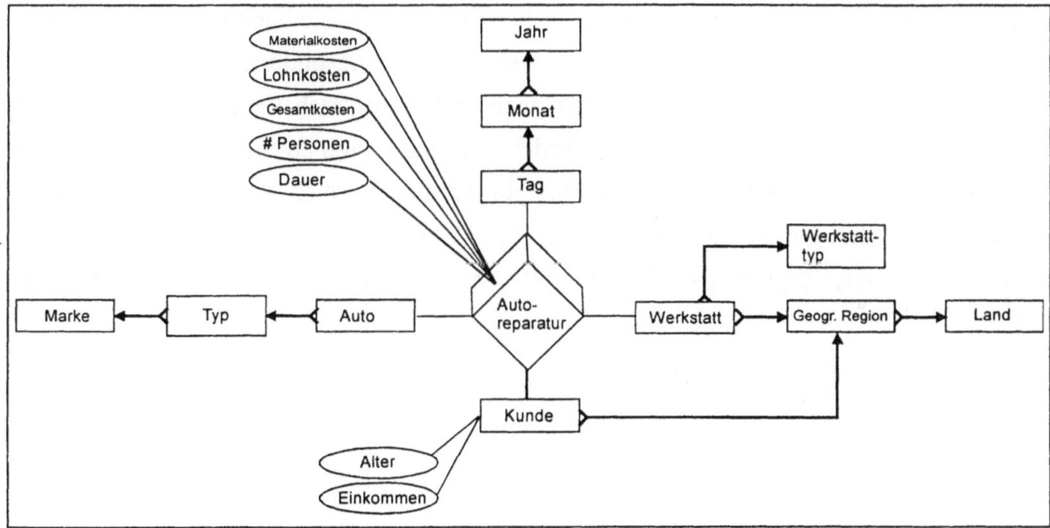

Abb. 2:   Beispiel für das ME/R Model [SBHD98]

2.3   Modifizierte Objekttypenmethode

Bei der Objekttypenmethode (OTM) nach H. WEDEKIND und E. ORTNER [Wede81], [Ortn83] handelt es sich keinesfalls um einen objektorientierten Ansatz, der Daten und Methoden eng miteinander verknüpft und z.B. von G. BOOCH oder P. COAD und E. YOURDON verfolgt wird. [Stein93, 319] Vielmehr ist die OTM eine methodische Vorgehensweise, die auf dem Objekttypenmodell basiert, dessen Ausprägungen notationsmäßig eng mit dem ERM verwandt sind. Das primäre Ziel der OTM ist die formale Begriffsbildung, die durch eine Rekonstruktion der Fachbegriffe im Unternehmen erreicht wird. [Ortn83, 18] Eine Modifikation der OTM für die Modellierung von Data Warehouses stammt von C. RAUTENSTRAUCH. Für die multidimensionale Modellierung werden die Sprachkonstrukte **Objekttyp**, der synonym für Entitytyp benutzt wird, **Konnexion**, also ein Beziehungstyp für die Verbindung von Objekten sowie **Aggregation** verwendet. [Raut97, 7 ff.] Neu eingeführt wird ein komplexer Objekttyp, der Dimensionselemente, die in einer hierarchischen Beziehung zueinander stehen, zusammenfaßt. Ebenso wie beim ME/R Modell gibt es keine besonderen Symbole für bestimmte Dimensionstypen; im Gegensatz dazu allerdings auch kein Symbol für eine zentrale Faktentabelle. Der Aufbau der Modelle orientiert sich an Star-, Snowflake- und Galaxy-Schema. Abbildung 3 zeigt ein Beispiel für den Bereich Vertrieb. Für die Modellierung von Integritätsregeln schlägt RAUTENSTRAUCH die Verwendung der Event-Condition-Activity-Regeln nach DAYAL, BUCHMANN und MCCARTY vor. [DaBM88, 129 ff.]

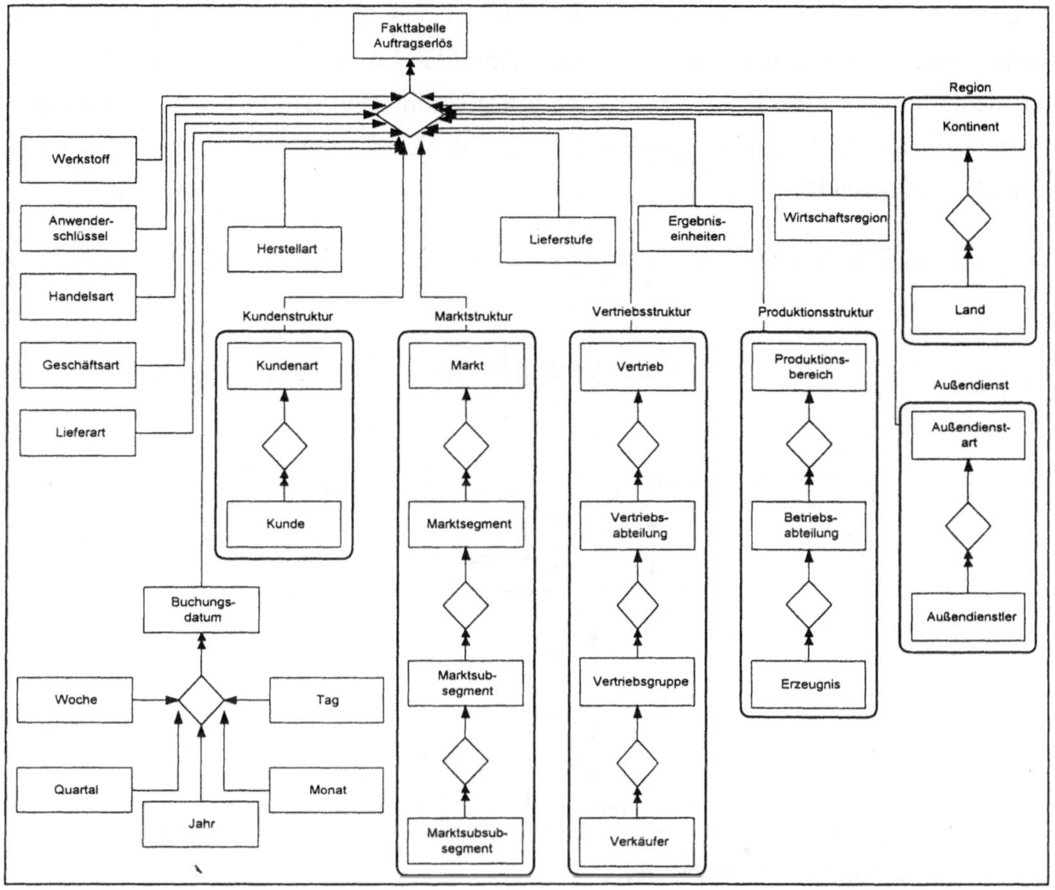

Abb. 3: Beispiel für die OTM [Raut97, 9]

2.4 Datenmodellierung Data Warehouse –
ein Lösungsvorschlag mittels ER-Modellierung

Dieser Modellierungsansatz wurde von der Arbeitsgruppe Enterprise Modeling der IBM-Anwendergruppe Guide/Share Europe erstellt. U. ALTENPOHL ET AL. benutzen für ihre Modelle ausschließlich Entity- und Beziehungstypen, wobei ähnlich wie beim ME/R-Ansatz das Rautensymbol nicht verwendet wird, sondern Beziehungen zwischen Entities durch eine beidseitige Pfeilnotation impliziert werden. [AHSZ97, 8 ff.] Das Modell konzentriert sich auf die logischen Belange von Star- und Snowflake-Schema, wobei die Modellierung von Dimensionshierarchien und zentralem Faktenentity im

Vordergrund steht. Aussagen zu Dimensionstypen oder Formeln werden wie bei den vorher genannten Ansätzen nicht getroffen. Abbildung 4 zeigt wiederum ein Beispiel aus dem Vertriebsbereich. Als ergänzende Information sieht man im Diagramm die erwartete Anzahl der Datensätze pro Relation, so daß sich die Mächtigkeit der Datenbank schnell abschätzen läßt.

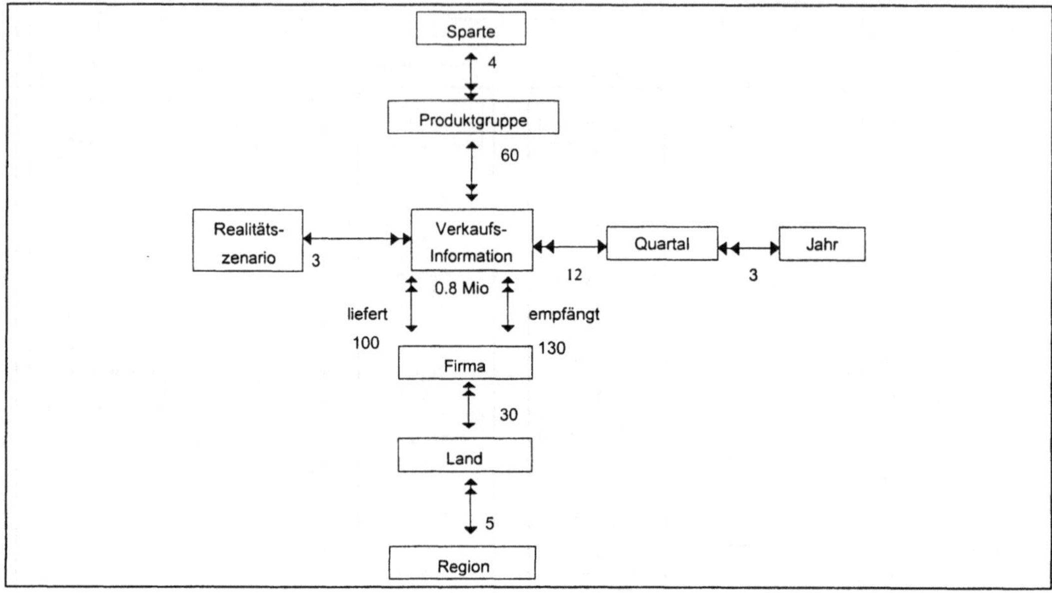

Abb. 4: Beispiel für ERM [AHSZ97, 20]

2.5   ER-Modellierung von Controlling-Systemen

Bereits 1994 haben J. BECKER ET AL. eine Erweiterung des ERM zur Modellierung von aggregierten Daten vorgestellt. [BePW94] Inzwischen wurde der Ansatz hinsichtlich der Modellierung von Data-Warehouse-Systemen von J. BECKER und J. WIESE weiterentwickelt. Grundsätzlich wird die Benutzung des „etablierten Instrumentariums" der ER-Modellierung als sinnvoll erachtet. [BeWi98, 18] Der Ansatz verfügt über drei Sichtweisen zur Beschreibung von Controlling-Systemen. Die erste Sicht dient zur Beschreibung von Dimensionen. Im Gegensatz zu den anderen hier vorgestellten ERM-orientierten Notationen, werden Dimensionshierarchien allerdings nicht als Verdichtungsbeziehungen zwischen Entities dargestellt, sondern als generalisierte Entitytypen einer Dimension, die alle Entities einer Dimension, wie z.B. die Ebenen einer Hierarchie, aufnehmen können. Abbildung 5 verdeutlicht diese Vorgehensweise für eine Zeit- und eine Artikeldimension. Nachteilig an dieser Darstellungsart ist, daß es nicht möglich ist, im grafischen Modell einen Überblick über die verschiedenen Verdichtungsstufen einer Dimension zu erhalten.

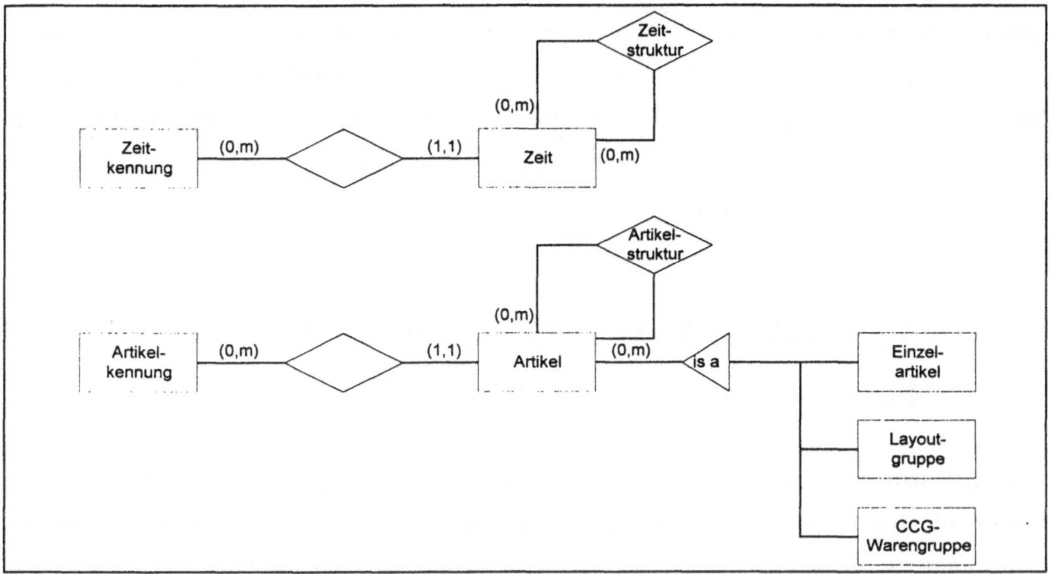

Abb. 5: Dimensionsbeschreibung [BeWi98, 19]

Eine zweite Sichtweise beschreibt die Herleitung aggregierter aus atomistischen Daten. Gefolgt wird der Auffassung von O. RAUH, der eine Differenzierung im ERM zwischen originären und abgeleiteten Daten fordert. [Rauh92, 295] Ziel der Erweiterung soll es daher sein, in einem ERM zu erkennen, welche Daten atomar und welche verdichtet sind. Dabei muß in der Darstellung deutlich werden, welche Informationen auf Entities und welche auf Beziehungen beruhen. [BePW94, 423] Als zusätzliche Beschreibungselemente werden hierzu ein Verdichtungspfeil sowie ein Verdichtungs-Entitytyp, der aufgrund verdichteter Daten entsteht, eingeführt. Die Darstellung wird um so umfangreicher, je mehr Dimensionselemente in die Aggregation einbezogen werden. Positiv fällt in der Darstellungsweise die Kombination von operativem und entscheidungsorientiertem Datenmodell auf. Durch die explizite Anbindung z.B. an ein unternehmensweites Datenmodell der operativen Systeme läßt sich der Übergang von operativen hin zu entscheidungsorientierten Daten nachvollziehen.

Eine dritte Sichtweise beschreibt die Bildung von Kennzahlen. Kennzahlen werden als
Beziehungen zwischen den sie identifizierenden Dimensionselementen bzw. Bezugs-
objekten dargestellt. Der Beziehungstyp für Kennzahlen wird simultan wie der Verdichtungs-Entitytyp dargestellt, wodurch beschrieben wird, daß sich Kennzahlen aus
atomistischen Daten der operativen Systeme ableiten. Auch diese Sichtweise vermittelt
keinen Gesamtüberblick über den konkreten Dimensionsaufbau. In ihrer Veröffentlichung führen J. BECKER und J. WIESE zur zusätzlichen Verdeutlichung des Dimen-
sionsaufbaus relationale Tabellen an, die die konkreten Ausprägungen und Schlüssel-
beziehungen des logisch abgebildeten ERM beinhalten. Dadurch wird allerdings der
Vorteil eines grafisch intuitiven Verständnisses des multidimensionalen Modells auf
semantischer Ebene nicht genutzt.

3 Application Design for Analytical Processing Technologies

Das Application Design for Analytical Processing Technologies (ADAPT) ist eine von
BULOS für die multidimensionale Datenstrukturierung entwickelte grafische Modellierungsnotation, die ihren Ursprung in der Unternehmensberatungspraxis hat. ADAPT ist
auf mehreren Modellierungsebenen einzuordnen, da es sowohl semantische, logische
und physikalische Aspekte umfaßt. Motiviert wird die Entwicklung einer neuen Notation durch die Unzulänglichkeit traditioneller Modellierungstechniken. [Bulo96, 34]
Hierzu wird angeführt, daß in ERM keine Möglichkeit besteht, die Verarbeitungslogik
für Analyseprozesse abzubilden. Mit Datenflußdiagrammen können zwar dynamische
Aspekte berücksichtigt werden, sie reichen allerdings für Darstellung von Berechnungen nicht aus. Benötigt wird eine Modellierungstechnik, welche die Verarbeitungslogik
für Analyseprozesse in Beziehung zu multidimensionalen Datenstrukturen darstellen
kann.

3.1 Kernelemente

Die grundsätzlichen Notationselemente von ADAPT entsprechen den vorher genannten semantischen Elementen von multidimensionalen Modellen, wobei Kennzahlen durch *Würfel* bzw. *Hyperwürfel* repräsentiert werden. [BuFo98, 3] *Ableitungsregeln* werden im englischen Originaltext als **Model** bezeichnet. Hier wird die sinngemäße Übersetzung gewählt, damit es zu keiner Verwechslung mit dem betriebswirtschaftlichen Modellbegriff kommt. Der Begriff **Dimension** wird übereinstimmend benutzt. Eine Übersicht über die Kernelemente gibt Abbildung 6.

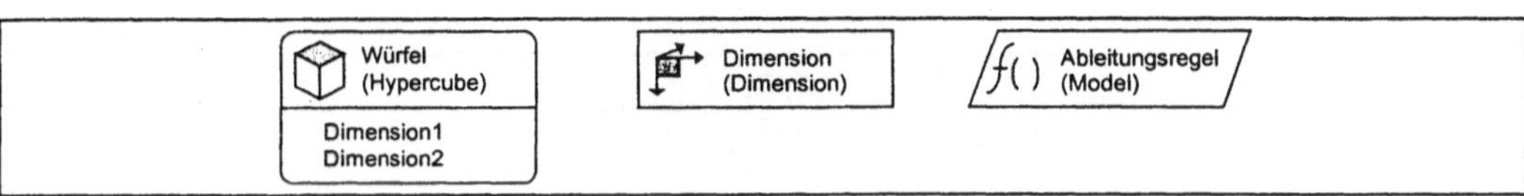

Abb. 6: Kernelemente

Würfel sind die zentralen Elemente der Notation. Für jede Kennzahl kann ein eigenes Würfelsymbol angelegt werden, in dessen oberen Bereich die Kennzahl und im unteren Bereich alle relevanten Dimensionen eingetragen werden. D. BULOS unterscheidet zwischen separaten Ansichten zur Definition von Kennzahlen auf der einen und Dimensionen auf der anderen Seite. Kennzahlen werden generell in separaten Würfeln modelliert, selbst wenn sie gleichdimensioniert sind. Diese Vorgehensweise kann allerdings auch zugunsten einer besseren Übersichtlichkeit dahingehend modifiziert werden, daß gleichdimensionierte Kennzahlen als gemeinsamer Würfel mit einer Kennzahlendimension modelliert werden. [ToJa98, 20 ff] Abbildung 7 zeigt zur Verdeutlichung von ADAPT beispielhaft die Kennzahlenwürfel und Dimensionen einer Vertriebsergebnisrechnung. Die Kennzahlenwürfel Bruttoerlös, Erlösschmälerungen und Variable Kosten besitzen Artikel-, Szenario-, Vertriebsweg- und Zeitdimension. Ableitungsregeln sind ein wesentlicher Bestandteil von multidimensionalen Informationssystemen. In Abbildung 8 wird der Rechenweg von Nettoerlös und Deckungsbeitrag I dargestellt.

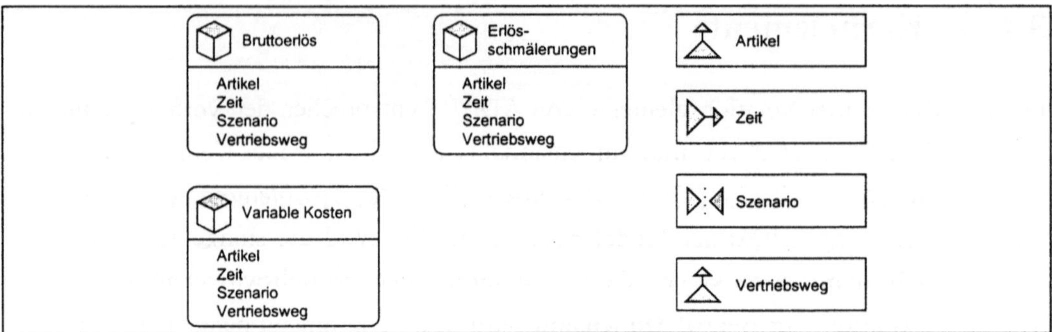

Abb. 7:   Kennzahlen und Dimensionen einer Vertriebsergebnisrechnung

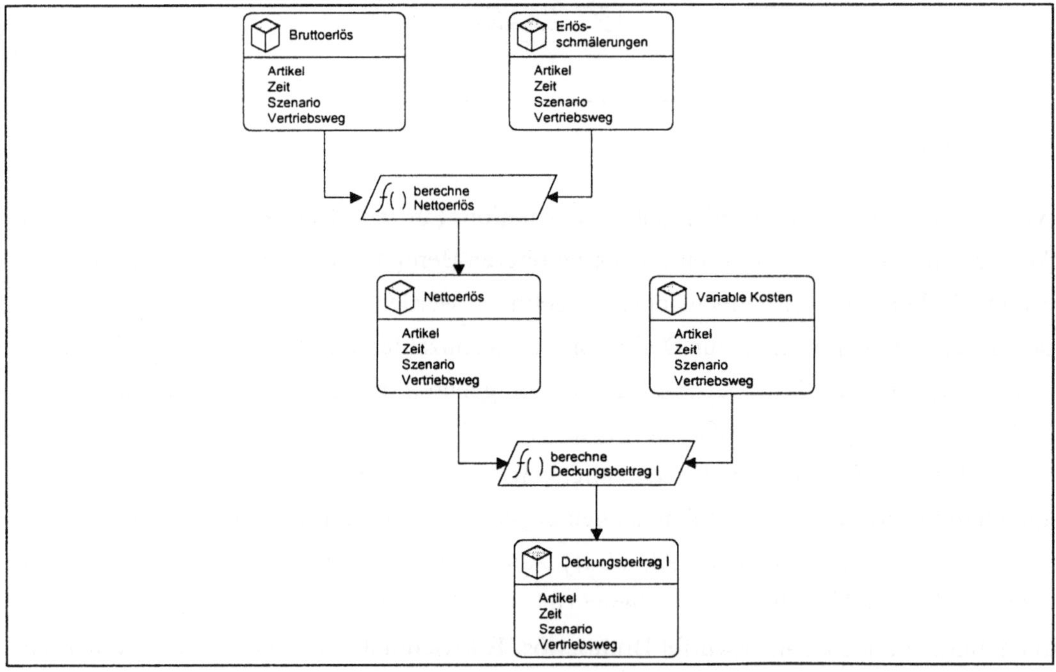

Abb. 8:   Ableitung von Kennzahlen für eine Vertriebsergebnisrechnung

3.2   Dimensionstypen

Der Schwerpunkt der ADAPT-Notation liegt auf der Beschreibung der Dimensionsstrukturen, was durch die vielfältigen, im folgenden beschriebenen Symbole deutlich
wird. BULOS stellt sechs Notationselemente zur Beschreibung von strukturellen Dimen-

sionstypen bereit (vgl. Abbildung 9). **Aggregierende Dimensionen** verfügen immer über mindestens eine Hierarchie, durch die Konsolidierungswege definiert werden. Theoretisch können auch andere Dimensionstypen Hierarchien besitzen, wobei diese dann nur eine untergeordnete Rolle spielen. **Partitionierende Dimensionen** repräsentieren verschiedene Varianten von Daten, wie z.B. Plan-, Soll- oder Istwerte.

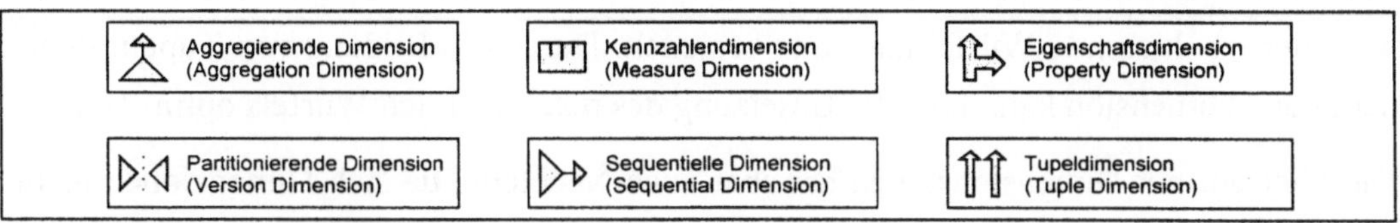

Abb. 9: Dimensionstypen

BULOS definiert **Measure Dimension** im Sinne einer Dimension für Maßgrößen, die wert- oder mengenmäßig erfaßt werden können, wie z.B. Absatz in Stück oder in DM. Horizontale Reihenfolgebeziehungen der Elemente innerhalb einer Dimensionsebene lassen sich durch den **sequentiellen Dimensionstyp** ausdrücken. Beispiel ist die Zeitdimension, innerhalb derer die Reihenfolge von Jahren oder Monaten logisch vorgegeben ist (vgl. Abbildung 10). **Eigenschaftsdimensionen** ergänzen Dimensionselemente von aggregierenden oder sequentiellen Dimensionen um Attribute, nach denen zusätzlich analysiert werden kann. So lassen sich Automodelle neben ihrer Zuordnung zu Marken auch bestimmten Segmenten zuordnen, was sich durch eine Eigenschaftsdimension modellieren ließe.

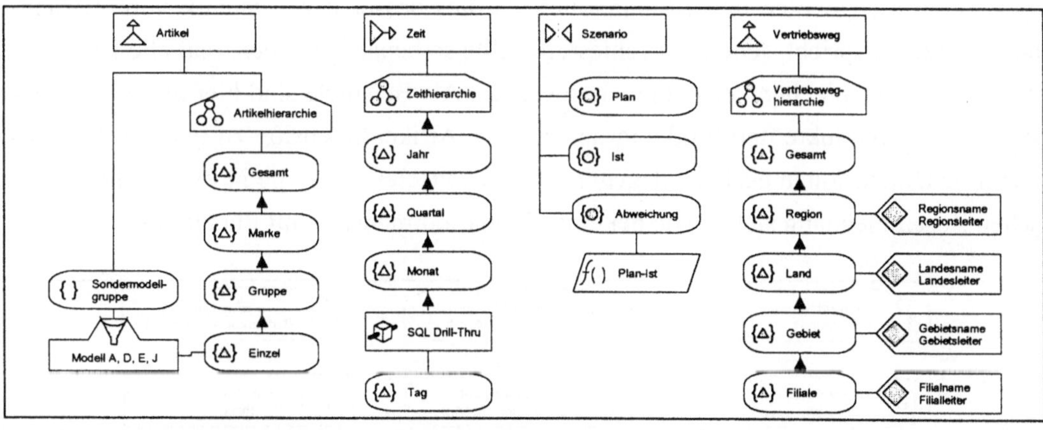

Abb. 10: Dimensionen einer Vertriebsergebnisrechnung

Tupeldimensionen kombinieren Elemente aus zwei anderen Dimensionen miteinander und bilden dadurch eine neue Dimension. Die Bildung von Tupeldimensionen kann z.B. dann sinnvoll sein, wenn bestimmte Dimensionskombinationen für gewisse Variablen überhaupt nicht auftreten. Im Automobilbereich werden z.B. bestimmte Modelle nur auf bestimmten Märkten angeboten. Würde man die Dimension aller vom Unternehmen belieferten Märkte mit der Dimension aller Modelle für eine Variable kombinieren, so wäre der resultierende Würfel nur dünn besiedelt. Durch die Bildung von Tupeln in einer neuen Dimension kann man die Besetzung des resultierenden Würfels optimieren.

Die Vielzahl der Dimensionstypen hat aber auch Nachteile, da sich Dimensionen nicht immer eindeutig klassifizieren lassen. Die sequentielle Zeitdimension besitzt z.B. eine aggregierende hierarchische Beziehung zwischen ihren Ebenen. Aggregierende Dimensionen können neben Hierarchien auch weitere Elemente enthalten und damit einen partitionierenden Charakter erhalten.

3.3 Dimensionselemente

Eine aggregierende Dimension kann eine oder mehrere **Hierarchien** beinhalten (vgl. Abbildung 11). Eine **Hierarchieebene** beschreibt die Position eines Dimensionselements innerhalb einer Hierarchie. Zusammenhängende Hierarchieebenen werden im Unterschied zu BULOS [Bulo96, 36] hier direkt durch Linien mit einem Pfeil in Aggregationsrichtung miteinander verbunden. Diese Möglichkeit wird in der Visio-Schablone von ADAPT angeboten und ist sinnvoller, da dies besser der Semantik von Verdichtungsstufen entspricht. Jede Hierarchiestufe sollte so benannt werden, daß alle Elemente dieser Stufe entsprechend charakterisiert werden. Als Beispiele sind hier die Hierarchiestufen Einzelprodukte und Produktgruppen einer Artikeldimension zu nennen. Partitionierende Dimensionen besitzen dagegen **Dimensionselemente**, die in keinem hierarchischen Zusammenhang stehen wie bei einer Szenariodimension mit Plan und Ist.

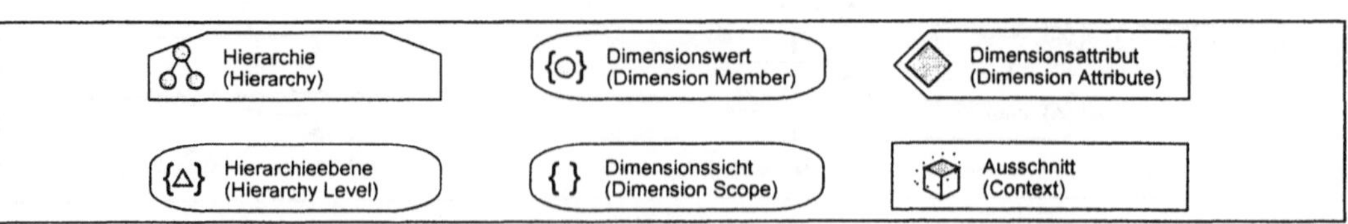

Abb. 11: Dimensionselemente

Mit **Dimensionssichten** lassen sich alternative Blickwinkel auf Dimensionswerte oder Hierarchiestufen definieren. Die Sondermodellgruppe aus Abbildung 10 stellt nur eine alternative Sicht auf die Einzelartikel dar und ist nicht in die Artikelhierarchie eingebunden. Mit **Dimensionsattributen** lassen sich andere Dimensionselemente näher beschreiben. Filialname und -leiter sind ergänzende Beschreibungen für jede Filiale. Die Kombination von Sichten aus ausgewählten Dimensionen ergibt bildlich gesehen einen neuen kleineren evtl. auch minderdimensionierten Würfel, der sich in der Notation als Ausschnitt (des größeren Ursprungswürfels) darstellen läßt. Dimensionsausschnitte beschreiben daher Teilmengen des Wertebereichs einer Dimension, die in einem logischen Zusammenhang stehen. In der Praxis werden bei Analysen eine Vielzahl von Dimensionssichten und Würfelausschnitten gebildet. Es sollten mit ADAPT nur die wichtigsten oder immer wiederkehrenden Ausschnitte modelliert werden.

3.4   Beziehungstypen

Mit Beziehungstypen können Abhängigkeiten der Dimensionen untereinander dargestellt werden (vgl. Abbildung 12). Die Dimensionsbeziehung wird im Prinzip analog zum Beziehungstyp in ER-Modellen definiert. Kardinalitäten können mit Hilfe der Krähenfuß- oder 1-zu-n-Notation der dargestellt werden. In Abbildung 13 wird als Beispiel die Beziehung zwischen Produkten und Märkten gezeigt. Bestimmte Produkte werden auch nur auf bestimmten Märkten vertrieben. Gibt es nur wenige Kombinationen zwischen zwei Dimensionen, so deutet dies auf einen später dünn besetzten Würfel hin. Die Analyse von Abhängigkeiten zwischen Dimensionen kann frühzeitig Hinweise für die Implementierung liefern: Gegebenenfalls kann aus der genauen Betrachtung einer Beziehung aufgrund einer prognostizierten dünnen Besiedlung die Bildung einer Tupeldimension resultieren.

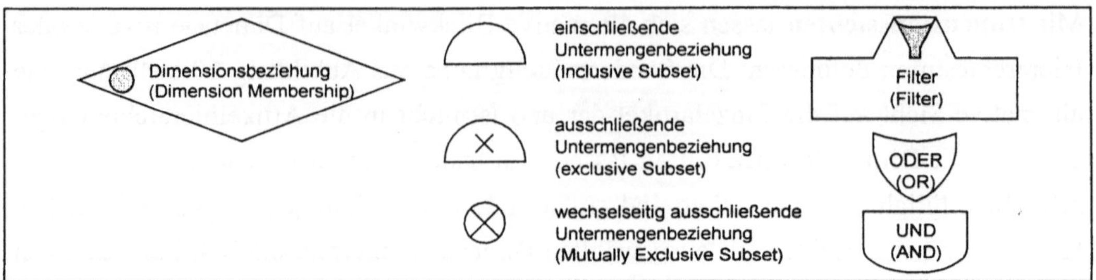

Abb. 12: Beziehungstypen

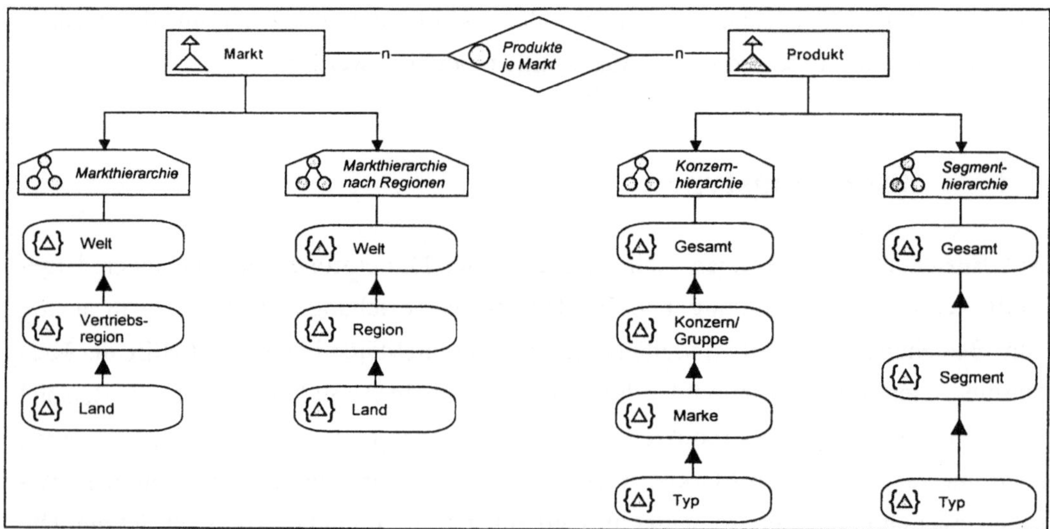

Abb. 13: Abhängigkeit zwischen Märkten und Produkten

Mit Hilfe von drei Symbolen lassen sich **Untermengen- und Teilmengenbeziehungen**
modellieren. Eine wechselseitig ausschließende Teilmengenbeziehung liegt dann vor,
wenn zwei Mengen eine gemeinsame Obermenge besitzen, ihre Elemente aber disjunkt
sind. Für logische Verknüpfungen gibt es UND und ODER.

Das **Filterelement** wird hier auch unter Beziehungstypen aufgeführt. Es stellt eine Beziehung innerhalb einer Dimension intern dar und dient zur Definition von Auswahl-
kriterien für Dimensionssichten wie bei der Sondermodellgruppe in Abbildung 7.

Es existieren einige weitere Notationselemente, die eher physikalischen Charakter haben, wie z.B. für die Kenntlichmachung eines SQL-Durchgriffs auf Vorsysteme oder für die Definition von Standardreports.

4   Weitere Ansätze

4.1   Graphenbasiertes Modell

M. HAHNE und J. SCHELP leiten ein semantisches graphenbasiertes Datenmodell her, das multidimensionale Elemente auf Konstrukte der Graphentheorie abbildet. [HaSc97, 25 ff.] Dabei verallgemeinern die Autoren hierarchische Dimensionen zu knotenmarkierten Baumstrukturen, Heterarchien (Dimensionsstruktur mit unterschiedlichen Pfadlängen) zu knotenmarkierten gerichteten Graphen mit genau einer Quelle sowie parallele Hierarchien zu knoten- und kantenmarkierten Graphen mit genau einem Ursprung und genau einem Ziel. Die Gesamtsicht auf das Modell erfolgt in einer Kreisdarstellung, bei der alle Dimensionen einschließlich einer Kennzahlendimension rund um den Mittelpunkt angeordnet sind (vgl. Abbildung 14). [Sche98, 273] Die Autoren definieren weiterhin ein formales logisches Modell für mehrdimensionale Strukturen und Operationen. Eine genaue Beschreibung der Transformationsregeln vom semantischen in das logische Modell steht allerdings noch aus. [HaSc97, 48]

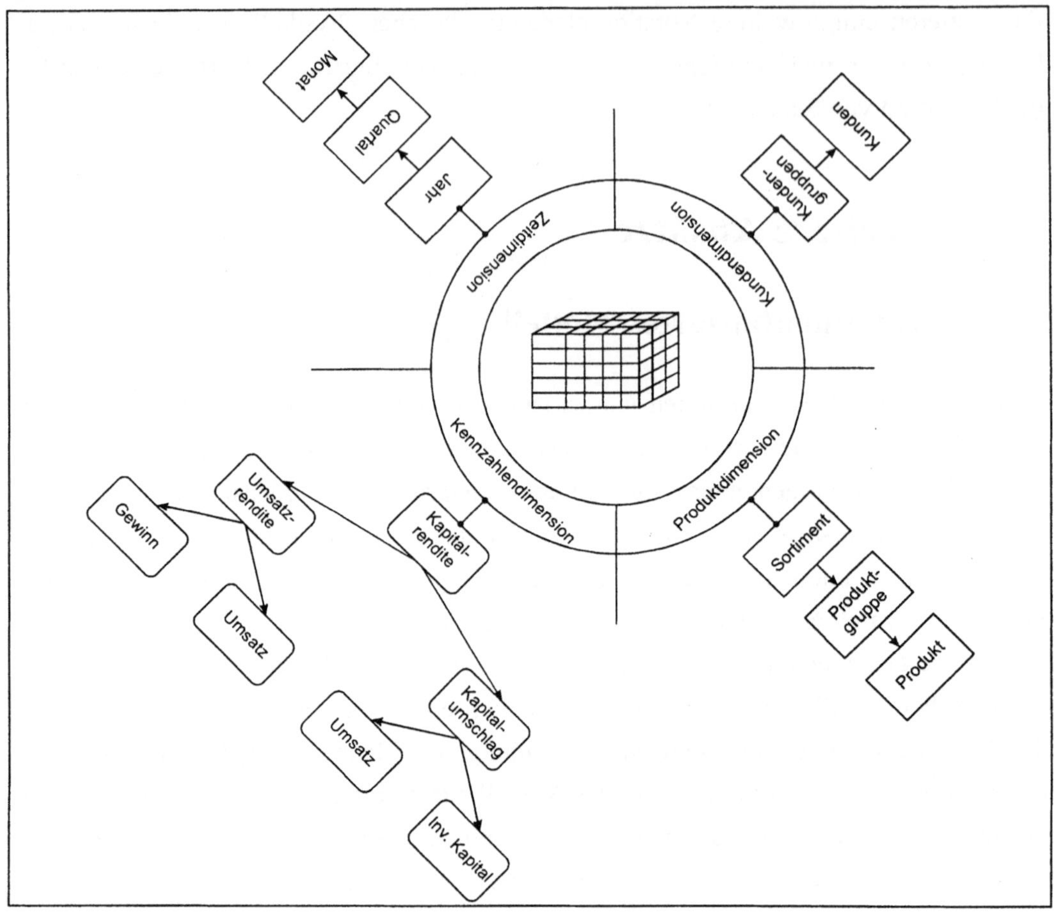

Abb. 14: Beispiel für die Notation von HAHNE/SCHELP [HaSc97, 30]

4.2   Skalenähnliche Darstellung

E. THOMSEN benutzt eine Notation, die an die Skalendarstellung von Flüssigkeitsstän-
den erinnert. Kennzahlen werden horizontal nebeneinander in einer einzeiligen Tabelle
angeordnet. Dimensionselemente werden auf einer vertikalen Skala eingetragen, wobei
alle Verdichtungsebenen markiert werden. Für jede Ebene wird ergänzend die Anzahl
Ausprägungen notiert, um die benötigte Größe der Datenbank abschätzen zu können.
[Thom97, 236 ff., 447 ff.] Die Ebene, auf der Daten in das multidimensionale System
importiert werden, wird mit einem Punkt versehen, so daß man erkennen kann, an welcher Stelle die Daten atomar sind. Der Datenimport erfolgt nach der Vorgehensweise

nicht zwingend auf der untersten Ebene. So zeigt Abbildung 15 das zur Verdeutlichung konstruierte Beispiel, daß für den Vertriebsweg relevante Daten erst auf der zweiten Ebene in die Vertriebsweghierarchie übernommen werden. Daten der untersten Ebene sind nicht verfügbar und können nur durch Regeln disaggregiert werden.

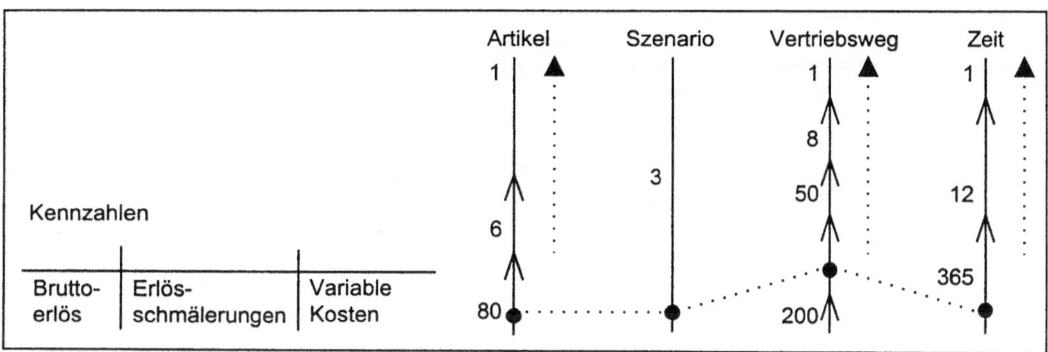

Abb. 15: Beispiel für die Notation von E. Thomsen

Ein weiteres Merkmal der Notation ist die Unterscheidung zwischen Bottom-Up- und Top-Down-Analysewegen. Gerade hinsichtlich von Planwerten kann die Analyserichtung Top-Down vom Spitzenwert bis auf die niedrigste Ebene gehen. Der Analysepfeil rechts neben der betreffenden Dimension würde dann von oben nach unten zeigen, und der Markierungspunkt für den Import würde sich an oberster Stelle befinden. Insgesamt erscheint die Notation sehr komprimiert und nicht unmittelbar einsichtig.

4.3 Dimensional Fact Model

Ein anderer Ansatz, der neben einer Notation auch eine methodische Vorgehensweise zur Transformation in dritter Normalform befindlicher ERM in multidimensionale Strukturen umfaßt, ist das Dimensional Fact (DF) Model von M. Golfarelli et al. [GoMR98] Die Notation des DF Model besteht aus einer zentralen Kennzahlentabelle und baumartigen Dimensionsstrukturen. Einen Schwerpunkt bildet die Modellierung der Additivität von Kennzahlen. Die Aggregation von additiven Kennzahlen wird wie in anderen Notationen üblich durch die Verbindung von hierarchischen Dimensionselementen mit durchgezogenen Linien dargestellt. Hierarchien werden dabei durch eine graue Schattierung verdeutlicht. Semi-additiv sind Kennzahlen, die sich nicht entlang jeder Dimensionshierarchie summieren lassen. Nicht-additive Kennzahlen lassen sich bezüglich keiner Dimensionshierarchie addieren. Semi- oder nicht-additivitive Kennzahlen sind damit nur dem untersten Element jeder Dimension zuzuordnen. Markiert werden sie durch gestrichelte Linien von der Kennzahl hin zu der jeweiligen Dimensionshierarchie, über die sie nicht addiert werden können.

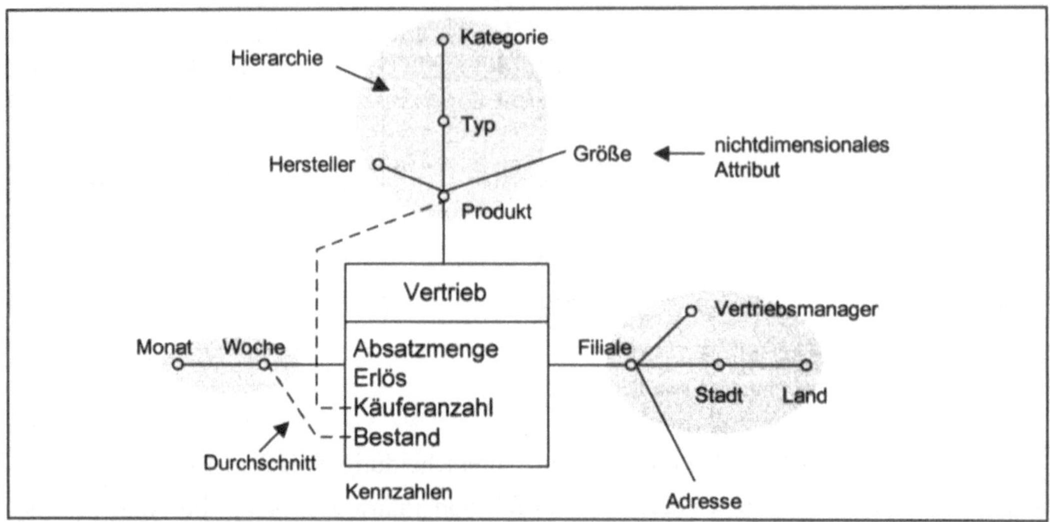

Abb. 16: Dimensional Fact Modellierung [GoMR98]

Abbildung 16 zeigt die Anwendung der Notation in einem Beispiel aus dem Vertriebsbereich eines Handelsunternehmens. Additiv sind Absatzmenge und Erlös. Semi-additiv sind hingegen die Käuferanzahl und Bestand. Ein Käufer kann in einer Filiale beliebig oft pro Woche einkaufen. Bei jedem Filialbesuch kann er mehrere Produkte gleichzeitig erwerben. Da im Einzelhandel in der Regel keine Kundennummer erfaßt wird, wird ein und derselbe Käufer mehrfach erfaßt, was zu einer Verfälschung bei einer Summierung führen würde. In welcher Dimension die Mehrfachzählung auf höherer Hierarchieebene toleriert werden kann und wo nicht, ist von der jeweiligen Aufgabenstellung abhängig. Im Beispiel wird dies in der Zeit- und Vertriebsstrukturdimension akzeptiert, wohingegen die Käuferanzahl über die Produktdimension nicht in Form einer Addition verdichtet werden soll. Die zweite semi-additive Kennzahl ist der Lagerbestand. Hier macht eine Addition der Wochenendstände keinen Sinn.

4.4 Objektorientierte Ansätze

Der objektorientierte Ansatz hat in diesem Jahrzehnt breiten Einzug in die Systemanalyse, -gestaltung und -implementierung gefunden. Die grundlegende Idee des Ansatzes besteht in der wirklichkeitsnahen Abbildung von realen Gegenständen oder Sachverhalten in Objekte der Systemwelt. Im Gegensatz zur ER-Modellierung und konventionellen Programmierung werden mit Objekten allerdings nicht nur Daten, sondern zusätzlich auch die Methoden betrachtet, mit denen auf die Daten zugegriffen wird bzw. diese bearbeitet werden. Ein großer Vorteil des objektorientierten Ansatzes ist die besondere Form der Vorgehensweise, die eine systematische Wiederverwendung von Bausteinen für alle Phasen der Systementwicklung ermöglicht.

Eine durchgehend objektorientierte Modellierung und Implementierung von Data-Warehouse-Systemen nach der Object-Oriented Analysis wird von T. OHLENDORF vorgeschlagen, wie im selben Kapitel dieses Werks nachgelesen werden kann. Die Evaluation von objektorientierten Konstrukten zur Abbildung multidimensionaler Elemente steht im Mittelpunkt einer Betrachtung von J. HOLTHUIS. [Holt98, 168 ff.] Überprüft werden Klassen- und Zustandsdiagramme sowie funktionale Modelle für die Modellierung multidimensionaler Konstrukte nach der Object Modeling Technique von J. RUMBAUGH ET AL. [RBPE91] Unterschieden wird grundsätzlich zwischen Makro- und Mikrosichten. Analog zur Architektur integrierter Informationssysteme (ARIS) wird die Makrosicht in Daten-, Funktions-, Organisations- und Geschäftsprozeßsicht differenziert. Die Mikrosichten sind ein Unterpunkt der Datensicht und dienen zur Definition von statischen Strukturen, Funktionen und Verhalten. Benutzt werden Objektklassen und Klassenhierarchien zur Modellierung von Dimensionen mit Ebenen und Verdichtungsstufen, die sich direkt der Mikro-Modellierungssicht zuordnen lassen.

Einen objektorientierten Ansatz verfolgt auch der Autor dieses Beitrags, der einen objektorientierten Modellrahmen für die semantische Modellierung von multidimensionalen Informationssystemen entwickelt hat. Der Modellrahmen besitzt eine große Flexibilität hinsichtlich der Modellierung von Spezialfällen. So lassen sich durch die Verbindung von Kennzahlen und Dimensionselementen mit ihren zugehörigen Methoden Ableitungsregeln definieren und nicht nur einfache Summierungen, wie bei den vorgestellten ER-Ansätzen. Mit der Einführung von Gültigkeitszuordnungen lassen sich strukturelle Änderungen behandeln. Zur adäquaten Abbildung von Ableitungen wird auf detaillierter Ebene des Klassenmodells zwischen originären und abgeleiteten Kennzahlen sowie Dimensionselementen differenziert.

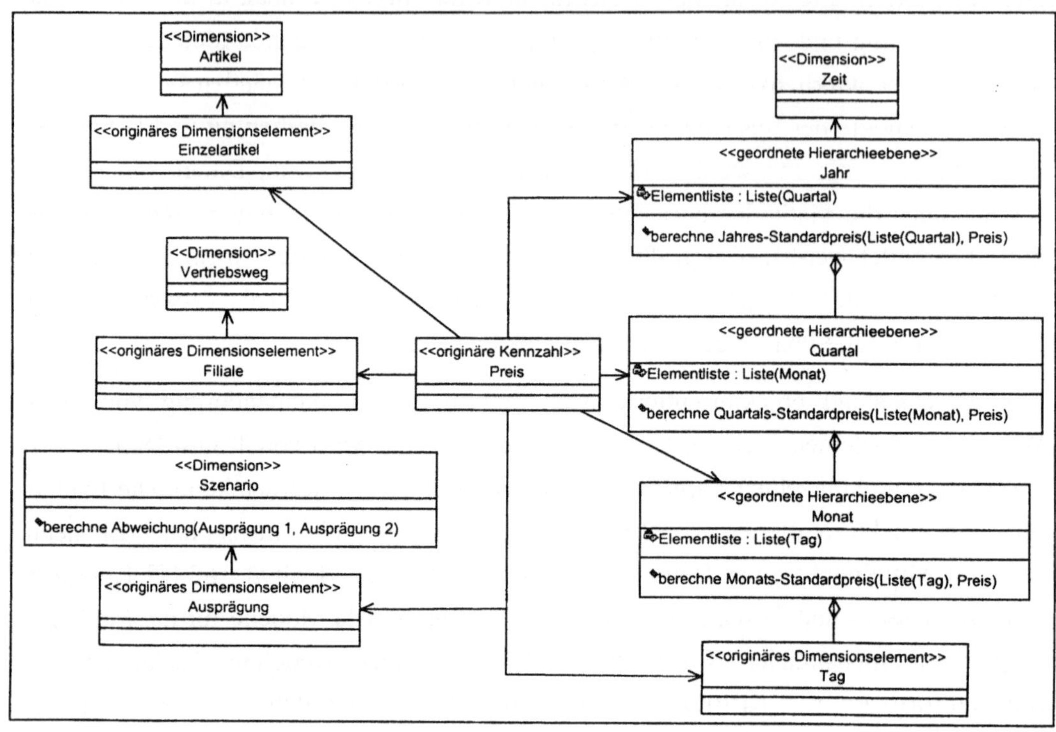

Abb. 17: Gültigkeitszuordnung für eine Kennzahl [Toto99, 142]

Eine Stärke des Modellrahmens liegt in der grafischen Zuordnung von Kennzahlen nur zu denjenigen Dimensionselementen bezüglich derer sie analysierbar sind.

Abbildung 17 zeigt die möglichen Verknüpfungen einer originären Kennzahl Preis zu den relevanten Dimensionselementen. Der Preis eines Artikels ist nach den Entscheidungsobjekten Zeit, Szenario und Vertriebsweg analysierbar. Nur für beliebige Kombinationen dieser Verknüpfungen ist die Kennzahl gültig. Eine Aggregation der Preisinformation über die Hierarchieebenen der Entscheidungsobjekte macht allerdings keinen Sinn, da die Preisinformation artikelbezogen ist und sich ähnlich wie eine Bestandsgröße verhält. Im Beispiel wird täglich eine aktuelle Preisinformation im System eingestellt. Daher sollte der Monatspreis ein Standardpreis sein, der sich z.B. durch Durchschnittsbildung ergibt. Diese Berechnung ist im Beispiel als Methode angegeben: berechne Monats-Standardpreis. Für Quartal und Jahr würden die Methoden analog definiert. Ableitungsregeln können sowohl in Kennzahlenobjekten als auch in hierarchischen Dimensionselementen definiert werden. Im Gegensatz zur Zeitdimension macht eine Verdichtung über die Hierarchie der Artikeldimension keinen Sinn. Eine Summierung über Artikelgruppen wird daher nicht benötigt.

5 Bewertung

Bisher haben die verschiedenen Autoren ihre Vorschläge zur multidimensionalen Modellierung meist sehr knapp in Artikeln vorgestellt. Beispiele sind in den Artikeln nur auf bestimmte Merkmale beschränkt und geben wenig Möglichkeit zu einer Gesamteinschätzung. Bis auf den Einsatz von ADAPT liegen auch keine Erkenntnisse über den praktischen Einsatz der Notationen und Vorgehensweisen vor. Eine ausführliche Diskussion und Gegenüberstellung der Ansätze hat bisher nicht stattgefunden, so daß noch kein konsensfähiger Rahmen existiert.

ERM dienen zur statischen Datenmodellierung. Im Bereich der Geschäftsprozeßmodellierung werden Funktionsdiagramme in Verbindung mit ereignisgesteuerten Prozeßketten als Erweiterung reiner Datenmodellierung hin zu einer integrierten Unternehmensmodellierung benutzt. Sehr bekannt ist die Architektur integrierter Informationssysteme (ARIS) von SCHEER, der neben einer Organisationssicht, eine Funktions- und eine Steuerungssicht zur ganzheitlichen Unternehmensmodellierung eingeführt hat. Durch die ereignisgesteuerte Verknüpfung von Funktionen und Daten lassen sich nun dynamische Gesichtspunkte modellieren, wie z.B., daß mit dem Eintreffen einer Kundenanfrage und damit von bestimmten Daten eine Funktion zur Berechnung von Kalkulationsdaten angestoßen wird. [Sche95, 49 ff.] Für Anwender, die auf die ER-Modellierung nicht verzichten möchten, könnte ARIS eine geeignete Erweiterung darstellen, um weitere Sichten in die Modellierung zu integrieren. Darüber hinaus kann in ARIS ein evtl. vorhandenes Geschäftsprozeßmodell in ein entscheidungsorientiertes multidimensionales Modell überführt werden, so daß die Beziehungen zwischen Data Warehouse, MIS und operativen Geschäftsprozeß deutlich werden. [HePe98, 78 ff.]

ADAPT hat seinen hauptsächlichen Anwendungsbereich in der praktischen Konzeption und Implementierung von multidimensionalen Anwendungen. Die Modellierung erfolgt prinzipiell ähnlich wie in ERM, nur daß eine funktionale Komponente in die Notation einfließt. Die Stärke liegt darin, daß für fast alle multidimensionalen Anwendungsfälle entsprechende Notationskonstrukte bereitstehen. Gerade hier liegt aber auch die Schwäche von ADAPT, da durch die Vielfalt der Elemente auch die Komplexität steigt. Kritik an D. BULOS' Notation kann man hauptsächlich an zwei Eigenschaften üben:

- Es gibt eine große Anzahl von Modellierungssymbolen, deren Anwendung nicht immer eindeutig definiert ist. Durch die Vielfalt der Symbole ist eine gewisse Einarbeitungszeit die Voraussetzung für eine gelungene Modellierung. [GaGl97, 31] Man kann im Vergleich zum ME/R-Modell bei ADAPT vom Prinzip der „Maximalität" sprechen.

- Verschiedene Modellierungsebenen werden in einer Ansicht miteinander vermengt. Die Trennung der Sichten von Würfeln und Dimensionen differenziert zwar grundsätzlich zwischen Inhalts- und Strukturdaten, nicht jedoch nach semantischer, logischer und physikalischer Ebene wie bei ARIS. Eine wie für die Modellierung von semantischen Schemata geforderte Abstraktion wie z.B. von Benutzersichten oder der physischen Organisation findet nicht statt, sondern diese Aspekte werden im Gegenteil sogar vermengt.

Durch die Verwendung der von D. BULOS im Internet bereitgestellten Symbolvorlage für das Modellierungswerkzeug Visio können multidimensionale Modelle komfortabel grafisch am PC erstellt werden. Auftretende Änderungen konnten zügig eingearbeitet werden. Die schnelle Überarbeitung der Darstellung wird durch das in Visio enthaltene Shape-Konzept unterstützt, das es erlaubt, vordefinierte Symbolvorlagen einzubinden und anzupassen. Weiterhin können Symbole am Bildschirm verschoben werden, wobei die Verbindungen zu anderen Symbolen automatisch mitgeführt werden. Den Kritikpunkten an ADAPT kann durch die Aufstellung von Konventionen begegnet werden, wie dies z.B. auch in ARIS praktiziert wird. [HeHo95, 1-1 ff.] Insgesamt ist die Notation für den praktischen Einsatz der Modellierung im Sinne einer datengetriebenen Vorgehensweise durchaus geeignet.

Eine Grundeigenschaft des objektorientierten Modells ist die enge Verknüpfung von Daten und Methoden. Durch die Anforderung Kennzahlen und Ableitungsregeln in einem multidimensionalen Modell zusammenhängend darzustellen, ist der objektorientierte Ansatz daher gut geeignet. Der zweite wesentliche Vorteil liegt in der Integration von dynamischen Aspekten, z.B. um den Nachrichtenaustausch zwischen den Informationsobjekten oder zeitliche Abläufe darzustellen. Eine weitere Stärke des objektorientierten Ansatzes ist die Wiederverwendung von immer wiederkehrenden Konstrukten.

Mit Hilfe von Entwurfsmustern können wiederkehrende Entwürfe systematisiert, benannt, erläutert und bewertet werden. [GHJV98, 2] Mit der Anwendung der OOA, OMT und der UML existieren Überlegungen, multidimensionale Konstrukte objektorientiert abzubilden. Der objektorientierten Ansatz bietet einen guten Mittelweg zwischen Verständlichkeit und Ausdrucksstärke von multidimensionalen Modellen.

Literatur

[AHSZ97] ALTENPOHL, U.; HUHN, M.; SCHWAB, W.; ZEH, T.: Datenmodellierung Data Warehouse — ein Lösungsvorschlag mittels ER-Modellierung, Interner Bericht der UAG Guide Share Europe Rhein-Main 1997.

[BePW94] BECKER, J; PRIEMER, J.; WILD, R. G.: Modellierung und Speicherung aggregierter Daten, in: *Wirtschaftsinformatik*, 5/1994, S. 422-433.

[BeWi98] BECKER, J.; WIESE, J.: Modellierung von Controlling-Systemen – Ein Plädoyer für einen betriebswirtschaftlich-fachkonzeptionellen Ansatz, in: *Kostenrechnungspraxis:* Sonderheft, 2/1998, S. 15-21.

[Chen76] CHEN, P.P.: The Entity-Relationship Model – Towards a Unified View of Data, in ACM Transactions on *Database Systems:* 1/1976, S. 9-36.

[Bulo96] BULOS, D.: A New Dimension, in: *Database Programming & Design*: 6/1996, S. 33-37.

[BuFo98] BULOS, D.; FORSMAN, S.: Getting Started with ADAPT, White Paper, San Rafael 1998.

[DaBM88] DAYAL, A.P.; BUCHMANN, A.P., MCCARTY, D.R.: Rules Are Objects Too – A Knowledge Model For An Active Object-Oriented Database Management System, in: DITTRICH, K.R. (Hrsg.): Advances In Object-Oriented Database Systems, Berlin/Heidelberg/New York 1988, S. 129-143.

[GaGl97] GABRIEL, R.; GLUCHOWSKI, P.: Semantische Modellierungstechniken für multidimensionale Datenstrukturen, in: *HMD – Theorie und Praxis der* Wirtschaftsinformatik: 195/1997, S. 18-37.

[GHJV98] GAMMA, E.; HELM, R.; JOHNSON, R.; VLISSIDES, J.: Entwurfsmuster – Elemente wiederverwendbarer objektorientierter Software, Bonn et al. 1998.

[GoMR98] GOLFARELLI, M.; MAIO, D.; RIZZI, S.: Conceptual Design of Data Warehouses from E/R Schemes, in: Proceedings of the Hawaii International Conference On System Sciences, 6.-9.1.1998, Kona, Hawaii, o. S.

[Hars94] HARS, A.: Referenzdatenmodelle – Grundlagen effizienter Datenmodellierung, Wiesbaden 1994.

[HaSc97] HAHNE, M.; SCHELP, J.: Semantische und logische Modellierung mehrdimensionaler Datenstrukturen, Arbeitsberichte des Lehrstuhls für Wirtschaftsinformatik, Ruhr-Universität Bochum 1997.

[HeHo95]   HEß, H.; HOUY, C.: Konventionenhandbuch – für die Arbeit mit dem ARIS-Toolset, Saar-
           brücken 1995.

[HePe98]   HEINE, P.; PETERSON, H.: Interdependenzen zwischen Data-Warehouse, Management-
           informationssystem und Geschäftsprozeßmodellen, in: *Information Management:* 2/1998,
           S. 78-82.

[Holt98]   HOLTHUIS, J.: Der Aufbau von Data Warehouse-Systemen, Wiesbaden 1998.

[MBKP95]   MERTENS, P.; BODENDORF, F.; KÖNIG, W.; PICOT, A.; SCHUMANN, M.: Grundzüge der Wirt-
           schaftsinformatik, 3. Auflage, Berlin/Heidelberg/New York 1995.

[Ortn83]   ORTNER, E.: Aspekte einer Konstruktionssprache für den Datenbankentwurf, Darmstadt 1983.

[Rauh92]   RAUH, O.: Überlegungen zur Behandlung ableitbarer Daten im Entity-Relationship-Modell
           (ERM), in: *Wirtschaftsinformatik:* 3/1992, S. 294-306.

[Raut97]   RAUTENSTRAUCH, C.: Modellierung und Implementierung von Data-Warehouse-Systemen,
           Arbeitspapier, Otto-von-Guericke-Universität 1997.

[RBPE91]   RUMBAUGH, J.; BLAHA, M.; PREMERLANI, W.; EDDY, F.; LORENSON, W.: Object-Oriented
           Modeling and Design, Englewood Cliffs 1991.

[SBHD98]   SAPIA, C.; BLASCHKA, M. ; HÖFLING, G.; DINTER, B.: Extending the E/R Model for the Mul-
           tidimensional Paradigm, Proc. International Workshop on Data Warehouse and Data Mining
           (DWDM, in connection with ER'98), Nov. 19-20, 1998, Singapore,
           http://www.forwiss.tu-muenchen.de/~system42/publications/index.html, 10.12.1998.

[Sche95]   SCHEER, A.-W.: Wirtschaftsinformatik – Referenzmodelle für industrielle Geschäftsprozesse,
           6. Auflage, Berlin/Heidelberg/New York 1995.

[Sche98]   SCHELP, J.: Konzeptionelle Modellierung mehrdimensionaler Datenstrukturen, in: CHAMONI,
           P.; GLUCHOWKSI, P. (Hrsg.): Analytische Informationssysteme, Berlin/Heidelberg/New York
           1998, S. 263-276.

[Stein 93] STEIN, W.: Objektorientierte Analysemethoden – ein Vergleich, in: *Informatik-Spektrum:*
           16/1993, S. 317-332.

[Thom97]   THOMSEN, E.: OLAP Solutions – Building Multidimensional Information Systems, New York
           et al. 1997.

[ToJa98]   TOTOK, A.; JAWORSKI, R.: Modellierung von multidimensionalen Datenstrukturen mit
           ADAPT, Arbeitsbericht Nr. 98/11, Institut für Wirtschaftswissenschaften, Technische Uni-
           versität Braunschweig 1998.

[Toto99]   TOTOK, A.: Semantische und logische Modellierung von multidimensionalen Controllingin-
           formationssystemen – unter besonderer Berücksichtigung von Data-Warehouse- und OLAP-
           Konzepten, Dissertation, Technische Universität Braunschweig 1999.

[Wede81]   WEDEKIND, H.: Datenbanksysteme I: Eine konstruktive Einführung in die Datenverarbeitung
           in Wirtschaft und Verwaltung, 2. Auflage, Mannheim/Zürich 1981.

Umsetzung multidimensionaler Strukturen

Wolfgang Behme, Jan Holthuis, Harry Mucksch

1   Einleitung

Im Mittelpunkt dieses Beitrages steht die Umsetzung multidimensionaler Datenstrukturen in physische Datenbankschemata. Dabei müssen die für ein Data Warehouse typischen Merkmale – z.B. das der Nicht-Volatilität – sowie die Designaspekte wie Denormalisierung, Partitionierung und das Erstellen von Aggregationen berücksichtigt werden.

Generell ist bei der Implementierung zwischen der Umsetzung in physisch multidimensionale und der in relationale Datenbanksysteme zu unterscheiden. Neben der Darstellung der zur Verfügung stehenden Datenstrukturen werden in den nachfolgenden Abschnitten darüber hinaus Grenzen der beiden Implementierungen diskutiert sowie Aspekte zu deren Optimierung vorgestellt.

2   Das multidimensionale Modell als Basis der Implementierung

Unter physisch multidimensionalen Datenbanksystemen werden solche Systeme verstanden, welche die auf konzeptioneller Ebene dargestellten multidimensionalen Datenstrukturen auch in ihren physischen Datenbank- und Speicherstrukturen umsetzen. Sie beinhalten in der Regel ein hohes Maß an Funktionalität zur Analyse der Daten. Bislang besteht jedoch noch kein Standard, welche Grundfunktionalitäten ein multidimensionales Datenbanksystem enthalten muß. Die Funktionalität variiert von System zu System sehr stark. Es gibt weder eine einheitliche Form des Zugriffs, z.B. SQL, noch allseits akzeptierte standardisierte Anwendungs-Programm-Schnittstellen (API). [Rade95, 61] Physisch multidimensionale Datenbanksysteme werden meist von Softwarehäusern angeboten, die in der Vergangenheit in der Entwicklung von Managementunterstützungssystemen aktiv waren.

Innerhalb der physisch multidimensionalen Datenbanksysteme sind inzwischen zwei alternative Richtungen erkennbar. Einerseits gibt es Produktanbieter, die versuchen, alle Daten nur in einer multidimensionalen Matrix zu speichern (Hypercube-Ansatz). Demgegenüber präferieren andere Anbieter die Speicherung in mehreren unterschiedlichen Matrizen für bestimmte Anwendungsgebiete (Multicube-Ansatz).

Dem Hypercube-Ansatz liegt die Problematik dünn besiedelter Matrizen zugrunde - worauf im folgenden Kaptitel eingegangen wird - während sich für den Multicube-Ansatz das Problem einer Verknüpfung von unterschiedlichen Matrizen ergibt. Man spricht in diesem Fall vom sogenannten OLAP-Join.

Beispiele für am Markt erhältliche physisch multidimensionale Datenbanksysteme sind u.a. die Systeme *Express* von *Oracle (früher IRI Software)*, *Holos* von *Seagate Software (früher Holistic Systems)* und *Essbase* von *Applix*.

Erste Implementierungen in Data Warehouse-Umgebungen zeigten, daß diese Systeme keine besonders großen Datenbestände verwalten können. Somit sind sie eher für die Verwaltung von Teilbereichen des Data Warehouses, den sogenannten Data Marts, geeignet.

2.1   Dünn besetzte Matrizen

Die mit multidimensionalen Datenstrukturen erzielbaren Leistungsvorteile verleiten zu der Annahme, daß es Sinn macht, alle Daten des Unternehmens multidimensional zu deklarieren und in einer multidimensionalen Matrix zu speichern. Dieses ist zwar grundsätzlich möglich, es gibt jedoch Gründe, bestimmte Arten von Daten nicht in multidimensionalen Matrizen zu plazieren. Als Beispiel soll die im folgenden dargestellte Tabelle mit Personaldaten dienen.

Sozialversicherungs-nummer	Nachname	Alter
0815	Müller	50
1234	Meier	33
5678	Schulze	46
9101	Schmidt	40
5628	Hartmann	29
5943	Becker	25
2397	Otto	39
007	Bond	55
5962	Fischer	42

Abb. 1: Nicht-multidimensionale Daten [in Anlehung an Kena95, 12]

Überführt man die Personaldaten aus dieser Tabelle in eine multidimensionale Matrix mit den zwei Dimensionen *Nachname* und *Sozialversicherungsnummer*, so müßte eine 9x9 Matrix mit 81 Zellen bereitgestellt werden. Da die Nachnamen und auch die Sozialversicherungsnummern nicht mehrfach auftreten, enthalten lediglich 9 Zellen tatsächlich einen Wert, obwohl die multidimensionale Datenmatrix für 81 Dimensionskombinationen eine Zelle bereitstellt. Die übrigen Zellen beinhalten einen speziellen NA-Wert (NA = not available), um anzuzeigen, daß hierin keine analyserelevanten Daten enthalten sind. [Kena95, 23] Eine Zelle mit NA-Wert erfordert jedoch genauso viel Speicherplatz und Verarbeitungskapazität wie eine Zelle mit einem relevanten Wert. Man spricht in diesem Fall von einer dünn besiedelten Matrix.[1]

Das obige Beispiel verdeutlicht, daß es sich hier nicht um multidimensionale Daten handelt, da nur sehr wenige Beziehungen zwischen den Datenelementen bestehen. Die Wahl einer multidimensionalen Datenstruktur ist in diesem Fall nicht geeignet. Das andere Extrem ist eine vollständig besetzte Matrix, das heißt, alle Zellen sind mit relevanten Werten gefüllt. In der Realität liegen die meisten multidimensionalen Datenbestände zwischen diesen beiden Extremen.

Abbildung 2 verdeutlicht die Zusammenhänge am Beispiel eines Weinhandels.[2] Inhalt der Zellen sind Verkaufsumsatzzahlen; die strukturbestimmenden Dimensionen sind Produkt, Zeitraum und Verkaufsregion.

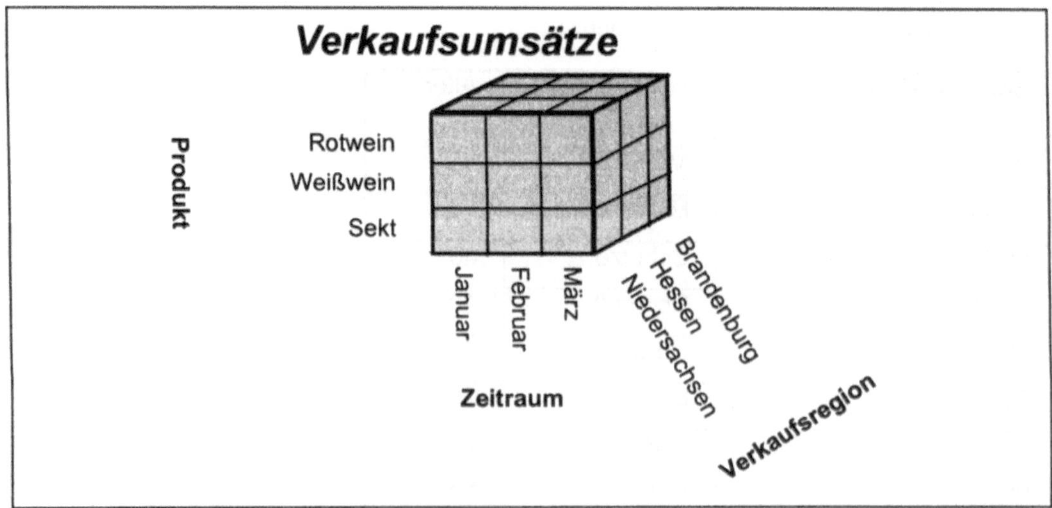

Abb. 2:   Dreidimensionale Matrix [Holt99, 42]

Beim Vergleich der beiden Datenstrukturen fällt auf, daß das Weinmodell zwar ebenfalls nur 9 Datensätze enthält, jedoch 3 mögliche Wertausprägungen für jedes Feld hat. Somit ergibt sich eine 3x3 Matrix mit 9 Zellen, die alle einen Wert enthalten. Dieses Datenmaterial ist in hohem Maße multidimensional, da sich eine vollständig belegte Matrix ergibt. Abbildung 3 stellt beide Beispiele noch einmal einander gegenüber und verdeutlicht die unterschiedliche Eignung von Daten für multidimensionale Strukturen.

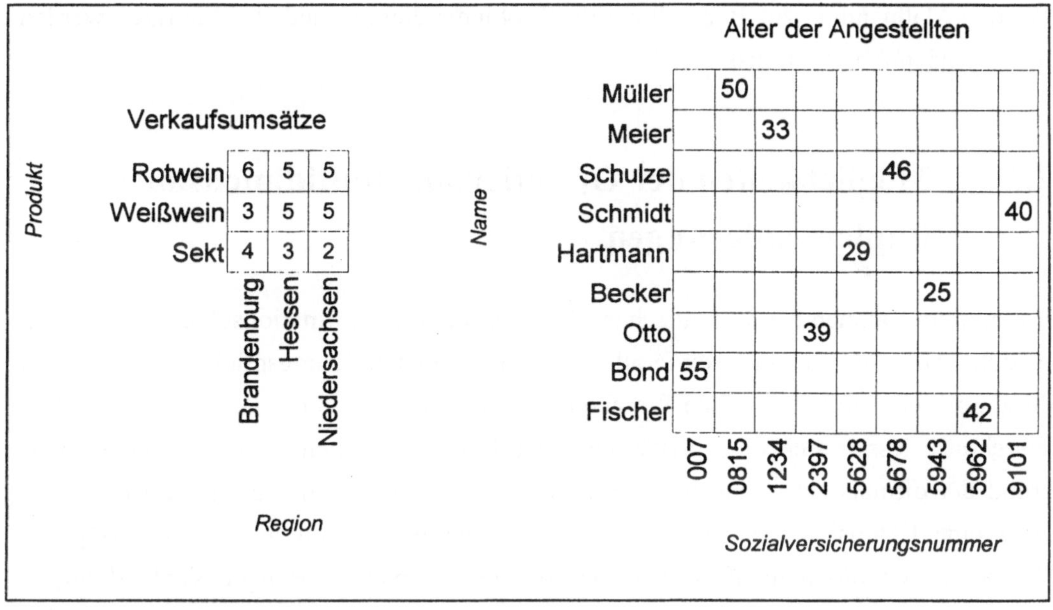

Abb. 3: Vollständig besetzte und dünn besiedelte Matrix

Auch aus Gründen der Zugriffsgeschwindigkeit sollte man vermeiden, nicht-multidimensionale Daten in eine multidimensionale Matrix zu überführen. Im Personaldatenbeispiel benötigt man in der relationalen Struktur lediglich 9 Suchzugriffe, um einen Datensatz ausfindig zu machen. Bei der entsprechenden multidimensionalen Matrix müssen die zwei Dimensionen mit je 9 Positionen mit insgesamt 18 Durchläufen durchsucht werden.

Die relativen Leistungsvorteile einer Speicherung von multidimensionalen Daten in Matrixform nehmen somit zu, je mehr Beziehungen zwischen den Dimensionselementen verschiedener Dimensionen bestehen. Die Beziehungen selbst sind für den Anwender oftmals von größerer Bedeutung als die individuellen Datenelemente, was man als ein wesentliches Charakteristikum eines multidimensionalen Datenbestands festhalten kann.

Multidimensionale Datenbanken benötigen aus Gründen der Performanz und Speicherplatzersparnis spezielle Verfahren zum Umgang mit dünn besiedelten Matrizen auf der physischen Ebene. Ein Ansatz liegt darin, Blöcke mit NA-Werten zu identifizieren, diese zu entfernen und die multidimensionale Matrix zu komprimieren. [Kena95, 23]

Weitere Maßnahmen zur Behandlung des Problems dünn besiedelter Matrizen werden im folgenden Abschnitt diskutiert.

2.2 Möglichkeiten der Optimierung multidimensionaler Implementierungen

Hat man im Rahmen der semantischen Modellierung die Informationsobjekte und deren Beziehungen untereinander sowie alle relevanten Konsolidierungspfade erfaßt, so sind diese im Meta-Modell des Data Warehouses zu hinterlegen. In der Datenbasis des Data Warehouse lassen sich die vollständigen Strukturen mit allen Hierarchieebenen aufgrund der oftmals sehr dünn besiedelten Detailebene nicht eins zu eins umsetzen. Es wäre eine Explosion des Datenumfangs zu erwarten, die durch derzeit verfügbare Datenbanktechnologie nicht zu verwalten ist. Dies sei an einem Beispiel verdeutlicht:

Betrachtet sei eine Artikeldimension mit 25 Positionen auf der Detailebene. Diese einzelnen Artikel werden in der nächsthöheren Hierarchieebene zu 5 Artikelgruppen verdichtet und in der zweiten Hierarchieebene zu einem Gesamtwert. Insgesamt hat diese Dimension 31 Positionen, 25 auf Detailniveau sowie 6 verdichtete Positionen auf höheren Hierarchieebenen. Das Datenvolumen dieser Dimension steigt durch die Vorverdichtung aller Hierarchieebenen um den Faktor 1,24.

Stellt man dieser Dimension eine zweite, strukturidentische Dimension (25 Detailpositionen, 5 Positionen auf 1. Ebene, 1 Position auf 2. Ebene) gegenüber, z.B. die Kundenstruktur, so ergeben sich in der daraus resultierenden Matrix potentiell 625 Zellen mit Daten auf Detailniveau sowie 51 potentiell konsolidierte Zellen. Das Datenvolumen wächst um die Anzahl der konsolidierten Zellen. Unter der Voraussetzung einer 100% gefüllten Matrix wird die Datenbank bei Speicherung aller vorberechneten Werte 1,24 x 1,24 = 1,54 mal größer.

Dieses ist jedoch ein unrealistischer Idealfall, der voraussetzt, daß jeder Einzelkunde jeden Einzelartikel bezieht. Insbesondere bei Handelsunternehmen mit oftmals mehreren tausend Artikeln beziehen einzelne Kunden jedoch nur einen kleinen Ausschnitt aus dem verfügbaren Artikelangebot.

Geht man beispielsweise davon aus, daß die Kunden nur durchschnittlich 6% der Artikel aus dem gesamten Spektrum eines Lieferanten beziehen, so resultiert hieraus eine dünn besiedelte Matrix. Es stehen nur noch sehr wenige Positionen mit Werten auf Detailniveau den potentiellen konsolidierten Positionen gegenüber. Je niedriger nun aber der Füllgrad auf Detailniveau ist, desto größer ist auch das zu erwartende Wachstum des Datenumfangs durch die Vorkalkulation verdichteter Werte. Zwar ist bei niedrigem Füllgrad der Detailzellen auch eine geringere Anzahl an konsolidierten Zellen zu erwarten, jedoch in erheblich geringerem Maß.

Eine im OLAP-Report dargestellte Möglichkeit zur Berechnung eines Faktors für das Wachstum der Datenbasis durch Konsolidierungen stellt der sogenannte **Calculation Growth Factor** (auch als **Compound Growth Factor** bezeichnet; CGF) dar. [PeCr95, 71] Dieser gibt das zu erwartende Wachstum einer Datenbasis durch Hinzufügen einer zusätzlichen dünn besetzten Dimension an. Der CGF berechnet sich aus den geschätzten Daten für zunächst zwei dünn besetzte Dimensionen.

$$CGF = \sqrt{\frac{\text{Anzahl der Einzelelemente} + \text{Anzahl der berechneten Elemente}}{\text{Anzahl der Einzelelemente}}}$$

Um die Ergebnisse für mehr als zwei dünn besetzte Dimensionen zu extrapolieren, potenziert man den CGF mit der Anzahl der dünn besetzten Dimensionen.

Es ist anzumerken, daß dieser Faktor ungleiche Füllgrade auf Detailniveau der Dimensionen nicht berücksichtigt und somit nur Näherungsergebnisse liefert.

Aus einem Vergleich mehrerer Implementierungen ermittelte N. PENDSE einen durchschnittlichen CGF von ca. 2,0 pro Dimension. [Pend, 7] Somit steigt das zu erwartende Datenvolumen durch Vorverdichtungen bei 2 dünn besetzten Dimensionen auf das 4-fache, bei 3 Dimensionen ist es bereits das 8-fache, bei 4 Dimensionen das 16-fache und so weiter.

Zur Vermeidung einer Explosion des Datenbankumfangs sind somit Möglichkeiten zu diskutieren, die eine Reduzierung der multidimensionalen Matrix zur Folge haben. Die Anzahl der leeren Zellen muß reduziert werden, woraus aber möglichst kein Verlust an Aussagekraft und Semantik resultieren sollte. Folgende Ansätze sind hierfür denkbar:

- **Reduktion der Matrixzellen durch den Verbund von Dimensionen (Conjoin)**

Bestehen zwischen den Elementen aus 2 Dimensionen nur sehr wenige Beziehungen, d.h. es resultiert eine hohe Anzahl leerer Zellen aus dieser Gegenüberstellung, so ist die Möglichkeit des Verbunds zweier Dimensionen zu überdenken. Die Elemente der zwei Dimensionen werden dann entlang einer Dimensionsachse abgetragen, wobei die Kombinationen mit einem Wert als neue Dimensionspositionen hinzugefügt werden müssen. Dieses kann zu einer deutlichen Reduzierung der Datenmatrix führen.

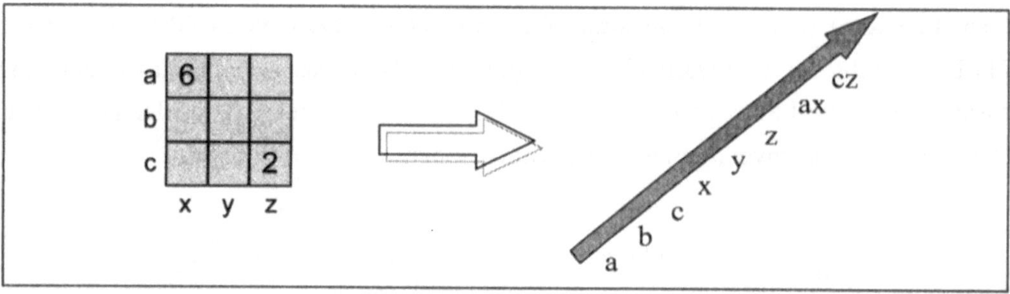

Abb. 4: Verbund von Dimensionen

Hierbei ist jedoch zu berücksichtigen, daß nur solche Dimensionen durch eine Verknüpfung verbunden werden sollten, die semantisch hinreichend nahe beieinander liegen, so daß sie einem aussagekräftigen Oberbegriff zugeordnet werden können. Anderenfalls wäre die Aussagekraft der Datenstruktur für den Endanwender nicht mehr transparent und somit die Akzeptanz des Data Warehouse in Frage gestellt.

Voraussetzung für den Erfolg einer derartigen Maßnahme ist, wie bereits angedeutet, daß die Anzahl der nicht leeren Kombinationen entsprechend niedrig ist. Damit ein Vorteil zu erwarten ist, muß folgendes Verhältnis erfüllt sein:

$$m \times n > m + n + k$$

$m:$ *Anzahl der Positionen der 1. Dimension*

$n:$ *Anzahl der Positionen der 2. Dimension*

$k:$ *Anzahl der möglichen Kombinationen*

- **Reduktion von Hierarchieebenen**

Im semantischen Datenmodell sind grundsätzlich alle analyserelevanten Ebenen einer Dimensionshierarchie abgebildet. Dieses in einer Datenbank abzubilden, ist zum Teil jedoch unmöglich oder aber mit einem ungerechtfertigt hohen Aufwand verbunden. Eine Möglichkeit zur Reduzierung des physischen Arrays in der Datenbank sowie einer gleichzeitigen Verkürzung der Zeit für Verdichtungsoperationen, besteht in einer Reduktion der abgebildeten Hierarchieebenen, d.h. einer Abflachung der Hierarchie durch Herausnahme nicht unbedingt benötigter Verdichtungsebenen. In diesem Fall kommt es jedoch zu einer Abweichung zwischen Datenbankschema und dem umfangreicheren semantischen Modell. Das semantische Modell muß dann im Meta-Datensystem des Data Warehouse abgebildet sein, damit bei einer Benutzerabfrage erkannt werden kann, ob die gewünschte Information bereits in der Datenbank enthalten ist, oder ob sie durch eine Berechnung erzeugt werden muß. N. PENDSE geht sogar soweit, daß er für eine multidimensionale Datenbankstruktur mit mehr als fünf dünn besiedelten Dimensionen von jeglicher Vorverdichtung abrät. [Pend, 9] Für derartige Strukturen ist eine Berechnung von verdichteten Werten zur Laufzeit der Abfrage zu empfehlen.

Die Entscheidung für das Maß der Vorverdichtung hängt von einer Vielzahl von Faktoren ab. Diese sind u.a.:

- technologische Gegebenheiten (Hardware-, Software- und Netzwerkcharakteristika),

- die durchschnittliche Anzahl der gleichzeitig auf die Daten zugreifenden Endbenutzer und

- die Komplexität der Berechnungen.

3 Das relationale Modell als Basis der Implementierung

3.1 Fakten und Dimensionen

Die grundlegende Prämisse bei der multidimensionalen Modellierung im relationalen Umfeld ist die Klassifikation von Daten in zwei Gruppen: Fakt- und Dimensionsdaten. Faktdaten stellen die Kerndatenelemente mit meist quantitativer Natur dar, z.B. Umsatzzahlen oder Kostengrößen. Diese sind in der Regel numerisch und stehen im Mittelpunkt der Datenanalyse. [Poe96, 121] Oft werden die Fakten auch als betriebswirtschaftliche Variablen oder Kennzahlen (engl. Variables, Facts, Measures) bezeichnet. Somit stehen - in Analogie zur multidimensionalen Matrix - in der Fakttabelle die gleichen Werte wie in den Zellen der Matrix. Die Anzahl der möglichen Datensätze in der Fakttabelle entspricht der Anzahl der belegten Zellen. Die Faktdaten machen den wesentlichen Anteil der Datenvolumens aus (ca. 70-75%). Daher ist es äußerst wichtig, die Struktur der Informationen richtig zu erfassen, denn eine Umstrukturierung ist sehr zeitaufwendig.

Demgegenüber besitzen die Dimensionsdaten deskriptiven Charakter und beschreiben die relevanten Geschäftsdimensionen. Sie stellen die Attribute zu den Faktdaten dar und beinhalten die einzelnen Ausprägungen innerhalb der Dimension. Ihnen entsprechen die Positionen entlang der Dimensionsachsen einer multidimensionalen Matrix. Verursacht durch geschäftliche Veränderungen (z.B. durch regionale Umorganisationen) werden sich die Dimensionsdaten von Zeit zu Zeit ändern, während die Faktdaten über die Zeit unverändert bleiben.

Beide Datengruppen – Fakt- und Dimensionsdaten – werden in Tabellen gehalten. Die Verbindung der beiden Tabellentypen erfolgt über Schlüssel. Die Primärschlüssel der Dimensionstabellen sind die Fremdschlüssel der Fakttabellen. Die Gesamtheit der Fremdschlüssel bilden zusammen den Primärschlüssel der Fakttabelle.

Ein Sonderfall im Zusammenhang mit Fakttabellen stellen die sogenannten „Factless Fact Tables" (faktenlose Fakttabellen) dar. [Kimb96, 143ff.] Es handelt sich hierbei um Fakttabellen, die keine echten betriebswirtschaflichen Variablen beinhalten. KIMBALL unterscheidet zwei typische Anwendungsfälle: Event Tracking Tables (Ereignisverfolgungstabellen) und Coverage Tables (Überlagerungstabellen). Ein Beispiel für solch eine Ereignisverfolgungstabelle ist die Teilnahme an einer Universitätsvorlesung. Die Tabelle erhält als Attribute lediglich die Fremdschlüssel der Dimensionstabellen (in diesem Fall Vorlesung, Student, Professor, Hörsaal und Zeit). Das Zählen der Einträge stellt die Aggregation dar (in SQL ein COUNT). Möglich ist an dieser Stelle auch ein künstliches Faktum (Attribut Teilnahme) mit dem konstanten Wert eins.

Neben dieser Möglichkeit das Eintreten von Ereignissen abzubilden, lassen sich mit Hilfe von faktenlosen Fakttabellen auch Fragestellungen nach nicht eingetretenen Ereignissen abbilden. KIMBALL führt in diesem Zusammenhang das Beispiel von beworbenen aber nicht verkauften Produkten an. [Kimb96, 148] Für die verkauften Produkte gibt es eine Fakttabelle, für die beworbenen Produkte die Überlagerungstabelle.

3.2   Klassen relational-basierter Schemata

Im folgenden werden die gängigen Modelle zur Modellierung eines Data Warehouses auf Basis relationaler Datenbanken dargestellt. Diese Modelle haben zum Ziel, multidimensionale Datenstrukturen in die relationale Welt zu übertragen.

3.2.1   Star-Schema

Im Zentrum des Star-Schemas steht die Fakttabelle mit den entsprechenden Daten. Um diese Fakttabelle herum ist für jede repräsentierte Dimension eine Tabelle angeordnet. Verknüpfungen bestehen nur mit der Fakttabelle; die Dimensionstabellen sind nicht miteinander verknüpft. Hieraus entsteht eine sternförmige Anordnung der Tabellen mit der Fakttabelle als Zentrum des Sterns und den Dimensionstabellen als Endpunkte der Zacken.

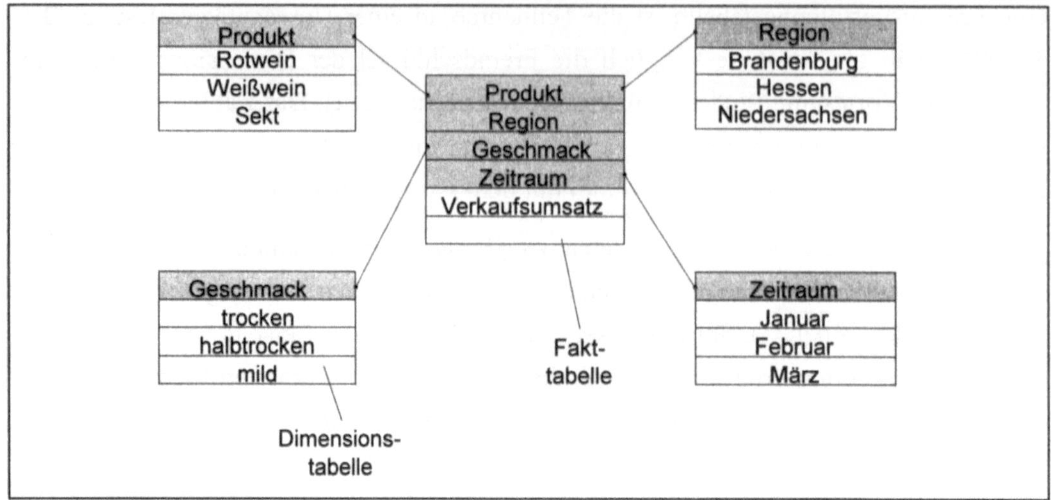

Abb. 5: Star-Schema

Fakttabellen in einem Star-Schema umfassen nicht selten mehr als 10 Millionen Datensätze. Die Dimensionstabellen sind zwar vergleichsweise kleiner; bei einer Zeitdimension können sie aber dennoch 1.000 Datensätze und mehr enthalten. Im Falle einer Artikeldimension eines Warenhauses sind sogar bis zu 100.000 Datensätze denkbar.

3.2.2   Galaxie

In einigen Fällen mag die Modellierung eines Star-Schemas mit nur einer Fakttabelle
ausreichen. Dieses ist jedoch nur dann gegeben, wenn mehrere Faktdaten (z.B. Verkaufsumsätze und Kosten) durch genau dieselben Dimensionen beschrieben werden.
Die Geschäftssituation ist in der Regel jedoch komplexer, da sehr viele Fakten mit sehr
unterschiedlichen Dimensionen existieren. Daher werden alle Fakten, die die gleiche
Dimensionierung haben, in einer Fakttabelle zusammengefaßt, so daß für eine adäquate
Modellierung mehrere Fakttabellen notwendig sind. Das hieraus entstehende Gebilde
heißt Multi-Fakttabellen-Schema oder Galaxie. [McGu98] In diesem Schema können
verschiedene Faktdaten durch teils unterschiedliche und teils gleiche Dimensionen beschrieben sein. (vgl. Abbildung 6)

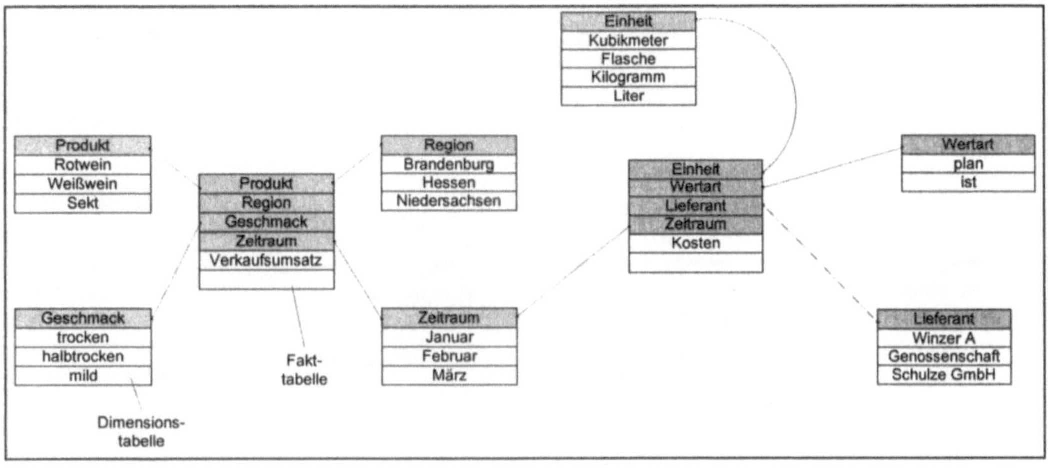

Abb. 6: Multi-Fakttabellen-Schema

3.2.3   Fact Constellation Schema

Im klassischen Star Schema werden die aggregierten sowie die Basis-Faktdaten in der gleichen Tabelle gehalten. Die Unterscheidung der Hierarchieebene erfolgt in den Dimensionstabellen über ein eigenes Attribut „Ebene".

Im Fact Constellation Schema werden die aggregierten Daten jeweils in eigene Fakttabellen ausgelagert. Dadurch erspart man sich in den Dimensionstabellen das Attribut „Ebene" und die Performance wird durch die kleineren aggregierten Fakttabellen verbessert.

3.2.4   Snowflake-Schema

In den bisher dargestellten Schemata sind die Dimensionstabellen denormalisiert. Um die großen Datenbestände in den Dimensionstabellen zu verringern, kann man durch Normalisierung einzelner, sehr großer Dimensionstabellen ein Star-Schema in ein sogenanntes Snowflake-Schema überführen. [Stan95, 13 ff.] Der Name Snowflake leitet sich aus der zusätzlichen strukturellen Komplexität ab.

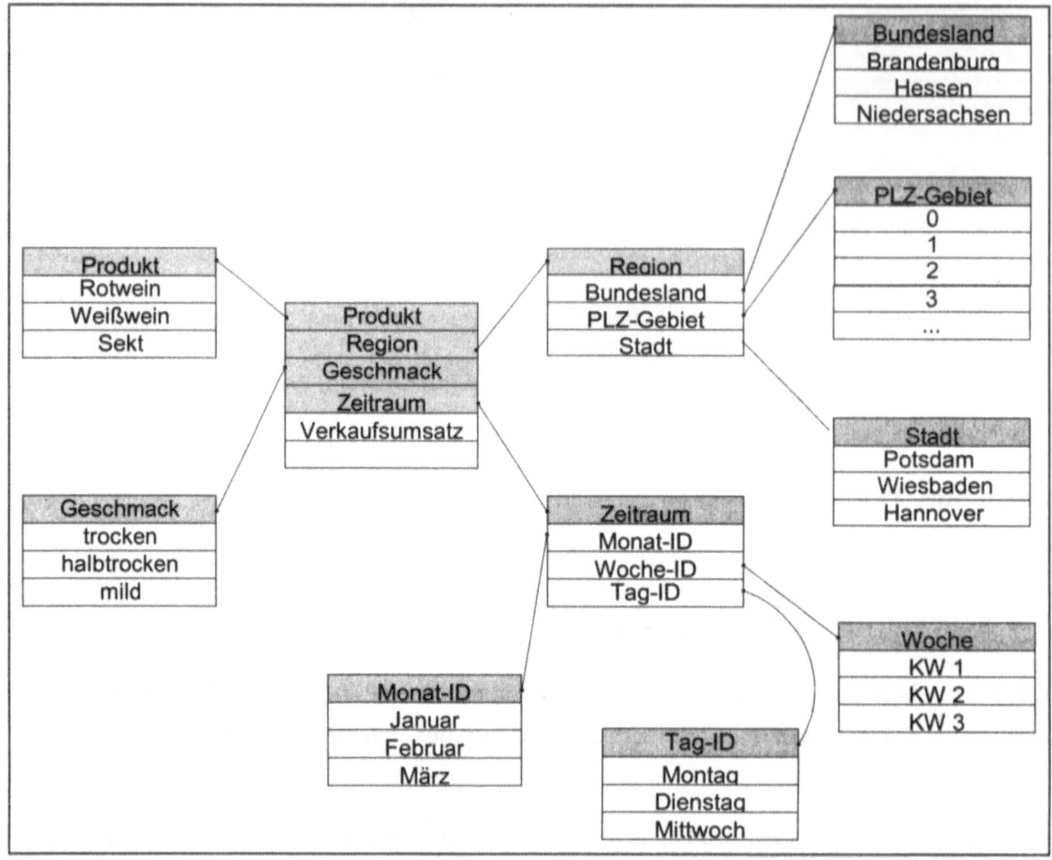

Abb. 7: Snowflake-Schema

Die Dimensionstabellen enthalten nicht mehr alle Dimensionselemente, sondern lediglich Daten über die Dimensionshierarchien, das heißt ein Tupel für jede Hierarchieebene. Die Dimensionstabellen sind über die Schlüsselattribute sowohl mit der zentralen Fakttabelle als auch mit den Attributtabellen, welche die deskriptiven Informationen über die Dimensionselemente enthalten, verknüpft. Der Vorteil dieser Struktur liegt in teilweise deutlich kürzeren Zugriffszeiten.

Startet man nun eine Abfrage, die die Verkaufsumsätze geordnet nach einzelnen Monaten einander gegenüberstellt, so müßte man sowohl im Star-Schema als auch im Snowflake-Schema die Zeitdimensionstabelle nach dem Kriterium *Monat* durchsuchen. Liegt ein Star-Schema zugrunde, müßte dabei die gesamte 1.000 Zeilen umfassende Zeitdimensionstabelle mit der Fakttabelle per Join verbunden werden, um die Monatsinformation zu erhalten.

Im Snowflake-Schema ist dagegen die Monatstabelle von der Zeitraumtabelle abgespalten. Die benötigte Information wird hier aus der verdichteten Zeitraumtabelle und der 12 Zeilen umfassenden Monatstabelle gewonnen.

Gegenüber dem Star-Schema liegt der Nachteil des Snowflake-Schemas in der höheren Komplexität, die es erschwert, durch die Snowflake-Struktur zu navigieren. Dieser Nachteil tritt insbesondere dann auf, wenn traditionelle Abfragetools, wie z.B. Report-Writer eingesetzt werden.

Leistungsverbesserungen und Speicherplatzeinsparungen durch ein Snowflake-Design wiegen den Nachteil der höheren Komplexität nur dann auf, wenn die Dimensionstabellen sehr groß sind und auch sehr viele Attribute auf niedrigen Ebenen der Dimensionshierarchie existieren.

4 Möglichkeiten der Optimierung relationaler Implementierungen

4.1 Problembereiche

Die Speicherung von multidimensionalen Daten in einem Star Schema bedeutet, daß es aufgrund der vielfältigen Verknüpfungsmöglichkeiten unter den Dimensionen zu einer enorm großen Anzahl von Datensätzen in den Fakttabellen kommen kann. Je größer die Datenbestände in einer Datenbank werden, desto negativer wirkt sich dies auf die Leistungsfähigkeit und das Antwortzeitverhalten des Systems aus. Einige spezielle Probleme, die RDBMS mit sich führen, werden im folgenden diskutiert. [ReBr95, 2 ff.]

Die meisten Abfragen, die von Entscheidungsträgern formuliert werden, beziehen sich auf mehrere Tabellen. Traditionelle relationale DBMS können jedoch bei Abfragen nur zwei Tabellen gleichzeitig durch einen Join verbinden. Ist es erforderlich, mehr als zwei Tabellen zu verknüpfen, so ist dies nur durch eine Aneinanderreihung paarweiser Joins möglich. In Abfragen typischer OLTP-Anwendungen ist dies keine besondere Beeinträchtigung, wohl aber in Data Warehouse-Umgebungen, denen Strukturen wie das Star Schema zugrunde liegen, und somit die Notwendigkeit besteht, auf mehr als zwei Tabellen gleichzeitig zuzugreifen.

Die Reihenfolge, in der die Joins miteinander verknüpft werden, hat eine enorme Auswirkung auf die Performanz des Systems. Die Anzahl der durchzuführenden Kombinationen steigt exponentiell mit der Anzahl der beteiligten Tabellen. Die Anzahl der Möglichkeiten zur paarweisen Verknüpfung von N Tabellen ist N! (N Fakultät).

Einige Datenbanksysteme verweigern Abfragen, die zu viele Tabellen verknüpfen. [ReBr95, 4] Aufgrund dessen ist die Bestimmung der Reihenfolge bei der Verknüpfung von besonderer Bedeutung. Die Ermittlung der günstigsten Verknüpfungsreihenfolge verlängert jedoch die Ablaufzeit für die eigentliche Abfrage.

Weil die Anzahl der paarweisen Kombinationen für eine vollständige Auswertung einer Abfrage meist zu groß ist, wählen traditionelle RDBMS Teilmengen für die Auswertung aus. Wie diese Teilmengen gebildet werden, ist von System zu System recht unterschiedlich, jedoch wird in der Regel mit Tabellen begonnen, zwischen denen direkte Beziehungen auf der Basis von Schlüsselattributen existieren. Im Star Schema bestehen solche Beziehungen zwischen der Fakttabelle und den einzelnen Dimensionstabellen. Unter den einzelnen Dimensionstabellen selbst existieren keine solchen Beziehungen, weshalb diese Strategie für Star Schemata ungeeignet ist.

Darüber hinaus sind traditionelle RDBMS nicht in der Lage, aus einer Menge paarweiser Verknüpfungen den besten Join zur Ausführung herauszugreifen. In der Regel analysieren die Systeme die Abfrage und wählen den besten Join durch Schätzung des zu erwartenden Ergebnisumfangs. Diese Schätzungen sind aus den Datenvolumina der beiden beteiligten Tabellen abgeleitet und somit für eine Data Warehouse-Umgebung, in der komplexe Abfragen mehrere Tabellen - einschließlich der umfangreichen Fakttabelle - gleichzeitig verbinden müssen, ungeeignet. Der Schätzfehler würde sich bei der sukzessiven Hinzufügung weiterer Schätzungen stets vergrößern.

4.2   Vorverdichtungsstrategien

Das Ziel bei der Erstellung von Vorverdichtungen ist es, auf Basis konsistenter Dimensionen Summenstrukturen zu erzeugen, die aus Performanzgründen vorberechnet und im Data Warehouse gehalten werden. Dieser Performanz-Gewinn wird in erster Linie dadurch erreicht, daß die abzufragende Datenmenge durch bereits gespeicherte Teilergebnisse wesentlich verringert wird.

Diese Strategie basiert auf der Annahme, daß die meisten Abfragen lediglich eine verdichtete Untermenge von den Daten (z.B. Produktgruppen statt Produkte) bzgl. einer Dimension betreffen und selten auf den größtmöglichen Detaillierungsgrad heruntergehen.

Im voraus ist es schwierig, eine Aussage darüber zu treffen, welche Faktdaten in welcher Granularität vorgehalten werden sollten. Daher dienen die folgenden Aspekte lediglich als Anhaltspunkte für eine mögliche Vorverdichtung [McGu98]:

- Der Verdichtungsfaktor (compression factor) ist sehr klein, d.h. die Anzahl der vorhandenen Zeilen ist wesentlich größer als die Anzahl der angezeigten Zeilen.

- Der Hierarchieaufbau der Dimension, über die die Verdichtung ablaufen soll, ist sehr komplex (z.B in Form von nicht ausbalancierten Bäumen).

- Oftmals bestehen die Berechnungsfunktionen, die bei einer Verdichtung angewendet werden, aus komplexen Algorithmen, die weit über Summen- oder Durchschnittsfunktionen hinausgehen. Dies ist bei finanzmathematischen Auswertungen häufig der Fall.

Falls man sich für eine Vorverdichtung entschieden hat, ist zu klären, wieviel Werte vorberechnet werden und in welche Tabelle diese Vorverdichtungen gestellt werden (vgl. Abschnitt 3.2).

4.3   Partitionierungsstrategien

Ein weiterer Ansatz zur Gewährleistung eines performanten Zugriffs auf die Daten in einem Data Warehouse ist die Partitionierung sehr großer Tabellen, wie z.B. der Fakttabellen. Dem Benutzer der Datenbanktabellen bleibt die Partitionierung jedoch verborgen, da die Fakttabelle weiterhin als eine logische Einheit betrachtet wird.

Für die Datenbankadministration bleibt die Aufgabe, die Kriterien für die Partitionierung zu bestimmen. Oftmals gilt für eine Vielzahl von Abfragen, daß sie sich auf einen relativ kurzen Zeitraum oder ein begrenztes Verkaufsgebiet beziehen. Diese Verhaltensweise wird in der Partitionierungsstrategie des Data Warehouses berücksichtigt. So werden z.B. Daten eines Monats oder einer Woche in eine Partition gelegt, so daß der durchsuchende Datenbestand relativ klein wird. Die Partitionen der Fakttabelle sollen auf unterschiedlichen Platten / Tablespaces liegen, so daß die I/O-Kanäle nicht zum Engpaß werden und das Datenbankmanagementsystem Potentiale für mögliche Parallelverarbeitungen erhält (vgl. Abschnitt 4.8).

Neben der Leistungsoptimierung gibt es weitere Gründe für eine Partitionierung. Die Verwaltung von mehreren hundert GB in einer Tabelle, z.B. beim Erstellen oder Ändern von Indexen, ist umständlich. Für einzelne Partitionen ist dies wesentlich einfacher möglich.

Auch für die Datensicherung empfielt sich die Partitionierung. Inaktiv gesetzte Partitionen (z.B. für Historiendaten) werden mit einem Leserecht versehen und brauchen nur einmal gesichert zu werden. Weitere Sicherungen sind nicht nötig, da die Daten nicht mehr verändert werden können.

Man unterscheidet unterschiedliche Arten der Partitionierung. Das sogenannte „Range Partitioning" partitioniert die Tabelle entlang der Ausprägungen einer Dimension. Beispielsweise kann die Zeitdimension nach Monaten partitioniert werden. Jede Partition enthält damit die zu dem Monat gehörenden Datensätze. Leider ist es durch eine derartige Einteilung oftmals nicht möglich, in etwa gleich große Partitionen zu schaffen (z.B. ist die Anzahl der Verkäufe in einem Warenhaus saisonal sehr unterschiedlich (Weihnachtsgeschäft)). Abhilfe schafft das sogenannte „Hash Partitioning", bei dem die Verteilung vom Datenbankmanagementsystem übernommen wird. Der Administrator gibt lediglich den Partitionierungsschlüssel in Form eines Attributes und die Anzahl der gewünschten Partitionen vor. Eine Mischform der beiden vorgestellten Methoden stellt das „Composite Partitioning" dar. [Ora99, 17 ff.]

4.4   Star-Joins und Star-Indizes

Ein Ansatz zur Lösung des eingangs beschriebenen Join-Problems besteht im gleichzeitigen Verknüpfen von mehr als zwei Tabellen. Mit einem sogenannten Multitabellen-Join zielt man auf eine gleichzeitige Verknüpfung von mehreren Dimensionstabellen mit der Fakttabelle ab, ohne daß das volle Kartesische Produkt gebildet werden muß.

Für die Durchführung eines Multitabellen-Joins ist aus Performanzgründen eine Indexierung der Fakttabelle erforderlich. Der Index muß für eine oder mehrere Fremdschlüsselspalten der Fakttabelle gebildet werden.[3]

Die Firma *Red Brick Systems* hat einen Algorithmus für einen parallelisierbaren Multi-tabellen-Join zum Einsatz im Star-Schema entwickelt und bezeichnet diesen als STAR Join. Der zugehörige Index heißt entsprechend STAR Index. [ReBr95, 6 ff.]

In einem Test von *Red Brick Systems* erwies sich der Ansatz der Ermittlung des Kartesi-schen Produkts etwa 3,5 mal besser als der einfache paarweise Ansatz. Der Multitabel-len-Join ist dem gegenüber 28 mal effizienter als der Kartesische-Produkt-Ansatz und 101 mal so effizient wie das herkömmliche Verfahren mit paarweisen Joins. [ReBr95, 8]

4.5   Standard-Indizierung

In der klassischen Datenbanktechnik werden seit nahezu 20 Jahren B- und B*-Baum-Indizes als Suchstrategien eingesetzt. Sie sind besonders gut geeignet, wenn gleichzeitig Update- und Query-Prozesse unterstützt werden müssen. [Nußd99, 220] Weiterhin sind B- und B*-Baum-Indizes für Attribute mit einer hohen Selektivität hervorragend geeig-net. Selektivität bezeichnet dabei das Verhältnis zwischen den eindeutigen Werten einer Spalte und der Gesamtzahl der vorhandenen Zeilen. Ist das Ergebnis - wie bei typischen Data Warehouse-Datenbanken - hingegen relativ klein (< 1%), so spricht man von einer geringen Selektivität.

In Data Warehouses, wo üblicherweise keine Online-Updates durchgeführt werden, steht der lesende Zugriff auf die gespeicherten Daten im Mittelpunkt der Betrachtung. Bei den großen zu lesenden Datenmengen im Rahmen von Data Warehouse-Queries sind B- und B*-Baum-Indizes von ihrer Struktur her zu umfangreich. Ihr Einsatz benö-tigt entsprechend viele Plattenzugriffe, d.h., der Leseprozeß wird verlangsamt.

Des weiteren sind Standard-Indizierungstechniken bei Attributen mit geringer Selek-tivität ungeeignet, so daß dann in der Regel sequentielles Lesen bevorzugt wird, was aber in Star-Strukturen inakzeptabel ist.

4.6   Bitmap-Indexing

An dieser Stelle bieten Bitmaps bzw. Bitlisten Abhilfe. Für jeden existierenden Attri-butwert wird eine Bitliste angelegt, die so viele Positionen enthält, wie es Tupel in der

Fakttabelle gibt. Eine 1 in der Bitliste weist auf den entsprechenden Attributwert in einem Datensatz hin (Treffer), während eine 0 das Nichtvorhandensein des Attributwerts anzeigt.

Das Beispiel in Abbildung 8 zeigt eine Tabelle mit 13 Datensätzen (Zeilen) und einem Attribut Produkt mit den drei möglichen Ausprägungen Rotwein, Weißwein und Sekt.

TID	Rotwein	Weißwein	Sekt
1	0	0	1
2	0	1	0
3	0	1	0
4	0	1	0
5	1	0	0
6	0	0	1
7	0	1	0
8	1	0	0
9	0	0	1
10	1	0	0
11	1	0	0
12	0	0	1
13	0	0	1

Abb. 8: Bitlisten für die Spalte Produkt der Fakttabelle „Verkaufsumsatz"

Die Bitlisten allein sind noch nicht wesentlich performanter als herkömmliche Indizes mit Trefferlisten aus Tupelidentifikatoren. Der eigentliche Vorteil liegt bei logischen Verknüpfungen durch Abfragen mit komplexeren Selektionen, wie z.B. AND, OR, NOT und COUNT. In diesem Fall wird die Bitliste für das eine Merkmal der Bitliste für das andere Merkmal gegenübergestellt und - dem Verknüpfungsperator entsprechend - eine Ergebnis-Bitliste erzeugt. In Abbildung 9 wurde eine UND-Verknüpfung vorgenommen. Die dazu gehörende SQL-Abfrage sehe wie folgt aus:

```
select *

from VERKAUF

where produkt = ‚Rotwein' und region = ‚Hessen'
```

Abb. 9: Beispielanfrage

Die Ergebnis-Bitliste enthält nur die gleichzeitigen Treffer-Bits beider Merkmale.

```
Rotwein      0000100101100
Hessen       0010101000101


Ergebnis:    0000100000100
```

Abb. 10: UND - Verknüpfung mit Bitlisten

Diese Art von Operationen lassen sich sehr effizient in Programmiersprachen wie C implementieren und benötigen nur Bitoperationen, die schnell auf sehr niedrigem Maschinenniveau ausgeführt werden.

Eine Integration von Bitmap-Technologie ist jedoch nur dann sinnvoll, wenn ein System nicht ständigen Strukturveränderungen unterliegt. Ansonsten wäre der Aufwand zur Pflege und Reorganisation der Indizes zu hoch.

Bei sehr ungleichmäßiger Häufigkeitsverteilung der Attributwerte kann man die Bitlisten mittels geeigneter Verfahren komprimieren. [Reut96, 31] Dieses muß allerdings auf die AND-, OR-, NOT- und COUNT-Operationen abgestimmt sein.

4.7   Sampling

Oftmals wollen sich Entscheidungsträger bei einer Abfrage an das Data Warehouse zunächst erst einen Überblick verschaffen. Die Abfrage bezieht aber schnell mehrere Millionen Detailwerte aus der Fakttabelle ein. Dieses ist meistens noch gar nicht notwendig, um einen ersten "Eindruck" von den Daten zu bekommen. Eine Beispielmenge bzw. eine Stichprobe ergeben für den Anwender oft schon ein ausreichend genaues Ergebnis und es käme darüber hinaus zu einer deutlich kürzeren Antwortzeit.

Aus diesem Grunde beginnt die Sampling-Idee mit der Analyse zunächst auf einem relativ hohen Verdichtungsniveau. Man bildet Ausschnitte von Daten niedriger Granularität und legt diese in temporären Tabellen (Sample-Tabellen) als Stichprobenmenge ab. Diese stehen nun auch anderen Applikationen zur weiteren Nutzung zur Verfügung.[4] Hat der Endanwender sich an seinen Sachverhalt herangearbeitet, kann er zur Verfeinerung zwecks höherer Genauigkeit eine vollständige Analyse auf den Daten der Fakttabelle durchführen. Die in den Sample-Tabellen enthaltenen Stichproben liefern ein zum Teil bereits über 90%-ig genaues Ergebnis.

4.8   Parallelisierung

Ein häufig eingesetztes Mittel zur Minderung der Performanzprobleme ist die Parallelisierung. Dies gilt sowohl für den Hardware- als auch für den Software-Bereich.

4.8.1   Hardware

Die richtige Wahl des Servers trägt sehr wesentlich dazu bei, die Anforderungen an die im Data Warehouse-Bereich vorhandenen Datenmengen performant zu bewältigen. Zur Zeit gibt es eine Reihe unterschiedlicher Architekturen, die eine Hardware-seitige Parallelisierung unterstützen.

Symmetric Multi-Processing-Systeme (SMP) bestehen aus mehreren gleichberechtigten Prozessoren, die sich den Speicher und die Laufwerke teilen (vgl. Abbildung 11), d.h. daß ein Prozeß von allen Prozessoren eines Rechners ausgeführt werden kann und i.d.R. auch im Laufe der Abarbeitung auf unterschiedlichen Prozessoren abläuft. Eine Begrenzung dieser Architektur ist durch die Länge und die Belastungsbandbreite des Kommunikationsbusses (Systembus) gegeben. Je mehr Prozessoren parallel geschaltet sind, um so höher ist der Verwaltungsaufwand zwischen den Prozessoren. Die Folge ist ein Abknicken der Leistungskurve ab einer bestimmten Anzahl eingesetzter Prozessoren (vgl. Abbildung 12).

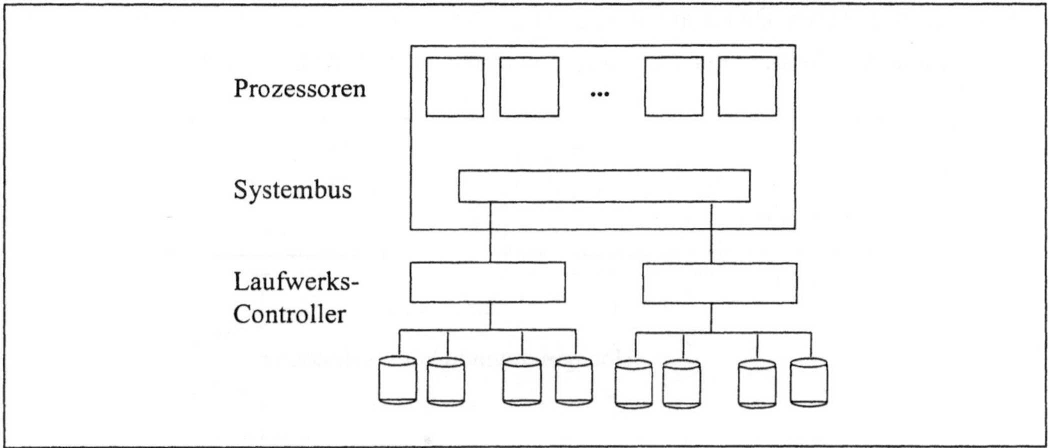

Abb. 11: SMP-System [AnMu97, 191]

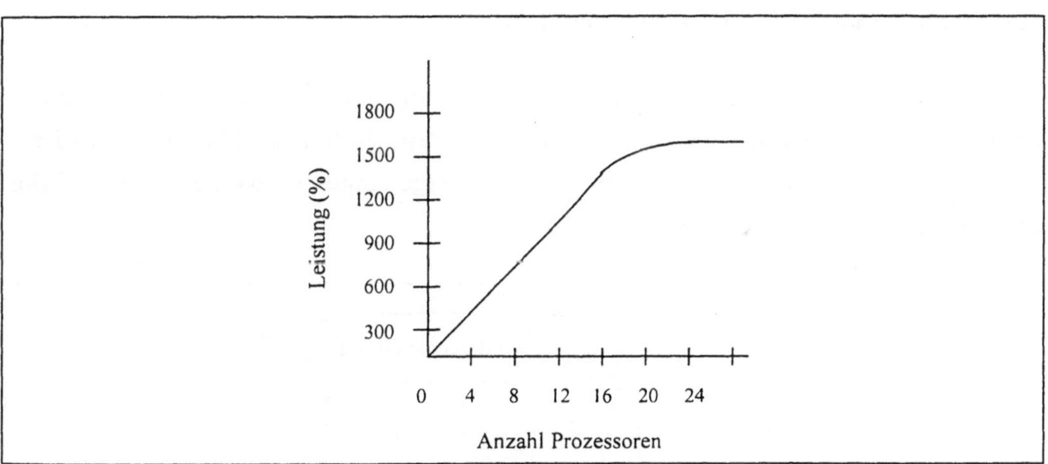

Abb. 12: Typische Leistungskurve von SMP-Systemen [AnMu97, 192]

Clustering bedeutet den losen Zusammenschluß von mehreren SMP-Systemen über eine Hochgeschwindigkeitsverbindung, so daß alle Rechner auf gemeinsame Laufwerke zugreifen (vgl. Abbildung 13).

Die maximale Ausbaustufe für eine Hardware-seitige Parallelisierung heißt MPP (**Massively Parallel Processing**). Hierbei besteht ein Datenbank-Server aus mehreren eigenständigen Knoten mit jeweils eigenem Speicher und Laufwerken. Die Knoten sind untereinander über eine Hochgeschwindigkeitsverbindung zusammengeschlossen. Falls die zu verarbeitenden Daten auf unterschiedlichen Platten liegen, ist auf diese Weise eine parallele Abarbeitung der Abfragen gewährleistet (vgl. Abbildung 14)

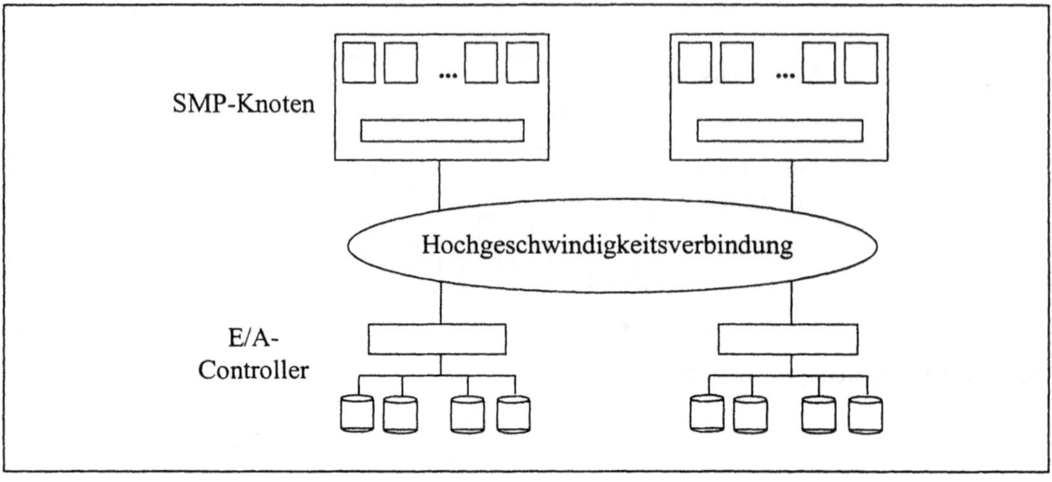

Abb. 13: Cluster aus SMP-Systemen [AnMu97, 192]

Verringert sich durch den Einsatz paralleler Technologien die Ausführungszeit einer einzelnen Abfrage, spricht man von einem **Speed Up**. [Rahm94, 311] Dieser wird erreicht, indem mehr Rechnerressourcen für die Abfrage eingesetzt werden, ohne daß die zu verarbeitende Datenmenge erhöht wird.

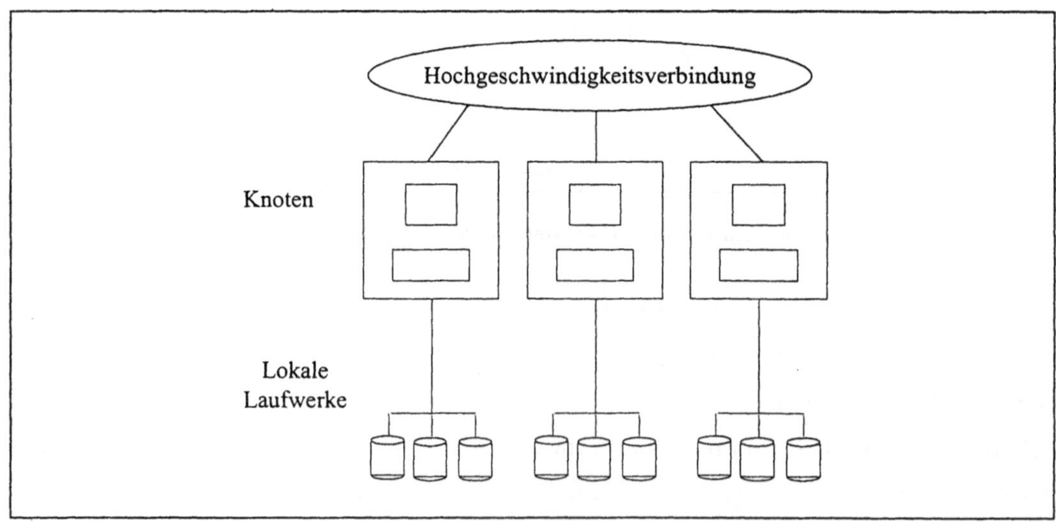

Abb. 14: MPP-System [AnMu97, 194]

Das Durchführen zusätzlicher Arbeiten, ohne negative Beeinflussung der Ausführungszeit, nennt man **Scale Up**. [Rahm94, 312 f.] Hierzu setzt man weitere Rechnerressourcen ein, um so den Zeitbedarf für die zusätzlich zu verarbeitenden Daten kompensieren zu können.

Die meisten RDBMS verfügen mittlerweile über Möglichkeiten zur parallelen Abfrage in der einen oder anderen Form. Oftmals sind parallele Lösungen jedoch schwer skalierbar, entweder weil die Arbeit nicht zerlegbar ist, oder weil die parallelen Prozesse miteinander koordiniert werden müssen.

Parallele Technologie in Verbindung mit traditionellen OLTP-RDBMS verursacht Kosten, denen jedoch ein in der Regel unterproportionaler Leistungszuwachs folgt. Eine Erweiterung von 10 auf 20 CPU's führt oftmals nur zu einer Reduzierung der Ausführungszeit einer Abfrage von bisher 60 Minuten auf 45 Minuten, anstatt auf einen zu erwartenden Speed Up-Wert von 30 Minuten. Bei weiteren zusätzlichen CPU's vergrößert sich dieses Problem normalerweise und führt im Extremfall sogar zu einer Verlangsamung der Abfrage. [ReBr95, 6] Die Gründe liegen darin, daß die Abfrage nicht in eine willkürliche Anzahl von Teilen zerlegt werden kann und die einzelnen Teilprozesse oftmals untereinander koordiniert werden müssen. Neben den Scale Up-Problemen gibt es auch physikalische Beschränkungen hinsichtlich der Anzahl von CPU's, die derzeitige Systeme vernünftig verwalten und steuern können, z.B. ca. 30 CPU's für SMP Systeme. [ReBr95, 6]

Letztlich besteht bei größeren parallelen Systemen aufgrund ihrer Komplexität die Gefahr einer geringeren Zuverlässigkeit sowie einer höheren Anfälligkeit für Systemzusammenbrüche. Daher ist entscheidend, daß parallele Technologie nur dann eingesetzt wird, wenn die auszuführende Aufgabe auch hiervon profitiert.

Obwohl parallele Technologien eine bedeutende Komponente im Data Warehouse-Konzept darstellen, reicht deren Einsatz allein nicht aus, um die Einschränkungen klassischer RDBMS zu überwinden.

4.8.2 Software

Neben der Hardware-seitigen Parallelisierung, bei der mehrere Aufgaben gleichzeitig abgearbeitet werden können, gibt es auch eine Software-seitige Parallelisierung [Nußd99, 218]:

- Tabellen, die auf mehrere Platten verteilt sind, können durch parallele Scan-Operationen parallel durchsucht werden.

- Ein Sortierprozeß kann aufgespalten werden, um so einzelne Teilmengen parallel vorzusortieren und anschließend das Gesamtergebnis zusammenzuführen.

- Große Datenmengen können parallel auf verschiedene Platten geladen werden.

Literatur

[AnMu97] ANAHORY, S; MURRAY, D.: Data Warehouse: Planung, Implementierung und Administration, Bonn 1997.

[BiMR00] BIETHAHN, J.; MUCKSCH, H.; RUF, W.: Ganzheitliches Informationsmanagement, Band 2: Entwicklungsmanagement, 3., unwesentlich veränderte Auflage, München/Wien 2000.

[Holt99] HOLTHUIS, J.: Der Aufbau von Data Warehouse-Systemen, Konzeption – Datenmodellierung – Vorgehen, 2. Auflage, Wiesbaden 1999.

[Kena95] KENAN TECHNOLOGIES: An Introduction to Multidimensional Database Technology, Whitepaper 1995.

[Kimb96] KIMBALL, R.: The Data Warehouse Toolkit: Practical techniques for building Dimensional Data Warehouses, New York 1996.

[McGu98] McGuff, F.: Designing the Perfect Data Warehouse, URL: http://members.aol.com/fmcguff/dwmodel (Abruf: 30.09.1999).

[Nußd99] NUßDORFER, R.: Moderne Technologie für leistungsfähige DW-Datenbanken, in: CHAMONI, P.; GLUCHOWSKI, P. (Hrsg.): Analytische Informationssysteme, 2., neubearbeitete Auflage, Berlin et al., 1999, S. 213-230.

[Orac99] ORACLE8i for Data Warehousing, An Oracle Technical White Paper, ohne Ort 1999.

[PeCr95] PENDSE, N.; CREETH, R.: The OLAP-Report, ohne Ort 1995.

[Pend] PENDSE, N.: The OLAP Report - Database Explosion, a.a.O. URL: http://www.olapreport.com/databaseexplosion.htm.

[Poe96] POE, V.: Building a Data Warehouse for Decision Support, Upper Saddle River 1996.

[Rade95] RADEN, N.: Data, Data Everywhere, in: *Information Week:* October 30, 1995, S. 61.

[Rahm94] RAHM, E.: Mehrrechner-Datenbanksysteme, Grundlagen der verteilten und parallelen Datenbankverarbeitung, Bonn/Paris/Reading 1994.

[ReBr95] RED BRICK SYSTEMS: Star Schemas and STARjoin Technology, Whitepaper, Los Gatos 1995.

[Reut96]   REUTER, A.: Das müssen Datenbanken im Data Warehouse leisten, in: *Datenbank Focus:* 2/1996, S. 28-33.

[Stan95]   STANFORD TECHNOLOGIES GROUP: Designing the Data Warehouse On Relational Databases, Whitepaper, San Francisco 1995.

Anmerkungen

[1] In der anglo-amerikanischen Literatur wird dieser Sachverhalt mit dem Begriff *sparse data* bezeichnet.

[2] Vgl. das Beispiel in: HOLTHUIS, J.: Grundüberlegungen für die Modellierung einer Data Warehouse-Datenbasis.

[3] Diese Form der Indexierung entspricht im wesentlichen dem Inverted File Konzept. Vgl. hierzu [BiMR00, 152 ff.]

[4] Umgesetzt ist dieser Ansatz beispielsweise im Produkt INFORMIX-MetaCube.

Objektorientierte Datenbanksysteme für den Einsatz im Data Warehouse-Konzept

Thomas Ohlendorf

Inhalt

1   Einleitung

Die rasante Entwicklung der Informationstechnologien wird auch im Bereich der Datenbanksysteme sichtbar. Ein Schlagwort hierbei lautet „Objektorientierung". Dabei stellt
sich die Frage, inwieweit sich dieses Paradigma für die Lösung bestehender Konzepte
und Aufgaben einsetzen läßt. In diesem Beitrag wird untersucht, ob objektorientierte
Datenbanksysteme für die DV-technische Realisierung der Datenbasis im Data
Warehouse-Konzept geeignet sind. Hierzu werden den besonderen Charakteristika und
Anforderungen einer Data Warehouse-Datenbank die Möglichkeiten und Eigenschaften
objektorientierter Datenbanken gegenübergestellt. Es sei an dieser Stelle
vorweggenommen, daß eine allgemeingültige Aussage über die Eignung
objektorientierter Datenbanksysteme (oder gar einzelner objektorientierter Datenbankprodukte) im Rahmen dieses Beitrags nicht erfolgen kann. Hierzu ist jeweils eine unter-
nehmensspezifische Evaluierung erforderlich, zumal die derzeit am Markt befindlichen
objektorientierten Datenbanksysteme heterogene Eigenschaften besitzen. Dennoch
lassen sich Aussagen über die generelle Eignung objektorientierter Systeme für das Data
Warehouse-Konzept treffen.

2   Anforderungen an Datenbanksysteme für das Data Warehouse-Konzept

Mit dem Data Warehouse wird eine gesonderte Datenbasis beschrieben, die getrennt
von operationalen Datenbanksystemen eine einheitliche und logisch zentrale (replizite)
unternehmensweite Datenversorgung bildet, in der ein Benutzer relativ leicht die von
ihm gesuchten Informationen in gewünschter Kombination und Aufbereitung finden
kann. [Inmo93], [IBM95] Im folgenden wird aus Vereinfachungsgründen der Begriff
Data Warehouse synonym zur Datenbankkomponente als Datenbasis im Data Warehouse-Konzept verwendet.

Neben allgemeinen Anforderungen an ein Datenbanksystem (z.B. Datenunabhängigkeit,
-konsistenz, -integrität, -sicherheit und -manipulation) die in der Regel von kommerziell
verfügbaren Systemen erfüllt werden, lassen sich aus den typischen Data Warehouse-

Charakteristika spezielle Anforderungen ableiten [Inmo93, 121 ff.], [HoMR95, 9 ff.], die zur besseren Unterscheidung in funktionale und praktische Anforderungen unterteilt werden. Funktionale Anforderungen beziehen sich auf die Effektivität des Datenbanksystems:

- Reichhaltige Datenmodellierung: Betriebswirtschaftliche Sachverhalte müssen anwendungsneutral modelliert und vorgehalten werden können, um eine hohe Auswertungsflexibilität für verschiedene Applikationen und dynamische Informationsbedarfe der Entscheidungsträger zu ermöglichen. [Inmo93, 76 ff.] [HoMR95, 11]

- Unterstützung einer integrierten Meta-Datenbank: Informationen über Schemabeschreibungen, Datenzugriffe, Datenquellen, Vorlagen für häufige Analysen und Integritätsregeln des Data Warehouses sind aus Sicht des Endnutzers vorzuhalten. [IBM95, 5], [Inmo93, 133 ff.]

- Unterstützung unterschiedlicher Daten-Granularitäten: Neben der expliziten Modellierung und Speicherung feinster (atomarer) Datenstrukturen gehört auch die statische oder dynamische Abbildung verschiedener Aggregations- und Verdichtungsstufen dazu. [Inmo93, 105 ff.], [HoMR95, 23] [BePW94, 422 ff.]

- Reichhaltige modellimmanente Strukturkomponenten des Datenbanksystems: Das Data Warehouse sollte in der Lage sein, aus heterogenen internen und externen Datenquellen sowohl stark strukturierte (z.B. mehrdimensionale Datenstrukturen [CoCS93]), flache Datenstrukturen oder sogar unstrukturierte Daten (z.B. multimediale Daten wie Text, Grafik oder Ton) abzubilden. [Inmo93, 173 ff.]

- Berücksichtigung der Nicht-Volatilität: Die Dauerhaftigkeit der Daten sollte durch Design und die Struktur des Datenbanksystems explizit berücksichtigt werden können. [HoMR95, 22]

Mit den praktischen Anforderungen, die tendenziell den hohen Qualitätsmerkmalen funktionaler Anforderungen entgegenlaufen, werden Effizienzaspekte (Performance, Wirtschaftlichkeit) des Data Warehouse-Datenbanksystems betrachtet:

- Schnelle Zugriffsmechanismen: Für Performante Auswertungen werden wegen des hohen Datenumfangs bei gleichzeitiger Multiuserfähigkeit geeignete Soft- und Hardwarearchitekturen erforderlich. Gute Parallelisierungseigenschaften und eine geschickte Verteilung der Datenzugriffe bei teilweise redundanter Datenhaltung können hierfür hilfreich sein.

- Unabhängigkeit zu den im Unternehmen bestehenden DV-Systemen: Gute Anbindungsmöglichkeiten zu vor- und nachgelagerten DV-Systemen durch Verwendung geeigneter Transformationsprogramme, die den Datentransfer aus heterogenen operativen Systemen (Importierbarkeit) und weiterverarbeitenden Auswertungssystemen (Exportierbarkeit) ermöglichen. [HoMR95, 13 ff.]

- Deaktivierbarkeit von Locking-Mechanismen: Besonders im Multiuserbetrieb sollte es aus Gründen der Performance (Systementlastung) bei fast ausschließlich lesenden Zugriffen möglich sein, die Locking-Mechanismen wahlweise zu deaktivieren [HoMR95, 10], [Inmo93, 130]

- Benutzer-transparente Komprimierungs- und Dekomprimierungsverfahren: Für die Minimierung des Speicherplatzbedarfs sollte das Datenbanksystem besonders für die speicherintensiven multimedialen Datenobjekte über geeigente Verfahren verfügen. [Inmo93, 129]

- Skalierbarkeit: Das Datenbanksystem sollte die i.d.R. langangelegte Aufbauphase des Data Warehouses durch Erweiterbarkeit in Umfang und Struktur unterstützen. Daneben ist eine effiziente Datenarchivierung mit Hilfe verschiedener Speichermedien entsprechend ihrer Frequentierung zu fordern. [HoMR95, 17]

- Darüber hinaus gibt es eine Reihe weiterer Anforderungen wie die effiziente Verarbeitung von Daten variabler Länge und die Anbindung an Programmiersprachen. [Inmo93, 121 ff.]

Die aufgeführten Anforderungen bilden die Grundlage zur Beurteilung unterschiedlicher Datenhaltungskonzepte und sind entsprechend unternehmensindividuellen Gegebenheiten zu erweitern und zu gewichten. Hierbei ist zu beachten, daß eine Beurteilung nur bei gleichzeitiger Betrachtung des zugrundeliegenden logischen Datenmodells (graphenorientiert, relational, objektorientiert), des Datenbanksystems, der Datenstruktur sowie der Hard- und Softwarearchitektur sinnvoll ist.

3 Stärken und Schwächen konventioneller Datenmodelle

Auf dem hohen Abstraktionsniveau semantischer Datenmodelle zur konzeptionellen Modellierung relevanter Realitätsausschnitte (Diskurswelt) werden Aspekte der DV-technischen Umsetzung ausgeklammert. Logische Datenmodelle beziehen dagegen explizit die rechnergestützte Umsetzung in ihr Modell mit ein. Datenbanksysteme[1] beruhen auf einem logischen Datenmodell und werden dadurch entscheidend geprägt. Konventionelle Datenbanksysteme basieren auf graphenorientierten (hierarchisch, netzwerkorientiert) oder relationalen Datenmodellen. Obwohl die graphenorientierten Datenbanksysteme eine hohe Produktreife und durch ihren strukturellen Aufbau auch eine hohe Performance aufweisen, können wesentliche Anforderungen an ein Data Warehouse wie Anwendungsneutralität, Abbildung komplexer Datenstrukturen und Auswertungsflexibilität kaum erfüllt werden.

Die meisten Autoren legen direkt oder indirekt das relationale Datenmodell dem Data Warehouse zugrunde. [Inmo93], [IBM95], [HoMR95] Daß dieses ein gangbarer Weg ist zeigen viele praktische Data Warehouse-Lösungen. Das relationale Datenmodell stellt alle Datenbankinhalte in Tabellenform (Relationen) dar. Die Spaltenüberschriften einer Tabelle werden als Attribute bezeichnet. Jeder einzelne Sachverhalt wird durch Attributsbelegung als Zeile (Tupel, Instanz) einer Relation abgebildet. Eine relationale Datenbank kann eine unbestimmte Anzahl solcher Tabellen beinhalten. [Gril87]

Zu den Vorteilen relationaler Datenbanksysteme gehören ihr hoher Reifegrad, die Einfachheit des Relationenmodells sowie der weit verbreitete SQL-Standard für Datenbanksprachen. Deren deklarativer Charakter (der Benutzer fragt nach dem „Was", muß aber das „Wie" nicht festlegen) begünstigt den Einsatz einfacher Anfrageoptimierer unter Ausnutzung algebraischer Eigenschaften der relationalen Sprache. Moderne relationale Datenbanksysteme besitzen die Einbettung der Datenbanksprache in eine Programmiersprache (embedded SQL), die es erlaubt, der Forderung des Data Warehouse-Konzepts nachzukommen und entsprechende Importfunktionen, Transformations- sowie Komprimierungs- und Dekomprimierungsprogramme zur Verfügung zu stellen. Die bisher im Unternehmen verwendeten (konventionellen) Programmiersprachen können weiterbenutzt werden. Durch Indizierung der Datensätze wird auch bei großen Daten-mengen eine hohe Performance bei einfachen (vorhersehbaren) Datenbankanfragen erreicht. Datenbankintern wird dies z.B. durch B-Bäume (Bayer-Baum) realisiert, wo-durch es möglich wird, die Datensuche mit logarithmischem Laufzeitverhalten durchzu-führen. Innerhalb einer Relation kann somit schnell auf einzelne Datensätze zugegriffen werden, sofern für die Suchkriterien ein entsprechender Index vorliegt. Die Indizierung an sich ist sehr zeitaufwendig und kann wegen der hohen Auswertungsflexibilität bei weitem nicht für alle beliebigen Suchkriterien vorgehalten werden, muß jedoch wegen der im Data Warehouse vorliegenden Nicht-Volatilität nur nach (periodischen) Daten-ergänzungen durchgeführt werden.

Den Vorteilen relationaler Datenbanksysteme als Datenhaltungskonzept für ein Data Warehouse stehen eine Reihe von Nachteilen gegenüber. Ein Modellierungsdefizit rela-tionaler Datenbanken ist es, daß Beziehungen zwischen Inhalten der Relationen in der Datenbank nicht bekannt sind, sondern erst durch die (SQL-) Anfragen zum Ausdruck kommen. Dadurch wird ein flüssiges Navigieren aus Sicht eines unerfahrenen Endbe-nutzers schwierig. [Günt95, 160 f.] Ein gewisser Ausgleich kann nur durch aufwendige Front End-Werkzeuge geschaffen werden, die jedoch zu einer signifikanten Verschlech-terung der Performance führen. Zudem bedeuten sie einen „Impedance Mismatch" zwi-schen Datenbanken und Programmiersprachen, um die Unvollständigkeit relationaler Sprachen auszugleichen und damit ein Verlust an Deklarativität. [Jian94, 375] CODD/CODD/SALLEY stellen daher generell die Eignung relationaler Datenbanksysteme zur Behandlung mehrdimensionaler Datenstrukturen für analytische Zwecke in Frage. [CoCS93, 7 f.]

Desweiteren reichen die Fähigkeiten relationaler Datenbanksysteme nicht aus, um kom-plexe, unstrukturierte Daten effizient zu verwalten. Insbesondere multimediale Daten, wie sie in Zukunft vermehrt besonders aus externen Datenquellen für das Data Ware-house zu erwarten sind, können nur unzureichend mit den armen Typsystemen relatio-naler Datenbanksysteme dargestellt werden. [DeBr94, 164 ff.] Bei Data Warehouse-Lösungen mit relationalen Datenbanksystemen sind multidimensionale Daten daher gesondert zu halten, was im Gegensatz zu der angestrebten einheitlichen Datenhaltung steht.

Besonders ineffizient sind relationale Datenbanksysteme, wenn für eine Anfrage oder Auswertung mehrere Relationen miteinander verkettet werden müssen (Join-Operationen). In einem Data Warehouse können diese durch die Ganzheitlichkeit und Anwendungsneutralität des Ansatzes sehr umfangreich sein. Dieses Problem kann teilweise durch Denormalisierung der Datenbestände ausgeglichen werden. [Inmo93, 91 ff.] Dieser Ansatz kann wegen der Nicht-Volatilität der Daten im Data Warehouse aus Performancegründen (Zugriffszeit) angewandt werden, eine vollständige Denormalisierung erscheint aber unrealistisch. Dabei besteht die Gefahr, eine anwendungsneutrale (normalisierte) Datenstruktur gegen eine für bestimmte Zwecke optimierte Datenstruktur auszutauschen und damit die Auswertungsflexibilität einzuschränken. Darüber hinaus ist mit einem erhöhten Speicherplatzbedarf zu rechnen.

Traditionelle relationale Datenbanksysteme sind im Prinzip auf eine Transaktionsverarbeitung operativer Systeme ausgerichtet und besitzen daher Mechanismen, die für reine Informationsanfragen wie sie für das Data Warehouse charakteristisch sind, weniger geeignet erscheinen. [Roth95, 7] Im folgenden Abschnitt wird deshalb untersucht, ob objektorientierte Datenbanksysteme besser für die Bewältigung der spezifischen Anforderungen an ein Data Warehouse geeignet sind.

4   Objektorientierte Datenbanksysteme im Data Warehouse-Konzept - eine Alternative?

4.1   Objektorientierte Konzepte

Grundidee objektorientierter Konzepte ist die unmittelbare Abbildung von Objekten der realen Welt in Objekte der Systemwelt. Noch immer ist dieses Thema einer hohen Dynamik unterworfen, zumal der Begriff „Objektorientierung" oft eine Art „Gütesiegel" darstellt mit der sich Softwareprodukte besser verkaufen lassen. Dennoch lassen sich einige grundlegende Merkmale objektorientierter Konzepte nennen: Objekte und Klassenbildung, Klassenhierarchien und Vererbung sowie Polymorphie. [Heue92]

Objekte sind als wohlunterscheidbare Einheiten (Objektidentität) zu verstehen, die einen inneren Zustand besitzen, der durch Attribute beschrieben wird und nur mittels vordefinierter Methoden manipuliert werden kann (Datenkapselung). Diese Schnittstelle regelt, welche Methoden öffentlich verwendet werden können und welche dem internen Gebrauch des Objektes vorbehalten bleiben. Dadurch wird mit Objekten von inneren Details abstrahiert. Nach außen zugesagte Leistungen werden eigenverantwortlich von Objekten erbracht. Hierzu können Methoden eines Objektes auch Botschaften an andere Objekte versenden, um wiederum deren Dienste in Anspruch zu nehmen.

Das Konzept der Klassenbildung kommt dem umgangssprachlichen Klassifizieren sehr nahe. Klassen stellen eine Art Schablone dar. Objekte mit gleichen Eigenschaften (Attribute und Methoden) werden zu Klassen zusammengefaßt bzw. über sie erzeugt. Dieses entspricht der Bildung von abstrakten Datentypen in konventionellen Systemen. In einer Klasse werden nicht nur die Datentypen der Objekte, sondern auch deren Verhalten (Methoden) beschrieben. Eine auf die Daten der Klasse aufgerufene Operation wird als Nachricht an das Objekt interpretiert.

Klassen, die sich in einigen Punkten ähneln, aber auch unterschiedliche Eigenschaften aufweisen, können in objektorientierten Systemen mit Hilfe von Klassenhierarchien dargestellt werden. Dies wird durch das Konzept der Vererbung ermöglicht. Eine Unterklasse (Spezialisierung der Oberklasse) erbt die Attribute und Methoden ihrer Oberklasse, weist jedoch weitere (spezielle) Attribute und Methoden auf. Durch das Vererbungsprinzip kann eine komplexe Hierarchie von Klassen aufgebaut werden, die man sich als zyklenfreien gerichteten Graphen vorstellen kann. Entsprechend dem Konzept der Wiederverwendbarkeit können so globale Klasseneigenschaften einmalig an übergeordneter Stelle definiert werden.

Polymorphismus erlaubt die Verwendung von Konstrukten, bei denen zur Programmübersetzung nicht festgestellt werden kann, welche Ausprägung einer Methode aufgerufen werden soll bzw. welcher Klasse ein Objekt zur Laufzeit angehört. Technisch gesehen wird dieses Konzept durch dynamisches Binden ermöglicht, d.h., die Verbindung des Namens mit der referenzierten Methode bzw. dem referenzierten Objekt erfolgt erst zur Laufzeit.

4.2 Objektorientierte Datenbanksysteme

Objektorientierte Datenbanksysteme besitzen kein mathematisches Modell und können daher nicht so scharf abgegrenzt werden wie dies für relationale Datenbanksysteme möglich ist. Eine oft zitierte Grundlage ist in diesem Zusammenhang das „Object-Oriented Database System Manifesto" [ABWD89], das zu einer gewissen Stabilisierung der Diskussion beigetragen hat. Hierin stellen ATKINSON et al. sehr hohe Anforderungen an objektorientierte Datenbanksysteme. Insbesondere sollen die funktionalen Charakteristika konventioneller Datenbanksysteme beibehalten werden, zu denen die persistente Verwaltung von Daten, Unterstützung heterogener Hintergrundspeicher, ein komplexes Transaktionskonzept (Mehrbenutzerbetrieb, Sicherheit) sowie die Unterstützung mengenorientierter, deklarativer Anfragen gehören. [ABWD89] Sie stehen daher nicht im Gegensatz zu relationalen Datenbanksystemen, sondern ergänzen diese.

Ein objektorientiertes Datenbanksystem ist ein auf einem objektorientierten Datenmodell mit Strukturteil, Operationenteil (Anfrage- und Datenmanipulationssprache) und höheren Konzepten basierendes System, welches durch anwendungsspezifische Datentypen und Funktionen erweiterbar ist, weitere allgemeine Datenbankeigenschaften besitzt, effiziente Speicherungsstrukturen und Zugriffspfade aufweist sowie neben der Datenbanksprache auch eine komplette Programmierumgebung beinhaltet. [HeSa95, 119]

Das zugrundeliegende objektorientierte Datenmodell beinhaltet die folgenden Detailkonzepte [DiGe95, 16 ff.], [ABWD89, 3 ff.]:

- Objektidentität: Unabhängig von ihren Attributwerten sind einzelne Objekte (Instanzen) eindeutig über ihre lebenslang unveränderten Objektidentifikatoren (Surrogate) identifizierbar. Dennoch sind weiterhin auch benutzerdefinierte Schlüssel zu unterstützen. Neben dieser Entitätenintegrität wird auch die referenzierte Integrität gewährleistet, da Beziehungen zwischen Objekten auch auf Basis dieser Surrogate hergestellt werden. Im Gegensatz zu relationalen sind somit in objektorientierten Datenbanksystemen viele Integritätsbedingungen modellimmanent enthalten. [Heue92, 332]

- Zusammengesetzte Objekte: Dieses Konzept unterstützt den Aufbau komplexer Objekte, die selbst wieder aus Objekten zusammengesetzt werden können (Teil-von-Struktur), d.h. ein Attributwert eines Objektes verweist auf ein anderes Objekt („lose" Assoziation). Beliebig verschachtelte Strukturen, die die Umweltsituationen direkt abbilden können, sind möglich.

- Klassen: Ein Klassenkonzept - wie in Abschnitt 4.1 beschrieben - ist vorzusehen.

- Definierbarkeit von Klassen durch Systembenutzer: Neben den vom System vorgefertigten Klassen sind Mechanismen vorzuhalten, die es den Systembenutzern ermöglichen, weitere Klassen hinzuzufügen. Insbesondere wird es dadurch möglich, benutzerdefinierte Operationen als Methoden für Klassen bzw. Objekte einzufügen.

- Berechnungsvollständigkeit: Zur Formulierung der Methoden (vgl. Abschnitt 4.1) ist eine vollständige Sprache (beliebige Algorithmen sind möglich) notwendig.

- Einkapselung: Die strenge Einkapselung von Objekten (vgl. Abschnitt 4.1) steht mit den Erfordernissen an Datenbanken in einem prinzipiellen Konflikt. Deshalb ist dieses Konzept für Datenbanksysteme - insbesondere für lesende Zugriffe - abzuschwächen.

- Klassenhierarchien und Vererbung: Diese Konzepte sind - wie bereits in Abschnitt 4.1 beschrieben - von Datenbanksystemen zur Verfügung zu stellen.

- Überladen und Überschreiben: Überladen ermöglicht das Verwenden gleicher Namen für verschiedene Botschaften; durch Überschreiben kann eine Methode einer Oberklasse innerhalb einer Klassenhierarchie durch eine Unterklasse neu definiert werden (vgl. Polymorphie in Abschnitt 4.1).

Ein Problem beim Zugriff auf Daten in objektorientierten Datenbanksystemen ist das Fehlen modellimmanenter Datenbankoperationen. Deshalb werden sie durch Standard-Methoden ersetzt, die in allgemeine Klassen aufgenommen werden, und somit durch Vererbung allen anderen Klassen zur Verfügung stehen. [Heue91, 236] Ein Grundproblem dieser Vorgehensweise ist darin zu sehen, daß Methoden als Anfrageoperationen nicht dem Datenmodell an sich, sondern (mit Ausnahme der elementaren Funktionen, die für alle Klassen Gültigkeit besitzen) bestimmten Klassen zugeordnet werden, die dann entsprechend auf das jeweilige Anwendungsproblem (hier das Data Warehouse) ausgerichtet sind. Dieses widerspricht jedoch dem Wunsch nach Neutralität der Datenbanksprache. [Rein95, 108]

Um ein gewisses Maß an Kompatibilität unter den verschiedenen kommerziellen objektorientierten Datenbanksystemen zu erreichen, beschäftigt sich die ODMG (Object Data Management Group), eine Untergruppe der OMG (Object Management Group), seit 1990 mit der Standardisierung dieser Systeme. Der Standard soll die Entwicklungsrichtlinien angleichen und die unterschiedlichen objektorientierten Datenbankmodelle und Anfragesprachen vereinheitlichen, wie dies für relationale Datenbanksysteme mit dem SQL-Standard bereits geschehen ist, sich für die mächtigen Konstrukte objektorientierter Datenbanksysteme jedoch ungleich schwieriger darstellt. Erste Erfolge sind dabei bereits zu verzeichnen (ODMG-93-Standard). [HeSa95, 125 ff.]

Für weitergehende Darstellungen objektorientierter Datenbankkonzepte wird auf die einschlägige Literatur verwiesen [ChSt93], [Heue92], [DiGe95]. Erste objektorientierte Datenbanksysteme sind seit 1987 verfügbar und werden ständig weiterentwickelt. Eine Übersicht am Markt befindlicher Produkte geben [Blum97], [MeWü95], [Küng94].

4.3 Objektorientierte Datenbanksysteme für das Data Warehouse

Den spezifischen Anforderungen des Data Warehouse-Konzepts an ein Datenbanksystem (vgl. Abschnitt 2) werden im folgenden die Möglichkeiten und Eigenschaften objektorientierter Datenbanksysteme gegenübergestellt, um so ihre Eignung zu überprüfen. Zunächst wird dabei auf die funktionalen Anforderungen (Verwaltung unterschiedlicher Datenstrukturen, anwendungsneutrale Modellierung, Auswertungsflexibilität, Meta-Daten, Granularitätsdifferenzierung, Nicht-Volatilität) eingegangen.

Es ist festzuhalten, daß alle Modellierungsmöglichkeiten relationaler Datenmodelle auch von objektorientierten Datenmodellen zu leisten sind. Darüber hinaus gibt es jedoch eine Vielzahl von Erweiterungen, wie sie in Abschnitt 4.2 aufgezeigt wurden. Gerade die Schwachstellen der relationalen Modelle (flache Strukturen) werden beseitigt. Während im relationalen Modell nur Relationstypen zur Verfügung stehen, bieten objektorientierte Modelle mächtige Konstrukte (vgl. Abschnitt 4.2). Die geforderten reichhaltigen modellimmanenten Strukturkomponenten sind in objektorientierten Datenbanksystemen enthalten. Unterschiedliche Umweltsemantiken können somit adäquat abgebildet werden. Andererseits steigt durch die Vielzahl heterogener Konstrukte die Komplexität objektorientierter Datenbankschemata erheblich an. [Rein95, 105]

Ein Beispiel soll die Möglichkeiten objektorientierter Datenmodelle in bezug auf für das Data Warehouse typische multidimensionale Datenstrukturen aufzeigen, die es Entscheidungsträgern erlauben, betriebswirtschaftlich relevante Daten aus unterschiedlichen Blickwinkeln zu betrachten. [HoMR95, 11 u. 19 ff.], [CoCS93, 18 f.] Die Abbildung 1 stellt diesen Sachverhalt in objektorientierter COAD/YOURDON-Notation [CoYo90] auf Typ-Ebene dar. Die möglichen Umweltdimensionen werden als Subklasse der Oberklasse DIMENSION^2 zugeordnet. Hierzu gehören beispielsweise die Dimensionen PRODUKT (z.B. Produktfamilie, Produktgruppe, Artikel), REGION (z.B. Land, Gebiet, Bezirk) und ZEIT (z.B. Monat, Quartal, Jahr). [BeSc93, 7] Durch Kombination der Dimensionen können „Würfel" aufgebaut werden, innerhalb derer ein Datenanalyst navigieren kann. Die Klasse WÜRFELFELD setzt sich aus einer Teilmenge aller Dimensionen zusammen, was in Abbildung 1 durch eine Aggregationsbeziehung beschrieben wird. Eine beliebige Instanz der Klasse WÜRFELFELD setzt sich somit jeweils aus genau einer Instanz der für den ausgewählten Würfel relevanten Dimensionen zusammen. Ein weiteres Navigationskriterium ist die betriebswirtschaftliche KENNGRÖßE (z.B. Umsatz, Absatz, Deckungsbeitrag), die zusammen mit dem Dimensionstupel eine eindeutige Bestimmung eines atomaren Datums, also einer Instanz der Klasse ATOM-DATUM, mit einem entsprechend zugewiesenen Wert festlegt. Eine Ausprägung der Klasse WÜRFELFELD kann dann zu verschiedenen Ausprägungen der Klasse KENNGRÖßE in Verbindung gesetzt werden und ergibt somit eine vollständige Identifizierung einer Instanz der Klasse ATOM-DATUM. Damit ist die semantische Objektidentifizierung (unabhängig von dem intern verwalteten Objektidentifikator (OID)) erfüllt, d.h., zu jedem atomaren multidimensionalen Objekt in der Datenbank muß eine Anfrage existieren, die genau dieses Objekt als Ergebnis liefert (schwache Wertidentifizierbarkeit). [ScST95, 120]

Zu bemerken ist, daß einzelne Dimensionen selbst wieder komplexe, oft hierarchische Strukturen aufweisen können (z.B. setzen sich Jahre aus Monaten, Monate aus Tagen usw. zusammen). Das gleiche gilt für Ausprägungen der Klasse KENNGRÖßE (z.B.

läßt sich der Umsatz aus Preis und Absatzmenge berechnen). Beim objektorientierten Ansatz können diese oft hierarchischen Verdichtungsstufen explizit im Modell abgebildet werden. Dieses kann unter Abwägung der Aspekte Speicherplatz bzw. Zugriffszeit sowohl statisch durch das Ablegen entsprechender Zwischenwerte als auch dynamisch bei Ad hoc-Anfragen durch vom Benutzer angestoßene Operationen erfolgen. In beiden Fällen können die Berechnungsverfahren als Methoden auf den entsprechenden Klassen implementiert werden. Im Falle der Speicherung verdichteter Daten können die Verdichtungs-Methoden mit Hilfe einer Triggerung (z.B. jeweils nach der Aktualisierung atomarer Daten) angestoßen werden und die Ergebnisse in hierfür vorgesehene „Behälter" ablegen. Aus Gründen der Übersichtlichkeit und Verständlichkeit werden diese Möglichkeiten in Abbildung 1 nur durch die Methode *dim_falten* der Klasse DIMENSION angedeutet. Objektorientierte Datenbanksysteme unterstützen somit bereits mit ihrem Datenmodell die Behandlung unterschiedlicher Granularitätsstufen. Durch diese dynamischen Fähigkeiten objektorientierter Datenbankkonzepte können auch OLAP-Funktionalitäten wie betriebswirtschaftliche Kalküle und flexible Navigation im Zeitraumbezug unmittelbar als Methoden im Datenbanksystem mit abgebildet werden.

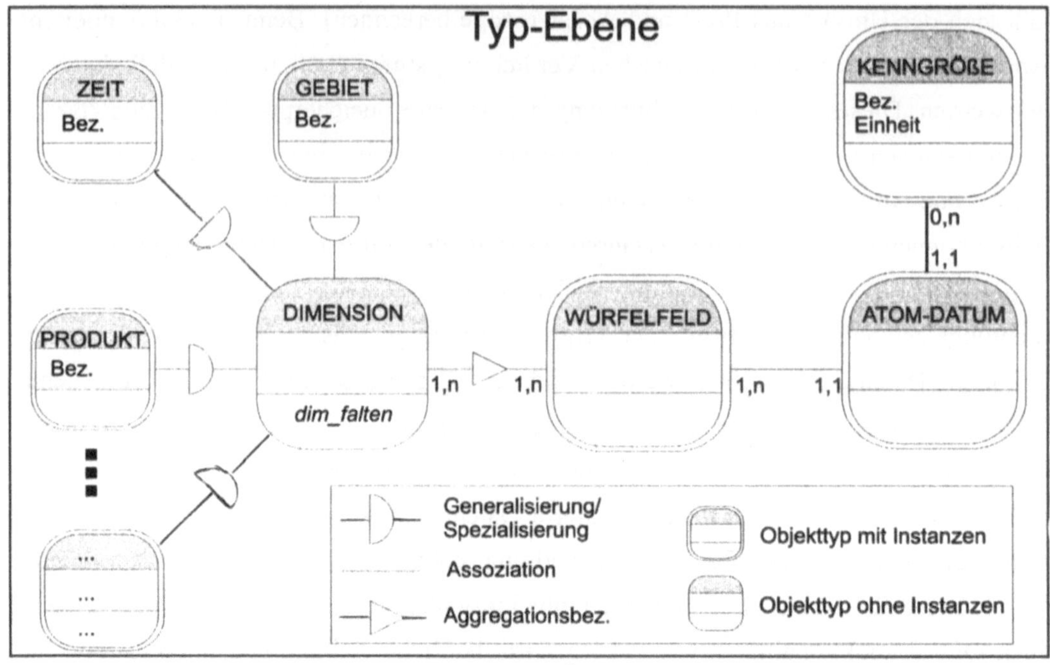

Abb. 1: Objektorientierte Datenmodellierung für eine mehrdimensionale Datenstruktur im Data Warehouse (vereinfachte Darstellung)

Um die Verknüpfung der Datenobjekte (Instanzen) untereinander zu verdeutlichen, wird in Abbildung 2 auch die Instanzenebene exemplarisch dargestellt. Die persistente Speicherung von Assoziationen wird dabei durch eine Verzeigerung über die Objektidentifikatoren der einzelnen Instanzen erreicht. In Abbildung 2 ist nur die einfache Verzeigerung dargestellt, aber auch eine doppelte Verzeigerung ist aus Effizienzgründen denkbar, um beliebiges „navigieren" im Datenbestand zu verbessern. Beispielhaft sei das atomare Datum mit der OID 102 beschrieben. Der zweite Eintrag des Datenobjekts der Klasse ATOM-DATUM verweist auf eine Instanz der Klasse WÜRFELFELD mit der OID 202, der durch seine OID-Einträge wiederum auf drei Instanzen unterschiedlicher Dimensionsklassen (ZEIT, PRODUKT und REGION) verweist und somit die Dimensionstruktur des atomaren Datums festlegt. Für die eindeutige Identifizierung des atomaren Datums ist zusätzlich der Verweis auf die entsprechende Instanz (OID 301) der Klasse KENNGRÖßE erforderlich. Das vollständig aufgebaute atomare Datenobjekt lautet dann: [OID=102; WÜRFELFELD: Feb.1996, Faxgeräte, NRW; KENNGRÖßE: Absatz, Stück; 3.307].

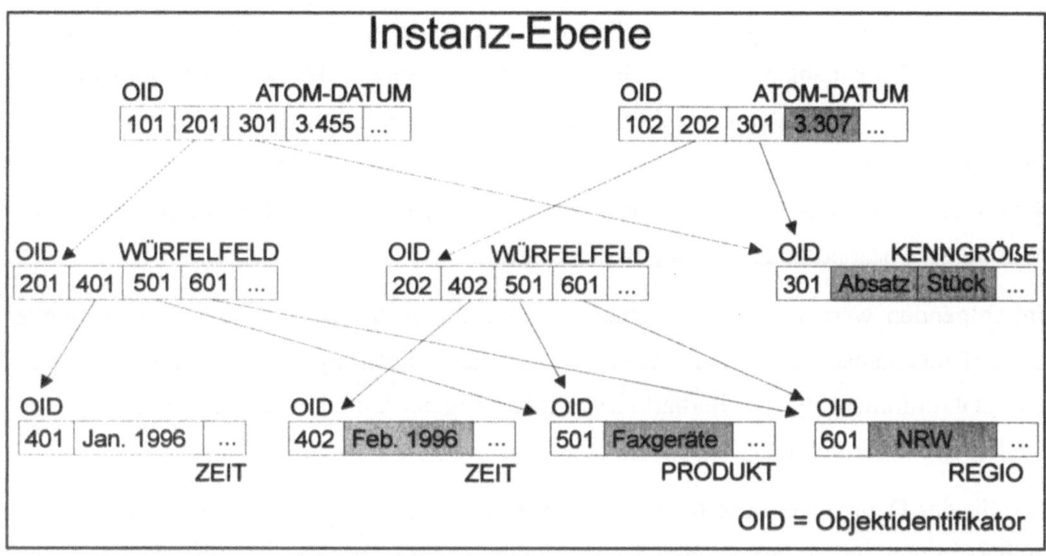

Abb. 2: **Beispielhafte Instanz-Ebene bei einer mehrdimensionalen Datenstruktur (vereinfachte Darstellung)**

Neben komplexen Datenstrukturen, die gut mit objektorientierten Datenbanksystemen zu behandeln sind, gibt es im Data Warehouse auch unstrukturierte Daten zu verwalten. Durch das erweiterungsfähige Typkonzept objektorientierter Datenbanksysteme können multimediale Daten besonders gut verwaltet werden. [ChSt93, 47 f.] Typgerechte Operatoren können über spezielle Methoden für verschiedene multimediale Daten in der Datenbank aufgenommen werden. Für Entscheidungsträger relevante externe Daten lassen sich daher gut in das Data Warehouse integrieren und müssen nicht isoliert betrachtet werden.

Beim Einsatz objektorientierter Datenbanksysteme ist die Gestaltung und Benutzung einer Meta-Datenbank gut möglich. [Behm93, 229] Hier wirkt sich die Durchgängigkeit des objektorientierten Paradigmas positiv aus. Im besten Fall bedeutet dies eine stringente Übertragung realer Sachverhalte in die Datenbank. Endanwender denken nicht in flachen Relationen sondern in Objekten, Sachverhalten und Ereignissen. Eine benutzerfreundliche Meta-Datenbank kann daher unmittelbar auf das Data Dictionary des Datenbanksystems aufsetzen. Nach [ChSt93, 74] sind objektorientierte Datenbanken besonders gut für analytisch ausgerichtete Ad hoc-Anfragen, wie sie für das Data Warehouse vorgesehen sind, geeignet.

Kritisch anzumerken ist die zum Teil unzureichende Auswertungsflexibilität objektorientierter Datenbanksysteme, da der deklarative Charakter der Datenbanksprache, wie
bei relationalen Datenbanksprachen gegeben, nicht modellimmanent ist, sondern nur
durch Implementierung geeigneter Methoden gewährleistet werden kann (vgl. Abschnitt
4.2). Deshalb ist diesem Gesichtspunkt bei der Gestaltung eines objektorientierten Data
Warehouses besondere Beachtung beizumessen.

Im folgenden werden die praktischen Anforderungen des Data Warehouses (schnelle
Zugriffsmechanismen, gute Fähigkeiten zur Parallelisierung, Importierbarkeit, Spei-
cherplatzminimierung, Skalierbarkeit) mit den Eigenschaften objektorientierter Datenbanksysteme verglichen.

Die für das Data Warehouse-Konzept so wichtige Performance von Datenbanksystemen
zu bestimmen und zu vergleichen, ist eine kaum lösbare Aufgabe, da diese stark von den
gespeicherten Datenbeständen (Komplexität der Datenstruktur, Datenumfang) und den
darauf auszuführenden Datenbankoperationen abhängt und daher nur anwendungsindi-
viduell beurteilt werden kann. Verschiedene Benchmarks sind entwickelt worden, um
hierfür Anhaltspunkte zu geben. Hier können nur tendenzielle Aussagen objektorientierter Datenbanksysteme im Vergleich zu relationen Datenbanksystemen getroffen werden,
zumal die am Markt befindlichen objektorientierten Datenbankprodukte kein homoge-
nes Performanceverhalten aufweisen. CHORAFAS/STEINMANN verweisen in diesem
Zusammenhang auf drei Studien [ChSt93, 243 f.]: Bei einer Untersuchung von
Ontologic und dem South Carolina Research Institut, bei der die beiden bekannten
Datenbanksysteme Ontos (objektorientiert) und Oracle (relational) verglichen wurden,
zeigte sich bei der Datenbanksuche ein Effizienzgewinn von 100:1 zugunsten des
objektorientierten Systems. Eine weitere Untersuchung des South Carolina Research
Instituts zeigte, daß die Suche von Multimediadaten in objektorientierten Datenbanken
im Durchschnitt ca. 60 mal schneller war als die gleiche Suche in einer relationalen
Datenbank. Auch bei einem Vergleich der U.S. Navy zwischen der objektorientierten
Datenbank Versant von Versant Object Technology und der relationalen Datenbank
DB2 von IBM mittels eines Benchmarktests, der die Lese- und Schreib-Performance
bewertet, wurde die 100:1 Überlegenheit des objektorientierten Systems bestätigt.

Objektorientierte Datenbanksysteme unterstützen eine Reihe von Konzepten, welche die
für das Data Warehouse-Konzept so bedeutende Performance erheblich gegenüber rela-

tionalen Datenbanksystemen verbessern können. Die persistente Speicherung von Assoziationen zwischen Objekten bzw. Klassen dient der Implementierung von Klassen- und Aggregationshierarchien (vgl. Abschnitt 4.2). Die realisierbaren Zugriffspfade werden somit bereits zum Zeitpunkt der Schemadefinition festgelegt (vgl. Beispiel aus Abbildung 2). Zugriffe sind entlang der definierten Zugriffspfade navigierend möglich. Andererseits ergibt die persistente Speicherung von Assoziationen (Beschränkung der Zugriffsflexibilität) positive Konsequenzen in bezug auf die Zugriffseffizienz. Komplexe Datenobjekte können wegen der direkten Verweise zwischen Objekten effizient kreiert werden. [WiEK90, 112] Die in relationalen Datenbanksystemen sehr langsamen Join-Operationen, mit deren Hilfe verschiedene Relationen zu komplexeren Datensätzen verwoben werden, können vermieden werden.

Das objektorientierte Datenbanksystem Ontos bietet z.B. die Möglichkeit, für den Datenbankadministrator hardwarenahe Operationen auszuführen. Hierzu gehört z.B. eine direkte Kontrolle über das Cache-Management, das Zusammenfassen von Datenobjekten in Clustern und das Ausführen von direkten Speichertransfers. [ChSt93, 177 f.] Diese Operationen erlauben es, die Lücke, die durch unterschiedliche Zugriffszeiten auf verschiedene Speichermedien entstehen, zu verringern. Diese Vorgehensweise ist den herkömmlichen Cache-Strategien überlegen, da diese keine Anpassung an die unterschiedlichen Anforderungen verschiedener Applikationen erlauben, um eine optimale Kombination von Zugriffszeit, Zugriffskosten pro Bit und Kapazitätskosten zu ermöglichen. Auch durch Gruppieren von Datenobjekten in logischen Clustern wird die Leistung des Datenbanksystems verbessert, da einzelne Leseoperationen zusammengefaßt werden, so daß die benötigten Datenobjekte in einer einzigen Leseoperation in den Primärspeicher transferiert werden können. Eine weitere Möglichkeit ist die automatische Archivierung „veralteter" Daten, die entsprechend den Archivierungskonditionen von Operationen durchgeführt wird. Dem Systementwickler steht damit die Möglichkeit offen, die Systemressourcen besser an die Applikationsanforderungen anzupassen. Für den Endbenutzer sind die hardwarenahen Operationen transparent, da sie in Methoden geeigneter Klassen versteckt sind (Einkapselungsprinzip).

Bedingt durch die komplexen Modellierungsmöglichkeiten (Vererbungs-, Aggregationshierarchien, Verschachtelung) werden prinzipiell Redundanzen in objektorientierten Datenbanksystemen vermieden. Gleichwohl bedingt dies jedoch das Konzept der

Objektidentität und eine persistente Verzeigerung für die entsprechend den hierfür notwendigen Surrogaten zusätzlicher Speicherplatz gegenüber relationalen Systemen benötigt wird. Welcher dieser gegensätzlichen Effekte überwiegt, hängt von der Struktur des Data Warehouses ab. Eine weitere Speicherplatzreduzierung kann bei multimedialen Datenobjekten durch Komprimierungs- und Dekomprimierungsoperationen, die als Methoden transparent in die Datenbank eingebaut sind, erreicht werden.

Wie sieht es nun mit der Einbettung objektorientierter Datenbanksysteme in die bestehende, in der Regel nicht objektorientierte, Systemlandschaft der Unternehmen aus? Hier gibt es zwei Seiten zu betrachten. Zum einen das selektive Erfassen relevanter Daten aus den operativen Daten und zum anderen die Weitergabe dieser Daten an Managementunterstützungssysteme. In [DiGe95, 21 f.] wird der Frage nachgegangen, inwieweit objektorientierte mit konventionellen Datenbanksystemen kooperieren können. Eine Importschnittstelle zu operativen Systemen erscheint demnach über geeignete Transformationsoperationen möglich. Der Zugriff von Managementunterstützungssystemen auf ein objektorientiertes Data Warehouse gestaltet sich hingegen wegen fehlender Standards und somit eher proprietären Anfragesprachen jedoch problematisch. Hier besitzen relationale Datenbanken eindeutig Vorteile. Durch die erweiterten funktionalen Möglichkeiten objektorientierter Datenbanksysteme können jedoch weiterführende managementunterstützende Aufgaben teilweise in das Data Warehouse integriert werden.

Objektorientierte Datenbanksysteme sind durch ihren prinzipiellen Aufbau gut für eine Client- / Server-Architektur, hohe Parallelisierbarkeit und netzweite Verteilung der Datenbank geeignet, wie sie zur effizienten Gestaltung umfangreicher Data Warehouse-Konzepte notwendig sind. [ChSt93, 151 f.] Grundlagen hierfür können bereits im Rahmen der Modellierung geleistet werden.

Abschließend wird in Abbildung 3 die (potentielle) Eignung objektorientierter Datenbanksysteme in bezug auf die im zweiten Abschnitt aufgezeigten funktionalen sowie praktischen Anforderungen an Datenbanksysteme für das Data Warehouse-Konzept profilartig dargestellt.

	Erfüllungsgrad			
	gering	mittel	hoch	sehr hoch
Funktionale Anforderungen / Effektivität				
Adäquate Behandlung verschiedener Datentypen				
Flache Datenstrukturen		O		
Komplexe Datenstrukturen				O
Unstrukturierte Daten (Text, Bild, Ton)				O
Datenmodellierung/Auswertungsflexibilität			O	
Metadatenbehandlung				O
Granularitätsflexibilität				O
Praktische Anforderungen / Effizienz				
Schnelle Zugriffsmechanismen			O	
Importierbarkeit		O		
Parallelisierbarkeit				O
Skalierbarkeit/Erweiterbarkeit/Änderbarkeit				O
Unterstützung verschiedener Speichermedien			O	
Benutzertransparente Komp. und Dekomp.-Verf.			O	
Zuverlässigkeit		O		
Reifegrad/Standards	O			
Benutzerakzeptanz/Schulung	O			

Abb. 3: Potentieller Erfüllungsgrad der Data Warehouse-Anforderungen bei Verwendung objektorientierter Datenhaltungskonzepte

5 Zusammenfassung und Ausblick

Es scheint, als seien die Schwächen der relationalen Datenbanksysteme im Data Warehouse-Konzept gerade die Stärken der objektorientierten Datenbanksysteme und umgekehrt. Objektorientierte Datenbanksysteme besitzen mächtige modellimmanente Konzepte, mit denen sowohl mehrdimensionale betriebswirtschaftliche Sachverhalte als auch multimediale Daten direkt im Data Warehouse abgebildet werden können. Zudem wird das flüssige Navigieren des Endbenutzers im Datenbestand begünstigt, die Durchgängigkeit des objektorientierten Paradigmas erleichtert die Integration einer endbenutzerfreundlichen Meta-Datenbank. Durch die dynamischen Konzepte objektorientierter Systeme können zudem zusätzliche Funktionen (Verdichtungsfunktionen, benutzertransparentes Dekomprimieren bei der multidimensionalen Datensuche, automatisches Archivieren) unmittelbar in das Data Warehouse aufgenommen werden. Außerdem haben objektorientierte Datenbanksysteme bei vergleichbarem Hardwareeinsatz Performancevorteile gegenüber relationalen Datenbanken.

Dennoch ist der Einsatz objektorientierter Datenbanksysteme in kommerziellen umfassenden Datenhaltungsprojekten, wie der Realisierung eines Data Warehouses, aus heutiger Sicht kritisch zu betrachten, zumal sich die obigen Ausführungen auf ein fiktives objektorientiertes Datenbanksystem beziehen, die am Markt befindlichen Produkte zum Teil jedoch sehr heterogene Eigenschaften aufweisen. Die Herstellerabhängigkeit ist daher recht groß. Ausgereifte anerkannte Standards insbesondere im Anfragebereich, wie bei relationalen Datenbanken mit SQL gegeben, stehen nur bedingt zur Verfügung. Daß sich objektorientierte Datenbanksysteme für transaktionslastige operative Anwendungen nicht als besonders geeignet herausgestellt haben, spielt dabei keine Rolle, da das Data Warehouse gerade entgegengesetzte Charakteristika aufweist. Schwerwiegender erscheint da schon der Umstand, daß in der Unternehmenspraxis bisher wenig Erfahrung im Umgang mit objektorientierten Datenbanken vorliegt. Diese können am besten mit kleinen überschaubaren Anwendungen gewonnen werden. Der Paradigmenwechsel zu relationalen Systemen ist noch vielen in Erinnerung. Ein erneuter Paradigmenwechsel führt in erheblichem Umfang zu Schulungsmaßnahmen, die Zeit in Anspruch nehmen und Kosten verursachen. Vor diesem Hintergrund ist es verständlich, daß relationale Datenbanksysteme heute noch den mit Abstand größten Anteil an Data Warehouse-Lösungen besitzen. Dennoch gibt es bereits erste erfolgversprechende Lösungen mit Hilfe objektorientierter Datenbankkonzepte auch im Managementdatenbereich. So wurde bei Mitsubishi Electric eine objektorientierte Management Information Base (MIB) geschaffen, die dem Data Warehouse-Ansatz sehr nahe kommt. [ChSt93, 277 f.]

Für die Zukunft wäre es wünschenswert, die Vorteile relationaler und objektorientierter Datenbanksysteme in einem System zu vereinen. In diesem Zusammenhang wird an einer Weiterentwicklung und Harmonisierung des SQL-Standards und der von der ODMG definierten Objektabfragesprache gearbeitet. Es scheint sich daher ein Mittelweg abzuzeichnen, der aufbauend auf relationalen Datenbanken (Entkopplung von logischer und physikalischer Struktur, deklarative Abfragesprache) auch objektorientierte Merkmale (Objektidentität, beliebig verschachtelter Aufbau von Attributwerten, Berücksichtigung großvolumiger Datenobjekte einschließlich spezieller Operationen, Definition von Unterklassen mit Hilfe der Vererbung) einschließt. [Wagn97, 280 f.], [Scho96, 25 f.] Diese sogenannten „post-relationalen" oder auch „objektrelationalen" Datenbanken sollen die Vorteile einer deklarativen, mengenorientierten Sprachschnittstelle mit objektorientierten Konzepten verbinden und könnten sich in Zukunft somit zu einem geeigneten Instrument für den Einsatz im Rahmen von Data Warehouse-Konzepten entwickeln.

Literatur

[ABWD89] ATKINSON, M.; BANCILHON, F.; DE WITT, D.; DITTRICH, K.; MAIER, D.; ZDONIK, S.: The Object-Oriented Database System Manifesto, in: Proceedings of the First International Conference on Deductive and Object-Oriented Databases, Kyoto, Japan 1989, S. 40-57.

[BePW94] BECKER, J; PRIEMER, J.; WILD, R.G.: Modellierung und Speicherung aggregierter Daten, in: *Wirtschaftsinformatik:* 5/1994, S. 422-433.

[BeSc93] BEHME, W.; SCHIMMELPFENG, K.: Führungsinformationssysteme: Geschichtliche Entwicklung, Aufgaben und Leistungsmerkmale, in: BEHME, W.; SCHIMMELPFENG, K. (Hrsg.): Führungsinformationssysteme - Neue Entwicklungstendenzen im EDV-gestützten Berichtswesen, Wiesbaden 1993, S. 3-16.

[Behm93] BEHME, W.: Entwurf eines objektorientierten Meta-Informationssystems zur Unterstützung der Informationslogistik, Dissertation, Hildesheim 1993.

[Blum97] BLUMMER, T.: Objektverwalter. Objektdatenbanken - High-Tech-Spielzeuge oder Zukunftsmodell?, in: *c't:*5/1997, S. 284-295.

[ChSt93] CHORAFAS, D.N.; STEINMANN, H.: Object-Oriented Databases, Englewood Cliffs 1993.

[CoYo90] COAD, P.; YOURDON, E.: Object-Oriented Analysis, Englewood Cliffs 1990.

[CoCS93] CODD, E.F.; CODD, S.B.; SALLEY, C.T.: Providing OLAP (On-Line-Analytical Processing) to User-Analyst: An IT Mandate, o.O. 1993.

[DeBr94] DEHMUTH, B.; BRUNS, K.: Relationale Datenbanken und ihre multimedialen Grenzen, in: *iX:* 10/1994, S. 164-169.

[DiGe95] DITTRICH, K.R.; GEPPERT, A.: Objektorientierte Datenbanksysteme - Stand der Technik, in: *HMD - Theorie und Praxis der Wirtschaftsinformatik:* 183/1995, S. 8-23.

[Günt95]   GÜNTHER, M.: SQL-Dilemma, in: *iX:* 6/1995, S. 160-164.

[Gril87]   GRILL, E.: Relationale Datenbanken: Vom logischen Konzept zur physischen Realisierung, 3., überarbeitete und erweiterte Auflage, Hallbergmoos 1987.

[Heue91]   HEUER, A.: Konzepte objektorientierter Datenmodelle, in: VOSSEN, G.; WITT, K.-U. (Hrsg.): Entwicklungstendenzen bei Datenbanksystemen, München/Wien 1991, S. 203-252.

[Heue92]   HEUER, A.: Objektorientierte Datenbanken, Bonn/München 1992.

[HeSa95]   HEUER, A.; SAAKE, G.: Datenbanken - Konzepte und Sprachen, Bonn/Albany 1995.

[HoMR95]   HOLTHUIS, J.; MUCKSCH, H.; REISER, M.: Das Data Warehouse-Konzept - Ein Ansatz zur Informationsbereitstellung für Managementunterstützungssysteme, in: MUCKSCH, H. (Hrsg.): Arbeitsberichte des Lehrstuhls für Informationsmanagement und Datenbanken, Nr. 95-1, EUROPEAN BUSINESS SCHOOL (ebs), Oestrich-Winkel 1995.

[Inmo93]   INMON, W.H.: Building the Data Warehouse, New York/Chichester/Brisbane 1993.

[IBM95]   IBM: The IBM Information Warehouse Solution: A Data Warehouse Plus!, White Paper, Data Management Solutions 1995.

[Jian94]   JIANG, B.: Behandlung nichtrelationaler Datenbankanfragen, in: *Informatik-Spektrum:* 6/1994, S. 373-383.

[Küng94]   KÜNG, P.: Zehn objektorientierte DBMS im Vergleich, in: *Output:* 6/1994, S. 60-63.

[MeWü95]   MEIER, A.; WÜST, T.: Objektorientierte Datenbanksysteme - Ein Produktvergleich, in: *HMD - Theorie und Praxis der Wirtschaftsinformatik:* 183/1995, S. 24-40.

[Rein95]   REINHART, M.: Relationales Datenbankdesign: von der betriebswirtschaftlichen Problemstellung zur effizienten Datenarchitektur, München 1995.

[Roth95]   ROTHER, G.: Data Warehouse, Die neue Art Daten zu lagern, in: *Diebold Management Report:* 8-9/1995, S. 3-7.

[Scho96]   SCHOLL, M.H.: Trends in Datenbanksprachen, in: *Information Management:* 3/1996, S. 24-29.

[ScST95]   SCHEWE, B.; SCHEWE, K.-D.; THALHEIM, B.: Objektorientierter Datenbankentwurf in der Entwicklung datenintensiver Informationssysteme, in: *Informatik Forschung und Entwicklung:* 10/1995, S. 115-127.

[Tres96]   TRESCH, M.: Middleware: Schlüsseltechnologie zur Entwicklung verteilter Informationssysteme, in: *Informatik Spektrum:* 5/1996, S. 249-256.

[Wagn97]   WAGNER, G.: Jenseits von Schema F. Datenmodelle - Strickmuster für Datenbanken, in: *c't:* 5/1997, S. 276-282.

[WiEK90]   WINBALD, A.L.; EDWARDS, S.D.; KING D.R.: Object-Oriented Software, Reading 1990.

Anmerkungen

[1] Auf eine weitere Differenzierung von Datenbankmanagementsystem und Datenbanksystem wird im folgenden verzichtet.

[2] Im folgenden werden Klassen zur besseren Unterscheidung durch Großbuchstaben gekennzeichnet.

Teil IV

Projekt- und Qualitätsmanagement beim Aufbau von Data Warehouses

Projektmanagement und -controlling von Data Warehouse-Projekten

Ulrich Christian Füting

Inhalt

1 Besonderheiten eines Data Warehouse-Projektes

2 Strukturierung eines Data Warehouse-Vorhabens

3 Regelung von Zielkonflikten

4 Aufgaben und Ziele des Projektcontrollings

5 Frühwarnsysteme im Projektcontrolling

6 Terminüberwachung

7 Budgetüberwachung

8 Potentielle Maßnahmen

1   Besonderheiten eines Data Warehouse-Projektes

Um ein Data Warehouse-Vorhaben zum Erfolg zu führen, ist effizientes Projektmanagement und -controlling sicherlich eine selbstverständliche Voraussetzung. Zum zielgerichteten Einsatz der entsprechenden Methoden, Verfahren und Instrumente muß man bewußt auf die Besonderheiten eines solchen Projektes eingehen. Von "normalen" Anwendungsentwicklungsprojekten unterscheidet sich nämlich ein Data Warehouse-Projekt in drei Eckpunkten:

- Einmaligkeit
  Data Warehousing ist eine neue Technologie bzw. Methodik, zu der keine Altsysteme vorhanden sind, wie es bei Buchhaltung, Auftragsabwicklung etc. meist der Fall ist. Zu den einzusetzenden Methoden und Werkzeugen liegen, wenn überhaupt, nur begrenzte Erfahrungen vor. Trotzdem sollen in kurzer Zeit Ergebnisse vorliegen. Das Data Warehouse-Vorhaben muß also so strukturiert werden, daß Lerneffekte schnell wirksam werden. Dieser Know How-Gewinn ist sowohl für das Projektteam als auch das Unternehmen zu konzipieren, denn nicht nur die Technik ist neu, auch ihre Anwendung und Potentiale müssen im Fachbereich erst erschlossen werden.

- Zielunsicherheit
  Die Zielvorgaben sind meist pauschal und abstrakt formuliert. Die Konkretisierung der Ziele hin zu meßbaren Größen ist somit die erste und wichtigste Aufgabe des Projektteams. Dieses Zielsystem ist so zu formulieren, daß es einerseits die hohen Erwartungshaltungen des Managements wiedergibt, andererseits das in den Teilzielen liegende Konfliktpotential regelt. Nicht alle Teilziele können immer gleichzeitig erreicht werden. Weiterhin sind die Erwartungen zu benennen, die im Rahmen des Data Warehouse-Vorhabens nicht erfüllt werden können. Dies ist in vielen Fällen für die spätere Akzeptanz des Systems und damit den Projekterfolg entscheidend.

- Rahmenfixierung
  Budget und Termin sind politisch, selten sachlich festgelegt. Die Entscheidung für ein Data Warehouse fällt meist aus strategischen Erwägungen heraus, weniger aufgrund einer konkreten Kosten-Nutzen-Vorstellung. Aus dem Projekt muß daher die Aussage kommen, welche Systemleistungen im Detail zu welchem Termin und zu welchen Kosten zur Verfügung gestellt werden.

Auf die drei Besonderheiten eines solchen Vorhabens wird im folgenden detailliert eingegangen. Um die Einmaligkeit zu beherrschen, wird eine Strukturierung des Projektes in überschaubare und beherrschbare Teile vorgeschlagen (eine Mischung aus inkrementeller und evolutionärer Vorgehensweise). Zur Reduzierung der Zielunsicherheit sind die Regeln der Zielformulierung und die Zielkonfliktmatrix beschrieben. Um der Rahmenfixierung, dem wohl schwerwiegendsten Einflußfaktor eines Data Warehouse-Projektes gerecht werden zu können, wird ausführlich eine Projekt-Controlling-Systematik mit Frühindikatoren dargestellt, die anzeigt, welche Termine erreichbar sind und wie weit das vorhandene Budget reicht.

2 Strukturierung eines Data Warehouse-Vorhabens

Die ideale Struktur eines Data Warehouse-Vorhabens ist ein Projektnetz. Dessen Grundaufbau ist in der Abbildung 1 dargestellt. Das Gesamtvorhaben ist in Teilprojekte zergliedert, deren Produkte gemeinsam das Data Warehouse bilden.

Die Initialisierung des Gesamtvorhabens beginnt mit zwei parallel laufenden Teilprojekten. In dem Prototyp-Projekt werden die notwendigen Werkzeuge ausgewählt und erprobt. Dies geschieht typischerweise durch Realisierung einer ersten Teilanwendung. Hier wird das technische und methodische Know How erworben. Durch die sofortige Überführung der realisierten Teilanwendung in den praktischen Betrieb wird das Einsatz-Know How im Unternehmen aufgebaut. Damit wird ein Feedback zu Einsatzproblemen, Benutzbarkeit und Ergebnisqualität ermöglicht, das die Qualität und Akzeptanz der danach Zug um Zug zu realisierenden Systemteile erheblich verbessert.

Die parallel zum Prototyp-Projekt erstellte Studie, wertet die dort gewonnenen Erkenntnisse für die weitere Arbeit aus. Insbesondere gliedert sie das Großvorhaben in die Teilanwendungen, die für sich eigenständig lebensfähig sind. Sie legt aufgrund der logischen und technischen Abhängigkeiten eine Realisierungsreihenfolge fest und zeigt die notwendigen Integrationsmaßnahmen auf.

Aus der Studie geht auch die Organisation des Gesamtvorhabens hervor. Für das Projekt werden zwei "Stabsstellen" für die gesamte Laufzeit benötigt:

- Datenmanagement

  Das Datenmanagement ordnet die Datenhaushalte des Unternehmens und des Data Warehouses und stellt ihre Konsistenz und Integrität sicher.

- Schnittstellenmanagement

  Das Schnittstellenmanagement stellt die Integration der fertigen Produkte in die vorhandene Anwendungslandschaft sicher.

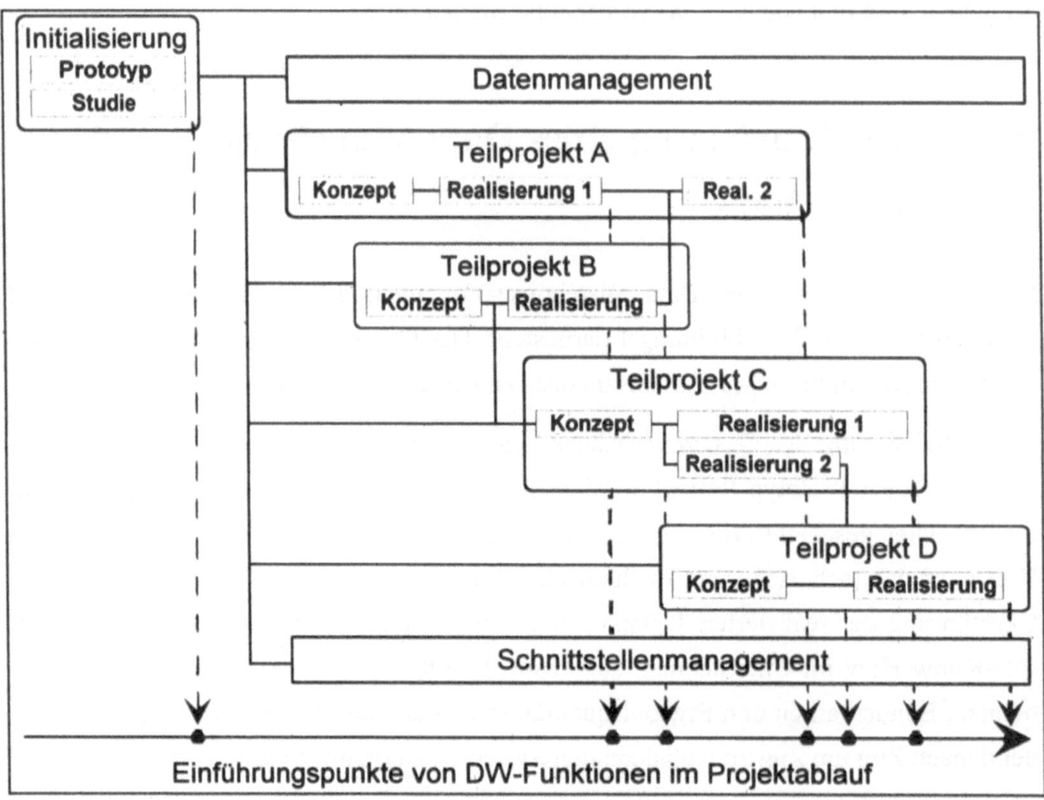

Abb. 1: Struktur eines Data Warehouse-Projektes

In den Teilprojekten werden die Einzelanwendungen realisiert. Typisch sind für diese Teilprojekte eine Konzeptionsphase, in der die Datenquellen und ihre Aufbereitung festgelegt werden und die ein- oder mehrteilige Realisierungsphase, in der wiederum über Prototypen das Endprodukt erarbeitet wird. Die Teilprojekte sind von ihrer Größe an zwei Eckwerten auszurichten:

- Anzahl beteiligte Personen

  Pro Teilprojekt sollten maximal acht Personen involviert sein. Sind mehr Mitarbeiterinnen und Mitarbeiter aus Fachbereich und Informatik eingebunden, leidet erfahrungsgemäß die Produktivität sehr stark. Der nötige Kommunikationsaufwand im Team läßt dann oft neben den notwendigen Besprechungen, Meetings etc. zu wenig produktive Arbeit am System zu. Da zu den acht Teammitgliedern auch die partiell mitarbeitenden "Stabsstellen" Datenmanagement und Schnittstellenmanagement gehören, verbleibt ein Kernteam von sechs Personen inclusive Teilprojektleiter. Aufgaben, die von dieser Teamgröße nicht bewältigt werden können (hier ist auch der zweite Eckwert zu berücksichtigen), sollten in jedem Falle zu einer weiteren Aufgliederung in Teilprojekte führen.

- Zeitdauer

  Mehr als sechs Monate sollten bis zum erfolgreichen Abschluß eines Teilprojektes nicht vergehen. Im Gegenteil, ein Planansatz von durchschnittlich vier Monaten pro Teilprojekt führt auf der einen Seite zu einem ständigen Strom von neuen Anwendungen und verhindert, daß Verselbständigungs- und Perfektionstendenzen im Teilprojekt wirksam werden. Ziel ist es sicherlich, ein qualitativ hochwertiges Produkt an die Fachabteilungen auszuliefern. Wesentliches Qualitätsmerkmal ist aber die Nutzbarkeit der Data Warehouse-Funktionen. Und diese wird in erster Linie von den Fachabteilungen und deren Management in der täglichen Arbeit geprägt. Die frühestmögliche Einführung gibt da den nötigen Feedback, der durch keinerlei Reviews etc. im Projekt ersetzt werden kann.

Ausnahmen von diesen Eckwerten lassen sich manchmal nicht vermeiden. Wenn die Ausnahmen aber zur Regel werden, kann sich das auf Laufzeit und Kosten nur negativ auswirken.

3 Regelung von Zielkonflikten

Die Ziele des Data Warehouses sollen knapp und präzise beschrieben sein. Bewährt hat sich dabei eine Zusammenfassung der Ziele auf einer Seite. Dies ermöglicht:

- Überblick über das Zielsystem
  Die fachlichen, technischen und wirtschaftlichen Zielsetzungen haben immer einen inneren Zusammenhang. Diese gegenseitige Beeinflussung wird erst deutlich, wenn alle Ziele auf einer Seite untereinander gestellt werden.

- Managementorientierung
  Die Ziele sind mit dem zuständigen Management abzustimmen. Da ein in epischer Breite dargelegter Zielkatalog selten gelesen sondern nur formal zur Kenntnis genommen wird, ist die Enttäuschung bei der Einführung sicher. Das Management sieht seine Intentionen nicht realisiert und das Projektteam fühlt sich mißverstanden, da es genau das getan hat, was es zuvor gesagt hat.

- Präsentationsfähigkeit
  Wenn die Ziele auf einer Seite dargestellt sind, können sie auch in größeren Runden präsentiert und diskutiert werden, ohne den Überblick (siehe oben) zu verlieren.

Natürlich verlangt dies eine präzise Formulierung der einzelnen Ziele. In der Praxis hat sich gezeigt, daß mehr als zwölf Teil- bzw. Unterziele auf einer Seite nicht darstellbar sind. Dies ist auch durchaus ausreichend, da eine größere Anzahl so gut wie nie gebraucht wird. Wenn die Anzahl tatsächlich größer ist, sollte als erstes geprüft werden, ob Ziele und Lösungen, oft auf einer untersten Detaillierungsebene, nicht vermischt worden sind.

Da die Details aber häufig aus den auftraggebenden Bereichen kommen, sollten sie auf keinen Fall unterschlagen werden. Die Akzeptanz sowohl des Data Warehouses als auch des Projektteams würde darunter leiden. Die Lösung dieses Konfliktes ist die Darstellung der Zielhierarchie. Sie ermöglicht eine Detaillierung der Ziele über zwei Stufen (vgl. Abbildung 2):

- Detailspezifikation pro Unterziel durch Aufzählungen etc.

- Erläuterung der Detailspezifikation mit Beispielen, Mustern, etc.

Mit einer derartigen Zielhierarchie kann einerseits die Systematik der Ziele sichergestellt werden, andererseits aber auch dem Fachbereich die für die Akzeptanz notwendige

Sicherheit gegeben werden, daß alle seine Wünsche und Anregungen berücksichtigt werden.

Diese Arbeit der Zielformulierung ist auch deshalb so wichtig, weil sie im Projekt mehrfach geleistet werden muß. Denn zum einen sind Ziele für das Gesamtsystem aufzustellen und mit dem Top-Management abzustimmen, andererseits müssen auch für die einzelnen

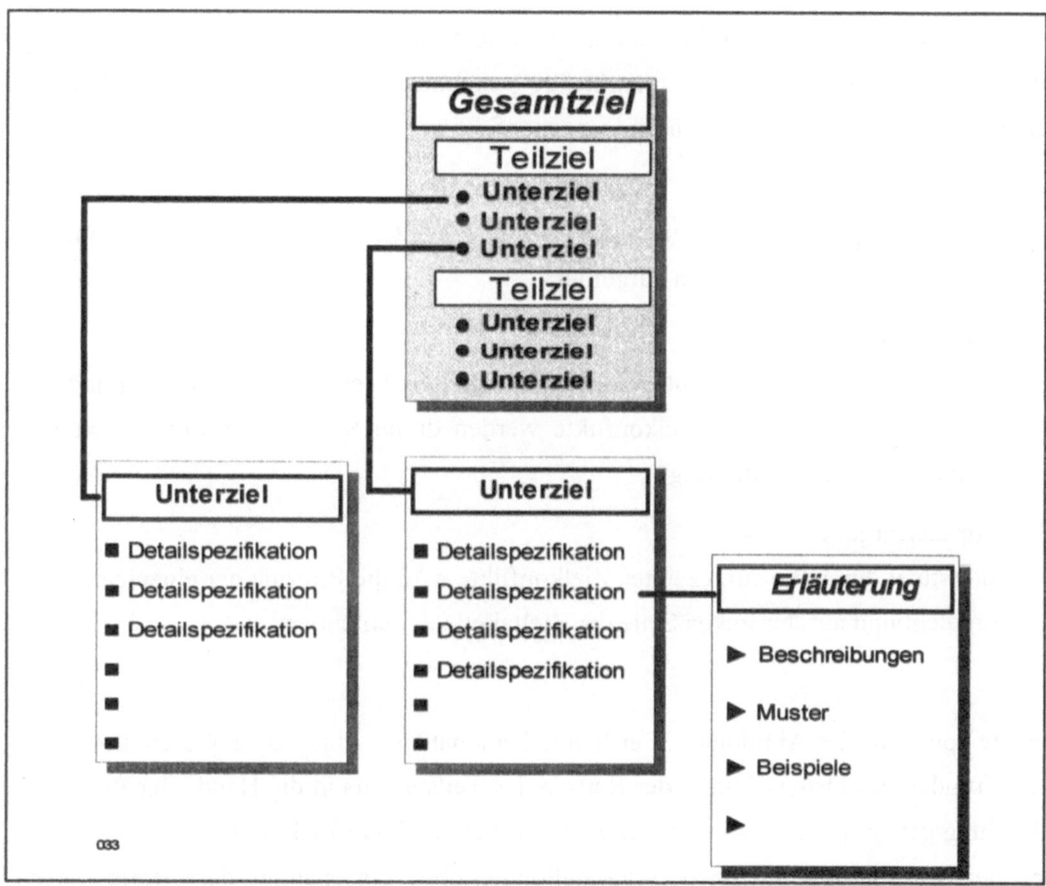

Abb. 2: Aufbau der Zielhierarchie

Teilprojekte Ziele formuliert werden. Das heißt, daß die Ziele der Teilprojekte an Hand des Gesamtzieles überprüft und eingeordnet werden müssen. Dadurch entsteht eine Fortschreibung des Gesamtzieles im Detail.

Für die Akzeptanz der formulierten Ziele ist es von Bedeutung, daß sowohl auf der Gesamt- als auch der Detailebene die meistens im Zielsystem vorhandenen Widersprüche aufgedeckt werden. Diese Zielkonflikte gilt es auszuräumen oder aber die Konfliktlösung bereits prinzipiell vorzudenken. Dies kann über eine Prioritätenvergabe pro Ziel geschehen. Wenn zwei Ziele sich gegenseitig mehr oder weniger ausschließen, regelt die Priorität, welches zu 100 Prozent erfüllt werden muß und von welchem Ziel Abstriche vorgenommen werden müssen.

Das Instrument, um Zielkonflikte aufzuzeigen und die Prioritäten zur Konfliktregelung zu vergeben, ist eine Zielkonfliktmatrix. Sie besteht aus drei Teilen (vgl. Abbildung 3), die in der Reihenfolge der Beschreibung ausgefüllt werden:

1. Zielbeschreibung

   In der Mitte werden die Teil- und Unterziele in Stichworten als Referenz auf die Zielbeschreibung tabellarisch aufgeführt.

2. Konfliktindikator

   Über eine Schrägmatrix rechts von der Zieltabelle ist jedes Einzelziel allen anderen Zielen gegenübergestellt. Zielkonflikte werden durch Schraffieren der Kreuzungsfelder der Zielpaare aufgezeigt.

3. Prioritätsvergabe

   Unterstützt durch die aufgezeigten Zielkonflikte wird die Priorität der einzelnen Ziele festgelegt und auf der linken Seite der Zieltabelle dokumentiert.

Im Beispielsfall der Abbildung 3, er betraf Personaldaten eines Data Warehouses, war aus Gründen des Datenschutzes der Betrieb des Teilsystems in die Hände der Personalabteilung gelegt. Daraus ergaben sich von vornherein einige Zielkonflikte, insbesondere mit der Anforderung, auch neue Fragestellungen ohne Einschaltung der Informatik innerhalb von 24 Stunden zu beantworten. Die Priorisierung der Ziele aber gibt eindeutig vor, daß die Beantwortung von Fragen in 24 Stunden bei der Konzeption und Realisierung des Systems hinter dem Systembetrieb in der Fachabteilung zurückzustehen hat, wenn beide Ziele nicht gleichzeitig zu erreichen sind.

Eine derartige Priorisierung der Ziele ist oft auch für das Projektteam wichtig. Da jedes Ziel im Team seine Anhänger und Verfechter hat, können sich an ungeregelten Zielkonflikten echte und tiefgreifende Auseinandersetzungen im Team entzünden. Diese sind oft nur schwer zu beenden, da beide Parteien überzeugt sind, die in den Zielen definierten Wünsche und Anforderungen des Managements richtig zu interpretieren.

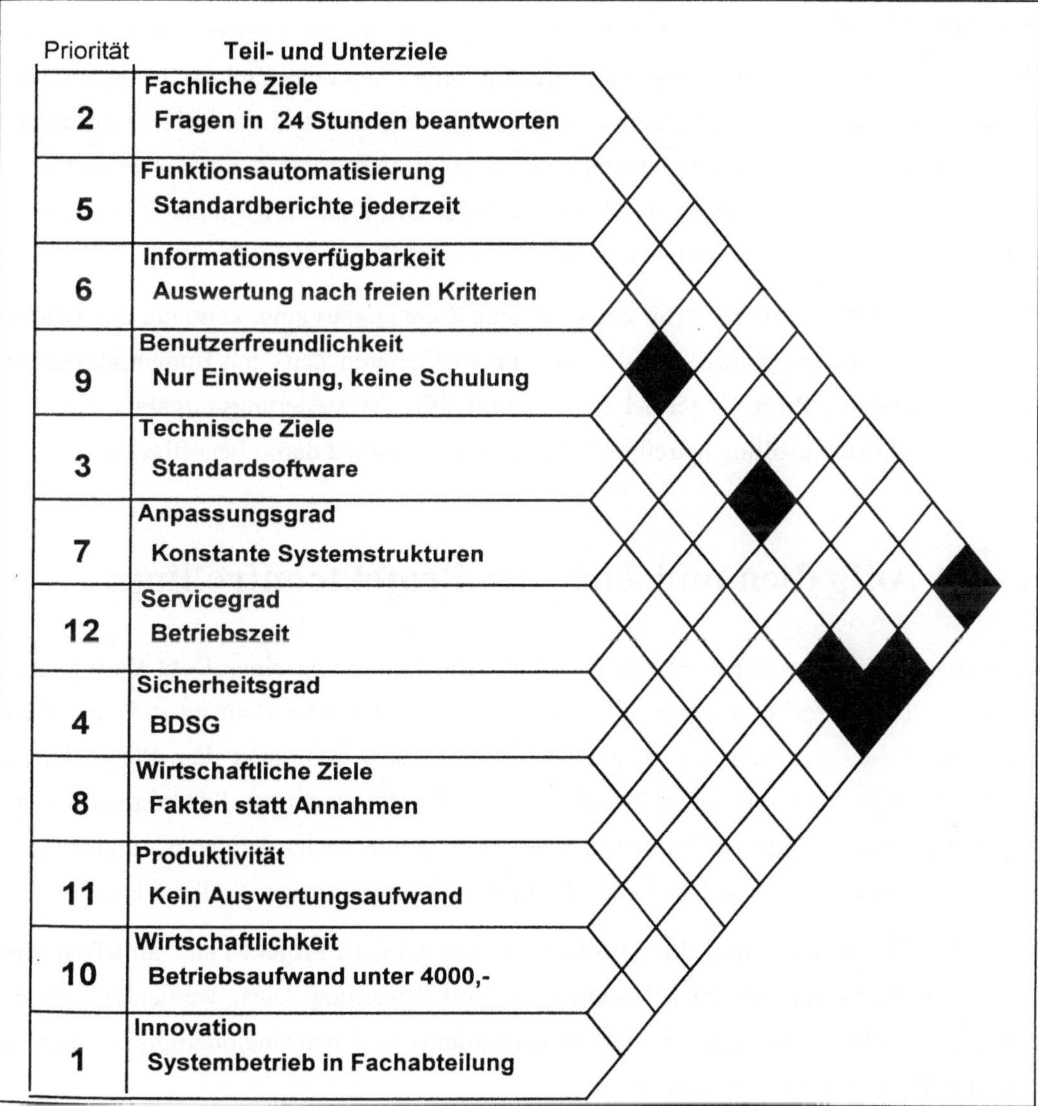

Abb. 3: Beispiel einer Zielkonfliktmatrix

Neben der in den Zielen formulierten Positivdarstellung dessen, was erreicht werden soll, ist aber für den Projekterfolg fast genau so wichtig, festzuhalten, was nicht realisiert wird. Dies gilt in ganz besonderem Maße für die Teilprojekte. Wenn hier der Erwartungshaltung des Fachbereiches "mit einem Data Warehouse lösen wir alle zur Zeit noch offenen Probleme" nicht entgegengewirkt wird, werden die Teilprojekte niemals wie geplant fertig.

Als Richtschnur zur Abgrenzung des Projektumfanges kann das Zielsystem genommen werden. Zu jedem Teil- und Unterziel sollte gesagt werden, was darin nicht eingeschlossen ist. Damit eine solche Abgrenzungsspezifikation nicht uferlos wird, orientiert man sich an der Erwartungshaltung des Fachbereiches. Diese ist i.d.R. bekannt. Weiterhin sollte die Projektabgrenzung nicht umfangreicher sein als die Zieldefinition.

Wenn die Grundstruktur des Projektes und seine Ziele geklärt sind, kann die eigentliche Entwicklungsarbeit beginnen. Um die Ziele im verfügbaren Zeit- und Budgetrahmen zu erreichen, muß der Projektleiter neben seinen inhaltlichen Steuerungsaufgaben auch ein gezieltes Projektcontrolling betreiben bzw. ein Teammitglied damit beauftragen.

4   Aufgaben und Ziele des Projektcontrollings

Projektcontrolling umfaßt nicht nur die finanzielle Begleitung eines Data Warehouse-Projektes. Die Aufgabe ist generell dahin erweitert, den Entwicklungsprozeß mit allen Facetten in Zahlen transparent zu machen. Diese Transparenz hilft dem Projektleiter, seine Führungsverantwortung im Projekt erfolgreich wahrzunehmen. Konkret heißt dies, den Status des Projektes in Zahlen aufzubereiten sowie nachvollziehbar darzustellen, wie er entstanden ist und welche Entwicklungen sich daraus prognostizieren lassen.

Basis des Projektstatus sind die Absolutdaten von Gesamt-Projekt-Plan, Soll-Disposition in den Teil-Projekten, Ist-Erfassung und Wird-Erwartung. Diese werden zu Aussagen über den Stand der Termin-, Kosten-, Qualitäts- und Nutzeneinhaltung verdichtet und zum Projekt-Status aufbereitet.

Im Projekt-Status stellt der Controller den bisherigen Projektverlauf mit Zahlen dar, teils als Zeitreihen, teils als Graphiken. Diese Dokumentation der Entwicklungen vom Projektstart bis zum Berichtstermin erlaubt es, den aktuellen Stand der Projektarbeiten richtig zu gewichten und zu interpretieren. Zum Beispiel ist eine zehnprozentige Überziehung des anteiligen Projektbudgets vor dem Hintergrund einer Vormonatsüberziehung von fünf Prozent ganz anders zu bewerten, als wenn die Überziehung im Vormonat bereits zwanzig Prozent betrug.

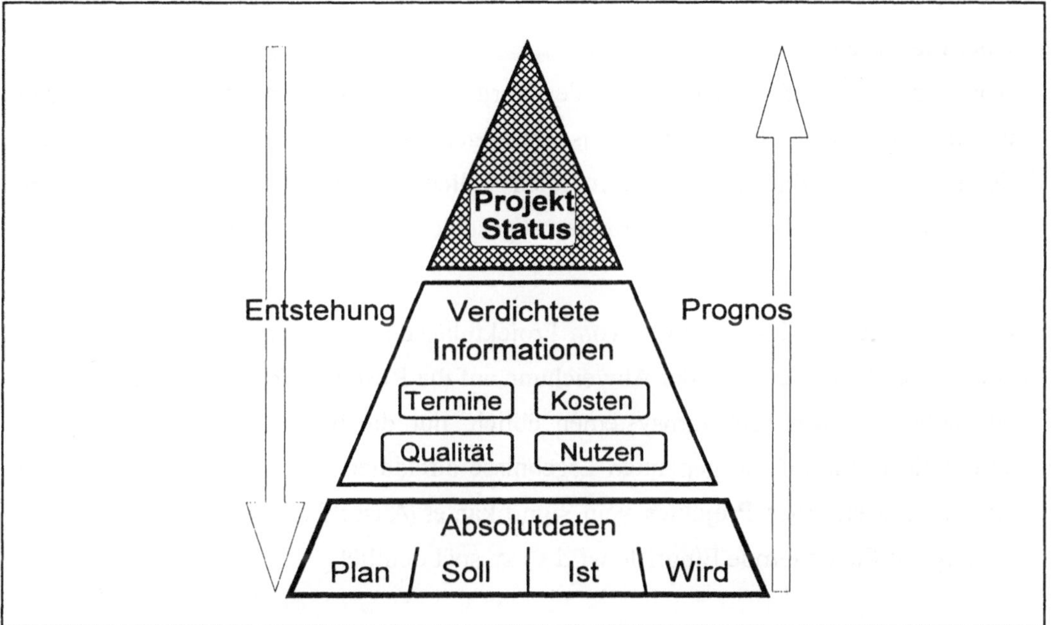

Abb. 4: Aufgaben des Projektcontrollings

5 Frühwarnsysteme im Projektcontrolling

Aus den Entwicklungen des Projekt-Status lassen sich Trends für den weiteren Projektverlauf ableiten. Um diese Trends deutlich sichtbar zu machen, werden Frühwarnsysteme eingesetzt. Die Methodik der Frühwarnsysteme ist in diesem und den nachfolgenden Abschnitten erläutert. Ihre Umsetzung im Sinne eines computergestützten Systems erfolgt im allgemeinen über den Export der Basisdaten aus einem Projektmanagement-Tool in ein Spreadsheet mit anschließender Aufbereitung mittels Makros.

Frühwarnsysteme beruhen auf drei Hypothesen, die sich in den bisherigen Projekterfahrungen bestätigt haben:

- Genauigkeit
  Für die Beurteilung eines Projektes ist es ausreichend, die abgeschlossenen Arbeiten auszuwerten und alle angearbeiteten Vorgänge nicht zu berücksichtigen. Diese sogenannte 0/100-Methode vereinfacht die Projektbeurteilung erheblich, da damit alle Bewertungsprobleme ausgeklammert werden.

- Übertragbarkeit
  Abweichungen vom Projektplan in der Vergangenheit können auf die Restlaufzeit übertragen werden. Aus der Praxis ist im allgemeinen bekannt, daß ein in den Anfangsphasen verzögertes Projekt in allen Fällen, wo nicht steuernd eingegriffen wurde, nur mit weiteren Verzögerungen abgeschlossen werden kann.

- Deutlichkeit
  Um eingetretene Abweichungen vom Projektplan deutlich sichtbar aufzuzeigen, ist eine lineare Hochrechnung der Abweichung auf die Restlaufzeit nötig. Wird nämlich, wie außerhalb von Frühwarnsystemen üblich, nur die bisher eingetretene Abweichung als Delta auf die geplanten Ergebnisse aufaddiert, ergibt sich gerade in den Anfangsphasen eines Projektes kein signifikanter Ausschlag der Zahlen. Die Notwendigkeit für steuernde Eingriffe wird so zu spät deutlich.

Aufbauend auf diesen drei durch die Praxis betätigten Grundannahmen liefern Frühwarnsysteme Früh-Indikatoren, die in drei Richtungen zu interpretieren sind:

- Planungsrealismus
  Jede Planung eines Data Warehouse-Projektes geht von einer Reihe von Annahmen aus, wie qualifizierte Teamzusammensetzung, Mitwirkung des auftraggebenden Fachbereiches, verfügbare Entwicklungsinfrastruktur etc. Wie weit der Projekt-Plan diese Rahmenbedingungen und Voraussetzungen realistisch eingeschätzt und berücksichtigt hat, läßt sich als erstes an den Früh-Indikatoren ablesen. Damit besteht die Möglichkeit, die Planung frühzeitig an die Realitäten des Unternehmens anzupassen.

- Maßnahmenindikation
  Abweichungen vom realistischen Projektplan werden im Früh-Indikator deutlich angezeigt. Dies ist für den Projektleiter die Gelegenheit, die Abweichungen zu hinterfragen. Nicht jede Abweichung deutet auf eine Fehlleistung oder Schwachstelle hin.

Im Gegenteil, Abweichungen vom Projektplan sind normal und in vielen Fällen auch gewollt, um die Projektziele zu erreichen. Im Normalfall heben sich daher die Abweichungen in der Summe gegenseitig auf, so daß der rote Faden des Planes erkennbar bleibt. Das Verlassen dieser "Ideallinie" ist aber in jedem Falle ein Früh-Indikator dafür, daß nach Ursachen gesucht und fallweise Maßnahmen angestoßen werden.

- Maßnahmenwirksamkeit
  Die Wirksamkeit der getroffenen Maßnahmen kann an den Früh-Indikatoren ebenfalls abgelesen werden. Gleiches gilt für bewußt in Kauf genommene Abweichungen vom Projektplan. Der negative Trend eines Früh-Indikators muß zum nächsten Berichtstermin umgekehrt oder zumindest gebrochen worden sein, wenn die Maßnahme an der richtigen Stelle angesetzt wurde.

Um Frühwarnsysteme nicht mit komplexeren Planungs-, Kalkulations- und Prognoseverfahren zu verwechseln, werden ihre Indikatoren grundsätzlich graphisch und nicht als exakte Zahlenwerte berichtet. Aus der Kurvendarstellung der Indikatoren kann der Projektleiter eindeutig ablesen, wo er für sein Projekt noch dazulernen kann und muß, um es in der Restlaufzeit zum Erfolg zu führen.

Die Frühwarnsysteme für Termin- bzw. Budgeteinhaltung werden wegen ihrer einfachen Handhabung und der Verfügbarkeit der Ausgangsdaten heute schon in vielen Firmen eingesetzt. Weitere Frühwarnsysteme im Bereich Fertigstellung, Qualität, Akzeptanz und Nutzen sind zwar verfügbar, werden aber wenig eingesetzt.

6 Terminüberwachung

Das Frühwarnsystem für die Terminüberwachung nutzt die bekannte Methodik und Darstellung der Meilensteintrendanalyse. In ihrer konventionellen Anwendung werden die geplanten Meilensteintermine im Meilensteintrend-Diagramm eingezeichnet und zu jedem Berichtstermin die auf dem jeweils kritischen Pfad eingetretene Abweichung pro Meilenstein dargestellt.

Dieses konventionelle Verfahren ist noch kein Frühwarnsystem, da es in der Genauigkeit nur den kritischen Pfad mit allen Einschätzungs- und Bewertungsproblemen berücksichtigt, Übertragbarkeit und Deutlichkeit aber außen vor läßt.

Zur Nutzung als Frühwarnsystem wird aus den Daten aller zum Berichtstermin abgeschlossenen Arbeiten eine Kennzahl zur Zeiteinhaltung in der Vergangenheit ermittelt. Diese wird aus der Summe der geplanten Dauer der abgeschlossenen Arbeiten und den Ist-Werten zur tatsächlich verbrauchten Zeit gebildet. Die Kumulation der beiden Ausgangswerte wird miteinander verglichen. Aus dem Plan-Ist-Vergleich ergibt sich eine prozentuale Abweichung, die auch für die restliche Projektlaufzeit einkalkuliert werden muß. Mit dem entsprechenden, proportionalen Zu- oder Abschlag werden demzufolge die Meilensteine eines Data Warehouse-Projektes (meist sind dies die Endtermine der Teilprojekte) verschoben und diese linearen Hochrechnungen in das Meilensteintrenddiagramm eingetragen. Die Darstellung erfolgt nach den bekannten Regeln:

- Auf der Planungsachse werden die Meilensteintermine eingezeichnet

- Auf der Berichtsachse werden die Berichtstermine eingetragen

- Im Dreieck erscheinen pro Berichtstermin die hochgerechneten Meilensteinverschiebungen

Die im Beispiel der Abbildung 5 eingetragenen Werte machen deutlich, wie dieses Diagramm zu interpretieren ist. Im ersten Berichtszeitraum wurde im Projekt wesentlich schneller gearbeitet als geplant. Erkenntlich wird dies aus dem Vergleich mit der jeweils hervorgehoben eingezeichneten, waagerechten "Ideallinie" der Meilensteine. Danach verlangsamte sich das Tempo im Projekt, so daß zum Berichtstermin 01.04. (drei Monate nach Projektstart) festgestellt werden kann: Der geplante Projektabschluß zum 15.10. ist mit der gegenwärtigen Arbeitsorganisation im Projekt nicht zu halten.

Diese frühe Aussage aufgrund des deutlichen Indikatorenausschlages gibt jetzt dem Projektleiter die Chance, Ursachen festzustellen und Maßnahmen einzuleiten, die aufgrund der Restlaufzeit des Projektes von über sechs Monaten auch wirksam werden können.

Durch die Nutzung des Frühwarnsystemes zur Termineinhaltung wird eines der gravierendsten Probleme der Projekt-Steuerung wesentlich einfacher handhabbar, nämlich Verzögerungen in der Projektarbeit so rechtzeitig zu bemerken, daß ein Gegensteuern in der verfügbaren Zeit noch möglich ist.

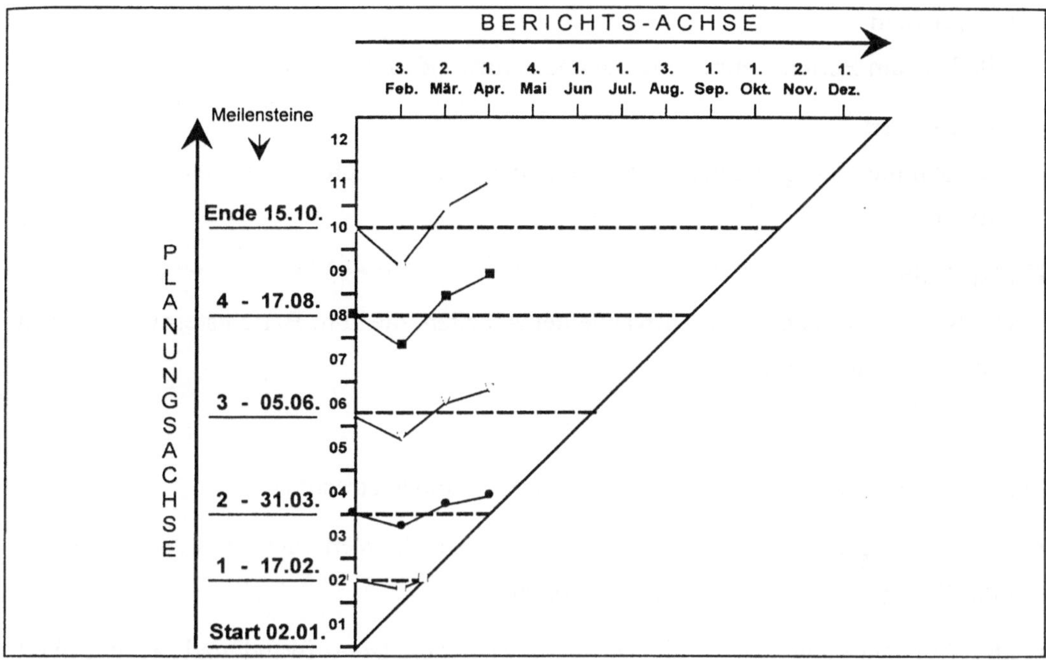

Abb. 5: Beispiel eines Meilensteindiagrammes

7 Budgetüberwachung

Für das Frühwarnsystem zur Budgetüberwachung wird auf die bewährte Methodik der Earned Value-Analyse zurückgegriffen. Diese schlüsselt die Gesamtabweichung eines Projektes in Aufwands- und Leistungsabweichung auf.

Das Frühwarnsystem zur Budgetüberwachung rechnet nun die Abweichungen der Earned Value-Analyse über die Restlaufzeit hoch, indem die eingetretenen Differenzen in Prozent der Planzahlen ausgedrückt werden und der Budgetansatz um den kumulierten Prozentsatz korrigiert wird.

Diese Beschreibung des Frühwarnsystemes in wenigen Zeilen hört sich wesentlich schwieriger an, als seine Umsetzung mit Hilfe eines Tabellenkalkulationsprogrammes tatsächlich ist. Die in jedem Projekt verfügbaren Basisdaten der Earned Value-Analyse sind:

- Ist-Aufwand

  <u>Alle</u> bis zum Berichtstermin angefallenen Aufwände im Projekt.

- Arbeits-Wert

  Die Summe der geplanten Aufwände der zum Berichtstermin fertiggemeldeten Arbeiten.

- Plan-Wert

  Die Summe der geplanten Aufwände der Arbeiten, die zum Berichtstermin laut Plan hätten fertig sein sollen.

Aus diesen Basisdaten werden nach der 0 / 100-Methode errechnet:

- Die Leistungsabweichung als Differenz von Arbeits-Wert (dem was fertig ist) und Plan-Wert (dem was fertig hätte sein sollen)

- Die Aufwandsabweichung als Differenz zwischen Ist-Aufwand und Arbeits-Wert (dem, was für die fertigen Arbeiten hätte aufgewendet werden dürfen)

Um diese Momentaussagen im Sinne eines Frühwarnsystems in deutliche Trendausschläge umzusetzen, die graphisch dargestellt werden können, ist noch eine Ergänzung und Umformung hin zur Zeitreihe nötig.

Erster Schritt dazu ist die Aufteilung des Planwertes in Planaufwand und Planfertigstellung und die Ermittlung ihrer Verlaufskurven. Um einheitenunabhängig zu sein, werden beide Kurven auf Prozentbasis berechnet. Der kumulierte Planaufwand pro Monat, ausgedrückt als Prozentsatz des geplanten Gesamtaufwandes, wächst entsprechend von Monat zu Monat, bis er bei Projektende 100 % erreicht hat. Das gleiche gilt für die Planfertigstellung. Basis der Prozentangaben der Planfertigstellung ist die Gesamtstückzahl der Arbeiten im Projekt. Wenn diese noch nicht festliegt, und das ist der Normalfall in größeren Data Warehouse-Projekten mit entsprechend gestaffelten Planungshorizonten, muß sie aus den bisher disponierten Arbeiten, dem darauf entfallenden Aufwand und dem Gesamtaufwand statistisch ermittelt werden.

Wenn jetzt die Ist-Werte für Aufwand und Fertigstellung (Teil des Arbeits-Wertes) pro Monat ebenfalls als Prozent des geplanten Gesamtaufwandes bzw. der Gesamtstückzahl der Arbeiten dargestellt werden, lassen sich die dabei anfallenden Differenzen Monat für Monat in eine Budgetprognose umrechnen. Dies geht von den Erkenntnissen des nüchternen Menschenverstandes aus, daß wenn zum Beispiel ein höherer Aufwand für die fertiggestellten Arbeiten notwendig war als geplant und darüber hinaus noch nicht einmal das fertig ist, was geplant war, wird die Fertigstellung wahrscheinlich teurer als das geplant war.

Diese Erkenntnis läßt sich nach der folgenden Formel in Zahlen umsetzen:

$$\text{Prognose} = 100 + \left(100 - \frac{\text{Ist-Fertigstellung} * 100}{\text{Plan-Fertigstellung}} \right) + (-1) * \left(100 - \frac{\text{Ist-Aufwand} * 100}{\text{Plan-Aufwand}} \right)$$

Die Fortschreibung eines entsprechend aufgebauten Spreadsheets pro Monat ist dann ein effizientes Frühwarnsystem, das den Frühindikator mit den zugrundeliegenden Verlaufskurven graphisch darstellen kann.

Abbildung 6 zeigt beispielhaft eine entsprechende Excel-Tabelle.

	B	C	D	E	F	G	H	I	J	K
Monat	1	2	3	4	5	6	7	8	9	10
Budget	100	100	100	100	100	100	100	100	100	100
Plan-Aufwand	7	14	25	38	52	65	76	88	96	100
Ist-Aufwand	7	15	27							
Plan-Fertigstellung	6	12	18	30	40	52	64	75	87	100
Ist-Fertigstellung	5	10	14							
Budget-Prognose	110	110	114							

Abb. 6: Beispiel Budget-Prognose (Spreadsheet)

- Budget

  Das geplante Budget ist als Basisgröße der Prognose immer 100 Prozent.

- Plan-Aufwand

  Der Plan-Aufwand drückt die kumulierten Plan-Aufwände in Prozent des geplanten Gesamtaufwandes aus.

- Ist-Aufwand

  Der Ist-Aufwand drückt die aufaddierten Werte in Prozent des geplanten Gesamtaufwandes aus.

- Plan-Fertigstellung

  Die Plan-Fertigstellung ist der Prozentwert der geplanten kumulierten Arbeiten, gemessen an der Gesamtzahl der Arbeiten.

- Ist-Fertigstellung

  Die Ist-Fertigstellung ist der Prozentwert der fertigen, kumulierten Arbeiten, gemessen an der Gesamtzahl der Arbeiten.

- Budget-Prognose

  Die Budget-Prognose faßt die Abweichungen von Plan- und Ist-Fertigstellung und von Plan- und Ist-Aufwand nach der oben zitierten Formel als Prozentwert zusammen.

Die Interpretation dieses Beispieldiagrammes (vgl. Abbildung 7) zeigt, daß aufgrund der geringeren Produktivität im Projekt, die geplanten Aufwände überschritten und die geplante Fertigstellung unterschritten werden, das vorgesehene Budget nicht ausreichen wird. Auch hier kann diese Aussage bereits nach drei Monaten getroffen werden.

Da jede, auch die kleinste Abweichung vom Projektplan in diesem Frühwarnsystem seinen Niederschlag findet, Abweichungen aber in jedem Projekt zur Normalität gehören, wird die doch sehr aufmerksamkeitsintensive Budgetprognose in einer Form berichtet, die sich auf den Prognosewert konzentriert und als wesentliche Ergänzung für ihn einen Zielkorridor vorgibt. Durch den Zielkorridor wird die tolerierbare Schwankungsbreite der Prognose-Werte gegenüber dem Plan festgelegt (vgl. Abbildung 8).

Dieses Frühwarnsystem ist mit einer Rennstrecke vergleichbar. Auch einem Weltmeister wie Michael Schuhmacher gelingt es nicht, immer auf der Ideallinie (Plan-Linie) zu fahren. Solange er aber auf der Straße (im Zielkorridor) bleibt, hat er gute Chancen, das Ziel zu erreichen.

In diesem Sinne ist auch dies Frühwarnsystem zu lesen. Erst ein Ausbrechen aus dem Zielkorridor ist Anlaß, Abweichungen zu hinterfragen und nötigenfalls Maßnahmen einzuleiten. Solange also, wie der Frühindikator im Zielkorridor bleibt, ist das Budget des DW-Projektes "in line". Dies ist doch der Kern aller Fragen des Managements zum Projekt-Budget und kann so vom Projektleiter auch beantwortet werden.

Um nun genauer zu quantifizieren, um wieviel DM das Budget zu erhöhen ist, reicht das Frühwarnsystem nicht aus. Dazu ist eine detaillierte Überarbeitung des Projektplanes durch den Projektleiter nötig.

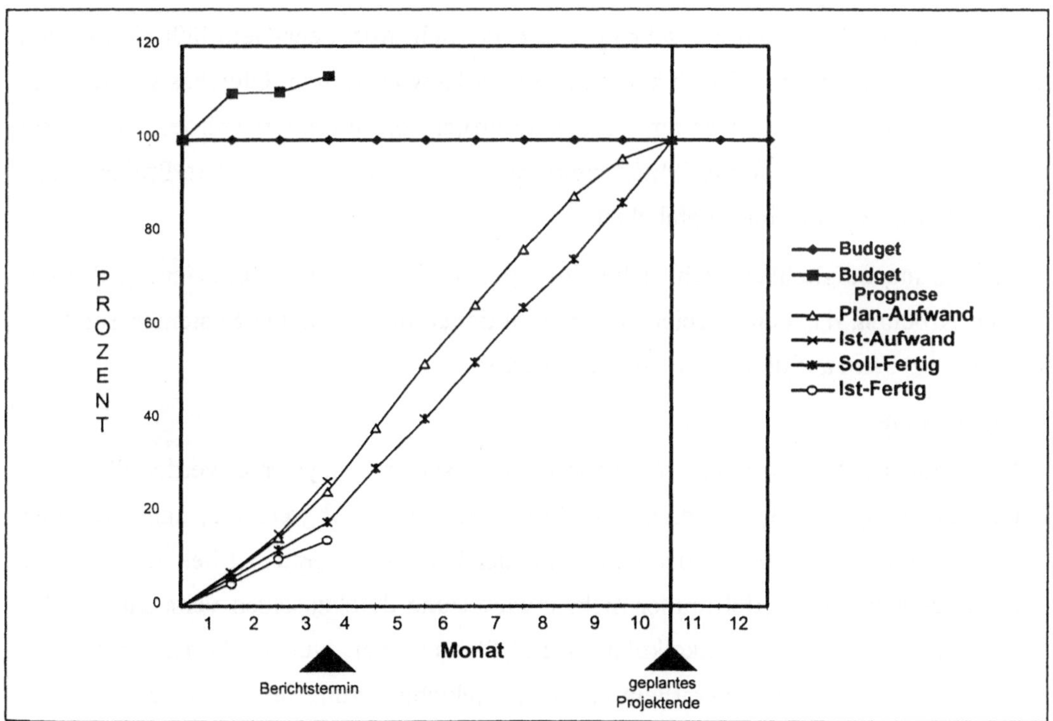

Abb. 7: Beispiel Budgetprognose (Graphik)

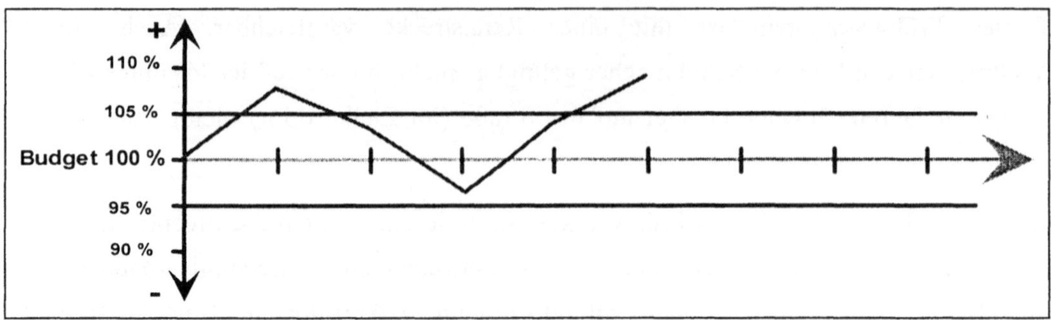

Abb. 8: Frühwarnsystem Budgetprognose

8   Potentielle Maßnahmen

Eine derartige Budgeterhöhung oder aber eine Terminverschiebung ist in den meisten Data Warehouse-Projekten nur sehr begrenzt möglich. Mit mehr Geld läßt sich in den seltendsten Fällen das spezifisch benötigte Know How einkaufen. Gleiches gilt für eine Terminverschiebung, die zwar für das eigene Projekt oft akzeptiert würde, aber da sie sich über die länger benötigten Mitarbeiterinnen und Mitarbeiter in andere Projekte hinein fortpflanzt, zumeist inakzeptabel ist.

Als Steuerungsmöglichkeit steht daher in vielen Fällen nur eine Reduzierung der geplanten Arbeiten, das heißt streichen von Funktionen des geplanten Systemes zur Verfügung. Dies kann auf drei Arten gemacht werden:

- Abgrenzung
  Nicht nur die Ziele des Data Warehouses bzw. seiner Teilsysteme werden überprüft und hinterfragt, sondern explizit auch noch einmal die Abgrenzung, damit darüber das System verschlankt werden kann. Aus der Erfahrung heraus ist bekannt, daß der Auftraggeber im Zweifel immer mehr erwartet und durchzusetzen versucht, als das was Grundlage der Projektkalkulation und Planung war. Nur die konsequente Einhaltung und fallweise Überarbeitung der Projektabgrenzung hilft, das Projekt während der Laufzeit zeitlich und finanziell nicht aufzublähen.

- Target Costing

  Die Festlegung von Zielkosten, nicht nur für das Gesamtsystem sondern auch für seine Teilsysteme, verhindert, daß bei den Systembestandteilen, die zuerst in Angriff genommen werden, das verfügbare Zeit- und Aufwandsbudget überproportional in Anspruch genommen wird. Ein eingetretenes Ungleichgewicht, über Frühindikatoren festgestellt, kann durch eine rückwirkende Zielkostenbestimmung in den meisten Fällen noch ausgeglichen werden.

- Value Engineering

  Die wertanalytische Gestaltung des Systemes erlaubt es, auch bei fortgeschrittenen Projekten, noch mögliche Einsparungen an Zeit und Kosten auf der detaillierten Funktions- und Datenebene aufzuzeigen und durchzusetzen.

Natürlich ist ein derart verschlanktes System nicht mehr so komfortabel, durchautomatisiert und nach allen Seiten perfekt, wie es ursprünglich geplant wurde. Der Nutzwert des neuen Systemes bleibt aber in den allermeisten Fällen unverändert, so daß sich die geplanten wirtschaftlichen Ergebnisse an Einsparungen und / oder Gewinnen damit trotzdem realisieren lassen.

Qualitätsmanagement in Data Warehouse-Projekten - Methoden und Verfahren für die Projektpraxis

Werner Conrad

Inhalt

1   Einleitung

Eine Welle der Empörung ging durch die Medien, als bekannt wurde, daß die Deutsche Telekom nach der Umstellung auf ihre neue Gebührenordnung alle am Neujahrstag 1996 geführten Telefonate versehentlich mit dem Werktagstarif abgerechnet hatte. Eine spektakuläre Software-Panne, und dabei doch ein Fehler, der schon bei Durchführung einfacher Standardtests hätte entdeckt werden müssen.

Wahrscheinlich jedem Nutzer eines PC`s oder eines anderen DV-Systems ist es bereits einmal, erfahrungsgemäß aber eher mehrmals, widerfahren, daß eine Anwendung bzw. das Betriebssystem unvermittelt abstürzte. Die Bandbreite der mit solchen Abstürzen verbundenen Schäden reicht vom Verlust noch nicht gespeicherter Daten auf einzelnen Rechnern bis hin zum Ausfall ganzer Rechnernetze. Viele dieser Situationen hätten bereits im Vorfeld der Software-Auslieferung an die Kunden durch den Einsatz erprobter Qualitätssicherungs-Maßnahmen (QS-Maßnahmen) verhindert werden können.

Ein für fast jeden DV-Verantwortlichen blutdruckerhöhendes Thema war der Jahreswechsel am 31. Dezember 1999. Aufgrund chronischer Knappheit an Speicherkapazität als auch einfach mangels entsprechendem Weitblick wurden bis Anfang der 90-er Jahre für die Jahreszahlen in den Datumsfeldern vieler Anwendungen nur zwei Stellen zur Verfügung gestellt. Als Folge dieser Sparpolitik wurden das Jahr 2000 und die nachfolgenden Jahre in diesen Applikationen als '00', '01', '02', usw. behandelt. Der Bruch in der Entwicklungsreihe der bisherigen Jahreszahlen (...,'97','98','99'), die Behandlung des Jahres 2000 als '00' und andere Folgen der verkürzten Datumsdarstellung brachten in allen Branchen eine Reihe ernsthafter Probleme mit sich. In allen größeren Unternehmen wurden deshalb Projekte aufgesetzt, die die Aufgabe hatten, die bestehenden Anwendungen und Datenstrukturen auf diese Problematik hin zu untersuchen und durch Änderungen im Programmcode und/oder durch Änderungen der Datenstrukturen zu entschärfen. Auch hier entschied die Bereitschaft für Maßnahmen zur Sicherstellung der Softwarequalität über Erfolg oder Mißerfolg der Projekte mit.

Soviel zur Einstimmung in das Thema dieses Beitrages, dem Qualitätsmanagement in Softwareprojekten. Was aber haben diese drei Fälle aus der Welt der vorwiegend operativen Anwendungen mit Data Warehouse-Systemen zu tun?

Data Warehouse-basierte Anwendungen unterscheiden sich zwar in ihrer Aufgabenstellung als managementunterstützende Informationssysteme von den operativen Anwendungen eines Unternehmens, unterliegen aber gleichwohl denselben strengen Qualitätsanforderungen wie die funktionsorientierten Systeme.

Der Anspruch eines Data Warehouses, periodisch Informationen über das eigene Unternehmen wie auch über externe Einflußgrößen auf die Unternehmenspolitik bereitzustellen, stellt höchste Anforderungen an das Software-Qualitätsmanagement wie z.B. der

- Sicherstellung der Qualität des Software-Entwicklungsprozesses (Methoden, Werkzeuge, Organisation)

- Sicherstellung der konzeptionellen Qualität des Data Warehouses als auch der aufsetzenden Applikation

- Sicherstellung der funktionalen und technischen Qualität der Entwicklungsergebnisse

- Sicherstellung der Abnahmereife vor der Übergabe an den Auftraggeber

- Sicherstellung des bisherigen Qualitätsniveaus in der Betriebsphase auch nach Änderungen einzelner Komponenten.

Anders als die operativen DV-Systeme eines Unternehmens ist ein Data Warehouse, nachdem es einmal in Betrieb genommen wurde, nicht vorwiegend nur nach Änderungen an den Softwarekomponenten wieder Gegenstand von QS-Maßnahmen. Es muß vielmehr vor allem aufgrund seiner Dynamik auf der Datenebene wesentlich häufiger einer erneuten Überprüfung unterzogen werden.

Naturgemäß ändert sich der Informationsbedarf der Benutzer einer Data Warehouse-Anwendung im Laufe der Zeit. Dies kann sich in Form ganz neuer Fragestellungen an das System oder aber durch die Notwendigkeit zur Änderung bereits existierender Funktionalitäten ausdrücken - mit der Folge, daß Eingriffe in die Front Ends der Endbenutzer und/oder Änderungen der (Meta-) Datenbank erforderlich werden.

Neben diesen intern veranlaßten Änderungen haben ebenso extern bedingte, und damit kaum steuerbare, Faktoren Einfluß auf das Data Warehouse. Inhaltliche oder strukturelle Änderungen der verschiedenen Datenquellen für das Data Warehouse sowie Release-Wechsel der verschiedenen Software-Komponenten (Entwicklungswerkzeuge, DBMS,

Front End-Tools, etc.) machen eine erneute Prüfung einzelner konzeptioneller oder funktionaler Aspekte bis hin zur Wiederholung kompletter Testdurchgänge erforderlich.

Bereits aus diesen Überlegungen wird die Bedeutung der QS komplexer, sich häufig verändernder DV-Anwendungen deutlich. Die QS derartiger Systeme beschränkt sich nicht auf eine einmalige Aktivität während der Entwicklung und vor der Inbetriebnahme, sondern muß als ständige Einrichtung den gesamten Software-Lebenszyklus begleiten.

Für das DV-Management eines Unternehmens bedeutet dies konkret die Notwendigkeit zur Einrichtung einer Qualitätsinstanz mit der Aufgabe, ein QS-System zu entwickeln und auf Basis dessen in jeder Projektphase - sowohl vor Inbetriebnahme als auch bei jeder Änderung der produktiven Anwendung - aktiv zu werden und die jeweils erforderlichen Maßnahmen durchzuführen.

Soweit der Idealzustand. Ein Blick hinter die Kulissen von DV-Projekten läßt jedoch oftmals sehr rasch Ernüchterung einkehren, denn in den meisten Fällen fristet das Thema Qualität im Vergleich zu Konzeption und Entwicklung immer noch ein Aschenputtel-Dasein - wohl als notwendig erkannt, aber unbequem, und daher oftmals äußerst stiefmütterlich behandelt. Nicht ohne Grund ist beispielsweise der Begriff "Bananen-Software" für Applikationen, "die erst beim Anwender reifen", in DV-Kreisen zu einem geflügelten Wort geworden.

Die Projektrealität ist häufig immer noch durch konzeptionelle Mangelerscheinungen in Form fehlender oder unzureichender QS-Konzepte und damit oft ebenfalls unbefriedigende Pflichtenhefte und Systemspezifikationen gekennzeichnet. Die Folge davon sind auf unsystematische, vorwiegend stochastische Testaktivitäten reduzierte Maßnahmen, die alles andere als den Anspruch an professionelles Qualitätsmanagement und Sicherstellung eines hohen Qualitätsniveaus erfüllen.

Es würde den Rahmen dieses Beitrages sprengen, auf alle grundsätzlichen Aspekte und Probleme des Software-Qualitätsmanagements eingehen zu wollen, und so sei bereits an dieser Stelle auf die einschlägige Literatur, wie beispielsweise [FrLS95], [Myer95], [Thal94] oder [Trau96] verwiesen.

Insbesondere wird im folgenden die Frage nach der Qualität auf der Konzeptionsseite - sowohl der Aspekt der Datenqualität eines Data Warehouses als auch die Prüfung der

Anwendungsspezifikation - bewußt ausgeklammert. Auch auf die Qualitätsaspekte des Software-Entwicklungsprozesses (Prozeßqualität) als ein Thema, das stark die Bereiche Software Engineering und Planung/Organisation berührt, wird in diesem Beitrag nicht weiter eingegangen.

Im Mittelpunkt der nachfolgenden Ausführungen stehen vielmehr die Aktivitäten zur Untersuchung der Software-Entwicklungsergebnisse, die trotz zunehmender Betonung der Prozeßqualität immer noch - und wohl auch auf absehbare Zeit - die zentrale Rolle bei der Software-QS spielen.

2 Maßnahmen zur Software-Qualitätssicherung in Data Warehouse-Projekten

Man stelle sich vor, der Vorstand eines Kaufhauskonzerns beabsichtigt, in einer seiner nächsten Sitzungen die Entscheidung zu treffen, ob bestimmte, bisher nur in den Filial-häusern erhältliche Produkte in Zukunft auch via Internet vertrieben werden sollen. Neben der erhofften Umsatzsteigerung u.a. durch die Erschließung neuer Kundengrup-pen brächten Einrichtung und Betrieb dieses neuen Vertriebskanals nicht unerhebliche Kosten mit sich, die, sollte der Versuch fehlschlagen, das Unternehmensergebnis erheb-lich belasten würden. Der Vertriebsleiter soll die Vorstandsvorlage zu diesem Thema vorbereiten.

Ein im Unternehmen bereits im Einsatz befindliches Data Warehouse soll der mit der vorbereitenden Analyse beauftragten Abteilung alle entscheidungsrelevanten Informa-tionen liefern. Zu diesem Zweck wurde die Data Warehouse-Datenbank um zusätzliche Tabellen mit Informationen über Trends im Konsumentenverhalten sowie über die zu erwartenden Kosten- und Ertragsgrößen beim Internet-Direktvertrieb erweitert. Diese Datenbankerweiterungen wie auch die Änderungen der Prozeduren für den Data Ware-house-Datenimport und -export wurden in der Meta-Datenbank dokumentiert. Um die gewünschten Informationen liefern zu können, mußte schließlich die Decision Support-Anwendung auf den PC`s der Mitarbeiter an die neue Aufgabenstellung angepaßt werden.

Der Termin zur Vorlage der Ausarbeitungen rückt näher, und die Ergebnisse der bereits vor mehreren Wochen in Auftrag gegebenen Untersuchung werden in Kürze erwartet. Man ahnt bereits, daß diese Geschichte noch einen Haken hat. Und richtig: Zum Erstaunen des Vertriebsleiters wird ihm in letzter Minute bedauernd mitgeteilt, daß aufgrund plötzlich aufgetretener Schwierigkeiten mit der PC-Anwendung trotz aller Bemühungen nur ein Teil der benötigten Informationen bereitgestellt werden könne.

Um die Geschichte mit einem Happy End zu schließen: In einem dramatischen Wettlauf gegen die Zeit gelingt es in letzter Minute doch noch, mit Tabellenkalkulationsprogrammen, Taschenrechnern und viel Papier die Ausarbeitungen zu erstellen und termingerecht vorzulegen. Wo aber lag das Problem mit dem Data Warehouse bzw. der Data Warehouse-Anwendung?

Die Benutzer der Decision Support-Anwendung stießen während ihrer Arbeit mit dem System neben einigen kleineren Problemen auf vier schwerwiegende Fehler:

- Sofort nach Aufruf einer Funktion zur Prognose der mittelfristigen Internet-Umsatzentwicklung erschien am Bildschirm ein Hinweis auf einen Fehler in einem SQL-Statement. Nach Bestätigung dieser Meldung brach die Anwendung ab.

- Der Aufruf der Druckfunktion einer neuen Auswertung führte zum Absturz der Anwendung - in diesem Fall jedoch ohne vorherige Fehlermeldung.

- Ein komplexer Datenbankzugriff benötigte für seine Ausführung ein ganzes Wochenende.

- Als Ergebnis dieser Datenbankabfrage und der anschließenden Verarbeitung der gelieferten Daten durch die Anwendung wurden fehlerhafte Werte berechnet, die nur durch Zufall entdeckt wurden.

Ein reichlich übertriebenes Horrorszenario? Im Gegenteil. Fast ausnahmslos jeder, der Erfahrung mit dem Einsatz neuer, noch recht junger oder auch überarbeiteter Software machen durfte, verfügt über einen gewissen Anekdotenschatz von Fehler-Klassikern.

Hätte das Auftreten dieser Fehler im produktiven Betrieb denn überhaupt vermieden werden können? Die Antwort auf diese Frage ist ein klares 'Ja', denn Fehler der obigen Natur sind Indizien für eine vernachlässigte oder ganz unterbliebene QS. Die Realität der meisten Software-Entwicklungsprojekte ist immer noch so, daß Konzeptprüfungen vor und Qualitätsmaßnahmen während der Entwicklung eher die Ausnahme bilden. Was bleibt, ist der Test der "fertigen" Programme vor der Übergabe an den Auftraggeber, der in der Regel unter enormem Zeitdruck in der von der Entwicklung noch übriggelassenen Projektrestlaufzeit erledigt werden muß.

Seit einigen Jahren ist allerdings eine wachsende Einsicht in die Notwendigkeit eines aktiven Qualitätsmanagements zu beobachten. Die zunehmende Komplexität der Anwendungssysteme sowie wachsender Termin- und Kostendruck haben die herkömmliche Vorgehensweise der Fehlerprophylaxe an ihre Grenzen geführt. Es ist seit längerem allgemein bekannt, daß die Kosten für die Behebung eines Fehlers umso höher sind,

- je früher er entsteht und

- je später er entdeckt wird.

Die Behebung von Fehlern, die in frühen Projektphasen (Bedarfsermittlung, Pflichtenheft, Analyse, Konzeption) entstehen, ist tendenziell teurer als bei Codierungsfehlern. Ebenso verursacht die Korrektur eines Fehlers, der erst im Pilotbetrieb beim Auftraggeber auftritt, höhere Kosten als ein bereits im Rahmen der ersten internen Tests erkanntes Problem. Abbildung 1 stellt diesen Zusammenhang dar.

Diese bisher mehr theoretische Erkenntnis rückt mit wachsendem Kosten- und Zeitdruck in der Software-Entwicklung und steigendem Qualitätsbewußtsein der Auftraggeber zunehmend ins Bewußtsein der Projektverantwortlichen. Kampf um Qualität nicht erst kurz vor Projektende, sondern Fehlerverhütung durch Qualitätssteigerung des Software-Entwicklungsprozesses sowie Fehlererkennung möglichst schon in den frühen Projektphasen, ist vermehrt die Devise.

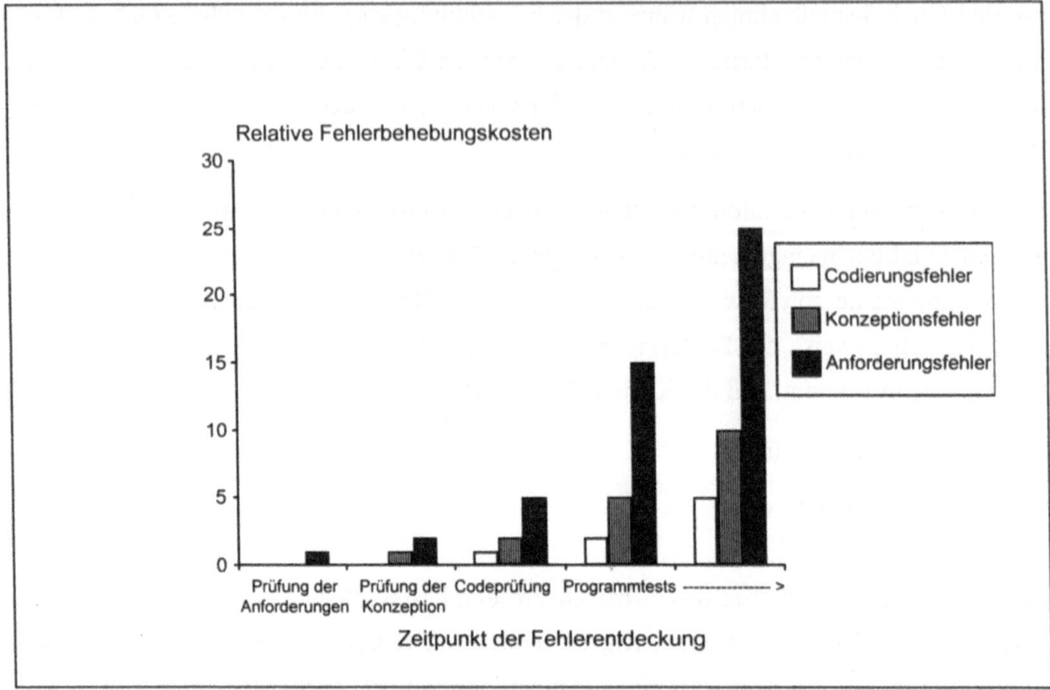

Abb. 1:   Relative Fehlerbehebungskosten in Abhängigkeit vom Zeitpunkt der Fehlerentdeckung (in Anlehnung an [FrLS95, 19])

Üblicherweise unterscheidet man folgende Phasen eines Softwareentwicklungsprojektes:

Phase 1:   Bedarfsanalyse, Machbarkeitsanalyse

Phase 2:   Erstellung der Anforderungsspezifikation (Pflichtenheft)

Phase 3:   Spezifikation und Entwurf der zu entwickelnden Softwarekomponenten

Phase 4:   Codierung, Adaption von Standardsoftware, Implementierung

Phase 5:   Abnahme, Übernahme durch den Auftraggeber, Pilotbetrieb, Produktionseinführung

Phase 6:   Betrieb und Wartung der Anwendung.

Für die einzelnen Projektabschnitte wurden spezielle Verfahren zur Qualitätsprüfung der jeweiligen Arbeitsprozesse als auch der Arbeitsergebnisse entwickelt, wobei die einzelnen Methoden auch in mehreren Projektphasen zum Einsatz kommen können. Jeder

Teil der Projektarbeit muß dem Vier-Augen-Prinzip unterliegen, soll der Anspruch an eine professionelle Qualitätsarbeit in die Tat umgesetzt werden.

Die einzelnen QS-Maßnahmen lassen sich gliedern in:

- Organisatorische Maßnahmen

- Konstruktive Maßnahmen

- Analytische Maßnahmen.

Im Mittelpunkt dieses Beitrages steht die Prüfung der Entwicklungsergebnisse. Aus diesem Grund wird auf die organisatorischen Maßnahmen, die die Richtlinien und den administrativen Rahmen für die "praktischen" QS-Aktivitäten festlegen, nicht weiter eingegangen. Ebenso werden die konstruktiven QS-Maßnahmen, die vor allem die Planung der QS-Aktivitäten sowie die Ausgestaltung der Entwurfs- und Programmierungsaktivitäten zum Gegenstand haben, nicht näher behandelt.

3 Analytische Maßnahmen zur Software-Qualitätssicherung

Was hat man sich nun unter der hier interessierenden dritten Gruppe der QS-Aktivitäten, den sogenannten analytischen Maßnahmen, vorzustellen? Es handelt sich hierbei um Test- und Prüfmethoden zur Erreichung eines auf den ersten Blick recht unspektakulären Zieles, nämlich der Entdeckung von Fehlern.

Wonach genau ist dabei zu suchen? Ein Software-Fehler liegt vor, wenn [Myer95, 6]

- ein Programm nicht das tut, was es tun soll

- ein Programm das tut, was es nicht tun soll.

So verstanden kann das Testen von Software als *"Prozeß, ein Programm mit der Absicht auszuführen, Fehler zu finden"* definiert werden. [Myer95, 4] Man beachte die Intention: Das Ziel des Testens ist nicht der Nachweis der Korrektheit oder sogar der Fehlerfreiheit von Software, sondern umgekehrt die Aufdeckung von Fehlern.

Der Hintergrund für dieses Verständnis des Testens von Software ist die Tatsache, daß es - vielleicht mit Ausnahme von Kleinstprogrammen mit sehr wenigen Codezeilen - keine fehlerfreie Software gibt. Dieser Erkenntnis folgend muß jeder Softwaretest, will er "erfolgreich" sein, das Vorhandensein von Fehlern erwarten und mit dem Anspruch antreten, möglichst viele dieser Fehler zu entdecken. Ein Test ist nicht dann erfolgreich, wenn er keinen Fehler feststellt, sondern im Gegenteil gerade dann, wenn er möglichst viele Fehler aufdeckt. Testen ist auch keine Tätigkeit mit dem Ziel, größtmögliche Harmonie mit den Mitgliedern der Entwicklungsabteilung oder der Projektleitung zu erreichen, sondern muß in der Sache völlig unabhängig und sogar geradezu destruktiv angelegt sein. [Myer95, 4 f.] Ein guter Tester setzt seine ganze Kreativität ein, um Testsituationen (Testfälle) zu definieren, die mit großer Wahrscheinlichkeit Programmfehler aufdecken.

Entgegen der (weit) verbreiteten Meinung, ein Test hätte die Aufgabe, nachzuweisen, daß ein Programm korrekt oder sogar fehlerfrei arbeitet, muß das Verständnis von Testarbeit grundsätzlich revidiert werden. Der Test weist nicht die Abwesenheit von Fehlern nach, sondern ihre Anwesenheit.

Doch nun zurück zum Beispiel des Data Warehouses und der Client-Applikation, die in der Stunde der Wahrheit nicht das hielten, was ihre Konstrukteure versprachen. Was hätte man im Vorfeld des produktiven Einsatzes durch gezielte Testmaßnahmen konkret besser machen können?

Zur Beantwortung dieser Frage werden im folgenden in Anlehnung an [Myer95, 16] zwei Kategorien von analytischen Maßnahmen unterschieden:

- Tests mit Computereinsatz

- Tests ohne Computereinsatz.

Diese beiden Testansätze stehen nicht in Konkurrenz zueinander, sondern ergänzen sich und entwickeln erst im gemeinsamen Einsatz größtmögliche Testeffizienz.

Es sei an dieser Stelle darauf hingewiesen, daß in der Literatur auch andere als die von G.J. MYERS vorgenommene Klassifizierung von Testmethoden zu finden sind. Beispielsweise werden in [FrLS95, 20 ff.] die analytischen Maßnahmen unter die Oberbegriffe Dynamische Prüfung und Statische Prüfung eingeordnet, wobei erst in der darunterliegenden zweiten Gliederungsebene zwischen Prüfungen mit und ohne Einsatz von Rechnern unterschieden wird. Die Übernahme des Vorschlages von G.J. MYERS stellt dabei in keiner Weise eine indirekte Bewertung der unterschiedlichen Ansätze dar.

Im folgenden werden die verschiedenen Testmaßnahmen näher betrachtet, immer begleitet von der Frage, ob die in unserem Beispiel aufgetretenen Probleme durch ihren Einsatz vermeidbar gewesen wären.

3.1   Testverfahren ohne Computereinsatz

Mit dem Begriff "Schreibtischtest" wird eine Methode zur Prüfung des Programmcodes bezeichnet, bei der der Programmierer den von ihm geschriebenen Code sozusagen im Trockentest noch einmal überprüft, bevor der rechnergestützte Test beginnt. Diese Testmethode gehört zur Gruppe der Testverfahren ohne Computerunterstützung, den sogenannten "human testing"-Verfahren oder auch "visuellen" Tests.

Neben dem Schreibtischtest, der allein durch den jeweiligen Entwickler erfolgt, gibt es ein weiteres artverwandtes Verfahren, die Programminspektion. Der Prüfungsgegenstand in Form des Programmcodes ist bei beiden Verfahren identisch, der Unterschied liegt in der Intention des Tests. Während der Schreibtischtest unter Ausschluß der Öffentlichkeit - und damit auch kaum überprüfbar - erfolgt, wird die Codeinspektion von einer Gruppe von Prüfern (unter Hinzuziehung des Programmautors) durchgeführt und somit transparent gemacht. Auch erfolgt die Programminspektion in der Regel anhand von standardisierten Checklisten, so daß die Subjektivität beim Programmtest durch den Autor selbst größtenteils vermieden werden kann. Eine sehr ausführliche Darstellung des Aufbaus und Inhaltes einer solchen Fehlerprüfliste findet man bei [Myer95, 21 ff.]. Abbildung 2 zeigt exemplarisch einen Auszug aus einer Prüfliste zur Programminspektion.

Ziel und Zweck der Codeprüfung ist es, in einer dem computergestützten Test vorgelagerten Phase bereits möglichst viele Fehler zu entdecken. Für dieses Vorgehen sprechen mehrere Gründe. Zum einen werden durch die Codeprüfung Design- und Codierungsfehler entdeckt, die beim rechnergestützten Test zu Auffälligkeiten bei der Programmausführung führen, die nicht unbedingt auf die Ursache des Problems schließen lassen.

Die dann anstehende, oftmals zeitraubende Fehlersuche durch den Programmierer führt nicht immer zur grundsätzlichen Identifizierung des Problems, sondern kann sich durchaus auf eine partielle Fehlerkorrektur beschränken, ohne daß die eigentliche Wurzel des Problems entdeckt und beseitigt wird.

Neben dem Vorteil dieses Testverfahrens, Fehler in der Programmstruktur zu erkennen, die mit anderen Testmethoden nur wesentlich schwerer entdeckt werden, sprechen auch wirtschaftliche Gründe für die Durchführung von Codeprüfungen. Wie bereits erwähnt, muß es das erklärte Ziel eines jeden Testvorhabens sein, möglichst viele Fehler in möglichst frühen Projektphasen zu entdecken und damit Aufwand und Kosten der Fehlerbehebung zu minimieren. Obwohl die Codeprüfung erst nach Abschluß der Programmierarbeiten für die einzelnen Module stattfindet, ist in dieser Phase der Aufwand für die Fehlerbehebung trotzdem deutlich geringer als bei Fehlern, die erst während der Programmausführung erkannt werden. Wird nämlich mit dem "eigentlichen" Testen erst einmal begonnen, zieht jeder dann erst entdeckte Fehler eine unter Umständen aufwendige Fehlersuche mit anschließender Compilierung des korrigierten Codes bzw. auch größerer Programmeinheiten nach sich.

Hätte der Einsatz dieses Testverfahrens bei der Entwicklung des Data Warehouses bzw. der Anpassung der Client-Anwendung unserem Vertriebsleiter Kummer ersparen können?

Mit einiger Wahrscheinlichkeit wäre zumindest einer der vier schwerwiegenden Fehler bereits bei einer systematischen Prüfung des Programmcodes entdeckt worden. Der Programmabsturz als Folge des fehlerhaften SQL-Statements wäre durchaus vermeidbar gewesen, da der Check solcher Befehle zum Standardumfang der bereits erwähnten Prüflisten zählt.

Datenreferenz / Datendeklaration	**Steuerfluß**
• Sind alle Variablen und Felder definiert?	• Werden Programmschleifen aufgrund der Eingangsbedingungen niemals ausgeführt?
• Sind alle Variablen und Felder korrekt initialisiert?	• Führen Sprunganweisungen zu Fehlverzweigungen?
• Befinden sich die Feldindizes innerhalb der definierten Grenzen?	• .....
• Sind die Attribute bei der Redefinition von Variablen und Feldern korrekt definiert?	**Schnittstellen**
• Stimmen funktional gleiche Datenstrukturen in verschiedenen Routinen und Modulen überein?	• Stimmen Anzahl und Attribute der Übergabeparameter in rufenden und gerufenen Modulen überein?
•	• Werden globale Variablen in allen Modulen einheitlich definiert?
Berechnungen	• .....
• Werden Rechnungen mit nichtarithmetischen Variablen durchgeführt?	**Ein-/Ausgabe**
• Kann Division durch Null in Berechnungen auftreten?	• Werden alle Dateien vor dem ersten Zugriff geöffnet?
• Wurde die Priorität der booleschen Operatoren für die Reihenfolge ihrer Abarbeitung richtig verstanden?	• Wird das Erreichen eines Dateiendes durch EOF-Bedingungen behandelt?
•	• .....
Vergleich von Variablen und Feldern	**Weitere Prüfungen**
• Werden Daten verschiedenen Typs miteinander verglichen?	•.....
• Sind die booleschen Ausdrücke korrekt?	
•	

Abb. 2: Auszug aus einer Prüfliste zur Programminspektion (in Anlehnung an [Myer95, 29 ff.])

Auch die Ursache für den Programmabsturz nach Aufruf der Druckfunktion hätte schon in diesem Testabschnitt entdeckt werden können. Es war nämlich vergessen worden, beim Aufruf der Druckroutine eine bestimmte Variable zu initialisieren. Als Folge des undefinierten Zustandes dieser Variablen stürzte die Anwendung beim Versuch, die Druckfunktion auszuführen, ohne für den Anwender erkennbare Systematik manchmal ab, arbeitete zeitweise aber auch korrekt und lieferte den gewünschten Ausdruck. Je nachdem, ob der aus der bisherigen Programmausführung resultierende Feldinhalt ein zulässiger Wert war oder nicht, gingen programminterne Operationen mit dieser Variablen gut oder führten zum Absturz. Die Prüfung, ob Variablen beim Start von Modulen initialisiert werden oder willkürliche Inhalte haben, ist ebenfalls Teil der Routineuntersuchungen im Rahmen einer Codeprüfung. Wird ein solcher Fehler erst beim Test der Programmausführung erkannt, führen alleine schon die Bemühungen, eine gewisse Systematik für das Auftreten dieses Fehlers zu erkennen, zu erheblichem Aufwand.

Allgemein sind neben dem Programmcode der auf ein Data Warehouse aufsetzenden Anwendung insbesondere

- die Schnittstellen zwischen Data Warehouse und unternehmensinternen bzw. externen Datenquellen (Input-Schicht)

- die Schnittstellen zwischen Data Warehouse und aufsetzenden Applikationen bzw. den zu beliefernden Data Marts (Output-Schicht)

- die Schnittstellen zwischen Data Marts und aufsetzenden Applikationen

Gegenstand der visuellen Codeprüfung. Unabhängig davon, ob die Statements für die Datenbankzugriffe manuell programmiert oder durch Tools generiert wurden, sollten sie unbedingt einer Codeprüfung unterzogen werden. Der visuelle Check der einzelnen Transformationsprozeduren bzw. Datenbankdirektzugriffe im Vorfeld der computergestützten Tests kann den anschließenden Testaufwand ganz erheblich reduzieren.

Ein weiteres Anwendungsfeld der "human testing"-Verfahren ist neben der Bewertung von Resultaten aus weiter vorgelagerten Projektphasen (Analyseergebnisse, Pflichtenheft, Spezifikationen, etc.), auf die hier nicht weiter eingegangen wird, auch die Implementierung des Datenmodells bzw. des spezifizierten Datenbank-Layouts. Gerade die Überprüfung der korrekten Umsetzung von

- Tabellendefinitionen

- Indexdefinitionen auf Tabellenfeldern

- Referenzbeziehungen zwischen Tabellen

- Integritätsregeln, die durch das DBMS verwaltet werden

und ggf. weiteren projektspezifischen Vorgaben kann frühzeitig Datenbank-Administrationsfehler aufdecken und dadurch die nachfolgenden praktischen Tests signifikant entlasten.

Das dritte Problem unseres Data Warehouses war die nicht-akzeptable Performance bei der Ausführung einer komplexeren Datenbankabfrage. Die Ursache für dieses Systemverhalten lag ganz einfach darin, daß vergessen wurde, ein bestimmtes Datenbankfeld mit einem Index zu versehen. Auch dieser Fehler hätte bereits durch die visuelle Prüfung erkannt werden können.

3.2   Testverfahren mit Computereinsatz

Beschäftigt man sich eingehender mit der Literatur zum Testen von Software, so fällt neben der unterschiedlichen Klassifizierung der verschiedenen Testkategorien auf, daß auch für die Definition der Testverfahren selbst keine einheitliche Sprachregelung existiert. Die nachfolgende Beschreibung der verschiedenen rechnergestützten Testverfahren orientiert sich an der sehr praxisnahen Einteilung von G.J. MYERS, einem der Pioniere auf diesem Gebiet. [Myer95]

Für den Test des Laufzeitverhaltens von Programmen kommen zwei einander ergänzende Teststrategien zum Einsatz: der Blackbox-Test und der Whitebox-Test. Nach einer kurzen Betrachtung dieser beiden Testansätze werden verschiedene Arten von Laufzeittests sowie die in ihnen zur Anwendung kommenden Testverfahren im einzelnen erläutert. Besonderes Augenmerk wird auch hierbei auf die speziellen Aspekte beim Test von Data Warehouses und den mit ihnen verbundenen Anwendungen gelegt.

3.2.1   Whitebox-Test und Blackbox-Test

Wie die Bezeichnungen dieser beiden Teststrategien bereits implizieren, kann man sich einem zu prüfenden Programm auf zwei unterschiedliche Arten nähern.

Ist der Programmcode für den Tester zugänglich, so besteht die Möglichkeit, die interne Struktur eines Programmes zu untersuchen. Ein erklärtes Ziel beim Testen von Software ist es, möglichst alle logischen Pfade durch ein Programm auszuführen und dadurch eine sehr hohe Testabdeckung zu erreichen. Durch alternative Weichenstellungen (logische Pfade) für den Steuerfluß durch ein Programm werden dabei quasi als Testqualitäts-steigernder Nebeneffekt viele Anweisungen in unterschiedlichen logischen Zusammenhängen und Ablaufsequenzen mehrfach ausgeführt.

Diese Art des Tests von internen Programmstrukturen wird Whitebox-Test genannt - im Gegensatz zum Blackbox-Test, bei dem das zu testende Programm nur als compilierte Einheit vorliegt und die programminternen Abläufe unbeachtet bleiben.

An dieser Stelle sei noch einmal daran erinnert, was die Intention jeder Art von Test sein muß, nämlich die erklärte Absicht, Fehler zu finden - in der festen Überzeugung, daß auch genügend Fehler zu finden sind. Softwarefehler liegen vor, wenn sich ein Programm nicht gemäß seiner Spezifikation verhält - wenn es also nicht das tut, was es tun soll, bzw. wenn es das tut, was es eigentlich nicht tun sollte.

Grundsätzlich sucht also jeder Laufzeittest nach Abweichungen vom spezifizierten Soll-Verhalten während der Programmausführung. Der Whitebox-Test tut dies in Kenntnis der Programmstruktur und kann so mit geradezu chirurgischem Einblick seine Fallen stellen. Aus diesem Grund kann der Whitebox-Test zu den effektivsten Testmethoden gezählt werden.

Die Forderung nach Ausführung aller logischen Programmpfade beim Whitebox-Test stellt sich bei näherer Betrachtung allerdings schnell als unlösbare Aufgabe heraus, denn die Anzahl möglicher Steuerflüsse ist schon bei einem relativ kleinen Programm astronomisch groß. Die eigentliche Herausforderung beim Whitebox-Test besteht also gar nicht unbedingt in der eigentlichen Testdurchführung, sondern vielmehr in der effizienten Definition der Testfälle mit dem Ziel, durch möglichst wenige Testszenarien eine maximale Testabdeckung zu erreichen. Diese Aussage gilt im übrigen aber nicht nur für den Whitebox-Test, sondern muß generell die Maxime aller Testaktivitäten sein.

Wie bereits erwähnt, befaßt sich der Blackbox-Test nicht mit der Frage nach dem programminternen Verhalten. Diese Testmethode konzentriert sich vielmehr auf den Versuch, durch möglichst umfassende Interaktionen mit dem Programm als uneinsehbare "schwarze Box" Abweichungen vom spezifizierten Verhalten zu provozieren. Die Testfälle für einen Blackbox-Test werden ausschließlich auf Basis der Anforderungsspezifikation (Pflichtenheft) erstellt.

Auch hier ist es ausgeschlossen, die Programmreaktion auf jede denkbare Realsituation, d.h. jede mögliche Benutzereingabe bzw. jede Kombination von Benutzereingaben, zu testen. So gilt auch für den Blackbox-Test, was bereits für den Whitebox-Test festgestellt wurde, daß nämlich eines der Geheimnisse für den Erfolg eines Testprojektes im Geschick bei der Auswahl der Testfälle liegt.

Wie im folgenden noch zu sehen sein wird, arbeiten die weitaus meisten Testverfahren nach dem Prinzip des Blackbox-Tests. Im konkreten Testprojekt dürfte allerdings eine gesunde Mischung von Blackbox- und Whitebox-Strategie das richtige Rezept für maximalen Testerfolg sein.

3.2.2   Modultest

Kommen wir nun auf die Probleme mit unserem Data Warehouse und seiner Front End-Anwendung zurück. Die Funktion zum Drucken von Auswertungen wurde ganz im Sinne der modularen Programmierung in einen eigenen Modul ausgelagert, der von verschiedenen Stellen im Programm aus aufgerufen wird. Über die Modulschnittstelle werden Eingabe- und Ausgabeparameter mit dem rufenden Programm ausgetauscht. Der Modul selbst wiederum stößt nach Abschluß der Druckvorbereitungen (Auswahl des Ausgabeformates, Aufbereitung von Kopf- und Fußzeilen, etc.) die Routine zur Datenübergabe an den Drucker an.

Der erste Schritt beim Test des Ausführungsverhaltens eines Programmsystems sollte der sogenannte Modultest sein, der nicht die Applikation als Ganzes, sondern das Verhalten einzelner Programmbausteine zum Gegenstand hat. Die Aufgabe des Modultests ist es, die Modulfunktion mit ihrer funktionellen Spezifikation zu vergleichen [Myer95, 77]. Der Modultest wird auch als Schnittstellentest bezeichnet, da die Reaktion des Moduls auf bestimmte Eingaben (Übergabeparameter des rufenden Programmes) anhand von Ausgabewerten untersucht wird.

Der Modultest kann sowohl als Whitebox-Test als auch als Blackbox-Test durchgeführt werden. Während beim Whitebox-Ansatz gezielt der Weg durch möglichst viele Programmverästelungen gesucht wird, interessieren den Blackbox-Test "nur" die an der Modulschnittstelle sichtbaren Resultate der Programmausführung unter verschiedenen Parameterkonstellationen.

Wäre in der Beispielanwendung ein Modultest der Druckroutine durchgeführt worden, so hätte sich der für den Produktionsbetrieb recht fatale Initialisierungsfehler einer Variablen beim Modulaufruf bereits in diesem frühen Testabschnitt bemerkbar machen müssen. Der Aufwand zur Lokalisierung des beim Modultest entdeckten Fehlers und die anschließende Bereitstellung des neu compilierten Moduls für den weiteren Test wäre weitaus geringer gewesen, als wenn der Fehler erst beim Test größerer Programmeinheiten oder, wie im Beispiel, sogar erst nach Inbetriebnahme der Software auffällt.

Auch zwei weitere Fehler hätten bereits bei einem Modultest auftreten müssen, sofern sie nicht schon im Rahmen der Codeprüfung entdeckt wurden. Da wir davon ausgehen, daß unser Data Warehouse und die aufsetzende Client-Anwendung nach modernen Programmierrichtlinien entwickelt wurden, bedient sich die Applikation einer allgemeinen Schnittstelle für Datenbankzugriffe. Wäre dieser Zugriffsmodul einem gründlichen Modultest unterzogen worden, hätte das fehlerhafte SQL-Statement schon hier auffallen müssen.

Konsequenterweise kommuniziert nicht nur die Client-Applikation über eine Datenbankschnittstelle mit dem Data Warehouse, sondern insbesondere auch die Prozeduren der Input-Schicht zum Datentransport in das Data Warehouse bzw. der Output-Schicht zur Datenextraktion für die Weiterverarbeitung.

Die Beispielanwendung lieferte als Ergebnis einer Datenbankabfrage und der anschliessenden Weiterverarbeitung durch die Programmlogik falsche Werte. Dieser Fehler kann mehrere Ursachen haben:

- bereits die aus internen oder externen Quellen in das Data Warehouse übernommenen Daten sind fehlerhaft

- die Transformationsregeln zum Import der Daten in das Data Warehouse sind nicht korrekt spezifiziert

- die Prozeduren der Input-Schicht sind fehlerhaft

- die Extraktionsregeln zur Belieferung der weiterverarbeitenden Komponenten weisen Spezifikationsfehler auf

- die Prozeduren der Output-Schicht sind fehlerhaft

- die Datenbankabfrage liefert korrekte Informationen, aber das weiterverarbeitende Programm hat funktionale Fehler.

Sind in dieser Testphase, d.h. nach Abschluß der Codeprüfung, noch verborgene Spezifikationsfehler vorhanden, so besteht die Gefahr, daß die Ursache der dadurch auftretenden Probleme an ganz anderer Stelle vermutet wird. Sollte das Problem der Beispiel-Applikation hier seine Wurzel haben, würde ein Modultest zwar den Fehler aufdecken, die Debugging-Bemühungen des Entwicklungsteams allerdings würden keinen Aufschluß über die Fehlerursache bringen.

Ganz anders sieht es schon aus, wenn die Datenbankzugriffsprozeduren selbst fehlerhaft sind. Diesen Problemen kommt ein systematischer Modultest schnell auf die Spur. Auch für den Fall, daß die gelieferten Daten in Ordnung sind, die verarbeitende Programmlogik aber fehlerhaft ist, sollte ein Modultest der entsprechenden Funktionalität Aufschluß bringen.

Am problematischsten wird die Fehlerdiagnose immer dann, wenn bereits die aus anderen Quellen importierten Daten fehlerhaft sind. In diesem Fall muß das Testteam seine detektivischen Fähigkeiten ganz besonders unter Beweis stellen. Und selbst wenn die Ursache des Fehlers erkannt wird, liegen die Möglichkeiten zur Verbesserung der externen Datenqualität oftmals außerhalb des direkten Einflußbereiches des Data Warehouse-Projektes.

3.2.3   Systemtest

Nachdem die einzelnen Module einer Applikation in Einzeltests voneinander getrennt untersucht wurden, wird auf einer nächsthöheren Aggregationsstufe, dem Integrationstest oder Subsystemtest, das Zusammenspiel der Module innerhalb von Modulgruppen getestet.

Im Anschluß an diese Testphase ist schließlich zu prüfen, ob das Gesamtsystem so arbeitet, wie es die Produktdefinition verlangt. [DGQ95, 92]. Bei dieser Prüfung, dem sog. Systemtest, sind die einzelnen Module für den Tester nicht mehr sichtbar, stattdessen interessieren nun vielmehr die Probleme, die beim Zusammenwirken aller Software- und Hardware-Komponenten sowohl in funktionaler als auch in systemtechnischer Hinsicht auftreten können. [Wall90, 192 ff.] Demgemäß kann im Rahmen des Systemtests auch zwischen den Testkategorien Funktionstest und Systemtechnischem Test unterschieden werden.

Die beiden Testverfahren unterscheiden sich in erster Linie durch ihre Ausrichtung auf unterschiedliche Qualitätsaspekte. Während der Funktionstest versucht, Unstimmigkeiten zwischen der funktionalen Spezifikation und dem tatsächlichen Softwareverhalten zu entdecken, untersucht der Systemtechnische Test die Einhaltung der in der Leistungsbeschreibung festgelegten Kriterien für das Programmverhalten.

Grundsätzlich lassen sich alle Testverfahren oberhalb der Modulebene in die Kategorie der Blackbox-Tests einordnen, da mit Erreichen der Modulgrenze als Codierungseinheit auch die Sinnfälligkeit der Code-orientierten Whitebox-Prüfung endet. So beschränken sich sowohl der Funktionstest wie auch der Systemtechnische Test auf die Betrachtung des nach außen sichtbaren Systemverhaltens und versuchen, hierbei Abweichungen vom festgelegten Sollzustand zu provozieren.

Kehren wir wieder zum Modellfall zurück und nehmen einmal an, daß weder Codeprüfung noch Modultest durchgeführt wurden, oder, aus welchem Grund auch immer, die durch diese Verfahren aufzudeckenden Fehler nicht erkannt worden sind. So bedauerlich dies auch sein mag, noch besteht Hoffnung, diese Fehler vor Inbetriebnahme der Programme zu entdecken.

Spätestens im Funktionstest nämlich müssen die drei funktionalen Fehler, die bei der Arbeit mit der Data Warehouse-Anwendung auftraten, ohne größere Anstrengung entdeckt werden. Ein Laufzeitfehler bei der Ausführung eines Datenbankzugriffes, ein Absturz beim Versuch, einen Report zu drucken, und falsche Resultate als Ergebnis einer Berechnungsfunktion stellen allesamt funktional regelwidriges Verhalten dar und müssen auf alle Fälle erkannt werden. Einzige Voraussetzung hierfür ist, daß die Testfälle des Funktionstests so konstruiert sind, daß sie die gesamte Funktionalität der zu testenden Anwendung abdecken. Analog zum Whitebox-Modultest als Pfadtest des Programmcodes kann der Funktionstest auch als Pfadtest der Programmoberfläche verstanden werden, d.h. idealerweise sollten alle möglichen Kombinationen von Benutzereingaben getestet werden.

Jeder Funktionstest eines Softwaresystems wird im ersten Schritt die Funktionalität "an sich" prüfen, d.h. man wird darauf achten, Einflußfaktoren mit möglichem Störpotential auszuschließen. Handelt es sich bei dem zu prüfenden Programmsystem um eine verteilte Anwendung, so wird der erste Abschnitt des Funktionstests die besonderen Aspekte des Multiuser-Betriebes bewußt ignorieren und sich auf das Programmverhalten im Single User-Mode konzentrieren. Neben dem visuell erkennbaren Programmverhalten muß dabei der Prüfung der Datenintegrität nach manipulierenden Datenbankzugriffen besondere Aufmerksamkeit gewidmet werden, da hier erfahrungsgemäß verstärkt Probleme auftreten können.

In einer zweiten Phase des Funktionstests muß dann allerdings das Verhalten des Systems im Mehrbenutzerbetrieb im Mittelpunkt der Testaktivitäten stehen. Besonderes Augenmerk ist hierbei auf den Test von Multiuser-Situationen mit konkurrierenden, d.h. gleichzeitigen Zugriffen auf dieselben Datenbankinhalte zu legen.

Wie in den nachfolgenden Ausführungen zum Regressions-Testverfahren noch eingehender gezeigt wird, finden während der Nutzungsdauer eines Programmsystems Fehlerkorrekturen und funktionale Änderungen im Programmcode statt. Diese Eingriffe ziehen teilweise umfangreiche Testmaßnahmen zur Überprüfung neuer und geänderter Programmabschnitte sowie auch zur Sicherstellung der Qualität unveränderter Programmteile nach sich. Denn um auszuschließen, daß als Seiteneffekte von Codeänderungen Fehler in anderen Programmteilen auftreten, müssen u.U. auch Tests durchgeführt werden, die über die Prüfung des eigentlichen Änderungsauftrages hinausgehen.

An dieser Stelle kann der Einsatz von Werkzeugen zur maschinellen Testunterstützung eine massive Entlastung des Testteams bewirken. Gerade im Bereich der stark oberflächenbezogenen Tests von Programmfunktionalitäten bieten die sog. Capture Replay-Tools eine sinnvolle Hilfe. Diese Tools sind in der Lage, Benutzeraktivitäten in Form von Tastatureingaben oder Mausbefehlen aufzuzeichnen und anschließend wieder "gegen" die Anwendung abzuspielen. Derartige Werkzeuge ersetzen selbstverständlich nicht den manuellen Ersttest eines Programmes. Sobald jedoch ein Testfall manuell fehlerfrei ausgeführt wurde, sollte er noch einmal wiederholt und dabei durch das Testtool aufgezeichnet werden. Von diesem Zeitpunkt an können die Tests der betreffenden Funktionalität beliebig oft maschinell wiederholt werden.

3.2.4   Testaufgaben des Systemtechnischen Tests

Wurde der vierte Fehler unseres Problemkataloges, die völlig inakzeptable Dauer eines Datenbankzugriffes von mehr als 48 Stunden, über der Beschäftigung mit den übrigen Bugs vergessen? Absolut nicht, es handelt sich hierbei allerdings um einen Fehlertyp, dem mit den bisher diskutierten Testmethoden nur relativ schwer beizukommen ist.

Es ist nicht auszuschließen, daß Codeprüfung, Modultest oder Funktionstest derartige Performanceprobleme aufdecken. Viel wahrscheinlicher ist aber, daß die nicht-funktionalen Fehler durch spezielle, eigens zu diesem Zweck entwickelte Testverfahren entdeckt werden. Damit kommen wir zum Bereich des Systemtechnischen Tests, dessen Aufgabe es ist, Abweichungen im Systemverhalten gegenüber den in einer Leistungsbeschreibung festgelegten Anforderungen aufzudecken.

Es ist zu empfehlen, einige dieser mehrheitlich technisch-orientierten Tests möglichst frühzeitig durchzuführen, da die Erkenntnisse aus diesen Tests durchaus Einfluß auf den Programmentwurf haben können. Als Beispiel hierfür seien die Performancetests von Datenbankzugriffen genannt, deren Ergebnisse im Extremfall sogar Änderungen im Datenbank-Layout und damit direkten Einfluß auf die Programmierung zur Folge haben können.

Im Gegensatz zu den bisher vorgestellten Testverfahren besteht der Systemtechnische Test nicht aus der Durchführung einer einzelnen Testmethode, sondern ist als Oberbegriff für eine ganze Reihe verschiedener Testaufgaben zu verstehen. Alle diese Testaufgaben verfolgen aber das gemeinsame Ziel, Fehler im Leistungsverhalten eines Programmes oder Programmsystems aufzuspüren.

Massentest

Der Massentest eines Programmsystems hat die Aufgabe, nachzuweisen, daß die Anwendung nicht in der Lage ist, große Datenmengen zu verarbeiten. Die Bandbreite der potentiell erwarteten Fehler liegt hierbei zwischen dem Unvermögen, die definierten Anforderungen an bestimmte Leistungsmerkmale zu erfüllen, bis hin zum Zusammenbruch des Systems durch Überforderung aufgrund der zu bewältigenden Datenmengen.

Gegenstand des Interesses beim Massentest sind einerseits potentielle Ressourcenkonflikte wie Speicherengpässe, Überläufe bestimmter Adreßbereiche oder durch temporäre Dateien bedingte Festplatten-Kapazitätsprobleme. Zum anderen befinden wir uns hier natürlich auch in einem klassischen Bereich zur Performanceuntersuchung.

Wie bereits erwähnt, hätten die bisher vorgestellten Testverfahren das Problem des nicht-performanten Datenbankzugriffes im Data Warehouse-Beispiel höchstwahrscheinlich nicht entdeckt. Der Grund dafür liegt einfach in der Tatsache, daß die einzelnen Testmethoden individuelle Schwerpunkte haben, und man demzufolge versucht, die Testumgebung dem jeweiligen Zweck entsprechend optimal einzurichten. Da aber weder beim Modultest noch beim Funktionstest Performanceaspekte eine besondere Rolle spielen, wird man diese Tests mit eher kleinen Datenvolumina durchführen, um zusätzliche Störeffekte von vornherein auszuschließen. Schwierigkeiten mit den Ausführungszeiten von Datenbankzugriffen tauchen in der Regel erst dann auf, wenn mit Datenbeständen getestet wird, die den späteren Produktionsbedingungen entsprechen.

Die Bedeutung des Massentests muß für Data Warehouse-Projekte ganz besonders betont werden. Denn hat eine Front End-Anwendung erst einmal eine befriedigende funktionale Qualität erreicht, so steht und fällt die Akzeptanz durch die Anwender, und damit der Erfolg des Data Warehouse-Systems als Ganzes, mit den Antwortzeiten für die Datenbereitstellung. Alle für den Datentransport in das Data Warehouse und in die weiterverarbeitenden Programme verantwortlichen Prozeduren müssen der Belastung mit Massendaten unterzogen werden. Mit gleicher Akribie ist daneben die Reaktion der Front End-Programme auf die Belieferung mit großen Datenmengen zu testen.

Wäre im Beispielfall ein systematischer Massentest durchgeführt worden, so hätte man das bekannte und vielleicht auch noch weitere Performanceprobleme entdecken müssen. Entsprechende Maßnahmen in Form der Optimierung von Datenbankzugriffen, Änderungen in der Verarbeitungslogik oder auch administrative Maßnahmen auf der Datenbankseite wären noch vor der Produktionseinführung möglich gewesen.

Streßtest

Zwei dem Massentest artverwandte Testmethoden sind der Streßtest und der Lasttest. Alle drei Verfahren beschäftigen sich mit dem Verhalten von Programmen in Belastungssituationen. Während sich jedoch der Massentest auf das Systemverhalten unter Dauerbelastung aufgrund großer Datenbestände konzentriert, versuchen Streßtest und Lasttest, durch Spitzenbelastung und sogar Systemüberlastung aufgrund anderer Einflüsse Fehlverhalten zu provozieren. Beschäftigen wir uns zuerst mit dem Streßtest.

Viele Benutzer von Windows-Anwendungen waren schon einmal in der Situation, daß während der Arbeit mit einer solchen Applikation aus heiterem Himmel der Bildschirmaufbau stockte. Im günstigsten Fall erschien dabei eine Meldung, daß die sog. GDI-Ressourcen (GDI = Graphical Device Interface) aufgebraucht seien und man einige Fenster schließen möchte, um weiterarbeiten zu können. Oft genug ist jedoch ein Rechnerstillstand mit der Notwendigkeit zum Neustart die Folge dieses Problems. Eine der Ursachen solcher Ressourcenengpässe ist die Eigenschaft von Windows-Anwendungen, bei jedem Fensteraufbau eine bestimmte Menge der limitierten GDI-Systemressourcen in Anspruch zu nehmen. Entscheidend für die Stabilität der Anwendung ist dann, ob diese Ressourcen nach dem Schließen des jeweiligen Fensters vom Programm wieder freigegeben werden oder nicht. Im Negativfall kommt es früher oder später zu der geschilderten Situation, wobei es dann eine Frage der programminternen Fehlerbehandlung ist, ob der Anwender noch Korrekturmaßnahmen ergreifen kann oder ob Applikation und/oder Betriebssystem neu gestartet werden müssen.

Bei diesem Beispiel handelt es sich um den Fehlertypus, den der Streßtest entdecken soll, nämlich die Instabilität einer Anwendung aufgrund ineffizienter Verwaltung von Maschinenressourcen. Diese Fehler aus der Kategorie der stillen "Ressourcenfresser" kommen im Gegensatz zu den meisten funktionalen Fehlern auf leisen Sohlen daher.

Während beispielsweise sofort deutlich wird, daß eine Anwendung auf eine bestimmte Benutzereingabe nicht reagiert, machen sich Probleme mit den Systemressourcen in der Regel erst nach längerer ununterbrochener Arbeit mit einem Programm bemerkbar. Dabei kann es im normalen Produktionsbetrieb unter Umständen mehrere Stunden dauern, bis die Summe der unterschiedlichen Benutzeraktivitäten einen Ressourcenkonflikt hervorruft. Oftmals tauchen Fehler dieser Art erst im produktiven Einsatz einer neu erstellten Software auf, und entsprechend aufwendig gestaltet sich die Korrektur eines solchen, unter Umständen grundlegenden Fehlers in diesem späten Stadium.

Der Besonderheit dieser äußerst unangenehmen Spezies von Fehlern versucht man beim Streßtest durch den Einsatz spezieller Testverfahren zur Ressourcenbelastung zu begegnen. Ein klassischer Testfall im Rahmen des Streßtests ist beispielsweise die extrem häufige Wiederholung einer bestimmten Sequenz von Benutzeraktionen. Um Fehlersituationen wie der oben geschilderten bereits im Vorfeld zu begegnen, werden Vorgänge wie das Öffnen und Schließen von Bildschirmmasken unverhältnismäßig oft hintereinander wiederholt. Dazu gehören beispielsweise auch die permanente Wiederholung des Startens und Beendens einer Applikation, der wiederholte Wechsel zwischen einzelnen Modulen einer Anwendung, der wiederholte Aufruf einzelner Programmfunktionen oder auch die gleichzeitige An- oder Abmeldung mehrerer Clientstationen einer Mehrbenutzeranwendung. Auf diese Weise werden Vorgänge, die im normalen Produktionsbetrieb in mehr oder weniger großen Abständen im Laufe einer Benutzersitzung ausgeführt werden, zur Extremsituation konzentriert. Die Simulation eines mehrstündigen Dauerbetriebes unter Produktionsbedingungen ergänzt die Palette der Testszenarien.

Eine weitere Aufgabe des Streßtests ist die Untersuchung des Programmverhaltens für den Fall, daß die spezifizierten Kapazitätsgrenzen einer Anwendung erreicht oder überschritten werden. Ein typisches Beispiel hierfür ist der Test einer Anwendung aus dem Electronic Banking-Bereich. Für die Abwicklung ihres Zahlungsverkehrs setzen Unternehmen heutzutage Anwendungen zur Erstellung der Überweisungen und Lastschriften ein. Diese Aufträge werden dann zum jeweiligen Ausführungstermin per Datenfernübertragung an die beauftragte Bank weitergeleitet. Wie verhält sich nun eine solche Applikation, wenn an einem Tag ausnahmsweise nicht die sonst üblichen 100 Zahlungsaufträge, sondern die zehnfache Menge erstellt und an die Bank übermittelt werden müssen? Hält das Programm dieser Belastung mit 1000 täglichen Aufträgen stand? Viele Anwendungen beinhalten Funktionalitäten dieser Art, deren Ausführungshäufigkeit sehr stark schwanken kann. Derartige Extremsituationen bereits im Vorfeld zu untersuchen, ist eine der zentralen Aufgaben des Streßtests.

Diese Testaufgabe stößt ohne die Unterstützung durch maschinelle Testwerkzeuge schnell an ihre Grenzen. Während ein Tool-gestützter Streßtest rund um die Uhr die Iterationen verschiedener Programmsequenzen ausführen kann, sind die Mitarbeiter sowohl zeitlich als auch von ihrer Konzentration her nur eingeschränkt verfügbar. Auch hier bieten sich die bereits erwähnten Capture Replay-Werkzeuge für die wiederholte Ausführung von Oberflächenfunktionalitäten an. Aufgrund ihrer Programmierbarkeit können diese Tools in der Regel aber auch darüber hinaus für den Streßtest programminterner Abläufe oder bestimmter Datenbankzugriffe eingesetzt werden.

Lasttest

Ziel des Lasttests ist es, das Verhalten eines Programmsystems im Multiuser-Betrieb zu untersuchen. Dabei steht aber im Gegensatz zum Funktionstest nicht die fehlerhafte Behandlung von funktionalen Anforderungen wie z.B. dem unterbliebenen Sperren eines im Update-Zugriff befindlichen Datensatzes im Mittelpunkt. Gegenstand des Interesses ist vielmehr das Verhalten der serverseitigen Prozesse "unter Last". Neben der grundsätzlichen Forderung nach Systemstabilität auch unter extremer Belastung sind vor allem die Antwortzeiten bei Datenbankzugriffen von zentraler Bedeutung für die Akzeptanz durch den Auftraggeber einer Software-Entwicklung.

Die Teststrategie beim Lasttest besteht darin, mehrere Client-Maschinen gleichzeitig auf einen Datenbankserver oder im Falle einer Internet-Anwendung auf einen Web-Server zugreifen zu lassen. Ein typischer Last-Testfall beginnt dabei mit einer kleinen Gruppe von Client-Stationen und erhöht im weiteren Verlauf sukzessive die Anzahl dieser Benutzer. Wie verkraftet der Server diese zunehmende Belastung? Ist ein besonderes Verhalten festzustellen, wenn die Zahl der zu bewältigenden Transaktionen durch die gleichzeitige Hinzunahme mehrerer Clients sprunghaft ansteigt?

Diese Untersuchungen sind gerade auch im Hinblick auf potentiell steigende Benutzerzahlen einer Anwendung von Bedeutung. Unternehmensexpansion, Änderungen interner Arbeitsabläufe oder die sukzessive Ablösung älterer DV-Systeme sind nur einige Gründe für die allmähliche Ausweitung der Nutzung einer Anwendung. Das Wissen um Testgrundlagen, die bereits zukünftige Entwicklungen berücksichtigen, wird jedem DV-Verantwortlichen die Freigabe einer Applikation für einen breiteren Einsatz leichter machen.

Es liegt auf der Hand, daß dieses Testverfahren von grundlegender Bedeutung bei der Entwicklung eines Data Warehouses bzw. eines Data Warehouse-basierten Programmsystems ist. Dreh- und Angelpunkte eines solchen Systems sind

- die Hardwarekonfiguration auf Client- und Serverseite sowie Betriebssysteme und Netzsoftware

- das DBMS (Datenbankmanagementsystem) als weitere systemtechnische Softwarekomponente

- die Datenbank(en) mit den Inhalten des Data Warehouses

- die direkt mit dem Data Warehouse kommunizierenden Programme.

Neben der Datenqualität selbst, die ihren Ursprung im konzeptionellen und funktionalen Bereich hat, ist die Leistungskraft der Datenadministration eine entscheidende Größe für die Bewährung im produktiven Einsatz.

Ist ein Informationssystem wie z.B. ein Data Warehouse erst einmal erfolgreich in Betrieb genommen worden, so entwickelt sich sehr bald eine gewisse Eigendynamik. Die Anwender entdecken schnell die Vorteile der neuen Informationsquelle und bedienen sich ihrer in verstärktem Maße. Die Folge dieser raschen Akzeptanz ist eine deutliche Zunahme der Datenbankabfragen und damit des zu bewältigenden Transaktionsvolumens. Hält das Data Warehouse dieser wachsenden Informationsnachfrage nicht stand, so wird die anfängliche Begeisterung schnell in Kritik und schließlich Ablehnung umschlagen.

Sinnvollerweise geht man bei der Konzeption und Entwicklung einer Client-/Server-Anwendung so vor, daß in einem ersten Schritt die Leistungsfähigkeit des Datenbankservers sichergestellt wird. Zur Überprüfung sowohl der Hardware-Auslegung als auch des Datenbankdesigns und der Anwendungskonzeption wird ein Server-Prototyp implementiert und unter Produktionsbedingungen getestet. Für diesen Lasttest wird die Server-Datenbank mit produktionsähnlichen Datenmengen gefüllt, auf die man dann mit den für die spätere Anwendung entworfenen Schnittstellen-Routinen zugreift. Erst wenn sichergestellt ist, daß Server-seitig auch unter starker Belastung nicht mit Problemen zu rechnen ist, beginnt die Entwicklung der Client-Applikation auf Basis der vorab geprüften und unter Umständen bereits modifizierten Zugriffsroutinen.

Widerspricht dieses Vorgehen dem bisher entwickelten Verständnis vom Wesen des Testens? Im Gegenteil, hier wird vielmehr der Anspruch zeitgemäßer Softwareentwicklung begründet, daß die Maßnahmen zur Software-QS im Grunde viel früher als erst während oder sogar erst am Ende der Entwicklungsarbeiten einsetzen müssen.

Für die Konzeption der Testfälle sowie die Durchführung der Lasttests selbst muß bereits in der Testplanung erheblicher Aufwand vorgesehen und von der Projektleitung genehmigt werden. Diese Forderung gilt im übrigen für alle bisher diskutierten Verfahren, die Projektpraxis zeigt allerdings, daß systematisch durchgeführte Massentests und Lasttests mit die aufwendigsten Testabschnitte sind.

Was für den Streßtest in Hinsicht auf die Unterstützung durch Testwerkzeuge gesagt wurde, gilt in noch verstärktem Maße für den Lasttest. Multiuser-Tests erfordern naturgemäß die Mitwirkung mehrerer bis vieler Tester, deren Aktivitäten oftmals sehr präzise aufeinander abgestimmt sein müssen. Erfahrungsgemäß stellt es eine organisatorische Herausforderung dar, den Test einer Mehrplatzanwendung vorzubereiten und durchzuführen.

Selbst wenn es gelingt, alle menschlichen und ·technischen Ressourcen unter einen Hut zu bringen, bleibt, wie schon für den Streßtest diskutiert, die Frage nach der Belastbarkeit der Mitarbeiter. Es wird beispielsweise kaum möglich sein, den Produktionsbetrieb einer verteilten Anwendung manuell über einen Zeitraum von mehreren Tagen zu simulieren. Darüber hinaus ist es praktisch unmöglich, auf manuelle Weise die Auswirkungen der gleichzeitigen Aktivität von mehreren hundert Benutzern zu untersuchen, wie es für den Test bestimmter Anwendungen durchaus gefordert wird. Schließlich bleibt die Frage, wie die Reaktion des Servers auf die Ressourcenbelastung durch den Lasttest gemessen werden soll.

Zur Unterstützung dieser Testaufgabe wurden spezielle "Load Testing"-Tools entwickelt, mit deren Hilfe die Tätigkeit beinahe beliebig vieler Anwender simuliert werden kann. Dabei lassen sich die Aktivitäten der einzelnen Client-Stationen zur Untersuchung spezieller Multiuser-Situationen präzise synchronisieren. Die Auswirkungen der Client-Aktivitäten werden durch Performance-Monitore protokolliert und in Form von Auswertungen aufbereitet.

Restart- / Recovery-Test

Es ist das Wunschziel eines jeden Software-Tests, das Risiko von Programmfehlern oder im schlimmsten Fall eines Systemcrashs nach der Inbetriebnahme neuer Software auszuschließen. Aber selbst der intensivste Test unter Einbeziehung aller verfügbaren Testverfahren kann letztlich nur die Wahrscheinlichkeit des Auftretens von Laufzeitfehlern minimieren, die Fehlerfreiheit einer Anwendung kann durch kein Verfahren sichergestellt werden.

Ein Restrisiko für das Eintreten des Ernstfalls während des Produktionseinsatzes bleibt also trotz aller Präventivmaßnahmen bestehen. Und so paradox es vielleicht klingen mag, auch diese Situation muß in einem umfassenden Test simuliert und untersucht werden. Kann die Fehlersituation schon nicht ausgeschlossen werden, so muß zumindest im Vorfeld geklärt werden, ob die in der Systemsoftware implementierten Schutzvorrichtungen im Notfall versagen oder ob sie mit hoher Wahrscheinlichkeit auch wirksam werden.

Die möglichen Laufzeitfehler einer Anwendung können exemplarisch in zwei Kategorien eingeteilt werden. Die erste Kategorie umfaßt Fehler wie z.B. falsche Berechnungsergebnisse, die keine Beschädigung der jeweiligen Datenbasis zur Folge haben. Das Ergebnis solcher Fehler können sogar Dateninkonsistenzen sein, die aber in der Regel lokalisiert und durch Spezialisten aus den Reihen der Entwickler oder des Support-Teams behoben werden können. Weitaus gefährlicher sind jedoch die Fehler der zweiten Kategorie, die den Absturz eines Datenbanksystems mit nicht mehr nachvollziehbaren Inkonsistenzen oder sogar der Beschädigung einzelner Datenbankkomponenten zur Folge haben.

Datenbankzustände dieser Art können normalerweise nicht mehr manuell repariert werden, und jedes der etablierten Datenbanksysteme verfügt deshalb über entsprechende Mechanismen zur Wiederherstellung des letzten konsistenten Zustandes vor einem Absturz. Diese Restart-/Recovery-Funktionen werden beim Neustart des Datenbanksystems automatisch aktiv und sind in der Lage, einen konsistenten Datenbankzustand wiederherzustellen, falls keine Beschädigungen des Datenbanksystems selbst vorliegen. Ist dies allerdings der Fall, so sind alle Datenbankveränderungen, die seit der letzten Datensicherung stattgefunden haben, unwiderruflich verloren.

Um genau diese Situationen geht es aber. Falls nach der Inbetriebnahme eines Programmsystems noch Fehler dieser Kategorie auftreten können, bleibt eine latente Gefahr für den Produktionsbetrieb permanent vorhanden. Aufgabe des Restart-/Recovery-Tests ist es daher, durch die Provokation extremster Systemzustände und Abstürze auch diese Fehler rechtzeitig zu entdecken.

3.2.5 Regressionstest

Jeder in der Qualitätssicherung Tätige sollte neben anderen qualifizierenden Eigenschaften vor allem die zwei Charaktermerkmale Geduld und Ausdauer besitzen. Ohne diese beiden Wesenszüge läßt sich die oftmals langwierige und steinige Testarbeit auf Dauer nur schwer durchstehen. Frustration und zunehmende Lustlosigkeit infolge häufiger Routinetätigkeiten sind in der Projektpraxis immer wieder zu beobachten.

Es gibt im Bereich der Testaktivitäten allerdings eine Aufgabe, die selbst für gestählte Testmitarbeiter ein rotes Tuch darstellt, nämlich die Wiederholung bereits ausgeführter Testfälle infolge von Software-Änderungen. Der Stein des Anstoßes heißt Regressionstest und drückt bereits durch seinen Namen aus, daß es sich hierbei um ein Testverfahren handelt, das immer wieder an den Anfang "zurückgeht". Diese auf den ersten Blick recht unproblematische Aufgabe erweist sich in der Testpraxis vielfach als Faß ohne Boden. Mitarbeiter und Systemkapazitäten werden unter Umständen derart stark gebunden, daß sie für andere Testaufgaben nicht mehr ausreichend zur Verfügung stehen.

Im Laufe des Lebenszyklus einer Applikation werden im Programmcode, der Datenbank und in der Regel auch bei der Systemsoftware Änderungen vorgenommen. Bei den anwendungsspezifischen Komponenten handelt es sich dabei sowohl um Maßnahmen zur Fehlerkorrektur als auch um Änderungen aufgrund veränderter Anforderungen an die jeweilige Anwendung. Veränderungen der Systemsoftware finden bei Release-Upgrades der jeweiligen Dienstprogramme statt.

Die Programmänderungen zur Fehlerbehebung werden hauptsächlich vor der Inbetriebnahme neuer Software als Folge von Testmaßnahmen bzw. von im Pilotbetrieb aufgetretenen Fehlern erforderlich. Während die Fehlerrate im produktiven Betrieb annähernd oder gleich Null sein sollte, ändern sich im Laufe der Zeit dagegen die Anforderungen an die Programme, so daß in mehr oder weniger regelmäßigen Abständen aktualisierte Releases einer Anwendung erstellt werden müssen. So unterschiedlich die Gründe für die Änderung von Software auch sein mögen, als Ergebnis resultiert in jedem Fall neuer Programmcode, der vor der Übergabe an den späteren Benutzer getestet werden muß.

Handelt es sich bei den Programmodifikationen um Änderungen, die in ihrer Wirkung lokal begrenzt sind, so kann sich auch der Test auf die betroffenen Software-Komponenten bzw. Programmfunktionalitäten beschränken. Es ist beispielsweise sicher nicht erforderlich, erneut einen Lasttest durchzuführen, wenn sich nur das Layout einiger Bildschirmmasken geändert hat. Ebensowenig wird man nach der Korrektur einer fehlerhaften Kalkulationsroutine in einem bestimmten Modul einen vollständigen Funktionstest der gesamten Anwendung für angebracht halten.

Diese Fälle bilden allerdings eher die Ausnahme. Einerseits ist es nämlich in vielen Fällen nicht möglich, Implikationen von Codeänderungen auf andere Programmteile auszuschließen, ohne den Versuch unternommen zu haben, das Vorhandensein solcher Fehler nachzuweisen. Dies bedeutet aber umgekehrt, daß die Beschränkung des Tests von Programmänderungen auf einen Teil des Gesamtsystems in vielen Fällen das Risiko birgt, negative Seiteneffekte auf andere, von der Architektur her oftmals entlegenere Programmteile nicht zu entdecken. Zum anderen werden Codeänderungen in der Praxis nicht scheibchenweise auf Basis täglich neu compilierter Programmeinheiten getestet. Vielmehr enthält ein zum Test freigegebenes Programmrelease normalerweise eine ganze Reihe von Änderungen, die seit dem letzten Releasewechsel eingearbeitet wurden.

Abgesehen von der Gefahr durch nichtentdeckte Auswirkungen auf andere Teile einer Anwendung macht es allein schon die hohe Anzahl von Änderungen, die in einer neuen Programmversion enthalten sind, sehr schwierig, den Testumfang zu begrenzen. In der Regel wird man sich vielmehr eines Großteils der bis zu diesem Zeitpunkt bereits eingesetzten Testverfahren und Testfälle bedienen, um eine möglichst hohe Qualität des neuen Programmreleases zu erreichen. Alles beginnt also wieder von vorn, und das nicht nur einmal oder zweimal, sondern mit jedem neuen Programmrelease wieder aufs Neue.

Es ist leicht einzusehen, daß der Regressionstest einerseits zwar ein unabdingbarer Bestandteil professioneller Qualitätsarbeit ist, andererseits aber schnell die Grenzen der menschlichen Belastbarkeit erreicht. Es ist einfach nicht möglich, über Monate oder sogar Jahre eine gleichbleibende Qualität der teilweise mit akribischer Genauigkeit durchzuführenden Tests aufrecht zu halten. Desweiteren stößt eine solche Testarbeit auch sehr schnell an wirtschaftliche Grenzen, da die Kosten für den dauerhaften Einsatz einer kompletten Testmannschaft nicht zu vertreten sind bzw. auch höchstwahrscheinlich vom Auftraggeber nicht getragen werden.

Ein unlösbarer Zielkonflikt mit der logischen Konsequenz, den Regressionstest unter Inkaufnahme der bereits aufgezeigten Risiken auf ein Minimum zu reduzieren? Nein, denn gerade hier können die manuellen Testaktvitäten durch den professionellen Einsatz der bereits mehrfach erwähnten Werkzeuge zur Testunterstützung auf ein Minimum reduziert werden. Soll ein umfangreicher, systematischer Regressionstest gleichzeitig auch effizient sein, so gibt es zum Einsatz maschineller Testverfahren keine Alternative.

4 Testorganisation

Alle bisher diskutierten Teststrategien und -verfahren stellen, rein technisch betrachtet, sehr effektive Instrumente zur Aufdeckung von Software-Fehlern dar. Trotzdem bleibt die Wirksamkeit dieser Maßnahmen begrenzt, solange sie nicht in ein entsprechendes Testumfeld eingebettet sind. Jedes dieser Verfahren kann seine volle Effizienz immer erst in Verbindung mit einer geeigneten Infrastruktur entfalten.

Obwohl die organisatorischen und konstruktiven Maßnahmen der Software-QS nicht Gegenstand dieses Beitrages sind, bliebe die Erörterung der analytischen QS-Maßnahmen ohne den Aspekt der Testorganisation unvollständig. Dieser Abschnitt befaßt sich deshalb kurz mit der Bedeutung des organisatorischen Umfeldes für die Effektivität eines Testvorhabens.

Aus der Vielzahl der organisatorischen und konstruktiven Tätigkeiten kommen im Hinblick auf die praktische Testdurchführung insbesondere zwei Maßnahmen zentrale Bedeutung zu:

- der Planung der Testaktivitäten

- der Erstellung des Testfallkataloges.

Testplanung

Die Testplanung als Teil der Projektgesamtplanung legt den Einsatz von Mitarbeitern und Sachmitteln für die Durchführung der Testaktivitäten fest, wobei die Entscheidung über den Einsatz bestimmter Testverfahren und ihre Gewichtung bereits in einer früheren Konzeptionsphase getroffen wurde. Diese wichtige und eigentlich selbstverständlich erscheinende Planungsarbeit wird in der Projektpraxis allerdings häufig vernachlässigt.

Wie bereits erwähnt wurde, besteht die gesamte QS mancher Entwicklungsprojekte lediglich aus einem mehr oder weniger begrenzten Programmtest vor der Übergabe der Software an den Auftraggeber. Ist dieser Projektabschnitt erst einmal erreicht, beginnt die Zeit der Pragmatiker und Krisenmanager. Die folgenden Tage und Wochen sind typischerweise durch ständig steigenden Termindruck, operative Hektik, immer kürzere Abstände zwischen den Lieferungen fehlerbereinigter Programmversionen und zunehmend entnervte Mitarbeiter gekennzeichnet. Es versteht sich von selbst, daß die Produktqualität unter solchen Bedingungen nur suboptimal sein kann. Das Spektrum der aus ersten Produktionseinsätzen resultierenden Probleme reicht von umfangreichen Mängellisten bis hin zur grundsätzlichen Infragestellung der Einsatzreife der gelieferten Software.

Bis auf wenige Ausnahmen, in denen unvorhergesehene Entwicklungsverzögerungen zeitliche Engpässe verursachen, liegt die Wurzel dieser Problematik in der mangelhaften oder sogar völlig fehlenden Planung der QS-Aktivitäten. Es sei dahingestellt, ob das mangelnde Verständnis für die Bedeutung der Software-QS oder "nur" eine gewisse Abneigung gegenüber administrativen Tätigkeiten der Grund für diese Planungsdefizite ist. Tatsache ist jedoch, daß eine angemessene Softwarequalität ohne die vorausschauende Planung bzw. Bereitstellung der einzelnen Testaktivitäten und ihrer gegenseitigen Abhängigkeiten, der benötigten Testmitarbeiter und der erforderlichen Sachmittel nicht erreicht werden kann.

Eine Hauptgefahr bei der gefühlsmäßigen Prognose von Testaufwänden liegt erfahrungsgemäß in der Fehleinschätzung des erforderlichen Zeit- und Ressourcenbedarfes. Bewegt sich beispielsweise der Aufwand für die Realisierung einer (eher kleineren) Anwendung bei 10 Mannjahren, so muß man realistisch von einem zusätzlichen Testaufwand in der Größenordnung von mindestens 2 Mannjahren ausgehen. Aber selbst eine solche auf Erfahrungswerten beruhende Aussage ist noch viel zu ungenau, um als Grundlage für eine verbindliche Aufwands- und Zeitschätzung dienen zu können.

Nur der Einsatz von etablierten Projektmanagementmethoden und -werkzeugen auch für den QS-Bereich kann eine hinreichende Planungssicherheit gewährleisten. Diese Planungsinstrumente ermöglichen die Verwaltung von mehreren tausend Einzelaktivitäten und berücksichtigen neben der unterschiedlichen Verfügbarkeit der einzelnen Testmitarbeiter auch Abhängigkeiten zwischen Teilaktivitäten. So wird beispielsweise automatisch verhindert, daß Mitarbeiter durch die Einteilung für mehrere zeitlich parallele Tätigkeiten überlastet werden. Auf der anderen Seite werden Auslastungslücken einzelner Mitarbeiter ebenfalls bereits während des Planungsprozesses sichtbar.

Die Planung von Projektaktivitäten ist im allgemeinen allerdings kein statischer Vorgang, der bereits in einer frühen Projektphase ein für allemal abgeschlossen wird. Jedes Softwareprojekt entwickelt im Gegenteil aufgrund unvorhergesehener Einflüsse ein gewisses Eigenleben, das direkte Auswirkungen auf die weitere Projektentwicklung hat. Die Projektplanung muß deshalb in der Lage sein, auf neue Entwicklungen zu reagieren. Diese Feststellung trifft in besonderer Weise auch für den Bereich der Testaktivitäten zu, da die hier entstehenden Aufwände stark von der Qualität der gelieferten Software abhängen und damit nicht immer direkt beeinflußbar sind. Auch dieser Anforderung kann nur durch Einsatz eines Projektplanungswerkzeuges nachgekommen werden, da sich die Änderung einer einzigen Aktivität oder Voraussetzung bereits in einem Projekt mittlerer Größe auf Hunderte von direkt oder indirekt betroffenen Folgeaktivitäten auswirken kann.

Testfallkatalog

Während die Planung der Testaktivitäten die organisatorische Seite eines Testvorhabens abdeckt, stellt das Testfall-basierte Vorgehen bei der Testdurchführung die Alternative zu inhaltlich unsystematischen Aktivitäten dar. Die zentrale Komponente bei dieser Vorgehensweise ist der sogenannte Testfallkatalog.

Ein solcher Testfallkatalog enthält alle für die Durchführung der einzelnen Testmaßnahmen entworfenen Testszenarien und bildet so die inhaltliche Basis des gesamten Testvorhabens. Den bereits mehrfach erwähnten Testfällen kommt eine enorme Bedeutung zu, da die Qualität dieser Testvorgaben direkt über den Grad der Testabdeckung und die Findigkeit bei der Fehlersuche entscheidet.

Der Test eines Programmsystems setzt sich aus einer Vielzahl unterschiedlicher Testszenarien zusammen, von denen jedes einzelne die Aufgabe hat, in einem bestimmten Programmausschnitt möglichst viele Fehler zu finden. Da sich die einzelnen Testfälle in der Regel nicht überschneiden, sondern vielmehr gegenseitig ergänzen, steht und fällt die Prüfung einzelner Programmaspekte oftmals mit der Qualität eines einzigen Testfalls. Aus diesem Grund wird übrigens auch der Testfallkatalog selbst einer Prüfung auf Vollständigkeit und Einhaltung qualitativer Richtlinien unterzogen.

Obwohl sich der formale Aufbau der Testfälle von Projekt zu Projekt durchaus unterscheiden kann und auch hinsichtlich des optimalen Umfanges eines Testfalls keine feste Regel existiert, gibt es doch eine für alle Testfälle einheitliche Grundstruktur. Zu den fixen Bestandteilen jedes Testfalls gehören die

- Testfall-ID (eindeutige Kurzbezeichnung)

- Kurzbeschreibung der zu testenden Funktionalität(en)

- Voraussetzungen für die Testfalldurchführung

- Testdaten (Inputdaten)

- Detailbeschreibung der einzelnen Bearbeitungsschritte

- erwarteten Ergebnisse / Zwischenergebnisse.

Die Aufgabe der Testfallerstellung mag auf den ersten Blick vielleicht nicht sonderlich erwähnenswert erscheinen, jedoch ließe sich alleine zu den Testfall-Entwurfstechniken ein eigenes Buch schreiben. Die Kunst bei der Zusammenstellung eines Testfallkataloges besteht nämlich darin, aus einer theoretisch unendlichen Anzahl von zu untersuchenden Situationen und Konstellationen eine relativ kleine Anzahl von Testfällen zu modellieren, die eine annähernd vollständige Testabdeckung gewährleisten. Spezielle Techniken für den Entwurf von Testfällen ermöglichen dies. Wie schon im Bereich der Projektplanung stehen auch zur Unterstützung der Testfallmodellierung entsprechende Werkzeuge zur Verfügung. Zur Vertiefung dieser Thematik sei auf das Literaturverzeichnis am Ende dieses Beitrages hingewiesen. Alle dort aufgeführten Autoren gehen in ihren Büchern ausführlich auf das Thema der Testfalldefinition ein.

Neben seiner Hauptaufgabe als zentrales Dokument für die inhaltliche Ausgestaltung eines Testvorhabens stellt der Testfallkatalog den mit Abstand wichtigsten Input für die Testplanung dar. Die Ausführung jedes Testfalls erfordert einen bestimmten Aufwand in Form des Einsatzes einzelner Mitarbeiter bzw. von Sachmitteln. Diese Aufwände werden mit Hilfe von Schätzverfahren ermittelt und gehen gemeinsam mit den jeweiligen Aktivitäten in die Testplanung ein. Auf dieser Basis und unter der Annahme einer bestimmten Anzahl von Testwiederholungen erfolgt die Schätzung des zeitlichen Rahmens sowie die Ermittlung des Bedarfs an Testmitarbeitern und sonstigen Ressourcen.

Nur auf der Grundlage eines Testfallkataloges kann der Nachweis einer vollständigen Testabdeckung gegenüber der Projektleitung und natürlich auch gegenüber dem Auftraggeber erbracht werden. Auch sind nur so jederzeit Aussagen über den Testfortschritt und den aktuellen Anteil fehlerhafter Funktionalitäten - und damit letztlich über den Gesamtzustand einer Software - möglich.

5 Ausblick

Die Einsicht in die Notwendigkeit fundierter QS-Maßnahmen auch im Bereich der Softwareentwicklung ist in den letzten Jahren zweifellos gewachsen. Trotzdem trägt die Arbeit im Software-Qualitätsmanagement noch immer gewisse missionarische Züge. Die Umstellung auf zeitgemäße Projektmanagement- und Entwicklungsmethoden erfordert bei vielen in der Softwareentwicklung Tätigen ein radikales Umdenken und Infragestellen von teilweise jahrzehntelangen Gewohnheiten. Derartige Bewußtseinsveränderungen werden in der Regel aber nicht per Anordnung von oben, sondern letztlich nur durch geduldige Aufklärungs- und Überzeugungsarbeit erreicht. Erfolgreich abgeschlossene Projekte, in denen der Einsatz von QS-Verfahren unwiderlegbare Qualitätsverbesserungen bewirkte, werden schließlich auch hartnäckige Skeptiker davon überzeugen, daß es sich hierbei nicht lediglich um eine medienwirksam präsentierte Modeerscheinung handelt.

Ein gewisser Pioniergeist wird die Software-QS wohl noch einige Jahre begleiten. Will man jedoch den ständig steigenden Qualitätsanforderungen bei gleichzeitig zunehmendem Termin- und Kostendruck dauerhaft genügen, so muß das Qualitätsmanagement in den Projekten möglichst rasch den gleichen Stellenwert wie die Konzeptions- und Entwicklungsbereiche erhalten. In führenden Softwarehäusern werden bereits heute bis zu 50 % der Projektbudgets von vornherein für QS-Maßnahmen bereitgestellt.

Die Bedeutung der Software-QS wird in den nächsten Jahren auch in dem Maße zunehmen, wie rechnergesteuerte Prozesse in den privaten Lebensbereich der Menschen Einzug halten. Führt ein Programmfehler in einer Finanzbuchhaltung zu falschen Bilanzwerten, so ist dies ohne Zweifel ein ernsthaftes Problem. Versagt aber das Microchip-gesteuerte Bremssystem eines mit zeitgemäßer Technik ausgestatteten PKW's, so hat dieser Softwarefehler die Gefährdung von Menschenleben zur Folge. Der Zwang zur konsequenten Durchführung von QS-Maßnahmen bis hin zum Qualitätstestat durch unabhängige Prüfer wird deshalb auch in Zukunft kontinuierlich weiter zunehmen.

Der allgemeinen Entwicklung folgend erschließen sich auch in den Unternehmen ständig neue Anwendungsgebiete für den Einsatz von Computern. Oftmals verhindern allerdings die Grenzen der momentanen technischen Möglichkeiten oder Überlegungen zur Wirtschaftlichkeit von DV-Lösungen die rasche Umsetzung von Wünschen an die

Informationstechnik. Aufgrund der ständigen Leistungssteigerungen vor allem auf der Hardwareseite gilt für zurückgestellte Projektvorhaben jedoch oft: *"Aufgeschoben ist nicht aufgehoben"*. Heute noch nicht realisierbare Vorhaben können in kurzer Zeit bereits State of the Art sein. Gerade die Entwicklung im Data Warehouse-Bereich gibt hierfür ein gutes Beispiel: Zwar lagen die entsprechenden Wünsche und Forderungen der Fachabteilungen bereits seit geraumer Zeit vor, die technische Umsetzung scheiterte jedoch bis vor kurzem an den extrem hohen Anforderungen an die Leistungsfähigkeit der beteiligten Hardware- und Softwarekomponenten.

Für die DV-Abteilungen der Unternehmen bedeutet die rasante Erweiterung der technischen Möglichkeiten eine kontinuierliche Entwicklung hin zu immer komplexeren Programmsystemen. Da diese Anwendungen gleichzeitig auch zunehmend direkten Einfluß auf die operativen wie auch auf strategische Unternehmensbereiche haben, werden sehr hohe Anforderungen an die Zuverlässigkeit und inhaltliche Qualität dieser Applikationen gestellt.

Ganz gleich, unter welchem Aspekt man die weitere Entwicklung der Informationstechnologie betrachtet, es wird immer wieder deutlich, daß die Frage nach der Qualität von Softwareprodukten eine der ganz großen Herausforderungen der nächsten Jahre sein wird. Die theoretischen Grundlagen wie auch die geeigneten Verfahren und Werkzeuge liegen bereit. Gefordert ist nun die willentliche Entscheidung aller an der Softwareentstehung Beteiligten, zu einer richtiggehenden Qualitätskultur in der Informationsverarbeitung zu gelangen. Gelingt dieser Kurswechsel, so wird damit eine wesentliche Voraussetzung für den Unternehmenserfolg im zunehmend schärfer werdenden internationalen Wettbewerb geschaffen. Gelingt er nicht, können die mittelfristig zu erwartenden Informationsdefizite tatsächlich zu einer ernsthaften Gefahr für das betroffene Unternehmen werden.

Literatur

[DGQ95]   DEUTSCHE GESELLSCHAFT FÜR QUALITÄT E.V. FFM.: Methoden und Verfahren des Qualitätsmanagements für Software, 2. Auflage, Berlin/Wien/Zürich 1995, (DGQ-ITG-Band 12-52).

[FrLS95]   FRÜHAUF, K.; LUDEWIG, J.; SANDMAYR, H.: Software-Prüfung, Anleitung zum Test und zur Inspektion, 2. Auflage, Stuttgart 1995.

[Myer95]   MYERS, G.J.: Methodisches Testen von Programmen, 5. Auflage, München/Wien 1995.

[Thal94]   THALLER, G.E.: Verifikation und Validation, Software-Test für Studenten und Praktiker, Braunschweig/Wiesbaden 1994.

[Trau96]   TRAUBOTH, H.: Software-Qualitätssicherung, Konstruktive und analytische Maßnahmen, 2., aktualisierte Auflage, München/Wien 1996.

[Wall90]   WALLMÜLLER, E.: Software-Qualitätssicherung in der Praxis, München/Wien 1990.

Teil V

Moderne Analysetechniken

On-Line Analytical Processing (OLAP)

Peter Chamoni, Peter Gluchowski

Inhalt

1   Einleitung

Die Erstellung leistungsfähiger Systeme zur Unterstützung des betrieblichen Managements ist seit mehr als dreißig Jahren zentrales Anliegen zahlreicher DV-Projekte. Aus unterschiedlichen Gründen konnten jedoch viele erfolgversprechende Ansätze nicht zum Abschluß gebracht werden oder haben zu unbefriedigenden Lösungen geführt. Insbesondere fehlten oftmals klare Vorstellungen über den tatsächlichen Unterstützungsbedarf des Managements.

Mit dem Konzept des **On-Line Analytical Processing (OLAP)** scheint ein Leitbild gegeben zu sein, das teils aus fachlicher teils auch aus systemtechnischer Perspektive die Aspekte hervorhebt, die für eine anforderungsgerechte Nutzung entsprechender Systeme unabdingbar sind. Demgemäß repräsentiert On-Line Analytical Processing eine Software-Technologie, die Managern wie auch qualifizierten Mitarbeitern aus den Fachabteilungen schnelle, interaktive und vielfältige Zugriffe auf relevante und konsistente Informationen ermöglichen soll. [GlGC97, 282] Im Vordergrund stehen dabei dynamische und multidimensionale Analysen auf historischen, konsolidierten Datenbeständen. Durch die gewählte Begrifflichkeit werden OLAP-Systeme bewußt von OLTP-Systemen abgegrenzt, die transaktionsorientiert die Abwicklung der operativen Geschäftstätigkeit unterstützen. [JaGK96, 321]

Als zentrales Charakteristikum von OLAP wird zumeist die Multidimensionalität gewertet. Diese zielt auf eine Anordnung betriebswirtschaftlicher Variablen bzw. Kennzahlen (wie z.B. Umsatz- oder Kostengrößen) entlang unterschiedlicher Dimensionen (wie z. B. Kunden, Artikel, Niederlassungen oder Regionen), wie sie spätestens seit der Etablierung von Executive Information Systemen (EIS) als geeignete Sichtweise für das Management auf betriebswirtschaftliches Zahlenmaterial akzeptiert ist. Versinnbildlicht erscheinen die quantitativen Größen dann als Sammlung von Würfeln, wobei die einzelnen Dimensionen durch entsprechend textindizierte Würfelkanten verkörpert werden.

Mit dem vorliegenden Beitrag soll versucht werden, On-Line Analytical Processing-Systeme sowohl aus Anwender- als auch aus Entwicklersicht zu beschreiben. Dazu wird zunächst in Abschnitt 2 im Rahmen einer Begriffsbestimmung und Einordnung stärker auf die fachlichen Anforderungen an entsprechende Systeme eingegangen.

Anschließend sind die Gestaltungsalternativen, die sich bei der Realisierung von OLAP-Anwendungen ergeben, sowohl für die Serverarchitektur (Abschnitt 3) als auch für die Werkzeuge auf der Endbenutzerseite (Abschnitt 4) zu beleuchten. Im Rahmen einer Zusammenfassung (Abschnitt 5) werden abschließend auch mögliche zukünftige Entwicklungspfade erörtert.

2   Begriffsbestimmung und Einordnung

Nachdem zu Beginn der 90er Jahre das öffentliche Interesse an Lösungen zur Managementunterstützung fast zum Erliegen gekommen war, sind es heute neue Schlagworte wie Data Warehouse und On-Line Analytical Processing, welche die Diskussion um die Ausgestaltung von Systemen zur Managementunterstützung aufleben lassen. Während mit On-Line Analytical Processing ein funktionaler Forderungskatalog angeboten wird, der eher die analytischen und planerischen Aufgaben auf der Front-End-Seite (Zugriffsmöglichkeiten) in den Vordergrund rückt, sind es beim breiter angelegten, das gesamte betriebliche Berichtswesen umfassenden Data Warehouse-Ansatz primär die organisatorischen und technischen Implikationen auf der Back-End-Seite (Homogenisierung und Verwaltung umfangreicher Datenbestände), auf denen der Fokus liegt. Dennoch sind beide Themen eng miteinander verwoben, da es einerseits sinnlos erscheint, ein unternehmensweites Data Warehouse aufzubauen, ohne sich über mögliche Zugriffsformen Gedanken gemacht zu haben, und andererseits nur mit einem unternehmensweit integrierten Data Warehouse eine tragfähige und zukunftsweisende Grundlage für eine effektive Managementunterstützung gegeben scheint. In diesem Sinne werden OLAP und Data Warehousing hier nicht etwa als konkurrierende, sondern als einander ergänzende Konzepte bzw. Ansätze im Umfeld der Managementunterstützung gewertet.

Als besondere Anekdote der DV-Geschichte ist der Umstand zu verstehen, daß es mit E.F. CODD einer der geistigen Urväter der relationalen Datenbanken war, der dem Begriff des On-Line Analytical Processing Leben einhauchte. Unbestritten erweisen sich relationale Technologien als stabile, sichere und schnelle Alternative bei der Datenspeicherung in ungezählten transaktionsorientierten Anwendungssystemen. Allerdings offenbaren relationale Datenbanken Schwächen bei der flexiblen und benutzeradäquaten

Zurverfügungstellung entscheidungsrelevanter Informationen für das Management. [Cham98, 233] Schließlich, so argumentiert CODD, sind relationale Systeme auch nicht darauf ausgelegt, multidimensionale Analysen mit der geforderten Funktionalität und in der gewünschten Schnelligkeit zu gewährleisten.

Als Konsequenz definieren CODD et al. zwölf Evaluationsregeln, die bei Erfüllung die OLAP-Fähigkeit der Informationssysteme garantieren sollen. Auch wenn die Ehrenhaftigkeit der Motivation, die die Autoren zur Publikation der Regeln veranlaßt hat, heftig umstritten ist, [JaGK96, 321] sollen die Regeln schon wegen ihrer historischen Bedeutung im folgenden dargestellt und erläutert werden.

1) Mehrdimensionale konzeptionelle Perspektiven

Entsprechend einer naturgemäß mehrdimensionalen Sicht der Unternehmensanalytiker auf relevante Kennzahlen ihrer Unternehmen sollte auch die konzeptionelle Sicht der OLAP Modelle mehrdimensionaler Natur sein. Die Betrachtung betriebswirtschaftlich bedeutsamer Größen wie z.B. Umsätze und Kosten, die simultan entlang unterschiedlicher Dimensionen wie etwa Zeit, Sparte und Produkt aufgegliedert sind, führt dann zu mehrdimensionalen Gebilden (Würfeln).

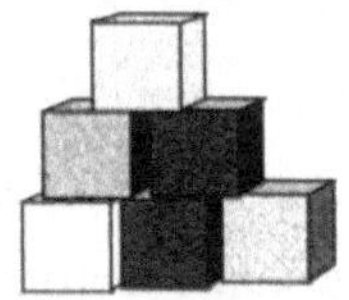

2) Transparenz

OLAP-Werkzeuge müssen sich nahtlos in die bestehende Arbeitsplatzumgebung des Anwenders einfügen und diese ergänzen. Ziel ist es, eine möglichst homogene Benutzeroberfläche mit allen notwendigen Funktionalitäten zu schaffen. Keinesfalls soll der Anwender sich mit technischen Details auseinandersetzen müssen. Darüber hinaus sind alle verfügbaren Informationen dem Benutzer nach gleichen optischen Gestaltungskriterien zu präsentieren. Dies führt dazu, daß der

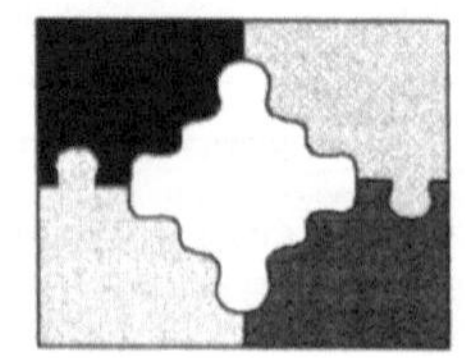

Anwender keinen formalen Unterschied mehr zwischen Informationseinheiten aus unterschiedlichen Quellen ausmachen kann, wenngleich ihm der Datenursprung (da wo

es sinnvoll ist und die Interpretierbarkeit der Analyseresultate verbessert) als Zusatzinformation geliefert werden kann.

3) Zugriffsmöglichkeit

Durch eine offene Architektur der Systeme soll der Datenzugriff auf möglichst viele heterogene unternehmensinterne und -externe Datenquellen und Datenformate unterstützt werden. Da diese Daten die  Basis eines gemeinsamen analytischen Datenmodells bilden sollen, sind mannigfaltige Konvertierungsregeln aufzustellen und zu implementieren. Nur so ist für den Anwender eine einheitliche, konsistente Datensicht zu gewährleisten.

4) Stabile Antwortzeiten bei der Berichterstattung

Ein wesentlicher Aspekt für die Nutzung eines derartigen Systems ist die Stabilität der Antwortzeiten und die gleichbleibende Berichtsleistung bei Datenabfragen. Selbst bei überproportionaler Zunahme der Anzahl der Dimensionen und / oder des Datenvolumens sollten die Anwendungen keine signifikanten Änderungen der Antwortzeiten aufweisen. Durch schnelle Antwortzeiten des Systems wird angestrebt, den logischen Gedankenfluß und die Aufmerksamkeit des Systemanwenders auch bei komplexen Abfragen nicht unnötig zu unterbrechen.

5) Client- / Server-Architektur

Der Einsatz in Client- / Server-Architekturen sollte unterstützt werden, da die Menge an Daten und die Komplexität der Abfragen es sinnvoll er-  scheinen lassen, Speicherung und Zugriffe zentral statt auf lokalen Rechnern auszuführen. Es muß sowohl eine verteilte Programmausführung als auch eine verteilte

Datenhaltung möglich sein. So sollten dann verteilte Datenquellen beliebig integriert und aggregiert werden können. Insbesondere für den mobilen Einsatz auf Laptops ist eine Replizierung der Datenbestände zu ermöglichen. Auch muß der Zugriff auf die Datenbasis mit unterschiedlichen Front-End-Werkzeugen gewährleistet sein. Proprietäre Lösungen, bei denen Server- und Desktop-Komponenten aus einer Hand angeboten werden, die jedoch dokumentierte Schnittstellen vermissen lassen, sind im Zeitalter offener Systeme nicht mehr gefragt.

Grundvoraussetzung für die Erfüllung der Forderung ist eine vollständige, integrierte Datendefinitions- und Datenmanipulationssprache (DML), die als API Offenheit in bezug auf Systemadministration und -nutzung bietet. Eine Orientierung an anerkannten API-Standards wäre wünschenswert.

6) Grundprinzipien der gleichgestellten Dimensionen

Strukturelle und funktionale Äquivalenz der Dimensionen muß gewährleistet sein. [Wern95] Dabei existiert ein einheitlicher Befehlsumfang zum Aufbauen, Strukturieren, Bearbeiten, Pflegen und Auswerten der Dimensionen. Spezialfunktionen in einzelnen Dimensionen sind weitgehend zu 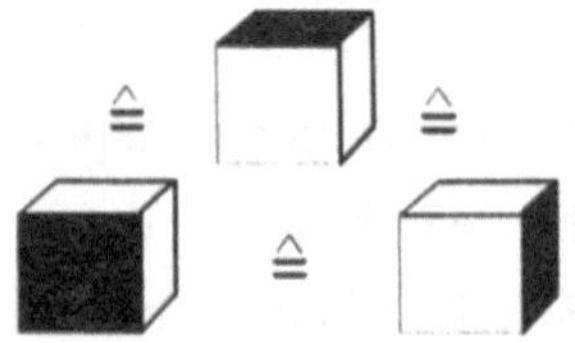 vermeiden, um auch umfassende Datenmodelle nachvollziehbar und überschaubar gestalten zu können.

7) Dynamische Verwaltung „dünnbesetzter" Matrizen

Ein spezielles Problem multidimensionaler Datenmodelle bei der physikalischen Datenspeicherung stellen „dünnbesetzte" Matrizen dar. Sie resultieren aus dem Umstand, daß nicht jedes Dimensionselement mit allen Elementen anderer Dimensionen werttragende Verbindungen eingeht. Nicht jedes Produkt einer Unternehmung wird beispielsweise in jedem Land auch angeboten - somit sind verschiedene Länder-Produktkombinationen zwar strukturell vorgesehen, aber nicht mit Daten belegt. Die für große 

Matrizen typischen Lücken in den Würfeln müssen durch das System effizient gehandhabt und die Daten optimal gespeichert werden, ohne die mehrdimensionale Datenmanipulation zu beeinträchtigen. Durch Kombinationen der verschiedenen Arten der Datenorganisation ist es möglich, für unterschiedlich dicht besetzte Matrizen physikalische Speicherschemata zu implementieren, die einen schnellen Datenzugriff garantieren.

8) Mehrbenutzerfähigkeit

Die Daten müssen verschiedenen Benutzern zur Verfügung stehen, die gleichzeitig lesende und / oder schreibende Operationen durchführen können. Damit verbunden ist immer auch ein Sicherheitskonzept, das dem Datenbankadministrator die Möglichkeit gibt, den Datenzugriff und die Datenverfügbarkeit für die Benutzer unterschiedlich stark zu begrenzen.

9) Unbeschränkte kreuzdimensionale Operationen über Dimensionen hinweg

Über die verschiedenen Dimensionen hinweg werden Operationen für eine ausgereifte Datenanalyse benötigt, z.B. zur Kennzahlenberechnung. Insbesondere auch für die konsolidierende Hierarchiebildung innerhalb von OLAP-Modellen müssen Berechnungsvorschriften angelegt und transparent verwaltet werden können.

10) Intuitive Datenmanipulation

Eine einfache und ergonomische Benutzerführung und Benutzungsoberfläche soll das intuitive Arbeiten in der Datenbasis mit wenig Lernaufwand ermöglichen. Ein Beispiel hierfür ist die für den Anwender verständliche Adressierung von Daten im multidimensionalen

Raum und ein einfacher **Drill-Down** in weitere Detaillierungsebenen bzw. **Roll-Up** auf höhere Konsolidierungsstufen. Der Anwender benötigt hierfür direkten Zugriff auf die Elemente einer Dimension sowie Mechanismen zur beliebigen Zusammenstellung von neuen Konsolidierungsgruppen. Neben dem **Slicing** (beliebige Schnittbildung durch den Würfel) soll auch das **Dicing** (bzw. Pivoting oder Rotating) also das „Drehen des Würfels" zur wahlfreien Zusammenstellung von Betrachtungsperspektiven gewährleistet sein. Die Veranlassung entsprechender Navigationsschritte durch den Anwender soll direkt in der Benutzeroberfläche möglich sein, ohne dabei auf Menübefehle oder umständliche Zwischenschritte zurückgreifen zu müssen.

11) Flexibles Berichtswesen

Aus dem multidimensionalen Modell müssen leicht und flexibel Berichte generiert werden können. Neben vorformulierten Standardauswertungen, die lediglich angestoßen werden müssen und dann das Ergebnis in einer vorher definierten Form liefern, gehören dazu auch dynamisch erzeugte (Ad-hoc-) Auswertungen und Grafiken entsprechend den Benutzeranforderungen.

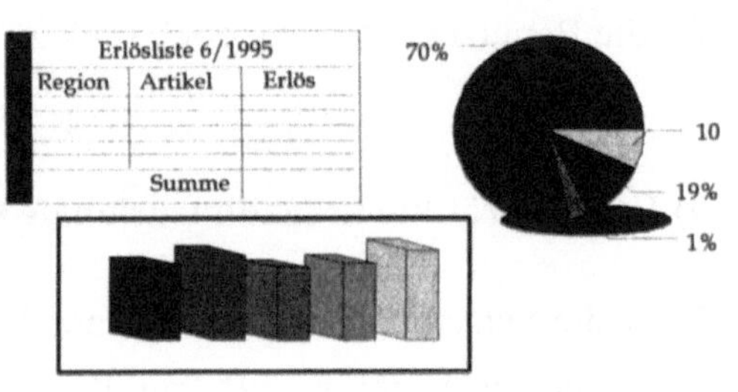

Die OLAP-Schnittstelle soll den Benutzer dabei unterstützen, Daten in beliebiger Art und Weise zu bearbeiten, zu analysieren und zu betrachten.

12) Unbegrenzte Dimensions- und Aggregationsstufen

Als Maximalziel kann vom OLAP-System verlangt werden, eine unbegrenzte Anzahl an Dimensionen, Relationen und Variablen verwalten zu können. Zusätzlich soll keine Einschränkung bezüglich der Anzahl und Art der Konsolidierungsebenen bestehen. In der betrieblichen Praxis dagegen dürften i.d.R. 15 bis 20 Dimensionen ausreichen, zumal bei Modellen mit einer zu hohen

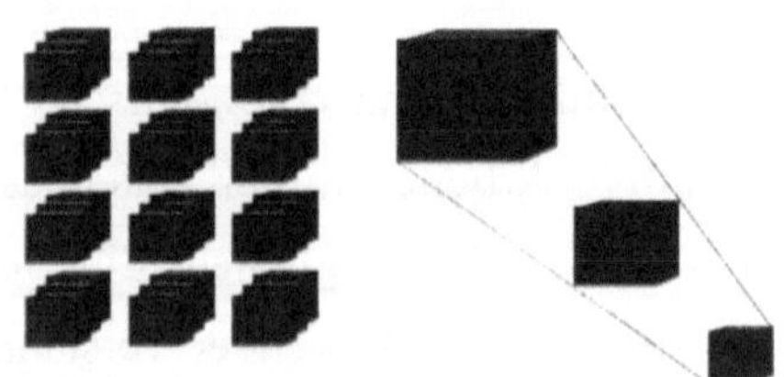

Anzahl an Dimensionen die Übersichtlichkeit und Nachvollziehbarkeit von Modellergebnissen nicht mehr gewährleistet ist.

Die zwölf aufgestellten Anforderungen an OLAP-Systeme sind z.T. sehr heftig kritisiert worden. Grundsätzlicher Angriffspunkt ist die unscharfe Trennung zwischen fachlich-konzeptionellen Anforderungen und technischen Realisierungsaspekten. So bleibt etwa unklar, ob die konzeptionellen, mehrdimensionalen Datensichten auch die zwingende Nutzung spezieller Speicher- und Datenverwaltungstechniken impliziert, wie sie durch die mehrdimensionalen Datenbanken abgedeckt werden. Zudem wurden von unterschiedlichen Produktanbietern Sinnhaftigkeit und Notwendigkeit einzelner Forderungen bestritten, nicht zuletzt, weil deren Produkte eine abweichende Funktionalität aufweisen. So wird insbesondere die Regel 6 angegriffen, die die Dimensionen eines mehrdimensionalen Modells gleichstellt. Bestimmte Dimensionen jedoch - wie z.B. die Zeitdimension mit ihrer inhärenten Zeitlogik, für die gar eine compilierte Zeitintelligenz gefordert wird [Wern95] - unterscheiden sich erheblich von den übrigen Dimensionen.

Die intensive Auseinandersetzung mit den Anforderungen, denen analytische Systeme heute genügen müssen, haben zur Erarbeitung weiterer Regeln geführt, so daß bisweilen bereits eine Inflation der OLAP-Kriterien beklagt wird. [Rieg96] Beispielsweise hat die Gartner Group neun weitere Forderungen aufgestellt, während der ehemals als IRI-Software firmierende Anbieter der Produktfamilie Express (inzwischen zu Oracle gehörend) es auf drei zusätzliche Regeln brachte. [Farn95, 30 f.] Die Zusatzregeln werden in Abbildung 1 aufgeführt.

<table>
<tr><th colspan="3">OLAP-Zusatzregeln</th></tr>
<tr><th colspan="2">Gartner-Group</th><th>IRI-Software</th></tr>
<tr>
<td>
• Multiple Matrizen
• OLAP-Joins
• DBMS-Werkzeuge
• Object storage
• Filter-Funktion
</td>
<td>
• Drill-Down bis auf
  Detaildaten-Ebene
• Lokale Datenhaltung
• Inkrementelle
  DB-Aktualisierung
• SQL-Schnittstelle
</td>
<td>
• Zeitreihen-Analyse
• Prozedurale Sprache und
  Entwicklungswerkzeuge
• Integration der Funktionalität
</td>
</tr>
</table>

Abb. 1: Olap-Zusatzregeln [Höhn95], [Rieg96]

Generell ist bei diesen zusätzlichen Regeln zu beachten, daß ihre Autoren und Initiatoren kommerzielle Interessen verfolgen. Durch die Einführung von Regeln, die weitgehend den Fähigkeiten ihrer Software entsprechen, versuchen sie, eine Differenzierung von ihren Konkurrenten und damit möglicherweise Vorteile auf dem Markt zu erreichen.

Aufgrund der vielfältigen Verwirrungen und wegen des breiten Interpretationsspielraums, den die OLAP-Regeln lassen, wurden neue Akronyme in die Diskussion gebracht, die versprechen, das Wesen bzw. das angestrebte Leitbild dieser Systemkategorie besser umschreiben zu können. Hervorzuheben ist in diesem Kontext der Ansatz von N. PENDSE und R. CREETH, die mit **FASMI** eine eigene Wortschöpfung kreiert haben. Dabei steht FASMI für **F**ast **A**nalysis of **S**hared **M**ultidimensional **I**nformation. [PeCr95]

Dem Anwender sollen Daten demnach schnell zur Verfügung stehen (maximal 20 Sekunden Wartezeit wird bei komplexen Abfragen in großen Datenbeständen eingeräumt). Die Analysefunktionalität soll die Anforderungen erfüllen, die im spezifischen Anwendungsfall benötigt werden. Je nach Einsatzbereich kann es sich dabei z.B. um (finanz-) mathematische oder statistische Berechnungen, „What-If-" und „How to achieve"-Betrachtungen oder erweiterte Navigationshilfen (Drill-Down, Roll-Up) handeln. Als typisch für den betrachteten Anwendungsbereich werden insbesondere komplexe Berechnungen verstanden, wie sie im Rahmen von Trendanalysen oder Anteilsbestimmungen auftreten. [Leit97] Wesentlich erscheint PENDSE und CREETH, daß der Benutzer keinesfalls mit Programmiertätigkeiten belastet werden darf. Alle Aktionen müssen auf intuitive Weise und mit einfachen Mausbewegungen durchführbar sein. Auf diese Art soll der Anwender auch neue Konsolidierungspfade und Zusammenstellungen generieren können.

OLAP-Umgebungen müssen Mehrbenutzerunterstützung mit der Option zur Anlage abgestufter Benutzerprofile und der Möglichkeit konkurrierender Schreibzugriffe bieten, wobei diese Forderung längst nicht von allen Produkten geleistet wird, die OLAP-Funktionalität versprechen. Als zentrales Kriterium stellen PENDSE und CREETH ebenfalls die konzeptionelle Multidimensionalität mit der Unterstützung komplexer, auch paralleler Hierarchien in den Vordergrund. Schließlich fordern die Autoren auch die Möglichkeit zur Verwaltung großer Informationsbestände.

In der öffentlichen Diskussion allerdings konnte sich der Begriff FASMI bislang nicht auf breiter Ebene durchsetzen. Demgegenüber erfreut sich das Akronym OLAP wachsender Verbreitung. Fast alle Anbieter, die sich im Umfeld der Managementunterstützung positionieren, haben diesen Begriff für sich eingenommen und werben mit den (nach eigenen Angaben) hervorragenden OLAP-Fähigkeiten ihrer Produkte. Allerdings lassen sich hinsichtlich Funktionalität, Leistungsfähigkeit und zugrundeliegender Technologie fundamentale Unterschiede feststellen, so daß der ursprüngliche Ansatz zunehmend zu verwässern droht. Dennoch war die Bildung des neuen Schlagwortes wichtig für die Initiierung der nun verstärkten Bemühungen in der Entwicklung von multidimensionalen Speicherkomponenten und Anwendungen.

Eine Rückbesinnung auf das Begriffsgebilde On-Line Analytical Processing (OLAP) und seine nähere Betrachtung führt zu dem Anspruch, Analyseprozesse auf Unternehmensdaten interaktiv („On-Line") durchführen zu können. Dies impliziert eine Nutzung des Informationssystems im Dialogbetrieb. Eine angemessene Gestaltung des Mensch-Maschine-Dialogs bedingt jedoch, daß die Anwortzeiten des Systems niedrig gehalten werden, um den Gedankenfluß des Benutzers nicht unnötig zu unterbrechen. Komplexe Operationen, die eine umfassende Analysetätigkeit erfordern, sind von den operativen Transaktionssystemen (OLTP-Systeme) mit den geforderten Responsezeiten nicht zu realisieren. Systeme, welche die geforderte OLAP-Funktionalität aufweisen, sind folglich logisch und physikalisch getrennt von den Transaktionssystemen zu konzipieren und zu implementieren.

Auch ein unternehmensweites und umfangreiches Data Warehouse, das heute in der Regel auf der Basis einer relationalen Datenbank betrieben wird, kann sich als zu unflexibel und schwerfällig erweisen, um den OLAP-Anforderungen zu genügen. Insbesondere der interaktive Zugriff mit gutem Antwortzeitverhalten sowie die Möglichkeit zur beliebigen Navigation im Datenbestand bereiten hier oftmals erhebliche Probleme. Aus diesem Grunde werden häufig periodisch funktionsbereichs- oder personengruppenspezifische Extrakte aus dieser Datenbasis entnommen und als **Data Marts** separat gespeichert. Entsprechende Data Marts lassen sich etwa für einzelne Regionen oder Artikelgruppen aber auch beispielsweise für den gesamten Controlling- oder den Marketingbereich aufstellen, [Vask96] gelangen aber z.B. ebenfalls als

Datencontainer für Top-Management-Systeme (Executive Information Systems [EIS]) zum Einsatz.

Das Volumen dieser auf das jeweilige Einsatzfeld zugeschnittenen Datenextrakte ist deutlich geringer als das der umfassenden Data Warehouse-Datenbank. Dennoch müssen zu einer Nutzung entsprechend den OLAP-Anforderungen spezielle Werkzeuge installiert sein, die geeignete Funktionen zur Verwaltung und Analyse multidimensionaler Datenbestände aufweisen. Zumeist werden hierzu sogenannte OLAP (On-Line Analytical Processing)-Server bzw. -Engines genutzt. [JaGK96] Wie diese Komponenten unter Architekturgesichtspunkten beschaffen sein können, soll der folgende Abschnitt zeigen.

3   Architekturkonzepte für OLAP-Server

Wie der Vater des relationalen Datenmodells E.F. CODD 1993 in seiner Publikation „Providing OLAP (On-line Analytical Processing) to User-Analysts" bestätigt, fehlt den herkömmlichen relationalen Systemen die Fähigkeit zur Konsolidierung, Ansicht und Analyse der Daten entsprechend der realen multiplen Dimensionen. [CoCS93, 5ff.]

Bei der Konzeption neuartiger Systeme, die besser auf die spezifischen Anforderungen des On-Line Analytical Processing ausgerichtet sind, kommen unterschiedliche Gestaltungsalternativen in Betracht. Einerseits kann versucht werden, die aus dem operativen Umfeld bekannte und ausgereifte relationale Speichertechnologie auch im OLAP-Bereich zu nutzen, wobei durch zusätzliche Softwarekomponenten auf der Endbenutzer- bzw. Serverseite multidimensionale Sichtweisen auf den Datenbestand erzeugt werden. Diese Vorgehensweise läßt sich als Relationales OLAP (**ROLAP**) bzw. Virtuelle Multidimensionalität bezeichnen. Auf der anderen Seite werden multidimensionale Datenbanken (**MOLAP**) eingesetzt, die auch hinsichtlich der physikalischen Speichertechnik auf die OLAP-Denkweise ausgerichtet sind, um zusätzliche Geschwindigkeitsvorteile zu aktivieren.

Eine andere Abgrenzung der angebotenen Systeme kann nach der Aufteilung der Verarbeitungslast vorgenommen werden, wobei hier zu differenzieren ist, wieviel der angebotenen Funktionalität vom Server- und wieviel vom Client-Rechner erbracht wird.

Alle Konzepte haben ihre Stärken und Schwächen, die es in den folgenden Abschnitten im Zuge einer Beschreibung der einzelnen Architekturformen zu erörtern gilt.

3.1   Relationale OLAP-Speicherkomponenten

Relationale Datenbanksysteme sind seit den 70er Jahren im Einsatz, um die Verwaltung betrieblichen Datenmaterials zu gewährleisten. Im Laufe der Zeit sind die Systeme ständig weiterentwickelt worden, so daß heute umfangreiche Datenbestände mit mehreren hundert Gigabyte oder gar Terabyte Volumen technologisch beherrschbar sind. Leistungsfähige Transaktionsverwaltungskomponenten koordinieren tausende elementarer Operationen pro Sekunde, gewährleisten die Konsistenz der Daten und vermeiden lange Wartezeiten für die angeschlossenen Benutzer. Allerdings war die Weiterentwicklung relationaler Datenbanksysteme bis vor wenigen Jahren fast ausschließlich auf den Teil der betrieblichen Anwendungsprogramme ausgerichtet, der allgemein als operative Datenverarbeitung (On-Line Transaction Processing - OLTP) bezeichnet wird. Hierzu gehören alle Administrations- und Dispositionssysteme, die in den betrieblichen Funktionalbereichen der Aufrechterhaltung des Tagesgeschäfts dienen, also der Bearbeitung mengenorientierter Abwicklungs- und wertorientierter Abrechnungsaufgaben. Folgerichtig ist die schnelle und sichere Abarbeitung der hier anfallenden kurzen, wenige Tabellen betreffenden Transaktionen seit Jahrzehnten die Domäne relationaler Datenbanksysteme.

Zu erörtern ist, ob sich relationale Datenbanken auch für abweichende Anwendungsklassen eignen, wie sie etwa beim On-Line Analytical Processing gegeben sind. Schließlich sprechen gewichtige Argumente dafür, relationale Systeme flächendeckend zu nutzen und folglich auch OLAP-Datenbanken auf der Basis relationaler Technologie aufzubauen und dabei SQL (Structured Query Language) als verbreitete Standard-Abfragesprache intensiv zu nutzen. Relationale Datenbanken sind ausgereift und stabil. Ihre Leistungsfähigkeit ist unbestritten und läßt sich an unzähligen Anwendungsfällen nachprüfen. In fast jeder größeren und mittleren Unternehmung sind relationale Datenbanken im Einsatz und leisten gute Dienste bei unterschiedlichsten Aufgaben. Nicht zuletzt durch die langjährige Akkumulation von Know-How in den DV-Abteilungen zu diesem Thema wird der innerbetriebliche Status der DV-Mitarbeiter mitbestimmt, die natürlich bestrebt sind, das erworbene Wissen auch beim Aufbau und Betrieb managementunterstützender Systeme einzubringen und dadurch die eigene Position weiter zu stärken. Getragen wird dieses Anliegen nicht zuletzt durch die Verfügbarkeit einer großen Anzahl oftmals sehr preiswerter, leicht bedienbarer Softwarewerkzeuge, die auf der relationalen Philosophie aufsetzen und einen komfortablen Zugang zu den gespeicherten Daten eröffnen.

Erste Anhaltspunkte für die prinzipielle Eignung relationaler Datenbanken als OLAP-Datenspeicher könnten sich aus den in Abschnitt zwei erörterten OLAP-Regeln ergeben. Zwei unverrückbare Rahmenbedingungen lassen sich unmittelbar ableiten:

- Die Datenhaltung für OLAP-Anwendungen kann aus unterschiedlichen Gründen (z.B. wegen der geforderten Abfrageperformance, aber auch um die operativen Systeme nicht zu beeinträchtigen) nicht mit den operativen Datenbanksystemen vorgenommen werden, d.h. es ist eine Datenhaltungs- und -verwaltungseinrichtung zu etablieren, die zwar für den Daten-Import Verbindungen zu den vorgelagerten operativen Systemen aufweist, allerdings als physikalisch separate Datenbank implementiert wird. Ebenso schließt die geforderte Client- / Server-Architektur sowie die angestrebte Multi-User-Umgebung eine rein lokale Haltung der Daten aus.

- Der Endbenutzer (Manager) möchte auf die Informationen so zugreifen, daß eine möglichst hohe Übereinstimmung mit seinem geistigen Bild des jeweiligen Arbeits- umfeldes eintritt. Als angemessene Präsentationsform hat sich hier eine multidimen- sionale Anordnung quantitativer Daten mit Hierarchiebildung entlang der Achsen er- wiesen. [Fink95] Eine komfortable Benutzeroberfläche mit schnellen Antwortzeiten, flexiblen Ad-hoc-Auswertungsmöglichkeiten und vielfältigen Darstellungsformen abgefragter Informationen wird als Selbstverständlichkeit vorausgesetzt.

Zu klären bleibt, welche Folgerungen daraus für die Umsetzung auf den internen, für den Endbenutzer unsichtbaren Architekturebenen erwachsen. Hierzu soll zunächst eine kurze Darstellung herkömmlicher Lösungen zur Datenversorgung des Managements erfolgen.

Bereits in der Vergangenheit wurden häufig in den Unternehmen zur Entscheidungs- unterstützung und Informationsgenerierung Kombinationen aus grafischen, tabellen- orientierten Ad-hoc-Abfrage- bzw. Reportgeneratoren und relationalen Datenbanken eingesetzt. [Gluc98b] Dem Endbenutzer wurde dadurch die Möglichkeit eröffnet, sein Informationsbedürfnis spontan, ohne Kenntnis der Datenbankabfragesprache und lediglich durch eine Zusammenstellung grafischer Darstellungselemente mit der Maus zu befriedigen. Die visuelle Präsentationstechnik entband ihn gar in vielen Fällen davon, sich elementares Grundwissen über die Funktionsweise relationaler Datenbanken oder die Struktur der abgelegten Daten anzueignen. Die fallweise Weiterbearbeitung extrahierter und lokal abgelegter Daten erfolgte dann mit den handelsüblichen Tabellenkalkulationsprogrammen, Geschäftsgrafikeditoren, Statistikpaketen, etc.

Der Aufbau einer OLAP-Lösung, die sich an diesem konventionellen Architekturschema orientiert, erscheint somit tragfähig. Die relevanten Daten werden periodisch in die dann relationale Speicherkomponente importiert, verdichtet und aufbereitet. Ein Zugriff erfolgt durch die angeschlossenen konventionellen und bekannten Endbenutzerwerkzeuge.

Die weitgehende Unkenntnis des Endbenutzers über die interne Funktionsweise der Lösung führt jedoch häufig zu Problemen, wie man sich im Falle umfangreicher Datenbestände leicht vorstellen kann. Abfragen, die Selektionen auf nicht indizierte Spalten beinhalten, können in einem Full-Table-Scan münden, bei dem die gesamte Tabelle sequentiell nach den jeweiligen Übereinstimmungen durchsucht wird. Als ebenso fatal für die Verfügbarkeit und Antwortzeit einer relationalen Datenbank kann sich ein Join zweier umfangreicher Tabellen erweisen. Leider bieten die handelsüblichen Abfragetools gegenwärtig kaum Möglichkeiten, derartig folgenschwere Benutzeraktionen zu unterbinden.

Neben den aufgeführten Argumenten ist es gerade auch die zweite Rahmenbedingung (multidimensionale externe Sichtweise), die nicht zufriedenstellend eingehalten werden kann. Weder die Abfragetools noch die marktgängigen Tabellenkalkulationsprogramme verfügen derzeit über geeignete Mechanismen zur Behandlung von mehrdimensionalem Datenmaterial, wenngleich erste Ansätze in dieser Richtung auszumachen sind (z.B. Pivot-Tabellen beim Tabellenkalkulationsprogramm MS-Excel). Vielmehr werden Informationen als Datenscheiben extrahiert und präsentiert, was für ein Standard-Berichtswesen genügen mag, eine flüssige Navigation im Datenbestand jedoch massiv behindert.

Zudem ist bei der Formulierung einer Datenabfrage (Query) die Kenntnis von Verknüpfungen zwischen einzelnen Tabellen unerläßlich, um logisch zusammengehörige Informationen aus den unterschiedlichen Relationen gemeinsam anzeigen zu lassen. Diese Form der logischen Organisation von Datenbeständen erscheint sicherlich dem Mitarbeiter aus der DV-Abteilung angemessen, um höchstmögliche Konsistenz zu gewährleisten und - bei Kenntnis der entsprechenden Datenmanipulationssprache bzw. des Reportgenerators - schnell und sicher Auswertungen erstellen zu können. Dagegen ist der betriebliche Entscheidungsträger bei der Formulierung derartiger relationaler Abfragen oftmals überfordert.

Soll statt dessen eine multidimensionale externe Sichtweise gewährleistet werden, dann bedarf es einer Umsetzung der mehrdimensionalen Strukturen in Relationen und umgekehrt. Prinzipiell lassen sich diese Transformationsabläufe auf dem Endbenutzerrechner implementieren, wie Abbildung 2 versinnbildlicht.

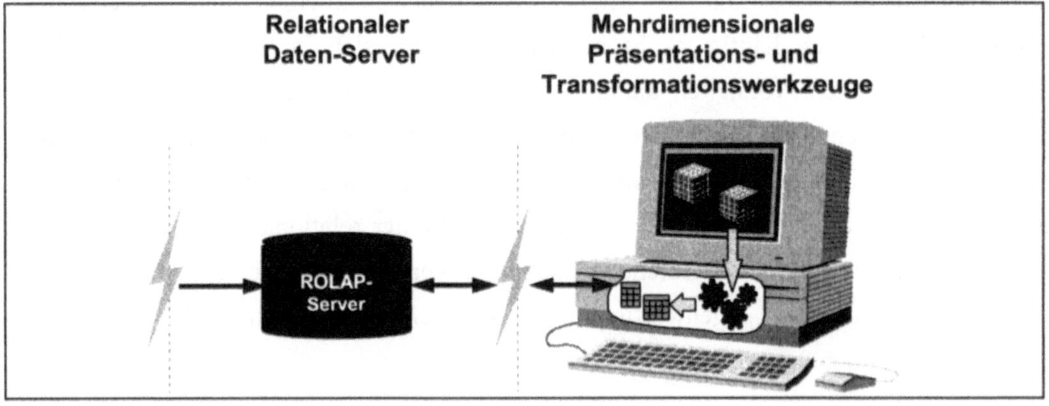

Abb. 2: OLAP -Architektur mit Fat Client

Nicht zu Unrecht wird diese Architekturvariante häufig als Fat Client-Lösung bezeichnet, da dem Client-Rechner nicht nur Repräsentationsaufgaben zugeordnet sind, sondern er neben der Umsetzung von multidimensionalen Abfragen in relationale Statements auch die sonstigen Funktionalitäten wie die Verwaltung eines multidimensionalen konzeptionellen Modells des Datenbestandes leisten muß. Zudem sind aufwendige Berechnungen, wie sie bei der Anwendung statistischer oder finanzmathematischer Verfahren anfallen und nicht von der relationalen Datenbank geleistet werden können, lokal durchzuführen. Dies jedoch bedeutet, daß alle Clients, die auf den relationalen Server zugreifen wollen, mit hoher Prozessorleistung und Speicherkapazität auszustatten sind. Auch die Netzwerkverbindung vom OLAP-Client zum Datenbank-Server ist hierdurch erheblichen Belastungen ausgesetzt, da bei Abfragen nicht die Abfrageergebnisse, sondern die für die Berechnung auf dem Client benötigten Rohdaten übertragen werden.

Schließlich erweist sich die Vorgehensweise als äußerst unpraktikabel, wenn Modifikationen der Datenstrukturen oder sonstige Administrationsaufgaben anstehen (Verstoß gegen das "Single Point of Administration"-Prinzip). Da - wie bereits angedeutet - eine lokale Verwaltung des konzeptionellen mehrdimensionalen Modells unerläßlich ist („redundante Intelligenz" [Jenz95]), ergibt sich im Wartungsfall Änderungsbedarf auf allen angeschlossenen Endbenutzermaschinen.

Insgesamt führen diese Überlegungen zu dem Schluß, daß eine wie immer geartete OLAP-Engine auf einem Server zu positionieren ist und lediglich die Repräsentation der Daten auf dem Client zu erfolgen hat (Thin Client-Architektur). Diese OLAP-Engine greift über die Standardschnittstellen auf die Datenbank zu und garantiert damit Offenheit, Skalierbarkeit und Austauschbarkeit sowohl der Datenbank als auch der Engine. Zu beachten ist, daß die logische Trennung nicht gleichzeitig eine physikalische Installation auf unterschiedlichen Rechnern voraussetzt. Vielmehr können sowohl Datenbank als auch OLAP-Engine auf einem Rechner - allerdings in Form logisch separater Prozesse - ablaufen.

Durch diese Zwischenschicht lassen sich die benötigten OLAP-Funktionalitäten weitgehend von der relationalen Datenbank trennen. Allerdings erweisen sich die Aufgaben, die dann durch die Engine zu übernehmen sind, als weitreichend und komplex. Während die Datenbankfunktionalität in diesem Konzept fast ausschließlich auf die Speicherung und Zurverfügungstellung abgelegter Datenwerte reduziert wird, übernimmt die Engine neben diversen Transformations- und Verwaltungsfunktionen alle dynamischen Berechnungsvorgänge, die über triviale Summierungen und Durchschnittsbildung hinausgehen und nicht bereits in vorkalkulierter Form vorliegen. In Abhängigkeit vom Anspruch des Endbenutzers können hier neben einfachen Aggregationsschritten und der Ermittlung prozentualer Anteile oder gleitender Durchschnitte auch mathematische Optimierungs- und Simulationsverfahren, statistische Schätz- und Prognosemethoden sowie betriebswirtschaftliche Kalküle zur Anwendung gelangen. Zudem sind Mechanismen zu integrieren, die eine flexible Navigation im Datenraum (Drill Down und Roll Up, Slicing und Dicing) ohne Zeitverzug garantieren. Besonders die transparente Verwaltung der anzulegenden Verdichtungstabellen präsentiert sich als komplexes Problem, zumal Detaildaten und zugehörige Verdichtungen nicht im logischen Widerspruch zueinander stehen dürfen.

Darüber hinaus sind es gerade die Möglichkeiten, die durch den verstärkten Einsatz von EIS-Generatoren zur Erstellung von Führungsinformationssystemen eröffnet worden sind, die sich hier als interessant und wünschenswert erweisen. Funktionen wie Exception Reporting oder Ranglisten-Erstellung müssen daher zum Standard-Funktionsangebot der Engine gehören, da sie durch den Sprachumfang von Standard-SQL nicht abgedeckt sind.

In versinnbildlichter Form stellt sich die Architektur dann wie folgt dar:

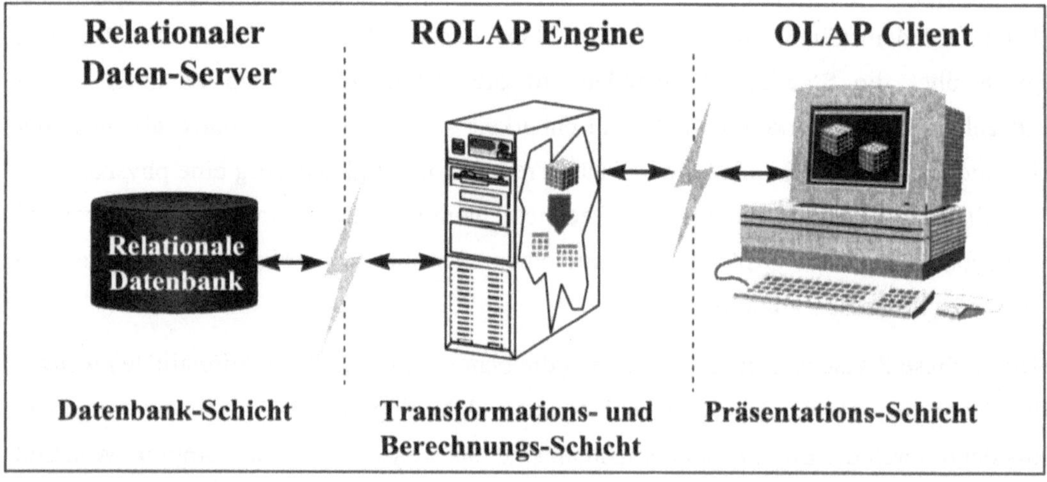

Abb. 3: OLAP -Architektur mit separater Transformations- und Berechnungs-Schicht

Ein weiteres Betätigungsfeld für die ROLAP-Engine ergibt sich aus dem historisch gewachsenen Umstand, daß relationale Datenbanken wie bereits erläutert über Jahre hinweg auf kurze, überschaubare Transaktionen hin optimiert worden sind. Diese Ausrichtung hat tiefgreifende Konsequenzen z.B. hinsichtlich Sperrmechanismen, Konsistenzprüfungen und Cache Management. Business-Analysen jedoch betreffen mit einer einzelnen Abfrage u.U. eine Reihe von Tabellen und können je nach Komplexität und Datenmenge mehrere Stunden in Anspruch nehmen. Auf der anderen Seite kann nicht ausgeschlossen werden, daß ein Endanwender versehentlich und in Unkenntnis der internen Funktionsweise fehlerhafte Abfragen gestartet hat, die das gesamte System für Stunden blockieren oder zumindest beeinträchtigen.

Relationale Datenbanken jedoch verfügen heute nicht über die Mechanismen, mit denen zwischen "guten" (i.S.v. gewollten) und "bösen" langen Abfragen zu unterscheiden wäre. Folglich muß es Aufgabe der Engine sein, hier zu separieren und eine Abfrage-Kontrollfunktion (Query-Controller-Modul bzw. Abfrage-Stopper [Mart96]) mitzu-übernehmen.

Da zudem hohe Anforderungen an die "intelligente" Formulierung multidimensionaler Abfragen gestellt werden müssen, sind ebenfalls Abfrageoptimierungsroutinen in der Engine (Query-Optimizer-Modul) zu implementieren. Zu beachten ist in diesem Zusammenhang, daß die Performance komplexer Abfragen durch die Inanspruchnahme datenbankspezifischer Ergänzungen der Standardabfragesprache (z.B. durch Star-Queries) signifikant erhöht wird. [Gluc98a] Die Nutzung dieser spezifischen Möglichkeiten erscheint in der betrieblichen Praxis mit großen Datenbeständen und vielen angeschlossenen Nutzern quasi unerläßlich. Negativ muß gewertet werden, daß jede Abweichung von der Norm ein Schritt in Richtung proprietäre, herstellerspezifische Lösung bedeutet.

Wenngleich eine weitgehende Verlagerung der OLAP-Funktionalität und der Transformationsaufgaben in den Bereich der Engine erfolgen kann, bleibt die relationale Datenbank nicht von verschiedenen Auswirkungen verschont.

So erweist sich die Normalisierung als gebräuchliche Technik im OLTP-Bereich zur Vermeidung von Redundanzen bei ROLAP-Lösungen aufgrund der dann hohen Zahl der an einzelnen Abfragen beteiligten Tabellen nicht immer als geeignet, um gute Antwortzeiten zu erreichen. Selbst extrem leistungsfähige (parallele) Hard- und Softwarelösungen können nur zum Teil und zu nicht mehr vertretbaren Preisen Abhilfe schaffen.

Performancegewinne dagegen lassen sich durch eine Abkehr von den strengen Normalisierungsvorschriften erlangen. So wird häufig eine Zeilenreduktion relationaler Tabellen angestrebt, indem für jede Ausprägung einer bestimmten Domäne eine spezielle Spalte eingerichtet wird. Als Beispiel lassen sich hier die zwölf Monatswerte eines Jahres anführen, die dann nebeneinander angeordnet sind. Um zeitraubende Berechnungsvorgänge zur Laufzeit zu vermeiden, können als Spalten auch die zugehörigen Quartals-, Halbjahres- und Jahressummen gespeichert werden.

...	Jan 99	Feb 99	Mar 99	...	Q.1 99	...	H.1 99	...	Jahr 99
...	30	25	35	...	90	...	...	...	...
...	20	...	...	...	...	...	...	...	...
...	50	...	...	...	...	...	...	...	...
...	...	...	...	...	...	...	...	...	...

Abb. 4: Ausschnitt aus einer denormalisierten Relation für das Bezugsjahr 1999

Zusätzlicher Geschwindigkeitsgewinn bei der Bedienung von Benutzeranfragen ist - wie auch bei OLTP-Anwendungen - durch den Einsatz von Indizierungen zu erzielen. Während bei OLTP-Lösungen jedoch oftmals ein Primärindex je Tabelle - gegebenenfalls ergänzt durch wenige Sekundärindizes - ausreicht, um die Anforderungen zu erfüllen, wird als Anliegen von OLAP-Applikationen gerade das wahlfreie Navigieren im Datenraum mit vielfältigen Selektionsmöglichkeiten gefordert. Dies bedeutet, daß für Ad-hoc-Analysen Datenselektionen über beliebige Tabellenspalten und Kombinationen von Spalten vorgenommen werden können. Um hierbei extrem lange Antwortzeiten sowie eine immense Belastung des Systems zu vermeiden, sind folglich alle (oder doch zumindest fast alle) Tabellenspalten zu indizieren. Als sehr mächtig erweisen sich hier neuartige Indizierungstechniken (z.B. Bitmap-, Join- oder Foreign Column-Indizes [Gluc98a]), die sich der Besonderheiten der zugrundeliegenden Datenstrukturen bedienen und sich als sehr kompakt und infolgedessen auch sehr schnell erweisen. Allerdings ist eine Aufblähung des zu verwaltenden Datenbestandes sowie ein erheblicher Pflegeaufwand der angelegten Indizes nicht zu vermeiden, wodurch sich alle Formen von Datenmodifikationen verlangsamen.

Fraglich ist in diesem Zusammenhang, ob schreibende Operationen auf den OLAP-Datenbestand durch den Endbenutzer überhaupt zugelassen werden. Sicherlich sollen die importierten und verdichteten operativen Daten nachträglich nicht mehr verändert werden. Allerdings ist durchaus vorstellbar, daß der Anwender die an seinem Desktop manuell erfaßten Plandaten oder Szenarien ebenfalls zentral einstellen möchte.

Auch aus dem gewählten Datenmodell können in relationalen Datenbank-Umgebungen einige Problemkomplexe erwachsen. Grundsätzlich lassen sich in relationalen OLAP-Umgebungen zumeist zwei Tabellentypen voneinander abgrenzen. Dies sind einerseits die Fakten-Tabellen (Fact-Tables), welche die relevanten quantitativen Datenwerte enthalten sowie die diese Werte identifizierenden oder beschreibenden Attribute. Daneben sind es die Dimensionstabellen (Dimension-Tables), in denen alle Elemente einer Dimension mit den zugehörigen Attributen gespeichert sind. Derartige Datenmodelle lassen sich unter dem Oberbegriff Star-Schema subsummieren. [Hahn98]

Schwierigkeiten ergeben sich hier insbesondere bei der Abbildung von Hierarchien innerhalb von Dimensionen sowie deren Auswirkungen auf die Fakten-Tabellen. Die dynamische Ermittlung aggregierter Datenwerte erscheint zwar unter Konsistenzgesichtspunkten sinnvoll, muß jedoch aufgrund inakzeptabler Antwortzeiten zugunsten einer redundanten Speicherung der verdichteten Zahlenwerte abgelehnt werden. Entsprechende Summationsoperationen lassen sich im Zuge des Datenimports aus den Vorsystemen abwickeln. Die verdichteten Daten werden dann häufig in Summierungstabellen separat abgelegt. Der Grund hierfür ist darin zu sehen, daß mit den kleineren Tabellen wesentlich schneller und effektiver gearbeitet werden kann. Als Nachteil muß jedoch herausgestellt werden, daß dadurch gegebenenfalls bestimmte Aggregationsrichtungen (bezüglich einer oder mehrerer Dimensionen) festgelegt sind und damit möglicherweise die freie Navigation im Datenraum beschnitten wird. Zudem sind abermals zusätzliche Verwaltungs- und Administrationsbemühungen notwendig.

Insgesamt läßt sich damit festhalten, daß relationale Datenbanken eine mögliche Basistechnologie für die Implementierung von OLAP-Lösungen darstellen. Allerdings verdeutlichen die aufgezeigten Probleme und Schwächen, daß dann Schwierigkeiten bei der Umsetzung der OLAP-Anforderungen unvermeidbar sind. Der Versuch, diese Probleme zu meistern, mündet darin, daß von den vielfältigen Funktionen, die moderne relationale Datenbanken heute bieten, nur wenige unverändert genutzt und einige gar durch Zusatzwerkzeuge (z.B. für die Abfrageoptimierung und Transaktionsverwaltung) überdeckt werden müssen, die den Anforderungen von OLAP-Anwendungen eher genügen. Doch auch die verbliebenen Fragmente können nicht entsprechend ihrer ursprünglichen Bestimmung eingesetzt, sondern müssen an veränderte Anforderungen angepaßt werden (z.B. durch spezielle Datenmodelle). Schließlich stellt sich somit die Frage, ob relationale Datenbanken tatsächlich die bestmögliche Grundlage für eine aufzubauende OLAP-Lösung darstellen. Inwieweit mit multidimensionalen Datenbanken eher den Bedürfnissen der Endbenutzer entsprochen werden kann, soll im nächsten Abschnitt untersucht werden.

3.2   Multidimensionale Datenbanken

Bisweilen wird angemerkt, daß der geistige Vater der relationalen Datenbanken, E.F. CODD, implizit auf die Notwendigkeit zur Nutzung multidimensionaler Datenbanken für OLAP-Anwendungen hinweist. Tatsächlich hat er herausgestellt [CoCS93], daß relationale Datenbanken, die prinzipiell immer noch auf den Anfang der 70er Jahre erarbeiteten konzeptionellen Grundlagen basieren, nicht dafür geschaffen wurden, die weitreichenden Anforderungen des On-Line Analytical Processing abzudecken. Neben der oben erörterten Möglichkeit, vorhandene relationale Systeme durch Zusatzmodule OLAP-fähig zu gestalten, ergibt sich die naheliegende Perspektive, vollkommen andersartige Datenbanken zu konzipieren und installieren, die speziell auf die Bedürfnisse der betrieblichen Führungskräfte und Analysten ausgerichtet sind und dabei neben der effizienten Speicherung multidimensionaler Datenbestände auch die benötigte analytische Funktionalität aufweisen. [Fink95] Der mögliche Aufbau einer derartigen, multidimensionalen Datenbank mit den unterschiedlichen logischen Softwarekomponenten wird in Abbildung 5 dargestellt.

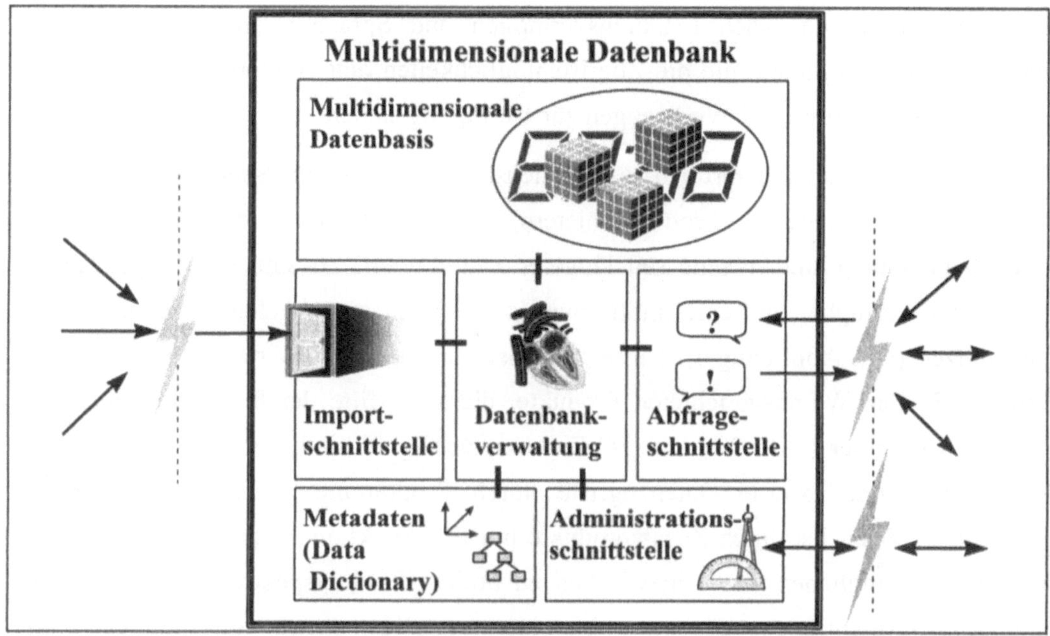

Abb. 5: Aufbau multidimensionaler Datenbanken

Aus den Vorsystemen fließen die Daten verdichtet und gesäubert über die Import-Schnittstelle - häufig als Datenpumpe bezeichnet - in die multidimensionale Datenbank ein, um hier in der Datenbasis persistent gespeichert zu werden. Der Zugang zu den in der Datenbasis abgelegten Informationseinheiten erfolgt ausschließlich über die Datenbankverwaltungskomponente, die zudem die einzelnen Komponenten kontrolliert und koordiniert. Das Datenbankverwaltungsmodul kann damit getrost als Herzstück der Datenbank bezeichnet werden. Hier wird die korrekte Zuordnung von eingehenden und ausgehenden Datenströmen, logischem Datenmodell und physikalisch gespeichertem Datenbestand vorgenommen. Überdies soll sowohl eine Transaktions- wie auch eine Benutzerverwaltung gewährleistet sein. Das konzeptionelle mehrdimensionale Datenmodell und damit die logische Organisation des Datenbestandes ist im Data Dictionary hinterlegt. Grundlegende strukturelle Änderungen dieses Datenmodelles sind den Datenbankadministratoren vorbehalten, die eine separate Schnittstelle zum System erhalten und mit speziellen Administrationstools ihren Aufgaben nachgehen können. Alle Abfragen durch die angeschlossenen Endbenutzersysteme werden über die Abfrageschnittstelle an die Datenbankverwaltung weitergereicht. Dabei fängt das Schnittstellenmodul syntaktische Fehler ab und führt eine Optimierung der Abfrage durch. Somit sind es auch Leistungsvermögen und Sprachumfang dieser Verbindungskomponenten, durch die die Zugriffsmöglichkeiten determiniert werden, die den angeschlossenen Front End-Werkzeugen zur Verfügung stehen.

Die Entwicklung einer derartigen multidimensional ausgelegten Speicherkomponente wird von verschiedenen Produktanbietern, die im Bereich der Managementunterstützung tätig sind, bereits seit längerer Zeit forciert. So sind seit vielen Jahren Programme verfügbar, die eine multidimensionale Sicht auf abgelegte Datenbestände unterstützen (vgl. Abbildung 6). Diese zunächst nur auf den Großrechnerbereich (z.B. Express, System-W) ausgerichteten Produkte, die seit Mitte der 80er Jahre auch für Personal Computer (z.B. One Up, PC-Express) verfügbar sind, verwalten ihre Daten selbständig, ohne externe Datenzugriffe durch Programme anderer Hersteller zu unterstützen. Zunächst durch Zusatzprodukte um EIS-Funktionalitäten erweitert, haben sich die ursprünglichen Tools inzwischen zu breiten Produktspektren entwickelt, die von problemorientierten Lösungen bis hin zu allgemeinen, anwendungs- und anwenderneutralen Werkzeugen mit spezifischem, abgegrenztem Aufgabengebiet (z.B. Datenimport) reichen.

1962:	Ken Iverson (IBM) publiziert **APL** (A Programming Language) als kommerzielle Entwicklungsumgebung
1972:	**Express** (IRI-Software - heute Oracle)
1980:	Stratagem, heute **Accumate** (Kenan Technologies)
1981:	**System-W** (Comshare)
1984:	**TM1** (Sinper Corp. - heute Applix)
1985:	**Command Center** (Pilot)
1988:	**Holos** (Holistic Systems)
1991:	IMRS, heute **Hyperion** (Hyperion)
1992:	**Essbase** (Arbor Software)
1994:	**DSS-Agent** (MicroStrategy)
1995:	**Meta Cube** (Stanford Technology Group - heute Informix)

Abb. 6: Wurzeln und Meilensteine der OLAP-Technologie [PeCr95]

In jüngster Zeit bemühen sich die Hersteller im Zuge der allgemeinen Entwicklung zu Client- / Server-Architekturen verstärkt auch darum, spezielle Datenhaltungseinrichtungen zu offerieren, die isoliert betrieben und als multidimensionale Datenbanken vermarktet werden. Allerdings erweisen sich diese Datenbanken oftmals sowohl unter technologischen als auch unter inhaltlichen Gesichtspunkten als derart eng mit den zugehörigen Tools auf der Client-Seite verflochten, daß ihr Einsatz fast unweigerlich zu herstellerspezifischen Lösungen führen muß.

Als überlegenes Architekturparadigma erweisen sich dagegen derzeit vielmehr hard- und softwareseitige Kombinationen von Spezialkomponenten, die miteinander über genau spezifizierte, dokumentierte und anerkannte Schnittstellen interagieren. Bei den relationalen Datenbanken ist eine derartige Schnittstelle durch die Datenbanksprache SQL gegeben. SQL mit seinem vom American National Standard Institute (ANSI) genormten Sprachumfang bietet zumindest einen kleinsten gemeinsamen Nenner, den fast alle Anbieter exakt abdecken, auch wenn dieser durch herstellerspezifische Ergänzungen z.T. erheblich erweitert wird.

Auch im Bereich der OLAP-Systeme wurde im Januar 1995 eine Normierungs- und Standardisierungskommission namens OLAP-Council gegründet, die sich aus den führenden Produktanbietern dieses Bereichs zusammensetzt und das Ziel der Verabschiedung gemeinsamer Standards verfolgt. Zunächst mit der Definition grundlegender Begriffe befaßt, erfolgte im April 1996 die Einigung auf einen Benchmark-Test, der über die Leistungsfähigkeit von OLAP-Systemen Auskunft geben soll. [GlHa98] Seit September 1996 ist eine definierte Sprachschnittstelle für OLAP-Systeme (im Sinne eines multidimensionalen ODBC) verfügbar (derzeitige Version: 2.0 - Stand: März 1999 [OLAP98]), die nicht zuletzt die Entwicklung multidimensionaler Datenbanken zu offenen Systemen forcieren soll. Allerdings, so wird aus Anbieterkreisen kritisiert, erweist sich diese Schnittstelle mit über hundert Funktionsaufrufen als sehr komplex. Ob es auch kleineren Anbietern in diesem Marktsegment gelingt, die API in ihre Produkte zu integrieren, bleibt abzuwarten. Parallel zu den Bestrebungen des OLAP-Councils hat auch die Firma Microsoft eine Schnittstellenspezifikation mit der Bezeichnung OLE-DB for OLAP veröffentlicht, die bereits heute von einigen OLAP-Anbietern unterstützt wird und sich mit hoher Wahrscheinlichkeit als zukünftiger Marktstandard etablieren dürfte. [Micr98]

Ein weiterer Grund, der gegen den Einsatz multidimensionaler Datenbanken spricht, ist sicherlich die bewußte Verschleierung ihrer internen Funktionsweise durch die Anbieter. Während sich nämlich die verwendeten systeminternen Speichertechniken, der Aufbau von Data Dictionaries oder das Zusammenwirken von Serverprozessen bei relationalen Datenbanken als weitgehend offengelegt und leicht zugänglich bezeichnen lassen, werden multidimensionale Datenbanken heute häufig noch als Black Box verkauft und betrieben. Einige allgemeine Überlegungen sollen an dieser Stelle helfen, eine grundsätzliche Vorstellung von den zur Verfügung stehenden Optionen multidimensionaler Datenorganisation zu gewinnen. Hierzu werden die gängigen Zugriffsverfahren und Ablagetechniken hinsichtlich ihrer Tauglichkeit für die effiziente Verarbeitung und Speicherung multidimensionaler Datenbestände (Hypercubes) untersucht.

Wie schon an anderer Stelle ausgeführt, weisen OLAP-Anwendungen grundsätzlich andere Charakteristiken als transaktionsorientierte Systeme bezüglich der Datenzugriffe auf. Statt atomarer Transaktionen mit Primärschlüsselbezug stehen multidimensionale Mengenoperationen im Vordergrund, die meist als Projektionen und konsolidierende Verdichtungen entlang zu bildender Navigationspfade entstehen. Zwar scheint das Konzept der relationalen Algebra, das die RDBMS mit mächtigen Mengenoperationen auf den zwei-dimensionalen normalisierten Tabellen ausstattete, auch hier einsetzbar, muß aber aufgrund der Multidimensionalität mit anderen internen Organisationsformen kombiniert und schließlich optimiert werden. Insgesamt sind folglich zur Sicherstellung einer optimalen Zugriffsverwaltung bei kompakter Datenablage auf externen Speichermedien last- und strukturabhängige Organisationsformen zu nutzen. [Cham98, 242ff.]

Das Thema der effizienten Ablage multidimensionaler Datenbestände wird nicht erst seit der OLAP-Diskussion betrachtet, vielmehr gibt es u.a. Bezüge zur Speicherung dünnbesetzter Matrizen in Decision Support Systemen (Koeffizientenmatrix der linearen Optimierung, Input-Output-Modelle). D.h. ein mehrdimensionaler Datenwürfel kann als textindizierte dünnbesetzte Matrix aufgefaßt werden, denn im Kontext der betriebswirtschaftlichen Planung und Kontrolle werden in der Regel nur Besetzungsgrade zwischen 1 % und 10 % zu verzeichnen sein.

Generell lassen sich drei Muster bei der Entstehung dünnbesetzter Matrizen unterscheiden [Buyt95, 9]:

- *Zufällige dünne Besetzung* (**random sparsity**) entsteht bei nicht regelmäßiger bzw. schwer vorhersehbarer Belegung von Speicherelementen. Analysen des Kaufverhaltens, die Sortiment und Kunden in Beziehung setzen, weisen häufig stochastische unregelmäßige Muster in der Matrixbelegung auf. Die fehlende offensichtliche Gesetzmäßigkeit kann keinen Hinweis auf effiziente Speicherverfahren bieten. Erst die Datenanalyse (Data Mining) deckt eventuelle Strukturzusammenhänge auf.

- *Logische dünne Besetzung* (**logical sparsity**) ergibt sich bei spezifischen Datenkonstellationen, wenn etwa gewisse Produktgruppen nur an bestimmte Kundengruppen abgesetzt werden. Die auftretenden Muster lassen Blockmatrizen erkennen, die durch Separationstechniken in effiziente Speicherverfahren umsetzbar sind.

- *Sequentielle dünne Besetzung* (**sequential sparsity**) weist bezüglich einer oder mehrerer Dimensionen Wiederholgruppen auf, so daß auch hier nach einer durchgeführten Analyse die zugrundeliegende Struktur in kompakte Speicherformen umgesetzt werden kann. Beispielsweise ergibt sich bei Zeitreihen sehr oft dieser Effekt der Sequentialisierung.

Abb.7: Besetzungsmuster bei dünnbesetzten Matrizen

Als Grundproblem der Datenspeicherung bleibt der „trade off" von Speichereffizienz und Zugriffsgeschwindigkeit bestehen. Werden nicht nur die Rohdaten, sondern auch verdichtete Ergebnisse (Zeilen- und Spaltensummen) gespeichert, um die Zugriffsgeschwindigkeit zu erhöhen, so ist mit einem Expansionsfaktor zu rechnen, da der Speicherbedarf dann exponentiell mit der Anzahl der Dimensionen ansteigt. Dies ist insbesondere für Single-Structure-Systeme (Hypercube) ein gravierendes Problem, da aus Gründen der Verarbeitungsgeschwindigkeit möglichst große Teile der Gesamtstruktur im Hauptspeicher verwaltet werden sollten.

Die originäre Form der Datenspeicherung einer Matrix besteht in der Ablage in einem Array mit direkter Adreßberechnung (Rechteckformel zur Berechnung des Offset). Dieses Verfahren zur Speicherung einer Vollmatrix belegt statisch für alle potentiell möglichen Elemente Speicher, der auch bei Elementlöschungen nicht dynamisch wieder freigegeben werden kann. Für dünnbesetzte Matrizen ergibt sich hierbei eine schlechte Speicherausnutzung.

Falls statt der Matrixelemente lediglich Pointer auf Matrixelemente (Elementsubstitution) in der Vollmatrix gespeichert werden, ergibt sich eine bessere Bilanz. In Abhängigkeit vom Differenzwert zwischen Speicherbedarf für Element und Pointer kann eine Break-even-Analyse durchgeführt werden, die bei gegebenem Besetzungsgrad angibt, wann einer Elementsubstitution der Vorzug zu geben ist. Das minimal schlechtere Laufzeitverhalten durch die dynamische Speicherallokation und Zeigerreferenzierung kann vernachlässigt werden. Im Gegensatz zur Vollspeicherung der Matrixwerte bzw. der Pointer kann eine Indizierungstechnik eingesetzt werden, bei nur tatsächlich vorhandene Elemente mit ihren Zeilen- und Spaltenindizes in Tabellen abgelegt werden. Der Speicherbedarf ist somit maßgeblich vom Besetzungsgrad beeinflußt.

Durch eine indexweise Sortierung der Tabelle können Suchvorgänge (Binärsuche, m-Wege-Suche) beschleunigt werden, dennoch bleibt ein sequentielles Suchen in den sekundär sortierten Dimensionsindizes bestehen. Eine kompaktere Speicherung läßt sich nur durch verkürzte Indizierungstabellen (Ragged Array) erreichen. Hierbei wird die Mehrfachangabe von aufeinander folgenden gleichen Indexwerten unterdrückt und nur Zeilen- bzw. Spaltensprünge werden notiert. Leerzeilen oder Leerspalten müssen zusätzlich markiert werden, woraus ein zusätzlicher Speicherbedarf entsteht.

Einfache sequentielle Organisationsformen sind nur bei vollständiger Bearbeitung im Hauptspeicher duldbar, daher ist es für größere Datenbestände notwendig, index-sequentielle Verfahren unter Einbezug von Sekundärspeichern einzusetzen. Sinnvoll ist hier der Einsatz von hierarchischen Indizes, die getrennt von den Rohdaten in Indexdateien vorgehalten werden. Für Matrizen muß ein mehrstufiger Index aufgebaut werden, so daß jede Dimension einer Hierarchiestufe entspricht. Nachteilig ist die Fixierung der Navigationswege, denn Einsprungadresse kann nur der Wurzelknoten der Hierarchie sein. Um beliebige Matrixzugriffe mit gleicher Geschwindigkeit (siehe OLAP-Regeln) zu gewährleisten, sind allerdings multiple Indexhierarchien anzulegen und zu pflegen.

Eine weitere mögliche Organisationsform ist mit der Verkettung gegeben. Verkettungsverfahren bauen ihre Struktur dynamisch auf und können beliebige Elemente aus der Struktur löschen oder einfügen. Da lediglich die existenten Matrixwerte gespeichert werden, ist nur die Anzahl der besetzten Matrixelemente bzw. der zur Verfügung stehende Speicher eine Beschränkung und nicht die Matrixgröße und die Dimensionszahl. Es werden lineare Listen (einfach, mehrfach, gestützt, orthogonal) und Bäume unterschieden. Teilweise können auch Hashing-Verfahren verwendet werden. Schließt man in eine gesamtheitliche Bewertung die wichtigsten Verfahren

- Index-sequentielle Dateiorganisation mit hierarchischem Index,

- einfach verkettete lineare Liste mit Elementsubstitution und

- Vollmatrix mit Elementsubstitution

ein, so kann man diese hinsichtlich Speichereffizienz, Laufzeit, CPU-Belastung und dimensionaler Erweiterbarkeit gegenüberstellen. Erwartungsgemäß sind die Ziele Speichereffizienz und Laufzeit konfliktär, so daß folgende Empfehlung ausgesprochen werden kann:

Datenstruktur	Gesamt-plazierung	Speicher-effizienz	Laufzeit	Dim. Erwei-terbarkeit	CPU-Be-lastung
a) index-sequentiell	1	1	3	1	1
b) verkettet	2	2	2	1	2
c) Vollmatrix	3	3	1	2	2

Abb. 8: Bewertung von Speicherorganisationsformen [Schm96, 108]

Eine Verringerung des benötigten Speicherplatzes wird durch zusätzliche Komprimierungsalgorithmen angestrebt. Dadurch läßt sich das Datenvolumen im günstigen Fall um den Faktor 100 gegenüber einer ASCII-Datei mit gleichem Informationsgehalt reduzieren. [Düva95]

In der Praxis wird sicherlich eine Mischform der o.g. Verfahren notwendig sein, um den spezifischen Belegungsformen der dünnbesetzten Matrizen Rechnung zu tragen. Sind hohe Besetzungen oder logische bzw. sequentielle dünne Besetzungen vorzufinden, so wird über die beteiligten Dimensionen geblockt. Bei zufälliger dünner Besetzung präferiert man index-sequentielle bzw. verkettete Ablagestrukturen.

Die Realisationsform des internen Schemas ist für den Anwender nicht ersichtlich, beschränkt ihn aber gegebenenfalls hinsichtlich der Freiheitsgrade bei der Modellierung oder erzeugt hohe Bearbeitungszeiten. Eine Veröffentlichung dieser internen Datenstrukturen wird von keinem OLAP-Anbieter vorgenommen, so daß bei der Beurteilung der Performance nur der Einsatz von Benchmarks weiterhelfen kann.

Auch wenn durch verstärkte Transparenz bezüglich der Datenorganisation sowie standardisierte und allgemein unterstützte Schnittstellen eine deutlich verbreiterte Akzeptanz für multidimensionale Datenbanken erreicht werden könnte, wäre es vermessen zu behaupten, daß damit alle Probleme der multidimensionalen Speichertechnologie gelöst seien.

Als gewichtiges Argument für relationale OLAP-Lösungen ist anzuführen, daß der Schulungsaufwand heute bei der Einführung neuer Technologien einen erheblichen Kostenfaktor darstellt und sich die Mitarbeiterausbildung bei der Nutzung einer relationalen Datenbank als OLAP-Basis sowie vorhandenem technologischen Know-How stark auf methodische Inhalte konzentrieren kann. Die Nutzung multidimensionaler Datenbanken dagegen erfordert neben der Vermittlung multidimensionaler Modellierungstechniken auch eine umfassende Einarbeitung in die Funktionsweise der eingesetzten Werkzeuge.

Als großes technisches Problem multidimensionaler Datenbanken erweist sich - wie oben ausgeführt - die Verwaltung von Datenwürfeln mit vielen dünnbesetzten Dimensionen. [Fink95] Werden alle Konsolidierungen zum Zeitpunkt des Datenimports berechnet, dann wächst das Datenvolumen bei zunehmender Anzahl an Dimensionen exponentiell. Alternativ dazu bieten einige Produkte die Möglichkeit, Verdichtungen dynamisch zum Zeitpunkt des Zugriffs zu kalkulieren (on the fly), was allerdings bei Dimensionen mit vielen Elementen zu inakzeptablen Antwortzeiten führen kann.

Derzeit lassen sich multidimensionale Datenbanken nur bei einem Datenvolumen bis ca. 20 GB sinnvoll einsetzen. Bei größeren Datenbeständen nehmen Ladevorgänge bzw. Reorganisations- / Reindizierungsläufe inakzeptable Zeitspannen in Anspruch. Auch wird den multidimensionalen Datenbanken bisweilen fehlende Robustheit und fehlende Zuverlässigkeit insbesondere in Multi-User-Umgebungen nachgesagt. Zu beachten ist jedoch bei diesen Kritikpunkten, daß multidimensionale Datenbanken in ihrer heutigen Form erst seit wenigen Jahren verfügbar sind. Die Entwicklung relationaler Konzepte dagegen reicht bis in die frühen 70er Jahre zurück und auch die kommerziellen relationalen Datenbanken hatten mehr als 15 Jahre Zeit, um zu reifen und zusätzliche Funktionalität zu erwerben. Somit bleibt insgesamt festzuhalten, daß - aufgrund ihrer spezifischen Ausrichtung auf die Modell- und Vorstellungswelt betrieblicher Entscheidungsträger - multidimensionale Datenbanken einen vielversprechenden Ansatz darstellen, um als Speichertechnologie eine Verbesserung bei der Unterstützung der vielfältigen Managementaufgaben erreichen zu können.

Die Wünsche bestimmter Anwendergruppen, die OLAP-Funktionalität auch im mobilen Einsatz (z.B. auf dem Laptop) nutzen zu können, haben dazu geführt, daß sich neben den beschriebenen, server-orientierten Lösungen auch Werkzeuge am Markt behaupten konnten, die serverunabhängig ausschließlich auf dem Client-Rechner zu betreiben sind [Leit97], [Mart96]. Entsprechende Tools bieten eine eigene, würfelorientierte Datenhaltung auf dem lokalen Rechner an und müssen lediglich für den Datenabgleich Verbindungen zu zentralen Datenbeständen herstellen. Unter Gesichtspunkten von Datensicherheit und Datenschutz erweisen sich derartig Client-zentrierte Implementierungen sicherlich als kritisch. Auch sind längst nicht alle Probleme der notwendigen Datenreplikation zufriedenstellend gelöst.

Wie dargelegt wurde, haben sowohl relationale als auch multidimensionale OLAP-Server-Lösungen ihre spezifischen Vorzüge und Nachteile. Die Entscheidung für eine Architekturform muß sich somit an den gegebenen Rahmenbedingungen und insbesondere an der zu lösenden betriebswirtschaftlichen Problemstellung orientieren. Eine

Hilfestellung bei der Auswahl einer Server-Gestaltungsform kann gegebenenfalls durch einen individuell zu gewichtenden Kriterienkatalog gegeben werden, wie er in der Abbildung 9 vorgeschlagen wird.

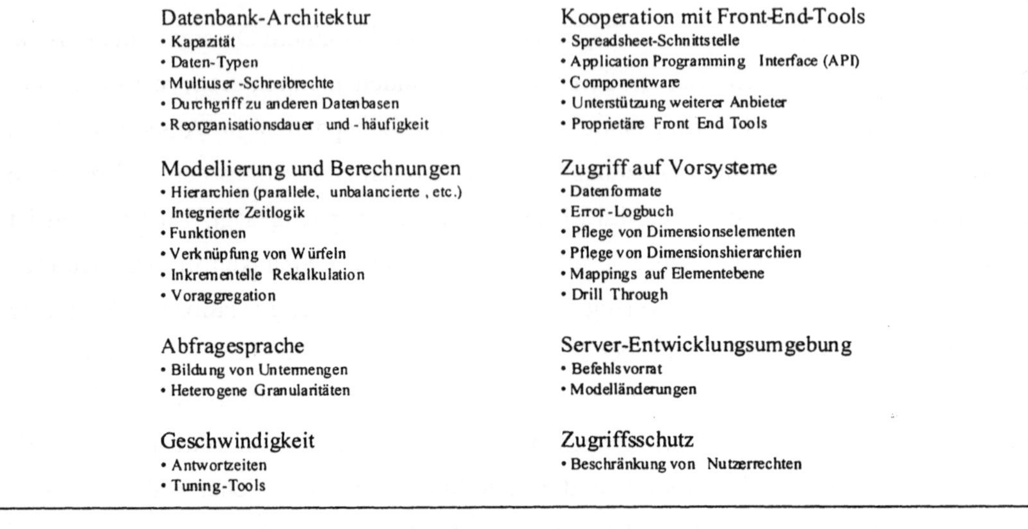

Abb. 9: Kriterienkatalog für die Auswahl von OLAP-Servern [Bulo95]

Zukünftig ist zu erwarten, daß relationale und multidimensionale Technologien noch enger zusammenrücken werden. Sollte es gelingen, allgemein anerkannte APIs zu etablieren, dann steht einer geordneten Koexistenz, in der die einzelnen Datenbanken entsprechend ihrer spezifischen Vorzüge eingesetzt werden, nichts entgegen.

4   Endbenutzerwerkzeuge

Insbesondere wenn die Zuständigkeit bei der Auswahl von OLAP-Lösungen in den Händen der Fachabteilungen angesiedelt ist, wird der Funktionalität und Erscheinungsform der verfügbaren Werkzeuge auf der Front End-Seite eine überproportionale Bedeutung beigemessen. Während Kriterien wie Skalierbarkeit und Offenheit der Systeme dann oft in den Hintergrund rücken, werden häufig Aspekte des Bedienkomforts besonders hoch bewertet. Somit sind an dieser Stelle auch die möglichen Erscheinungsformen und Funktionalitäten der OLAP-Tools auf der Front End-Seite zu erörtern. Nach der Vorstellung der unterschiedlichen Ausprägungen, die

die Endbenutzerwerkzeuge annehmen können, sollen typische Zugriffs- und Navigationsformen behandelt werden.

4.1 Ausprägungen

Eine breite Palette verfügbarer Endbenutzerwerkzeuge im OLAP-Umfeld erschwert derzeit dem potentiellen Anwender die Auswahl des für seine Belange besten Tools erheblich. Hinzu kommt, daß stetig neue Anbieter auf diesen lukrativen Markt drängen und die bereits etablierten Produkte mit zusätzlichen Features angereichert werden, um einmal erobertes Terrain nicht preisgeben zu müssen. Die angebotenen Produkte lassen sich nur sehr unscharf in einem Spektrum von vorgefertigten Standardlösungen und vollkommen offenen, flexiblen Entwicklungsumgebungen anordnen. Zwischen diesen Extrempositionen bewegen sich die angebotenen Generatoren, die bestimmte vorgedachte Strukturen aufweisen und mit denen sich konkrete OLAP-Anwendungen verhältnismäßig leicht und kostengünstig aufbauen lassen, sowie Erweiterungen handelsüblicher Standardprodukte, die sich nahtlos in vorhandene Oberflächen oder Entwicklungswerkzeuge einfügen und deren Funktionsumfang erweitern. Obgleich eine trennscharfe Zuordnung handelsüblicher Produkte anhand dieser Gruppierung z.T. schwerfällt und immer angreifbar bleibt, sollen die einzelnen Kategorien kurz näher beleuchtet werden.

Die **OLAP-Standardlösungen** zielen häufig auf einen speziellen betrieblichen Funktionalbereich ab. So werden heute z.B. Pakete mit spezifischer Funktionalität für die Bereiche Vertrieb/Marketing, Finanzen und Controlling offeriert. Für den Sales-Bereich etwa können hierzu neben den beliebten 80/20-Analysen auch Rangfolgenbildung, Quadrantenanalysen und Werbewirksamkeitsauswertungen als Funktionen fest hinterlegt sein. Zudem sind häufig vordefinierte Schnittstellen zu kommerziellen Angeboten von Marktforschungsunternehmen sowie zu demografischem und makroökonomischem Datenmaterial vorhanden.

In gewissen Grenzen lassen sich die spezifischen Lösungen an die besonderen Gegebenheiten in einem Unternehmen anpassen. So ist es bei Finanzlösungen beispielsweise möglich, den hauseigenen Kontenrahmen zu nutzen. Auch können zumeist wahlfrei und mittels eines umfangreichen Funktionsangebots eigene Kennzahlen definiert und fest hinterlegt werden. Die Grenzen der Flexibilität allerdings sind bei diesen Produkten i.d.R. dann erreicht, wenn zusätzliche Dimensionen eingefügt werden sollen. Auch ist eine freie Oberflächengestaltung oftmals nicht möglich. Der Anwender muß mit den vordefinierten Menüstrukturen und der gegebenen Bildschirmaufteilung vorlieb nehmen. Somit erweist sich diese Kategorie von OLAP-Endbenutzerwerkzeugen dann als sinnvoll, wenn die Anforderungen der Anwender sich als wohldefiniert und stabil erweisen und sich möglichst weit mit den Normanforderungen dieses Bereichs decken.

Sind diese Voraussetzungen nicht gegeben, weil die Benutzeranforderungen sich per se nicht exakt definieren lassen oder eine Änderung von Modell- bzw. Datenstrukturen im Zeitablauf wahrscheinlich ist, besteht die Möglichkeit, auf **OLAP-Generatoren** zurückzugreifen. Entsprechende Werkzeuge, deren konzeptionelle Wurzeln sich bis zu den DSS- und EIS-Generatoren zurückverfolgen lassen, bieten neben einer Endbenutzer- auch eine Administrationskomponente. Mit der Adminstrationskomponente lassen sich die Strukturen der Daten, auf die die Endbenutzerkomponente zugreift, beliebig oft durch Neugenerierung des Modells an geänderte Benutzerwünsche angleichen. Hierbei werden dann Modelldimensionen hinzugenommen, weggelassen oder modifiziert. Da sich die Generatoren dabei vielfach vorgedachter Strukturen bedienen (z.B. für die Zeitdimension) und sich oftmals Hierarchien innerhalb von Dimensionen automatisch aus dem zugrunde liegenden Datenbestand ableiten lassen, erweist sich der Aufwand für das Generieren eines Modells als überschaubar. Dennoch wird häufig zumindest beim erstmaligen Generieren neuer Modelle auf externe Hilfe durch Beratungshäuser oder die Software-Anbieter zurückgegriffen, weil sich die Handhabung der Administrationskomponente als schwierig erweisen kann. Mit der Endbenutzerkomponente (z.T. als Cube-Viewer bezeichnet) kann dann in dem generierten Datenwürfel beliebig navigiert werden. Allerdings ist auch hier die Endbenutzeroberfläche nur in engen Grenzen parametrisierbar, so daß eine individuelle Benutzerführung unterbleibt.

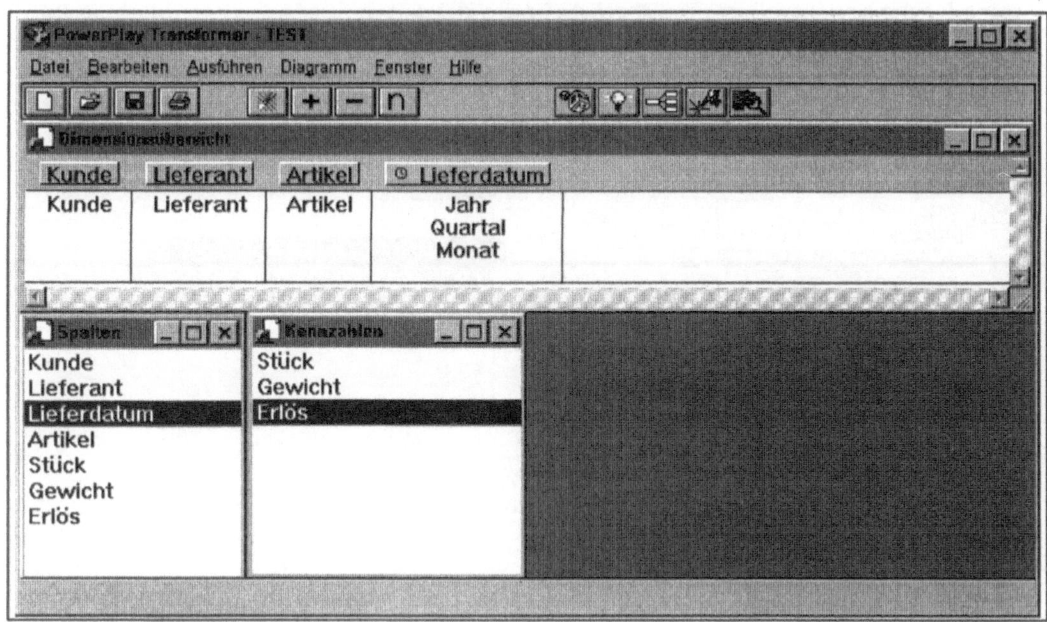

Abb. 10: Exemplarischer Bildschirm eines OLAP-Generators

Als eigene Produktklasse können auch die **Erweiterungen handelsüblicher Standard-softwarepakete** verstanden werden. Als verbreitetes Werkzeug der Entscheidungsunterstützung besonders im Controllingbereich und in den entscheidungsvorbereitenden Stabsstellen haben sich im letzten Jahrzehnt Tabellenkalkulationsprogramme fast flächendeckend etablieren können. Diesen Umstand nutzen einige der OLAP-Anbieter, indem sie ihre Produkte als Erweiterungen der Spreadsheet-Pakete positionieren und vertreiben. Damit verändert sich die gewohnte Arbeitsoberfläche des Anwenders durch zusätzliche Menüoptionen und Buttonleisten nur unwesentlich, was zur hohen Akzeptanz dieser Produkte geführt hat. Anstatt sich in ein neues Produkt einarbeiten zu müssen, kann sich der Benutzer darauf konzentrieren, die zusätzlichen Optionen zu erlernen und einzusetzen. Auch für die Produktanbieter ergeben sich hieraus Vorteile, da eine ressourcenaufwendige Nachbildung der breiten Funktionalität moderner Tabellenkalkulationsprogramme entfällt. Die vollständig integrative Einbettung derartiger Add Ins in die Spreadsheet-Oberflächen ermöglicht eine simultane Nutzung der Features beider Werkzeuge in einer Anwendung.

Microsoft Excel - [ALEA Ansicht] - [MIS1]Tabelle1

Datei Bearbeiten Ansicht Einfügen Format Extras Daten Fenster ALEA ?

Arial   10   F K U

E27   = 2. Quartal

ALEA Ansicht   100%

		ahr gesamt	1. Quartal	2. Quartal	3. Quartal	4. Quartal
19	LOCAL					
20	VERKAUF					
21	JAHRE	1993				
22	DATENART	Abweichung				
23	REGIONEN	Welt gesamt				
24	WERTART	Umsatz				
25						
26		MONATE ...				
27	PRODUKTE ...					
28	Produkte gesamt	-4360	-1602	-3291	2752	-2219
29	Monitore gesamt	333	-297	1232	119	-721
30	ProView VGA 12	-200	15	454	-65	-604
31	ProView VGA 14	655	-312	778	184	5
32	ProView VGA 15	-323	0	0	0	-323
33	ProView SVGA 14	-169	0	0	0	-169
34	ProView SVGA 15	370	0	0	0	370
35	Desktops gesamt	79	1923	-241	181	-1784
36	Desktops gesamt (ohne CD)	904	1923	-241	181	-959
37	Desktops gesamt (mit CD)	-825	0	0	0	-825
38	Laptops gesamt	-4772	-3228	-4282	2452	286
39	Ultranotebooks gesamt	-4772	-3228	-4282	2452	286
40						
41						

Abb. 11: Speadsheet Add In

Den aktuellen Strömungen der Zurverfügungstellung eines Informationsangebots über lokale Unternehmensgrenzen hinweg, wie sie sich derzeit mit der weltweiten Verbreitung des Internets offenbaren, haben einige Anbieter Rechnung getragen. [Whip97] Durch die serverseitige Installation zusätzlicher Softwarekomponenten wird beim Zugriff eine technische Brücke zwischen WWW-Server und multidimensionaler Datenbasis geschlagen, die einen transparenten Durchgriff für den Endanwender ermöglicht (vgl. Abbildung 12). Die Nutzung der intuitiven und leicht erlernbaren WWW-Oberflächen bietet sich insbesondere für Anwendungen an, bei denen eine flexible Navigationsmöglichkeit im Informationsangebot stärker als eine ausgeprägte analytische Funktionalität im Vordergrund steht. Hier werden sich insbesondere auch die Anbieter positionieren, die eine unternehmensinterne Verschmelzung von Internet- und OLAP-Technologien anstreben, und damit nicht zuletzt dem Schlagwort Intranet

(Nutzung von Internet-Technologien für eine unternehmensinterne Informations-versorgung) Vorschub leisten.

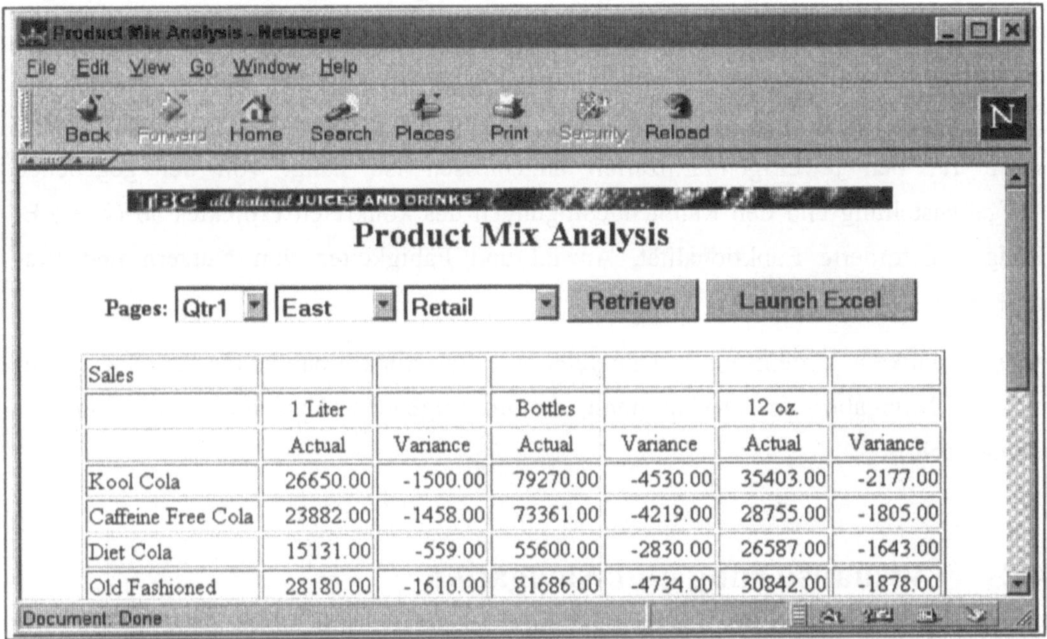

Abb. 12: OLAP-Zugriff über Standard-WWW-Browser

Schließlich sind es als letzte OLAP-Softwarekategorie auf der Front End-Seite die hier als **freie Entwicklungs-Tools** bezeichneten Programmier- und Entwicklungsum-gebungen. Sie bieten dem OLAP-Entwickler größtmögliche Gestaltungsfreiheit, indem sie sich sowohl im Erscheinungsbild als auch hinsichtlich der Funktionalität an den han-delsüblichen Werkzeugkästen wie Visual Basic oder Delphi orientieren, zusätzlich jedoch einen speziellen OLAP-Befehls- und Funktionsumfang offerieren. Anders als bei den oben beschriebenen Add Ins ist die multidimensionale Philosophie hier durchgängig integriert, was sich z.B. in speziellen Buttons für die OLAP-typischen Funktionen manifestiert. Die Gestaltung individueller Menüstrukturen in Verbindung mit einem spezifischen Bildschirmaufbau sowie exakt abgestimmter Datenstrukturen ist kennzeichnend für Anwendungen, die mit diesen Werkzeugen erstellt wurden.

Allerdings fordert die Flexibilität der letztgenannten Kategorie ihren Preis, da sich kon-krete Applikationen nur mit erheblichem personellen Aufwand realisieren lassen.

Zudem sind hier die in Abhängigkeit von der Aufgabenstellung vergleichsweise langwierigen Entwicklungszeiten ins Kalkül zu ziehen. Am anderen Ende des Produktspektrums stellt sich die Situation genau entgegengesetzt dar. Die Standardlösungen sind bereits am Markt verfügbar und lassen sich mit deutlich weniger großem Aufwand einführen. Jedoch ist es nicht möglich, die vorgegebenen Grenzen des strukturellen und funktionalen Spektrums zu durchbrechen. Welche der dargestellten Produktkategorien somit für den jeweiligen Einzelfall angemessen ist, hängt von der gegebenen Aufgabenstellung und den Rahmenbedingungen des konkreten Projektes ab (wie z.B. Budget, geforderte Funktionalität, Anzahl und Fähigkeiten von Nutzern und Entwicklern).

Allen Produkten gemeinsam ist jedenfalls eine Basisfunktionalität für den Zugriff auf und die Navigation im Datenbestand, die im folgenden Abschnitt kurz angerissen werden soll.

4.2   Visualisierung und Navigation

Ein zentrales Anliegen der unterschiedlichen OLAP-Tools liegt in der anschaulichen Visualisierung der mitunter hochdimensionalen Datenwürfel, um dadurch ein leichtes Verständnis der angebotenen Zahlenwerte und damit eine Reduktion der strukturellen Komplexität zu erwirken.

Aufgrund der darstellungsbedingten Notwendigkeit zur zweidimensionalen Projektion des Datenbestandes im Rahmen der Abfrage stellt der Dimensionsschnitt (in der OLAP-Terminologie als „Slicing" bezeichnet) die wesentliche Abfragetechnik von OLAP-Systemen dar. Dabei werden durch die Deklaration des gewünschten Abfrageergebnisses beliebige Aggregate aus dem zugrunde liegenden Datenbestand extrahiert (vgl. Abbildung 13). Im Standardfall werden dabei die Elemente zweier Dimensionen ggf. mit unterschiedlichen Hierarchiestufen angezeigt, während die übrigen Dimensionen jeweils auf ein Element fixiert bleiben. Darüber hinaus lassen sich alternativ auch oftmals mehrere Dimensionen im Zeilen- oder Spaltenkopf der angezeigten Tabellendarstellung ineinander verschachtelt darstellen.

Als wesentliches Qualitätskriterium einer OLAP-Lösung muß die Option zur intuitiven und spontanen Navigation im verfügbaren Datenbestand gewertet werden. Die problemgerechte Auswahl der gewünschten Informationsinhalte soll durch einfache Mausaktionen erfolgen, ohne daß sich der Benutzer durch verzweigte Menüstrukturen oder unübersichtliche Folgen von Bildschirmfenstern bewegen muß.

Als gebräuchliche Technik hierzu bieten die meisten OLAP-Tools das sogenannte Dicing („Würfeln") an. Möglichst per Drag and Drop soll der Datenkubus in alle Richtungen gedreht werden können, um aus verschiedensten Perspektiven auf den Informationsfundus blicken zu können (vgl. Abbildung 14).

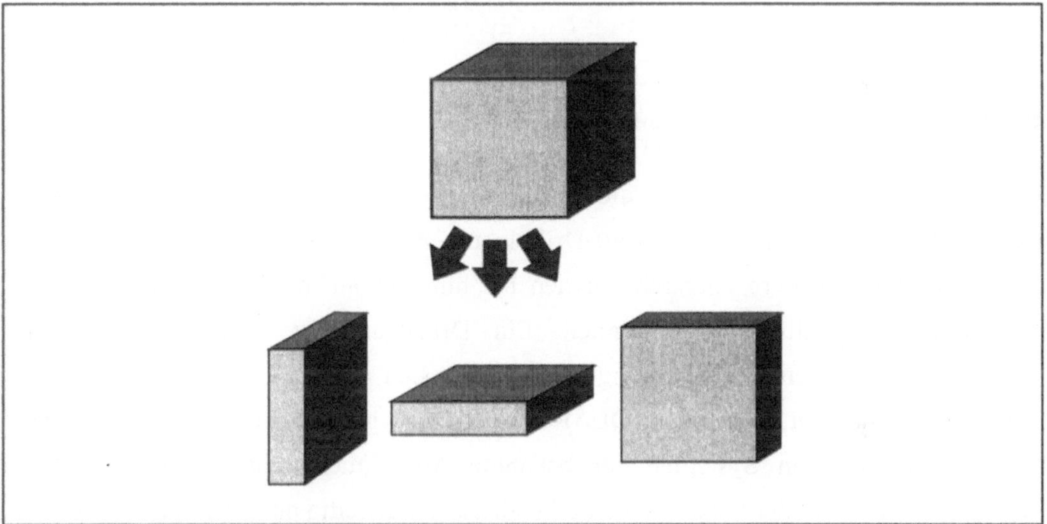

Abb. 13: OLAP-Würfel mit Dimensionsschnitten

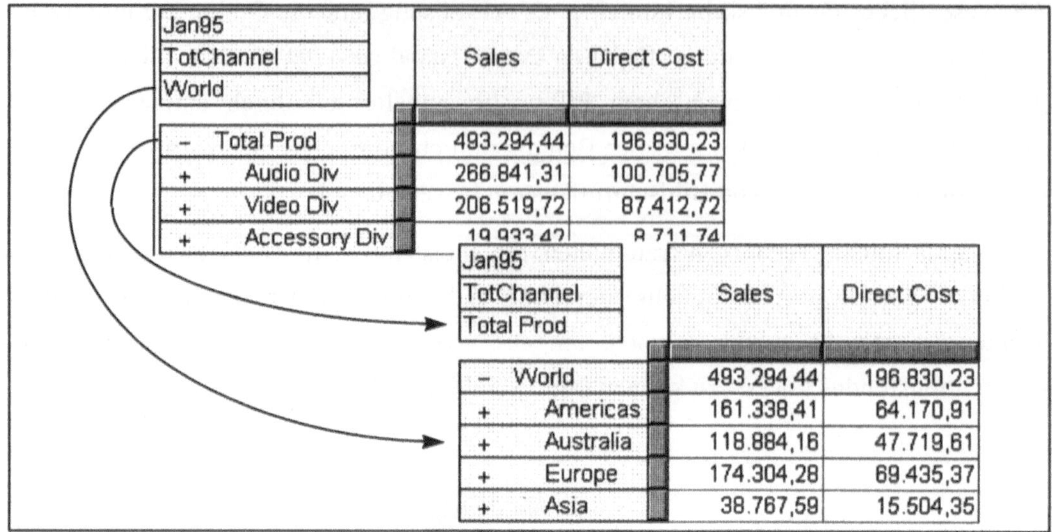

Abb. 14: Dice-Operation in OLAP-Anwendungen

Zudem wird fast durchgängig die bereits von den EIS-Oberflächen bekannte
Tiefensuche mittels Drill Down bzw. Drill In unterstützt (vgl. Abbildung 15), indem
durch Mausklick weitere Hierarchieebenen bis hinunter auf die atomaren Werte der
Datenbasis dargestellt werden können. Ein Drill-Out bzw. Roll-Up durch das
Ausblenden niedrigerer Verdichtungsstufen läßt sich ebenso leicht erzielen. Als
Standardfunktionalität moderner OLAP-Oberflächen gilt ebenfalls das von den
Executive Information Systemen her bekannte Ausnahmeberichtswesen (Exception
Reporting), das dazu dient, durch eine Farbcodierung frühzeitig auf Abweichungen vom
Soll-Zustand aufmerksam zu machen. Als zusätzliche Gestaltungsoption für die
Benutzersicht auf den Datenbestand ist die Möglichkeit zur flexiblen Selektion und
Sortierung der Elemente einer Dimension zu verstehen.

Neben der rein tabellarischen Darstellung des Datenmaterials werden oftmals auch Ge-
schäftsgrafiken als Gestaltungsform angeboten. Eine visuelle Anreicherung des angezeigten Datenausschnitts läßt sich zudem durch die Einbindung von Bildern (z.B.
Signets oder Logos) und durch Nutzung der vielfältigen Formatierungsalternativen
(beispielsweise für Schriftarten und -größen) erreichen.

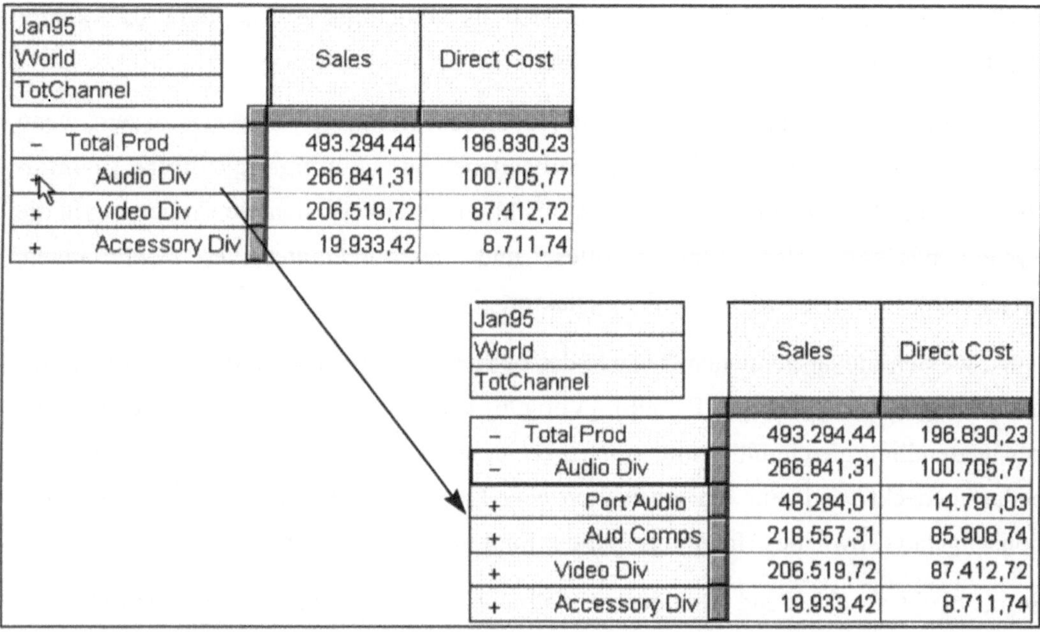

Abb. 15: Drill Down-Operation

Wenngleich die Visualisierungs- und Navigationsfunktionalitäten der gebräuchlichen
OLAP-Tools damit nicht abschließend behandelt werden konnten, da sich jedes Werkzeug durch eigene Spezifika und zusätzliche Optionen abzuheben versucht, sind die
grundlegenden Features in diesem Bereich dargestellt.

5   Zusammenfassung und Ausblick

Das Regelwerk, das sich hinter dem Schlagwort **On-Line Analytical Processing
(OLAP)** verbirgt, bietet einen formalen Gestaltungsrahmen für den Aufbau und die
Nutzung von Informationssystemen zur Unterstützung des Managements. Endlich
scheint ein griffiges Wortgebilde gefunden, unter dem sich die vielfältigen
Anforderungen des Managements an eine angemessene informationstechnologische
Unterstützung subsummieren lassen. Vielfältige Softwareprodukte, die sich hier
einordnen lassen sind - z.T. bereits seit mehreren Jahren - verfügbar und weisen
beachtlich Leistungsmerkmale auf. Allerdings besteht sicherlich auch beim On-Line

Analytical Processing die Gefahr, daß es sich als Modetrend erweist, dem nach kurzer Zeit kaum noch Beachtung geschenkt wird.

Eine langfristige und dauerhafte Nutzung jedoch scheint nur gewährleistet zu sein, wenn es auch gelingt, eine Integration in die vorhandene und zukünftige spezifische IV-Infrastruktur eines Unternehmens zu erreichen. Schließlich erweist sich die Einbettung in die Systemlandschaft als anspruchsvolles und ressourcenintensives Unterfangen, gleichzeitig jedoch als wichtiger Erfolgsfaktor.

Auch werden die tatsächlichen Belange des betrieblichen Nutzers in der Diskussion oftmals weitgehend verdrängt. [Faiß96], [Voog96] Dabei ist es dem Analysten und Manager letztendlich gleichgültig, mit welcher technologischen Plattform sein Informationsbedarf gedeckt wird. Für ihn erscheinen eher Fragen der Ausgestaltung des Informationsangebots sowie des Handlings und der Funktionalität relevant.

Somit bleibt abschließend festzuhalten, daß sich der Focus zukünftig auf betriebswirtschaftlich-organisatorische Gestaltungsaspekte verschieben muß und wird. [Kemp95] Erst das Verständnis von OLAP als ein in die bestehende DV-Landschaft zu integrierendes Element, das mit dem Ziel antritt, Managementaufgaben besser als herkömmliche Lösungen unterstützen zu können, kann der langfristige Fortbestand des Ansatzes gewährleistet werden. In der wissenschaftlichen Diskussion bleibt in nächster Zeit viel Raum für die Entwicklung von Konzepten, die die Erfüllung der Ziele des OLAP-Gedankens und damit auch die Weiterentwicklung der Managementunterstützungssysteme vorantreiben.

Literatur

[Bulo95]   BULOS, D.: Server Side. How to Evaluate OLAP Servers, in: *DBMS Magazine:* 9/1995.

[Buyt95]   BUYTENDIJK, F.A.: OLAP: playing for keeps, maintenance and control aspects of OLAP applications, White Paper, o.O. 1995.
URL: http://www.xs4all.nl/ ~fab/olapkeep.zip (März 1999)

[Cham98]   CHAMONI, P.: Entwicklungslinien und Architekturkonzepte des On-Line Analytical Processing, in: CHAMONI, P.; GLUCHOWSKI, P.: Analytische Informationssysteme. Data Warehouse, On-Line Analytical Processing, Data Mining, Berlin u.a. 1998, S. 231-250.

[CoCS93]   CODD, E.F.; CODD, S.B.; SALLEY, C.T.: Providing OLAP (On-Line Analytical Processing) to User-Analysts: An IT-Mandate, White Paper, o.O. 1993.
URL z.B.: http://www.hyperion.com/whitepapers.cfm (März 1999)

[Düva95]   DÜVAL, R.: Einsatzmöglichkeiten für OLAP-Server, in: *IT-Management Spezial:* 09-10/1995, S. 39.

[Faiß96]   FAIßT, J.: Datenmengen oder Kennzahlen?, in: *Business Computing:* 4/1996, S. 30-31.

[Farn95]   FARNER, G.: Rules for Evaluating OLAP-Systems - A Critical Requirement for Business Intelligence Systems, IRI Software, White Paper, o.O. 1995.

[Fink95]   FINKELSTEIN, R.: MDD: Database Reaches the Next Dimension, in: *Database Programming & Design:* 4/1995, S. 27-38.

[GlGC97]   GLUCHOWSKI, P.; GABRIEL, R.; CHAMONI, P.: Management Support Systeme, Computergestützte Informationssysteme für Führungskräfte und Entscheidungsträger, Berlin / Heidelberg / New York 1997.

[Gluc98a]   GLUCHOWSKI, P.: Antwortzeit als Erfolgsfaktor. Schnelle Zugriffe bei Analyse-Datenbanken, in: *Datenbank Fokus*, Heft 3, März 1998, S. 16–22.

[Gluc98b]   GLUCHOWSKI, P.: Werkzeuge zur Implementierung des betrieblichen Berichtswesens, in: *WISU – Das Wirtschaftsstudium*, Heft 10, Oktober 1998, S. 1174–1188.

[GlHa98]   GLUCHOWSKI, P.; HAHNE, M.: Benchmarking für dispositive Datenbanken, in: *Datenbank Fokus*, Heft 10, Oktober 1998, S. 72–76.

[Hahn98]   HAHNE, M: Logische Datenmodellierung für das Data Warehouse – Bestandteile und Varianten des Star-Schemas, in: CHAMONI, P.; GLUCHOWSKI, P.: Analytische Informationssysteme. Data Warehouse, On-Line Analytical Processing, Data Mining, Berlin u.a. 1998, S. 103–122.

[Höhn95]   HÖHN, F.: Effektivität durch den Einsatz des OLAP-Servers Express, in: *IT-Management:* 3-4/1995, S. 40-42.

[JaGK96]   JAHNKE, B.; GROFFMANN, H.-D.; KRUPPA, S.: On-Line Analytical Processing (OLAP), in: *Wirtschaftsinformatik:* 3/1996, S. 321-324.

[Jenz95]   JENZ, D.: Data Warehousing und Online Analytical Processing - Ein Weg zu wirtschaftlicher Informationsverarbeitung, in: *IT-Management Spezial:* 9-10/1995, S. 18-26.

[Kemp95]   KEMPER, H.-G.: Data-Warehouse befreit nicht von den Mühlen der Komplexität, in: *Computerwoche:* 22. Jg., Nr. 40, 6. Oktober 1995, S. 8.

[Leit97]   LEITNER, E.: Schaufenster ins Data Warehouse, in: *Client Server Computing:* 3/1997, S. 41-46.

[Mart96]   MARTIN, W.: DSS-Werkzeuge - oder: Wie man aus Daten Informationen macht, in: *Datenbank Fokus:* 2/1996, S. 10-21.

[Micr98]   MICROSOFT CORPORATION: OLE-DB for OLAP Version 1.0 Specification, o.O. 1998, URL: http://www.microsoft.com/data/oledb/olap/ (März 1999)

[OLAP98]   OLAP-COUNCIL: The OLAP-Council API, o.O. 1998. URL: http://www.olapcouncil.org/research/apily.htm (März 1999)

[PeCr95]   PENDSE, N.; CREETH, R.: The OLAP-Report. Succeeding with On-Line Analytical Processing, o.O. 1995.

[Rieg96]   RIEGER, B.: OLAP: Stand der Forschung und Entwicklung, in: *Online '96:* Congressband VIII, Data Warehousing, OLAP, Führungsinformationssysteme, Velbert 1996.

[Schm96]   SCHMID, E.-G.: Speichereffizienz dünnbesetzter Matrizen in multidimensionalen Datenbanksystemen, Diplomarbeit, Gerhard-Mercator-Universität GH Duisburg, Fachbereich Wirtschaftswissenschaft, Wirtschaftsinformatik und OR, Duisburg 1996.

[Vask96]   VASKE, H.: Ein Data-Warehouse verlangt Know-How auf allen Gebieten, in: *Computerwoche:* 23. Jg., Nr. 7, 16. Februar 1996, S. 49-52.

[Voog96]   VOOGT, A.: Data-Warehouse: Die Diskussion darf nicht am Kunden vorbeigehen, in: *Computerwoche:* 23. Jg., Nr. 13, 29. März 1996, S. 8.

[Wern95]   WERNER, F.: On-Line Analytical Processing: OLAP und die Dimension der Zeit, in: *IT-Management:* 03-04/1995, S. 43-45.

[Whip97]   WHIPPLE, L.C.: OLAPing at the Shores of Analysis, in: *Databased Advisor:* 2/1997, S. 48-52.

Data Mining

Nicolas Bissantz, Jürgen Hagedorn, Peter Mertens

Inhalt

1   Einleitung

Früher war der Begriff "Management Information System" mit "Zahlenfriedhof" nahezu gleichzusetzen. Heute stehen MIS- oder EIS-Tools[1] zur Verfügung, die es erlauben, ganz unterschiedliche Sichten auf Datenbestände zu nehmen, ein Fenster nach dem anderen zu öffnen und zu schließen, in viele Richtungen zu navigieren, Informationen nach Wunsch zu verdichten, Tabellen und Grafiken immer wieder anders zu gestalten. Oft ist der Zeitbedarf hierfür nicht viel geringer als der, den man früher brauchte, um sich durch die ausgedruckten Papierstapel mit den vielen Fakten hindurchzuarbeiten. Kennzeichnend für die heutige Situation sind Worte wie "Dialogorgie" oder "MUFF" (Maus- und Fenster-Firlefanz).

Mit dem Vordringen der Idee eines gut organisierten "Daten-Lagerhauses" (Data Warehouse) treten zwei wesentliche Veränderungen ein:

1. Die Datengrundlage der managementunterstützenden Systeme wird in der Regel verbreitert.

2. Die Daten stehen den Auswertungsverfahren in einer systematischen Ordnung zur Verfügung.

Während Punkt 1 zu noch längeren Dialogen bei der Suche nach interessanten Informationen führen könnte, schafft der zweite Aspekt die Chance, einen größeren Teil der Navigation zu automatisieren und neueren Verfahren eine geeignete Datenbasis bereitzustellen. Im folgenden stehen diese neueren Verfahren, für die sich der Begriff Data Mining oder Datenmustererkennung durchgesetzt hat, im Vordergrund. Tools für das Data Mining werden als integraler Bestandteil von Data Warehouse-Konzeptionen aufgefaßt [Roth95, 7], auch wenn sich die beiden Ansätze zunächst unabhängig voneinander entwickelten. Das Ziel des Data Mining ist primär, aus den vorhandenen Daten neue, ungeahnte Erkenntnisse auf möglichst automatische Weise zu extrahieren.

2   Konzeption des Data Mining

Das schnelle Wachstum gespeicherter Datenmengen führte in den vergangenen Jahren zu einem steigenden Interesse an Methoden, die automatisch nützliches Wissen aus großen Datenbanken filtern. Mit dem Ziel, solche Methoden zu entwickeln, etablierte sich zunächst unabhängig vom Data Warehouse-Konzept die Forschungsrichtung des Data Mining[2], die mehrere bislang isoliert arbeitende Einzeldisziplinen vereinigt. Zu nennen sind hier z.B. die Statistik, die Datenbank- und die Expertensystemforschung, der automatische Wissenserwerb, das Maschinelle Lernen oder die Fuzzy-Datenanalyse.

Das Problem, dem sich die Datenmustererkennung widmet, ist offensichtlich. Man schätzt, daß sich die Menge weltweit vorhandener Informationen alle 20 Monate verdoppelt. Von den bis zum Jahr 2000 geplanten Satelliten zur Erdbeobachtung erwartet man ein Terabyte neue Daten täglich. In biologischen Großvorhaben wie dem Genom-Projekt werden zum Teil mehrere MB Daten zu jedem von Milliarden Einzelobjekten gespeichert. [FrPM91, 1]

Diese Beispiele mögen extrem erscheinen, die Größenordnung von Data Warehouses ist jedoch von ähnlich eindrucksvollen Relationen nicht weit entfernt. Als Startgrößen werden 60 bis 100 GB genannt, bei Kreditinstituten sind 0,5 bis 2 Terabyte nicht ungewöhnlich. Nach Beobachtungen aus den USA wachsen die Datenmengen zudem meist rapide an, so daß sich der Bestand schon innerhalb von zwei bis drei Jahren verdrei- und verfünffacht. [Roth95, 6]

Diese Massendaten überfordern die Managementkapazitäten für die Auswertung, woraus der Bedarf für geschickte Filtermechanismen erwächst.

2.1   Rahmenkonzept des Data Mining

Allgemeiner Gegenstand der Datenmustererkennung sind große, strukturierte Bestände numerischer, ordinal- oder nominalskalierter Daten, in denen interessante, aber schwer aufzuspürende Zusammenhänge vermutet werden. [Gebh94, 9] Zwar existieren bereits unzählige Verfahren für die Datenanalyse, ihr Nutzen wird jedoch als begrenzt angesehen. Meist ist sowohl ein geübter Statistiker notwendig, um das Verfahren technisch korrekt anzuwenden, als auch ein Kenner des Anwendungsgebiets, um die Ergebnisse zu filtern und zu interpretieren.[3] Weiterhin wird in der Regel noch ein Experte für den Umgang mit dem Datenanalysesystem benötigt. Das Forschungsziel der Datenmustererkennung sind daher **allgemein verwendbare, effiziente** Methoden, die **autonom** aus **großen Rohdatenmengen** die bedeutsamsten und aussagekräftigsten **Muster** identifizieren und sie dem Anwender als **interessantes** Wissen präsentieren. [MaCP93, 903]

2.2   Problemfelder

Das Rahmenkonzept der Datenmustererkennung ist im Sinne eines visionären Pflichtenhefts formuliert. Ein solcher Anforderungskatalog wirft eine Reihe von Problemen auf, die bisher noch zu einem unterschiedlichen Grad gelöst sind. In den nachfolgenden Abschnitten werden die einzelnen Punkte diskutiert und die wesentlichen Schwierigkeiten und Lösungsansätze skizziert.

2.2.1   Autonomie

Mit der Anforderung der Autonomie ist die Frage verknüpft, welche Rolle Hypothesen des Anwenders im Suchprozeß spielen sollen. In der Statistik wird der Begriff Data Mining schon seit den 60er Jahren ausdrücklich für eine **hypothesenfreie Suche** nach Datenmustern benutzt. [Piat95b] In der aktuellen wissenschaftlichen Diskussion sind zwei Pole erkennbar: Einige Autoren sehen die Datenmustererkennung als regelkreisähnlichen Prozeß, der mit einer Hypothese des Anwenders beginnt und abhängig von Zwischenergebnissen schrittweise bis zu einem befriedigenden Resultat (Theorie über die Zusammenhänge in den Daten) verfeinert wird.[4] Dementgegen steht beispielsweise die Auffassung GEBHARDTS, nach der keine vorher bestimmten Hypothesen getestet, sondern möglichst allgemein formulierte Auffälligkeiten gesucht werden, die das Data Mining-System anschließend in Form von Regeln oder Aussagen präsentiert. [Gebh94, 9] ZYTKOW und BAKER grenzen die Generierung von Hypothesen durch den Anwender und die anschließende Prüfung durch das System als *"data dredging"*[5] [ZyBa91, 32] vom Data Mining ab und sehen darin keine echte Erweiterung traditioneller Datenbankabfragen. BRACHMAN und ANAND bemängeln, daß die Formulierung abstrakter Anforderungen den Blick auf die Komplexität der Aufgabe verstellt und die Datenmustererkennung zumindest im aktuellen Entwicklungsstadium noch umfassende Interaktionen zwischen Mensch und Maschine verlangt. [BrAn96]

Außerhalb dieser wissenschaftlichen Diskussion kommt dem Begriff des Data Mining eine katalysierende Funktion zu. Wie die jüngsten Beiträge in Publikumszeitschriften zeigen, beginnt man, sich unter dem Schlagwort Data Mining wieder vermehrt den Problemen der Datenbereitstellung und -auswertung insgesamt zu widmen. Der Begriff der Datenmustererkennung droht dadurch zu verwischen. So wird auch das OLAP[6]-Konzept für mehrdimensionale Datenbanken mitunter als Data Mining-Werkzeug geführt [Rees95, 86], [Watt95, 92] oder sogar Data Warehousing mit Data Mining gleichgesetzt. [Wick95, 24]

Spezialisierte Veröffentlichungen zum Data Mining präsentieren nebeneinander sowohl Systeme, die hypothesenfrei und mit großer Autonomie nach Mustern suchen, als auch solche, die ausschließlich nach einem fest vorgegebenen hypothetischen Tatbestand fahnden.

Es wird daher vorgeschlagen, zwischen der Datenmustererkennung im engeren und im weiteren Sinne zu unterscheiden. Den Unterschied zwischen diesen Formen auf der einen Seite und der herkömmlichen Datenanalyse auf der anderen Seite skizziert Abbildung 1.

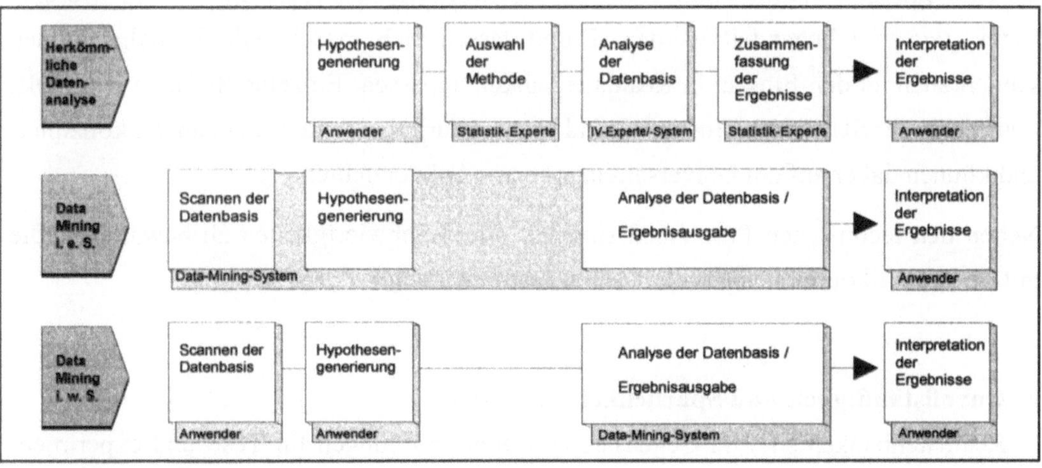

Abb. 1: Begriffsabgrenzung

Zudem ist die Rollenverteilung zwischen Anwender, Data Mining-System und den Experten für Statistik bzw. Informationsverarbeitung (IV) dargestellt.

2.2.2   Allgemeine Verwendbarkeit

Die Anforderung der allgemeinen Verwendbarkeit ist in engem Zusammenhang mit der Anforderung der Autonomie zu betrachten. Zwischen den beiden ist ein *Trade-off* zu vermuten. Je weniger der Benutzer eingreifen und steuern muß, desto eingegrenzter ist der Anwendungsbereich und vice versa. Hier wird die These vertreten, daß nach ausreichenden Bemühungen um Autonomie der Schritt zur allgemeinen Verwendbarkeit leichter zu vollbringen ist als umgekehrt. Zudem ist anzunehmen, daß ein mittlerer, einmaliger Anpassungsaufwand an ein spezielles Problem leichter hingenommen werden kann als der dauerhafte Mangel an Selbständigkeit.

2.2.3   Datenproblematik

Der wesentliche Input eines Data Mining-Systems sind die Rohdaten einer Realdatenbank[7]. Eher technische Probleme ergeben sich aus dem Zugriff auf die Datenbasis. Für die direkte Kopplung mit relationalen Datenbanksystemen nutzen manche Anwendungen die sogenannten Universalrelationenmodelle, die eine virtuelle Sicht aller Tabellen als eine einzige Relation anbieten. [BlJL93, 586] Die Datenbank kann dann wie eine Datei *(flat file)* behandelt werden. Damit lassen sich maschinelle Lernalgorithmen schnell auch an den Einsatz in Realdatenbanken anpassen. Einzelne Systeme wie FOIL [Quin90] oder SUBDUE [HoCD94] sind speziell für relationale Datenbanken konzipiert und können daher auf ein Universalrelationenmodell verzichten.

Neben den technischen Problemen sind vor allem Schwierigkeiten zu bewältigen, die mit der Unvollkommenheit realer Daten zusammenhängen.[8] [FrPM91, 9]

- **Unvollständigkeit und Spärlichkeit der Daten**
  Realdatenbanken sind im Gegensatz zu Datensammlungen für Test- und experimentelle Zwecke in aller Regel nicht mit Blick auf die Datenmustererkennung konstruiert und gefüllt. Letztere sind für ein vorab bestimmtes Untersuchungsziel angelegt und

weisen somit eine zumeist höhere Qualität auf. Die Datenmustererkennung sieht sich daher mit dem Paradoxon konfrontiert, daß trotz riesiger Datenmengen wichtige Informationen fehlen oder zumindest unterrepräsentiert sind. [ZyBa91, 33]

- **Dynamik der Daten**

  Charakteristisch für die meisten Datenbestände ist, daß sie sich laufend ändern. In Data Mining-Systemen, die online arbeiten, ist dafür zu sorgen, daß die Änderungen nicht zu falschen Ergebnissen führen. Ein gängiger Ansatz ist, mit periodischen Duplikaten (*snapshots*) des Datenbestands zu arbeiten. Diese Forderung ist in Data Warehouses per se erfüllt.

  Die Verbindung zu den operativen Systemen ist normalerweise als "lose Koppelung" realisiert. Das Data Warehouse wird nicht real time, also unmittelbar bei Verbuchung eines Geschäftsvorfalls, sondern periodisch (täglich, wöchentlich oder monatlich) aktualisiert. [Kriv95, 98] Es stellt in der Regel konsolidierte, in unterschiedlichen Stufen verdichtete Daten bereit. [Watt94, 184]

- **Datenschmutz**

  In der betrieblichen Praxis sind häufig per Hand zusammengestellte Datensammlungen anzutreffen. Dies verschärft das ohnehin große Problem falscher oder fehlerhafter Daten, die zudem meist besonders auffällige Muster produzieren.

  Mit dem Problem, falsche Dateneingaben aufzufinden und zu korrigieren, beschäftigt sich eine eigene Kategorie von Data Mining-Systemen.[9] Daten zu reinigen ist jedoch nicht unproblematisch. Häufig erweisen sich scheinbare Anomalien oder Ausreißer als wesentliche Hinweise auf interessante Fakten oder Entwicklungen. Teilweise sind auch fehlerhafte Einträge einer Datenbank für den Anwender von größtem Nutzen. [BrAn96]

- **Redundanz**

  Ein besonderes Problem stellen Redundanzen dar, die das System unnötigerweise als neues Wissen extrahiert, wie das vor allem bei funktionalen Abhängigkeiten der Fall ist (z.B.: Deckungsbeitrag Stufe I (DB I) = Erlöse ./. variable Kosten).

- **Irrelevante Felder**

  In Realdatenbeständen sind in aller Regel zahlreiche Felder für die Datenmustererkennung überflüssig, wobei oftmals nicht bekannt ist, auf welche Felder man ohne Informationsverlust verzichten kann.

- **Datenvolumen**

  Das große Volumen realer Datenbestände verhindert es häufig, Algorithmen zu verwenden, die in kleineren Datensammlungen gute Ergebnisse liefern, aber in größeren zuviel Zeit benötigen oder nicht mehr berechenbar sind.

- **Datenqualität**

  In der Vergangenheit bewältigte man die Probleme der Datenqualität oft dadurch, daß den Nutzern die Unzulänglichkeiten der Daten persönlich gut bekannt waren und sie diese automatisch bei der täglichen Arbeit berücksichtigten. Da der Einzelne aber mit einer steigenden Zahl verschiedener Datenquellen konfrontiert wird, ist dieses Vorgehen nicht länger zweckmäßig. Die Qualität der Daten ist nicht mehr als bekannt vorauszusetzen.

  Zudem bewirken automatische Prozesse, die Daten verschiedener Herkunft konvertieren, mischen und weiterverarbeiten, daß Informationen über die Qualität endgültig verlorengehen. Deswegen führt Madnick die Definition und das Messen von Datenqualität (z.B. Genauigkeit, Aktualität, Vollständigkeit) als einen sehr wichtigen Forschungsbereich der Zukunft auf. [Madn93, 703]

2.2.4   Verständlichkeit

Die zu Tage geförderten Informationen müssen dem Benutzer in einer gut verständlichen Form (z.B. als Text in Hochsprache oder als Grafik) präsentiert werden oder in einer solchen Struktur vorliegen, daß ein Programm sie weiterverarbeiten kann.

2.2.5   Sicherheit

Die meisten Datenmuster repräsentieren keineswegs sicheres Wissen. Unsicherheit resultiert aus fehlerhaften oder unvollständigen Daten oder daraus, daß die vorhandenen Daten selbst nur einen nicht unbedingt validen Ausschnitt der realen Welt darstellen. Daher ist es notwendig, diese Unsicherheit in geeigneter Weise abzubilden. Eine verbreitete Technik ist, die aufgefundenen Regeln um statistische Maße zu ergänzen (z.B. Vertrauensintervalle, Fehlermaße).

2.2.6   Interessantheit

Die Ergebnisse der Datenmustererkennung sollen für den Anwender interessant sein. Das System soll keine Trivialitäten ausgeben oder Aussagen generieren, die auch mit einfachen Datenbankabfragen oder Statistiken zu erhalten wären. Mangel an Interessantheit tritt in verschiedensten Formen auf:

- **Redundanz:** Mehrere Regeln beschreiben denselben Sachverhalt auf verschiedenen Ebenen. So wäre die Aussage "Im Verkaufsgebiet Nürnberg wurden Rekordumsätze erzielt" überflüssig, wenn gleichzeitig die Aussage gilt: "In allen nordbayerischen Verkaufsbezirken wurden Rekordumsätze erzielt."

- **Bedeutungslosigkeit:** Die Aussage bezieht sich auf ein einzelnes Element einer Stichprobe mit geringem Anteil an der zu erklärenden Größe.

- **Bekanntheit:** Die Aussage ist einem Benutzer mit Fachwissen längst bekannt.

- **Trivialität:** Die Regel beschreibt einen Zusammenhang, der im Kontext als trivial empfunden wird ("Versandkosten bei allen Verkäufen nach Übersee über Durchschnitt.").

- **Irrelevanz:** Der wiedergegebene Sachverhalt stellt eine Auffälligkeit dar, die nicht zu einer Verhaltensänderung führen kann, da unbeeinflußbare Faktoren eine Rolle spielen ("Überdurchschnittliche Erlösschmälerungen in einer Exportregion wegen hoher Zölle.").

Eine Möglichkeit, überflüssigen Aussagen zu begegnen, sind sogenannte Redundanzfilter. Voraussetzung ist eine partielle Ordnung der untersuchten Elemente (vgl. Abbildung 2). In dieser Ordnung existieren eindeutige Vorgänger-Nachfolger-Beziehungen. Redundanzfilter sind in diesem Zusammenhang heuristische Regeln, die lokal für Ausschnitte der partiellen Ordnung gelten. Sie besagen z.B.: *"Wenn eine Aussage für einen Vorgänger gilt, so eliminiere alle Aussagen, die für die Nachfolger gelten."* [HoKl91] So beinhaltet eine bestimmte Aussage bezüglich einer Artikelgruppe, vorausgesetzt die einzelnen Artikel dieser Gruppe verhalten sich homogen, die entsprechenden Aussagen für diese Einzelartikel.

2.2.7   Verfahrenseffizienz

Ein kritischer Faktor für effiziente Data Mining-Algorithmen ist die Rechenzeit. [BiHa93, 485] Man geht davon aus, daß Methoden, deren Bedarf an Rechenzeit wesentlich stärker als in linearer Abhängigkeit vom Quadrat der Zahl der zu untersuchenden Datensätze wächst, kaum für größere Anwendungen geeignet sind. Verbesserungen lassen sich erreichen, indem man den Suchraum durch Benutzereingaben einschränkt oder die zu untersuchende Datenmenge durch gezielte (z.B. empfängerbezogene) Auswahl und Verdich tung reduziert. Es zeichnet sich allerdings in letzter Zeit immer mehr ab, daß der Rechenzeitbedarf der Algorithmen wegen der technischen Entwicklung (schnellere Prozessoren, Parallelrechner) an Bedeutung verlieren wird.

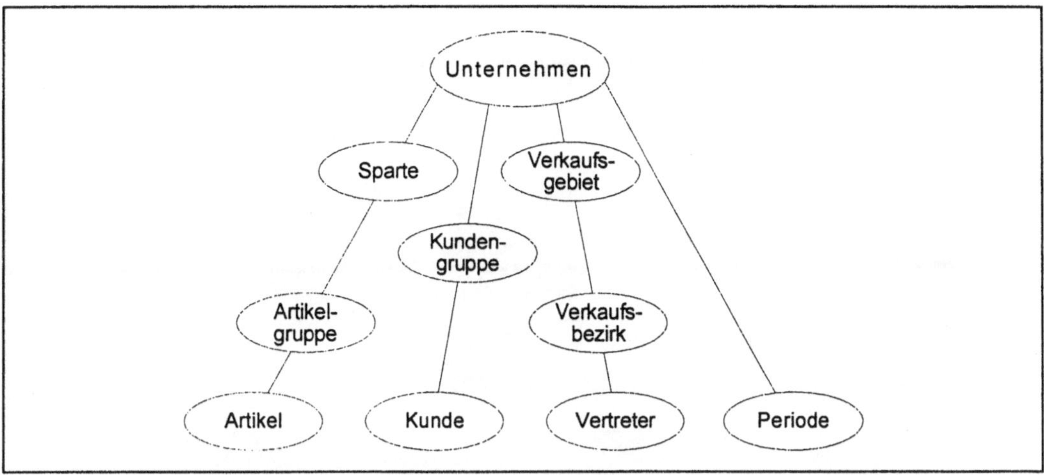

Abb. 2: Partielle Ordnung in Ergebnisdaten

2.3   Modell eines Data Mining-Systems

Aus den Anforderungen, die die oben beschriebenen Problemfelder an die Datenmustererkennung stellen, läßt sich in Anlehnung an Matheus u.a. das Modell eines allgemeinen
Data Mining-Systems ableiten. [MaCP93] Es zerfällt in mehrere Komponenten, die
trotz der sehr unterschiedlichen Struktur von Datenmustererkennungssystemen typische
Basisfunktionen repräsentieren. Abbildung 3 gibt das idealtypische Modell schematisch
wieder.

Die **Steuerung** erhält einfache Befehle vom Anwender und übernimmt die Ablaufkon-
figuration und die Parametrierung der einzelnen Komponenten. Die **Datenbankschnittstelle** versorgt das System mit aufbereiteten Datenbankextrakten. In der **Wissensbasis**
ist das vorhandene Domänenwissen gespeichert, wo es für die Konfiguration der übrigen Komponenten zur Verfügung steht. Die **Fokussierung** entscheidet darüber, welche
Teile der Daten analysiert werden. Den Kern des Systems bilden die verwendeten
Analysealgorithmen, die aus den Datenbankextrakten Auffälligkeiten filtern und an die

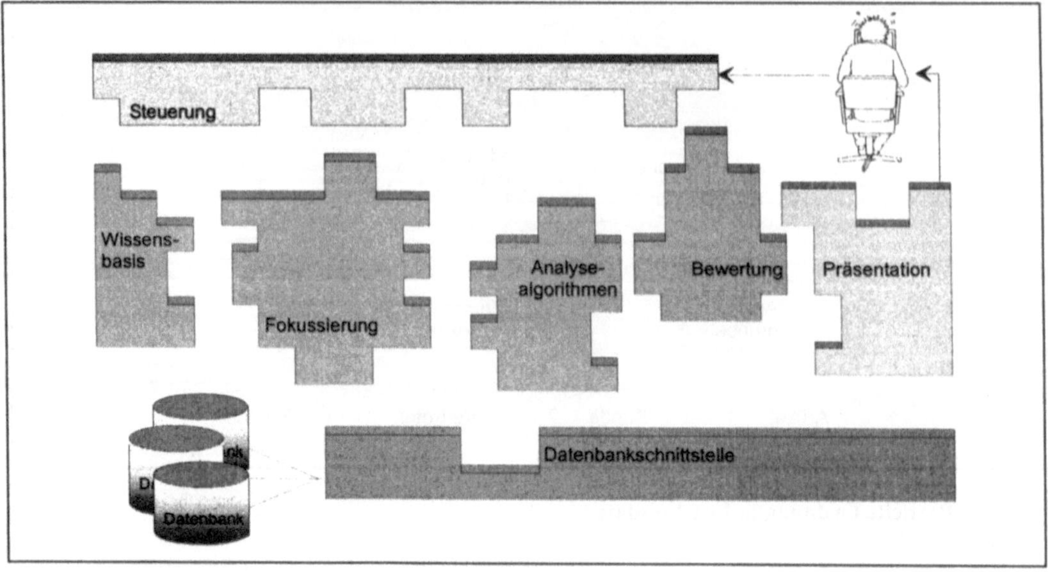

Abb. 3: Idealtypisches Modell eines Data Mining-Systems

Bewertung weitergeben. Dort werden die gefundenen Aussagen auf ihre Interessantheit und Nützlichkeit anhand von in der Wissensbasis gespeicherten Kriterien geprüft. Die **Präsentation** sorgt für die verständliche Ausgabe an den Benutzer.

3   Funktionen des Data Mining im Data Warehouse

3.1   Konzeption des Data Warehouses

Ausgangspunkt für die Data Warehouse-Idee ist das starke Anwachsen der Datenbestände in den betrieblichen Funktionsbereichen und Prozessen, das vor allem durch den Ausbau der Datenverarbeitung ermöglicht wurde. Diese enormen Datenmengen sind häufig in inkompatiblen technischen Formaten über eine Vielzahl isolierter DV-Systeme verstreut. Zudem stimmen die betriebswirtschaftlichen Kennungen und Segmentierungen in den unterschiedlichen Teilen eines Unternehmens oft nicht überein. So kommt es beispielsweise vor, daß derselbe Kunde unter mehreren Kundennummern geführt wird.

In einer solchen Situation fehlt ein zentraler Zugang zu den heterogenen, verteilten Informationspotentialen.

Dieser - möglichst komfortable - Zugang soll durch den Aufbau eines Data Warehouses geschaffen werden. Es führt Daten aus den operativen Systemen sowie externe Datenbestände, beispielsweise aus der Marktforschung, in einer Datenbank zusammen. Abbildung 4 zeigt die Komponenten des Data Warehouse-Konzepts im Überblick.

Data Warehouses allein geben nur geringe Hilfestellungen bei der Auswertung großer Datenbestände, sind aber als vielversprechende Basis für Verfahren zur automatischen Analyse (Data Mining) anzusehen. Daraus ergibt sich eine erster Ansatzpunkt für das Data Mining im Data Warehouse: Systeme zur Datenmustererkennung fungieren als Front End zum Benutzer, der mit ihrer Hilfe auf der Grundlage konsistenter und gut strukturierter Daten nach auffälligen und interessanten Datenkonstellationen sucht. Ein zweiter Ansatzpunkt ist der Aufgabenbereich der Datenfusion (vgl. Abbildung 4), speziell die Unterstützung bei der Suche nach fehlerhaften Daten und Inkonsistenzen.

3.2   Data Mining zur Datenreinigung

Um möglichst korrekte und konsistente Informationen zu erreichen, versucht man, bei der Datenübernahme in das Data Warehouse fehlerhafte Datensätze auszufiltern. Zudem müssen unterschiedliche - technische und logische - Datenformate und betriebswirtschaftliche Kennungen, wie etwa Artikel- und Kundennummern, einander angepaßt werden. Der Softwaremarkt bietet inzwischen eine Reihe von Werkzeugen[10], die sowohl die Lösung technischer Probleme, etwa bei der Kombination von einfachen VSAM[11]-Dateien und Tabellen einer relationalen Datenbank, als auch die logische Datenintegration, z. B. durch Konsistenzprüfungen oder Transformationsregeln, unterstützen. [Radd95, 55] Derartige Tools erzeugen darüber hinaus automatisch sogenannte Meta-Daten, in denen der Inhalt des Data Warehouses, die Datenquellen sowie Transformations- und Verdichtungsregeln beschrieben werden. [Kriv95, 100] Die Gesamtheit der Meta-Daten ist gewissermaßen die Grundlage für das Data Dictionary des Data Warehouses.

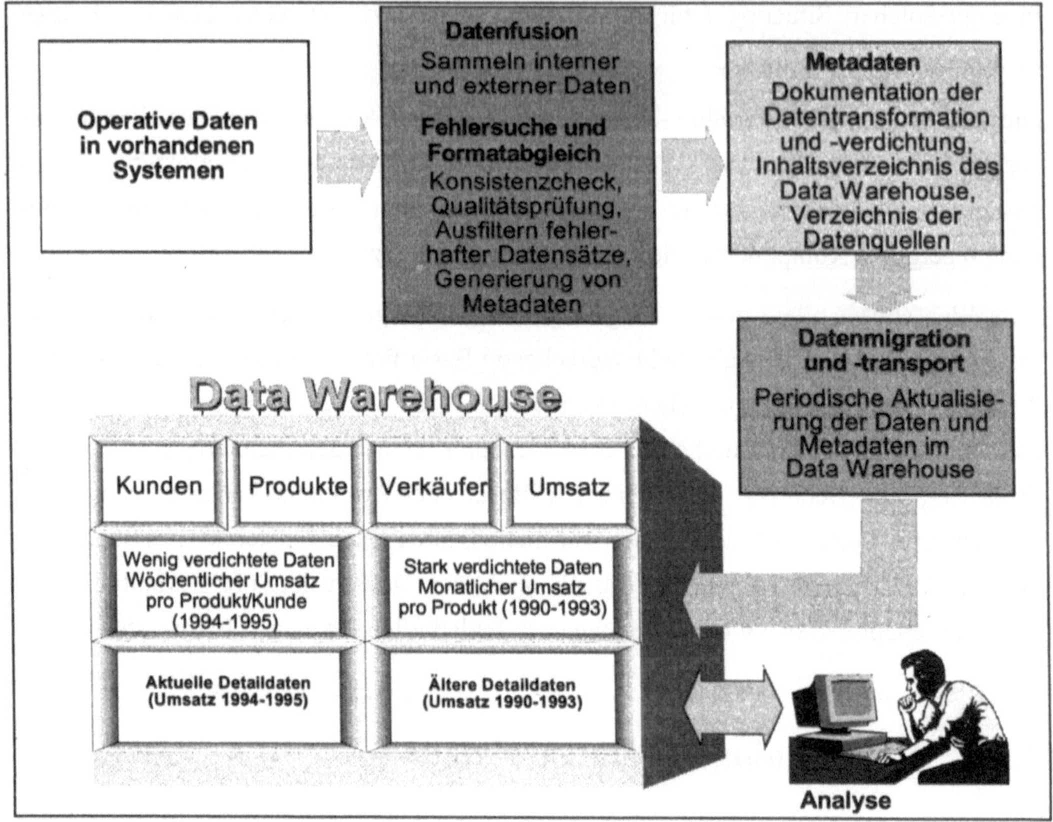

Abb. 4: Komponenten des Data Warehouse-Konzepts

Fehlerhafte Daten sind für Data Mining-Anwendungen einerseits besonders problematisch, andererseits erweisen sich Data Mining-Algorithmen häufig als gute "Daten-
schmutz-detektoren". Inzwischen werden am Markt auch schon speziell auf die Datenreinigung abgestimmte Data Mining-Werkzeuge angeboten. [BrAn96]

Viele Fehler treten systematisch auf, so daß eine einmalige Reinigung bei der Datenübernahme ins Data Warehouse nicht genügt, da in gewissen Abständen auch Updates
wieder untersucht werden sollen. Aus Sicht des Data Mining produzieren Datenfehler
besonders auffällige Muster: Wurden beispielsweise die Erlöse für eine Reihe von Artikeln versehentlich nicht geplant, so werden für diese Artikel auffällig hohe Plan-Ist-Ab-
weichungen diagnostiziert. Eventuell könnte das System solche Unregelmäßigkeiten mit
einer Plausibilitätsprüfung abfangen und gesondert ausweisen, anstatt sie im Rahmen

des normalen Analyseergebnisses darzustellen oder bei der Datenübernahme herauszufiltern.

In einem Praxistest bei einem Pharmahersteller fand das am FORWISS entwickelte System CLUSMIN (vgl. Abschnitt 4.6) eine Regel, die besagte, daß an die Kundengruppe 31 mit Rabattsätzen zwischen 1.256 und 2.372 % verkauft wurde. Eine Prüfung der Datenbasis ergab, daß die Regeln mathematisch korrekt waren und auf dem schlecht gepflegten Feld "Umsatz zu Listenpreis" beruhten. Dadurch entstanden in der Datenbasis Sätze, in denen der Listenpreis teilweise weit unter dem Istpreis lag. Die betroffenen Sätze, die in der Summe unter 2 % des Gesamtumsatzes zu Istpreisen abdeckten, wurden daraufhin mit einer entsprechenden Einstellung der Fokussierungskomponente des Systems herausgefiltert.

3.3 Data Mining zur Analyse von Data Warehouse-Daten

Data Warehouses enthalten in der Regel extrem umfangreiche, heterogen strukturierte Datenbestände, deren interaktive Analyse sowohl betriebswirtschaftliches als auch DV-technisches Know How erfordert und mit erheblichem Aufwand verbunden ist. Um die enthaltenen Informationen im Unternehmen dennoch breiteren Anwenderkreisen zugänglich zu machen, sind effiziente Techniken zur automatischen Auswertung von entscheidender Bedeutung.

Dem Data Mining wird daher allgemein eine wichtige Rolle bei der Analyse von Data Warehouse-Daten zugesprochen. Die Butler Group konstatiert beispielsweise in ihrer Marktanalyse über Data Warehouses: "*The concept of data mining provides organisations with the ability to analyse trends and variations within their business that provide information to aid the decision making process*". [Butl95, 25]

Die mit einem Data Warehouse geschaffenen Voraussetzungen sind ideal für die Anwendung von Data Mining-Methoden: Die als relevant eingestuften Daten sind bei der Implementierung des Data Warehouses identifiziert worden und an *einer* Stelle gespeichert und bieten damit eine günstige Basis für das automatische Auffinden von interessanten und außergewöhnlichen Zusammenhängen.

Ferner begünstigen die DV-technischen Rahmenbedingungen, die ein Data Warehouse im allgemeinen mit sich bringt, den Einsatz der vergleichsweise rechenzeitintensiven Data Mining-Verfahren: Die Verbindung zu den operativen Systemen ist, wie bereits angedeutet, als "lose Koppelung" realisiert. Das Data Warehouse wird also ausschließlich in festgelegten Zeitabständen durch Datenübernahmeläufe aktualisiert. Daher lassen sich umfangreiche Datenbank-Indizes zur Verkürzung der Zugriffszeiten anlegen, ohne daß die Aktualisierung der Indexlisten beim Update der Datenbank den laufenden Betrieb stört. Die so erreichte Verkürzung der Zugriffszeiten wirkt sich positiv auf das Laufzeitverhalten von Data Mining-Algorithmen aus. Darüber hinaus geht der Aufbau eines Data Warehouses wegen des zu erwartenden Datenvolumens häufig mit der Anschaffung leistungsfähiger Hardware einher. So setzt man beispielsweise sog. SMP[12]-Systeme oder auch massiv parallele Rechner als Data Warehouse-Server ein. Die dann zur Verfügung stehende Rechenleistung kann von Data Mining-Verfahren genutzt werden bzw. macht die Anwendung besonders aufwendiger Auswertungsmethoden erst möglich.

Ein Data Warehouse enthält im allgemeinen ein Konglomerat von Datenbeständen aus ganz verschiedenen Bereichen wie etwa Kostenrechnung, Marktforschung, Produktion oder Vertrieb. Es läßt sich daher kein generell sinnvoll einsetzbares Data Mining-Verfahren für Data Warehouses angeben. Vielmehr sind für unterschiedliche Anwendungsgebiete grundsätzlich jeweils andere Data Mining-Verfahren denkbar. Der folgende Abschnitt deutet das breite Spektrum von Auswertungsmethoden für differierende Domänen an. Es handelt sich dabei allerdings noch um isoliert voneinander eingesetzte Spezialsysteme. Die Integration der verschiedenen Methoden in einem Data Warehouse steht noch bevor.

4   Methoden und Anwendungen des Data Mining

In den folgenden Abschnitten werden einige ausgewählte Methoden der Datenmustererkennung gemeinsam mit Beispielsystemen und Anwendungsfällen skizziert.[13] Einen ersten Eindruck vermittelt die Abbildung 5. Sie ordnet die behandelten Systeme grob nach den Anforderungen Autonomie[14] und allgemeine Verwendbarkeit. Die konvexen Linien beschreiben den bereits angesprochenen *Trade off* zwischen diesen Kriterien.

4.1 Abweichungsanalyse

Ein typisches Einsatzgebiet des Data Mining ist die Datenanalyse auf der Grundlage von Kennzahlenabweichungen.

PANELYSER

Das System PANELYSER [Beys94] kombiniert im Anwendungsbereich der Paneldatenforschung die (teilweise intuitive) Vorgehensweise eines Experten mit praktisch erprobten Heuristiken sowie mathematisch-statistischen Berechnungen. So arbeitet das System Warengruppenhierarchien Top Down ab, indem - vereinfacht ausgedrückt - auf jeder Ebene erneut in diejenige Hierarchie aufgespalten wird, welche die interessantesten Aussagen liefert.

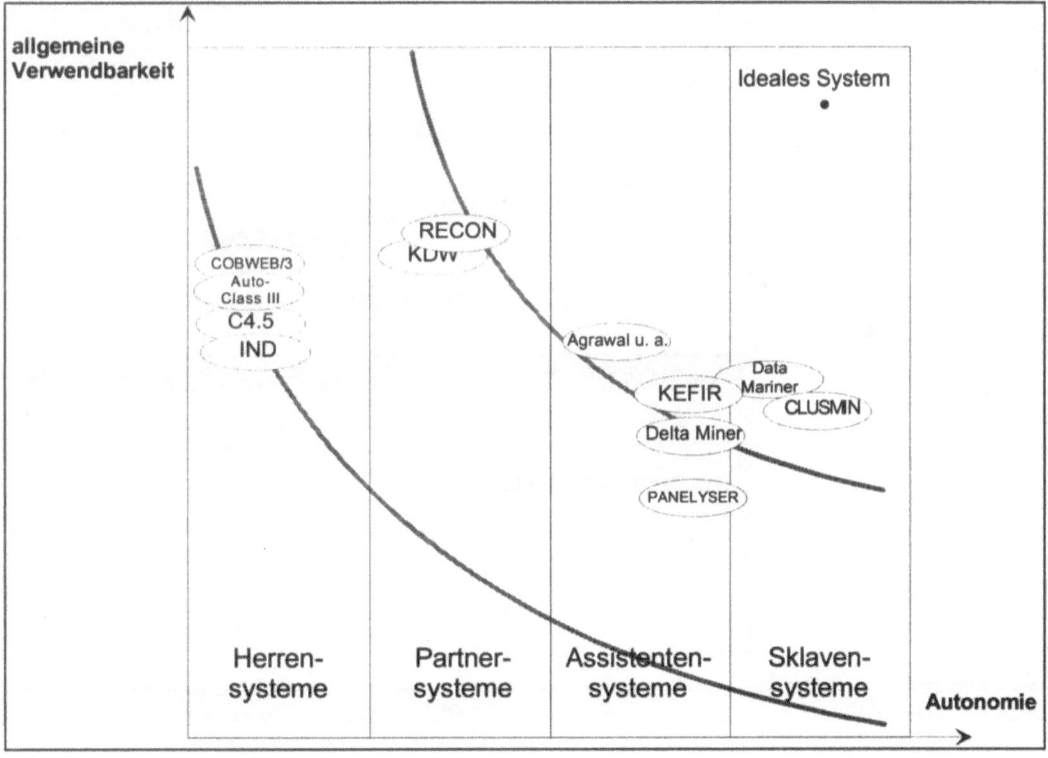

Abb. 5: Systemeinordnung

Delta Miner

Das System Delta Miner, das auf den FORWISS-Prototyp BETREX II [BiHa95] zurückgeht, benutzt einen ähnlichen Algorithmus (**Navigationsfilter**), um auffällige Datenkonstellationen in Daten des Ergebniscontrollings zu entdecken. Das System ahmt
dabei das Vorgehen eines Controllingexperten bei der Navigation durch die Betriebsergebnisdaten nach. Einmal läßt sich dadurch spezielles Fachwissen auch dezentral
nutzen, zudem sollte auch der geübte Controller sich mehr auf Spezialaufgaben konzentrieren können. Ausgehend von einer stufenweisen Deckungsbeitragsrechnung erforscht Delta Miner Abweichungsursachen mit Hilfe einer Heuristik, die jeweils die
Hauptverursacher einer übergeordneten Plan-Ist-Abweichung in einer feiner differenzierten Stufe ermittelt (Top Down-Navigation, vgl. Abbildung 6).

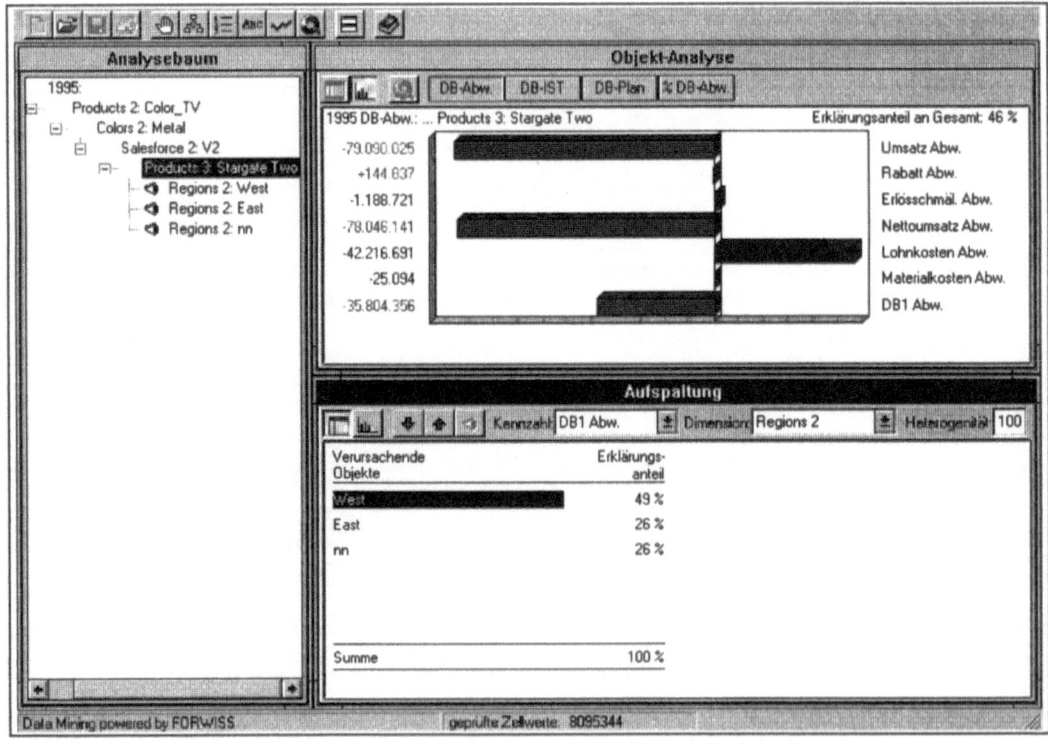

Abb. 6: Navigation mit Delta Miner

Für eine detailliertere Objektanalyse stehen verschiedene betriebswirtschaftliche Verfahren wie die Deckungsbeitragsflußrechnung, Zeitreihenanalysen mit automatischer

Prognose, ABC-Analysen mit Vorschlägen zur Klasseneinteilung, mehrdimensionale Rankings etc. zur Verfügung. In einem Benutzermodell sind Angaben zu den Reportempfängern gespeichert (z.B. zur präferierten Parametrierung der Methoden).

Der Top Down-Navigationsansatz des Delta Miner erwies sich in Praxisprojekten als sehr robust und wurde von Controllern als zweckmäßiges Instrument für schnelle Analysen bewertet. Die entstandenen Algorithmen sind zum Teil auch in die Entwicklung des EIS-Moduls der SAP AG eingeflossen. [BiHa95]

KEFIR

Das von GTE Laboratories, Inc., entwickelte System KEFIR sucht mit **Drill Down-Methoden** entlang vieldimensionaler Hierarchien in großen, relationalen Datenbanken nach Kennzahlenabweichungen von vorgegebenen oder historischen Werten. [MaPM94] Das System ist grundsätzlich anwendungsunabhängig konzipiert, ein aktueller Schwerpunkt liegt jedoch auf der Suche nach Mustern in Daten aus dem Gesundheitswesen.

Ähnlich wie BETREX II das Vorgehen eines Controllers bei der Fahndung nach Abweichungen nachahmt, modelliert KEFIR die Arbeitsweise eines Analysten. Die grundlegende Prämisse beider Systeme ist, daß sich viele Muster, die in Datenbanken auffindbar sind, als Abweichungen von Plan- oder Istwerten beschreiben lassen. PIATETSKY-SHAPIRO und MATHEUS argumentieren, daß damit auch dem Problem begegnet werden kann, ein geeignetes Maß für Interessantheit zu verwenden, da Abweichungen einfache, aber dennoch a priori interessante Muster darstellen. Es bleibt dann lediglich das Ausmaß der Interessantheit zu bestimmen. [PiMa94, 27]

Neben der Suche und dem Ordnen von Abweichungen generiert KEFIR auch Erklärungen für die gefundenen Muster und wertet eine Regelbasis nach Empfehlungen für geeignete Reaktionen aus. Die Ergebnisse werden u.a. im HTML[15]-Format ausgegeben, das von WWW-Applikationen gelesen werden kann. [Rees95, 86]

Da die Abweichungen im Gegensatz zum Delta Miner undifferenziert für alle Segmente und Hierarchiestufen erfaßt werden und dadurch eine große Zahl von Mustern entsteht, ordnet KEFIR die Differenzen anhand einer Nutzenfunktion, die den zu erwartenden Einsparungen durch potentielle Gegenmaßnahmen entspricht.

4.2   "Wenn-Dann"-Regelsuche

Agrawal u.a.

AGRAWAL u.a. stellen ein System des IBM Almaden Research Center vor, das u.a.
eingesetzt wurde, um das Einkaufsverhalten in Supermärkten zu analysieren. [AgIS93]
Im Rahmen einer Warenkorbanalyse waren sogenannte Assoziativ-Regeln aufzufinden,
die Abhängigkeiten zwischen dem Verkauf verschiedener Produkte beschreiben (vgl.
Abbildung 7).

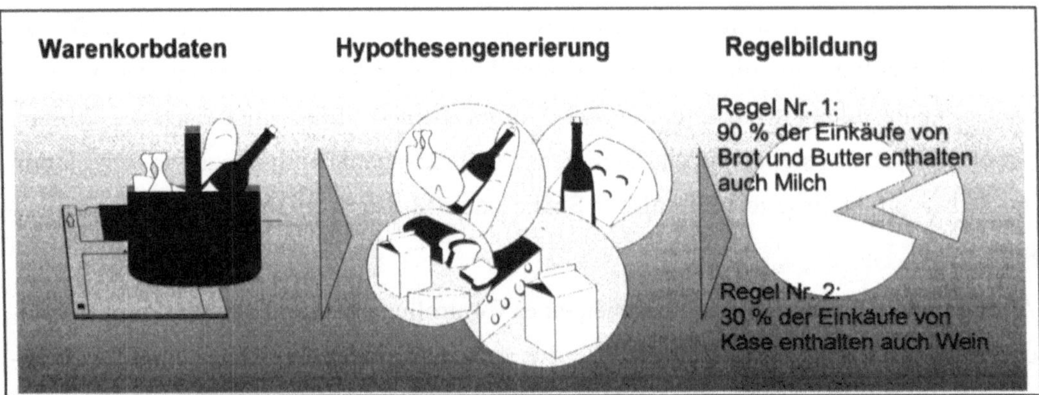

Abb. 7: Data Mining in Warenkorbdaten

Ein Regelbeispiel wäre, daß zu 90 % Brot und Butter gemeinsam mit Milch eingekauft
werden. Mit solchen Regeln lassen sich Hinweise auf die optimale Regalanordnung
geben oder es läßt sich etwa abschätzen, welche Auswirkungen eine Sortimentsberei-
nigung auf den Absatz anderer Produkte hätte. Bei der Suche nach geeigneten Regeln
kombiniert das System möglichst laufzeiteffizient und redundanzfrei verschiedene
Produkte oder Produktgruppen in hypothetischen Regeln und hält diejenigen Regeln
fest, die einem bestimmten statistischen Gütekriterium entsprechen. Durch das Festlegen der Produktkombinationen bildet man implizit Gruppen von Warenkorbdaten-
sätzen, die über die Selektionsmerkmale definiert sind. Das Ergebnis der Analyse sind
diejenigen Gruppen, die sich mit einer festgelegten minimalen Qualität beschreiben
lassen.

4.3   Werkzeugpools

Knowledge Discovery Workbench

Werkzeugpools wie die Knowledge Discovery Workbench (KDW) von MATHEUS u.a. stellen ein Set verschiedener Methoden zur interaktiven Analyse großer Datenbanken bereit. [MaCP93, 911] Für die Wissensextraktion stehen im KDW-System verschiedene Algorithmen, wie z.B. eine Form der Clusteranalyse, ein Entscheidungsbaumverfahren sowie Abweichungs- und Dependenzanalysen, zur Verfügung. Ziel der KDW ist eine möglichst große Anwendungsflexibilität bei geringer Autonomie. Die Steuerung ist jedoch mit Hilfe eines Skripteditors zum Teil automatisierbar. Insofern kann die KDW auch dazu dienen, nach entsprechender Anpassung spezifische Data Mining-Anwendungen zu erstellen.

Recon

Recon von Lockheed Corp. kombiniert mehrere Data Mining-Module unter einer einheitlichen Oberfläche: Regelinduktion, grafisches Data Mining und deduktive Datenbankprozesse. [SiLK94], [Lock95] Der Analyst hat zum einen die Möglichkeit, Hypothesen über Zusammenhänge in den Daten zu bilden, die Recon zu validieren versucht. Zum anderen stellt das Programm auch Funktionen bereit, die automatisch Beziehungen aus den Daten extrahieren.

Hervorzuheben ist die Integration eines eigenen sogenannten Recon-Servers, der externe Datenbanken über SQL mit den internen Datenbanken und den Data Mining-Modulen verbindet. Systemplattformen sind UNIX-Workstations und massiv-parallele Superrechner.

Data Mariner

NABNEY u.a. beschreiben das System Data Mariner, das im wesentlichen Verfahren der statistischen **Clusteranalyse** mit einer **induktiven Lernkomponente** kombiniert.[16] [NaGr91], [NaJe93] Von anderen Ansätzen des Induktiven Lernens unterscheidet es sich durch den Verzicht auf Entscheidungsbäume. Statt dessen werden für jeden Cluster eine oder mehrere Regeln durch iterative Spezialisierung einer zunächst leeren Regel gebildet.

Das System wurde u.a. im Bereich der Marktforschung von Banken eingesetzt. Man analysierte auf Basis einer Kundendatenbank mit Vergangenheitsdaten, welche Kunden mit vergleichsweise hoher Wahrscheinlichkeit in nächster Zeit ihr Konto schließen werden, um diesem Schritt durch gezielte Marketingaktionen zuvorkommen zu können. Darüber hinaus wurde das System auf historische Kundendaten angesetzt, um im Rahmen der Kreditwürdigkeitsprüfung nach Regeln zur Einschätzung des Kreditrisikos zu fahnden.

4.4   Entscheidungsbaumverfahren

Eine große Anzahl von Systemen verfolgt den Entscheidungsbaumansatz, der zum Maschinellen Lernen zu rechnen ist. Vorab bekanntes Klassifikationswissen wird in Form von Bäumen dargestellt. Die Blätter repräsentieren die Klassen, die Astgabeln die Attribute. Die für die Klassifikation relevanten Attributwerte sind durch Äste symbolisiert. Das bekannteste Verfahren ist ID3 und stammt von QUINLAN. Sein System **C4.5** gilt als das bestentwickelte.[17] [Piat95a] Die Version enthält auch ein Modul zur Transformation von Entscheidungsbäumen in -regeln.

IND ist ein C-Programm der NASA, das C4.5/ID3 und mehrere bekanntere Verfahren für die Generierung und Manipulation von Entscheidungsbäumen umfaßt. [Piat95a]

4.5   Clusternde Systeme

AutoClass III

Clusternde Systeme versuchen Gruppenstrukturen in unklassifizierten Daten zu entdecken. AutoClass III verfolgt hierfür den Ansatz der **Bayes-Verfahren**.[18] [ChKS88], [Chee90] Diese gehen auf das Theorem von Bayes über bedingte Wahrscheinlichkeiten zurück. Die Gruppenbildung ist so vorzunehmen, daß die Wahrscheinlichkeit dafür, daß die Klassen der tatsächlichen Datenstruktur unter der Bedingung der vorhandenen Daten entsprechen, maximal wird. [BiHa93, 484]

COBWEB/3

Das System COBWEB/3 ist eine Implementierung des COBWEB-Ansatzes von Fisher. [Fish87] Verfahrenstechnisch ist es zu den hierarchischen Methoden des **konzeptionellen Clusterns** zu rechnen. Hierarchische Methoden erzeugen Klassifikationsbäume. Die Baumblätter repräsentieren individuelle Objekte, die Knoten hingegen Objektcluster. Zur Beschreibung der Klassen verwendet COBWEB nicht nur Attribute und ihre Werte, sondern auch die Wahrscheinlichkeit, mit der die Klassen vorkommen.

CLUSMIN

Am FORWISS wurde parallel zum oben beschriebenen Top Down-Navigationsfilter des Delta Miner das System CLUSMIN entwickelt. Es fahndet nach auffälligen Controllingobjekten in Betriebsergebnisdaten. Die zu durchsuchenden Ergebnissätze sind durch Kennzahlen und Merkmale charakterisiert. Ein auffälliges Controllingobjekt ist im Sinne dieser Arbeit eine Menge von Datensätzen, welche sich in mindestens einer Kennzahl und einem Merkmal sehr ähnlich sind, wobei die Kennzahl vom Mittelwert aller Datensätze abweicht.

Die Analyse unterteilt sich in einen Mustererkennungs- bzw. Gruppierungs- und einen Beschreibungsprozeß. Für die Gruppierung stehen zwei Methoden der **Clusteranalyse**, das Average-Linkage-und ein sequentielles heuristisches Verfahren, zur Verfügung. Der Anwender kann die Klassenbildung an seine Untersuchungsziele anpassen, indem er auf Datenausschnitte fokussiert und relevante Kennzahlen oder Merkmale gewichtet.

Eine eigens entwickelte Heuristik untersucht die erzeugten Gruppen auf ihre charakteristischen Kennzahlen und Merkmale und generiert daraus eine Beschreibung.

CLUSMIN wurde mit mehreren Kooperationspartnern aus der Industrie getestet. Die generierten Aussagen lieferten im Sinne von Verdachtsmomenten wertvolle Informationen für die beteiligten Controller. Ein Beispiel gibt Abbildung 8. Alle Regeln wurden mit einem Tabellenkalkulationsprogramm überprüft. Dabei bestätigte sich die Funktionsweise von CLUSMIN als automatischer "Verdachtsgenerator":

Die linke Seite der Abbildung zeigt eine von mehreren Regeln für die Produktgruppen 595 und 598. Die Aussage, daß einzelne Produktgruppen ohne Preisnachlaß verkauft werden, wird einen Controller üblicherweise zu weiteren Nachforschungen veranlassen. Die rechte Seite der Abbildung illustriert eine typische Auswertung in dieser Situation.

Dargestellt sind die Anteile aller verkauften Produktgruppen am Gesamtumsatz sowie am gesamten Deckungsbeitrag und Rabatt. Diese Analysen mit Hilfe der Tabellenkalkulation bestätigten nicht nur die Richtigkeit der Regeln, die im Grenzfall nur für sehr wenige Datensätze gelten können, sondern die generelle Gültigkeit für die betroffenen Produktgruppen insgesamt. Einzelne Produktgruppen wurden offensichtlich immer ohne jeden Preisnachlaß verkauft. Zudem erweist sich die Gruppe 598 als besonders wichtig, weil mit ihr allein 40 % des Deckungsbeitrags erwirtschaftet wurde. Andere Produktgruppen zeigen starken Preisverfall. So konnte Gruppe 415 bei noch gutem Anteil am Gesamt-DB von etwa 12 % nur mit hohen Nachlässen verkauft werden. Bei Gruppe 591 ist das Verhältnis ausgesprochen kraß, man erzielt etwa 1 % vom gesamten Deckungsbeitrag bei Hingabe von ca. 35 % des Gesamtrabatts.

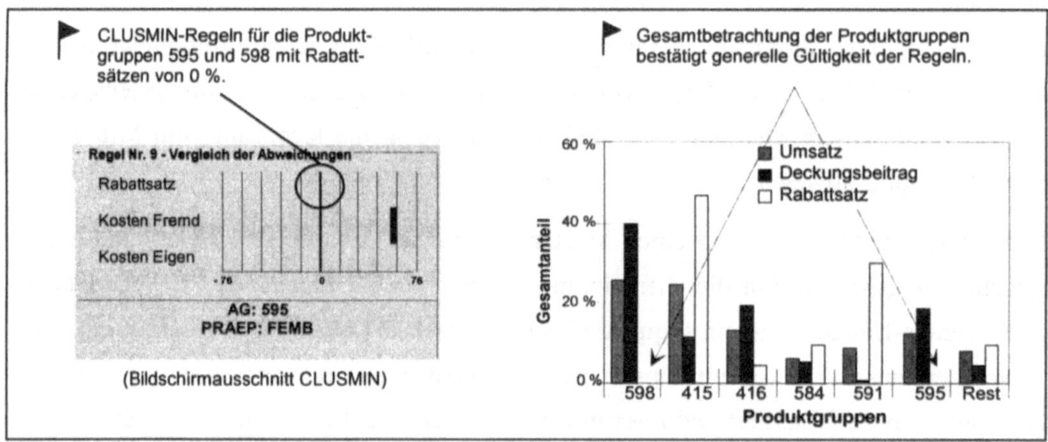

Abb. 8: Ergebnis Analyse PHARMA AG

4.6   Grafische Data Mining-Systeme

Das grafische Data Mining macht sich die besondere menschliche Fähigkeit zunutze, Muster visuell zu erkennen. Die bisher geltende Begrenzung auf niedrig dimensionierte Analyseaufgaben (≤ 3) läßt sich inzwischen mit neueren Visualisierungstechniken wie Glyphen oder Parallelen Koordinaten überwinden.

Glyphen sind grafische Symbole, die jeweils ein Objekt in seinen Merkmalsausprägungen durch unterschiedliche Formen und Farben darstellen. Sie eignen sich für

Anwendungen, bei denen eine natürliche, z. B. geographische Ordnung der Objekte vorliegt (z. B. Suche nach Erdölvorkommen mit Hilfe geologischer Daten). Ballungen inhaltlich ähnlicher Datensätze fallen durch optische Flächenbildung auf.

Das Prinzip der Parallelen Koordinaten zeigt Abbildung 9. Jede Achse repräsentiert ein Merkmal, Punkte auf der Achse die jeweiligen Ausprägungen. Ein Datensatz wird durch eine einzelne Linie über alle Achsen abgebildet. Probleme bereitet die Ordnung der Achsen, da es von ihr abhängt, ob Besonderheiten erkannt werden.

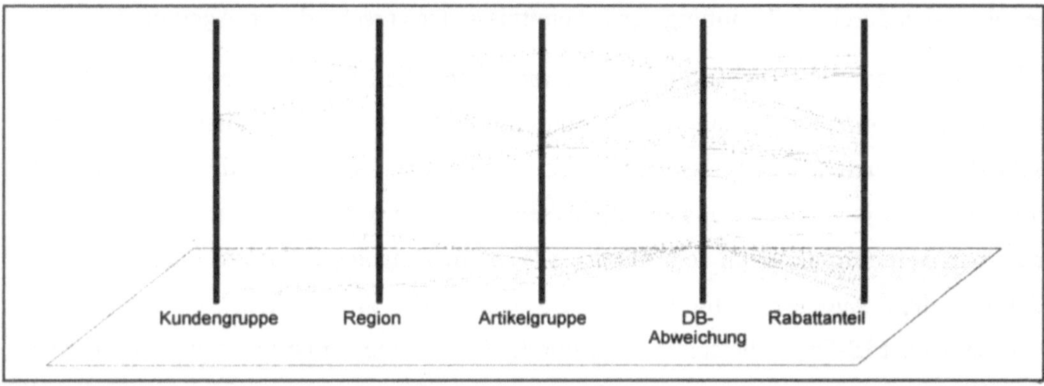

Abb. 9: Parallele Koordinaten

Im betriebswirtschaftlichen Bereich dominieren Anwendungen, bei denen Auffälligkeiten gesucht werden, die sich geographisch fassen lassen. Ein Beispiel ist die Visualisierung von Response-Raten großangelegter Marketingkampagnen nach Ländern. Unterschiede im Rücklauf werden durch kartographische 3D-Darstellungen verdeutlicht.

5 Ausblick

Eine große Herausforderung für das Data Mining im Zusammenhang mit Data Warehouses liegt in der Verknüpfung von Daten und Analysemethoden verschiedener Unternehmensbereiche, um zu betriebswirtschaftlich gehaltvolleren, führungsrelevanten Aussagen zu gelangen. So läßt sich beispielsweise ein in den Ergebnisdaten entdeckter Umsatzrückgang nur fundiert bewerten, wenn man ihm die Entwicklung des Gesamtmarktes, die sich aus Marktforschungsdaten errechnet, gegenübergestellt. Da die Integration sämtlicher betrieblicher Daten in einer einzigen, sehr breiten Datenbanktabelle illusorisch erscheint, bieten sich Methoden der Künstlichen Intelligenz an, um trotz räumlicher und / oder logischer Verteilung der Daten betriebswirtschaftlich integrierte Analysen zu realisieren. Typisch ist die Verteilung der Lösungssuche auf mehrere Problemlöser, sogenannte **Agenten**. Eine Gruppe von Agenten (Agentur) ist jeweils für ein Problem, z.B. die Ergebnisanalyse, zuständig. Die "Mitarbeiter" der Agentur analysieren den ihnen zugewiesenen Datenbestand und sammeln Indizien. Die Analyseresultate ergeben sich durch Verknüpfung der Erkenntnisse der verschiedenen Agenturen.

Ein zukünftiges **Aktives Informationssystem,** in dem Data Warehouse- und Data Mining-Komponenten verknüpft sind, kann man sich wie folgt vorstellen: Für die unterschiedlich aktuellen und verschieden stark verdichteten Datenbestände des Data Warehouses stehen jeweils spezialisierte Analyseagenten zur Verfügung, die sowohl auf Benutzeranforderung als auch selbständig, z.B. beim Datenbank-Update oder bei Aufruf durch andere Agenten, aktiv werden. So könnte die Auswertung von relativ stark verdichteten EIS-Daten beispielsweise durch Aufruf eines entsprechenden Agenten zu detaillierten Originalkostendaten aus den operativen Systemen überspringen, um Detailinformationen zu einer Kostensteigerung für ein bestimmtes Produkt einzuholen. Vorstellbar wäre auch, daß das System überprüft, ob sich eine Abweichung des Umsatzes vom Plan für den letzten Monat in den noch nicht verdichteten Buchungen der ersten Woche des aktuellen Monats fortsetzt. Grundsätzlich ließe sich auf diese Weise ein Großteil der in einem Unternehmen verfügbaren Informationen in automatischen Auswertungen verknüpfen, ohne daß ein Anwender tätig werden muß. Voraussetzung ist allerdings, daß es gelingt, die Gliederungen bzw. Segmentierungen der verschiedenen internen und externen Datenbestände aufeinander abzubilden.

Literatur

[AgIS93]   AGRAWAL, R.; IMIELINSKI, T.; SWAMI, A.: Database Mining: A Performance Perspective, in: *IEEE Transactions on Knowledge and Data Engineering:* 5 (1993) 6, S. 914 ff.

[AlBR93]   ALEXANDER, W.P.; BONISSONE, P.P.; RAU, L.F.: Preliminary Investigations into Knowledge Discovery for Quick Market Intelligence, in: PIATETSKY-SHAPIRO, G. (Hrsg.): Knowledge Discovery in Databases, Papers from the 1993 AAAI Workshop, Menlo Park 1993, S. 52 ff.

[Beys94]   BEYS, O.: PANELYSER - Ein Beitrag zur effizienten Analyse von Paneldaten mit Hilfe wissensbasierter Elemente, Dissertation, Nürnberg 1994.

[BiHa96]   BISSANTZ, N.; HAGEDORN, J.: Data Mining im Controlling (Dissertationen), Arbeitsberichte des Instituts für mathematische Maschinen und Datenverarbeitung (Informatik), Band 29, Nr. 7, Erlangen 1996.

[BiHa95]   BISSANTZ, N.; HAGEDORN, J.; MERTENS, P.: Top-down Navigation and Knowledge Discovery in SAP Operating Results Data: The BETREX System, in: KHOSROWPOUR, M.: Managing Information & Communications in a Changing Global Environment, Proceedings of the 1995 Information Resources Management Association International Conference, Atlanta 1995, S. 420 ff.

[BiHa93]   BISSANTZ, N.; HAGEDORN, J.: Data Mining (Datenmustererkennung), in: *WIRTSCHAFTS-INFORMATIK:* 35 (1993) 5, S. 481 ff.

[BlJL93]   BLASER, A.; JARKE, M.; LEHMANN, H.; MÜLLER, G.: Datenbanksprachen und Datenbankbenutzung, in: LOCKEMANN, P.C. ; SCHMIDT, J.W. (Hrsg.): Datenbankhandbuch, Berlin u.a. 1993.

[BrAn96]   BRACHMAN, R.J.; ANAND, T.: The Process of Knowledge Discovery in Databases: A Human-Centered Approach, in: FAYYAD, U. M.; PIATETSKY-SHAPIRO, G.; SMYTH, P.; RAMASAMY, U. (Hrsg.): Advances in Knowledge Discovery and Data Mining, Menlo Park 1996, S. 37 ff.

[Butl95]   BUTLER GROUP: Butler Group Management Guide, Data Warehousing, December 1995, Germany, S. 25 ff.

[CeMc95]   CELKO, J.; MCDONALD, J.: Don't Warehouse Dirty Data, in: *Datamation:* 41 (1995) 19, S. 42 ff.

[Chee90]   CHEESEMAN, P.: On Finding the Most Probable Model, in: SHRAGER, J.; LANGLEY, P. (HRSG.): Computational Models of Discovery and Theory Formation, Palo Alto 1990, S. 73 ff.

[ChSt95]   CHEESEMAN, P.; STUTZ, J.: Bayesian Classification (AutoClass): Theory and Results, in: FAYYAD, U.M.; PIATETSKY-SHAPIRO, G.; SMYTH, P.; RAMASAMY U. (Hrsg.): Advances in Knowledge Discovery and Data Mining, Menlo Park 1995, S. 137 ff.

[ChKS88]   CHEESEMAN, P.; KELLY, J.; SELF, M.; STUTZ, J.; TAYLOR, W.; FREEMAN, D.: AutoClass: A
            Bayesian Classification System, in: Proceedings of the 5th International Conference on
            Machine Learning, Ann Arbor 1988, S. 54 ff.

[CoCS93]   CODD, E.F.; CODD, S.B.: On-Line Analytical Processing, in: *Computerworld:* 26.7.1993,
            S. 26 f.

[Fish87]   FISHER, D.H.: Knowledge Acquisition Via Incremental Conceptual Clustering, in: *Machine
            Learning:* 2 (1987) 1, S. 139 ff.

[FrPM91]   FRAWLEY, W.J.; PIATESKY-SHAPIRO, G.; MATHEUS, C.J.: Knowledge Discovery in Data-
            bases: An Overview, in: PIATETSKY-SHAPIRO, G.; FRAWLEY, W.J. (Hrsg.): Knowledge
            Discovery in Databases, Menlo Park u.a. 1991, S. 1 ff.

[Gebh94]   GEBHARDT, F.: Interessantheit als Kriterium für die Bewertung von Ergebnissen, in: *Infor-
            matik Forschung und Entwicklung:* 9 (1994) 1, S. 9 ff.

[GuMV95]   GUYON, I.; MATIC, N.; VAPNIK, V.: Discovering Informative Patterns and Data Cleaning,
            in: FAYYAD, U.M.; PIATETSKY-SHAPIRO, G.; SMYTH, P.; RAMASAMY U. (Hrsg.): Advances
            in Knowledge Discovery and Data Mining, Menlo Park 1995, S. 161 ff.

[HoCD94]   HOLDER, L.B.; COOK, D.J.; DJOKO, S.: Substructure Discovery in the SUBDUE System, in:
            FAYYAD, U.M.; UTHURUSAMY, R. (Hrsg.): Knowledge Discovery in Databases, Papers
            from the 1994 AAAI Workshop, Menlo Park 1994, S. 169 ff.

[HoKl91]   HOSCHKA, P.; KLÖSGEN, W.: A Support System for Interpreting Statistical Data, in:
            PIATETSKY-SHAPIRO, G.; FRAWLEY, W.J. (Hrsg.): Knowledge Discovery in Databases,
            Menlo Park u.a. 1991, S. 325 ff.

[KeKS94]   KEIM, D.A.; KRIEGEL, H.-P.; SEIDL, T.: Supporting Data Mining of Large Databases by
            Visual Feedback Queries, in: IEEE (Hrsg.): Proceedings of the 10th International Confe-
            rence on Data Engineering, Washington u.a. 1994, S. 302 ff.

[Klös95]   KLÖSGEN, W.: Explora: A Multipattern and Multistrategy Discovery Assistant, in:
            FAYYAD, U.M.; PIATETSKY-SHAPIRO, G.; SMYTH, P.; RAMASAMY U. (Hrsg.): Advances in
            Knowledge Discovery and Data Mining, Menlo Park 1995, S. 225 ff.

[Kriv95]   KRIVDA, C.D.: Data Mining Dynamite, in: *Byte:* 20 (1995) 10, S. 97 ff.

[Lock95]   LOCKHEED CORP. (HRSG.): Rule Induction with Recon,
            URL: http://hitchhiker.space.lockheed.com/~recon/rule_induction.shtml, o. O. 1995.

[Madn93]   MADNICK, S.E.: The Voice of the Customer: Innovative and Useful Research Directions,
            in: AGRAWAL, R.; BAKER, S.; BELL, D. (Hrsg.): Proceedings of the19th VLDB Conference,
            Dublin 1993, S. 701 ff.

[MaCP93]   MATHEUS, C.J.; CHAN, PH.K.; PIATETSKY-SHAPIRO, G.: Systems for Knowledge Discovery
            in Databases, in: *IEEE Transactions on Knowledge and Data Engineering:* 5 (1993) 6,
            S. 903 ff.

[MaPM94]   MATHEUS, C.J.; PIATETSKY-SHAPIRO, G.; MCNEILL, D.: An Application of KEFIR to the Analysis of Healthcare Information, in: FAYYAD, U.M.; UTHURUSAMY, R. (Hrsg.): Knowledge Discovery in Databases, Papers from the 1994 AAAI Workshop, Menlo Park 1994, S. 441 ff.

[MeGr93]   MERTENS, P.; GRIESE, J.: Integrierte Informationsverarbeitung 2: Planungs- und Kontrollsysteme in der Industrie, 7. Auflage, Wiesbaden 1993.

[NaGr91]   NABNEY, I.; GRASL, O.: Combining AI and Statistical Methods to Explore a Database, in: *Expert Systems Applications:* 7 (1991) 8, S. 9 ff.

[NaJe93]   NABNEY, I.; JENKINS, P.: Rule Induction in Finance and Marketing, *Expert Systems:* 10 (1993) 3, S. 173 ff.

[PaCh93]   PARSAYE, K.; CHIGNELL, M.: Data Quality Control with SMART Databases, in: *AI Expert:* 8 (1993) 5, S. 23 ff.

[Piat95a]   PIATETSKY-SHAPIRO, G.: Tools for Knowledge Discovery in Data, URL: http://info.gte.com/~kdd/siftware.html, o. O. 1995.

[Piat95b]   PIATETSKY-SHAPIRO, G. (Hrsg.): KDD-Nuggets (10.2.1995), URL: http://info.gte.com/~kdd/nuggets/95/n3.txt, o. O. 1995.

[PiMa94]   PIATETSKY-SHAPIRO, G.; MATHEUS, C.J.: The Interestingness of DeMatheus 94 viations, in: FAYYAD, U.M.; UTHURUSAMY, R. (Hrsg.): Knowledge Discovery in Databases, Papers from the 1994 AAAI Workshop, Menlo Park 1994, S. 25 ff.

[Quin90]   QUINLAN, J.R.: Learning Logical Definitions from Relations, in: *Machine Learning:* 5 (1990) 5, S. 239 ff.

[Radd95]   RADDING, A.: Support Decision Makers with a Data Warehouse, in: *Datamation:* 41 (1995) 7, S. 53 ff.

[Rees95]   REESE HEDBERG, S.: The Data Gold Rush, in: *Byte:* 20 (1995) 10, S. 83 ff.

[Roth95]   ROTHER, G.: Data Warehouse: Die neue Art, Daten zu lagern, in: *Diebold Management Report:* o. Jg. (1995) 8/9, S. 3 ff.

[Schl91]   SCHLIMMER, J.C.: Learning Meta Knowledge for Database Checking, in: Proceedings of the 9th National Conference on Artificial Intelligence, Menlo Park 1991, S. 335 ff.

[SiLK94]   SIMOUDIS, E.; LIVEZEY, B.; KERBER, R.: Integrating Inductive and Deductive Reasoning for Database Mining, in: FAYYAD, U.M.; UTHURUSAMY, R. (Hrsg.): Knowledge Discovery in Databases, Papers from the 1994 AAAI Workshop, Menlo Park 1994, S. 37 ff.

[Watt94]   WATTERSON, K.: The Changing World of EIS, in: *Byte:* 19 (1994) 6, S. 183 ff.

[Watt95]   WATTERSON, K.: A Data Miner's Tools, in: *Byte:* 20 (1995) 10, S. 91 ff.

[Wick95]   WICK, H.: Die Bank of America sucht im Data Warehouse nach Neukunden, in: *Computerwoche:* 22 (1995) 41, S. 24.

[ZyBa91]   ZYTKOW, J.M.; BAKER, J.: Interactive Mining of Regularities in Data, in: PIATETSKY-SHAPIRO, G.; FRAWLEY, W.J. (Hrsg.): Knowledge Discovery in Databases, Menlo Park u.a. 1991, S. 31 ff.

Anmerkungen

[1]   EIS steht für Executive Information System.

[2]   Gebräuchlich sind auch: Knowledge Discovery in Databases (KDD), Knowledge extraction, Database exploration, Data pattern processing, Data archaeology, Information harvesting, Siftware, Data dredging oder Database mining.

[3]   Vgl. [MaCP93, 903]. Speziell an statistischen Verfahren üben u.a. Kritik: [NaGr91, 9], [NaJe93, 173] und [FrPM91, 7 ff.].

[4]   Vgl. z.B. [AgIS93] und [KeKS94].

[5]   "Daten baggern"

[6]   OLAP: Online Analytical Processing, von E.F. CODD formulierter Anforderungskatalog für Systeme zur mehrdimensionalen Datenanalyse (Vgl. [CoCS93]).

[7]   Der Begriff Realdatenbank wird zur Unterscheidung von Testdatensammlungen benutzt.

[8]   Vgl. im folgenden besonders auch [MaCP93, 903 ff.].

[9]   Systeme beschreiben [Schl91] und [CeMc95]. Ideen zur interaktiven Datenreinigung finden sich in [GuMV95]. Einen allgemeinen Überblick vermittelt [PaCh93].

[10] Beispiele sind Integrity von Vality Technology, Passport von Carlton, Prism Warehouse Manager von Prism Solutions sowie InfoPump von Trinzic.

[11] VSAM steht für Virtual Storage Access Method.

[12] SMP bedeutet Symmetric multi processing.

[13] Umfassendere Bestandsaufnahmen enthält [BiHa96].

[14] Der in der Abbildung verwendete Begriff "Herrensystem" besagt, daß der Mensch den Prozeß führt ("Herr des Prozesses ist"). Bei einem "Sklavensystem" hingegen übernimmt der Rechner die Prozeßführung und bestimmt den Dialogablauf (Vgl. [MeGr93, 5 ff.]).

[15] HTML steht für Hypertext Markup Language.

[16] Zunächst hieß das System RIDER.

[17] ID3 steht für Iterative Dichotomizing 3rd. Eine Anwendung von C4.5 bei der erfolgreichen Analyse von Marketingdaten (Verkauf von Leasingleistungen) im Vergleich zu konkurrierenden Ansätzen beschreiben [AlBo93].

[18] Zu Anwendungen von AutoClass III Vgl. [ChSt95]. AutoClass steht für **Automatic Class** Discovery From Data.

Marktüberblick OLAP- und Data Mining-Werkzeuge

Heiko Schinzer

Inhalt

1   Data Warehouse-Markt in Deutschland

Die Schlagworte wechseln – das Problem bleibt: Mit welchen Informationssystemen können Unternehmen das Management entscheidungsorientiert unterstützen? Die Zahl der konkurrierenden Anbieter ist hoch und der Markt daher für das einzelne Unternehmen nur schwer zu durchschauen. Ausgehend vom primären Ziel aller Werkzeuge – der Unterstützung der Entscheidungsfindung – werden verschiedene Systemebenen unterschieden: die Extraktions- und Transformations-, Datenverwaltungs-, -modellie- und -analyseebene. Für die in diesem Beitrag beschriebenen Ebenen (Modellierungs- und Analyseebene) werden knapp die diesbezüglichen Anforderungen an eine Werkzeugunterstützung skizziert. Diese Anforderungen werden anschließend exemplarisch mit dem Leistungsvermögen der am Markt verfügbaren Produkte abgeglichen. Der vorliegende Beitrag basiert dabei auf einem Labortest führender Werkzeuganbieter in Deutschland, beschränkt sich aber hier auf einen Überblick und kann daher nur als Orientierung dienen. (vgl. hierzu ausführlich [ScBM99] und [BaMS99])

Das breite Spektrum der am Markt verfügbaren Lösungen läßt eine direkte Vergleichbarkeit der Produkte nicht immer zu. Für die Beschreibung und Beurteilung der verschiedenen Ansätze wird daher ein Beurteilungsrahmen aufgebaut.

Aufbau eines Beurteilungsrahmens

Beim Aufbau eines entscheidungsorientierten Informationssystems kommt es darauf an, eine Lösung zu finden, die allen spezifischen Anforderungen entspricht. Im folgenden werden die dem Produktvergleich zugrunde liegenden Beurteilungskriterien kurz skizziert. Sie können auch als Richtlinien bei der Auswahl und Beurteilung von Produkten für das eigene Unternehmen herangezogen werden.

Modellieren: OLAP

Um den Anwendern eine flexible Sicht auf die Informationsbestände zu ermöglichen, wird zwischen der Speicher- und Analyseebene eine Modellierungsebene eingefügt. Dabei steht bei den betrachteten Lösungen nicht mehr die buchstabengetreue Umsetzung der OLAP-Modellierungskriterien im Vordergrund (vgl. hierzu [Codd93]), sondern vor allem die Frage, wie effizient Dimensionen, Hierarchien und Merkmalsausprägungen in den Systemen erstellt und vor allem gepflegt werden können.

- **Modellbildung**

  Die Modellierungswerkzeuge arbeiten fast alle ähnlich zur Gliederungsfunktion von Textverarbeitungs- und Präsentationsprogrammen oder bieten Wizards zur Modellbildung an. So werden sehr benutzerorientiert Dimensionen und Dimensionsausprägungen erstellt und in verschiedenen Hierarchien ineinander verwoben. Nach wie vor bestehen allerdings gravierende Unterschiede bei der Verwaltung der Dimensionselemente und bei der maximalen Anzahl der zulässigen Dimensionen pro Datenwürfel. Einer der interessantesten Punkte ist hierbei der Umgang mit Datumsfeldern und deren Konsolidierung. Des weiteren existieren sehr große Unterschiede bei der Flexibilität hinsichtlich Vorberechnung von Dimensionen etc.

- **Modellpflege**

  Ein wesentliches Leistungsmerkmal der OLAP-Werkzeuge liegt in der Fähigkeit, bestehende Modelle zu pflegen und zu verändern. Der Aufkauf eines Unternehmens, der Abbau von Hierarchien, neue Produktgruppen etc. erfordert eine rasche Anpassung des Informationssystems an diese Gegebenheiten.

Analysieren: Business Intelligence, Data Mining und World Wide Web

Die Analyse der Informationsbasis ist das eigentliche Ziel der entscheidungsorientierten Informationssysteme. Alle vorherigen Schritte dienen nur dazu, daß die Analyse möglichst benutzerbezogen, flexibel, dynamisch und vor allem entscheidungsorientiert erfolgen kann. Dazu werden bei diesem Vergleich vor allem nachfolgende Gesichtspunkte bewertet:

- **Zielgruppe**

  Nach wie vor bestehen extreme Unterschiede zwischen den Anforderungen des obersten Management und den Fachkräften an Benutzerschnittstellen und Funktionsumfang. Hier ist genau zu analysieren, für welchen Kreis im eigenen Unternehmen welche Lösung in Betracht kommt.

- **Navigation und Visualisierung**
  Inzwischen bieten alle Werkzeuge auch mehr oder weniger elegante Möglichkeiten zur Navigation in den einzelnen Dimensionen an. Doch die Leistungsfähigkeit hinsichtlich Slice & Dice, Drill Down und -Up und vor allem auch die Lösung des Übergangs auf die einzelnen Belege (Drill Through) variiert sehr stark.

Die graphische Darstellung der Analyseergebnisse muß sich an den Möglichkeiten der weit verbreiteten Standardwerkzeuge wie MS-Excel u.a. messen lassen. Zusätzlich finden sich inzwischen überall Lösungen zur Visualisierung von Ausnahmewerten (Traffic Ligthing) etc.

- **Analysefähigkeiten**
  Der betriebswirtschaftliche Analyseumfang ist nach wie vor bei vielen Produkten unbefriedigend. In der aktuellen Untersuchung werden daher auch die Module zum Data Mining mit einbezogen. Hier haben die Anbieter eine Vielzahl von Analysemethoden implementiert, die es den Unternehmen erlauben, auch komplexe Untersuchungen über den Datenbestand durchzuführen.

- **Weiterverarbeitung**
  Der Gesichtspunkt der Weiterverarbeitung spielt gerade dann eine wichtige Rolle, wenn entscheidungsorientierte Analysewerkzeuge in eine bestehende Software-Umgebung integriert werden. Hierbei ist auf eine mögliche Bearbeitung von Analyseergebnissen in anderen Anwendungen, wie z.B. in Office-Programmen zu achten. Des weiteren bieten einige Anbieter die Möglichkeit Auswertungsergebnisse mittels eines e-Mail-Verteilers an andere Anwender weiterzuleiten.

- **Flexibilität**
  Die dynamische Struktur der Daten erfordert eine entsprechende Flexibilität bei der Anpassung der Analysemöglichkeiten. Hierbei steht insbesondere die einfache Unterstützung der Werkzeuge bei der Erstellung neuer Ad hoc-Analysen und –Sichten auf den Datenbestand im Vordergrund.

- **Sicherheitskonzept**

  Bei der Integration verschiedener Unternehmensdaten stellt sich immer wieder das Problem des Zugriffs unterschiedlicher Anwender auf diese Datenbasis. So können neben datenschutzrechtlichen auch unternehmenspolitische Gründe für eine Restriktion des Zugriffs sprechen. Die untersuchten Werkzeuge unterscheiden sich hier sowohl im Umfang der möglichen Einschränkungen, als auch in der Einfachheit der Verwaltung mit Hilfe sogenannter Benutzer(gruppen)profile.

- **Anwendungsentwicklung**

  Mit der Entwicklung verschiedener Anwendungen sind teilweise hohe Kosten für die Schulung der Entwickler verbunden. Eine geringe Komplexität und intuitive Benutzung der Werkzeuge kann daher ein entscheidender Faktor sein, um Kosten zu vermeiden.

Marktübersicht und Auswahl

Aufgrund der vielen unterschiedlich verwendeten Schlagworte und zahlreichen Anbieter, die im OLAP-Markt präsent sind, erfordert die Selektion des passenden Werkzeugs eine intensive Marktanalyse. Viele leistungsfähige Lösungen decken Nischenbereiche ab, die für das einzelne Unternehmen zwar sehr effektiv, für andere aber gänzlich ungeeignet sind. Schon die Wahl der zu untersuchenden Produkte beeinflußt daher entscheidend das Ergebnis. Um der subjektiven Selektion weitgehend zu entfliehen, orientiert sich der durchgeführte Labortest an den Marktanteilen der jeweiligen Anbieter, wie sie im OLAP-Report erhoben wurden (vgl. Abbildung 1).

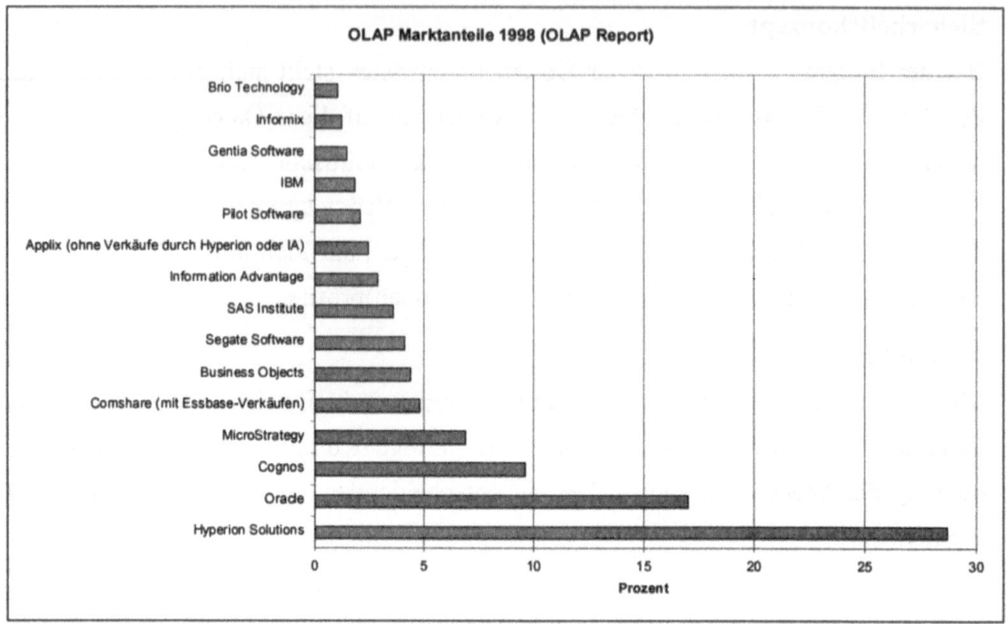

Abb. 1: Aufteilung des OLAP-Marktes nach [Pend99]

Noch nicht berücksichtigt ist dabei u.a. die Einführung des OLAP-Servers von Microsoft, der aufgrund der Integration mit dem SQL Server gerade im Bereich der Data Marts eine weite Verbreitung finden wird. Des weiteren werden sich durch das SAP Business Information Warehouse (BW) Marktanteilsverschiebungen im Bereich der umfangreichen Data Warehouse-Projekte ergeben.

2   Alternative OLAP-Konzepte

Auf der Ebene der OLAP-Datenbank können die Produkte hinsichtlich ihrer Architektur unterschieden werden (vgl. Abbildung 2 und 3). Neben einer physikalischen Speicherung der Daten aus den operationalen Datenbanken bzw. externen Datenquellen existiert eine zweite Variante, bei der die Daten weiterhin in einer operationalen Datenbank gehalten werden, jedoch durch ein OLAP-Werkzeug als virtueller Würfel präsentiert werden. Neben dem Vorteil der Vermeidung von redundanten Datenbeständen hat die zweite Variante jedoch auch Nachteile wie z.B. mangelnde Systemperformance, die sich auch auf die operativen Transaktionen negativ auswirken kann oder das Problem der dynamischen Veränderung der operativen Daten.

Produkt	Datenanbindung			Datenhaltung	
	Flache Dateien	ODBC	Direkter Zugriff	relational	multi-dimensional
Information Advantage	✓	✓	✓	✓	✓
Informix Metacube	✓	✓	✓	✓	✓
MicroStrategy	✓	✓	✓	✓	
Oracle Express	✓	✓	✓	✓	✓
Pilot DSS	✓	✓		✓	✓
SAS System	✓	✓	✓	✓	✓
Seagate Holos	✓	✓	✓	✓	✓
Hyperion Essbase	✓	✓	✓		✓

Abb. 2: Architektur und Datenanbindungsmöglichkeiten der OLAP-Werkzeuge

Weiterhin lassen sich die Produkte anhand des zugrunde liegenden Datenbanksystems in relationale (ROLAP) und multidimensionale (MOLAP) Werkzeuge differenzieren. Einige Anbieter unterstützen auch die Möglichkeit, die Daten entweder in einem relationalen oder einem multidimensionalen Datenbanksystem abzulegen (hybrides OLAP – HOLAP). Während die Stärken von ROLAP insbesondere bei der Verwaltung hoher Datenvolumina liegen, kann es aufgrund der relationalen Datenstrukturen bei diesen Ansätzen zu Performance-Problemen kommen. MOLAP-Werkzeuge hingegen zeichnen sich durch geringe Antwortzeiten aus, wobei die Schwächen hier vielfach im Bereich der Verwaltung großer Datenvolumina zu finden sind. Insgesamt zeigt jedoch die Entwicklung in letzter Zeit, daß die Unterschiede zwischen MOLAP und ROLAP geringer werden. Desktop-basierte OLAP-Lösungen (DOLAP) übernehmen die multidimensionale Aufbereitung der Daten zur lokalen Analyse. Unterschieden werden muß das Konzept der virtuellen Datenhaltung (s.o.), bei dem auf dem Client nur eine Verwaltung der Metadaten stattfindet (z.B. bei Business Objects) und der physikalischen Speicherung der Daten auf dem Client Rechner (z.B. bei PowerPlay). Beim zweiten Konzept handelt es sich i.d.R. um geringe Datenmengen, die ohne Verbindung zum

Server angezeigt und analysiert werden können. Naturgemäß eingeschränkt in Kapazität und Funktionalität können so kleine Lösungen für überschaubare Probleme realisiert werden. Ein weiteres bedeutenderes Einsatzfeld für DOLAP ist die mobile Analyse auf Stand alone Basis, z.B. auf Laptops. Hierfür werden kleine Teilwürfel aus OLAP-Datenbanken extrahiert und lokal gespeichert. Spezielle Analysen z.B. bei der Vertriebs-unterstützung können so vor Ort ohne dauerhafte Datenbankverbindung durchgeführt werden [Elki98].

Produkt	Datenhaltung		Multidimensionale Aufbereitung		
	Physikalisch	Virtuell	ROLAP	MOLAP	DOLAP
Applix TM1	✓			✓	✓
Arcplan InSight	✓		✓	✓	
Brio Enterprise		✓			✓
Business Objects		✓	✓		✓
Cognos Suite	✓			✓	✓
Comshare Decision	✓			✓	
Crystal Info		✓	✓		✓
Hummingbird BI/Suite	✓		✓	✓	✓
Hyperion Enterprise	✓			✓	
Kenan Acumate ES	✓		✓		
Knosys ProClarity	✓		✓	✓	
MIKsolution+	✓			✓	
MIS Delta Alea	✓			✓	
Siemens Triagon	✓		✓		

Abb. 3: Architektur und Datenanbindungsmöglichkeiten der OLAP- und Business Intelligence-Werkzeuge

Neben den oben genannten Differenzierungskriterien muß beim Aufbau einer OLAP-Datenbank auch deren Größe berücksichtigt werden. Auch wenn eindeutige Aussagen hinsichtlich der Eignung der getesteten Produkte schwierig sind, so lassen sich diese tendenziell in zwei Kategorien einteilen. Zum einen handelt es sich dabei um Werk-zeuge die für den Aufbau großer OLAP-Datenbanken geeignet sind (vgl. Abbildung 2). Dagegen befinden sich in Abbildung 3 Produkte, die für den Aufbau kleiner bis mittlerer OLAP-Datenbanken prädestiniert sind. Dabei sind die Schnittstellen zwischen beiden Bereichen sehr fließend. So sind Essbase nach dem Zusammenschluß mit Hyperion und die Cognos Suite sicherlich Produkte, die auch in großen Projekten zur Anwendung kommen. Bei der überwiegenden Zahl der Ausschreibungen dürfte diese Aufteilung jedoch die Realität in der Praxis widerspiegeln.

2.1   Anbindung an operative Back-End-Systeme

Für den Zugriff auf die Datenquellen werden unterschiedliche Alternativen unterstützt (vgl. Tabelle 2). Neben dem Zugriff auf flache Dateien (z.B. ASCII) können inzwischen fast alle Produkte über ODBC auf verschiedene relationale Datenbanksysteme zugreifen. Des weiteren unterstützen viele Anbieter den direkten Zugriff auf verschiedene Datenbanksysteme, was insbesondere bei umfangreichen Datenbeständen zu Performancevorteilen führt. Bei der Realisierung der Anbindung sind jedoch teilweise gravierende Unterschiede hinsichtlich der Anwenderunterstützung zu erkennen. So verzichten beispielsweise einige Produkte auf jegliche graphische Unterstützung und fordern die Eingabe von SQL-Befehlen, um auf die gewünschten Tabellen zugreifen zu können. In anderen Fällen muß der Entwickler bereits im Vorfeld exakt wissen, wo die benötigten Informationen abgelegt sind und wie die syntaktisch korrekte Bezeichnung lautet, da vorhandene Tabellen nicht angezeigt werden können.

Bei der Bereinigung der Daten besteht bei der Mehrzahl der Produkte die Möglichkeit, Regeln für die Manipulation der Attributsausprägungen zu hinterlegen. So können beispielsweise bestimmte Zeichen oder ganze Felder ersetzt werden oder das Programm kann Datensätze anhand von Suchkriterien vollständig ablehnen. Anschließend kann der Anwender diese Regeln für zukünftige Datenimporte speichern. Während sich die Produkte im Umfang der zur Verfügung gestellten Manipulationsmöglichkeiten kaum unterscheiden, differenzieren sie sich zum Teil deutlich bei der Definition der Regeln.

Die Verdichtung der operationalen Daten auf verschiedenen Aggregationsebenen wird von den Anbietern auf unterschiedliche Weise unterstützt. Bei einigen Produkten, wie z.B. ALEA oder iTM1 oder auch bei den sog. virtuellen OLAP-Datenbanken werden keine Aggregate gespeichert. Hier findet die Berechnung während der Laufzeit statt, was insbesondere bei den virtuellen Lösungen, die auf relationale Datenbanksysteme zugreifen, zu Performanceeinbußen führen kann. Im Gegensatz dazu besteht bei z.B. ESSBASE die Möglichkeit, über Einstellungen festzulegen, welche Daten aggregiert und gespeichert bzw. welche erst zu Laufzeit berechnet werden sollen. Hier hat der Anwender die Möglichkeit, die Datenbank an seine speziellen Bedürfnisse anzupassen.

Die Ergänzung der Daten durch betriebswirtschaftliche Kennzahlen wird von allen Produkten unterstützt, wobei auch hier die Anwenderorientierung stark variiert. Über einfache Formeleditoren können im Rahmen der Modellierung entsprechende Berechnungsformeln für die Kenngrößen hinterlegt werden. Analog zur Berechnung der Aggregate werden bei den oben genannten Werkzeugen auch die Kenngrößen erst während der Laufzeit berechnet, was insbesondere bei komplexen Berechnungsvorschriften zu langen Antwortzeiten führen kann.

Sehr gute Lösungen zeichnen sich dabei durch die Anbindung möglichst vieler Datenquellen aus. Neben dem Zugriff auf flache Dateien bzw. über ODBC auf relationale Daten, ist hier insbesondere der direkte Zugriff auf relationale Datenbanksysteme zu nennen. Durch die zunehmende Verbreitung von Standardanwendungssoftware, wie z.B. SAP R/3 oder Baan, wird auch die Unterstützung entsprechender Schnittstellen zu einem wichtigem Bestandteil eines OLAP-Werkzeugs.

Gravierende Unterschiede treten noch bei der Benutzerunterstützung auf. Bei einigen Produkten ist die Anbindung verschiedener Datenquellen und die Definition von Transformationsregeln nur durch Programmierung in einer herstellereigenen Scriptsprache möglich. Essbase hingegen verfügt mit dem Data Preparation Editor über ein komfortables Werkzeug, mit dem die Realisierung einer Datenanbindung sowie die Definition von Transformationsregeln ohne Programmierkenntnisse über eine graphische Oberfläche erfolgt. Der Anwender kann per Drag & Drop verschiedene Transformationsregeln definieren, wobei die Anwendung dieser Regeln anhand eines Datenausschnitts vor der Integration betrachtet und kontrolliert werden kann.

Die in Abbildung 2 und 3 durchgeführte Segmentierung der Produkte in OLAP-Datenbanken für große Datenmengen sowie OLAP-Datenbanken für kleinere und mittlere Größen drückt sich auch durch eine massive Differenz in den Lizenzkosten aus. Der Gegenwert dieses Kostenunterschieds ist dabei vor allem in den Möglichkeiten zum

Aufbau und der Verwaltung der Datenbasis erkennbar. Hier schneiden die OLAP-Werkzeuge für große Datenmengen nicht nur deutlich besser ab, sondern verfügen auch über leistungsfähige Funktionen zur Koordination und Steuerung der Datenbank, die im Rahmen dieses Beitrags nur unzureichend gewürdigt werden können. Leistungsfähige Werkzeuge zur Unterstützung des Extraktions- und Transformationsprozesses, Transaktionsmonitore, Steuerungsparameter zur Verbesserung der Performance und Speicherverwaltung sind für den Betrieb einer umfangreichen Lösung unerläßlich. Umfangreich kann hierbei zwei Faktoren beinhalten: zunächst das Volumen der OLAP-Datenbank, aber vor allem auch die Anzahl der mit dem System zu bedienenden Benutzer. Zur Selektion der passenden Lösung sind jedoch auch die verfügbaren Benchmarks nur unzureichend geeignet, da die tatsächliche Leistungsfähigkeit von der individuellen Implementierung determiniert wird.

2.2   Aktualisierung der Datenbasis

Befindet sich die OLAP-Datenbank in der operativen Phase, müssen in periodischen Abständen (Tag, Woche, Monat) neue Daten integriert bzw. alte ausgelagert werden. Die untersuchten Produkte bieten hierfür unterschiedliche Vorgehensweisen an. Am häufigsten vorzufinden ist die manuelle Aktualisierung, bei der die Daten entweder als flache Datei vorliegen oder per Hand aus den entsprechenden Datenbanken selektiert werden müssen. Anschließend kann durch einmalig definierte Importregeln die Aktualisierung angestoßen werden. Einige Produkte erlauben die Programmierung von Batch-Dateien und ermöglichen durch den Einsatz von Schedulern einen größeren Automatisierungsgrad.

Insgesamt betrachtet ist die Unterstützung der Bereinigung und Aktualisierung der Daten unterschiedlich gelöst. Während bei der Manipulation bereits vielfältige Möglichkeiten bestehen, existiert bei den Möglichkeiten der Datenaktualisierung noch erheblicher Verbesserungsbedarf. Insbesondere die automatische Replikation wird von den getesteten Produkten zumeist nicht unterstützt, was bei kurzen Aktualisierungszyklen zu einem entsprechend hohen manuellen Aufwand führen kann. Die Unterstützung der für die Aktualisierung zuständen Benutzer (Data Warehouse-Administratoren) ist oft noch sehr rudimentär.

3 Modellierung und Analyse der Datenbasis

3.1 Anforderungen an die Modellierung

Das von Codd geprägte Konzept des On-Line Analytical Processing [Codd93, Codd94] ist inzwischen bei allen Produkten implementiert worden. Dabei liegt der Fokus jedoch nicht in der exakten Umsetzung der von Codd definierten 12 Evaluierungsregeln oder den von P. CREETH und N. PENDSE im „OLAP-Report", einem Vergleich von verschiedenen OLAP-Werkzeugen, geprägten FASMI-Kriterien [CrPe95]. Vielmehr werden unter der Bezeichnung OLAP die Modellierungswerkzeuge zur Abbildung der mehrdimensionalen Datenwürfel angeboten.

3.1.1 Vorgehen bei der Modellbildung

Die Modellbildung wird inzwischen von allen Anbietern durch eine graphische Darstellung des Datenmodells unterstützt. Die Dimensionen und Hierarchien werden überwiegend in Form von hierarchisch aufgebauten Gliederungen dargestellt. Zusätzlich werden bei einigen Produkten wie z.B. BUSINESS OBJECTS die Datenstrukturen des Modells in Form eines Snowflake-Schemas abgebildet. Durch Verfahren wie Point & Click bzw. Copy & Paste kann der Anwender die Datenstrukturen flexibel bearbeiten. Analog zur Datenanbindung können umfangreiche Dimensionen aus verschiedenen externen Datenquellen eingelesen werden. Des weiteren unterstützen Produkte wie HUMMINGBIRG BI, CRYSTAL INFO oder BUSINESS OBJECTS den Anwender bei der Modellierung durch Assistenten. Sie ermöglichen beispielsweise das automatische Erkennen von potentiellen Dimensions- bzw. Faktenattributen oder erleichtern den Aufbau von standardisierten Dimensionen (z.B. Zeitdimension). Weiterhin stellen einige Anbieter auch vorkonfigurierte Dimensionen (Templates) zu Verfügung und entlasten so den Benutzer beim Aufbau eines Datenmodells.

Neben der Einfachheit der Modellierung spielen insbesondere auch die technischen Möglichkeiten eine wesentliche Rolle. Hierzu gehören Kriterien wie die Anzahl der möglichen Dimensionen pro Würfel, die Verfahren zur Berechnung konsolidierter Elemente und die Verfahren zur Performanceverbesserung.

Ein wesentliches Leistungsmerkmal der OLAP-Werkzeuge liegt in der schnellen Abwicklung von Abfragen. Obwohl die Performance stark von der Hardwareumgebung abhängt und somit allgemeine Aussagen bezüglich des Antwortzeitverhaltens schwierig sind, lassen sich die getesteten Produkte in verschiedene Kategorien einteilen. Während bei den virtuellen Lösungen die Performance stark von den operativen Datenbanksystemen abhängt, unterstützen die Anbieter physikalischer Datenhaltung meist effiziente Speicherstrukturen und Algorithmen. So können beispielsweise bei ESSBASE neben der Wahl der Berechnungsverfahren von konsolidierten Elementen auch verschiedene Speicherparameter verändert werden. Hierdurch kann unter Umständen eine höhere Performance bzw. ein geringerer Speicherplatzbedarf erreicht werden.

Schwächen weisen einige der auf multidimensionalen Datenbanken basierenden Produkte hinsichtlich der Fähigkeiten zur Speicheroptimierung (Dense und Sparse) auf. Gute Lösungen bieten hier den Modellierern weitreichende Möglichkeiten zur individuellen Beeinflussung der Speicherverwaltung der Datenwürfel. Als nur zufriedenstellend sehen wir es an, wenn diese Optimierungsläufe vom System selbständig durchgeführt werden, ohne dem Benutzer einen Eingriff zu gestatten, da hier die Transparenz zu kurz kommt.

3.1.2   Modellpflege

Im Rahmen der Modellpflege ist entscheidend, welche Lösungsalternativen die Werkzeuge im Hinblick auf die Anpassung und Pflege der Datenstrukturen bereitstellen. Neben der manuellen Änderung, bei der durch Hinzufügen bzw. Löschen einzelner Dimensionen oder Hierarchien Änderungen vorgenommen werden können, unterstützen einige Anbieter auch die automatische Aktualisierung während der Datenintegration. Hierzu müssen entsprechende Importregeln hinterlegt werden, welche die Datenstrukturen der Importdateien mit den vorhandenen Dimensionen verknüpfen. Erscheinen anschließend bei der Integration der Daten z.B. neue Produkte, so wird das Datenmodell automatisch angepaßt. Insbesondere bei umfangreichen Datenstrukturen kann somit der Verwaltungsaufwand erheblich verringert werden.

3.2   Werkzeuge zur Analyse

3.2.1   Business Intelligence

Der Nutzen einer OLAP-Datenbank hängt im wesentlichen von den Auswertungs-möglichkeiten ab, die dem Endanwender zur Verfügung gestellt werden. Entscheidend ist hierbei, inwieweit die spezifischen Informationsbedürfnisse unterschiedlicher Endanwender befriedigt werden können. Nur 10 bis maximal 20 Prozent der poten-tiellen Benutzer können Ad hoc-Query und Reporting-Werkzeuge effizient bedienen und verstehen. [Kimb98, S. 22] Es ist also erforderlich, die Benutzer mit Applikationen zu versehen, die einfach zu bedienen sind und sie von der Aufgabe befreien, eine Datenbankabfrage direkt formulieren zu müssen.

An dieser Stelle setzen Analysewerkzeuge an, die entweder als Ergänzung zu Daten-bankprogrammen, betriebswirtschaftlichen Standardanwendungssystemen oder auch als Spezialwerkzeuge angeboten werden. Bis zur Einführung von Data Mining-Werkzeugen Anfang der 90er Jahre war all diesen Werkzeugen gemein, daß der Antrieb zur Daten-analyse vom Anwender (sei es nun der Entscheider oder eine DV-Abteilung) ausgehen muß. Die Werkzeuge analysieren die Datenbestände nach zuvor aufgestellten Frage-stellungen und liefern Ergebnisse auf zuvor exakt definierte Problemstellungen zurück. Dies beschränkt den Erkenntniswert auf die Bereiche, die von den Anwendern als interessant angesehen werden. Unbekannte Datenkonstellationen bleiben so unter Um-ständen für immer in den Datenbanken des Unternehmens verborgen oder fallen lediglich eher zufällig, sozusagen als Abfallprodukt der geplanten Abfragen an.

Zur Identifizierung interessanter Produkte wurden verschiedene Anwendungsszenarien isoliert, innerhalb derer eine gezielte Betrachtung der Produkteigenschaften möglich ist. Diese subjektive Einordnung der Werkzeuge hinsichtlich ihrer Eignung für bestimmte Anforderungen soll die individuelle Vorauswahl eines Unternehmens unterstützen.

* **Informationsorientierung**
  Hier steht die Abbildung des betrieblichen Berichtswesens im Vordergrund. Zum Be-nutzerkreis gehören daher ganz unterschiedliche Anwendergruppen, von Stabs- und Assistenzkräften über Fachkräfte bis hin zum Top-Manager. Die Informations-

lieferung kann über Ad hoc-Query und Reporting Ansätze geschehen, in denen Benutzer Berichte direkt definieren können oder nur lesenden Zugriff haben. Aufwendiger ist die Gestaltung von redaktionell aufbereiteten Informationssystemen, die auf spezielle Empfänger zugeschnitten werden.

- **Analyseorientierung**

  Um Abweichungen oder Auffälligkeiten im Detail genauer zu untersuchen, werden Spezialisten oder Assistenzkräfte beauftragt, tiefergehende Analysen mit komplexeren Methoden durchzuführen und dann die Ergebnisse dieser Untersuchungen zu präsentieren.

- **Planungsunterstützung**

  Hier erfolgt die Abbildung der betrieblichen Planungsaufgaben über entscheidungsorientierte Informationssysteme. Zielgruppe sind daher alle an der Planung Beteiligten, von den Kostenstellenverantwortlichen bis hin zu den Planungsspezialisten, welche die Einzelpläne aggregieren.

- **Kampagnenunterstützung**

  Hier steht die Nutzung der Datenbasis für einzelfallorientierte Aufgaben im Vordergrund. Beispiele hierfür sind tiefgehende Kundenanalysen, Risikoanalysen etc. Als Benutzer werden vor allem hochqualifizierte Spezialisten angesprochen.

Zusätzliche Anforderungen bei der Auswahl eines Analyse-Werkzeuges können noch hinsichtlich

- Datenbanktechnologie

- Vollständigkeit der Produktfamilie und

- Preis-/Leistungsverhältnis

 bestehen.

Für jedes der angeführten Szenarien wird abgeleitet, welche besonderen Anforderungen hinsichtlich der Funktionalität der Software erfüllt sein müssen. Daraus ergibt sich eine stärkere Gewichtung dieser Faktoren in der Beurteilung der Produkte und die Möglichkeit einer Identifizierung geeigneter Werkzeuge. Exemplarisch für die Vorgehensweise in der Studie sollen hier auszugsweise die Ergebnisse des Anwendungsszenrios Informationsorientierung vorgestellt werden.

Schwerpunkt: Informationslieferung

Schwerpunkt und Kernfunktion heutiger BI-Applikationen ist die Informationslieferung an unterschiedlichste Benutzerkreise. Das klassische Berichtswesen einer Unternehmung erweiternd, müssen Berichte On-Line schnell und komfortabel erzeugt und einfach verteilt werden können. Die große Zahl der reinen Informationsempfänger - häufig ca. 70-80 % einer üblichen Business Intelligence Implementierung – wird vor allem durch das World Wide Web (WWW) als Verteilmöglichkeit erreicht. Wichtiges Leistungsmerkmal informationsorientierter Produkte ist somit die Verfügbarkeit flexibler und leistungsfähiger Komponenten für den **Aufbau einer Web-basierten Lösung** für das Intra- oder Internet. Hier spielen technologische Aspekte wie die Benutzung von Applets, Plug-Ins oder CGI-Schnittstellen eine Rolle, aber auch die Bedienung der Browser-Oberflächen und die dort bereitgestellte Funktionalität. Gute Lösungen bieten hier sowohl im WWW als auch auf herkömmlichen Desktop-PCs identischen Funktionsumfang und Bedienungskomfort.

Auch die potentielle Struktur von BI-Anwendern hat sich sehr stark verändert. Die Lösungen werden nicht mehr nur für das Topmanagement realisiert, sondern für jeden Mitarbeiter, der für bestimmte Aufgaben (Produkte, Kunden, Märkte) verantwortlich ist. Wesentliche Aufgabe der Werkzeuge ist somit die Abbildung der **heterogenen Anwenderstruktur**. Auf der einen Seite erfordert dies einen gelungenen Ansatz bei der Benutzerführung (nicht zu oberflächlich für regelmäßige Anwender, nicht zu kompliziert für sporadische Nutzer), auf der anderen Seite aber vor allem auch die Möglichkeit, die sehr umfangreichen Datenbasen auf die individuellen Wünsche und Rechte der Nutzer anpassen zu können. Hierfür sollte die **Trennung in einfach und intuitiv handhabbare Applikationen und Administrationskomponenten** für die Verteilung und Anpassung der Benutzerrechte, Datenbankfunktionen etc. sein. Die Kontrolle über die Häufigkeit bestimmter Datenbankabfragen, eine zeit- und eventgesteuerte Aktualisierungen von Berichten und umfangreiche Sicherheitsmechanismen bei Datenbankzugriff und Informationsübertragung über Netze sind Komponenten, die führende Produkte bieten.

Weiteres Kriterium ist die **Integration verschiedener Informationsobjekte** in einer einheitlichen Oberfläche, die ohne Wissen über Datenherkunft und -integration bedient und verändert werden kann. Wichtig ist hierbei die Bereitstellung komfortabler Navigationsfunktionen im Datenmodell und die Speichermöglichkeit verschiedener Sichten innerhalb eines Berichtes. Außerdem sollten Möglichkeiten zur **Reduktion der Informationsmenge** geschaffen werden, um der Überflutung des Benutzers mit Daten als Hauptproblem moderner Informationssysteme entgegenzutreten. Insgesamt ist die Integration von leistungsfähigen Methoden zur automatischen und benutzerspezifischen Selektion von Information allerdings bei keinem Anbieter sehr ausgereift. Letztlich ist auch die **Weiterverarbeitung** der Daten aus Berichten interessant, da die entscheidungsorientierten Informationssysteme nicht als isolierte Komponenten innerhalb eines Unternehmens betrachtet werden können, sondern in die bereits vorhandene Infrastruktur eingebunden werden müssen. Funktionen, wie die Verknüpfung mit Kommunikations- und Groupware-Lösungen (z.B. Lotus Notes) oder Office-Produkten werden daher zunehmend wichtiger.

Produkte zur Informationslieferung

Zur Lieferung von Information kann dem Benutzer einerseits ein Werkzeug bereitgestellt werden, das es ihm erlaubt, Ad hoc-Abfragen und Berichte zu erstellen und zu verteilen (Query & Reporting). Auf der anderen Seite gibt es Werkzeuge, die eine Entwicklung von maßgeschneiderten Oberflächen unterstützen, mit denen individuelle Anforderungen an die Entscheidungsunterstützung befriedigt werden können (MIS Entwicklung). Für eine Benennung des „besten„ Produktes ist auch eine Einteilung in die oben dargestellten Kategorien zu unspezifisch, was sie auch sein müssen, um Generalisierungen zuzulassen. Die nachfolgend genannten Produkte sind nicht im Sinne einer Rangliste, sondern als eine Auswahl an besonders guten Lösungen zu verstehen, die eine nähere Betrachtung nach sich ziehen sollten.

Query & Reporting

Brio Enterprise stellt umfangreiche Funktionen zur Informationsweitergabe zur Verfügung. Insbesondere gefällt die integrierte und einfach zu bedienende Oberfläche für verschiedenste Funktionen oder die Entwicklung von eigenen Oberflächen. Ein Push-Server kann Berichte erstellen und liefern. Auch die Web-Verteilung ist mit Plug-Ins innovativ gelöst, wodurch Brio hinsichtlich der Funktionsvielfalt und Bedienung eine sehr gute Unterstützung bietet.

Auch **Business Objects** bietet einfach zu bedienende aber mächtige Funktionen zur Reportdefnition und -erstellung an. Das Konzept der Universen als zwischengeschaltete Meta-Datenebene ermöglicht eine zentrale Pflege der Datenmodelle, Berichte und Benutzerrechte. Die Berichterstellung und -verteilung ist direkt auf einem Client oder über den Broadcast Server möglich. Besonders interessant ist die Berichtsverteilung, bei der verschiedenen Empfängern bei einem einmalig definierten Bericht unterschiedliche, den Benutzerrechten entsprechende, Inhalte präsentiert werden.

Seagate Info zeichnet sich durch seine starken Reportingfähigkeiten sowie die hohe Vielfalt an unterstützten Datenquellen aus. Neben der funktional umfangreichen Entwicklungsumgebung zur Erstellung von Berichten, ist hierbei insbesondere die hohe Flexibilität hinsichtlich der Implementierung eines unternehmensweiten Berichtswesens zu nennen. Darüber hinaus lassen sich die erzeugten Berichte über unterschiedliche Mechanismen (e-Mail, Server etc.) an verschiedene Anwendern verteilen.

MIS Entwicklung

Arcplan´s Produkte inSight und dynaSight konzentrieren sich auf die redaktionelle Aufbereitung entscheidungsrelevanter bzw. interessanter Informationen. Durch diese spezifische Ausrichtung der Informationsversorgung ist arcplan der Marktführer für die Entwicklung umfassender und vor allem benutzerfreundlicher Frontend-Applikationen. Dabei spielen vor allem auch die weitgehenden Kopplungsmöglichkeiten zu fast allen multidimensionalen Datenbanken sowie die integrierte Anbindung an ERP-Lösungen wie SAP R/3 eine entscheidende Rolle. Eine interessante Option stellt dabei sicher auch die in dynaSight mögliche Integration externer Internet-Informationsquellen in die inSight-Anwendungen dar. MIK bietet inSight und dynaSight ebenfalls als Teil der MIKsolution+ Suite an.

Cognos bietet in seiner BI Plattform mit Impromptu und PowerPlay Produkte, die sowohl ein reines Query & Reporting als auch weitergehende Funktionen zum Sichten des Datenbestandes bereitstellen. Beide Komponenten sind webfähig und damit auch über Browser bedienbar. Besonders ausgeprägt sind auch die Funktionen zur Erstellung von benutzerindividuellen Oberflächen. Portfolio ist dabei ein einfach zu bedienendes Werkzeug zur Erstellung von Briefing Books. Objekte können durch einfaches Ziehen auf den Bildschirm positioniert und ihr Verhalten über die Eigenschaften gesteuert werden. Der Visualizer ist ein neues, umfangreicheres Produkt, mit dem auch graphisch ausgefallene Oberflächen zur Informationsdarstellung erzeugt werden können.

Hyperion Essbase bietet mit dem Werkzeug Wired for OLAP ein Produkt, mit dem umfangreiche MIS-Oberflächen erstellt und innerhalb einer Web-, Excel oder lokalen Windows-Programmversion betrachtet werden können. Besonders ausgeprägt sind hierbei verschiedene Ampelfunktionen, die unter anderem in sog. Pinboards zur Visualisierung von Abweichungen eingesetzt werden können. Neben rein lesenden Zugriffen lassen sich mit Wired for OLAP auch Datenwerte zurückschreiben, wobei sowohl Essbase als auch Microsoft OLAP Services unterstützt werden. Darüber hinaus wird auch eine OLE DB for OLAP-Schnittstelle angeboten, so daß das Produkt auch mit anderen Datenquellen eingesetzt werden kann.

3.2.2   Data Mining

Das Begriff des Data Mining (vgl. hierzu [Fayy96]) als ungerichtete Datenanalyse verführt oft zu dem Trugschluß, daß der Einsatz unkompliziert und kostengünstig sei. Die Schritte „Werkzeug installieren", „Datenbasis selektieren" und „Datenschatz abholen" sind leider nicht einfach umsetzbar. Data Mining-Projekte sind komplex und müssen sorgfältig geplant werden. Das in Abbildung 4 dargestellte Prozeßmodell strukturiert ein Projekt in drei Blöcke, die iterativ und interaktiv zu absolvieren sind.

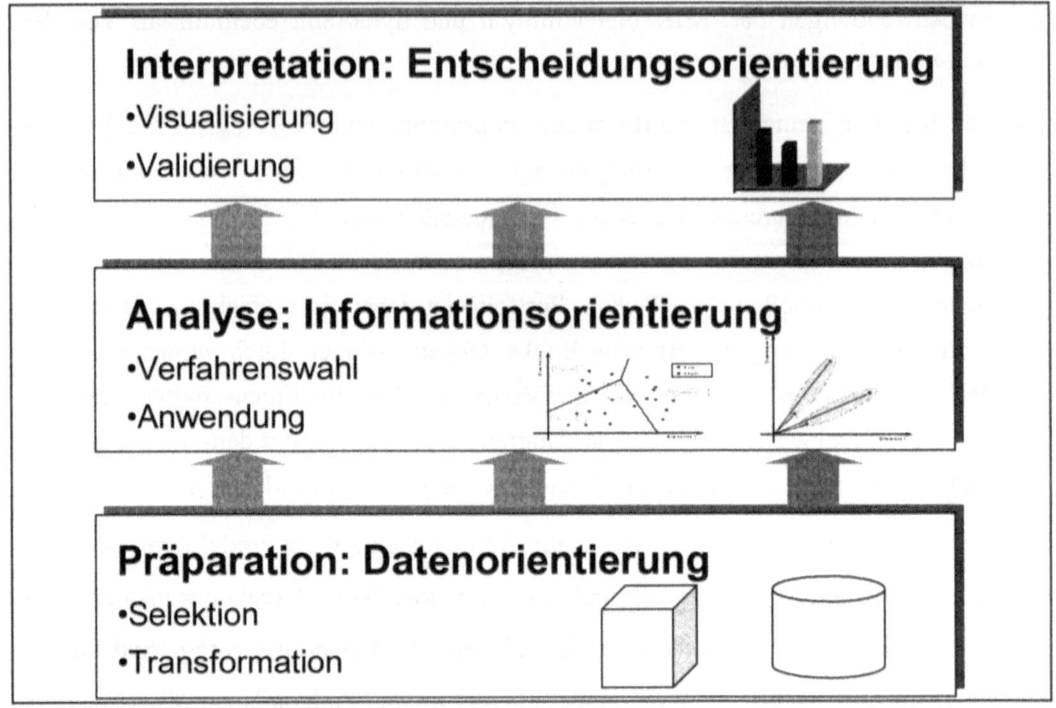

Abb. 4: Data Mining-Prozeß [ScBa98]

3.2.2.1   Anwendungsgebiete

Abbildung 5 gibt einen exemplarischen Überblick über Anwendungsfelder und Einsatzgebiete von Data Mining-Techniken. Data Mining-Ansätze werden in der Produktionsplanung und -steuerung zur Analyse von Meßergebnissen von Prüfverfahren, zur Entdeckung von Einflußfaktoren auf die Produktqualität oder zur Steuerung der Auslastung von Maschinen u.ä. eingesetzt.

Die Schwerpunkte der Data Mining-Anwendungen liegen in den Bereichen Vertrieb und Marketing. Da sich Produkte am Markt oftmals nur noch unwesentlich unterscheiden, können in vielen Branchen entscheidende Wettbewerbsvorteile nur noch durch ausgefeilte Marketing- und Vertriebsstrategien erzielt werden, deren Grundlage wiederum eine umfangreiche Datenanalyse ist. Beispiele erfolgreicher Data Mining-Lösungen finden sich u.a. bei der Verbesserung der Bonitätsprüfung von großen Versandhäusern, der Adreßselektion für Direct Mailing bzw. Database Marketing u.v.a.m. Die Bank of America hat in 1997 begonnen, jeden ihrer 6 Millionen Kunden auf die Abwanderungswahrscheinlichkeit hin zu untersuchen. Anhand der Profitabilität der Kundenbeziehung konnte entschieden werden, wieviel Anreize für die Aufrechterhaltung der Geschäftsbeziehung geschaffen werden sollten. [ScBa98]

Unternehmens-bereiche	Anwendungsfeld	Einsatz dient zur ...
Produktions-planung und -steuerung	Prozeß- und Qualitätskontrolle	Analyse von Prüfmessungen Entdeckung von Einflußfaktoren der Produktqualität
	Anlagenüberwachung und -instandhaltung	genaueren Abschätzung von Wartungszyklen präventiven Fehlererkennung
	Bedarfsermittlung / Absatzprognose	genaueren Abschätzung von Materialbedarf und Produktions-auslastung
Vertrieb / Marketing	Preisfindung	Untersuchung des Einflusses der verschiedenen Produktattribute auf die Kaufbereitschaft
	Database Marketing	Zielgruppensegmentierung für Direct Mailing u.v.a.m.
	Marktsegmentierung	Analyse geeigneter Segmentstrukturen
	Risikomanagement	Verhinderung von Zahlungs-ausfällen (Bonitätsprüfung) Betrugsentdeckung
	Kundenbindung	Vorhersage der Abwanderungs-wahrscheinlichkeit
	Warenkorbanalyse	Identifizierung von gekoppelten Produkten

Abb. 5: Anwendungsfelder für Data Mining [ScBa98]

3.2.2.2 Prozeß der Informationsgewinnung

Grundlage für das Finden von interessanten Zusammenhängen und Mustern ist, daß Daten in genügender Menge vorhanden sind. Eine große Datenmenge ist erforderlich, da viele Muster erst bei ausreichender Datengrundlage, wie sie z.B. ein Data Warehouse bieten kann, zutage treten. Während operative Systeme eines Unternehmens Daten nach ihrer Verarbeitung löschen oder nur kurzfristig speichern, sollten zum Data Mining detaillierte und umfangreiche Datenmengen vorhanden sein, um alle Muster und Auffälligkeiten aufspüren zu können. Diese Daten müssen weiterhin in ausreichender Qualität zur Verfügung stehen. Neben der Beseitigung von inhaltlichen und semantischen Fehlern der Daten aus operativen Systemen gehört hierzu auch ganz entscheidend die Verfügbarkeit an inhaltlich relevanten Daten in einem Unternehmen. Sollen beispielsweise Marketingentscheidungen durch Data Mining-Verfahren unterstützt werden, dann müssen auch entsprechend wichtige Informationen wie Responseauswertungen o.ä. in den betrieblichen Datenbanken verfügbar sein.

Das zentrale Problem von Data Mining-Projekten ist die Vorbereitung der Daten. Selbst wenn ein Data Warehouse mit bereinigten Daten vorliegt, stellen gerade Desktop Produkte hohe Anforderungen an Datenformate und -aufbereitung. Zu den erweiterten Möglichkeiten der Datenvorbereitung gehört die Datenreinigung, die von vielen Produkten nur in geringen Umfang unterstützt wird, obwohl die Datenqualität entscheidenden Einfluß auf die Güte der Analyse hat. Data Engine, das nur numerische Daten verarbeiten kann, bietet hier die weitestgehenden Möglichkeiten wie die Behandlung von Nullstellen, Transformation von Meßdaten oder eine Normierung von Daten.

Analog zum Aufbau unternehmensweiter Data Warehouses verursacht die Datenvorbereitung oftmals bis zu 80% der Zeit- und damit Kostenaufwendungen eines Data Mining-Projektes. In diese Phase fällt die Selektion der zu untersuchenden Datenbestände, die Bereinigung der in den selektierten Daten befindlichen referentiellen und semantischen Fehler sowie die Transformation der aus unterschiedlichen Datentöpfen zusammengebundenen Datenfelder in einheitliche und damit vergleichbare Datenstrukturen.

Eine Gefahr bei der als Sampling bezeichneten Segmentierung des zu untersuchenden Datenbestandes liegt in der Reduktion des Untersuchungsfelds auf Zusammenhänge, die bereits im Vorfeld vermutet werden. Die notwendige Reduktion der Suchfelder führt dann evtl. zu einem erfolglosen Ansatz, da durch die einschränkende Selektion bereits die unvermutete Erkenntnisgewinnung ausgeschlossen werden könnte.

Der Schritt der Datenfilterung und -reinigung dient dann anschließend zur Beseitigung doppelter Datensätze bzw. zur Angleichung von Umsatzwerten, die aus verschiedenen Datenquellen mit oder ohne Mehrwertsteuersätzen ausgewiesen wurden.

Die Phase der Datenvorbereitung kann oftmals drastisch verkürzt werden, wenn auf ein verfügbares Data Warehouse aufgesetzt werden kann. Dies spiegelt sich auch in der schnell wachsenden Bedeutung des Data Mining in der Folge der installierten Data Warehouse-Basis wider. Zwar kann ein Data Mining-Projekt auch ohne den Zugriff auf ein Data Warehouse durchgeführt werden, jedoch ist das Data Warehouse durch die Natur der in ihm gespeicherten Daten eine sehr gute Ausgangsbasis für erfolgreiches und effizientes Data Mining.

Durchführung der Analyse

Nach der Vorbereitung der Datenbasis, also den eher technikzentrierten Prozeßschritten erfolgt nun die Wahl eines geeigneten Verfahrens (Klassifizierung, Segmentierung oder Assoziierung) zur Durchführung des eigentlichen Data Mining sowie die Anwendung der zu dem Verfahren passenden Technik (z.B. Entscheidungsbaum, Neuronale Netze o.ä.) auf den selektierten Datenbestand. Oft ist es nötig, verschiedene Techniken nacheinander oder mehrfach anzuwenden, da die Ergebnisse wieder Rückschlüsse auf die Qualität der gewählten Datenbasis zulassen oder Erkenntnisse liefern, die als Ausgangsdaten für neue Techniken benutzt werden.

Visualisierung und Interpretation

Die gefundenen Muster und Modelle müssen nun gemäß der Zielsetzung des Informationsgewinnungsprozesses interpretiert und präsentiert werden. Es kann auf jede Stufe des Prozesses zurückgesprungen werden, um durch Veränderung von Variablen oder Verfahren bessere Ergebnisse zu erzielen. Gefundene Zusammenhänge oder Modelle können durch Anwendung von statistischen Verfahren auf ihre Fehlerwahrscheinlichkeit hin getestet werden. Darüber hinaus muß sich der Anwender Gedanken machen, wie er die neuen Erkenntnisse umsetzt, also ob er sie z.B. in das Datenbanksystem einarbeitet, und wie er sie dokumentiert und weitergibt. Erst eine konsequente Validierung der Erkenntnisse sowie die Rückkopplung mit betrieblichen Entscheidungsstrukturen gewährleistet den Erfolg eines Data Mining-Projektes.

3.2.2.3   Marktüberblick

Das Marktvolumen für Data Mining-Produkte überschritt laut Marktforschungsinstitut IDC im Jahr 1997 die 500 Millionen Dollar Marke. Die Data Mining-Werkzeuge erzielten dabei eine Wachstumsrate von 69%.

Die Entwicklung der Data Mining-Werkzeuge läßt sich in drei Stadien beschreiben:

- Vor 1995 war Data Mining eine Aufgabe für hochspezialisierte Berater oder Firmen, die einen kleinen Kundenkreis von großen Einzelhandelsketten oder Finanzinstituten betreuten.

- 1995/96 kamen die ersten Produkte auf den Markt, die auch generell in Data Warehouse-Projekten einsetzbar waren. Weit verbreitete Hard- und Softwareplattformen wie UNIX und NT Server oder RDBMS wurden nun unterstützt.

- 1996/97 folgten die ersten OLAP-Tools, die Data Mining-Funktionalitäten in ihre Produkte integrierten. Die Bedienung der Werkzeuge vereinfachte sich weiter, und auch für die Interpretation der Ergebnisse aus den Data Mining-Verfahren stehen dem Anwender leistungsfähige Visualisierungstechniken zur Verfügung.

- 1997/98 zeigte sich ein Trend zu vorgefertigten Spezialapplikationen, die ein bestimmtes Analyseziel unterstützen. Insbesondere für den Marketingbereich entstehen Anwendungen, die Customer Relationship Management, Database Marketing und Kundenbindungmaßnahmen bzw. eine Analyse der Abwanderungswahrscheinlichkeit unterstützen.

Data Mining-Techniken ergänzen in zunehmenden Maße etablierte entscheidungsunterstützende Werkzeuge, entweder als eigenständige Produkte oder als neue Module in Business Intelligence Tools (BIT). Die Trennung der Bereiche verschwimmt dabei, weil BIT-Anbieter wie Andyne, Business Objects, Cognos, Seagate, Pilot Software und andere jetzt Data Mining-Verfahren integrieren, während Data Mining-Anbieter wie IBM oder SAS Institute auch OLAP in ihr Produktspektrum aufnehmen.

Die Produktanbieter kommen aus den verschiedensten Bereichen wie Künstliche Intelligenz-Forschung und -Beratung (z.B. ISoft, ISL), Data Warehousing und Data Mining-Beratung (IBM, Syllogic), Anbietern von Parallelprozessortechnologie (Thinking Machines, NeoVista), OLAP (Pilot, Seagate) und Statistiksoftware (SPSS, SAS).

Die Zielgruppen der Anbieter lassen sich in Anlehnung an die Markstudie von OVUM hinsichtlich der Komplexität der benötigten Analysen und der erforderlichen Investition in Hard-, Software und Beratung in 3 Segmente aufteilen (vgl. Abbildung 6). [Ovum98]

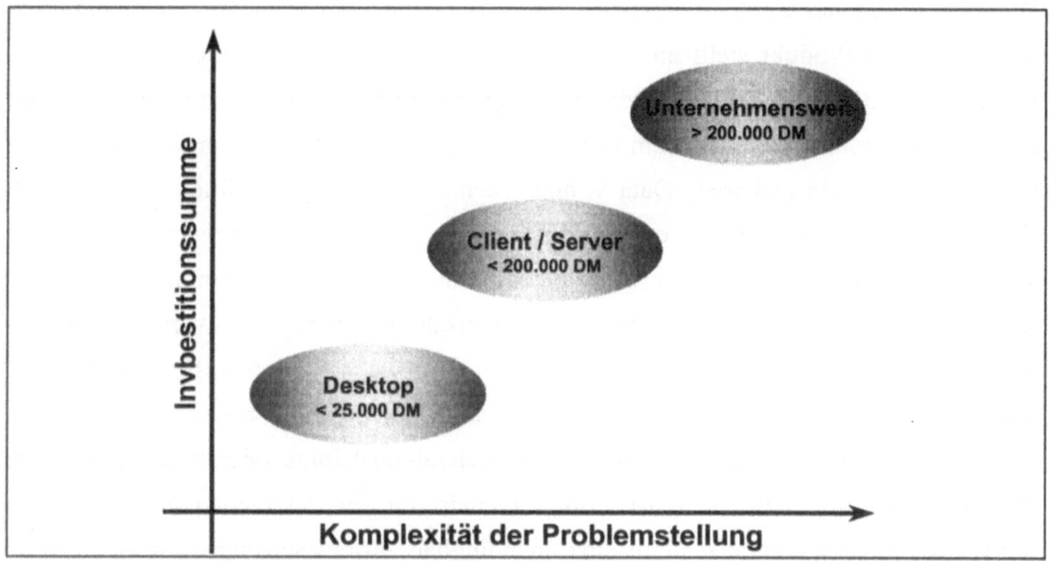

Abb. 6: Data Mining-Produktklassen [Ovum98]

Die hier betrachteten Desktop Data Mining-Produkte weisen insgesamt zwar schon ein breites Spektrum an implementierten Techniken auf, die einzelnen Produkte unterstützen jedoch in der Regel nur wenige Techniken. (vgl. hierzu [BaSc98]) Funktionsumfang und damit mögliche Einsatzgebiete der einzelnen Produkte sind somit derzeit noch eingeschränkt. Am häufigsten finden sich Entscheidungsbaumverfahren, die besonders für Produkte mit Fokus auf qualifizierte Endanwender geeignet sind, da der Ablauf automatisiert ist und keine besonderen Anforderungen an den Benutzer gestellt werden.

Neben dem schon lange am Markt verfügbaren Spezialwerkzeug KnowledgeSeeker wird entscheidungsbaumbasiertes Data Mining von OLAP-Anbietern wie Business Objects oder Cognos unterstützt. Weiterhin ist in SuperQuery ein Algorithmus zum Finden von Assoziationsregeln implementiert, während Delta Miner ein Deskriptionsverfahren benutzt, um Auffälligkeiten in den Daten durch einen statistischen Vergleich von Teilsegmenten zu entdecken und dem Benutzer in Sätzen auszugeben. DataEngine bietet letztlich mit Neuronalen Netzen und einer Clusteranalyse Techniken an, die von einer Automatisierung des Verfahrens noch recht weit entfernt und somit von einem versierten Datenanalytiker in einem iterativen Vorgehen bedient werden müssen.

Diese, zur Zeit noch stark begrenzte und differierende Auswahl an implementierten Techniken pro Produkt stellt an Unternehmen schon im Vorfeld eines Data Mining-Projektes hohe Anforderungen an die Selektion einer geeigneten Lösung. Die Auswahl des Anbieters muß dabei vor allem vor dem Hintergrund der bei der verfügbaren Daten-basis sinnvoll einsetzbaren Data Mining-Techniken erfolgen. Sind hauptsächlich Transaktionsdaten vorhanden, eignen sich vor allem Assoziationsregeln zur Analyse von Zusammenhängen zwischen einzelnen Produkten oder Vorkommnissen. Die De-skription bietet sich vor allem bei einer kennzahlenbasierten Auswertung der Ge-schäftsdaten, also vor allem im Controlling, an. Nur wenn für interessierende Objekte wie z.B. Kunden oder Produkte auch eine ausreichende Anzahl an relevanten Attributen verfügbar ist, eignen sich Clusteranalyse, Entscheidungsbäume oder Neuronale Netze zur Segmentierung bzw. Klassifizierung. Gerade für die letztgenannten Techniken scheint das Data Warehouse somit eine unabdingbare Voraussetzung zu sein, um über eine Datenbasis zu verfügen, die es tatsächlich ermöglicht, neue und interessante Zusammenhänge zu entdecken.

Die untersuchten Desktop Produkte zielen bezüglich Bedienung und Funktionsumfang tendenziell auf zwei verschiedene Benutzergruppen. Zum einen gibt es den Fokus auf den qualifizierten Endbenutzer, der seine hypothesengeleiteten Analysemöglichkeiten durch die ungerichtete Datenanalyse erweitert und so neue, bisher unvermutete Zu-sammenhänge entdecken kann. Produkte wie Business Miner, Scenario und Delta Miner ergänzen hier die etablierte Query & Reporting oder OLAP-Funktionalität um eine Data Mining-Komponente. Schwerpunkt der Produkte liegt auf der Autonomie des Verfah-rens und einer hohen Benutzerfreundlichkeit, damit ein Anwender auch ohne Data Mining-Spezialkenntnisse in kurzer Zeit eine Analyse durchführen kann, deren Ergeb-nisse in leicht interpretierbarer Form ausgegeben werden. Geeignet sind deshalb nur benutzerfreundliche Techniken, die soweit automatisiert werden können, daß nur noch geringe Einstellungen und Vorgaben des Anwenders nötig sind. Dies ist z.B. bei Entscheidungsbäumen gegeben, da das Verfahren vollständig automatisch abläuft und als Ergebnis eine graphische Darstellung mit den wichtigsten Parametern der einzelnen

Klassifizierungsentscheidungen anzeigt. Daneben kann eine Darstellung der Regeln in Form eines Berichtes oder die Umwandlung des Baumes in Entscheidungsregeln weitere Einblicke bringen.

4 Ausblick

Mit Hilfe der am Markt verfügbaren Technologien und Werkzeuge können Unternehmen stabile Data Warehouse-Lösungen etablieren. Wesentliche Entwicklungen zielen derzeit vor allem auf eine weitergehende Unterstützung bei der Anbindung an die operativen Systeme wie SAP R/3 u.ä. ab. Schwächen bestehen aber immer noch in der Verfügbarkeit von entscheidungsorientierten Analysemethoden. Die große Nachfrage bzgl. der Implementierung der Balanced Scorecard-Methode (vgl. [KaNo96]) zeigt hier deutlich ein Defizit auf. Interessant ist auch die absehbare Integration von Data Warehouse-Ansätzen in Electronic Commerce-Lösungen. Mass Customization und Electronic Customer Care sind hier Schlagworte im Internet, die mit Hilfe von Data Warehouse-Anwendungen sinnvoll ausgefüllt werden können.

Literatur

[BaSc98]   BANGE, C.; SCHINZER, H.: Data Mining Teil II - Techniken und Desktop-Produkte, in: *is report:* o. Jg. (1998) 5, S. 22-26.

[BaMS99]   BANGE, C.; MERTENS, H.; SCHINZER, H.: OLAP und Business Intelligence. 12 Software-Produkte im Vergleich. Oxygon Verlag 1999.

[Codd93]   CODD, E.F. et al.: Providing OLAP (On-Line Analytical Processing) to User-Analysts, in: An IT Mandate, Whitepaper, o. O. 1993.

[Codd94]   CODD, E.F.: OLAP. On-Line Analytical Processing mit TM/1. E.F. Codd & Associates und M.I.S. GmbH, o. O. 1994.

[CrPe95]   CREETH, R.; PENDSE, N.: The OLAP Report. Succeeding with On-Line Analytical Processing. Business Intelligence, Wimbledon 1995.

[Elki98]   ELKINS, S.B.: Open OLAP, DBMS April 1998.
           URL: http:/www.dbmsg.com/9804d14.htm, 12.02.1999.

[Fayy96]   FAYYAD, U. et al.: From Data Mining to Knowledge Discovery: An Overview, in: FAYYAD, U. et al. (Hrsg.): Advances in Knowlegde Discovery and Data Mining. AAAI Press, Menlo Park usw. 1996, S. 1-34.

[KaNo96]   KAPLAN, R.S.; NORTON, D.P.: The Balanced Scorecard: translating strategy into action. Harvard Business School, Boston 1996.

[Kimb98]   KIMBALL, R. et al.: The Data Warehouse Lifecycle Toolkit. Wiley, New York etc. 1998.

[Ovum98]   OVUM LTD.: Data Mining - new insights, new challenges.
URL: http://www.ovum.com/news/dmi/dmiwp.html, Abfrage vom 27.01.1998.

[Pend99]   PENDSE, N.: The OLAP Report: Market Share Analysis.
URL: http://www. olapreport.com/market.htm, Abfrage vom 22.01.1999.

[ScBM99]   SCHINZER, H.; BANGE, C.;MERTENS, H.: Data Warehouse und Data Mining. Marktführende Produkte im Vergleich, 2. Auflage, Vahlen, 1999.

[ScBa98]   SCHINZER, H.; BANGE, C.: Data Mining - Anwendungsbereiche und Marktüberblick, in: *is report:* o. Jg. (1998) 4, S. 5-11.

[Soef99]   SOEFFKY, M.: ETL-Tools. Datenaufbereitung für das Data Warehouse, in: *Datenbank Fokus:* o. Jg. (1999) 3; S. 14-22.

Teil VI

Erfahrungsberichte

- Banken -

COGITO - Das Controlling-Managementinformationssystem der DG BANK

Ralph Gürsching, Doris Hummel, Harald Knecht, Jürgen Langschied

Inhalt

1   Einleitung

In einer Zeit, in der sich die Bedeutung der Ressource 'Information' verändert hat, ist es erforderlich, die immer anspruchsvolleren Anforderungen an das Management eines modernen Bankbetriebes durch eine adäquate Informationsversorgung zu unterstützen. So wird ein Instrumentarium benötigt, das aus der zunehmenden Komplexität der Informationswelt die erforderlichen Informationen zur Unternehmenssteuerung rechtzeitig und bedarfsorientiert zur Verfügung stellt.

Die DG BANK Deutsche Genossenschaftsbank AG, eine der zehn größten Banken in Deutschland, ist das Spitzeninstitut der deutschen Genossenschaftsorganisation. Sie bietet ihren Kunden - insbesondere den Volks- und Raiffeisenbanken - Produkte und Dienstleistungen u.a. in den Sparten Kredit, Geld und Devisen, Wertpapier, Investment Banking, Ausland, Electronic Banking / Zahlungssysteme und Corporate Finance an. Bedingt durch ihre umfassende Geschäftstätigkeit hat die DG BANK die notwendigen Anpassungen in der Informationskultur erkannt und setzt diese insbesondere auch in der Unternehmenssteuerung zielstrebig um.

Planung und Soll-Ist-Vergleich sind integraler Bestandteil im Regelkreis der Unternehmenssteuerung. Ausgangspunkt für diesen Steuerungsprozeß ist die Vorgabe einer Gesamtbankstrategie durch den Vorstand, die im Rahmen des Planungsprozesses in dezentrale, operative Jahresziele übertragen wird. Über die Bottom Up-Planung erfolgt die Konkretisierung der Zielvorstellung für die Ertrags-, Risiko- und Kostensituation der einzelnen Verantwortungsbereiche und durch die Aggregation für die Gesamtbank. Im Rahmen des periodischen Soll-Ist-Vergleiches werden die erreichten Erfolge sowie deren Risikogehalt dargestellt und zu den Planwerten in Beziehung gesetzt. Die anschließenden Analysen schließen den Steuerungskreis und erlauben rechtzeitige operative und - soweit notwendig - strategische Reaktionen durch das Management.

Nach ihrer Controllingphilosophie unterscheidet die DG BANK die Steuerung des Kundengeschäfts, des Risikos und der Produktivität. Im Rahmen dessen konzentriert sich die DG BANK als eine der ersten Banken in Deutschland auf den Abschluß und die Bewertung von Neugeschäften. Der erzielte Erfolg wird barwertig dargestellt.

Die DV-technische Unterstützung und Abbildung dieses neugeschäftsorientierten Unternehmens-Steuerungsprozesses in allen Phasen waren das Ziel und die Anforderung an das Managementinformationssystem zur dezentralen Unterstützung von Planung und Soll-Ist-Vergleichen.

In einem ersten Schritt hat der Bereich Controlling / Zentraldisposition ein Fachkonzept für ein dezentral zur Verfügung stehendes Managementinformationssystem erstellt. Es fand zur Erhebung des Informationsbedarfes keine größere Befragung statt, da auf dem bereits vorhandenen Controlling-Informationspool für die bisherige, zentral aufbereitete quartalsweise Ergebnis- und Kostendarstellung als Papierbericht aufgebaut wurde. Grundsätzlich sind die Informationen im Hinblick auf ihre Entscheidungsrelevanz zu untersuchen.

Im zweiten Schritt wurde der Berichtswesenkomponente eine Komponente zur Plandatenerfassung gegenübergestellt. Mit dieser Komponente wird dem Anspruch an ein Data Warehouse entsprochen, die Solldaten für den Soll-Ist-Vergleich vorzuhalten. Es wurden Planungsmöglichkeiten für alle unternehmensrelevanten Steuergrößen eingerichtet.

Um das optimale Kundengeschäftspotential aufzudecken und auszuschöpfen, wurde das Berichtswesen unter Customer Relation Management-Aspekten umgebaut und erweitert.

debis Systemhaus wurde beauftragt, eine Produktauswahl für die technische Umsetzung vorzunehmen, danach gemeinsam mit dem Bereich Organisation der DG BANK das Fachkonzept in DV-Konzepte umzusetzen und anschließend die konzeptionellen Vorgaben mit der ausgewählten Software zu realisieren und in mehreren Stufen auszubauen.

Das Ergebnis ist ein auf unterschiedliche Führungsebenen zugeschnittenes System mit dem Namen **COGITO** (**C**ontrolling-**M**anagement-**I**nformation **O**nline), das auf Basis der Einzelgeschäfte Aggregationen über Profitcenter und Kunden- bzw. Produktsichten in einer mehrstufigen Deckungsbeitragsrechnung ermöglicht.

2   Projektüberblick

Die *erste* Stufe des Projekts bestand aus den folgenden Phasen:

1) Fachkonzept

2) Produktauswahl

3) DV-Konzeption

4) Erstellung eines Prototypen

5) Aufbau/Ausbau des Data Warehouses

6) Aufbau/Ausbau von **COGITO**

Die nachfolgenden Projektstufen wurden auf Basis Fixed-Time-Fixed-Budget erstellt. Dies war möglich, da das Projektteam durch das vorangegangene Prototypingverfahren ein gutes gemeinsames Verständnis vom System und der Verarbeitungslogik gesammelt hat. In den nächsten Phasen entfielen die Schritte 2) und 4).

Diese Vorgehensweise ist die konsequente Fortführung des Verfahrens der iterativen Anwendungsentwicklung (IAD). Die einzelnen Phasen (Iterationen) sind in Abbildung 1 dargestellt. Auf die Phasen wird in den Abschnitten 3.3 und 4 eingegangen.

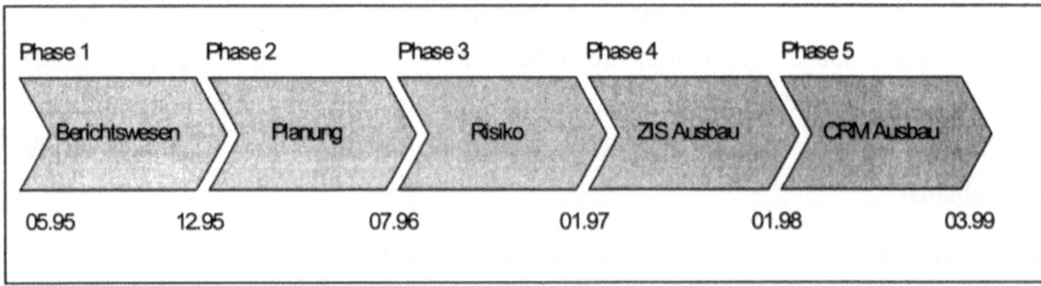

Abb. 1: Projektphasen

2.1   Fachkonzept

Der Fachbereich Controlling erarbeitete Fachkonzepte, in denen alle Anforderungen beschrieben wurden.

Die Entwicklung des Systems *COGITO* hat durch die konsequente Umsetzung zu den für Data Warehouse-Projekte charakteristischen, positiven Entwicklungen in der DG BANK geführt:

- mehr Informationen vom Einzelgeschäft bis hin zur gewünschten Aggregationsstufe;

- mehr Flexibilität bei den Auswertungen, da spezifische Analysen dezentral zugelassen werden - damit Vermeidung von Überlastung im Fachbereich Controlling;

- ein einheitliches Managementinformationssystem in der DG BANK, das dezentrale Anforderungen berücksichtigt und entsprechende Erweiterungsmöglichkeiten zuläßt;

- eine bessere Integration des Steuerungsprozesses in den operativen Geschäftsprozessen,

- eine effizientere Informationsversorgung, das heißt, Optimierung des Zeitablaufes und des manuellen Aufwandes für die Informationsbereitstellung,

- eine effektive Unterstützung des Vertriebssteuerungsprozesses,

- eine weitreichende Ausschöpfung des Informationsgehalts des Data Warehouses,

- ein einheitliches, dezentrales Planungssystem für die Gesamtbank.

2.2   Produktauswahl

Unter Berücksichtigung der wesentlichen fachlichen und technischen Anforderungen der Fachabteilung Controlling und des Organisationsbereiches wurde das debis Systemhaus damit beauftragt, eine Produktauswahl für das Front End durchzuführen. Mit Hilfe eines Kriterienkataloges wurden die in Frage kommenden Technologien bewertet.

Die Entscheidung fiel auf das SAS-System von SAS Institute wegen folgender ausschlaggebender Argumente:

- der Mächtigkeit des Systems,

- der Plattform-Unabhängigkeit,

- der Flexibilität bezüglich zukünftiger Anforderungen,

- der hohen Investitionen von SAS Institute in die Weiterentwicklung des SAS-Systems

- und nicht zuletzt aufgrund der Tatsache, daß SAS bereits an anderen Stellen im Hause eingesetzt wurde.

Aufgrund der neuen Möglichkeiten des SAS-Systems konnte in den späteren Ausbaustufen konsequent auf objekt-orientierte Programmierung umgestellt werden. Dies ermöglichte eine weitere Flexibilisierung der Anwendung, so daß neue Anforderungen in vergleichsweise kurzer Entwicklungszeit umgesetzt werden können.

Bei der Datenbank-Software hatte sich die DG BANK von vornherein für SYBASE als strategische Plattform entschieden.

2.3   Konzeptionsphasen

Während der Konzeptionsphasen wurde in mehreren Workshops mit ausgewählten Pilotanwendern und den Projektmitarbeitern aus dem Fachbereich Controlling und dem Bereich Organisation / Datenverarbeitung der detaillierte Inhalt und Aufbau des Systems diskutiert. Dabei wurden - aufbauend auf den Fachkonzepten - die folgenden Anforderungen berücksichtigt:

- Integration in die bestehenden Standards der Soft- und Hardware-Landschaft (Betriebssystem, Netzwerk, usw.),

- Berücksichtigung der vorgegebenen Zielorte (Lokationen) und der Zielgruppendefinition (wichtig für die Datenreplikation),

- Zugriffsmöglichkeiten auf die bereits unter DB2 und Lotus befindlichen Controllingdaten,

- Aufbau des *COGITO*-Datenmodells - ausgehend vom Data Warehouse als Kerngedanke (der Einsatz einer SYBASE-Datenbank auf einem SUN-Server war zu Projektbeginn vorgegeben),

- Benutzerberechtigung: keine Überflutung der einzelnen Anwender, sondern Bereitstellung der spezifischen Informationen je Organisationseinheit und Funktion,

- eine schnelle, flexible und bedienerfreundliche Anwendung,

- fachliche Funktionalitäten.

Alle Workshop-Ergebnisse wurden in DV-Konzepten festgehalten. In dieser Projektphase fand die 80 / 20 - Regel ihre Bestätigung. Ca. 80 % der Fragen konnten in 20 % der aufgewendeten Zeit geklärt werden - 80 % des Zeitbudgets wurde für Detailfragen verwendet.

2.4   Vorgehensweise

Die Realisierung zeigte, daß eine iterative Vorgehensweise notwendig ist - wie bei fast allen Projekten im Bereich Managementinformationssysteme. Vor allem die Bedeutung und Sensibilität des Themas sowie die neue und zugleich komplexe Technologie machen es notwendig, daß das Projektteam aus dem Fachbereich so früh wie möglich die Software "ausprobieren" und entsprechende Verbesserungsvorschläge einbringen bzw. konzeptionelle Ungenauigkeiten korrigieren kann.

In dem Zusammenhang ist auch zu erwähnen, daß eine definierte Prototyping-Phase wichtig ist. Nur so können bereits in einer frühen Projektphase notwendige Verbesserungen gemacht werden, zudem können Ideen und Erkenntnisse für das laufende sowie zukünftige Folgeprojekte aufgenommen werden. Außerdem wird vermieden, daß das gerade begonnene Projekt in einer Sackgasse endet.

Entscheidend dabei ist nicht, wie die Prototypenphase gestaltet wird - es kann bewußt ein Wegwerf-Prototyp gebaut werden oder ein Prototyp, der lediglich das Gerüst der Anwendung darstellt - sondern, daß es überhaupt eine solche Phase mit den notwendigen Freiräumen gibt.

Alle Ausbaustufen sind in dieser iterativen Vorgehensweise zu sehen. Im Prototyping-verfahren wurden zeitlich kurze Iterationen bis zur Fertigstellung des Prototyps durchlaufen. Jede folgende Stufe ist hier nun als eigene Iteration zu betrachten.

2.5   Aufbau und Ausbau des Data Warehouses

Ein Managementinformationssystem benötigt eine stabile Datenbasis und ist keinem ständigen Veränderungsprozeß in den laufenden Geschäftsprozessen unterzogen, wie das z.B. bei den operativen Systemen der Fall ist. Eine Ausnahme bestünde, wenn die neuen Informationen ebenfalls zur Unternehmenssteuerung verwendet würden.

Während in der Prototyping-Phase die Inhalte und die Funktionalität des Systems im Vordergrund standen, wurde in der Folgephase erstmals das System mit Echtdaten versorgt. Der Vergleich mit den Daten des Papier-Berichtswesens auf Basis der Host-Systeme führte zu zahlreichen Differenzen, die sowohl eine Nachbearbeitung in den liefernden Systemen als auch eine Nachbereitung im Data Warehouse erforderlich machten.

Die Ursachen für diese Differenzen sind typisch für ein Data Warehouse-Projekt dieser Art. Die folgenden Beispiele verdeutlichen dies:

- Für das Data Warehouse ist eine Vereinheitlichung der aus der Vergangenheit gewachsenen Strukturen notwendig, um etwaige Zuordnungsprobleme zu vermeiden.

- Die Informationen kommen aus den unterschiedlichsten operativen Front-Systemen – und unterstützen z.T. noch keine Controlling-Schlüssel (z.B. erfolgszuständige Organisationseinheit, einheitlicher Produktkatalog). Somit war eine konkrete Zusammenführung z.B. unter der Organisationseinheiten-Hierarchie eine herausfordernde Aufgabe.

- Ebenfalls ist zu berücksichtigen, daß sich nachträgliche Änderungen auf alle aggregierten Zahlen auswirken. Andernfalls ist ein Vergleich der Zahlen aus dem Data Warehouse mit den bestehenden Papierberichten erschwert.

- Es ist darauf zu achten, daß die für die Selektion notwendigen Felder bereits in den Vorsystemen gesetzt sind, um korrekte kumulierte Zahlen zu erzielen.

- Um zu einer guten Performance zu gelangen, können auch denormalisierte Strukturen verwendet werden.

- Bei der Verwendung von Customer-Relation-Management-Methoden muß auf die Performance geachtet werden, da die Auswertungen meist auf Detailinformationen, wie z.B. Einzelgeschäften, aufgebaut sind.

Neben dem Auf- und Ausbau des Data Warehouses wurden parallel zu dieser Projektphase zusammen mit dem Fachbereich der Ausbau und die Erweiterung der Funktionalitäten der Anwendung vorangetrieben.

3 Das Data Warehouse

3.1 Architektur

Die bisherige Orientierung an den einzelnen Geschäftsfeldern bzw. an einzelnen Produktgruppen innerhalb der Geschäftsfelder kann zu einer heterogenen System-landschaft, die nur mit einem hohen Aufwand integriert und betrieben werden kann, führen. Integration ist gerade im Bankenbereich unabdingbar, da die Abhängigkeit der Geschäftsanforderungen untereinander, die externen Meldeerfordernisse durch neue Richtlinien / Gesetze und die interne Steuerungserfordernisse im Sinne einer Ertrags- und Risikosteuerung ständig zunehmen.

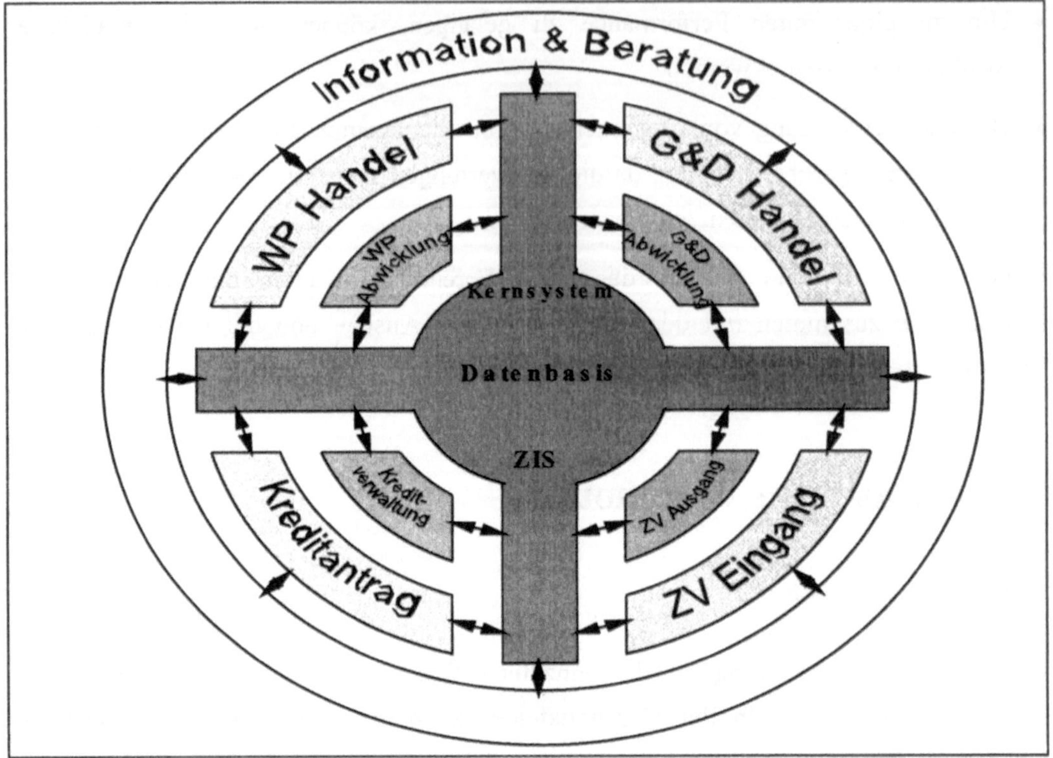

Abb. 2: Integrationsmodell der DG BANK

Die Unterstützung der Unternehmenssteuerung ist grundsätzlich in die Geschäftsprozesse zu integrieren. Übergreifende Steuerungsinstrumente wie Berichtswesen/ Planung werden in einer offenen Architektur im Informationskreis abgebildet.

ZIS (Zentrales Informationssystem) ist das operative Kernsystem der DG BANK. Es liefert einen Großteil der Daten, die für die Bestückung des Data Warehouses nötig sind. Es wurde nach den ersten **COGITO**-Phasen eingeführt und hatte die Konsequenz, daß die Datenquellen und -strukturen geändert wurden.

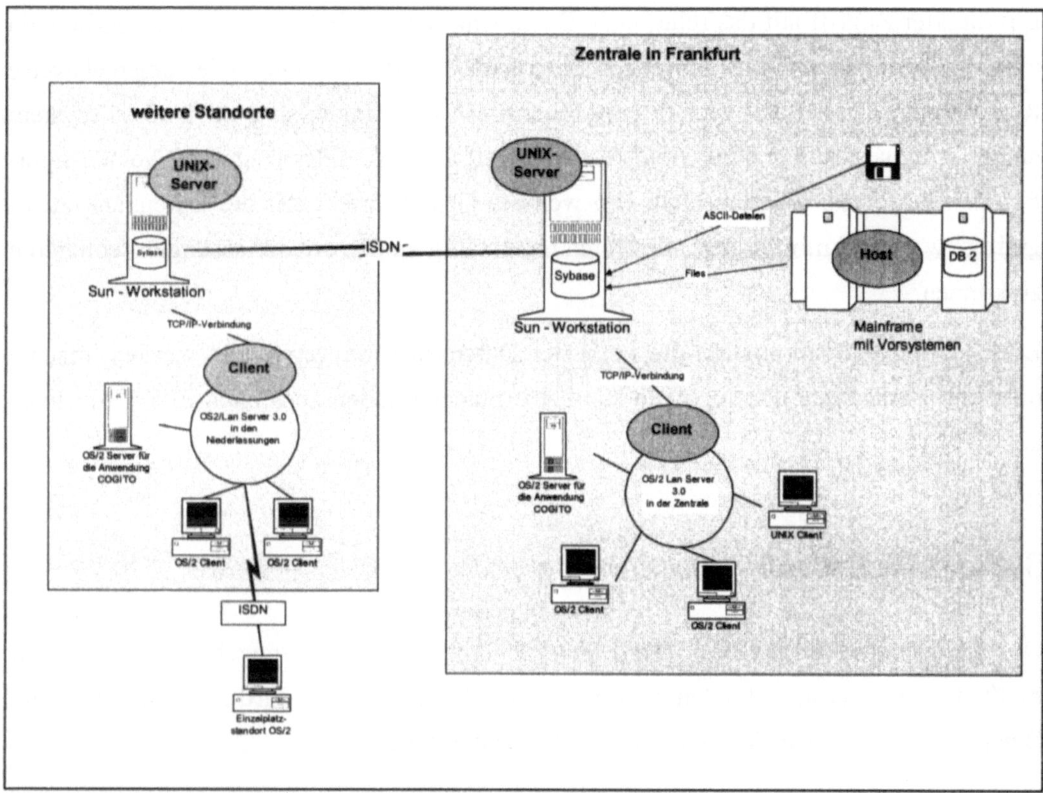

Abb. 3: Systemarchitektur von COGITO

Das System *COGITO* wurde mit der Software SAS 6.12 unter Windows NT und OS/2 Warp weiterentwickelt, nachdem der Grundstein unter SAS 6.08 und OS/2 2.01 gelegt wurde. Es greift mittlerweile auf einen Datenbestand von ca. 3 GB (inklusive Indizes) zu. Die Daten werden in einer SYBASE-Datenbank auf einem SUN-Solaris-Server gehalten und können von den OS/2 - PC's über TCP/IP gelesen werden. Sie werden aus verschiedenen Quellen geladen, die von kleinen manuell erstellten PC-Dateien (z.B. Lotus123-Dateien) bis zu Großanwendungen auf den MVS-Host-Systemen (z.B. SAP, operative Daten auf DB2) reichen.

Die weiteren Server-Standorte (z.Zt. sieben) werden über eine regelmäßige Replikation durch den SYBASE-Replication-Server mit Daten versorgt. Zur Zeit haben rund 400 dezentrale Clients in allen Inlandsgeschäftsstellen Zugriff auf die aktualisierten Daten von *COGITO*. Später sollen ca. 800-900 PC's einschließlich der Auslandsfilialen angeschlossen sein.

Ein direkter Zugriff auf das relationale Datenbanksystem SYBASE war erforderlich, da man keinesfalls auf die üblichen Datenbank-Funktionalitäten wie beispielsweise Recovery und Roll Back verzichten wollte; diese Funktionen sind im SAS-Filesystem nicht verfügbar. Zum anderen brachte ein Zugriff auf SAS-Files insgesamt keinen signifikanten Performanceunterschied. Ein weiterer Grund, direkt auf die Datenbank zuzugreifen, war die Anforderung, alle Daten regelmäßig zu den Niederlassungen replizieren zu können.

Einzig bei den Stammdaten, die bei jeder Datenselektion verwendet werden, machte man eine Ausnahme und legte sie aus Performancegründen zusätzlich in SAS-Dateien ab.

3.2   Datenfluß

Der technisch beste Weg für den Datenfluß innerhalb der vorgegebenen Architektur mußte u.a. über Tests gefunden werden. Die gefundene Lösung wird in Abbildung 4 am Beispiel einer Datenselektion durch den Anwender dargestellt.

Nachdem der Anwender die gewünschten Einstellungen vorgenommen hat, startet er eine Abfrage (1), die über SAS-CONNECT (2) und SAS ACCESS (3) auf der Datenbank ausgeführt wird. Das Ergebnis wird - im Berichtswesen aggregiert - (4), zurück zum Client geschickt (5) und auf dem Bildschirm angezeigt (6). Hier kann ein Soll-Ist-Vergleich stattfinden oder weitere Plandaten erfaßt werden. Zur individuellen Weiterverarbeitung können die Daten anschließend nach Lotus 123 exportiert (7) werden. Zusätzlich besteht die Möglichkeit, Daten aus der Vertriebsdatenbank (VDB) (8) zu importieren oder dorthin zu exportieren.

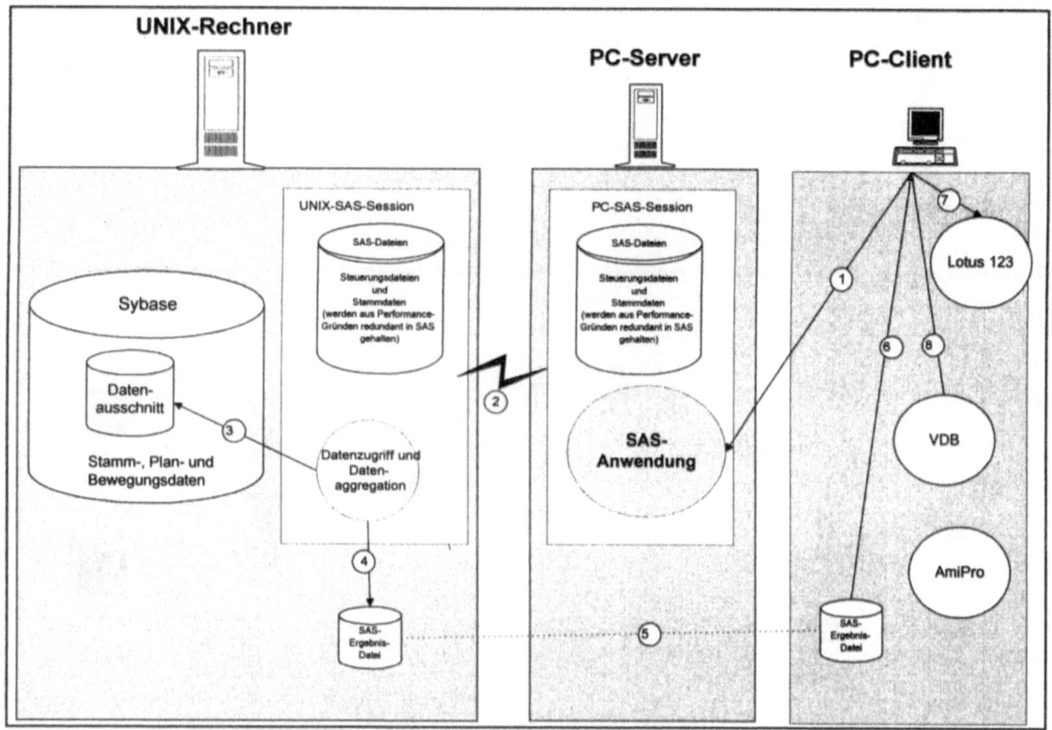

Abb. 4: Informationsflüsse der SAS-Anwendung COGITO

3.3   Datenhaltung

3.3.1   Berichtswesen

Das Data Warehouse beschränkt sich im vorliegenden Fall auf alle Controlling-relevanten Daten. Den Aufbau des Data Warehouses verdeutlicht Abbildung 5.

Die Controlling-relevanten Daten werden aus den operativen MVS-Systemen (DB2) in einen Controlling-Datenpool geladen (das ursprüngliche Papierberichtswesen wurde aus diesem Datenpool generiert) und von dort nach UNIX transferiert. Alle auf dem Host (MVS) erstellten Daten werden sodann per SYBASE Omnia Access für DB2/MVS auf eine SYBASE Datenbank auf den UNIX-Server repliziert.

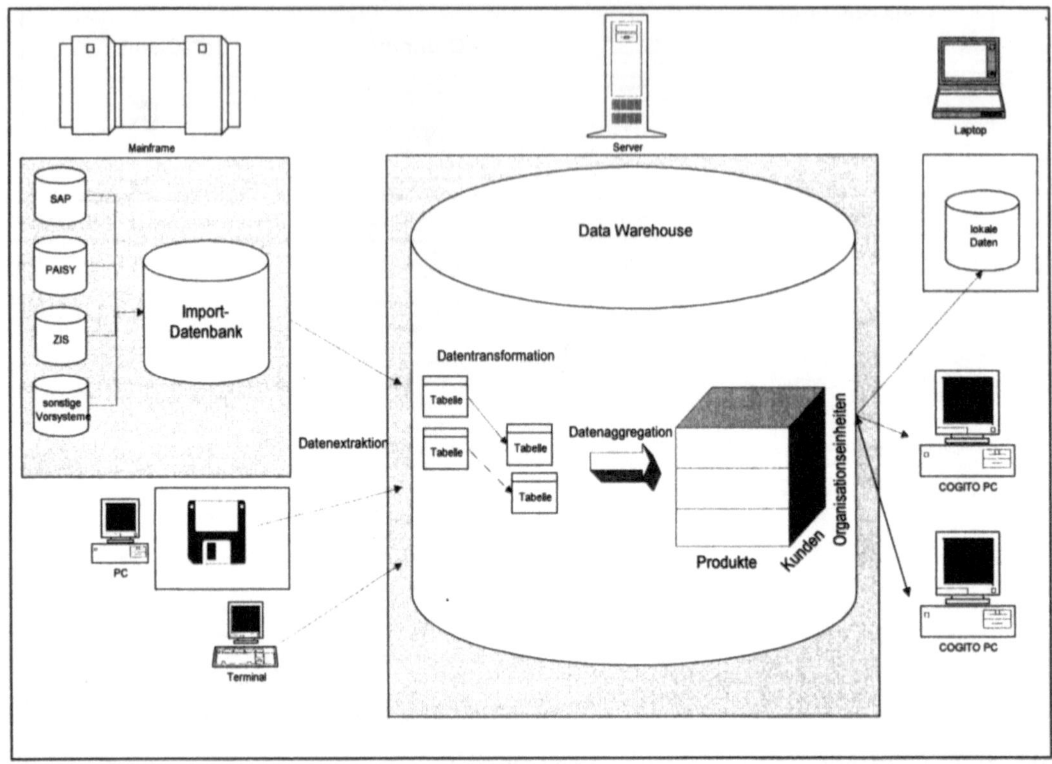

Abb. 5: Aufbau des Data Warehouses.

Die ASCII-Dateien auf der UNIX-Ebene werden als gespeicherte Files anschließend in die SYBASE-Transfer-Datenbank geladen. Dort werden die Transformationen (z.B. Umwandlung der Datenformate) durchgeführt.

Die Daten für die Risikoauswertungen werden in Lotus1-2-3-Dateien geliefert und in die Sybase-Datenbank übertragen.

Bei den Daten handelt es sich neben Kosten-, Investitions- und Personaldaten im wesentlichen um Daten zu jedem einzelnen Geschäft (z.B. Vergabe eines Kredites). Auf diesem Bestand von 4 Millionen aktuellen und historischen Datensätzen sind beliebige Auswertungen nur mit hohen Antwortzeiten möglich (komplexere Anfragen bewegten sich im Minuten-Bereich). Daher wurden die Einzelgeschäfte aggregiert und in speziellen Aggregationstabellen abgelegt. Auf dem so entstandenen 'Datenwürfel' auf Basis multidimensionaler Tabellen können fast alle Anfragen in befriedigenden Antwortzeiten abgearbeitet werden.

Die Informationen der letzten 12 Berichtsperioden stehen ständig in direktem Online-Zugriff zur Verfügung. So ist es möglich, auch einzelne Jahresvergleiche zu tätigen. Insgesamt wurde darauf geachtet, daß eine Fokussierung auf die tatsächlich zur Unternehmenssteuerung benötigten Informationen stattfand. Nicht benötigte Daten blockieren nur die Performance des Data Warehouses.

3.3.2   Planung

Aus Gründen guter Antwortzeiten und hoher Verfügbarkeit wurde die Datenhaltung so konzipiert, daß in allen Lokationen (Frankfurt, Berlin, Hamburg, etc.) die Daten für **COGITO** in einer eigenen Datenbank lokal gehalten werden.

Bei der Eingabe oder der Änderung von Plandaten – gleichgültig von welcher Lokation aus – sorgen datenbanktechnische Verfahren (Replikationen) dafür, daß die neuen oder geänderten Daten auf allen anderen Lokationen innerhalb von Sekunden übertragen und lokal gespeichert werden. Bei versehentlicher Planung für identische Organisationseinheiten werden die Plandaten der hierarchisch übergeordneten Organisationseinheit übernommen.

Bei einer Störung der Netzwerkverbindung werden die Daten bzw. Löschanweisungen zwischengespeichert (gepuffert), damit nach Beseitigung einer solchen Störung eine automatische Weiterverarbeitung erfolgen kann.

Nach Beendigung des Planungsprozesses werden die Solldaten aus der Planungsdatenbank in die Berichtswesendatenbank überführt, um für den Soll-Ist-Vergleich bereitzustehen.

4   Die Anwendung COGITO

Planung und Soll-Ist-Vergleich sind integraler Bestandteil im Regelkreis der Unternehmenssteuerung.

Da der potentielle Anwenderkreis hinsichtlich der Häufigkeit der Nutzung und der Erfahrung mit PC's sehr heterogen ist, wurde bei der Entwicklung des Systems auf eine einfache Handhabung und eine intuitive Bedienbarkeit geachtet.

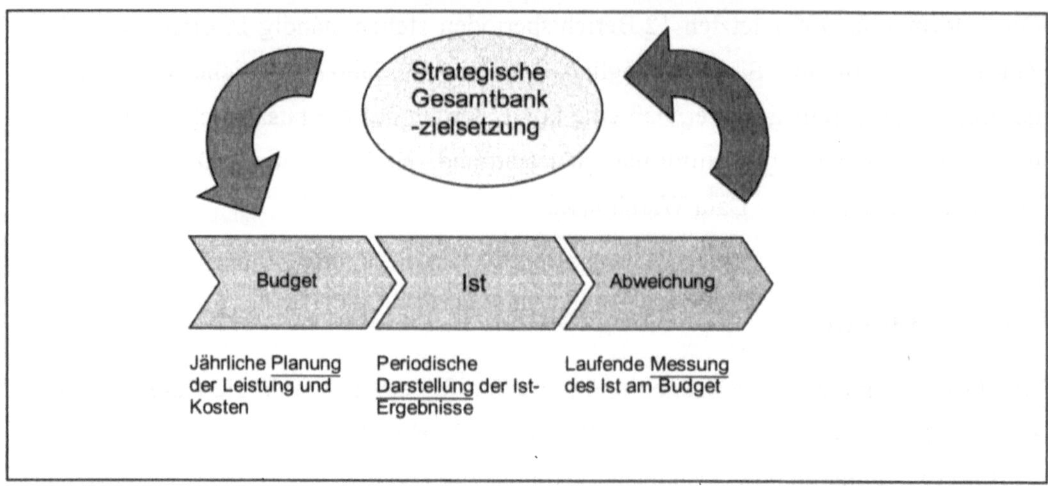

Abb. 6: Unternehmenssteuerungsprozeß

4.1   COGITO-Berichtswesen

Die Menüsteuerung von **COGITO** ist - wie Abbildung 7 zeigt - so aufgebaut, daß der Anwender nach wenigen "Mausklicks" die für ihn relevante Auswertungs-Maske erreicht.

Über die Steuerungsmasken (grau) kann der Anwender zu den einzelnen Auswertungs-masken/Reports (weiß) navigieren. Das Funktionsprinzip der Auswertungsmasken ist einheitlich: Nachdem der Anwender die Daten aus dem Datenwürfel selektiert hat, kann er sich die Auswertung tabellarisch oder grafisch anzeigen lassen. Ein Ausdruck oder ein Export in ein Tabellenkalkulationsprogramm ist jederzeit möglich.

Ein installiertes Benutzerberechtigungskonzept läßt nur "erlaubte" Abfragen zu. Die für Managementinformationssysteme typischen Funktionalitäten wie Drill Down, Roll Up sowie Slicing & Dicing sind Bestandteil des Systems.

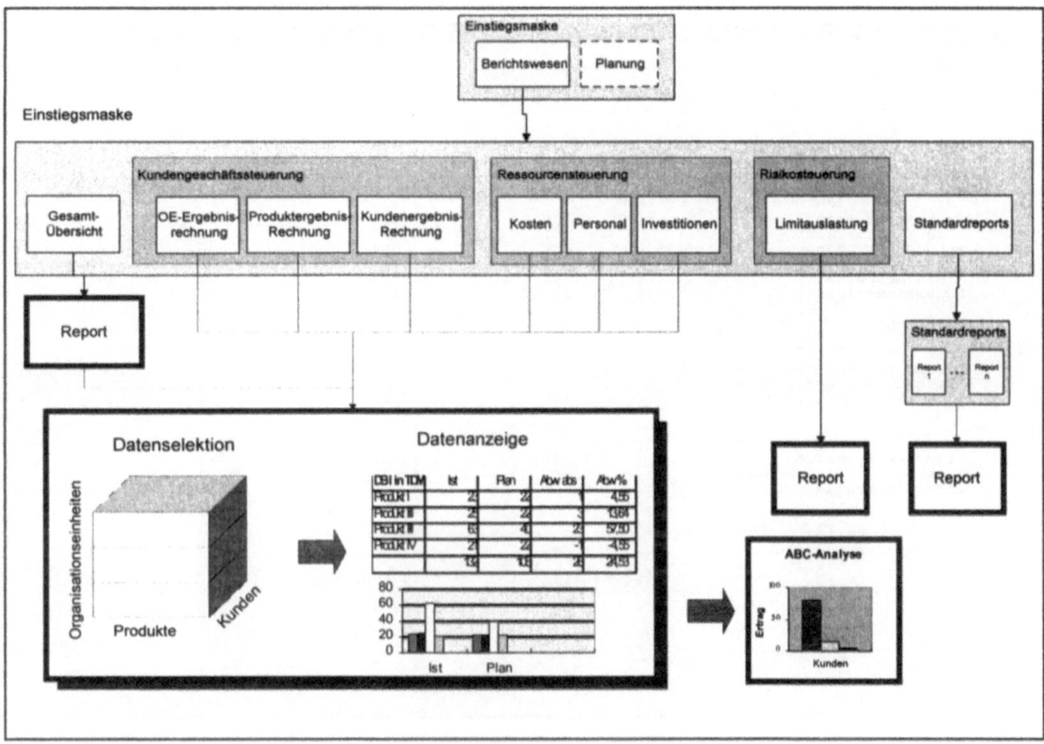

Abb. 7: Menüsteuerung von COGITO-Berichtswesen

Eine Gesamtsicht auf die wichtigsten Daten einer ausgewählten Organisationseinheit (oberste Organisationseinheit ist die Gesamtbank) findet der Anwender in der 'Gesamt-übersicht'. Von hier kann er die weiteren Auswertungsmasken über Drill Down direkt erreichen.

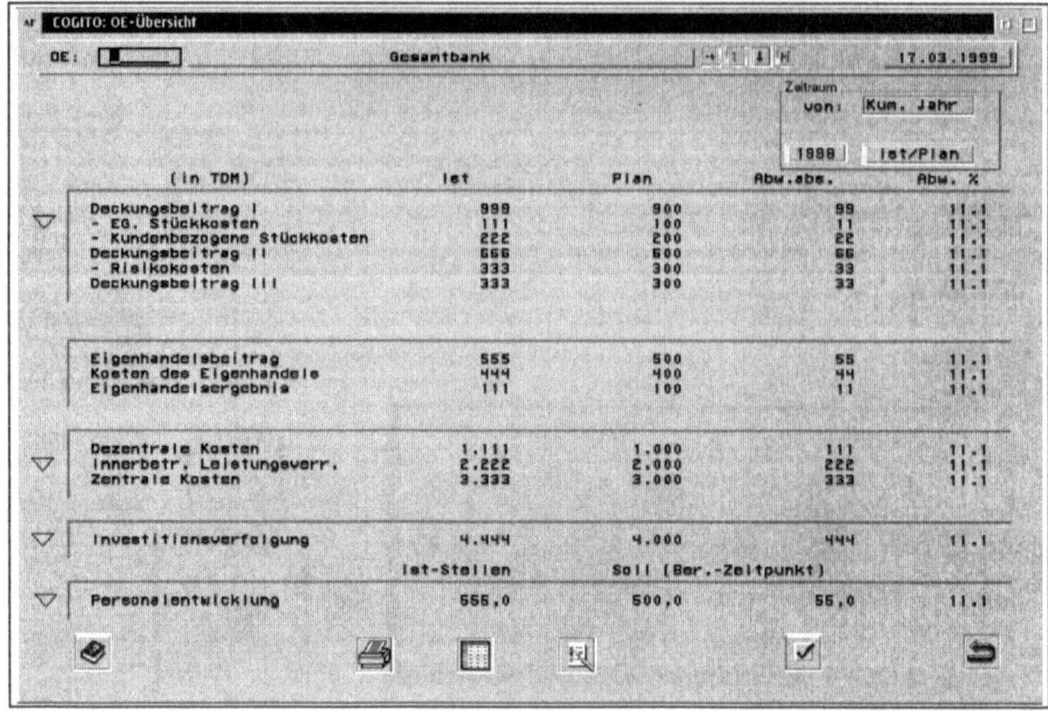

Abb. 8: Übersichtsmaske

Die Selektionsleiste, über die der Anwender die Sicht auf den Datenwürfel "einstellen" kann, wurde auf allen Auswertungsmasken gleich aufgebaut. Die Anzahl der Auswahlmöglichkeiten auf dem Bildschirm wurde - wie Abbildung 9 zeigt - so gering wie möglich gehalten.

Abb. 9: Selektionsleiste von COGITO-Berichtswesen

Über die Dimensionen Organisationseinheit, Produkt und Kunde bestimmt der Anwender die zu selektierenden Datensätze. Über Darstellung wählt er aus, ob er die Datensätze z.B. im Deckungsbeitrags-Schema, nach Produkten, Kundengruppen oder Organisationseinheiten aufgeschlüsselt sehen möchte. Über Berichtsgröße wird festgelegt, ob es sich bei den angezeigten Daten z.B. um den Deckungsbeitrag I, II oder III handelt.

In der Ausbauphase von **COGITO** hinsichtlich eines optimierten Vertriebssteuerungsprozesses bzw. des Customer Relation Management wurde von mehreren Fachbereichen Konzepte zur Analyse des Kundenpotentials umgesetzt, so daß der gesamte Kundenmanagementprozeß von Marktanalyse, Kundensegmentierung, Kundenplanung, Kundenbetreuung und Erfolgskontrolle abgebildet wird.

Wichtig hierfür war die Integration mit dem in der DG BANK vorhandenen System (Vertriebsdatenbank). Aus diesem können Kunden und deren detaillierte Qualitätsmerkmale übernommen werden, um sie in **COGITO** zu analysieren.

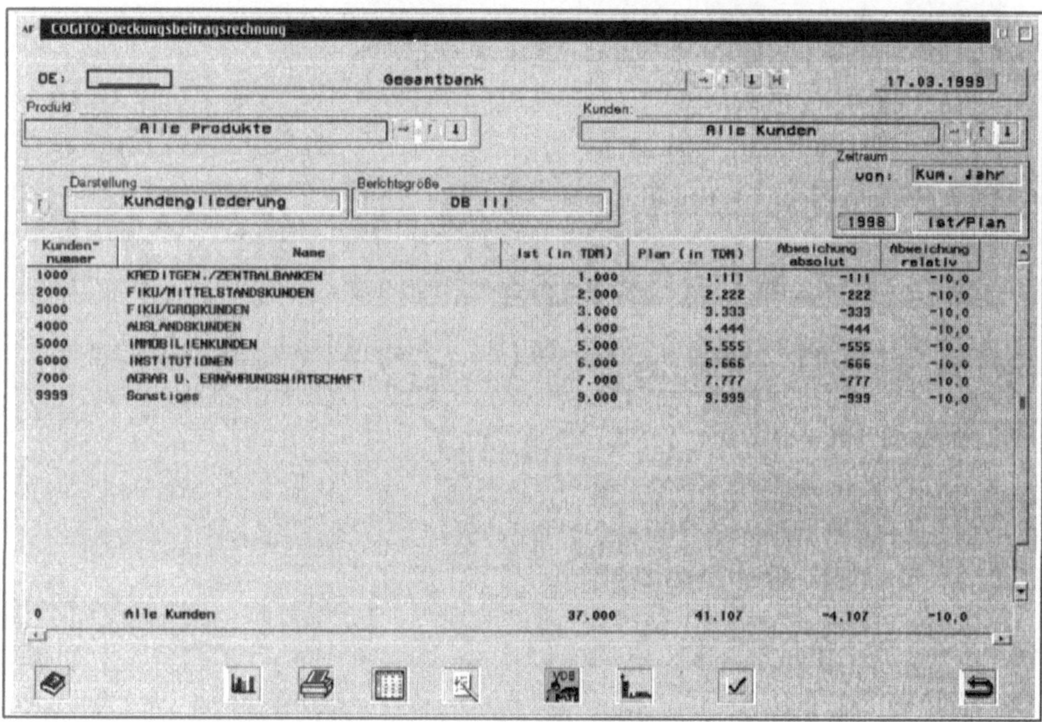

Kunden-nummer	Name	Ist (in TDM)	Plan (in TDM)	Abweichung absolut	Abweichung relativ
1000	KREDITGEN./ZENTRALBANKEN	1.000	1.111	-111	-10,0
2000	FIKU/MITTELSTANDSKUNDEN	2.000	2.222	-222	-10,0
3000	FIKU/GROBKUNDEN	3.000	3.333	-333	-10,0
4000	AUSLANDSKUNDEN	4.000	4.444	-444	-10,0
5000	IMMOBILIENKUNDEN	5.000	5.555	-555	-10,0
6000	INSTITUTIONEN	6.000	6.666	-666	-10,0
7000	AGRAR U. ERNÄHRUNGSWIRTSCHAFT	7.000	7.777	-777	-10,0
9999	Sonstiges	9.000	9.999	-999	-10,0

Abb. 10: Maske Ergebnisrechnung

Zur besseren Unterstützung der Vertriebssteuerung wurde die ABC-Analyse in das System **COGITO** integriert. Ziel der ABC-Analyse ist es, Rückschlüsse auf die angemessene Betreuung eines Kunden ziehen zu können, damit die Betreuungsintensität festgelegt werden kann. Die ABC-Analyse wird somit als weiteres Instrument der Vertriebskontrolle und der Planung genutzt.

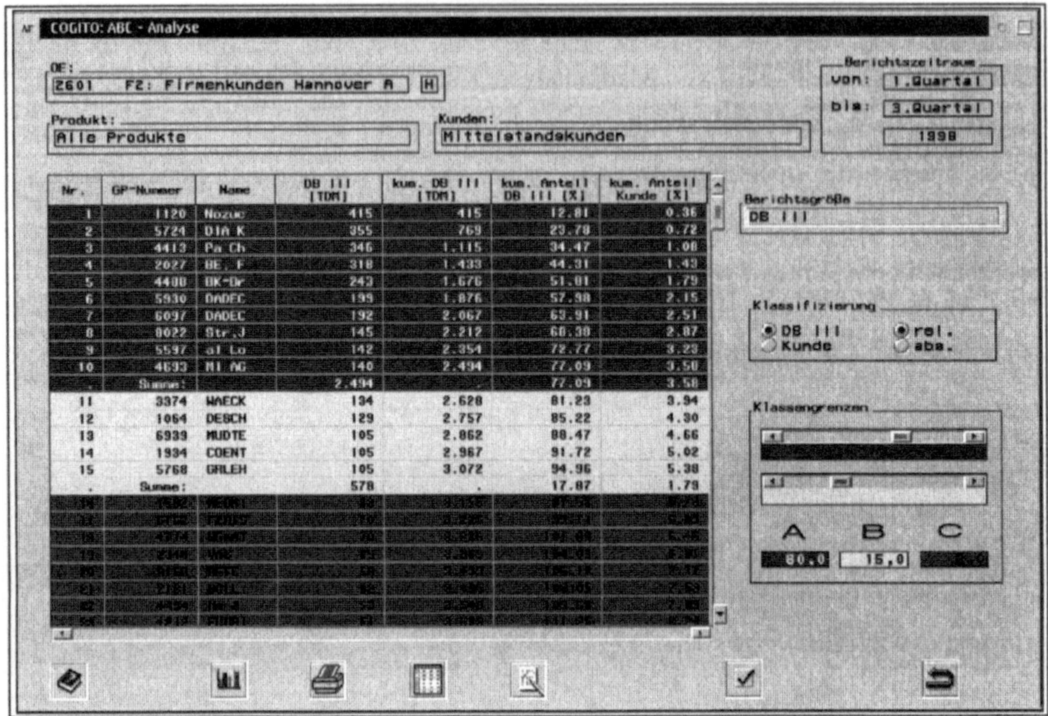

Abb. 11: Maske ABC-Analyse

4.2 COGITO-Planung

Das neben dem Berichtswesen zweit wichtigste Element von **COGITO** betrifft die Planung. Der Planungsprozeß im Ergebnisbereich der DG BANK findet - wie bei einer Matrixorganisation üblich - aus zwei Sichten statt, den Produkt- und den Kundensichten. Jeder Verantwortliche plant die jeweiligen Produkte / Kunden des Matrixpartners. Anschließend finden Abstimmungen zwischen den einzelnen Matrixpartnern auf Basis der geplanten Daten statt. Weitere Abstimmungen finden mit der Top Down-

Planung statt. Diesen Planungsprozeß unterstützt **COGITO** auf allen Ebenen, so ergeben sich die Solldaten für das Folgejahr.

Um später möglichst aussagekräftige Soll-Ist-Vergleiche durchführen zu können ist es nötig, Plandaten auf dem selben Detaillierungsgrad zu besitzen wie in der Berichtswesenkomponente. Dies sind:

- der Einzelkunde in der Ertragsrechnung,

- die Kostenart in der Kostenrechnung,

- die Organisationseinheit in den anderen Planungsbereichen.

Im Planungsteil gibt es im Gegensatz zum Berichtswesenteil grundsätzlich zwei unterschiedliche Funktionsarten von Masken:

- Eingabemasken und

- Ausgabemasken

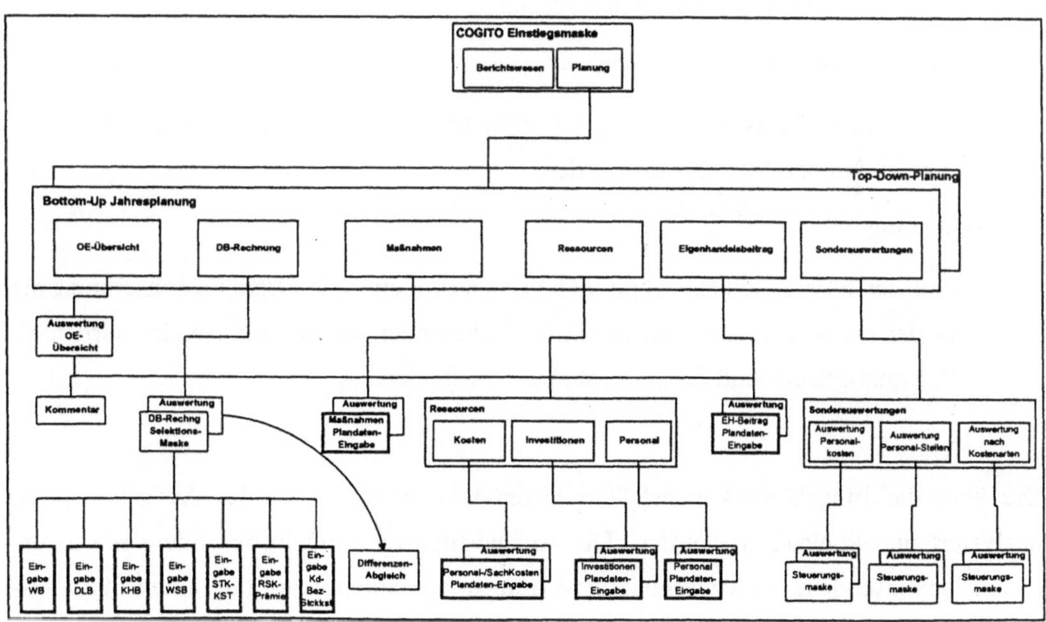

Abb. 12: Menüsteuerung von COGITO-Planung

Die Eingabe erfaßt:

Ergebnisrechnung (Einzelkundenplanung/Produktplanung)

An dieser Stelle finden die Planungen der Matrixpartner für die von ihnen betreuten Bereiche statt.

Maßnahmenplanung

Hier werden die Aktionen geplant, die zur Erreichung eines gesetzten Ziels durchzuführen sind. Jede Organisationseinheit kann den Bedarf an einer anderen Organisationseinheit einstellen.

Personalplanung

Der Personalbedarf, den jede Organisationseinheit für das Folgejahr hat, wird mittels dieser Funktionalität erfaßt.

Investitionsplanung

Den Investitionsbedarf hinsichtlich der Zielerreichung ihrer Organisationseinheit erfassen die Planenden in dieser Maske.

Planung von Eigenhandelsergebnissen

Die Erträge und Kosten aus eigenen Finanzgeschäften im Handels- und Devisenbereich können hier geplant werden.

Kostenplanung

Auf der Ebene Kostengruppe und Kostenart kann jede Organisationseinheit die in der neuen Periode voraussichtlich anfallenden Kosten planen. Es wird nach Personal-, Sach- und Zentralkosten unterschieden.

Die über die Eingabemasken erfaßten Daten können mit Hilfe der Ausgabemasken analysiert und kontrolliert werden. Die Ausgabemasken sind insbesondere nötig, um nach Planungsende noch weiterhin Auswertungsmöglichkeiten auf die reinen Planungsdaten zu haben.

Zusätzlich zu den Ausgabemasken sind Analysen mit den Plandaten möglich. Dies ist der sogenannte Matrixpartnerabgleich. Hier können die einzelnen Matrixpartner die

Planungen des Gegenüber analysieren. Im sogenannten Differenzenabgleich werden auf aggregierter Ebene die Planungen der Matrixpartner analysiert.

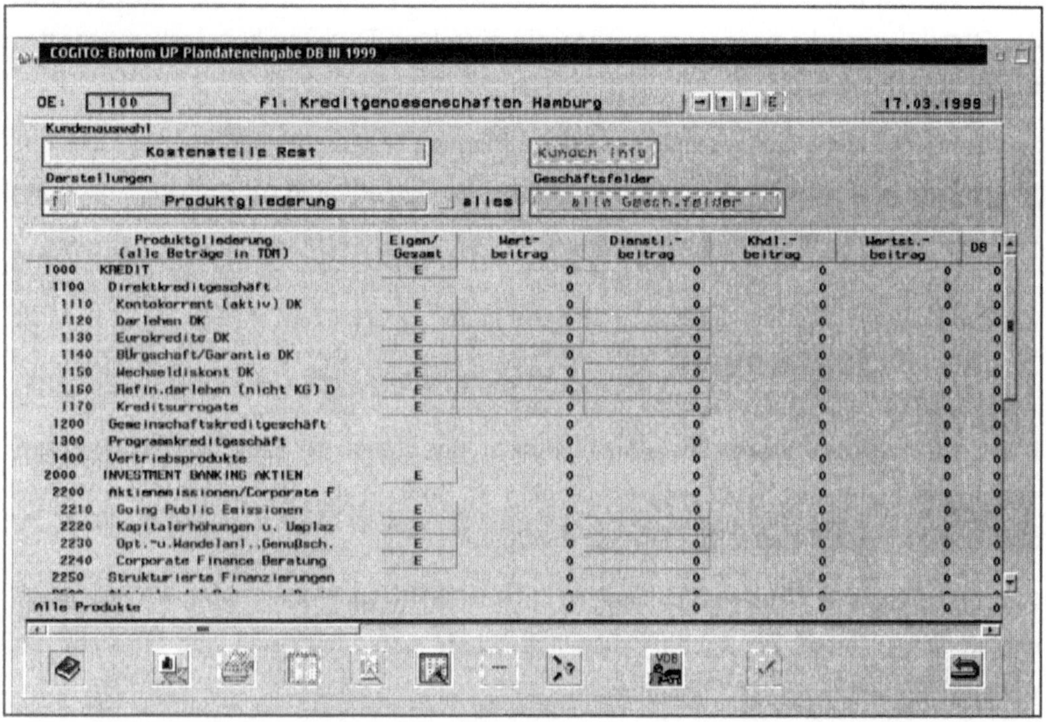

Abb. 13: Maske Plandateneingabe Ergebnisrechnung

In Abbildung 13 ist die Plandateneingabe aus Sicht der Kundenmatrixpartner zu sehen. Sie planen die Erträge, die sie bei 'ihren' Kunden mit den angezeigten Produkten verwirklichen wollen. Die Darstellung wird automatisch anhand der eingestellten Organisationseinheit ausgewählt. Bei Produktmatrixpartnern wäre dies Kundengliederung. Die Erträge können für die ganze Organisationseinheit inklusive aller untergeordneten Einheiten geplant werden (Gesamtplanung) oder nur für die eigene Organisationseinheit (Eigenplanung). Die Eigen-/Gesamtplanung gilt dann für den gesamten Deckungsbeitrag des geplanten Produkts. Als Planungsobjekte können einzelne Kunden oder alle Kunden der Organisationseinheit ('Kostenstelle Rest') mittels Kundenauswahl geplant werden.

Eine Planung nach CRM-Attributen wie Geschäftsfeld oder Kundensegment ist für die entsprechenden Fachbereiche ebenfalls möglich.

Als Planjahr stehen immer das letzt geplante und das nächste zu planende Jahr zur Auswahl. Bei den Eingaben erfolgt eine automatische Plausibilitätsprüfung. Nach Eingabe der Detailplanungskomponenten werden die einzelnen Deckungsbeitragskomponenten automatisch berechnet.

Sobald die Jahresplanung feststeht, wird die Planung festgeschrieben und ins Berichtswesen überführt. Es besteht nun die Auswertungsmöglichkeit der Plandaten sowohl im Berichtswesen als auch in der Planung.

5   Erfahrungen

Das Data Warehouse bringt den größten Nutzen hinsichtlich der Entscheidungsrelevanz, wenn es zentral in der Prozeßkette positioniert ist. So wird zum Beispiel vor einem Kundenbesuch zunächst eine ABC-Analyse durchgeführt.

Durch die zentrale Verwendung werden 'kleine' MIS vermieden, wodurch wiederum der große Aufwand der Schnittstellenentwicklung unterbleibt und alle Bereiche die gleiche Datenbasis zur Verfügung haben.

COGITO hat sich in den Jahren seines Betriebs in der DG BANK als Analyse- und Planungsinstrument mehr als etabliert. Es wird inzwischen von über 400 Anwendern regelmäßig genutzt. Der Nutzen übersteigt inzwischen die aufgewendeten Kosten bei weitem. Allein der Nutzen der ABC-Analyse wiegt voraussichtlich die Kosten des Projekts auf.

Weiterhin hat sich gezeigt, daß es sinnvoll ist, den Bereich Organisation / DV bereits in die Fachkonzeption einzubeziehen, um schon im Vorfeld Mißverständnisse auszuräumen und unnötige Arbeiten zu vermeiden.

Wichtig ist es auch, bereits im Vorfeld die Erwartungen an ein solches Informationssystem auf einem technisch umsetzbaren, realistischen Niveau zu halten - dazu trägt vor allem der Bereich Organisation / DV bei. Voraussetzung für eine optimale Zusammenarbeit zwischen dem Bereich Organisation / DV und dem Fachbereich sind zumindest

Grundkenntnisse über das Tagesgeschäft und die Arbeitsinhalte der jeweils anderen Seite.

Der oft geforderte Sponsor im Vorstand ist wichtig, dies zeigte sich auch im beschriebenen Projekt der DG BANK. Gleichzeitig ging der Impuls von der Fachabteilung Controlling aus und wurde von der oberen Führungsebene unterstützt.

Entscheidend ist weiterhin, daß ein Unternehmen gerade im Hinblick auf die zukünftige Entwicklung auf dem Soft- und Hardwaremarkt die richtige Vorgehensweise mit den richtigen Technologien wählt. Die Konzentration auf die aktuell besten Produkte kann mittel- bis langfristig falsch sein, wenn der Hersteller eine Entwicklung verschläft oder aus fachlichen bzw. finanziellen Gründen den Anschluß verliert.

Es bewahrheitet sich immer wieder, daß der geforderte Ansatz *"Think big, start small"* richtig und wichtig ist. In dem beschriebenen Projekt wurde entsprechend verfahren - die gesetzten Termine waren zu halten, und man war grundsätzlich dazu bereit, eher auf Funktionalitäten zu verzichten als Budgets zu erhöhen und Termine zu verschieben. Gewünschte Funktionalitäten, die man bereits in der Konzeptions- bzw. in der Prototypenphase als sehr aufwendig identifizierte, wurden in eine spätere Realisierungsstufe verschoben.

Eine Anwendung wie **COGITO** lebt von der Qualität der Daten, auf die es zugreift. Der Prozeß der Datenbereinigung wird oft unterschätzt, wie auch dieses Projekt zeigte.

In den Schulungen wurde das System durchweg positiv aufgenommen. Die einfache Handhabung ermöglichte es den meisten Anwendern sofort, entsprechende Analysen mit den Daten durchzuführen. Es ist fraglich, ob ein ähnlicher Erfolg mit einer 'überfrachteten' Oberfläche erzielt worden wäre, wie man sie häufig bei Systemen dieser Art antrifft.

Die Akzeptanz eines Managementinformationssystems hängt nicht nur von den fachlichen Funktionalitäten, sondern auch von der Bewältigung der Komplexität des Client / Server-Umfeldes ab. So gab es z. B. bei der technischen Umsetzung Probleme mit der standardisierten OS/2 - Oberfläche und der heterogenen PC-Landschaft. Da die verschiedenen PC's mit unterschiedlichen Grafikkarten arbeiteten, mußte die Anwendung entsprechend an die verschiedenen Bildschirmauflösungen angepaßt werden.

Ein Punkt, der vor allem dann vergessen wird, wenn sowohl Testumgebung als auch Pilotbereich 'gut' ausgestattet sind.

Die Kosten für ein Data Warehouse sind laut Gartner Group in den letzten vier Jahren um ca. 50 % gefallen. Durch Verbesserung der angebotenen Werkzeuge ist nochmals eine Reduzierung des Gesamtentwicklungsaufwandes für ein Data Warehouse möglich.

Die Kostenverteilung für das beschriebene Projekt deckt sich - wie Abbildung 14 zeigt - im wesentlichen mit den von der Gartner Group ermittelten Durchschnittswerten. Der Hauptanteil der Kosten lag bei der Hardware (ohne Netze und Betriebssysteme) und den Personalkosten.

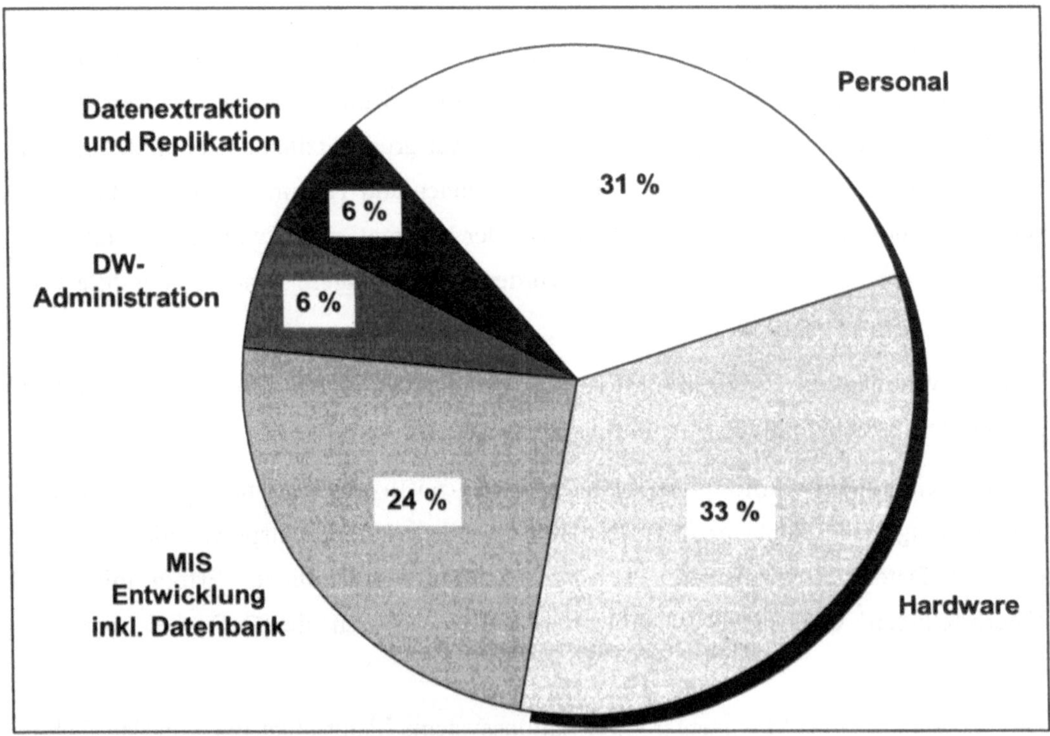

Abb. 14: Kostenverteilung im Projekt

6   Ausblick

Zukünftig soll **COGITO** auch den Auslandsfilialen zur Verfügung gestellt werden. Neben der "Internationalisierung" der Anwendung stehen auch die Einbindung weiterer Analyse-Funktionalitäten und ein weiterer Ausbau der Unterstützung des strategischen Steuerungsprozesses (z.B. Top Down-Planung, Vorstands-Komponente) zur Diskussion. Desweiteren ist eine Integration des Themas ‚Beteiligungscontrolling' angestrebt.

Um in Zukunft eine noch genauere Aussage über das nachhaltige DB III-Potential treffen zu können, sollen neben dem Ergebnis der Vergangenheit auch qualitative Kriterien, beispielsweise Markttrends, Zukunftsperspektiven, usw. in die Beurteilung eingehen.

Durch neue Analysetechniken wie Data Mining, bewegte grafische Animationen, multidimensionale Datenhaltungskonzepte (MOLAP, ROLAP) und Intranet-Technologie werden den Anwendern mittlerweile eine Vielzahl von Möglichkeiten für Analyse und Kommunikation angeboten, die weit über die eines Papierberichtswesens hinaus reichen. Diese modernen Technologien sollen sukzessive auch über **COGITO** angeboten werden. Gerade durch die aufkommende Diskussion um den Einsatz von Intranets wird diesem Projekt in der nächsten Zeit voraussichtlich neuer Schwung verliehen.

Teil VI

Erfahrungsberichte

- Dienstleistungsbranche -

Erfahrungen beim Aufbau eines Data Warehouses im Controlling

Andreas Exner

1 Einleitung

2 Die Aufgabe

3 Das Team

4 Die Vorgehensweise

5 Die Lösung

6 Erfahrungen und Ausblick

1   Einleitung

Hinter dem Begriff Data Warehouse verbirgt sich ein leistungsfähiges Konzept zum Aufbau komplexer Informationssysteme. Je nach Aufgabenstellung, nach fachlichem und technologischem Umfeld ist dabei eine geeignete Vorgehensweise zu wählen, mit deren Hilfe ein Data Warehouse aufgebaut und in die Gesamtarchitektur der angestrebten Lösung eingebettet wird.

Aus den vielfältigen Möglichkeiten für den Einsatz eines Data Warehouses wird im vorliegenden Beitrag der Aufbau eines Führungsinformationssystems für einen Konzern der Dienstleistungsbranche herausgegriffen. Hierbei steht der Controlling-Bereich im Blickpunkt und damit die Themen Führungsunterstützung und Managementerfolg. Das Controlling ist ein ebenso interessantes Einsatzfeld für das Data Warehouse-Konzept, wie die „klassischen" Einsatzfelder Marketing und Vertrieb.

2   Die Aufgabe

Oftmals wird mit dem Begriff Data Warehouse sehr schnell der Bezug zur Technologie hergestellt. Man redet über Betriebssysteme und Datenbanken, Protokolle und Schnittstellen.

Bevor man sich aber auf diese - für den Projekterfolg durchaus wichtige - Ebene begibt, gilt es, sich mit den Prozessen auseinanderzusetzen, die unterstützt werden sollen. Ausgehend von der einfachen Formel, daß Kernprozesse diejenigen Prozesse sind, die die Kernleistungen eines Unternehmens oder eines Bereiches hervorbringen, handelt es sich im Controlling dabei um den Prozeß der zeitnahen Informationsversorgung von Entscheidungsträgern.

Erst wenn dieser Prozeß analysiert ist, Schwachstellen erkannt sind und eine Vision des gewünschten Sollzustandes definiert ist, kann man daran gehen, sich über geeignete Lösungswege Gedanken zu machen.

Daher verwundert es auch nicht, daß erfolgreiche Data Warehouse-Projekte im Controlling in der Regel nicht als Data Warehouse-Projekte initiiert werden. Zu Beginn des

Projektes stehen qualitative - wenn möglich auch quantitative - Aussagen über den betrachteten Prozeß, z.B.:

- Der Monatsabschluß soll vom 15. auf den 10. Arbeitstag vorverlegt werden.

- Der Aufwand für das zentrale Berichtswesen soll um 15 % gesenkt werden.

- Die Kundenzufriedenheit der internen Kunden soll um 20 % gesteigert werden.

- Die Datenqualität soll meßbar werden.

- Die Verantwortung für die Datenqualität liegt bei den datenliefernden Stellen.

Allein aufgrund dieser Anforderungen ist es noch nicht klar, ob Data Warehousing ein Baustein der angestrebten Lösung sein wird, oder ob zur Erreichung der gesteckten Ziele nicht andere Ansätze - z.B. eine Organisationsberatung - erfolgversprechender sind. Dabei zeigt die Praxis, daß man einerseits gut daran tut, sich auf wenige klar definierte Ansätze zu konzentrieren, andererseits führt häufig erst die Kombination von verschiedenen Ansätzen dauerhaft zu den gewünschten Verbesserungen.

Damit kommt sehr schnell die Frage nach der Beherrschbarkeit von Komplexität als kritischer Erfolgsfaktor solcher Projekte ins Spiel und damit in der Regel auch der Unternehmensberater als externer Dienstleister.

Von Partnern in der IT-Beratung wird neben der technologischen Kompetenz vor allem Sicherheit im Umgang mit Komplexität erwartet, die aus dem konzeptionellen Know How und dem Lernkurveneffekt aufgrund der vielfältigen Projekterfahrungen herrührt.

Im folgenden wird das Thema Data Warehousing im Controlling daher an einem Beispiel aus der Projektpraxis weiter vertieft.

Im dargestellten Projekt waren folgende konkrete Aufgaben zu bearbeiten:

- Einheitliche Bereitstellung von führungsrelevanten Informationen für alle Managementebenen vom operativen Management bis zum Vorstand.

- Einheitliche, konsistente Berichtsdatenbank mit historischer Datenhaltung zur internen und externen Berichterstattung

- Einheitliche technologische Infrastruktur im Berichtswesen zur Minimierung der DV-Kosten

Die Analyse der Ist-Situation hatte vor allem ergeben, daß die Informationsbereitstellung nicht schnell genug erfolgt und keine durchgängige Konsistenz aufweist. Die Ausrichtung des Geschäfts erfolgte nach Sparten, und in jeder Sparte wies die Berichterstattung individuelle Eigenheiten auf, die zwar das Spartengeschäft widerspiegelten, eine aussagefähige Konsolidierung der Zahlen auf Gruppenebene wurde jedoch erschwert.

Während das Spartencontrolling die Ist-Berichterstattung für die Sparte abwickelt, muß der Bedarf der Konzernleitung nach Querschnittsinformationen vom zentralen Controlling befriedigt werden. Hierunter fällt die Berichterstattung nach spartenübergreifenden Business-Strukturen wie Markt, Region und Serviceangebot.

Die Prozeßanalyse, zweigeteilt nach auftragsrelevanten und auftragsneutralen Prozeßschritten, ergab zum Teil erhebliche Abweichungen bei der Ausgestaltung des Berichtserstellungsprozesses in der Zentrale und den operativen Einheiten.

Ein weiteres Ergebnis der Analyse waren ausgeprägte Unterschiede bei der Berichterstattung von betriebswirtschaftlichen Größen gegenüber der finanzwirtschaftlichen Darstellung, die sich in einer stark kalkulatorischen Berichterstattung nach innen und einem bilanzorientierten Berichtswesen nach außen manifestieren.

Dabei dient die betriebswirtschaftliche Berichterstattung nach Business-Strukturen der Feststellung eines Managementerfolges nach intern definierten Größen (z.B. einem mehrstufigen Betriebsergebnis), das für alle Einheiten der Gruppe nach einem einheitlichem Schema errechnet wird.

Unter dem Aspekt der durchgängigen Konsistenz muß aber auch die Berichterstattung nach juristischen Einheiten in die Betrachtung miteinbezogen werden. Hier werden Größen der Bilanz und GuV berichtet, für deren Berechnung die jeweiligen gesetzlichen Vorschriften (HGB, US-GAAP) zur Anwendung kommen. Damit ergibt sich der Wunsch, zwischen Größen der internen und externen Berichterstattung Beziehungen herzustellen, beispielsweise die Überleitung eines Betriebsergebnisses auf den Jahresüberschuß, um gegenüber Management und Kapitaleignern die Konsistenz des Zahlenwerkes zu belegen.

Da die Aufgabe lautete, eine einheitliche und konsistente Lösung für den Prozeß der Managementinformation aufzubauen, mußten sich folglich alle oben genannten Strukturelemente in der Lösung wiederfinden. Damit vereint das hier vorgestellte Projekt in sich eine Menge typischer Problemstellungen aus dem Controlling von Unternehmen der Größenordnung bis zu 10 Tsd. Mitarbeiter, bis zu 5 Mrd. Jahresumsatz und bis zu 50 Beteiligungsgesellschaften. Bei der Komplexität, die diese Größenordnung impliziert, liegt es auf der Hand, das Thema „Data Warehousing" in die Diskussion der Lösungsszenarien einzubeziehen.

3 Das Team

Ein zentraler Erfolgsfaktor im Projektgeschäft ist die Zusammensetzung des Teams. Erfahrungsgemäß gelten dabei für Data Warehouse-Projekte in hohem Maße die gleichen Regeln, wie sie für die Konzeption und Einführung von Führungsinformationssystemen schon seit längerem bekannt sind.

Der Sponsor im Top-Management spielt eine genauso wichtige Rolle, wie der eigentliche Treiber des Projektes, der seinerseits einen Projektleiter benennt.

Mit einem Mitglied der Geschäftsführung als engagiertem Initiator, dem Leiter Controlling als Treiber sowie einem Mitarbeiter aus der zentralen DV als Projektleiter war die Ausgangssituation im geschilderten Beispiel außerordentlich günstig. debis Systemhaus als Partner in diesem Projekt stellte zunächst ein Consulting-Team bereit, das nach Abschluß der Konzeption um ein Realisierungsteam ergänzt wurde. Über eine Laufzeit von einem Jahr variierte die Größe des Kernteams zwischen 3 und 15 Mitarbeitern in Abhängigkeit von der gerade bearbeiteten Projektphase.

Die Rolle eines externen Dienstleisters sollte in einem Projekt zur Führungsunterstützung nicht unterschätzt werden. Dabei ist es neben der Erfahrung und dem Know How, die für die nötige Sicherheit sorgen, vor allem die Unabhängigkeit, mit der zum richtigen Zeitpunkt die richtigen Fragen gestellt werden können, die einen Mehrwert liefert.

Die überdurchschnittlich hohe Mißerfolgsquote bei internen Projekten, die in diesem Umfeld abgewickelt werden, ist aus verschiedenen Studien hinreichend bekannt. Vieles spricht dafür, daß für Data Warehouse-Projekte ähnliches gilt wie für klassische MIS-Projekte, insbesondere wenn zu den Nutzern des Datenbestandes die Top-Führungsebene gehört.

4 Die Vorgehensweise

Eine erfolgversprechende Vorgehensweise zum Aufbau eines Data Warehouses und der zugehörigen Anwendungen zeichnet sich dadurch aus, daß sie Komplexität beherrschbar macht. Dies ist nicht zu verwechseln mit der Reduktion von Komplexität, die deshalb nicht zum Erfolg führt, weil sie Aspekte der Unternehmensrealität nicht modelliert, die sich später als unabdingbar herausstellen können.

Aus der Aufgabenbeschreibung wurde bereits der Komplexitätsgrad der Aufgabe deutlich. Diese Komplexität ist bei Data Warehouse-Projekten eher die Regel denn die Ausnahme. Eine verbreitete Technik zur Beherrschung dieser Komplexität ist die Methode der „Entkopplung".

Entkopplung muß dabei sowohl inhaltlich als auch technisch verstanden werden. Die inhaltliche Entkopplung führt zu verschiedenen Handlungsfeldern, aus denen sich Module ableiten lassen, die weitgehend unabhängig voneinander bearbeitet werden können.

Bei der Aufteilung der inhaltlichen Anforderungen in übersichtliche Module stand das Projektteam jedoch schnell vor einem Problem:

Es war vorgesehen, die Gruppe der Anwender zunächst auf den Kreis der oberen Geschäftsführung sowie der Spartencontroller zu beschränken. Als inhaltliche Basis diente neben einigen ausgewählten kritischen Steuergrößen vor allem ein sogenannter Geschäftsführungsbericht. Dieser weist für alle ergebnisverantwortlichen Einheiten, ausgehend von Umsatz und Leistung über Kosten und kalkulatorische Ansätze, ein Betriebsergebnis aus. Zusätzlich wurden eine Reihe von finanzwirtschaftlichen Informationen benötigt.

Um diese Informationen darstellen zu können, mußte als operatives Vorsystem im wesentlichen SAP angezapft werden. Im konkreten Beispiel handelt es sich um die Module RK und RF aus der alten R/2-Welt.

Obwohl aus Sicht der Berichtsempfänger eine kleine, hochaggregierte Datenbasis ausreicht, um alle Informationsbedürfnisse zu befriedigen, stellte sich im Modellierungsprozeß alsbald heraus, daß im Data Warehouse eine wesentlich detailliertere Informationsbasis abgebildet werden muß, wenn man eine sinnvoll automatisierte Schnittstelle zum Vorsystem SAP realisieren möchte.

Es handelt sich hier um eine klassische Problemstellung beim Aufbau von Schnittstellen von SAP zu weiterführenden Systemen. Sowohl aus technischen wie auch aus Kostengesichtspunkten empfiehlt es sich nicht, die Verdichtung von Daten direkt in dem Schnittstellenmodul vorzunehmen. Schon die Programmierung entsprechender ABAP's (ABAP ist die SAP-Programmiersprache), die einfach nur unbearbeitete SAP-Datensätze selektiert und in einem sinnvollen Format einem Data Warehouse zur Verfügung stellt, erweist sich als aufwendig genug. Bereits an dieser Stelle Routinen zur Datenverdichtung zu implementieren, kann nicht empfohlen werden. Vor allem, wenn man auch den späteren Betrieb und die unvermeindlich auftauchenden Änderungswünsche (Stichwort: flexible Erweiterbarkeit) mitberücksichtigt.

Tatsächlich zeigte sich in dem iterativen Abstimmprozeß zwischen Datenmodellierung und Schnittstellenkonzeption, daß eine sehr detaillierte Datenebene aus SAP in das Data Warehouse übernommen werden mußte. Auf der Kostenträgerseite ist das die Ebene der Aufträge mit einer Reihe wichtiger, auftragsbezogener Informationen; beim Thema Buchungskreise ist die Ebene der Kostenstelle mit einer Reihe kostenstellenbezogener Informationen von Bedeutung.

Die inhaltliche Entkopplung mußte daher über betriebswirtschaftliche Betrachtungsfelder vorgenommen werden. So stellten z.B. Ergebnisrechnung, Bilanz, GuV, Cash Flow und Working Capital eigene Berichtsfelder dar, die unabhängig voneinander bearbeitet wurden.

Um trotz des gewaltigen Umfangs der Datenbasis schnell vorzeigbare Ergebnisse produzieren zu können, wurde neben der inhaltlichen auch auf die technische Entkopplung in einzelne Module ganz besonderer Wert gelegt.

5 Die Lösung

Die gesamte Data Warehouse-Architektur zur Implementierung des Führungsinformationssystems wurde im vorliegenden Fall in drei Komponenten untergliedert, die weitgehend unabhängig voneinander entwickelt werden konnten:

- Zentrale Berichtsdatenbank (auch „Master-Datenbank" oder „Data Warehouse im engeren Sinne")

- Information Factory

- Front End-Applikationen.

Die nachfolgende Abbildung 1 veranschaulicht das Zusammenspiel der drei Komponenten:

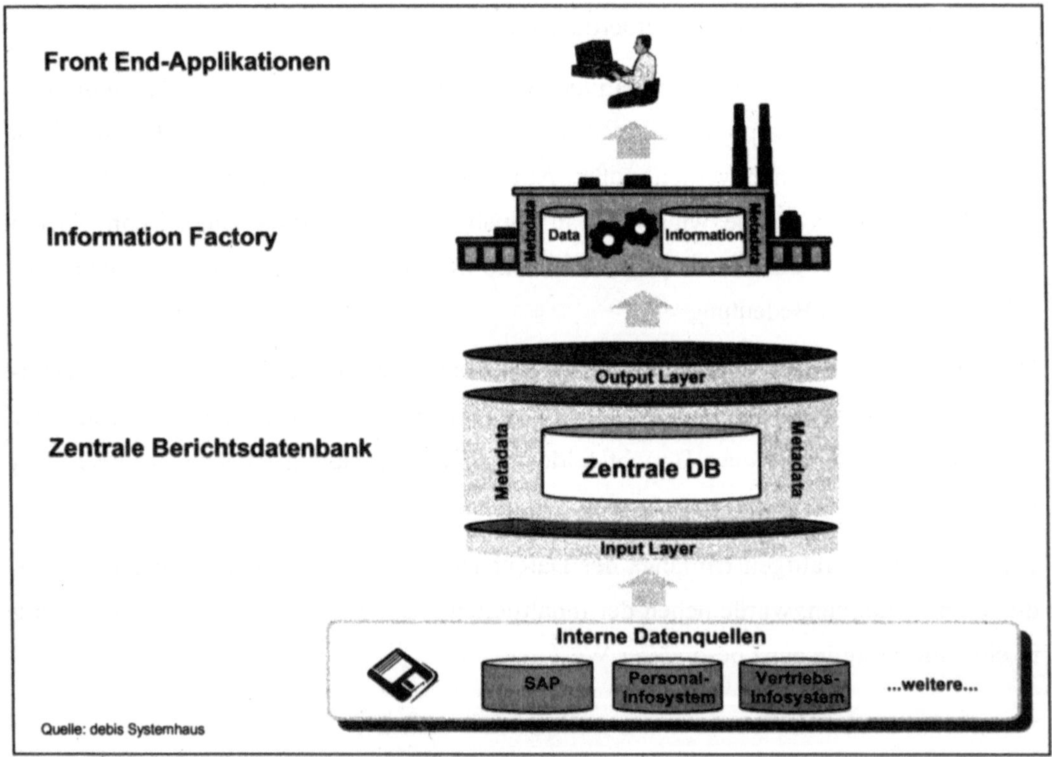

Abb. 1: Komponenten der Data Warehouse-Architektur

Die **Zentrale Berichtsdatenbank** enthält das „Rohmaterial". Es handelt sich hier um die oben beschriebene, detaillierte Datenebene aus SAP. Allerdings sollte auch nicht der Eindruck entstehen, daß die gesamte SAP-Datenbasis nun nochmals redundant im Data Warehouse hinterlegt wird. Es werden weder alle in SAP definierten Konten noch alle Bewegungsinformationen benötigt. Alle übernommenen Werte sind Salden. Damit schmilzt das Datenvolumen gegenüber dem operativen SAP bereits erheblich zusammen.

Bei der Frage des Detaillierungsgrades - immer eine zentrale Designfrage eines Data Warehouses - ist zu bedenken, daß alle Daten, die hier nicht vorgehalten werden, auch für weitere Auswertungen nicht zur Verfügung stehen.[1]

Die Modellierung des Data Warehouses muß sich in gewissem Umfang an den Vorsystemen orientieren, damit automatisierte Schnittstellen zum Einsatz kommen können. Zusätzlich muß die Modellierung berücksichtigen, daß auch manuelle Erfassungen unvermeidbar sind. So werden im vorliegenden Fall auch Beteiligungsgesellschaften in das Führungsinformationssystem einbezogen, bei denen SAP gar nicht im Einsatz ist.

Als Träger-Technologie für die zentrale Berichtsdatenbank kommt eine relationale Datenbank zum Einsatz. Das relationale Modell eignet sich wegen der Mechanismen der referenziellen Integrität gut zur systemseitigen Sicherstellung der Konsistenz, einer wesentlichen Anforderung an das Data Warehouse.

Die multidimensionale und zum Teil unstrukturierte Betrachtungsweise des Anwenders auf den Datenbestand wird durch eine relationale Datenstruktur jedoch nicht unbedingt optimal unterstützt.

Damit kommt die **Information Factory** ins Spiel, die zweite Komponente der Datenhaltung in der Gesamtarchitektur. Die Information Factory orientiert sich bei der Datenbereitstellung stark an den Informationsbedürfnissen der Endanwender. Insbesondere die multidimensionale Betrachtung wird unterstützt. So sollen Umsatzzahlen nicht nur nach Sparten oder Gesellschaften, sondern eben auch nach Märkten, Regionen und Services dargestellt werden.

Als Träger-Technologie für die Information Factory kommt eine OLAP-Datenbank (On-Line Analytical Processing) zum Einsatz. Ein wesentlicher Unterschied zur relationalen Datenbank ist der Umgang mit den nahezu beliebig vielen Kreuzprodukten oder „Datenwürfeln", die sich ergeben, wenn aus einem Datenbestand die unterschiedlichen „Datenscheiben" herausgeschnitten werden.

Ein solcher Datenwürfel ergibt sich zum Beispiel, wenn für eine bestimmte Gesellschaft einer bestimmten Sparte für einen bestimmten Markt der Umsatz nach Regionen aufgegliedert dargestellt werden soll.

Natürlich lassen sich auch in einem relationalen Data Warehouse solche Datenwürfel modellieren, wenn auch mit größerem Aufwand. Aber durch die klare Trennung wird genau jene technologische Entkopplung erreicht, die notwendig ist, um weitgehend unabhängig und parallel realisieren zu können. Damit bleibt das Projekt überschaubar, das Budget kann besser verfolgt werden, und Ergebnisse stehen früher zur Verfügung.

Die dritte Komponente in der Gesamtarchitektur sind die **Front End-Applikationen**. Diese Anwendungen stellen die Schnittstelle zum Endanwender dar. Sie sind quasi die sichtbare, über dem Wasser liegende Spitze des Eisberges.

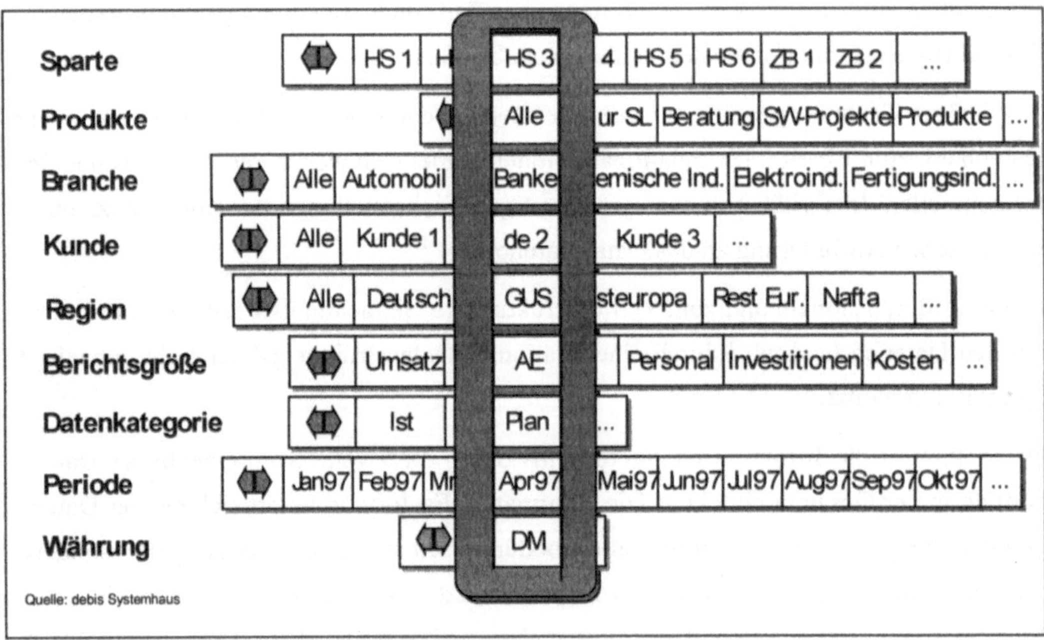

Abb. 2: „Datenwürfel" in der Information Factory

Den Anwender, insbesondere den Manager, interessiert es nicht, ob die Anwendung, mit der er arbeitet, auf eine zentrale Berichtsdatenbank, eine Information Factory oder sonst eine Datenbank zugreift. Ihn interessiert, ob mit Hilfe der Anwendung seine Informationsbedürfnisse adäquat befriedigt werden. Da die Bedürfnisse unterschiedlich sind, können unterschiedliche Applikationen benötigt werden. Im vorliegenden Beispiel wurden zunächst drei unterschiedliche Applikationen realisiert.

Abbildung 3 zeigt die Front End-Applikationen der ersten Realisierungsstufe. Zu diesem Zeitpunkt waren in der zentralen Berichtsdatenbank bereits wesentlich mehr Informationsinhalte modelliert, als in den Front End-Applikationen tatsächlich dargestellt wurden.

Kernstück ist ein einheitliches, vorstrukturiertes Controlling-Werkzeug zur Anzeige und Analyse von Führungsinformationen (mehrdimensionales Analyse-Tool). Im wesentlichen werden vordefinierte Berichte angezeigt. In sehr einfacher Art und Weise können diese Berichte modifiziert werden, wobei jedoch (bewußt) nicht alle Wünsche befriedigt werden. Weiter enthält das System eine Reihe von Ranking-Analysen und natürlich die klassischen Elemente eines Führungsinformationssystems (Exception Reporting, Drill Down-Funktionalität, graphische Darstellungen, etc.).

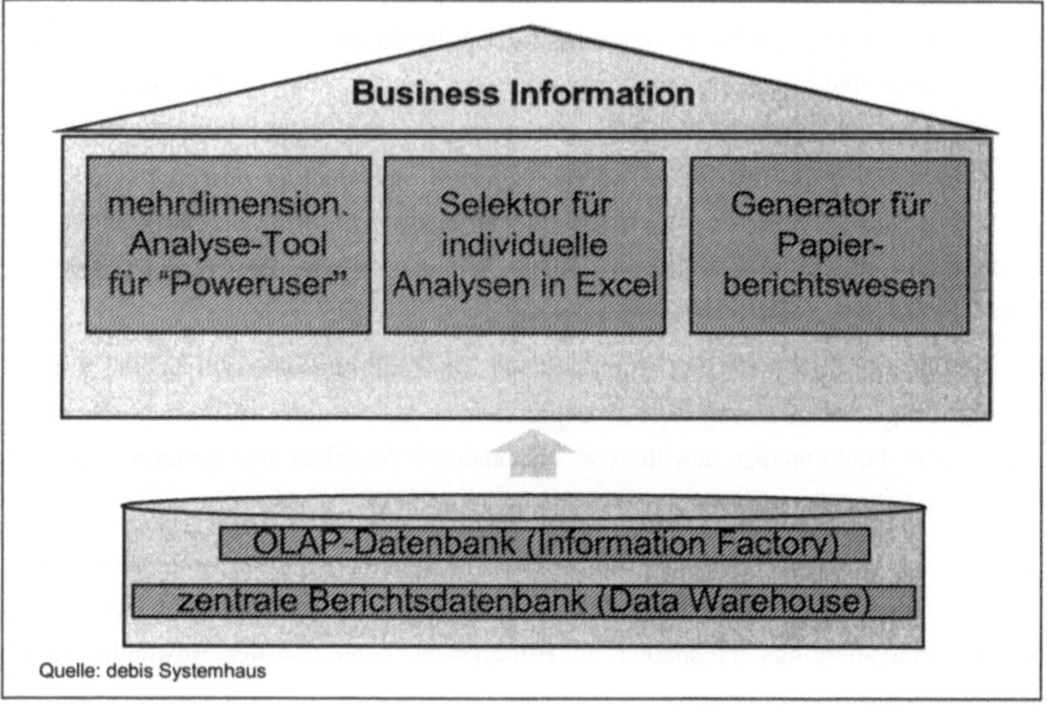

Abb. 3: Front End-Applikationen

Zur Realisierung dieses Controlling-Werkzeuges wurde ein Standardprodukt aus dem Bereich der Führungsinformationssystem-Software eingesetzt. Die gewählte Lösung erlaubt eine gesunde Mischung von flexibler, aber kostenintensiver Individualprogrammierung und vordefinierter, kostengünstiger Standardfunktionalität.

Da die übersichtlichen, aber wenig individuellen Möglichkeiten des Controlling-Werkzeuges für die Detailarbeit des Controllers nicht ausreichen können, wurde als zweite Applikation für den Endanwender eine Excel-Schnittstelle realisiert. Diese ermöglicht es, beliebige Datensichten aus dem Controlling-Werkzeug in Excel zu übertragen und dort individuell weiterzubearbeiten. Damit auch dieses Feature komfortabel genutzt werden kann, wurden eine Reihe von Excel-Programmen entwickelt, die das reibungslose Zusammenspiel zwischen einheitlicher Standard-analyse (im Controlling-Werkzeug) und individueller Detailanalyse (in Excel) unterstützen.

Bei der Entwicklung von Führungsinformationssystemen setzt sich mehr und mehr die Einsicht durch, daß man nach allen Seiten offen sein muß. Es lohnt sich nicht, die Funktionalität eines so mächtigen Werkzeuges wie Excel nachzubauen, wenn es reicht, für eine komfortable Schnittstelle zu sorgen. Dabei soll nochmals hervorgehoben werden, daß Excel nur als Werkzeug für Auswertungen eingesetzt wird. Die Datenhaltung ist vollständig entkoppelt und erfolgt ausschließlich in der zentralen Berichtsdatenbank und in Teilen redundant in der Information Factory.

Zur Abrundung der Front End-Applikationen im Controlling-Bereich gehört immer auch die Möglichkeit, anspruchsvolle Papierberichte zu erzeugen. In unserem Beispiel wurde diese Funktionaliät bewußt von den anderen Applikationen getrennt und ein eigener Papierberichtsgenerator zur Verfügung gestellt.

Gleichwohl wird zur Realisierung dieses Generators keine neue Softwarelösung benötigt. Es kommt wiederum Excel mit seinen ausgereiften Druckmöglichkeiten zum Einsatz, diesmal allerdings transparent im Hintergrund, ohne daß der Anwender seine Arbeitsumgebung verlassen muß.

Den besonderen Reiz und Nutzen für das Unternehmen bekommt die Lösung dadurch, daß sie als moderne Client- / Server-Architektur realisiert ist. Für alle Standorte in Deutschland ist mittels der oben beschriebenen Front End-Applikationen der Online-Zugriff auf den zentralen Datenbestand möglich.

Für Anwender mit Notebook ist zusätzlich eine lokale, portable Installation möglich. Da es sich bei den meisten Führungsinformationen um Monatswerte handelt, muß auch nur einmal im Monat an definierten „Tankstellen" das neueste Informationsmaterial „getankt" werden. Ansonsten ist der Anwender unabhängig und verbraucht bei seinen Analysen weder teure Rechenzeiten, noch belastet er das Netz. Für einen Anwender, der Zugriff auf das gesamte Informationsspektrum haben möchte, ist dann allerdings ein entsprechend performanter Rechner die Voraussetzung - im Zeitalter von Notebook-Festplatten im Gigabyte-Bereich eine vergleichsweise kostengünstige Alternative.

6   Erfahrungen und Ausblick

Zum Abschluß sollen aus den vielen Problemfeldern, die im Rahmen eines Data Warehouse-Projektes im Controlling auftauchen, nochmals der Datenfluß und die Datenqualität herausgegriffen werden, die sich auch im vorgestellten Beispiel als besonders relevant erwiesen haben.

Zunächst zum Thema **Datenfluß**: Naturgemäß ist die Bereitstellung von Führungsinformationen besonders zeitkritisch: Sobald neue Ist-Daten oder ein neuer Forecast verfügbar sind, sollen sie den Informationsempfängern bereitgestellt werden.

Auf der anderen Seite wird zur Bereitstellung der Führungsinformation eine komplexe Kette von Informationssystemen durchlaufen, die auf der fachlichen Seite von ebenso komplexen Prüf- und Freigabemechanismen begleitet werden. Im konkreten Beispiel - wenn man sich einmal nur auf wenige Umsatz- und Kostendaten beschränkt und andere Berichtsketten (wie z.B. Personalzahlen) vernachlässigt - sieht der Weg wie folgt aus:

Über ein Vorsystem zu SAP (z.B. ein Auftragsabrechnungssystem) werden die Leistungsdaten erfaßt und in SAP eingespielt. Nach einer Korrektur / Freigabe in SAP werden die Daten über eine automatisierte Schnittstelle an die zentrale Berichtsdatenbank weitergeleitet. Die Daten werden über entsprechende Loader-Prozeduren ins Data Warehouse eingelesen, dort auf Tabellen verteilt und verdichtet. Durch diesen Prozeß wird eine neue Struktur in die Daten gebracht (in gewisser Weise wird damit der Schritt von Daten zu Informationen vollzogen), die dann an die Information Factory weitergeleitet werden.

In der Information Factory findet ein umfangreicher Konsolidierungslauf statt, der die verschiedenen Datenwürfel produziert, die von den Applikationen benötigt werden. Wenn man z.B. für alle Business Units den Umsatz nach Märkten getrennt darstellen möchte, müssen alle diese Summen in der Information Factory errechnet und hinterlegt werden. Eine Berechnung, die erst im Moment der Abfrage durch den Anwender erfolgt, würde zu unvertretbaren Antwortzeiten führen.[2]

Ist der Konsolidierungslauf abgeschlossen, können die Applikationen auf die Daten zugreifen und der Endanwender erhält das gewünschte Ergebnis.

Aus dieser Darstellung wird ersichtlich, wie wichtig die Sicherstellung eines reibungslosen Datenflusses ist, um das Data Warehouse und seine unbestreitbaren Vorteile nicht „auszuhebeln". Denn kein Manager wird akzeptieren, in seinem Führungsinformationssystem auf Informationen zu warten, die er mehrere Tage vorher bereits direkt aus einem operativen System wie SAP erhalten kann.

Eine Verzögerung von 24 Stunden hingegen wird erfahrungsgemäß gerne hingenommen, insbesondere wenn nach Art und Umfang ein zusätzlicher Nutzen der Führungsinformation gegenüber der „operativen Information" erkennbar ist. Die einheitliche, konsistente Darstellung der gleichen Zahl über das ganze Unternehmen hinweg ist ein solcher Nutzen, der durch eine geringfügige Verzögerung erkauft werden kann.

Die optimale Ausgestaltung des Datenflusses kann jedoch niemals allein unter technischen Gesichtspunkten betrachtet werden, sondern muß immer auch die Organisation - hier konkret die Controlling-Organisation - miteinbeziehen. Die Schnittstelle zwischen Data Warehouse-Consulting und Organisationsberatung wird um so fließender, je größer die Projekte bzw. je strategischer die Zielsetzung angelegt ist.

Das zweite große Thema heißt **Datenqualität**. Aus der Projekterfahrung läßt sich die Schlußfolgerung ableiten, daß ein Data Warehouse-Projekt im Controlling zunächst nicht automatisch für eine Erhöhung der Datenqualität sorgt.

Das Gegenteil ist der Fall. Zunächst wird durch die neue, klare Struktur und den Zwang zu einer gewissen Einheitlichkeit deutlich, in welchem Zustand sich das operative Datenmaterial tatsächlich befindet. Auch bei Unternehmen mit einem vorbildlichen Controlling-System ist man hier vor Überraschungen nicht sicher. Durch das neue System werden die bekannten Unzulänglichkeiten, die ab einer gewissen Komplexität des Business unweigerlich auftreten, dem Management gleichsam auf einem silbernen Tablett serviert.

Diese Situation ist der ideale Ausgangspunkt für eine wirklich dauerhafte und durchgreifende Verbesserung der Datenqualität. Der Prozeß der Qualitätsverbesserung an sich ist ein eigenes Handlungsfeld, kann jedoch nicht losgelöst vom Data Warehouse-Projekt gesehen werden. Je nach Situation sind Maßnahmen von der kontinuierlichen Verbesserung im kleinen bis hin zum kompletten Business Process Reengineering der Controlling-Prozesse denkbar.

Wichtig ist, daß man sich über diese Tatsache bereits zu Beginn eines entsprechenden Data Warehouse-Projektes im klaren ist und die entsprechenden Maßnahmen einplant.

Der Umgang mit Informationen ist ein wesentlicher Faktor, um im Wettbewerb zu bestehen. Vor dem Hintergrund der rasanten Globalisierung und immer kürzeren Reaktionszeiten von Unternehmen hat der Direktzugriff auf unterschiedliche operative Informationssysteme als Rückgrat eines unternehmensweiten Berichtswesens zunehmend ausgedient.

Das Data Warehouse im Controlling, quasi ein Unternehmensdatenmodell im kleinen mit überschaubaren Dimensionen, ist das neue Konzept, um entscheidungsrelevante Informationen zur richtigen Zeit am richtigen Ort bereitzustellen und damit einen Beitrag zum Unternehmenserfolg zu leisten.

Anmerkungen

[1] Natürlich werden für das Data Warehouse neben SAP eine Reihe weiterer Vorsysteme angezapft, z.B. für Personaldaten, Vertriebsinformationen oder externe Daten. Im Rahmen dieses Beitrages wird darauf aber nicht weiter eingegangen.

[2] In unserem Beispiel werden so monatlich aus ca. 15 MByte Rohinformationen aus dem Data Warehouse bis zu 300 MByte Informationen, die in der Information Factory zu speichern sind.

MAIS – Das Data Warehouse für Marketing und Vertrieb der Deutschen Post

Lutz Bauer

Inhalt

1   Einleitung

Die Deutsche Post ist ein diversifiziertes, international tätiges Dienstleistungs-
unternehmen in den Bereichen Kommunikation, Transport und Logistik. Das breite
Leistungsspektrum reicht von der traditionellen Brief- und Paketbeförderung über die
elektronische Postübermitttlung bis zum Angebot von kundenspezifischen kompletten
Logistiklösungen.

Die Deutsche Post ist das größte Postunternehmen Europas. In 1997 konnte ein Umsatz
von ca. 27 Milliarden Mark erzielt werden. Als Organisationsstruktur ist seit 1996 eine
Spartenorganisation implementiert. Die Sparteneinteilung der Deutschen Post orientiert
sich an Produkten und/oder Regionen. Neben der Sparte Briefpost, die über 70 % des
Gesamtumsatzes erwirtschaftet, gibt es vier weitere Sparten: die Frachtpost, die
Internationale Post, die Postfilialen und die Neuen Geschäftsfelder.

Im Jahre 1995 wurde die Idee geboren, ein zentrales Data Warehouse (MAIS -
Marketing **I**nformationssystem) aufzubauen, das die wesentlichen Daten, die für die
Geschäftsbereiche Marketing und Vertrieb der Sparte Briefpost relevant sind, aufnimmt
und verwaltet.

Der vorliegende Artikel versteht sich als Praxisbericht mit klarem Fokus auf die techni-
schen Lösungsaspekte des MAIS - Projekts. Besonders hervorgehoben wird die
Umsetzung von speziellen Sichtweisen aus Vertrieb- und Marketing in einem Data
Warehouse (Abbildung der Unternehmensverflechtungen von Kunden sowie die
automatisierte Strukturierung von Kunden in Clustern). Das MAIS Berichtssystem
basiert auf drei unterschiedlichen Analysetechnologien (MOLAP, ROLAP und
Individualsoftware). Der Einsatz dieser Technologien gemäß ihren individuellen
Stärken wird im Abschnitt 2 diskutiert. Im dritten Abschnitt werden die
Systemarchitektur und die Warehouse-Prozesse des MAIS vorgestellt. Hierbei wird auf
spezifische Problemstellungen der Deutschen Post eingegangen, die jedoch auch für
andere Unternehmen von Interesse sind.

2 Aufbau und Inhalte des Berichtswesens für Marketing und Vertrieb

Das MAIS Berichtswesen dient als Planungs- und Steuerungsgrundlage für Marketing und Vertrieb der Sparte Briefpost. Informationen müssen zeitnah und in einer angemessenen Darstellungs- und Aggregationsform adressatenbezogen zur Verfügung gestellt werden. Hierbei werden die folgenden beiden Berichtsarten unterschieden:

- Standardberichte dienen der regelmäßigen Ergebniserfassung. Sie sind hinsichtlich ihres Inhaltes, der Darstellungsform und des Berichtszeitpunktes festgelegt und bilden in der Regel den Schwerpunkt jedes Berichtssystems.

- Ad-Hoc-Berichte werden aufgrund des individuellen Bedarfs erstellt und sind hinsichtlich Inhalt und Struktur weitgehend unstandardisiert.

Im folgenden Abschnitt werden die einzelnen Systeme zur Durchführung der beiden Berichtstypen vorgestellt.

2.1 Zusammenspiel der unterschiedlichen Berichtsinstrumente

Um die Informationen des MAIS-Data Warehouses den Anforderungen der unterschiedlichen Anwendergruppen anzupassen und möglichst komfortabel verfügbar zu machen, werden in Abhängigkeit vom darzustellenden Detaillierungs- bzw. Aggregationsgrad der Berichtsinformationen drei unterschiedliche Werkzeuge eingesetzt. Abbildung 1 verdeutlicht die MAIS-Berichtssystempyramide und deutet den Einsatzschwerpunkt der einzelnen Berichtswerkzeuge an.

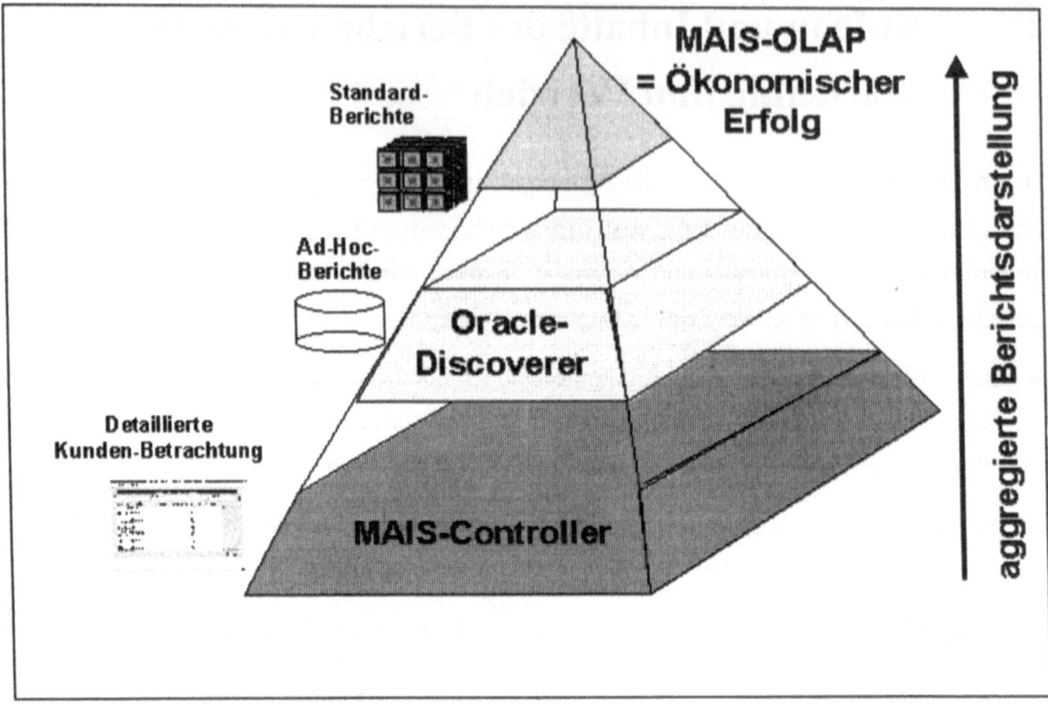

Abb. 1: Die MAIS Berichtssystempyramide

Die spezifischen Merkmale und die technische Basis der eingesetzten Werkzeuge sind der folgenden Tabelle zu entnehmen.

Werkzeug	Merkmale	Technik
MAIS-OLAP Ökonomischer Erfolg	• Standardberichte • Vergleichsauswertungen zwischen mehreren Kunden/ Kundenclustern • hochaggregierte Sichtweise • ca. 400 Topkunden im Detail gespeichert, alle anderen Kunden (ca. 600.000) unter „Sonstige" aggregiert	• multidimensionaler Ansatz (MOLAP) • Eigenständige MOLAP Datenbank auf Basis Oracle Express Server • Client Software auf Basis Oracle Express Objects und Express Analyzer

Werkzeug	Merkmale	Technik
Oracle Discoverer	• Ad-Hoc- / individuelle Spezialauswertungen sowie detaillierte Standardberichte • freie Kombination aller Informationsinhalte des MAIS-Data Warehouse • aggregierte und detaillierte Sichtweise	• relationales Tool, setzt direkt auf das MAIS-Data Warehouse auf • relationaler Ansatz (ROLAP)
MAIS-Controller	• detaillierte und standardisierte Betrachtung von Einzelkunden • sämtliche Kundenattribute aus dem MAIS-Data Warehouse in Form von „Kartei-karten" verfügbar (z.B. Adresse, Ansprech-partner, Umsatz, Wettbewerb, Kontakte, Aktionen, etc.)	• Individualprogrammierung • Front End des MAIS-Data Warehouse (nur Lesezugriff)

Abb. 2: Merkmale der einegsetzten Werkzeuge

Das Werkzeug „MAIS-OLAP Ökonomischer Erfolg" adressiert als intuitiv zu bedienendes Werkzeug zwecks Durchführung von hochaggregierten Standardberichten mit Fokus auf die Topkunden der Sparte Brief die Entscheiderebene von Vertrieb und Marketing. Der Vorteil des mehrdimensionalen Online Analytical Processing (OLAP) liegt in flexiblen Datensichten mit hochperformanten, mächtigen Selektionsmöglichkeiten, die sich durch das „Drehen" und die Auswahl einzelner Scheiben eines Datenwürfels ergeben („Slice and Dice"). Im MAIS System wird diese Technik durch ein individuell entwickeltes Front End (Basis: Oracle Express Objects) auf die Standardberichtsanforderungen der Entscheiderebene angepaßt. Um eine hohe Benutzerakzeptanz zu erreichen, wurde die graphische Benutzeroberfläche auf die Bedürfnisse der Anwender (selbsterklärend, inutitiv) zugeschnitten sowie im „Corporate Design" gehalten.

Für individuelle Marketingkampagnen bzw. Vertriebsaktivitäten, Abweichungsberichte oder einmalige Analysen ist ein freie Kombination aller im MAIS Data Warehouse enthaltenen Informationsobjekte auf beliebiger Aggregationsstufe nötig. Zu diesem Zweck wird das relationale Abfragewerkzeug Oracle Discoverer eingesetzt, das auf der Basis von Star-, Snowflake- oder hybriden Warehouse-Modellen ROLAP Funktionalitäten wie hierarchischen Dimensionsauswertungen („Drill Down / Up") und Slice-and-Dice bietet. Der Discoverer verwendet eine Meta-Informationsschicht, in der die Auswertungsobjekte des Data Warehouse nach fachlichen Zusammenhängen („Geschäftsbereichen") organisiert sind. Der Endanwender benötigt keine Kenntnisse über das zugrundeliegende Datenmodell oder von relationalen Abfragesprachen (SQL), sondern kann über eine graphische Benutzeroberfläche die Informationsobjekte frei kombinieren („Drag-and-Drop"), die in einem Ad-Hoc Bericht ausgewertet werden sollen.

Die am häufigsten verwendeten Kombinationen der Data Warehouse-Auswertungsobjekte werden in Discoverer-Geschäftsbereiche zusammengefaßt und den einzelnen Benutzergruppen zugewiesen. Es wurden Aggregationstabellen gebildet, die - für den Benutzer transparent - zur erheblichen Beschleunigung der Berichtsauswertung beitrugen. Der Discoverer bietet eine standardisierte Benutzeroberfläche und wird von speziellen „Power-Usern" in den Fachabteilungen zur Durchführung von Individualauswertungen eingesetzt. Zusätzlich zu der Möglichkeit Ad-Hoc Berichte durchzuführen, wurden häufig benötigte Standardberichte (auf niedrigerem Aggregationsniveau als dies in MAIS-OLAP möglich ist) im Discoverer definiert und in der Datenbank zentral abgelegt.

Diese beiden Werkzeuge dienen zur flexiblen Auswertung von Kennzahlen in Bezug zu Kunden und Produkten (z.B. „Wer sind die TOP 100 Kunden für das Produkt Z in 1998 ?", „Wieviele Kundenkontakte hatte die Vertriebseinheit X bezüglich des Produkts Y in 1998 ?").

Für die Arbeit des Vertriebs ist zusätzlich eine volldetaillierte Sichtweise auf Einzelkunden notwendig. Zu diesem Zweck wurde die Individualsoftware „MAIS Controller" entwickelt, die auf relationaler Basis direkt auf das MAIS Data Warehouse zugreift. In diesem Werkzeug steht eine mächtige Kundensuche (z.B. nach Kundennummer, Name, Anschrift, Branche, Rechtsform, etc.) zur Verfügung. Nach Auswahl *eines* Kunden aus der Liste der Suchergebnisse steht eine nach „Karteikarten" geordnete Sicht aller Kundenstamm- und Umsatzdaten zur Verfügung. (z.B. Adresse, Ansprechpartner, Kooperations- und sonstige Verträge, Umsatz mit der Deutschen Post nach dem Produktbaum strukturiert, Kontakte mit dem Postvertrieb, Struktur des Kunden: Beteiligungen, Geschäftsbereiche, Strategische Partnerschaften, Bilanzinformationen des Kunden, Marketingaktivitäten usw.). Der MAIS Controller bietet somit die am weitesten detaillierte Informationssicht in Bezug auf einen Kunden. Die Entscheidung, hier eine Individualsoftware zu entwickeln, lag in dem Argument, daß eine integrierte, interaktive Benutzeroberfläche mit exakt strukturiertem Informationsinhalt („Maskenlayout im Karteikartenformat") zu entwickeln war, was mit aktuellen Standardberichtswerkzeugen sehr aufwendig bzw. nicht möglich ist. Die Implementierung erfolgte mit Visual C++, der Zugriff auf die relationale Datenbank wurde per ODBC realisiert.

2.2 Abbildung von Kundenverflechtungen im Berichtssystem

Der Geschäftskundenstamm der Deutschen Post AG, Sparte Briefpost besteht aus ca. 600.000 Kundennummern, wobei auf jede einzelne Kundennummer Umsatz gebucht wird. An einem Beispiel stellt sich dies wie folgt dar: Folgende verbundene Unternehmen „generieren" jeweils über eine eigene Kundennummer Umsatz: „Otto-Versand GmbH & Co, Hamburg" - die Konzernzentrale , das „Otto Versandzentrum, Ottobrunn" - eine Niederlassung der Hamburger Zentrale und die „Schwab Versand AG" - eine 100% Tochter. Darüber hinaus besitzt die „Otto-Versand GmbH & Co, Hamburg" über 20 weitere Tochterunternehmen und zahlreiche Filialen mit eigener Umsatzzuordnung.

Eine wichtige Anforderung des Vertriebs der Deutschen Post AG ist die (automatisierte) Bildung von zusammengefaßten Kennzahlen, welche die unterschiedlichen Verflechtungen eines Kunden berücksichtigen. Wir sprechen hier auch von „kundenstruktur-bezogenen Kennzahlensichten".

Aufgrund von kundeninternen bzw. -übergreifenden Verflechtungen existieren zwei grundlegende Arten von Beziehungen zwischen Kunden(nummern), die im Berichts-wesen des MAIS abgebildet werden müssen:

- Bei den Konzernbeziehungen werden mehrheitliche Unternehmensbeteiligungen an anderen, rechtlich selbständigen Unternehmen abgebildet (mindestens 50 % des Kapitals einer Tochter wird vom Mutterunternehmen besessen).

- Ein Unternehmen kann aus einer Zentrale und mehreren Filialen bestehen. Eine Filiale ist eine rechtlich nicht selbständige, örtliche Niederlassung eines Unter-nehmens (ohne eigenen Eintrag im Handelsregister). Diese Art von Beziehung wird Zentrale-/Filiale-Beziehung genannt.

Das MAIS-System speist die Abbildung der Unternehmensbeziehungen aus der Hoppenstedt Konzern-Struktur-Datenbank. Die Hoppenstedt Unternehmensbeziehungen werden per phonetischem Adreßabgleich (Dubletteneliminierung) dem MAIS Kunden-stamm zugeordnet.

Am Beispiel der Kennzahl „Bruttoumsatz" werden die unterschiedlichen Kundensichten in Abbildung 3 erläutert. Sie gelten analog auch für die übrigen Kennzahlen.

Diese sechs Kennzahlensichten wurden für jede Kundennummer definiert. Eine Kundennummer, die keine Filialen besitzt, erhält dementsprechend einen Wert „0" für die Sicht „Filialen Gesamt". Eine Kundennummer, welche keine Mehrheitsbetei-ligungen besitzt, also keine Konzernmutter ist, hat dementsprechend gleiche Werte für die Sichten „Konzern Gesamt" und „Zentrale Gesamt". Dieser Ansatz wurde gewählt, damit Kunden mit Unternehmensverflechtungen in einem Bericht den Kunden ohne Unternehmensverflechtungen gegenübergestellt werden können. Abbildung 4 aus dem Berichtssystem-Werkzeug Oracle Discoverer zeigt beispielhaft eine Vergleichs-auswertung der Tochterunternehmen der fiktiven „Konzern AG" in der Zentral-/Filialsicht.

Sichteneinteilung	Name der Sicht	Definition
Konzernsicht	Konzern Gesamt	Bruttoumsatz Konzernmutter + Bruttoumsatz Konzerntöchter
	Konzernmutter	Bruttoumsatz der betrachteten Kundennummer
	Konzerntöchter	Bruttoumsatzsumme aller direkten Konzerntöchter + Bruttoumsatzsumme der Filialen der direkten Konzerntöchter
Zentral-/Filialsicht	Zentrale Gesamt	Bruttoumsatz Zentrale + Bruttoumsatzsumme aller Filialen
	Zentrale	Bruttoumsatz der betrachteten Kundennummer
	Filialen Gesamt	Bruttoumsatzsumme aller Filialen

Abb. 3: Unterschiedliche Kundensichten

Abb. 4: Darstellung von Unternehmensverflechtungen in der Zentral- / Filialsicht

Aus technischer Sicht sind diese kundenstrukturbezogenen Kennzahlensichten aufwendig zu berechnen: Bei einer Auswertung zur Berichtslaufzeit ist für jeden einzelnen Kunden der gesamte Verflechtungsbaum[1] zu berücksichtigen. Aus diesem Grunde wird eine monatliche Voraggregation der Kennzahlensichten für jede Kundennummer vorgenommen. Änderungen in den Konzern- und Filialbeziehungen sowie bei den Kennzahlen werden entsprechend berücksichtigt. Dieser Kompromiß bewirkt allerdings, daß ein „Drill Down" entlang der Hierarchie Mutter→Tochter→ Tochter→Tochter→... bzw. Zentrale→Filiale nicht möglich ist.

2.3   Abbildung von Kundenclustern im Berichtssystem

Ein Kundencluster bzw. -segment ist eine Menge von Kunden(nummern), die in einem bestimmten fachlichen Zusammenhang gesehen werden. Es ist zwischen vordefinierten (die enthaltenen Kunden werden namentlich „benannt", z.B. vom Vertrieb) und berechneten Kundenclustern (die enthaltenen Kunden werden anhand von Regeln definiert, z.B. durch Umsatzkriterien) zu unterscheiden. Möglichkeiten zur Kunden- klassifizierung, die im Rahmen des MAIS-Berichtssystems genutzt werden, sind u.a.:

- Einteilung nach der Vertriebsstruktur (Kunden werden von Key-Account-Managern, von mobilen Vertriebsmitarbeitern oder stationär im Direkt-Marketing-Center betreut).

- Einteilung nach Kooperationsverträgen (Kunden, die z.B. bestimmte Mindestab- nahmemengen oder ein bestimmtes Einlieferungsverhalten mit der Deutschen Post vereinbart haben),

- Einteilung nach Umsatzklassen (z.B. ABCD-Kunden nach Bruttojahresumsatz mit der Deutschen Post)

- Einteilung nach prozentualer Umsatzsteigerung/-abfall innerhalb einer Periode (sog. „Aufsteiger-" bzw. „Absteigerkunden").

Eine besonderes Merkmal von Kundenclustern im MAIS-Berichtssystem ist, daß die Kundencluster häufig nicht allein, sondern im Vergleich zu anderen Kundenclustern ausgewertet werden. Um eine leichte Vergleichbarkeit von Kundenclustern (ohne

Einschränkung der Auswertbarkeit eines einzelnen Kundenclusters) zu gewährleisten, werden vergleichbare Kundencluster im MAIS-Berichtssytsem zu einer sogenannten „Kundenclusterhierarchie" zusammengefaßt. In einer Kundenclusterhierarchie wird jedem Cluster ein gemeinsames „Mutterelement" zugeordnet. Nach Auswahl einer solchen Kundenclusterhierarchie in einem Bericht ist über eine Aufteilung der Kennzahlen entlang der Hierarchie ("Drill Down") zunächst der Vergleich der unterschiedlichen Cluster möglich. Durch einen „Drill Down" vom Cluster auf den Kunden werden die Kunden innerhalb eines Clusters vergleichbar. Die Kundencluster wurden als separate Dimension im MAIS-OLAP-Berichtssystem sowie dem Oracle Discoverer implementiert. Auswertungen über Kundencluster können somit mit beliebigen anderen Data Warehouse-Dimensionen kombiniert werden (z.B. Organisationsstruktur, Zeit, Produktbaum, Freimachungsarten).

Ein Beispiel für eine Kundenclusterhierarchie ist die „Umsatzclusterung" : Kunden werden (regelbasiert und automatisch) nach Umsatzkriterium in ein ABC Umsatzcluster eingetragen. (z.B. A-Kunden : Umsatz > 5 Mio. DM, B-Kunden : Umsatz zwischen 5 Mio. DM und 200.000 DM, usw.). Fragestellungen wie „wie hoch ist der Durchschnittspreis nach Rabattierung für das Produkt Z für die A-Kunden im Vergleich zu den B und C Kunden" oder „wieviele Vertriebskontakte hatten durchschnittlich B-Kunden gegenüber den C-Kunden" lassen sich so intuitiv durch einen „Drill Down" auf der Kundenclusterhierarchie beantworten.

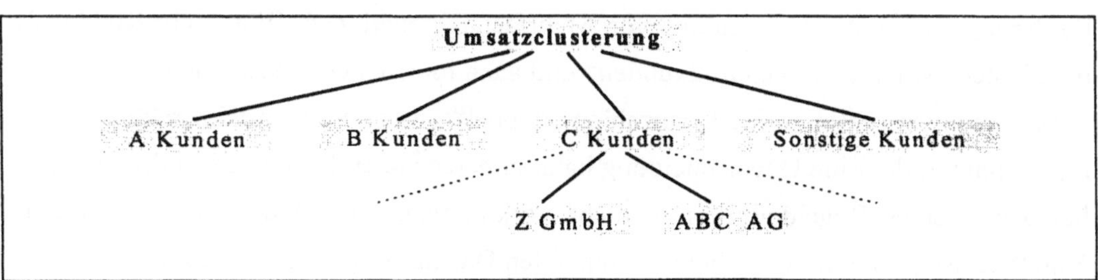

Abb. 5: Umsatzclusterung als Kundenclusterhierarchie

Eine besondere Rolle spielt das Kundencluster „Sonstige Kunden", das für jede Kundenclusterhierarchie automatisch definiert ist. Die Cluster „Sonstige Kunden" enthalten die Kunden, welche in keinem Cluster der aktuell betrachteten Hierarchie enthalten sind. Die Einführung dieses künstlichen Kundenclusters dient wiederum dem

Ziel, mehrere Kundencluster untereinander, jedoch auch mit dem gesamten Kundenstamm vergleichen zu können. Zwischen den „Sonstigen Kunden" besteht kein fachlicher Zusammenhang (außer, daß diese nicht in einem der anderen Kundencluster der betrachteten Hierarchie enthalten sind). Sie werden daher nicht als detaillierte Menge von Kunden dargestellt, sondern lediglich in Form eines aggregierten Wertes für alle Kennzahlen - aufgeteilt nach den Data Warehouse-Berichtsdimensionen - abgespeichert. Eine Betrachtung der „Sonstigen Kunden" findet lediglich auf Clusterebene - und nicht auf Kundenebene - statt.

Die Kundencluster des MAIS-Berichtssystems genügen folgenden Forderungen, welche durch einen eigenen Bereinigungs- und Transformationsprozeß im Warehouse abgebildet werden:

1. Jede Kundenclusterhierarchie muß den gesamten Kundenstamm abdecken.

2. Jede Kundenclusterhierarchie muß überschneidungsfrei sein.

3. Ein Kunde darf in mehreren Kundenclustern enthalten sein.

4. Ein Kundencluster kann in mehreren Kundenclusterhierarchien enthalten sein.

Forderung 1 ergibt sich aus der Vergleichbarkeit der Kundencluster im Rahmen einer Partitionierung des gesamten Kundenstamms der Deutschen Post durch jede Kundenclusterhierarchie. Das Cluster der „Sonstigen Kunden" wurde aus diesem Grund eingeführt.

Forderung 2 dient der Vermeidung von Mehrfachaggregationen. Würde ein Kunde z.B. im Cluster „Mobil betreute Großkunden" und auch im Cluster „Regionale Großkunden" vorkommen, so zählten seine Kennzahlen „doppelt", was zu einem inkorrektem Ergebnis führen würde. Eine Überschneidung kann in berechneten Kundenclusterhierarchien - bei konsistenter Regeldefinition - nicht vorkommen, ist jedoch bei vordefinierten Kundenclustern durch Fehler bei der manuellen Datenpflege nicht auszuschließen.

Kundencluster können eine Gruppierung von Kunden durch z.T. völlig unterschiedliche Kriterien darstellen, so daß die Zuordnungskriterien mehrerer Kundencluster auf einen Kunden zutreffen: Ein Kunde „X" kann sich z.B. im Umsatzcluster „B-Kunde" und auch im Cluster „Regionale Großkunden" befinden (Forderung 3). Forderung 4 ist notwendig, damit Kundencluster flexibel mit anderen Kundenclustern verglichen werden können.

3 Architektur des MAIS-Data Warehouse

3.1 Systemarchitektur

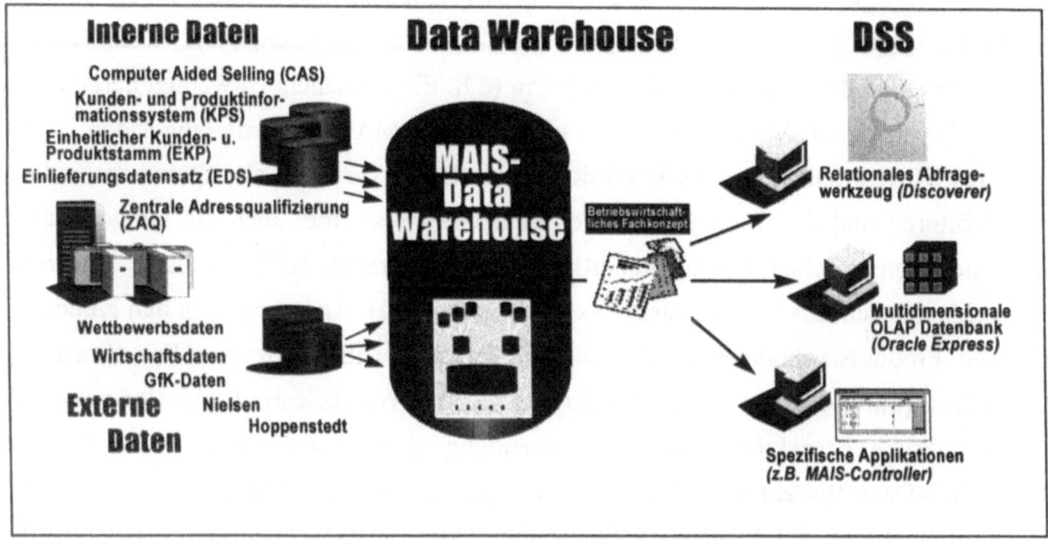

Abb. 6: Systemarchitektur des MAIS-Data Warehouse

Abbildung 6 zeigt den grundsätzlichen Zusammenhang zwischen den Vorsystemen bzw. Datenquellen, dem MAIS-Data Warehouse und den Auswertungs- und Analysesystemen in Form einer Systemarchitektur.

Die drei Hauptbereiche dieser Systemarchitektur und ihre Teilkomponenten werden im folgenden kurz beschrieben:

- **Datenquellen** des MAIS-Data Warehouse sind vorwiegend posteigene, interne Quellsysteme, aber auch externe Daten. Das **Computer Aided Selling-System (CAS-System)** ist ein dezentrales Vertriebsinformationssystem. Es trägt zur Unterstützung und Entlastung der Außendienstmitarbeiter sowie zur Verbesserung der Außendienststeuerung bei. Durch die zeitnahe Erfassung und Analyse von Kunden-, Markt- und Wettbewerbsdaten wird eine potentialorientierte Marktbearbeitung mit Kontakt-, Termin- und Aktivitätenmanagement sowie standardisierten Besuchsberichten ermöglicht. Das CAS-System steht in Deutschland flächendeckend zur Verfügung und weist über 500 Installationen auf. In MAIS werden insbesondere Kontaktinformationen zwischen Vertriebseinheiten der Post und Postkunden (z.B. Kontaktplanung und -historie, besprochene Produkte, Besuchsberichte, Informationen über Ansprechpartner) monatlich aus dem CAS-System importiert. Das **Kunden- und Produktinformationssystem (KPS)** beinhaltet alle kunden- und produktbezogenen Umsatz- und Absatzzahlen sowie Entgeltermäßigungen der Deutschen Post (Bewegungsdaten). Die Kennzahlen werden monatlich in vorverdichteter Form (d.h. Einzelbuchungen werden bereits im Quellsystem auf Monatsbasis aggregiert) in das MAIS System eingeladen. Der **Einheitliche Kunden- und Produktstamm (EKP)** verwaltet alle Stammdaten der Debitoren und den Produktbaum der Deutschen Post, aber auch die kunden- und produktspezifischen Preise, Konditionen und Kontrakte. KPS und EKP basieren beide auf dem SAP-R/3-System (Vertriebsmodul SD). Änderungen in den Kunden- und Produktstammdaten werden täglich in das MAIS übertragen. Die **Zentrale Adreßqualifizierung (ZAQ)** fungiert als ständige Adreßclearingstelle (Prüfung auf postalische Korrektheit, Dublettenvermeidung, Adreßhistorisierung, etc.) für das MAIS-Data Warehouse. Keine Adresse gelangt in das MAIS, ohne die ZAQ-Prüfungen zu durchlaufen (Schutzschildfunktion). **Externe Datenquellen** (z.B. Nielsen) werden zur Anreicherung der Kundendaten mit zusätzlichen Merkmalen (z.B. Werbebudgets) unregelmäßig genutzt.

- Die maßgeblichen Informationsobjekte des **MAIS-Data Warehouse** wurden in Abschnitt 2 beschrieben. Sie sind die inhaltliche Basis des Berichtssystems. Das originäre MAIS-Datenmodell, welches diese Informationsobjekte detailliert abbildet, besteht aus nahezu 100 Entitäten, die durch vielfältige Beziehungen miteinander verknüpft sind. Diese Informationskomplexität erlaubt es nicht, im vorliegenden Aufsatz detailliert hierauf einzugehen.

- Über die **Berichts- und Analysesysteme** werden zum Beispiel flexible kunden-, produkt- und regionsbezogene Umsatz-/Absatzanalysen sowie ähnliche Auswertungen zur Verfügung gestellt. Es werden drei verschiedene Auswertungswerkzeuge eingesetzt, um die Benutzeranforderungen optimal erfüllen zu können (vgl. Abschnitt 2.1).

Das MAIS-Data Warehouse und seine Berichts- und Analysesysteme wurden als Client / Server-Architektur implementiert. Es handelt sich um eine derzeit ca. 200 Giga-

byte große Oracle 7.3-Datenbank. Derzeit arbeiten ca. 85 Anwender aus den Geschäftsbereichen Marketing und Vertrieb zentral in der Generaldirektion Bonn mit dem
System.

3.2   Aufbau der relationalen MAIS-Data Warehouse-Datenbank

Das relationale MAIS Data Warehouse gliedert sich in drei unterschiedliche logische
Bereiche, die nach den einzelnen Phasen des Warehouse-Pflegeprozesses unterteilt sind:

- **Staging Schema**: Abbild der Extraktionsdateien aus den Quellsystemen, Fehler-
  tabellen mit abgewiesenen Sätzen (incl. Abweisungsgrund).

- **Metadaten Schema** : Informationen über den Lade- und Aggregationszustand des
  Warehouse sowie der „Staging Area" im Filesystem.

- **Warehouse Schema**: enthält die bereinigten und transformierten Fakten- und
  Dimensionstabellen, sowie die Aggregationstabellen zur Beschleunigung von
  Abfragen. Die Warehouse Tabellen sind grundsätzlich nach dem „Star-Schema"
  angeordnet. Es existieren jedoch einige „hybride" Erweiterungen zum „Snow-Flake"
  Schema um besonders große Dimensionen aufzuteilen. Dies betrifft z.B. die
  Dimension „Kunde", bei der die Anschriften von Kunden in einer eigenen Tabelle
  abgespeichert werden, da sie nicht in „Drill"-Operationen in den Berichtsystemen
  eingebunden werden.

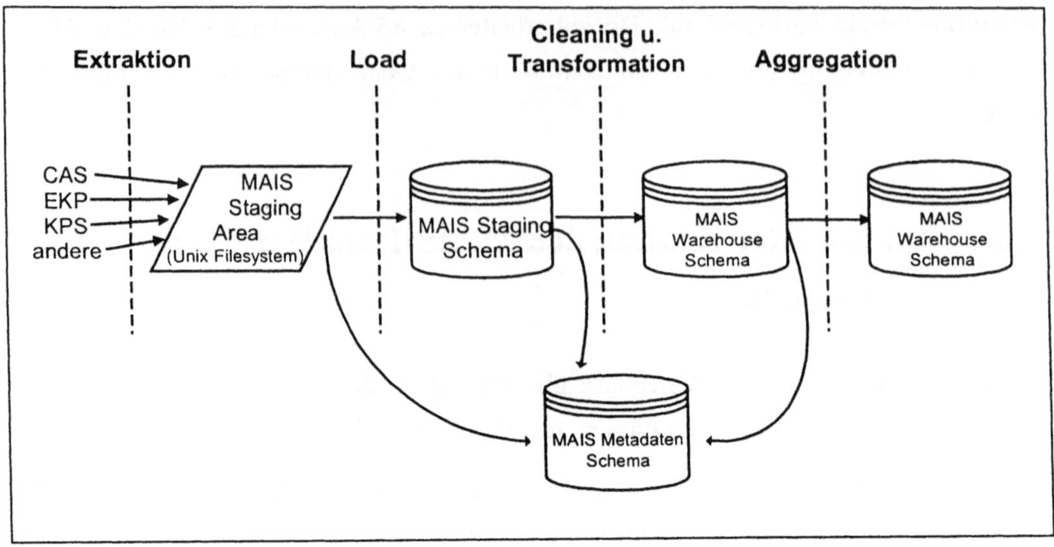

Abb. 7: Die MAIS Data Warehouse-Prozesse

Im folgenden werden die MAIS Data Warehouse-Prozesse beschrieben:

Extraktion

Zum Monatsende werden aus dem KPS- und CAS-System automatisch sequentielle Textdateien extrahiert. Im KPS System geschieht dies durch verschiedene ABAP Programme, welche alle Tagesbuchungen des abgeschlossenen Monats auf Monatsebene verdichten. Die Verdichtung geschieht bereits im Vorsystem, da eine Darstellung von Tagesdaten gemäß den fachlichen Anforderungen in den Berichtssystemen nicht vorgesehen ist. Das CAS System basiert auf einer Foxpro-Lösung und kann lediglich als Gesamtextrakt exportiert werden. (Die Bildung der Datendifferenzen gegenüber dem vormaligen Ladezeitpunkt ist daher Aufgabe des LOAD-Prozesses). Die Kunden- und Produktstammdaten werden täglich aus dem KPS System per ABAP Programm extrahiert.

Die Datenextrakte der Vorsysteme werden per Filetransfer in einen besonderen Bereich (Staging Area) im Unix-Filesystem des MAIS Systems übertragen. Spezielle Unix-Prozesse („Wachhunde") starten bei der Ankunft eines Extraktionsfiles die entsprechenden Schnittstelle in der relationalen MAIS Datenbank (siehe „Load").

Externe Datenquellen werden manuell aufbereitet und per manuellem Aufruf in das MAIS System eingeladen. Ein automatisierter Ladeprozeß ist hier momentan nicht vorgesehen, da externe Daten nur unregelmäßig zur Verfügung gestellt werden. Das Format der externen Daten benötigt teilweise Erweiterungen und muß zum großen Teil manuell auf Datenqualität überprüft werden (z.B. muß per Dublettenabgleich die MAIS Kundennummer den externen Adreßdaten zugewiesen werden. Dies geschieht im System ZAQ).

Load

Die MAIS-Schnittstellenprozesse werden von einer Unix-basierten Prozeßsteuerung beim Eintreffen neuer Datenextrakte aufgerufen. Die Schnittstellenprogramme sind in der Programmiersprache PL/SQL implementiert. Sowohl die Unix-Prozeßsteuerung als auch die MAIS-Schnittstellenprozesse protokollieren durchgeführte Ladeprozesse (Zeitstempel, Anzahl erfolgreich geladener Daten, Anzahl Fehler, Wiederaufsetzpunkte, Tabellen mit zurückgewiesenen Datensätzen), um so zunächst dem MAIS Warehouse Administrator eine größtmögliche Transparenz über den Ladezustand des Warehouse zu geben.

Cleaning

Einer der kritischen Erfolgsfaktoren in Data Warehouse Projekten ist die Qualität der zur Verfügung gestellten Daten. Nicht eindeutige Schlüssel, fehlende / nicht eindeutige Schlüsselreferenzen sind ein Problem im CAS System, Buchungen ohne Kundenbezug sind Probleme im KPS System, mehrfach vorkommende Kundenadressen (sog. Dubletten) tauchen im EKP System auf. Ein sehr wichtiger Punkt ist demnach ein flexible Implementierung der Warehouse-Schnittstellen um entweder - falls möglich - fehlerhafte Beziehungen der Daten durch Heuristiken aufzulösen oder fehlerhafte Daten zurückzuweisen. Die Bereinigungsprozesse laufen auch hier datenbankintern auf Basis PL/SQL ab. In beiden Fällen werden Protokolldateien zurück an die Quellsysteme übergeben, damit Fehler dort bereinigt werden können.

Eine besondere Komponente stellt die Adreßclearingstelle ZAQ dar, die eine Bereinigung von Dubletten sowie Adreßhistorisierung durchführt. ZAQ fungiert als zentrale Adreßclearingstelle für verschiedene Informationssysteme der Post und wurde daher als eigenständiges System implementiert und nicht in die Ladeprozesse des MAIS Systems eingebunden.

Ein großer Verdienst des MAIS Systems liegt darin, daß Defizite in der Datenqualität sehr effizient durch gezielte Analysen sichtbar gemacht werden können[2]. Durch die intensive Zusammenarbeit zwischen dem MAIS Team und den verantwortlichen Stellen der Quellsysteme konnte die Qualität der Quelldaten signifikant verbessert werden. Im Rahmen der Qualitätssicherung der Berichtssysteme ist das Thema „Analyse der Datenqualität" ein kontinuierlicher Prozeß.

Transformation

Die in den Quellsystemen gewählte Strukturierung der Daten eignet sich nicht immer für die Auswertungszwecke von Vertrieb und Marketing. Ein Beispiel ist der Produktbaum der Sparte Brief, welcher im SAP System bis auf Artikelebene gegliedert ist. Im Warehouse dagegen wurde ein eigener „MAIS Produktbaum" aufgebaut, der eine Verdichtung des „offiziellen" Produktbaums der Fakturierungssysteme darstellt. Es gibt Produkte und Produktgruppen, für die im MAIS-System nicht der volle Detaillierungs-grad relevant ist: z.B. „Produkte Postfiliale". Es werden über 133 Compact-Discs (inkl. CD-ROM) von der Deutschen Post in ihren Postfilialen vertrieben u.a. „Weihnachts-lieder" „Käpt'n Blaubär". Diese 133 Produkte werden im MAIS Produktbaum nicht detailliert dargestellt, sondern lediglich unter dem Produkt „CD Postfiliale" umge-schlüsselt.

Transformationen sind im MAIS System hauptsächlich Um- und Neuschlüsselungen - diese werden als Regeln formuliert und ebenfalls mittels PL/SQL implementiert.

Aggregation

Die aus dem System KPS ins MAIS Data Warehouse importierten Bewegungsdaten (Absatz und Umsatz) sind nach den folgenden Kriterien aufgeschlüsselt:

Attribut	Erläuterung
Monat	Alle Kennzahlen liegen auf Monatsebene vor
Organisationseinheit	Briefpostdirektionen der Deutschen Post
EKP Produkt	Produktnummer des Systems EKP (Einheitlicher Kunden- und Produktstamm)
EKP Kunde	Geschäftskunden der Sparte Brief (identifiziert über ihre eindeutige EKP Kundennummer)
Rabattart	Rabattarten der Sparte Brief (z.B. DV Freimachung, Endgeldermäßgung Palette Leitzone, etc.)
Freimachungsart	Freimachungsarten der Sparte Brief (z.B. Absenderstempelung, Freimachungsvermerk, etc.)
Gewichtsklasse	Gewichtsklassen des eingelieferten Produkts (31g..50g, 51g..100g, etc.)

Abb. 8: Bewegungsdaten im MAIS Data Warehouse

Diese Informationen werden in eine „Basisfakten"-Tabelle der relationalen MAIS Datenbank gespeist:

```
        BASIS FAKTEN


    •   Monat
    •   Orgaeinheit
    •   EKP Produkt
    •   Kunde
    •   Rabattart
    •   Freimachungsart
    •   Gewichtsklasse


    •   Absatz
    •   Umsatz
```

Abb. 9: Basisfaktentabelle im MAIS Data Warehouse

Die in obiger Tabelle genannte Aufschlüsselung der Kennzahlen bezeichnet man auch als „Attribute" oder im Data Warehouse-Kontext als „Dimensionen" der Kennzahlen. Metrische Werte (wie hier die Umsatz- und Absatzkennzahlen) werden im Data Warehouse Kontext als „Fakten" bezeichnet.

Die obige Aufschlüsselung ist für das MAIS Berichtswesen in der Regel zu detailliert, d.h. Informationen wie „zu welcher Freimachungsart, anhand welcher Rabattierung, in welcher Gewichtsklasse ist ein Umsatz/Absatz erfolgt" sind für bestimmte Berichte nicht von Interesse.

Ein hoher Detaillierungsgrad von Kennzahlen („Fakten") bedeutet sowohl großen Speicheraufwand als auch hohe Berechnungszeiten (z.B. für Auswertungen). Letztere sind ausschlaggebend für die Akzeptanz eines Berichtswesens, daher werden im MAIS System zusätzlich zu dem von KPS gelieferten Basisfakten weniger detaillierte Versionen der Absatz/Umsatzkennzahlen angelegt. Dieser Vorgang wird als „Aggregation" (Verdichten von Detailinformationen) bezeichnet.

```
UMSATZ MONAT REDUZIERT
        FAKTEN


  •   Monat
  •   MAIS Produkt
  •   Kunde


  •   Absatz
  •   Umsatz
  •   Rabatte
```

Abb. 10: Verdichtete Detailinformation im MAIS Data Warehouse

Eine verdichtete Version der KPS-Basisdaten ist z.B. die Tabelle UMSATZ_ MONAT_REDUZIERT. Die unterschiedlichen Rabattarten sind in dieser Tabelle nicht mehr enthalten - stattdessen wurde eine neue Kennzahl Rabatte eingeführt. Diese Kennzahl drückt die gesamten Rabatte aus, die einem Kunden in einem Monat für ein bestimmtes Produkt gewährt worden sind. In den Basisfakten konnte ein Kunde für eine Einlieferung mehrere Rabattarten erhalten. Diese Detaillierung wurde zu dem „Gesamtrabatt" verdichtet.

Die verschiedenen Berichtssysteme des MAIS Systems benötigen unterschiedliche Detailierungsgrade der MAIS Kennzahlen. Um für jedes System optimale Antwortzeiten zu erhalten (bzw. das Laden der OLAP Datenbank zu Beschleunigen) wurden individuelle Aggregationstabellen erstellt.

In Abbildung 11 wird ein Teil des Aggregationsprozesses erläutert:

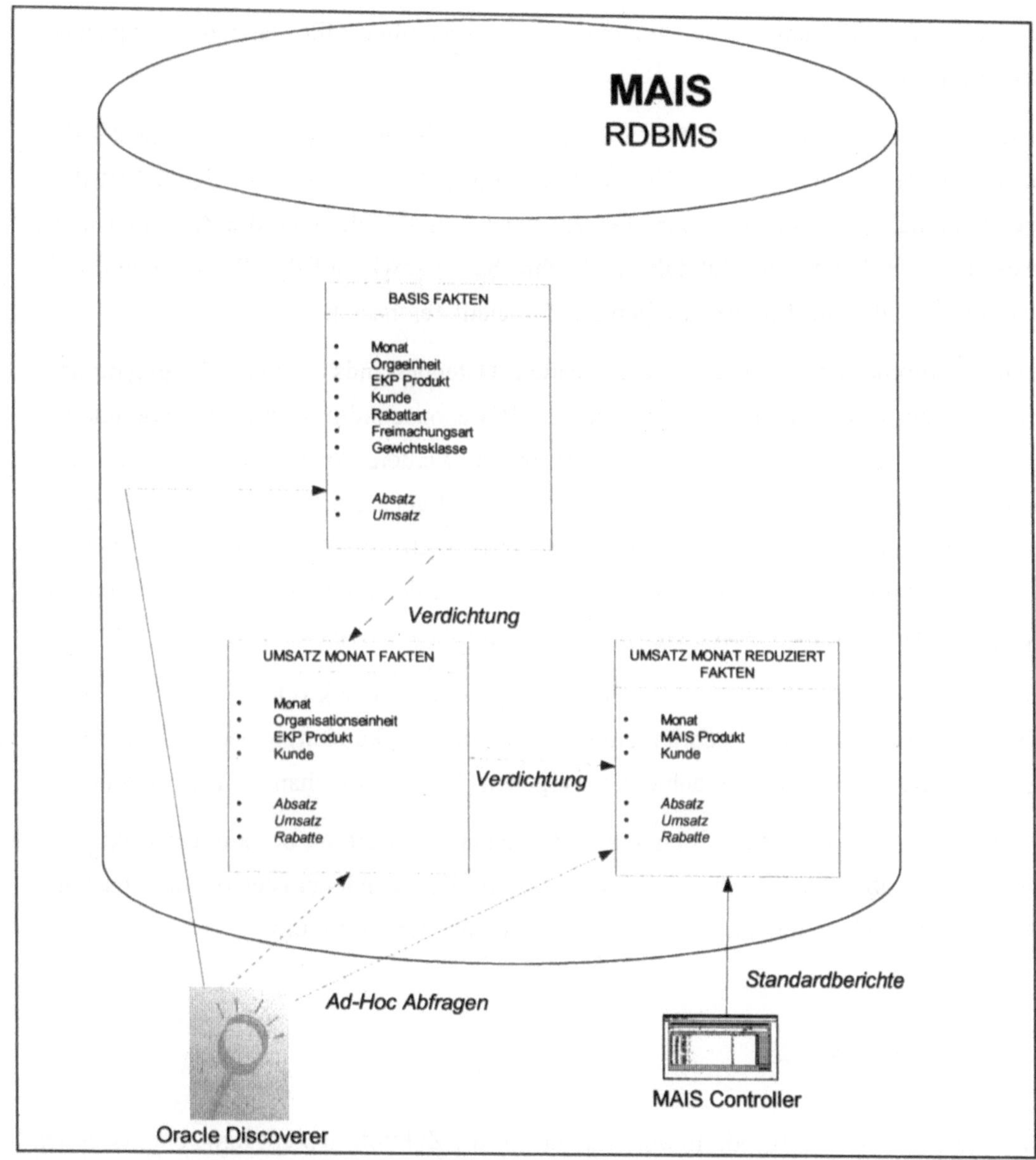

Abb. 11: Aggregationsprozesse in MAIS

Die Tabelle UMSATZ_MONAT_REDUZIERT enhält einen anderen Produktschlüssel als die Tabelle UMSATZ_MONAT. Für das MAIS System wurde ein eigener Produktbaum entwickelt (siehe „Transformation"), der eine Verdichtung des standardisierten Post-Produktbaums darstellt. MAIS Controller sowie MAIS OLAP greifen auf diesen eigenen Produktschlüssel zu. Der Oracle Discoverer bietet die Möglichkeit auf

die volle Detaillierungsebene zuzugreifen (vornehmlich für einmalige Spezial-
auswertungen).

Für den Oracle Discoverer und MAIS Controller existieren weitere Aggregationstabellen, die aus den Tabellen UMSATZ_MONAT und UMSATZ_MONAT_REDUZIERT
abgeleitet sind. Diese Aggregationen beziehen sich hauptsächlich auf die Zeitdimension
(es existieren Tabellen auf Quartals- und Jahresbasis) sowie auf den Produktbaum (es
existieren Tabellen auf Produktgruppen und Geschäftsfeldbasis).

Sobald aufgrund des monatlich wachsenden Datenbestands weitere Aggregationstabellen nötig werden, können diese vom Data Warehouse-Administrator erzeugt und in
den Metadaten des Oracle Discoverer eingetragen werden. Ab sofort stehen den Benutzern die neuen Aggregationstabellen in ihren Anfragen zur Verfügung - ohne eine
neue Verteilung der Applikation vornehmen zu müssen. Im MAIS Controller ist dies
jedoch nicht möglich - hier müssen die Anwender auf den nächsten Release warten bis
Aggregationstabellen zur Beschleunigung Ihrer Anfragen dienen können.

Zur Bildung der mehrdimensionalen Oracle Express Datenbank (OLAP) wird ein Ausschnitt der Basisfakten (Beschränkung auf die 500 Topkunden) geladen. Die mehrdimensionale Datenbank wird anhand des eigenen „Rollup" Mechanismus aggregiert.

Weitere Aggregationstabellen stehen zur effizienten Auswertung der kundenstrukturbezogenen Umsatzsichten (siehe Abschnitt 2.2) und der Kundencluster (siehe Abschnitt
„Abbildung von Kundenclustern im Berichtssystem") zur Verfügung.

4   Ausblick

Unter anderem sind folgende Erweiterungen für die Zukunft geplant bzw. bereits in der
Entwicklung:

- Das MAIS Data Warehouse als Plattform für Database-Marketing:
  Einbindung von Adressen externer Anbieter mit erweiterten Adreßattributen - zur
  gezielten Selektion von Adreßmaterial für die Neukundenakqusition. Responsedaten
  aus vergangenen Marketing-Aktionen sollen im MAIS System erfaßt werden.

In Kombination mit den in MAIS bereits vorhandenen Umsatzdaten werden so gezielte Effizienzanalysen von Marketing-Aktivitäten möglich. Für zukünftige Marketing-Aktionen wird es fundierte Planungshilfen geben.

- Wettbewerbsinformationen:
Regelmäßiger Import von Wettbewerbsinformationen (Firmenstruktur von Wettbewerbern, Produkte, Preise, etc.) insbesondere mit Potentialinformationen der Wettbewerber bei Kunden der Deutschen Post AG. Dient im Zusammenhang mit den in MAIS bereits enthaltenen Daten zur erweiterten Kundenpotentialbewertung anhand von „Balanced Scorecards".

- Data Mining:
Um mit Data Mining-Methoden aussagekräftige Ergebnisse zu erhalten, werden Daten auf detaillierterer Ebene benötigt, als dies in MAIS bis jetzt der Fall ist. Das MAIS System soll aus diesem Grund Umsätze auf Tagesbasis enthalten (bisher: Monatsbasis). Die Umsatzfakten auf Tagesbasis werden durch erweiterte Schnittstellen in den Quellsystemen um weitere Attribute (Dimensionen) angereichert werden.

Anmerkungen

[1] Dieser kann bei Großkonzernen in MAIS bis zu 8 Ebenen tief sein !

[2] Umfassende Kennzahlenaggregationen und Stammdatenvergleiche sind in den OLTP Systemen gar nicht oder nur unter sehr großem Aufwand durchführbar.

4   Ausblick

Unter anderem sind folgende Erweiterungen für die Zukunft geplant bzw. bereits in der Entwicklung:

- Das MAIS Data Warehouse als Plattform für Database-Marketing:
  Einbindung von Adressen externer Anbieter mit erweiterten Adreßattributen - zur gezielten Selektion von Adreßmaterial für die Neukundenakqusition. Responsedaten aus vergangenen Marketing-Aktionen sollen im MAIS System erfaßt werden. In Kombination mit den in MAIS bereits vorhandenen Umsatzdaten werden so gezielte Effizienzanalysen von Marketing-Aktivitäten möglich. Für zukünftige Marketing-Aktionen wird es fundierte Planungshilfen geben.

- Wettbewerbsinformationen:
  Regelmäßiger Import von Wettbewerbsinformationen (Firmenstruktur von Wettbewerbern, Produkte, Preise, etc.) insbesondere mit Potentialinformationen der Wettbewerber bei Kunden der Deutschen Post AG. Dient im Zusammenhang mit den in MAIS bereits enthaltenen Daten zur erweiterten Kundenpotentialbewertung anhand von „Balanced Scorecards".

- Data Mining:
  Um mit Data Mining-Methoden aussagekräftige Ergebnisse zu erhalten, werden Daten auf detaillierterer Ebene benötigt, als dies in MAIS bis jetzt der Fall ist. Das MAIS System soll aus diesem Grund Umsätze auf Tagesbasis enthalten (bisher: Monatsbasis). Die Umsatzfakten auf Tagesbasis werden durch erweiterte Schnittstellen in den Quellsystemen um weitere Attribute (Dimensionen) angereichert werden.

Anmerkungen

[1] Dieser kann bei Großkonzernen in MAIS bis zu 8 Ebenen tief sein !

[2] Umfassende Kennzahlenaggregationen und Stammdatenvergleiche sind in den OLTP Systemen gar nicht oder nur unter sehr großem Aufwand durchführbar.

Teil VI

Erfahrungsberichte

- Industrie -

Das Data Warehouse-Konzept -
Basis erfolgreicher Managementunterstützung bei BAYER

Bernd-Ulrich Kaiser

Inhalt

1 Konzeption

2 Technik

3 Betrachtungsweisen

4 Praktische Erfahrungen

5 Ausblick

Literatur

1   Konzeption

Als 1989 in der Firma Bayer ein unternehmensweites Konzept für ein DV-gestütztes Informationssystem für das Management entwickelt wurde, gab es Begriffe wie "Data Warehouse" und "On-Line Analytical Processing" (OLAP) noch nicht. Wohl aber boomte der DV-Markt mit Lösungen zu Executive Information Systems (EIS), Decision Support Systems (DSS) oder Management Information Systems (MIS). Die Begriffsvielfalt zeigte, daß man von einer einheitlich umsetzbaren Lösung weit entfernt war, und es entstand der Verdacht, als seien die verschiedenen Informationssystem-Varianten Spiegelbilder der jeweiligen technischen Möglichkeiten der anbietenden Firmen.

Nach einem ersten, gescheiterten Versuch in den Jahren 1987/88 wollte die Firma Bayer das Thema grundsätzlicher angehen und sich nicht von den technischen Möglichkeiten, sondern von den Anforderungen leiten lassen. Dabei stand die Art der technischen Realisierung zunächst einmal im Hintergrund.

Abweichend von den meisten damaligen Ansätzen, in deren Mittelpunkt ein "Drill Down" durch die Geschäftsdaten stand, sollte hier der Arbeitsplatz eines Managers DV-technisch unterstützt werden, wobei der Kommunikation ein ebenso großes Gewicht beigemessen wurde wie der Information. Das System heißt ISOM (Informations-System für das Obere Management).

Kommunikation

- Terminverwaltung, Aktionsverfolgung, Wiedervorlage
- Veranstaltungen, Besucher, aktuelle Nachrichten
- Fax, Electronic Mail, externe Datenbanken

Information

- Bayer (Strategie, Geschäft)
- Markt, wirtschaftliche Rahmenbedingungen
- Personalangelegenheiten, Sitzungs-Protokolle

Abb. 1: Inhalte von ISOM

Die bei ISOM eingesetzte Technik sollte nicht nur dem Oberen Management bei Bayer vorbehalten sein, sondern allen Hierarchieebenen zur Verfügung stehen.

ISOM für den Vorstand Bayer (1993)

- Einbeziehen von Vorstands-Sekretärinnen und Vorstands-Assistenten

Ausweitung ISOM auf Unternehmensbereichs- und Marketing-Leiter (1995)

- Einheitliches Zahlenmaterial, Möglichkeit zur Interaktion (Kommentare, Mails, usw.)

ISOM auf allen Management-Ebenen des Unternehmens (ab 1996)

- Einheitlich definierte Informationslandschaft
- Einheitliche DV-Werkzeuge

ISOM als Vorgabe für OIS = Operative Informationssysteme (ab sofort)

- Idealzustand: Zugriff von ISOM und OIS auf gleiche Tabelle (Beispiel: Personaldaten Bayer AG)

Abb. 2: Ausbreitung von ISOM

Eine wesentliche Forderung galt der leichten Bedienbarkeit. Der ISOM-Anwender sollte zur Benutzung von ISOM keinerlei Vorkenntnisse mitbringen und sich nichts Systemtechnisches merken müssen.

Denn die meisten der damals angebotenen Informationssysteme konnte man nicht "mal eben so" nutzen. Die Bedienung auch der als benutzerfreundlich ausgewiesenen Programmpakete ist oft sehr komplex und erfordert einen hohen Zeitaufwand. Interessant ist in diesem Zusammenhang eine Beobachtung innerhalb der Bayer AG: Dort fand man heraus, daß die Beherrschung von EDV-Programmen in Korrelation zur Zeit steht, die man am Bildschirm verbringt.

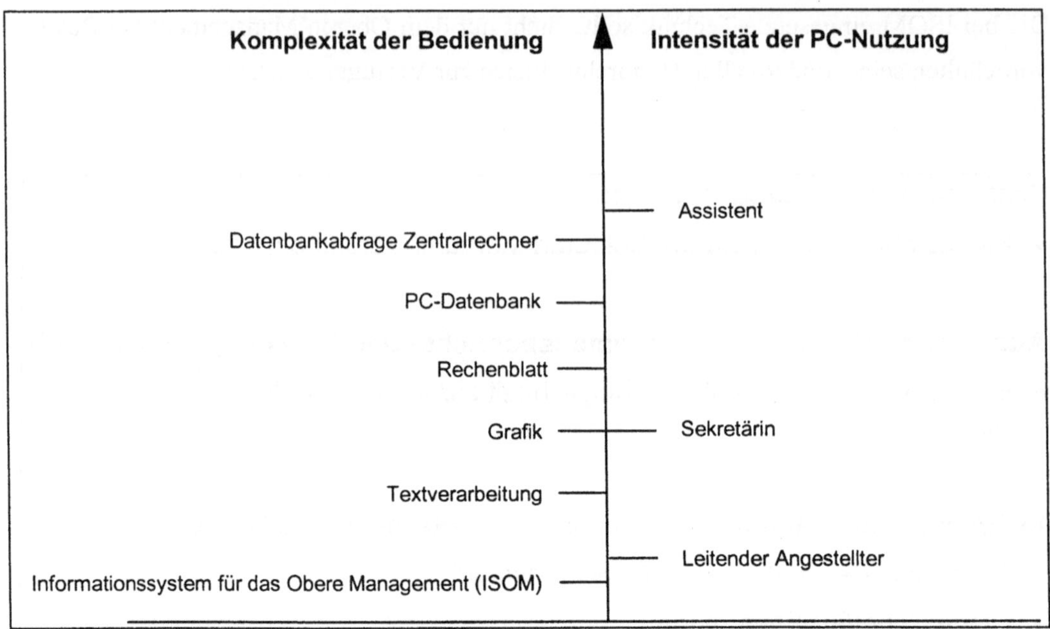

Abb. 3:   Korrelation zwischen Zeitaufwand und Beherrschbarkeit eines EDV-Programms

Nach den Beobachtungen kann man ein heutiges PC-Textverarbeitungsprogramm gut nutzen, wenn man sich ca. 20 % seiner Arbeitszeit mit dem PC beschäftigt. Für ein Grafikprogramm benötigt man schon etwa 30 %. Als besonders schwierig erweisen sich Datenbankabfragen in Verbindung mit dem Zentralrechner (Host), auf dem viele Geschäftsdaten abgelegt sind. Die Abfragen setzen eine genaue Kenntnis der Tabellenstrukturen voraus. Eine ständige Beschäftigung mit der Problematik ist unabdingbar. Eine Reihe von Assistenten, besonders in Stabsabteilungen, kommt heute auf eine PC-Nutzung bis zu 80 % ihrer Arbeitszeit. Sie beherrschen nach unseren Beobachtungen die gesamte Palette heutiger Softwarepakete, auch die schwierigen Datenbankabfragen.

Die Manager, die Zielgruppe von ISOM, verbringen i.a. nur einen geringen Teil ihrer Arbeitszeit am PC. Für sie scheidet die Nutzung bestimmter Programmtypen und erst recht die Datenbankabfrage aus.

Falsch wäre es, daraus die Forderung abzuleiten, daß sich die Manager mehr mit dem PC beschäftigen sollten. Das ist sicherlich nur bei entsprechender Neigung durch private Nutzung der Techniken erreichbar. Statt dessen müssen die Anwendungsprogramme so vereinfacht werden, daß sie auch mit geringem Zeitaufwand nutzbar sind. ISOM sollte diesen Anforderungen entsprechen. Eine weitere Überlegung schloß sich an: Bei der unternehmensweiten Tragweite konnte ISOM nur mit Hilfe der Client- / Server-Technik realisiert werden. Das läßt sich vereinfacht wie folgt darstellen:

	Datenhaltung	Bedienung
Personalcomputer	mäßig	sehr gut
Zentralrechner	sehr gut	mäßig
ISOM	Kombination der Vorteile	

Abb. 4: Nutzung der Vorteile von PC und Zentralrechner für ISOM

Das Startbild von ISOM trägt dem bisher gesagten Rechnung. Alle Informationen lassen sich ohne Tastatur, nur mit Mausklick abrufen.

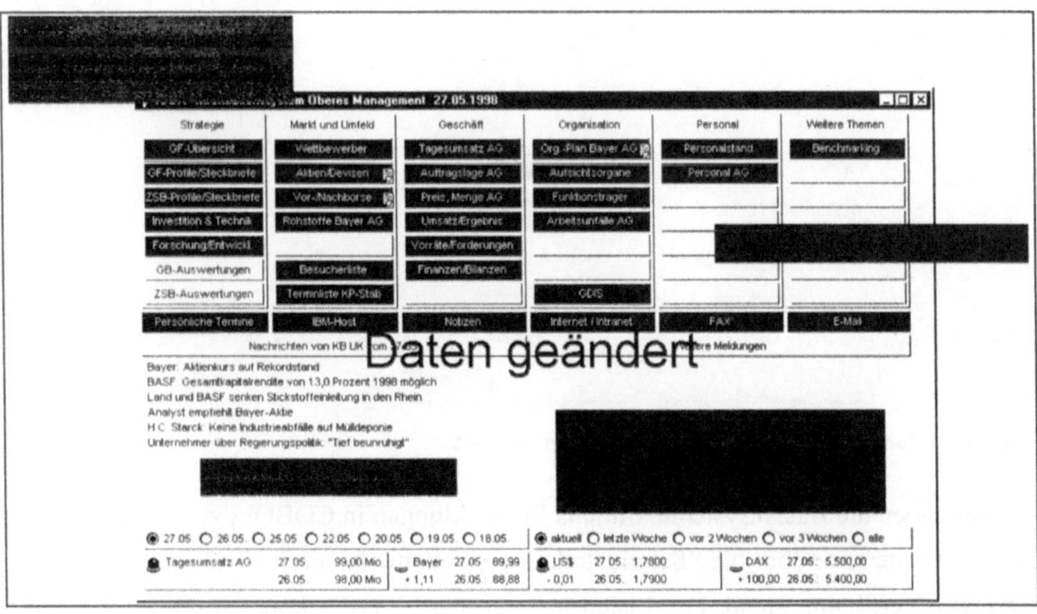

Abb. 5: Startmenü von ISOM

Darüber hinaus aktualisiert sich ISOM ständig, so daß z. B. neue Nachrichten automatisch angezeigt werden.

2   Technik

Im Prinzip begannen die Vorarbeiten für ein System wie ISOM bereits Anfang der 80er Jahre, als man bei Bayer, ähnlich wie in anderen Firmen, anfing, separate Berichtstabellen, die aus den operativen Systemen gespeist wurden, auf dem Zentralrechner zur Verfügung zu stellen. Mit Hilfe der mächtigen SQL-Sprache konnten erfahrene Anwender Informationen abfragen bzw. sie auf einen PC herunterladen und dort weiterverarbeiten. Diese Möglichkeit wurde aber, u. a. wegen der Komplexität der Zentralrechner-Tabellen, nur von wenigen Anwendern genutzt.

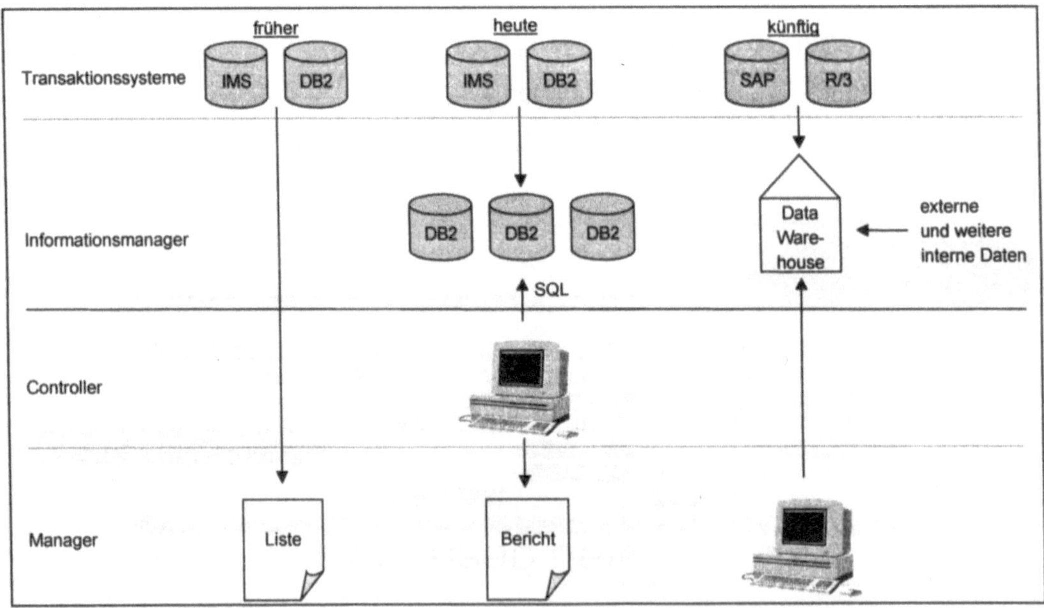

Abb. 6: Informationsbereitstellung im Wandel der Zeit

Davor gaben die Basis-Systeme, oftmals Entwicklungen in COBOL, zusammenfassende Informationen nur über die "Schnittstelle Liste" ab, die hauptsächlich den Sachbearbeitern zur Verfügung stand. Die Listen in ihrer starren Form konnten die Informationswünsche der Manager aber nur teilweise befriedigen.

Als revolutionierender Schritt erwies sich, wie oben beschrieben, das Kopieren operativer Daten in relationale Datenbanken wie etwa DB2, aus denen dann mittels der mächtigen SQL-Sprache die gewünschten Informationen abgezogen werden konnten. Das blieb wegen der Komplexität nur wenigen Spezialisten vorbehalten, die im Laufe der Zeit ihr Aufgabenspektrum um die Erstellung von Berichten, basierend auf Daten der relationalen Tabellen, erweiterten. Der DV-gestützte "Controller" war geboren.

Glaubt man den Herstellern von Software und Hardware, so folgt als nächster Schritt das Data Warehouse, eine Entscheidungsunterstützungs-Datenbank, welche den Endbenutzern leicht zugänglich ist und eine komfortable Suche ermöglicht.

Die zahlreichen, auf dem Markt hierfür angebotenen "Query-Tools" lassen darauf schließen, daß dies der richtige Weg für die Zukunft ist. Bei kleineren und mittleren Unternehmen ist gegen diese Lösung sicherlich nichts einzuwenden.

Allerdings sind Zweifel angebracht, ob dieses Prinzip auch in großen Firmen Erfolg verspricht. ISOM folgt, wie weiter unten beschrieben, einem anderen Ansatz.

Leider wird bei den klassischen Data Warehouse-Ansätzen dem Aspekt der Informationsqualität der Daten zu wenig Bedeutung beigemessen. Es wird als selbstverständlich angesehen, daß die in den logistisch ausgerichteten Basissystemen gesammelten Daten den betriebswirtschaftlichen Zusammenhang korrekt wiedergeben. Das ist aber nicht immer der Fall. Die Basissysteme sind dafür nicht konzipiert.

Eine der ersten Erfahrungen im ISOM-Projekt war, daß die Daten, besonders auf den unteren Verdichtungsstufen, zwar formal richtig waren, aber in einigen Fällen zu Fehlinterpretationen führen konnten. Bei diesem an sich bekannten Phänomen behilft sich der Controller mit Fußnoten, Kommentaren oder sogar Abändern der Daten.

Dieser in der Praxis sehr wichtige Schritt der Informationsaufbereitung muß dem Data-Warehouse vorgelagert sein, was aber bei der Menge der Daten und den vielen verschiedenen Datenquellen nicht einfach ist.

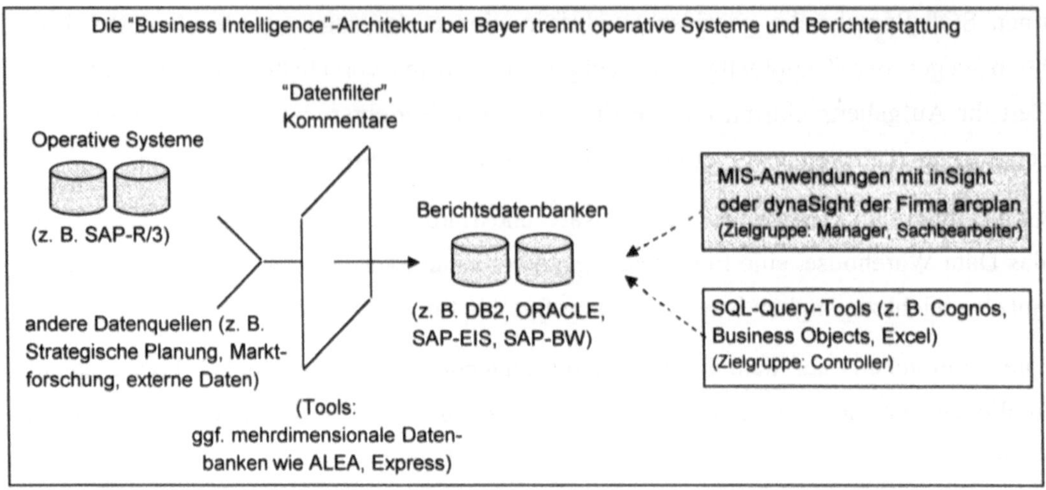

Abb. 7: Berichtsdatenbanken bei der Bayer AG

Ein Großteil der Unternehmensinformationen ist bei der Bayer AG schon heute in Berichtsdatenbanken abgelegt, auf die mit ISOM-Werkzeugen oder Query-Tools zugegriffen werden kann.

Üblicherweise durchlaufen die Daten aus den Datenquellen, d. h. den operativen Systemen und den externen Quellen, einen Datenfilter, in dem vielfältige Aufgaben realisiert werden können. Bisher lag hier das Schwergewicht auf einem Filter, der nach festen Regeln die Daten aufbereitet. In jüngster Zeit wird aber von Anwenderseite der Wunsch nach einem zusätzlichen Filter, der ohne feste Regeln nach den jeweiligen Erfordernissen ausgerichtet werden kann, immer lauter. Für diese Aufgabe eignet sich eine mehrdimensionale Datenbank wie ALEA der Firma MIS vorzüglich.

Besondere Beachtung verdient das Business Information Warehouse der SAP (SAP-BW), weil es gerade in einem Umfeld mit vielen SAP-R/3-Mandanten einen geordneten und effizienten Datentransfer von den operativen R/3- und künftig auch nicht-SAP-Systemen in das Warehouse verspricht. Im Falle der R/3-Basis vermerkt sich das Warehouse die Datenquelle, so daß über eine Drill down-Prozedur eine Verzweigung in das Basissystem, z. B. auf Einzelbelege möglich ist.

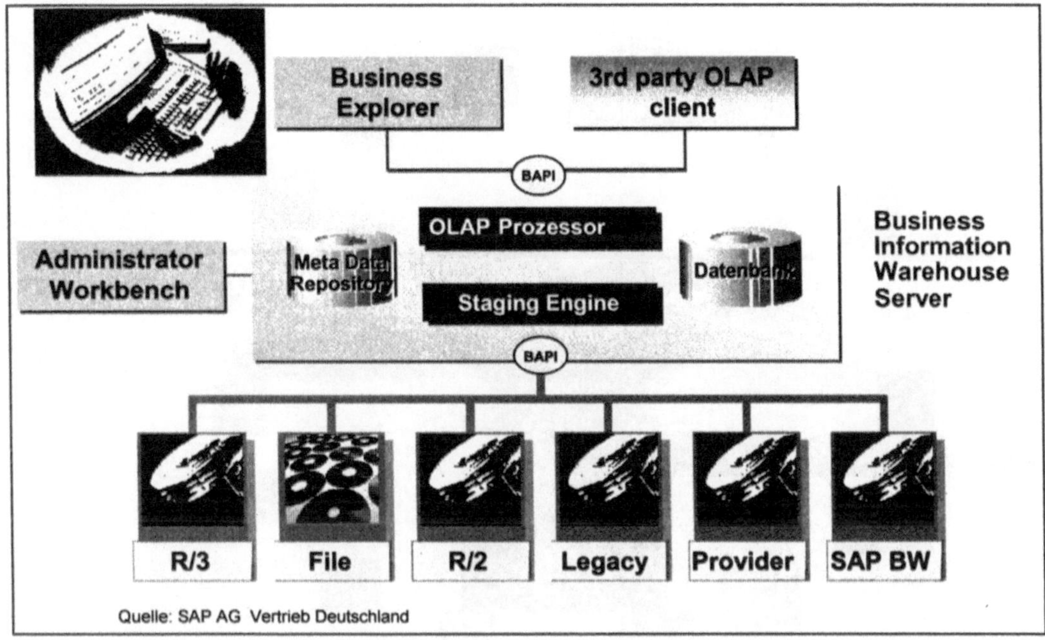

Abb. 8: Architektur Business Information Warehouse der SAP (SAP-BW)

Damit geht das SAP-BW deutlich über den Ansatz des SAP Executive Information System (SAP-EIS) hinaus, das sich eher bei kleineren R/3-Installationen empfiehlt.

SAP widmet dem SAP-BW, das als eigenständiges Produkt vermarktet wird, eine zentrale Rolle bei der künftigen Unterstützung von Top- und mittlerem Management. Im Rahmen des Konzeptes Business Intelligence fungiert das SAP-BW als Informationsbasis für Komponenten des Strategic Enterprise Management (SEM), für das schon eine Planungskomponente verfügbar ist. Weitere Funktionalität auf Basis der Warehouse-Daten sollen folgen.

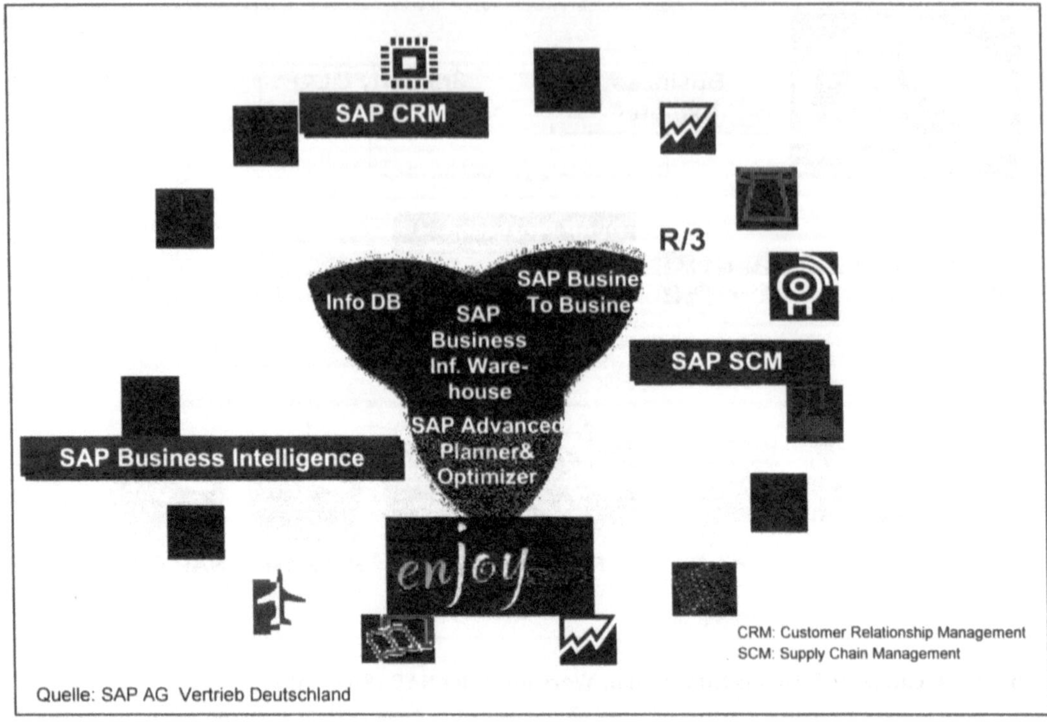

Abb. 9: SAP Business Information Warehouse als Basis künftiger Funktionalität

Es besteht für ein Unternehmen nicht nur die Chance, sondern geradezu die Verpflichtung, Internet-Techniken für die Information und Kommunikation im Unternehmen zu nutzen. Neben den deutlichen Kostenersparungen gegenüber dem Transport von Informationen auf Papier stehen zusätzlich realisierbare Vorteile wie Integrität der Informationen und Interaktion mit dem Informationsanbieter.

Die Internet-Technik, die innerhalb eines Unternehmens erfolgreich in Form eines Intranets genutzt werden kann, öffnet einen einfachen Weg über den PC zu Informationen. Allen voran haben sich die WWW-Server mit der HTML-Technik einen festen Platz in der Anwendergunst gesichert. Die hehren Ziele vieler Hard- und Softwareanbieter, einfach installier- und bedienbar, scheinen nun im Internet erreicht.

Ein erster Eindruck vermittelt eine vom ISOM-Team erstellte Homepage, die aus ISOM heraus über einen Schaltknopf aufgerufen werden kann. Dabei startet im Hintergrund ein handelsüblicher Browser. Die im ISOM-Layout aufgemachte ISOM-Homepage enthält, nach Gebieten geordnet, eine Auswahl von Internet/Intranet-Themen. Sie ist als

Einstieg für die Manager gedacht, um einen Eindruck davon zu bekommen, worüber im Augenblick die ganze Welt spricht.

Die anfängliche Internet-Euphorie weicht allerdings einer gewissen Ernüchterung, weil zwar unendlich viele Informationen verfügbar sind, man aber einige Mühe aufwenden muß, sie zu finden und sich über aktuelle Änderungen zu informieren. Dazu mangelt es oft an der Informationsqualität. Werbebotschaften nehmen einen großen Raum ein, manche Server sind nicht immer oder schlimmstenfalls überhaupt nicht mehr verfügbar. Der teilweise recht langsame Informationsaufbau und die damit verbundenen Wartezeiten tragen zusätzlich zu einer gewissen Internet-"Müdigkeit" bei.

Andererseits bietet die neue Technik Möglichkeiten, besonders elegant Text- und Bildinformationen in ein ISOM einzubinden, was sich über die Datenbanktechnik nicht so einfach erreichen läßt. Eine Kombination von Data Warehouse und Internet bietet sich an, wobei beide ihre Stärken ausspielen können: Die Datenbank bringt Struktur, das Internet die abwechslungsreichen Informationen. Was liegt näher als die Internetadressen in einer Datenbank abzulegen und sie damit zu einem Bestandteil des Data Warehouses zu machen? Physikalisch bleiben dabei die Internet-Seiten dort, wo sie derzeit sind. Möglicherweise liegt hierin ein Vorteil gegenüber dem Ansatz, alle Internet/ Intranet-Informationen zentral, z. B. in einer Datenbank, abzulegen.

Das bedeutet, daß HTML-Objekte in die ISOM-Anwendung eingebunden werden müssen, um die hervorragende Navigation, die mit einer relationalen Datenbank möglich ist, auch für Internet/Intranet-Informationen zu nutzen. In einer Pilotanwendung wurde das bereits realisiert. Mit dieser Technik läßt sich der Angebotsumfang von ISOM erheblich erweitern, wobei die ISOM-Anwender sicher sein können, schnell zu interessanten, gesicherten Informationen zu gelangen. Das bringt einen weiteren Sprung in Richtung einer virtuellen Unternehmenszeitung, die, datenbankgetrieben, verschiedene Zielgruppen erreichen und diesen relevante Informationen auf dem Titelblatt, d.h. dem Startblatt der ISOM-Anwendung, präsentieren kann.

Microsoft bietet mit der ActiveX-Technologie die Möglichkeit, Anwendungen im Internet / Intranet zu plazieren. Es bedarf dann nur eines Browsers, um sie zu nutzen. Es überraschte alle ISOM-Betreiber, wie leicht dies realisiert werden konnte. Allerdings bestehen noch Vorurteile gegen die ActiveX-Technologie, besonders aus sicherheitstechnischen Aspekten. Aber an ihr bzw. einer vergleichbaren Technik führt in der Zukunft, nicht nur für ISOM-Anwendungen, kein Weg mehr vorbei. Die Installations lassen sich auf ein Minimum reduzieren, die Verfügbarkeit, eine sichere Anbindung des Unternehmens-Intranet an das Internet vorausgesetzt, ist praktisch weltweit. Eine eingebaute „Mobil"-Option ermöglicht, einen Teil der Daten auch Offline vorzuhalten, wenn z.B. ein Flugzeug noch nicht über einen Internet-Anschluß verfügt.

Zwei weitere technische Varianten haben sich in neuster Zeit ebenfalls recht erfolgreich etabliert: die HTTP-Architektur und die Microsoft Terminalserver-Technik.

dynaSight der Firma arcplan als "Weiterführung" des so erfolgreichen inSight-Gedankens verlagert die Ausführung der Anwendung und die Kommunikation zu den Datenquellen auf einen HTTP-Server, der die Ein- und Ausgabebefehle mit dem Client über ein Java-Programm regelt. Damit lassen sich Anwendungen aus nahezu jedem Browser ohne zusätzlichen Installationsaufwand betreiben. Da dynaSight aufwärtskompatibel zu inSight ist, können komplette inSight-Anwendungen leicht in die Internet / Intranet-Welt verlagert werden. Trotzdem kann man die Anwendungen mit inSight weiterhin pflegen. Das "mobile Computing", bei dem Informationen auch offline betrachtet werden können, entfällt allerdings.

Ähnlich interessant zeigt sich der Einsatz der Microsoft Terminalserver-Technologie, auch, mit einer Ergänzung durch die Firma Citrix, als Metaframe-Technik bekannt. Programm und Anwendung laufen auf einem "Multiuser"-Windows NT-Server, wobei nur das Bild der Anwendung auf dem Client dargestellt wird. Allerdings zeigt sich diese Vorgehensweise als erstaunlich elegant und besonders über weite Strecken in WAN-Netzen den "normalen" Anwendungen hinsichtlich Performance deutlich überlegen.

Die Warehouse-Architektur bei Bayer berücksichtigt diese neuen Möglichkeiten. Sie geht von einer verteilten Datenhaltung, sogar mit unterschiedlichen Datenhaltungstechniken, aus.

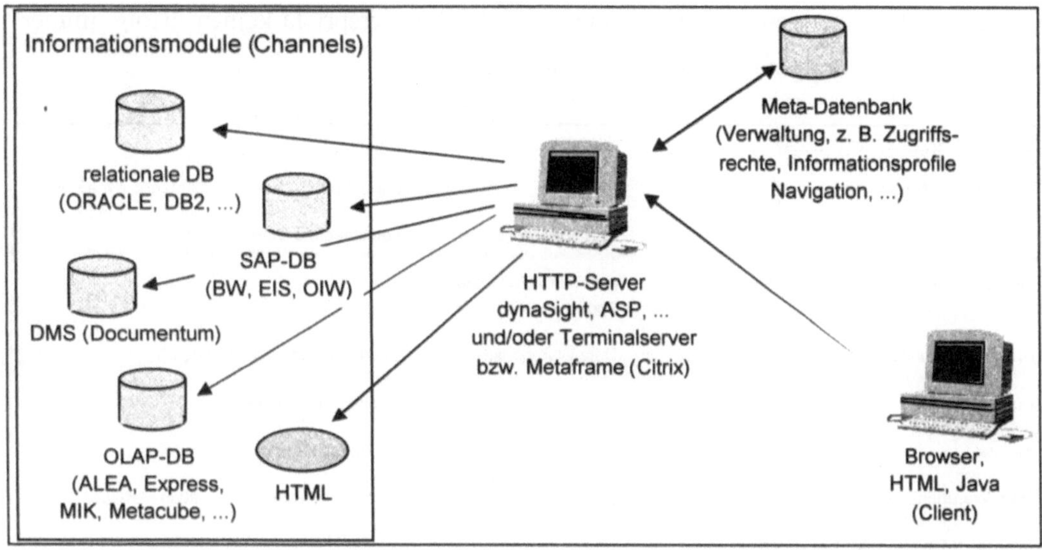

Abb. 10: Internet/Intranet-Zugriffskonzept Bayer

In dieses Zugriffskonzept sind auch Überlegungen eingeflossen, wie die Informationen in Dokumentenmanagementsystemen, z. B. Documentum, eingebunden weren können. Das unterstreicht die Bedeutung von zentral vorgehaltenen Metadaten, die neben dem Hinweis auf den physikalischen Ort der Informationen auch Zugriffsrechte, Informationsprofile und Navigationshilfen (Stichwort: dynamische Navigation) enthalten.

3   Betrachtungsweisen

Die allgemeinen Hinweise für den Aufbau von Data Warehouse-Anwendungen finden bei Bayer keine vorrangige Beachtung. Bayer verfolgt aus sehr pragmatischen Gründen, einen modifizierten Weg.

Es hat sich gezeigt, welche Bedeutung der Projekt-Organisation bei dem Aufbau eines Data Warehouse zukommt. Es ist nur schwer vorstellbar, daß ein Team die Ressourcen erhält, ein unternehmensweites Data Warehouse aufzubauen, ohne periodisch den Nutzen eines derart umfangreichen Projektes darzulegen. Es werden ständig neue Schwierigkeiten auftreten, weil die verschiedenen, gewachsenen Strukturen der operativen

Systeme nicht ohne weiteres zusammenpassen. Und es verspricht keinen Erfolg, immer wieder auf diese Probleme hinweisen zu müssen.

Data Warehouse-Vorgehensweise	allgemein	Variante Bayer
Zugang zum Warehouse	offen	nur über MIS-Anwendung (inSight, dynaSight)
Datenhaltung	ein Datenbanksystem	verschiedene Datenbanktypen
Einbindung in Intranet-Konzeption	nein (nur HTML/Java Tool)	ja
Data Marts-Konzept	Data Warehouse-"Insel"	Informationsmodul ("BaySight")
Push-Konzept	nein	Information Channels
Klientel	Controller, Assistenten	alle Mitarbeiter, auch Manager
Data Warehouse-Manager vorgesehen	ja	nein, statt dessen: Information Manager
Internes "Marketing" für Data Warehouse	groß	gering
Internes "Marketing" für Management-Infosysteme	gering	groß

Abb. 11: Betrachtungsweise Data Warehouse

Die Benutzer von ISOM wissen nicht, ob sich hinter ihrer Anwendung ein Data Warehouse verbirgt. Dies ist für die Benutzer letztlich auch egal. Ihre Schnittstelle ist die ISOM-Anwendung, die von den ISOM-Betreibern bereitgestellt wird. Ein Erfolg mit ISOM gibt den Entwicklern die Möglichkeit, Zug um Zug eine noch umfangreichere Data Warehouse-Struktur "nachzurüsten".

Um unterschiedliche Anwendergruppen einfach bedienen zu können, wurde die ISOM-Anwendung intern modular aufgebaut. So ist es möglich, einzelne Teile ohne größeren Aufwand anders zusammensetzen oder mit neuen Modulen zu kombinieren.

Möglicherweise läßt sich dies mit dem Begriff des ISOM-"Information Shop" besser beschreiben. Der Einkaufszettel ist die ISOM-Anwendung, die dann die entsprechenden Daten "vom Lager" holt.

Damit unterscheidet sich ISOM von Controllinganwendungen, bei denen der Anwender wissen muß, wo sich die Daten befinden und in welchen Strukturen sie vorliegen.

	Controllingsystem	Informationssystem
Ein Controllingsystem wird nicht automatisch dadurch zu einem Management-Informationsystem, wenn es (ausnahmsweise?) auch einmal von einem Manager bedient wird.		
Vorrangige Zielgruppe	Controller, Assistenten	Manager, Sachbearbeiter, ...
Bedienbarkeit	mittel bis komplex	sehr einfach (Look and feel)
Optischer Eindruck	Arbeitsumgebung	Präsentationsqualität
Anspruch an Performance	mittel	hoch
Kombinierbarkeit mit anderen Informationsquellen	nicht notwendig	essenziell
Datenaufbereitung, -veredelung, Planung, Analyse	ja, aber oft Medienbruch	bedingt
„Push"-Komponenten, Navigationshilfen	nein	ja
Drill down, Slice and dice	ja	bedingt
„Intranet"-Integration	nur technisch	ja

Abb. 12: Unterschiede zwischen Controlling- und Managementinformationssystem

4 Praktische Erfahrungen

ISOM ist jetzt über 5 Jahre produktiv. Im Laufe der Zeit gab es viel Licht, aber auch manchen Schatten. Viele Wünsche scheitern an technischen Limitierungen. Man kann aber mit etwas Stolz resümieren, daß das anspruchsvolle ISOM-Konzept weitgehend erfolgreich umgesetzt wurde.

Dabei waren die wichtigsten Punkte:

- Benutzeroberfläche

- Geschwindigkeit

- Informationsangebot

- Aktualität

- Stabilität

Die Benutzeroberfläche wird ausnahmslos als "hervorragend" bewertet. Gerade diesem Punkt galt bei der Entwicklung von ISOM besondere Aufmerksamkeit. So wurde macControl II, das Anwendungsprogramm der ersten ISOM-Version, gemeinsam mit dem Düsseldorfer Softwarehaus Breitschwerdt und Partner entwickelt. Da dieses aber nur auf Macintosh-Rechnern lief, erfolgte die Umstellung auf inSight der Düsseldorfer Firma arcplan, das unter Windows und unter MacOS läuft. Dieses ausgezeichnete und in seiner Art einmalige Programm folgt den gleichen Zielsetzungen, was nicht verwundert, da die Entwickler von inSight ehemalige Mitarbeiter der Firma Breitschwerdt und Partner sind.

Anfangs wurde die Bedeutung der Abfragegeschwindigkeit unterschätzt. Mit der Begründung, daß man, um die gleichen Informationen zu erhalten, auf anderem Wege Stunden bis Tage braucht, galten Zeiten von 30 bis 60 Sekunden für einen Blattaufbau als vertretbar. Doch dies verringert den Spaß, ISOM zu nutzen. Die normalen Antwortzeiten müssen bei 3 bis 5 Sekunden, in Ausnahmefällen bis zu 10 Sekunden liegen, ohne dabei Abstriche beim Bedienungskomfort zu machen. Das ist nicht einfach, weil zur Benutzerführung oft mehr Informationen benötigt werden als für die eigentliche Datenabfrage. Ein Beispiel soll dies verdeutlichen:

Zur Beantwortung der Frage, welchen Preis ein Kunde in einem Land für ein Produkt bezahlt hat, müssen bei vielen Host-Systemen Kundennummer, Landnummer und Produktnummer eingegeben werden. Sind sie nicht zur Hand, mußte man sie in Listen suchen, um dann schließlich festzustellen, daß der Kunde dieses Produkt in dem Land überhaupt nicht bezogen hat.

Demgegenüber bietet ISOM nach Anklicken einer Region alle hierzu zählenden Länder, die bei Anklicken eines Landes alle Kunden in dem Land zeigt. Die Auswahl eines Kunden führt dann zu der Produktliste des Kunden in diesem Land mit Angabe der Preise. Klickt man andererseits auf ein Produkt, dann erhält man eine Aufstellung über dieses Produkt des ausgewählten Kunden in verschiedenen Ländern.

Bei dieser Benutzerführung, die datengetrieben nur "Treffer" zeigt, müssen jeweils die entsprechenden Registerdaten geladen werden, um die Auswahlmenüs zu füllen. Das kann zu mehreren Datenzugriffen führen, bevor die eigentlichen Daten geladen werden, aber es gelang inzwischen in den meisten Fällen, diese vielen Informationen innerhalb der geforderten 3 Sekunden am Bildschirm darzustellen.

ISOM bietet inhaltlich bereits heute eine Informationsmenge an, die, in allen Varianten ausgedruckt, einige Schränke füllen würde.

<table>
<tr><td>

- Übersicht GB-/GF-Struktur
- GB, GF- und ZSB-Profile (ca. 3.000)
- Forschungsprofile
- Forschungsprojekte
- GB-/GF-Auswertungen
- ZSB-Auswertungen
- Investitionausgaben-projekte konzernweit (mit B-Gesellschaften)
- Wettbewerber-Vergleiche mit Darstellung der zu Bayer relevanten Marktsegmente
- Aktien, Devisen, Indizes mit Tages- und Monatskurs-Historie und Vergleichen
- Vor- und Nachbörse
- Rohstoffpreise mit Historie und Tendenz
- Tagesumsatz Bayer AG
- Auftragseingang und Auftragsbestand Bayer AG
- Preisanalyse Bayer AG für GB und GF
- Umsatz und Ergebniskonzernweit, nach Sitz der Kunden und nach Sitz der Gesellschaften, in TDM und Landeswährung, nach Geschäftsbereichen, Vorstands-Zuständigkeiten, Arbeitsgebieten usw.
- Mittelfristige Bilanzplanung Bayer Konzern

</td><td>

- Vorräte und Forderungenkonzernweit, Struktur wie bei Umsatz und Ergebnis
- Personalbestand konzernweit
- Personaldaten Bayer AG
- Organisationsplan Bayer AG
- Telefonbuch Bayer AG
- Geschäftsführungs- und Aufsichtsorgane der Bayer-Konzerngesellschaften
- Arbeitsunfälle der Bayer AG
- Konzernhandbuch
- Benchmarking Europa
- Einstieg in PMS, KEIS und GDIS
- Einstieg in "ISOM für Internet"
- Nachrichten UK
- Terminliste KP-Stab
- Produktionsprogramm (in Überarbeitung)
- Vertriebsprogramm (in Vorbereitung)
- Grünes Buch Controlling (in Vorbereitung)
- Markt- und Umfelddaten (in Vorbereitung)
- Standortdatei (in Vorbereitung)
- Einstieg in KP-Info (in Vorbereitung)

</td></tr>
</table>

Abb. 13: Informationsangebot im ISOM

ISOM wurde 1998 mit dem erstmals vergebenen Best Practice Award für das beste Managementinformationssystem im deutschsprachigen Raum ausgezeichnet. Der Preis wurde vom Institut für Managementinformationssysteme (IMIS) in Ludwigshafen und dem Oxygon-Verlag, Herausgeber der Zeitschrift IS-Report, vergeben. Der Aufbau von ISOM läßt sich in [Kais99] nachlesen.

Es überrascht nicht, daß die Komponenten mit hoher Aktualität wie Nachrichten, Börsen- und Devisenkurse und interne Kommentare zum Geschäftsverlauf sich großer Beliebtheit erfreuen. Die Neuigkeiten erscheinen automatisch auf dem Startblatt von ISOM. Bei den Informationen, die durch Schaltknöpfe aufgerufen werden können, zeigt ein Farbwechsel von grün nach rot an, daß neue Informationen, z.B. neue Monatszahlen, zur Verfügung stehen. Bei Abruf der Informationen färbt sich der Schaltknopf wieder grün. Diese Option kann von jedem Teilnehmer für jedes Themengebiet einzeln gewählt werden. Zum zusätzlichen Bedienungskomfort zählt auch die Möglichkeit, beim Aufruf bestimmter Daten nicht, wie vorgesehen, die Konzerninformationen, sondern direkt die Informationen eines bestimmten Bereiches, z. B. eines Geschäftsbereiches oder einer Region usw. zu sehen. Auch diese individuelle Einstellung wird zentral verwaltet.

Abb. 14: Erfolgsstory ISOM

Nicht zuletzt muß die Anwendung stabil sein. Das setzt eine gute DV-Infrastruktur des Unternehmens voraus. Netzschwankungen und kurzzeitige Zugriffsprobleme zu den zentralen Datenbanken dürfen nicht zu unverständlichen Fehlermeldungen oder zum Zusammenbruch der Anwendung führen.

Die erste Version von ISOM, die nur den Mitgliedern des Vorstandes zur Verfügung stand, lief in einem separaten Netz mit einem eigenen Datenserver, der die Daten von zentraler Stelle lud. Das war von Beginn an störungsfrei, ließ sich aber nicht auf einen größeren Teilnehmerkreis erweitern. Auch zeigte es sich, daß es doch nicht ganz so einfach ist, das ISOM-Data Warehouse auf dem zentralen Rechner und eine Kopie auf dem lokalen Server vor Ort ständig auf dem gleichen Aktualisierungsstand zu halten. Und es gibt nichts Schlimmeres für die Glaubwürdigkeit eines Informationssystems, wenn, wie geschehen, zwei miteinander telefonierende ISOM-Teilnehmer, der eine verbunden mit dem zentralen Rechner und der andere verbunden mit dem lokalen Server, auf ihrem Bildschirm unterschiedliche Informationen vorfinden. Es gehört deshalb zu den Zielen der ISOM-Betreiber, auf lokale Datenserver weitgehend zu verzichten.

Bei der Umsetzung eines Konzeptes wie ISOM braucht man günstige Rahmenbedingungen. Diese waren bei der Bayer AG gegeben. Deshalb sind sicherlich nicht alle hier beschriebenen Strategien ohne weiteres übertragbar. Eine wichtige Erkenntnis ist, daß ein Data Warehouse-Konzept nur einen Teil der Anforderungen abdeckt, die für ein System wie ISOM benötigt werden. Die Sorge war stets, daß eine zu starke Fokussierung auf den Data Warehouse-Gedanken viele Probleme verdeckt und damit den Entscheidungsträgern eine zu einfache Lösung suggeriert. Dem "internen Marketing" für ISOM kommt eine große Bedeutung zu.

Zusammenfassend sollen noch einmal die Punkte angeführt werden, die sicherlich entscheidend zum Erfolg von ISOM beigetragen haben:

· Grundprinzip: Der ISOM-Anwender muß sich bezüglich des Systems nichts merken. Alles ist selbsterklärend und mit einem Mausklick zu bedienen. Der Bedienungkomfort muß sehr hoch sein (wichtigstes Kriterium). Änderungswünsche müssen kurzfristig umgesetzt werden können.

· Sehr wichig: internes Marketing. Eigener Name für das Informationskonzept (bei Bayer: ISOM = Informationssystem für das Obere Management).

· ModularesKonzept, auch organisatorisch: bestehende Informationsstrukturen wurden nicht geändert. ISOM ist "nur eine Technische Plattform", auf der die zuständigen Bereiche berichten.

· Kein ISOM-"Sponsor". Statt dessen zwei gegenüber dem Vorstand verantwortliche Vorstandsmitglieder.

· Organisatorische Anbindung der ISOM-Gruppe direkt an den Leiter der Informatk. Zusammensetzung der Gruppe: 2 Controller, 2 Informatiker, 1 Sekretärin.

· Keine "Befragung" der Anwender. Statt dessen intensive Diskussionen mit Controllern, Assistenten usw.. (sind ja die künftigen Betreiber der ISOM-Module). Kein Erstellen eines Lastenheftes. ISOM macht "Angebote".

· Einbeziehung der OF- Sekretärinnen als ISOM-"Speerspitze". Die Sekretärinnen sind erste Anlaufadresse bei Problemen.

· Einbinden in die DV-technische Infrastruktur des Unternehmens.

· Separate "ISOM"-Tabellen, teils Views auf vorhandene, teils Kopien. ISOM erwartet die Informationen von den Datenlieferanten in Form relationaler Tabellen.

Abb. 15: Erfolgsfaktoren für ISOM

ISOM ist derzeit durch alle Hirarchiestufen an ca. 600 Arbeitsplätzen verfügbar, wobei einzelne ISOM-Module eine deutlich stärkere Verbreitung finden können. Andere Informationssysteme nutzen die "ISOM-Technik" ebenfalls. Ein weiteres Ziel, unabhängig vom ISOM einzelne Module, wie z. B. Kostenstellenverwaltung oder Personalplanung, zu entwickeln, die dann vollständig oder teilweise in Systeme wie ISOM integriert werden können, ist bereits erreicht worden. Die Zahl der Anwender der neuen Technik liegt derzeit bei 8.000. Das wird den Druck zur Entwicklung eines Unternehmens-Data Warehouses erhöhen, weil es hilft, die Informationssysteme effizient zu betreiben.

Bayer ist mit ISOM einen Schritt in die richtige Richtung gegangen. Dabei unterstreicht die Möglichkeit, SAP-Daten in die Anwendung zu integrieren, die Stärke des konzeptionellen Ansatzes.

5   Ausblick

Das ISOM-Konzept kann erst der Anfang einer unternehmensweiten Informationsversorgung sein. Weitere Schritte werden folgen, in die das Management des Unternehmens deutlich stärker eingebunden sein muß als heute. Gerade die Techniken der modernen Informationswelt sind an den meisten Managern vorbeigegangen, so daß sie sich heute nicht in der Lage fühlen, Entwicklungen zu bewerten oder sogar zu steuern. Deshalb entwickelte Bayer den Ansatz des Business Information Reengineering (BIR), der die vielen neuen Strömungen ordnen und in einem allgemein verständlichen Rahmen darstellen soll.

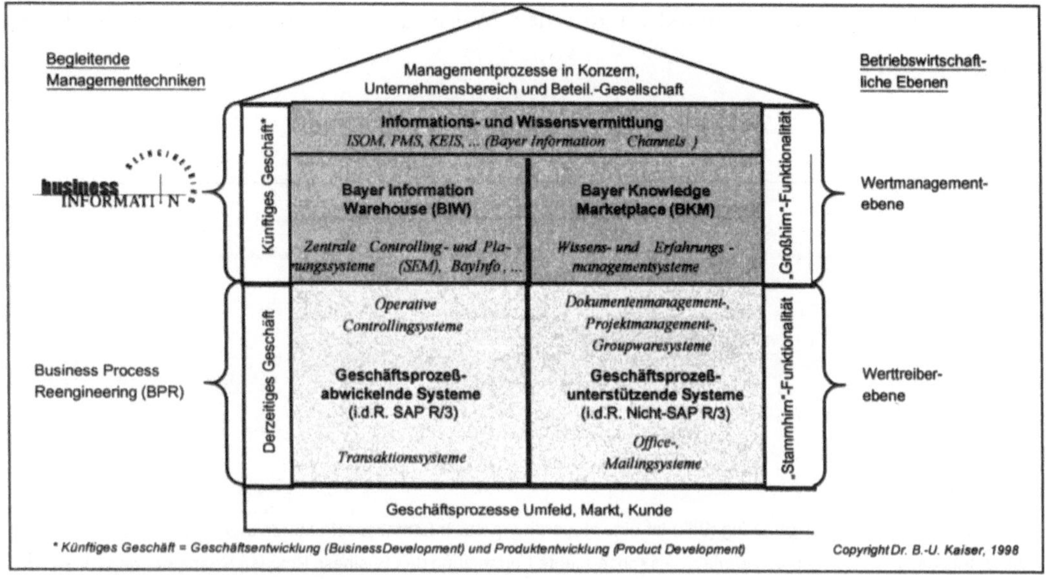

Abb. 16: Informationsarchitektur

Das Bild strukturiert die komplexe Informationsarchitektur eines global tätigen Konzerns aus Sicht der DV-technischen Unterstützung. Die derzeitige Konzentration vieler Firmen auf die Geschäftsprozeß-abwickelnden Systeme zeigt deren Erwartung, damit auch die informellen Forderungen abzudecken. Zweifellos verbessert eine geordnete Einführung einer Standardsoftware, gekoppelt mit einem Business Process Reengineering (BPR), auch die Situation für die dispositiven Informationssysteme, aber ohne ein gleichzeitiges, gezieltes Business Information Reengineering (BIR) werden die heutigen Erwartungen an die Informationsversorgung nach Einführung der betriebswirtschaftlichen Standardsoftware bei weitem nicht erfüllt werden können. Das gilt besonders für die Informationen, die über die Inhalte der operativen Systeme hinausgehen.

Als Schnittstelle des Business Information Reengineering zum Management dienen Informationskanäle (Channels), die Wissen und Information vermitteln (Informations- und Wissensvermittlung). Dieser Dienst beinhaltet den Grundgedanken, Wissen und Informationen in die innerbetriebliche Leistungsabrechnung einzubeziehen.

Als ideale technische Plattform für das Business Information Reengineering empfiehlt sich das Intranet, das entscheidend dabei hilft, sowohl die Erfassungs- als auch die Vermittlungsgsprozesse zu vereinfachen. Der größte Vorteil des Intranets liegt aber in der eleganten Art, wie eine Interaktion mit den Wissens- und Informationsbereitstellern ermöglicht wird.

Definition

Business Information Reengineering (BIR) ist eine Neuordnung der Informationsstrukturen und ihre systemtechnische Unterstützung im Unternehmens-Umfeld. Als konsequente Fortsetzung des Business Process Reengineering (BPR) ist es die Methode, die Informationen für Managementaufgaben wie z. B. Unternehmens-steuerung oder Wertschaffung bereitzustellen.

Dr. Bernd-Ulrich Kaiser, August 1998

Abb. 17: Definition Business Information Reengineering (BIR)

Während auf dem Gebiet der betrieblichen Prozesse das Business Process Reengineering zur geübten Praxis gehört, fehlt bisher bei den Business-Informationen ein entsprechender Ansatz. Als Folge haben sich voneinander weitgehend unabhängige Lösungsstrategien entwickelt, z. B. in Data Warehouse-Ansätzen, Controllingsystemen, Managementinformationssystemen, Wissensmanagementsystemen. Den eigentlichen Zielsetzungen entsprechen sie wegen ihrer fehlenden Informationsintegrität nur zum Teil.

Business Information Reengineering (BIR) bildet den Rahmen, in den Konzepte zur System-Unterstützung von Informationsprozessen im Unternehmens-Umfeld eingebettet werden und von dem die notwendigen Impulse an die Basissysteme, die derzeit für BIR wichtigste Informationsquelle, ausgehen, die für die Effizienz der Business Informationen notwendige Ordnung vorzuhalten.

Business Information Reengineering unterstreicht den für den Aufbau einer modernen, System-gestützten Informationsstruktur notwendigen Management Approach.

Dabei können die 12 BIR-Regeln helfen.

Die **12 Regeln** zum Business Information Reengineering (BIR)

1. BIR muß sich an den strategischen Zielen ausrichten und das Management in den Reengineering-Prozeß einbinden.
2. Inhaltliche und die organisatorischen Gesichtspunkte haben Vorrang vor DV-technischen Ansätzen.
3. BIR soll als Architekturansatz und nicht als Gesamtlösung angesehen werden, um die Möglichkeit zu erhalten, am technischen Fortschritt teilzunehmen.
4. BIR muß umfassend kommuniziert werden, um das Bewußtsein für neue Methoden und Betrachtungsweisen zu wecken.
5. BIR-Lösungen sind modular aufgebaut, mit einer unternehmensweit einheitlichen Ordnungsstruktur (Metadaten, Repository) und einer Option auf Flexibilität bei der Ausgestaltung (Diversifizierung, wenn nötig, erst am Ende der Informationskette).
6. BIR-Lösungen sollen benutzerfreundliche Bedienungsoberflächen mit "strukturierter Navigation" aufweisen, um Motivation und Spaß zu erzeugen.
7. Die Informationsgüte und -qualität muß durch geeignete Maßnahmen sichergestellt werden.
8. Die Anwender müssen direkten Zugang zu den BI-Informationen erhalten. Ein "Zwischenhandel" ist soweit als möglich zu vermeiden.
9. Im BI-Umfeld tätige Mitarbeiter , z.B. "Informationsredakteure" sollten durch gute Ausbildung und entsprechende Incentives gefördert werden können.
10. Sind Wirtschaftlichkeitsberechnungen nicht möglich, ist eine Nutzen/Aufwand-Betrachtung sinnvoll, wobei ein Zugpferdeffekt anzustreben ist.
11. Bereits beim Neueinsatz von DV-technischen Lösungen muß auch über eine mögliche Ausstiegsstrategie nachgedacht werden.
12. Informationsbereitstellung im BIR-Sinn ist eine dauerhafte Dienstleistung, die einer ständigen Pflege und Weiterentwicklung bedarf.

Abb. 18: Die 12 Regeln zum Information Reengineering (BIR)

Business Information Reengineering wird erfolgreich sein, wenn bestimmte, teilweise neue Regularien eingehalten werden. Einige dieser Regeln erscheinen heute noch ungewohnt, weil sie nicht immer mit der derzeit vorherrschenden Meinung übereinstimmen. Sicherlich wird die schwerste Aufgabe sein, das neue Bewußtsein „in die Köpfe" zu bringen.

Literatur

[Kais99]   Kaiser, B.-U.: Unternehmensinformation mit SAP-EIS", 4. Auflage, Wiesbaden 1999.

Stichwortverzeichnis

W

Z

Fachinformation auf Mausklick

Das Internet-Angebot der Verlage **Gabler, Vieweg, Westdeutscher Verlag, B. G. Teubner** sowie des **Deutschen Universitätsverlages** bietet frei zugängliche Informationen über Bücher, Zeitschriften, Neue Medien und die Seminare der Verlage. Die Produkte sind über einen Online-Shop recherchier- und bestellbar.

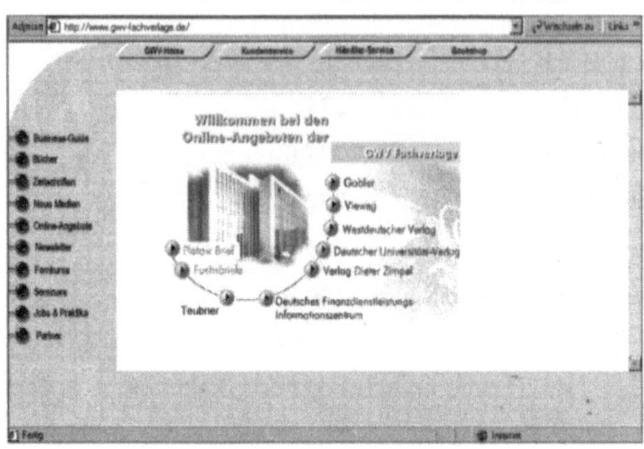

Für ausgewählte Produkte werden Demoversionen zum Download, Leseproben, weitere Informationsquellen im Internet und Rezensionen bereitgestellt. So ist zum Beispiel eine Online-Variante des Gabler Wirtschafts-Lexikon mit über 500 Stichworten voll recherchierbar auf der Homepage integriert.

Über die Homepage finden Sie auch den Einstieg in die Online-Angebote der Verlagsgruppe, so etwa zum Business-Guide, der die Informationsangebote der Gabler-Wirtschaftspresse unter einem Dach vereint, oder zu den Börsen- und Wirtschaftsinfos des Platow Briefes und der Fuchsbriefe.

Selbstverständlich bietet die Homepage dem Nutzer auch die Möglichkeit mit den Mitarbeitern in den Verlagen via E-Mail zu kommunizieren. In unterschiedlichen Foren ist darüber hinaus die Möglichkeit gegeben, sich mit einer „community of interest" online auszutauschen.

... wir freuen uns auf Ihren Besuch!

www.gabler.de
www.vieweg.de
www.westdeutschervlg.de
www.teubner.de
www.duv.de

**Abraham-Lincoln-Str. 46
65189 Wiesbaden
Fax: 06 11.78 78-400**

Der Schritt nach vorn

IHR VORSPRUNG IM IT-BUSINESS

Mit den Vieweg-Business-Computing-Büchern erschliessen Sie sich das State-of-the-Art Wissen im IT-Business zu den Themen

- ERP - Enterprice-Recource-Planning
- Kommunikation und Netze
- Internet
- Datensicherheit

- IT-Beraterwissen
- Marketing und E-Commerce
- IT-Projektmanagement
- Software-Entwicklung
- u. v. m.

Nutzen Sie unseren e-mail-newsletter unter

www.vieweg.de

um immer up-to-date zu sein!

Abraham-Lincoln-Straße 46 • 65189 Wiesbaden • Fax 0611.7878-400 • www.vieweg.de